亚当·斯密以前的经济思想

——奥地利学派视角下的经济思想史(第一卷)

〔美〕默瑞·N. 罗斯巴德 著

张凤林 等译

2016年·北京

© Murray N. Rothbard
ECONOMIC THOUGHT BEFORE ADAM SMITH
An Austrian Perspective on the History of Economic Thought
Volume I
Edward Elgar Publishing Limited
根据爱德华·埃尔加出版有限公司 1995 年版译出

译 者 序

（一）

本书是从奥地利学派的视角来研究经济思想史的，而且也是截至目前从这一视角来系统地审视人类经济思想发展的唯一一部通史性著作，故读者在阅读正文之前似有必要简要地了解一下奥地利学派的梗概。经济学中所谓的奥地利学派，一般是指在19世纪70年代"边际革命"（Marginal Revolution）的浪潮中出现的一种以个人主观心理分析为特色的边际主义理论流派。它肇端于卡尔·门格尔（Carl Menger）1871年的著作《经济学原理》，但只是一二十年后在其第二代学者维塞尔（Friedrich von Wieser），特别是庞巴维克（Eugen von Böhm-bawerk）那里才得到西方经济学界的广泛关注。到了20世纪30年代初经由米塞斯、哈耶克这样一些第三代学者的努力它更达到了巅峰状态，以至于当时经济学界曾有奥地利学派、英美学派、洛桑学派"三足鼎立"之说。然而辉煌转瞬即逝，随着"凯恩斯主义革命"（Keynesian Revolution）的到来奥地利学派逐渐地被游离于主流经济学之外。

20世纪70年代以来,奥地利经济思想重又活跃起来,一些经济学家试图复兴和扩展奥地利经济学传统。不过,不同学者的视角和侧重点不尽相同,比如:希克斯(J. R. Hicks)侧重于资本与时间结构理论,马克卢普(F. Machlup)强调社会自由的理念,沙克尔(G. L. S. Shackle)等强调不确定性,而一些美国新一代奥地利学者则努力拓展米塞斯、哈耶克关于市场是一种学习和发现信息过程的重要思想,批判新古典的均衡理论。与此同时,近些年来独立地发展起来并且日益引起人们广泛关注的实验经济学,据说也是体现了奥地利经济学的思想传统。由此看来,在当代的西方经济学界似乎已经不再有一种像门格尔时代那样严格意义上的"奥地利学派"了。然而,如果从理论"硬核"的角度来考察,一个独立的"奥地利学派"或经济学中的"奥地利范式"还是存在的。概要地说,这个硬核有两个要点:其一是,强调个人决策是一种在不确定条件下的选择行为,市场活动作为人们学习和发现信息的过程不同于机械式的均衡状态;其二是,认为任何统一计划和国家干预(包括人为的制度设计)都不可能改进资源配置和利用的效率,而只能给市场添乱,因此主张实行一种完全自由的市场经济体制。虽然信奉或自我标榜为属于奥地利传统的人可能在各种具体问题上存在着这样或那样的差别,但是他们对于这两个基本点却具有广泛的一致性。正是这两个理论基本点,使得奥地利学派不仅与当今作为主流学派的凯恩斯主义与新古典主义综合(Neo-classical Synthesis)形成了根本分歧,而且也明显地有别于其他的各种非主流经济学派。与上述基本的经济观相对应,许多奥地利学派的学者还持有一种据说是源自约翰·洛克的自由意志主义（Libertarianism）的政治哲学观。这种观点强调个人自由和财产权作为自然权利的神圣性，并认为对这种权利的最大威胁来自政府及其垄断。因此，他们便提出一些诸如完全的个人所有权、自由放任甚至自由市场货币、无政府或小政府的资本主义、不干预主义以及反对平等主义等等较为极端的政策主张。

如何客观地认识与中肯地评价奥地利经济学派，是一个比较复杂的问题，学术界对此长期以来也是仁者见仁、智者见智。笔者认为，不同经济思想流派的长期并存本质上乃是社会经济运行具有复杂多样性的一种反映，他们相互之间在从不同视角来解析经济运行方面是具有互补性的，尽管不同的学派为了争夺主流正统的地位而不断相互竞争着。这意味着，每一个思想学派都有其特定的学术价值来值得我们研究和汲取。应当说，奥地利学派在现、当代西方经济学界占有比较重要的地位，其对于现、当代经济学发展的贡献是不容忽视的。首先，早期奥地利学派所开创的主观主义和个人主义方法论、边际效用价值论与分配论（归与论）、机会成本思想、强调时间结构的资本—利息理论与周期理论等，构成了边际革命的重要组成部分，它们对于现代经济学特别是微观经济学体系的建构功不可没。其次，在奥地利思想传统的熏陶下涌现出了一批世界著名的经济学家，除了上面提到的以外还有哈伯勒（G. Haberler）、摩根斯坦（O. Morgenstern）、罗森斯坦—罗丹（P. N. Rosenstein Rodan）等人，甚至熊彼特在某种程度上也包括在内。这些人在众多的领域对现、当代经济学的发展做出了开创性的贡献。最后，当代的奥地利学者基于其对于人类行为与市场过程的深刻洞察,揭示了社会经济活动天然具有的动态性、不稳定与不均衡性,这超越了单纯拘泥于机械式均衡的新古典理论模式,对于人们更深刻地认识和把握市场经济的复杂性具有重要的意义。他们对于以均衡、数量、正规化分析等等为特征的主流经济学方法的批判,为如何促进经济学中现实主义的回归与健康发展也提供了重要的启示。他们基于自然权利是经济繁荣的基础的理念,明确指出了对个人自由竞争的人为限制所可能带来的弊害,特别是对于集权和垄断的不良经济后果给予了深刻揭露和分析,这对于在现今的"混合经济"社会(包括经济转型国家)中时刻提醒人们警惕政府权力的不当使用甚至滥用也具有明显的历史意义与社会价值。

当然,像所有其他的经济学流派一样,奥地利经济学也有其局限性。它所提出的一些理论原理或观点也仅适用于特定的经济现象与环境,超出这种特定环境可能就失效了,故如果不注意这些特定条件,如果不加限制地盲目赋予这些原理以普遍性特征,则必然导致谬误。比如,虽然主观心理评价是决定价值的重要因素,但是这并不能否定生产成本也是决定价值的重要因素,二者在不同的条件下作用的相对强度是不同的。如果不加限制地强调主观心理评价始终是价值决定的唯一因素,就势必犯"以偏概全"的错误。再比如,虽然强调市场机制在资源配置效率上远远优于计划经济或集权经济体制并没有错,但是如果由此得出完全不需要宏观计划或政府的调控与干预措施就能够实现经济的稳定良好运行的结论,显然也是站不住脚的。当代的许多奥地利学者在这方面具有一种极端化的倾向,他们往往从强调自然权利、个人自由、市场竞争走向了几乎完全否定政府干预的极端自由主义的立场。这显然是不正确的,它相对于凯恩斯革命以来现代经济学发展的潮流而言意味着某种倒退。由此可见,对于奥地利学派的理论观点与政策主张,我们是需要有分析地来加以看待的。

(二)

本书作者默瑞·N.罗斯巴德(1926—1995)是美国经济学家、历史学家,当代奥地利经济学派的著名代表人物。他出生于纽约一个犹太移民家庭,就读于哥伦比亚大学,先后以优异成绩取得学士、硕士和博士学位,其博士论文的指导教师是美国著名经济史学家约瑟夫·道夫曼。虽然哥伦比亚大学的教育为他打下了厚实的学术基础,但是对他后来的学术生涯产生最重要影响的还得说是路德维希·冯·米塞斯——这位现代奥地利经济学的巨匠。米塞斯1949年出版的《人类的行为》一书,系统阐述了奥地利学派的所谓"人类行为学"方法,这极大地吸引了罗斯巴德。他积极参加了米塞斯在纽约大学的研讨班,并实际上成为米塞斯的重要弟子和追随者,终生致力于弘扬和发展奥地利经济思想传统。罗斯巴德在1963年至1985年间执教于纽约大学的工程技术学院,从1986年起任内华达大学的讲座教授,直至去世。他在20世纪70年代末创立了自由意志论研究中心和《自由意志论研究杂志》(*Journal of Libertarian Studies*),80年代初又参与创立了路德维希·冯·米塞斯研究所,并担任副所长,随后又创立了《奥地利经济学评论》(Review of Austrian Economics,现在名为《奥地利经济学季刊》(Quarterly Journal of Austrian Economics))。罗斯巴德一生发表了几十部著作,上千篇文章。这些著述从不同侧面反映了他的奥地利学派的经济观和自由意志主义的政治哲学观。本书是其按照奥地利学派的观点来重新解读和梳理经济思想史的重要著作,作者原先曾有宏大的三卷本写作计划,但是由于不幸逝世只完成了论前古典经济学和古典经济学的前两卷,分别以第一卷《亚当·斯密以前的经济思想——奥地利学派视角下的经济思想史》和第二卷《古典经济学——奥地利学派视角下的经济思想史》为题出版。

毋庸置疑,本书与以往流行的大多数经济思想史书籍的显著区别,首先就在于它的奥地利分析视角与思想倾向。我们知道,经济思想史记录了人类经济思想发生、发展与演变的过程,虽然历史本身已经被"定格"在过去的某个时刻,但是对于历史的解读却似乎永远难以终结,这不仅仅是由于新的史料的发现会填补以往解释的空缺,更主要的还是因为现代研究者基于当代的考虑以及个人的偏好往往热衷于不断从新的视角来对历史给予重新审视和解读。研究者的这种"主观侵入"(著名的奥地利物理学家、自然哲学家、诺贝尔物理学奖获得者薛定谔(1887—1961)的用语)既是史学的复杂之处,也是它的魅力所在。本书就是基于当代的奥地利思想观点而对经济思想史进行重新阐释和解读的产物。作者对于古希腊、主要是亚里士多德以降直到19世纪中后期的经济思想发展进行了全面、系统的梳理,从中着力发掘现代奥地利学派所崇尚的主观主义、效用主义以及自由主义思想的历史渊源和演变脉络,旨在表明当代奥地利经济思想发展的长期历史传承性。与此同时,作者又试图彻底揭示以往的经济思想史著作由于过分崇拜亚当·斯密及古典学派而造成的对历史的严重曲解和误读,及其对于当代经济思想发展的负面影响。在这个过程中,本书实际上按照奥地利学派的思想观点重新改写了整个经济思想史。由此也可以说,本书代表了当代奥地利学者在经济思想史领域复兴奥地利传统的一种努力。

正是基于上述立场,本书提出了一系列不同于以往流行的经济思想史解释的新观点。例如,作者指出,对经济思想史的仔细研究表明,与通常人们所认为的相反,亚当·斯密根本不是现代经济学的创立者,而是导致经济学发展误入歧途的罪魁祸首。因为他的以成本分析为主导的古典体系中断了自亚里士多德至中世纪经院学者的需求与效用分析思想的潮流,使得经济学的发展在直到19世纪70年代边际效用革命再度兴起之前的两百年时间里,出现了暂时的曲折和倒退。这个见解确实有些惊世骇俗。再比如,作者指出,以往史学界流行的马克斯·韦伯关于新教伦理构成近代资本主义精神基础的论断是不能成立的。历史的真实情况是,近代自由的市场经济普遍繁衍于天主教传统文化的国家,正是这种文化孕育了人们对效用和享乐的追求,它比起单纯强调节俭和辛劳的加尔文主义等新教信条来,更能够为市场交换与经济发展提供动力。从而,强调主观效用分析的奥地利经济思想就比强调劳动、供给分析的古典学派思想更为深刻。此外，作者还强调指出，通常的思想史学家往往假定历史总是沿着直线上升的轨迹前进，从而后来的经济学家总是比先前的经济学家更高明。实际上这是一个严重的认识误区。经济思想史的诸多例子表明，人类对客观经济现象的认识过程是曲折的，在特定条件下出现暂时的，甚至长时间的倒退也是可能的。明确这一点对于经济思想史研究将具有重要的方法论意义，它可以使人避免简单化的倾向，关注历史的复杂多样性。与此相联系，以往的经济思想史研究中颇为流行的以"大人物"为核心的模式也是不可取的，因为这种模式往往容易忽视许多所谓的"小人物"的学术贡献，丢掉历史的细节。而一旦这些细节得到了充分的挖掘，那么先前的历史也许需要重新改写了。作者的这些观点确实令人耳目一新，它们打破了以往经济思想史研究的常规套路，很值得经济学界，特别是经济思想史研究者深入地思考。

上述思想观点在本书的体例和内容结构上也得到了反映。与以往的大多数经济思想史著作相比，本书首先是涵盖的内容更全面，详细阐述了从古希腊到19世纪中后期的人类经济思想发展（包括中国古代的若干经济思想），特别是对于被以往的著述所忽略或关注不够的历史事件比如中世纪经院学者的思想展开了深入的发掘与梳理，一些以往名不见经传的"小人物"也被赋予了应有的历史地位。其次是分析的维度更宽泛，不仅细致地梳理不同学者与学派的经济思想，而且努力从他们的家庭背景、社会关系、社会政治经济环境、宗教与哲学思想等多个侧面来探究其经济思想的成因。由此，作者就以其渊博的历史知识和丰富的洞察力为我们描绘了一部有声有色、丰富多彩的经济思想史。这也是本书比起以往的同类著作来部头要大出许多的一个原因。

总起来看，本书是一部具有较高学术价值的著作，在目前已有的众多经济思想史书籍中堪称别具一格。读者从本书中一方面可以更深入地了解奥地利学派的基本经济思想，另一方面还可以获得丰富的有关经济思想史的新资料、新阐释、新结论，这对于无论是从历史的纵断面，还是现实的横断面来完整准确地认识和理解现代经济学，都具有重要的意义。当然，这样说并不意味着笔者对于本书作者的观点完全赞同。实际上，本书作者的一些观点也是值得商榷的，有些则是明显错误的，比如，作者在论述集权体制的弊端时往往不加区别地将资本主义、社会主义，甚至前资本主义时代不同政治体制下的政府行为混为一谈，显示出对于社会主义和共产主义以及马克思主义的敌视态度。这显然是由其奥地利学派的基本立场和政治哲学观所使然。成熟的读者完全有能力以科学的态度对此加以辨析。

（三）

本书的翻译工作历时近四年。2007年5月，商务印书馆的朱泱先生向我推荐本书的英文版，并商讨翻译事宜。我在大致浏览了篇章结构及概要内容之后便把任务承接了下来，一则是因为此前跟商务有过愉快的合作，二来也是由于我本人乃是经济思想史专业出身，对此领域有一定的偏好。因此，尽管近年来国内学术界在强调所谓"原创性"的呼声影响下对于学术翻译工作具有的"科研含量"的估价急剧下降了,我还是愿意把本书的翻译工作当作一项基本的学术建设工程来做。在我担当主译和负总责的情况下,也邀请了我先前曾经合作过的学生和同事,首都经贸大学经济学院的王军教授和东北财经大学商务外语学院的王兆刚讲师,来共同完成这项任务,力争为国内西方经济学和经济思想史学界献上一份有益的"精神食粮"。

思想史著作的翻译向来属于翻译行当里的"棘手活儿",我对此是早已领教过的,但是真正开始翻译工作之后,我才感觉到本书翻译的难度和复杂程度比原来想象的要大得多,它确确实实地属于那种更"难啃的活儿"一类。这里的难度不单是语言方面的问题(包括英语难句及非英语词语的解析问题),更多地是涉及早期的社会历史、政治、哲学、宗教等诸多方面的问题。记得2010年上半年我在美国麻省理工大学做访问学者期间,向经济系的教授请教此类问题时,他们也都拿捏不准。有时,为了确切地把握罗马教皇颁布的一部"教令"的含义和名称,我甚至在该校图书馆忙碌了大半天却无功而返。由于这种情况,也由于教学工作繁忙等原因,使得本书的翻译工作持续的时间较长。当然,面临困难和挑战是有意义的,知识的增进程度往往也是与知识获取难度呈比例的,从本书的翻译过程中我们无论在语言知识、专业知识还是历史文化等综合知识方面都大受裨益。

本书的翻译分工如下:第一卷,《亚当·斯密以前的经济思想》,第6、7、8、9、10、11、12、13章由王军翻译,导言、致谢、第1、2、3、4、5、14、15、16、17章、索引表由我翻译,文献注释部分由我们按照与正文对应的原则分别翻译;第二卷,《古典经济学》,第1、2、3、4、5、6、7章由王兆刚翻译,第8、9、10、11、12、13、14章以及导言、致谢和索引表由我翻译,文献注释部分分工原则与第一卷相同。在初译工作完成的基础上,我对全书两卷译稿又进行了仔细的修改、统校和定稿工作。

感谢商务印书馆朱泱先生对本书翻译工作给予的热情支持与鼓励。同时,本书的第二卷包含有若干段对马克思、恩格斯原著的引文,译者在对于这些引文进行翻译时适当地参考了由中共中央"马克思、恩格斯、列宁、斯大林"著作编译局翻译、由人民出版社出版的相关书籍,特此说明并致谢。最后,对于译文中出现的错误与疏漏之处,恳请学术界同行和读者朋友批评指正。

张凤林

2011 年 7 月 12 日

于大连黑石礁,东北财经大学烛光园

目　录

导　言 …………………………………………	（1）
致　谢 …………………………………………	（15）
第1章　最初的哲人-经济学家：古希腊	（1）
第2章　基督教的中世纪 …………………………	（45）
第3章　从中世纪到文艺复兴 ……………………	（106）
第4章　晚期的西班牙经院学者 …………………	（157）
第5章　新教徒与天主教徒 ………………………	（221）
第6章　意大利与法国的专制主义思想 …………	（290）
第7章　重商主义：为专制国家服务 ……………	（343）
第8章　17世纪的法国重商主义思想 ……………	（372）
第9章　17世纪法国反对重商主义的自由运动 ………	（401）
第10章　从都铎王朝到内战时期英格兰的重商主义与自由运动 ………………………………	（434）
第11章　从内战到1750年间英格兰的重商主义与自由运动 ………………………………	（482）
第12章　现代经济学的奠基人：理查德·坎替隆 ……	（538）
第13章　18世纪中叶法国的重农学派 …………	（566）
第14章　杜尔阁的辉煌成就 ……………………	（595）

第 15 章　苏格兰的启蒙运动 …………………（648）
第 16 章　大名鼎鼎的亚当·斯密 ………………（676）
第 17 章　斯密学术思想的传播 …………………（747）
文献注释 ……………………………………………（795）
索引 …………………………………………………（863）

导　言

正如本书的副标题所表明的那样,这是一部根据明确的"奥地利的"立场,亦即经济学中的"奥地利学派"拥护者的观点而撰写的经济思想通史。它是由现代奥地利学者所完成的唯一一部此类著作,实际上,近几十年来,奥地利学者仅仅出版了少数几种有关思想史这一专门领域的专题论著。[1]不仅如此,这种观点还是建立在"米塞斯学说"或"人类行为学"(praxeologic)的基础之上的,而这种学说在当前已成为奥地利学派中最不时兴(虽然并不是人数最少)的一个演变分支。[2]

但是,本书的奥地利学派性质还不是它的唯一特色。当本书作者在20世纪40年代刚刚开始从事经济学研究的时候,在经济思想史的研究中存在着一种压倒一切的、占支配地位的范式(这种范式在今天虽然仍占有首要地位,但是却不像那个时代那样赤裸裸地毫不掩饰了)。从本质上说,这种范式是将少数大人物描绘成经济思想史的本体,而将亚当·斯密奉为几乎是超人式的奠基者。但是,如果斯密真是经济分析和政治经济学中的自由贸易与自由市场传统的创立者的话,那么对于通常所宣称的他的成就的任何方面提出严肃的质疑就都将是不足道和无聊的了。对于不论是作为经济学家还是作为自由市场的鼓吹者的斯密的任何尖锐批评看起来都只能被归结为时代错误：由于是从当今超级知识的视角去俯视作为先驱的奠基人，所以渺小的后继者们是在不公正地猛烈攻击着我们正站在其肩膀之上的巨人们。

如果是亚当·斯密创立了经济学，就像从宙斯的额头跃出已经生长成熟并且全副武装的雅典娜一样，那么他的前辈们就必然要成为陪衬，成为不被重视的小人物。从而在这些古典经济思想的人物中，凡是极其倒霉地处于斯密以前时期的人就都受到了漠视。他们一般地被归为两类人，并且都遭到了粗暴的遗弃。直接先于斯密的是重商主义者，他们曾受到斯密的猛烈批判。重商主义者是明显的大笨蛋，他们总是不断地敦促人们积累货币而不要花掉它，或者坚持主张对每个国家来说贸易的余额都必须"平衡"。经院学者被作为热衷于说教的中世纪的不学无术之人，遭到了甚至更加粗野的抛弃，这些人总是喋喋不休地告诫人们注意，"公平"价格必须能够补偿商人的生产成本外加一个合理的利润。

在20世纪30年代和20世纪40年代发表的思想史研究的经典作品，接下来又详细阐述并且在很大程度上是赞美斯密以后的少数顶尖人物。李嘉图使斯密学说系统化了，并且直到19世纪70年代以前始终在经济学中占有支配地位。继而是"边际主义者"，杰文斯、门格尔和瓦尔拉斯，他们通过强调与物品的全部等级相比较而言的边际单位的重要性，按照边际主义方式矫正了斯密—李嘉图的"古典经济学"。随后又到了阿尔弗雷德·马歇尔，他明智地将李嘉图的成本理论与被假定为一边倒的强调需求与效用的奥地利—杰文斯学说加以整合,创立起现代新古典经济学。卡尔·马克思绝对不会被忽视,他将作为一个离经叛道的李嘉图主义者而在一章中得到讨论。这样一来,历史学家通过处理四五个大人物(他们当中除了马克思以外,每个人都为经济科学的不间断进步贡献了更多的思想素材)便匆忙讲完了他的故事,这基本上是一个永远向着光明顶点前进和上升的故事。[3]

在第二次世界大战以后的年代,凯恩斯当然地被加进这个先贤祠,从而在经济科学的进步与发展史中又增加了新的登峰造极的一章。作为伟大的马歇尔的得意门生,凯恩斯认识到这位老先生由于唯一地强调微观而忽视了他后来所称的"宏观经济学"。因而凯恩斯增添了宏观分析,集中研究和阐释失业问题,而对于这一现象,在凯恩斯以前的每一个人不是不加解释地将其置于经济分析的场景之外,就是通过轻率地"假定充分就业"而习惯地把它遮蔽起来了。

从那时起,这种占支配地位的范式基本上得以持续,虽然近来事情变得相当不妙。一个问题是,这种强调大人物和永远向上发展的历史将要求不断地增添新的最后一章。凯恩斯的《通论》发表于1936年,到现在已有将近60年的历史了,我们能够肯定这期间一定有另一位大人物成为最后一章的主角吗?他可能是谁?熊彼特由于他对于"创新"的现代的和看起来富有现实意义的强调,曾经在一段时期内领导了潮流,似乎是合适的人选,但是这种想法遭到了破产,这也许是因为人们认识到熊彼特的基本工作(或者"远见",像他自己富有洞察力地称呼的那样)

早在《通论》出版20多年以前就写作完成了。20世纪50年代以后的时期是含混的，人们很难强行召回一度曾经被遗忘的瓦尔拉斯，来勉强维系经济思想连续进步的统一规则。

我本人关于这种拘泥于少数大人物的研究方法的致命缺陷的观点，极大地受到了两位杰出的思想史学者的著作的影响。一位是我的学位论文的指导教师约瑟夫·道夫曼（Joseph Dorfman），他的无与伦比的关于美国经济思想史的多卷本著作决定性地证明了通常所谓的"小"人物在任何思想观念的发展中将具有多么重要的作用。首先，历史材料由于忽略了这些人而被遗漏了，因而，通过选择和纠缠于少数分散的著作来构造思想史，历史便被歪曲了。其次，众多的被认定为次要人物的人对于思想的发展做出了大量的贡献，这些贡献在某种程度上超过了少数顶尖的思想家。于是，经济思想的重要特征便被忽略了，而所形成的理论也就变得没有价值、贫乏和毫无生气了。

不仅如此，历史本身所包含的短兵相接的搏斗，思想与运动的背景，人们彼此之间如何相互产生影响，以及他们相互之间如何做出反应和对抗，所有这些都必然会为单纯拘泥于少数大人物的研究方法所忽略。昆廷·斯金纳（Quentin Skinner）著名的两卷本的《现代政治思想基础》，使我特别深刻地感受到了历史学者的著作所存在的这种情况，对该书所具有的重要意义即使不采用斯金纳本人的行为主义方法论，也能感受得到。[4]

在我看来（并且对于每一个人来说也将如此），这种强调持续地进步、向前和向上发展的研究方法被托马斯·库恩（Thomas Kuhn）的著名的《科学革命的结构》所摧毁了。[5] 库恩的注意力不在经济学上;相反,他按照哲学家和科学史学者的标准方式集中关注像物理学、化学以及天文学这样的必然是"硬"科学的学科。通过将"范式"一词带入知识界的话语中,库恩摧毁了我所喜欢称之为"关于科学史的辉格党理论(Whig theory)"的东西。所谓辉格党理论,正像包括经济学在内的所有科学的思想史研究学者们所认同的那样,指的是科学思想总是在有条不紊地进步,年复一年地发展、筛选并检验理论,从而科学将总是呈现着前进和上升运动,每一年,每十年,或者每一代人,都会学到更多并且拥有更为正确的科学理论。与关于历史的辉格党理论(它是19世纪中叶英格兰的产物,坚持认为事物总是(从而必定)变得越来越好)相类似,关于科学的辉格党历史学者似乎比通常的辉格党历史学者具有更加坚实的基础,他们或者隐含或者明确地断言,在任何特定的科学学科分支中,"后来的总是更好的"。辉格党的历史学者(不论是关于科学史的研究,还是关于本来意义上的历史的研究,都是如此)真诚地主张,对于任何历史时点而言,"已经存在的东西,都是对的",或者至少要比"先前存在的东西"更好。由此必然导致一种自鸣得意和令人愤怒的潘格罗斯乐观主义(Panglossian optimism)。结果,在经济思想的编史工作中就形成了牢固的(尽管是隐含着的)立场,即认为每一位经济学家,或者至少每一个经济学流派,都为经济思想的这种百折不挠的上升前进运动贡献了他们的一份重要力量。这样一来,能够导致一个经济思想学派整体产生严重缺陷甚至完全失败的总体系统性的错误就不会发生,至于可能使经济学界永久地误入歧途的事情就更不会出现了。

然而,库恩表明,这根本就不是科学发展的方式,由此引起了哲学界的震惊。一旦某个主要的研究范式被选定,就不再有任何的检验和筛选,只有当占支配地位的范式中所出现的一系列失败和异常使科学陷入了一种"危机形势"之后,对其基本假定的检验才会发生。人们无须采取库恩的虚无主义哲学的世界观(他的隐含意思是,没有一个范式是或者可能是比其他任何范式更好的)就能够理解,他关于科学的不那么过于乐观的观点,不论是作为历史还是作为社会学,看起来都是正确的。

但是,如果标准的浪漫主义或潘格罗斯观点甚至在硬科学中也行不通的话,那么就可以确定,它在像经济学这样的"软科学"中,在一个无法通过任何实验来加以检验的学科中,在众多甚至更软的学科诸如必然与人们的经济观紧密纠缠在一起的政治学、宗教以及伦理学的场合,必然也是完全不中用的。

因此,在经济学中不能贸然地假定,后来的思想总是比先前的思想更好,甚或认为所有著名的经济学家都为这一学科的发展贡献了他们实实在在的一份力量。情况极有可能变成,与每个人都为一座永远在不断增高的经济学大厦添砖加瓦不同,经济学可能并且实际上是在争论当中甚至是以锯齿形的方式发展的,后来的系统性谬误有时会排挤掉先前的更为健全的范式,从而将经济思想再引入一种总体上错误的,甚或是可悲的路线。在任何给定的时期中,经济学发展的总体路线既可能是上升的,也可能是下降的。

近年来,受到形式主义、实证主义和经济计量学的压倒性的影响以及自我标榜是一种硬科学,经济学对于它自己的过去表现出了极小的兴趣。如同在任何"真正的"科学中那样，人们专注于最新的教科书或者期刊文章，而不再去探究它本身的历史。毕竟，当代的物理学家不会耗费过多的时间去钻研18世纪的光学，难道不是这样吗？

然而，在过去的一二十年间，占支配地位的瓦尔拉斯—凯恩斯主义的新古典形式主义范式受到了越来越多的质疑，名副其实的库恩的"危机形势"在经济学的各个领域都出现了，包括对于它的方法论的担忧。处于这种形势当中，对于思想史的研究出现了一种意义重大的复兴，我们希望并预期这种复兴在未来年间将能进一步扩展。[6] 因为，如果被掩埋在已经丧失的范式中的知识随着时间的流逝可能会消失和被遗忘的话，那么研究较早的经济学家和思想流派就不应该单纯是为了满足文物研究的需要，或者仅仅是为了考察人类的知识活动在过去是如何进行的。先前的经济学家之所以值得研究，是因为他们对于已经被遗忘从而对于今天来说仍然是新知识的东西做出了重要贡献。关于经济学要旨的有价值的真理，不仅可以从最新的期刊中学习到，也可以从已故久远的经济思想家的著作中领悟到。

但是，这些还仅仅是方法论上的一般推广。对我来说，具体地认识到重要的经济知识在时间进程中被遗失这一点，是从我注意到20世纪50年代和20世纪60年代所出现的对于经院学者认识的重大修正开始的。这种开创性修正引人注目地出现在熊彼特的巨著《经济分析史》中，并在雷蒙德·德·罗弗（Raymond de Roover）、玛乔丽·格赖斯—哈钦森（Marjorie Grice-Hutchinson）和约翰·T.努南（John T. Noonan）的著作中得到了发展。结果表明,经院学者并不简单地属于"中世纪",而是始于 13 世纪,随后直到 16 世纪处于扩展和繁荣的时期,并且延续到了 17 世纪。经院学者远不是生产成本的道德说教者,他们相信公平价格就是在自由市场上基于"共同估价"而建立起来的价格。不仅如此,经院学者绝非是天真的劳动或生产成本价值理论家,他们可以被视为"原初的奥地利学者"(proto-Austrians),拥有复杂老道的关于价值与价格的主观效用理论。进一步地说,某些经院学者在发展一种"原初的奥地利式的"动态企业家理论方面,已经远远超出了当前追求形式主义的微观经济学。此外,在"宏观"方面,从比里当(Buridan)开始到达到顶峰的 16 世纪西班牙经院学者为止,经院学者们研究出了一种"奥地利式的"而不是货币主义的有关货币和价格的供求理论,包括区域间的货币流动,甚至还有一种关于汇率的购买力平价理论。

这种对我们关于经院学者的知识的令人瞩目的修正,是由在拉丁语上造诣较深的从欧洲训练出来的经济学家带给美国经济学家的,这看起来不是偶然的,美国学者的拉丁语知识程度普遍令人不敢恭维,而拉丁语正是经院学者写作时使用的语言。这一简单事实突出了现代世界中知识丢失的另一个原因:在人们的本国语言中所表现出来的封闭性(这在说英语的国家中尤其严重),这种封闭性自从 16 世纪欧洲基督教改革运动以来,造成了学者们曾经达到过的在全欧洲范围的联系的中断。如果人们要问:为什么欧洲大陆的经济思想经常只能在英国和美国产生最低限度的或者至少是迟延的影响,那么一个简单的原因就在于,这些著作尚未被译成英语。[7]

在我看来,关于经院学者的修正主义所带来的影响,就在这两个十年间又为德国裔的"奥地利学派"历史学者埃米尔·考德(Emil Kauder)所补充和加强了。考德揭示出,在17世纪、特别是18世纪的法国和意大利,占统治地位的经济思想也是"原初的奥地利式的",它强调主观效用和相对稀缺性是价值的决定因素。然而,以此为基础,直接基于他自己的著作和那些对经院学者的传统解释加以修正的著作,考德又继续就亚当·斯密的作用问题提出了一个令人吃惊的见解,这个见解认为,斯密远不是经济学的奠基人,真实的情况正好相反。就相反的情况而言,斯密实际上是拿走了完好的、几乎发展成熟的原初的奥地利的主观价值传统,并悲剧性地将经济学导向一条错误的路线上,一个死胡同,以至于一个世纪以后奥地利学派不得不从这里开始来拯救经济学。斯密不去研究主观价值、企业家,以及关注真实市场定价和市场活动,他将所有这些都加以抛弃,而代之以一种劳动价值理论和一种对于不变的长期"自然价格"均衡的突出关注,该均衡是一个假定不存在企业家的世界。到了李嘉图那里,这种不幸的研究焦点转移又被进一步增强和系统化了。

如果斯密不是经济理论的创立者,那么他也就不是政治经济学中的自由放任学说的奠基人。不仅经院学者既是自由市场的分析家和信仰者,也是政府干预的批判者,18世纪法国和意大利的经济学家甚至具有比斯密更加自由放任的倾向。斯密对于杜尔阁和其他人(杜尔阁是一个几乎纯粹的自由放任的拥护者)所阐述过的东西,只是添加了诸多胡说和限制条件。结果表明,斯密并不是应当被尊为现代经济学或自由放任学说创立者的某个人,而是更接近于保罗·道格拉斯在1926年芝加哥纪念《国富论》时所描绘的形象:卡尔·马克思的一位必要的前辈。

埃米尔·考德的贡献不仅限于他将亚当·斯密描绘成先前的经济理论的优良传统的破坏者,和在库恩式的锯齿形经济思想图景中一个巨大"倒退"的开创者。除此之外,考德对导致不同国家经济思想发展过程中的那种令人困惑的非对称性的基本原因的判断,也是引人入胜的,只是它更富有推测的色彩。例如,为什么主观的效用理论传统繁荣于欧洲大陆,特别是法国和意大利,继而又特别地复兴于奥地利,而劳动和生产成本理论则专门在大不列颠发展起来?考德将这种差别归结为宗教的深厚影响:经院学者,以及那时的法国、意大利都属于天主教国家,而天主教教义强调,消费是生产的目标,消费者效用和享乐至少在适中程度上属于有价值的活动与目标。相反,英国的传统,从斯密本身开始就是加尔文教派,它反映了加尔文教所着重强调的思想:努力工作和辛苦劳累不仅是好事,而且是一件天大的好事,而消费者享乐充其量也只能属于一种不得已的邪恶,一种促使劳动和生产连续进行的必要条件。

在阅读考德著作的时候,我认为这个观点是一种挑战性的见解,不过它基本上属于一种未加证明的推测。然而,当我继续研究经济思想并且着手撰写这几卷书时,我得出的结论是,考德的观点已经得到了反复多次的证实。尽管斯密只是一位"温和的"加尔文教徒,他却是一个坚定的人,我由此得到了这样的结论:加尔文教所强调主张的东西可以解释斯密的思想特点,例如,斯密对于高利贷法的拥护(如果不这样来解释,斯密的这种拥护将是令人迷惑不解的),以及他的研究重点为何从作为价值决定因素的反复无常且喜欢奢侈的消费者那里,转移到将其辛苦劳作的工时嵌入其物质产品价值中去的有德行的劳动者身上。

但是,假如斯密可以由加尔文教来解释,那么作为西班牙—葡萄牙后裔、从犹太教转为贵格教(Jew-turned-Quaker)的大卫·李嘉图,一个肯定不是加尔文教徒的人,对他又如何来解释呢？在我看来,最近关于詹姆斯·穆勒作为李嘉图的指导老师和"李嘉图体系"的主要奠基人所具有的支配性作用的研究,在这里可以强有力地派上用场。因为穆勒是一个被委任为长老会牧师的苏格兰人,并且深受加尔文教的浸染。在他人生的晚期,穆勒来到了伦敦,并且成为一个不可知论者,可是这一事实丝毫也没有影响到穆勒关于人生和世界的基本态度所具有的加尔文教派的特性。穆勒所拥有的巨大的福音派传教士的能量,他对社会改良坚持不懈的努力,以及他对于辛勤劳动(此外还有同属于加尔文教义的节俭美德)的忠诚和热爱,都反映了他终其一生的加尔文教的世界观。约翰·斯图雅特·穆勒对李嘉图主义的复兴,可以被解释成他为了纪念对他有深远影响的父亲而做出的一种祖先崇拜式的(fileopietist)奉献。阿尔弗雷德·马歇尔将被他变得庸俗化的奥地利学派的洞见纳入到他自己的新李嘉图主义的大纲,也是来源于一种高度说教的、福音派教会式的新加尔文主义的影响。

相反,作为对斯密—李嘉图思想的主要挑战者,奥地利学派兴起于一个不仅拥有牢固的天主教而且其人民的价值和态度仍然深受亚里士多德和托马斯主义思想影响的国家,也是绝非偶然的。奥地利学派的德国前辈们所繁荣发展的地方,不是在奉行新教和反对天主教的普鲁士,而是在德国那些或者奉行天主教或者在政治上与奥地利而不是与普鲁士结盟的州。

这些研究使我日益坚信,如果撇开宗教世界观以及社会和政治哲学,将会灾难性地歪曲任何经济思想史的面貌。这一点对于19世纪以前的各个世纪是相当明显的,就是对于19世纪来说它也是正确的,尽管这时技术的装置更多地拥有了其自身的独立性。

正是由于这些见解,本书的各卷与通常的标准和规模完全不同,这不仅仅在于它提供了一种奥地利的而不是新古典或制度主义的视角。此外,本书的整个部头也比大多数同类书籍大出许多,因为它坚持把所有的"次要"人物以及他们的相互作用都纳入进来,不仅如此,除了他们比较狭窄的、严格意义上的"经济"观点以外,还要强调他们的宗教和社会哲学的重要性。但是我希望,篇幅的延长以及将其他因素囊括进来,将不会降低本书的可读性。相反,历史必然意味着对于真实人物以及他们的抽象理论的叙事式讨论,包括胜利的喜悦、不幸的悲剧以及冲突,这些冲突常常既是道德方面的,也是纯理论方面的。因此,我希望,对读者来说,这种令人不惯的篇幅延长将由于本书包含了远比通常的经济思想史著作内容丰富得多的人类戏剧性事件,而得到补偿。

默瑞·N. 罗斯巴德
于内华达州,拉斯维加斯

注释

1 约瑟夫·熊彼特的拥有巨大价值的、不朽的《经济分析史》(纽约:牛津大学出版社,1954年)有时被称为是"奥地利式的"。可是,虽然熊彼特出生于奥地利,并且在伟大的奥地利学者庞巴维克的指导下从事研究,他本人却是瓦尔拉斯学说的忠实信奉者。此外,他的《经济分析史》还具有折中性和个人气质特征性。

2 关于当前的三个主要的奥地利范式的解释,可以参见默瑞·N. 罗斯巴德的《奥地利经济学的当前状态》(The Present State of Austrian Economics)(亚拉巴马州,奥本:路德维希·冯·米塞斯研究所,1992年)。

3 本书作者在哥伦比亚大学准备其博士论文答辩时,曾请德高望重的约翰·莫里斯·克拉克作为经济思想史方面的审阅人。当本书作者询问克拉克是否应当阅读杰文斯的著作时,克拉克令人有些吃惊地回答道:"这有什么意义呢?杰文斯著作中的有价值的内容全都包含在了马歇尔的著作中。"

4 约瑟夫·道夫曼,《美国文明中的经济思想》(The Economic Mind in American Civilization)(五卷本,纽约:维金出版社(Viking Press),1946—1959年);昆廷·斯金纳,《现代政治思想的基础》(The Foundations of Modern Political Thought)(二卷本,剑桥:剑桥大学出版社,1978年)。

5 托马斯·S. 库恩,《科学革命的结构》(The Structure of Scientific Revolutions)(1962年,第2版,芝加哥:芝加哥大学出版社,1970年)。

6 近年来专心致力于对完全依赖于陈旧过时的19世纪中叶力学的新古典形式主义进行卓越而有力的批判这样一种努力,成为这种最近的态度转变中一个值得欢迎的信号。参见菲利普·米罗斯基(Philip Mirowski),《比光还热》(More Heat than Light)(剑桥:剑桥大学出版社,1989年)。

7 在当前的时代,当英语变成了欧洲的通用语言,并且大多数的欧洲杂志都是用英语发表文章以后,这一壁垒已经减少到了最低限度。

致　　谢

这几卷书直接得到了佛罗里达罗林斯学院(Rollins College)的马克·斯库森(Mark Skousen)的鼓励,他敦促我从奥地利学派的视角撰写一部经济思想史。除了激发这种创作动力之外,斯库森还说服政治经济学研究所在它的头一个学术年度中支持我的研究工作。马克最初将本书设想成为一部与海尔布伦纳(Heilbroner)的著作*针锋相对的、标准的从斯密到当前为止的篇幅适中的书。然而,在对这个问题深思熟虑之后,我告诉他我将从亚里士多德开始,因为斯密从他的许多前辈那里急剧地退步了。那时我们谁都没有意识到随后的研究所涉及的范围或广度。

不可能列出那些通过对于经济学史以及它的所有同类学科的指导和讨论而使我终生获益的所有人的名字。这里我将不得不恳请他们中的大多数对于我的怠慢予以谅解,而仅提及少数几位。我最衷心地感谢路德维希·冯·米塞斯,他为我提供了经济理论的宏伟大厦,此外还因为他的教学、他的友谊以及他的

---

* 罗伯特·海尔布伦纳(1919—2005)是美国经济学家和经济思想史学家,其著名的经济思想史著作《俗世的哲学家》(*The Worldly Philosophers*)自50年代初问世后,广泛流行,曾是仅次于萨缪尔森《经济学》的畅销教科书。——译者注

人生对于我们的激励榜样。衷心感谢约瑟夫·道夫曼,因为他贡献了经济思想史中开创性的著作,他强调历史材料与理论本身同样重要,此外他还在历史研究方法上进行了煞费苦心的指导。

我极大地感谢小卢埃林·H. 罗克韦尔(Llewellyn H. Rockwell, Jr)在奥本大学(Auburn University)创建和组织路德维希·冯·米塞斯研究所(Ludwig von Mises Institute)的工作,仅仅经过十年的光景,就将其建设成为一个学术兴旺和成果丰富的指导奥地利经济学研究者的中心。这里,我必须再次提到佩斯大学(Pace University)的约瑟夫·T. 萨莱诺(Joseph T. Salerno),他在经济思想史方面进行了令人瞩目的创造性工作。还有米塞斯研究所的大卫·戈登(David Gordon),一位超常的博学之人和学者的学者,他在哲学、经济学以及知识史方面的丰富著作仅仅包含了他在这些以及其他诸多领域中的渊博知识的一小部分。此外,还要感谢位于得克萨斯州泰勒(Tyler)的基督教经济学研究所(Institute for Christian Economics)的负责人加里·诺斯(Gary North),他提供了详尽的关于马克思和一般社会主义的文献,并为我解开了有关千禧年学说、非千禧年学说以及前千禧年学说和后千禧年学说的各种说法的神秘之处。当然,所有这些人都将与这里的任何错误无关。

我的研究工作大部分都是在哥伦比亚大学、斯坦福大学以及内华达大学拉斯维加斯分校图书馆所拥有的极好的图书资源的支持下进行的,部分地也得到了我自己在数年间所积累的图书收藏的补充。由于我属于目前仍然执拗地坚持使用低技术含量的打字机而不采用文字处理器或电脑的少数学者之一,所以我不得不依靠许多打字员或文字处理者的帮助,他们当中我将特别提及内华达大学拉斯维加斯分校的珍妮特·班克和唐娜·埃文斯。

除此之外,本书作者和出版者还将感谢下列人员友好地允许使用其拥有版权的学术资料:

格勒内维根(Groenewegen, P. D.)主编的《A. R. J. 杜尔阁的经济学》(*The Economics of A. R. J. Turgot*),1977年版权,由海牙的马蒂努斯·尼约夫出版社(Martinus Nijhoff)所有。经克卢韦尔学术出版社(Kluwer Academic Publishers)允许而重印。

莱昂内尔·罗斯克拉格(Rothkrug, Lionel)的《反对路易十四》(*Opposition to Louis XIV*),1965年版权,1973年版权更新,由普林斯顿大学出版社所有。经普林斯顿大学出版社允许而重印。

本书作者将特别地感谢位于荷兰多德勒支(Dordrecht)的克卢韦尔学术出版社版权与许可部的贝伦迪娜·范·斯特拉伦女士的高效而又谦和的工作态度。

第1章 最初的哲人-经济学家:古希腊

1.1 自然法
1.2 波里斯的政治学
1.3 第一位"经济学家":赫西俄德与稀缺问题
1.4 前苏格拉底学派思想
1.5 柏拉图的右翼的集体主义乌托邦
1.6 色诺芬论家政管理
1.7 亚里士多德:私有财产与货币
1.8 亚里士多德:交换与价值
1.9 亚里士多德以后的衰退
1.10 古代中国的道家学说
1.11 注释

像通常一样，一切从希腊开始。古希腊人是第一个运用他们的理性来系统地思考其周围世界的文明民族。希腊人是最早的哲学家（其原文为 philo sophia，含义是爱智者），第一个试图深入思考和发现如何获得并证实关于世界的知识。其他的部落和人民都倾向于将自然事件归因于神的跋扈的无常怪想法。例如，一个强雷暴的发生，也许被归因于某些事情触怒了雷神。因而，使天降雨或者制止强雷暴的方法，将只能从人的那些取悦于雨神和抚慰雷神的行动中去寻找。这样的人民一般将视努力探究雨或雷电的自然原因为愚蠢之举。相反，人们要做的事情应该是了解相关的各种神所要求的是什么，然后努力去满足他们的需要。

与此相反，古希腊人渴望运用他们的理性——他们的感觉观察和逻辑能力——去探究和认识他们的世界。在这样做的过程中，他们逐渐放弃了对于神的意志的担忧，转而考察他们周围的实在的客体。尤其是在伟大的雅典哲人亚里士多德（公元前384—前322年），一位高贵的、富有创造力的系统思想家——也就是后世所称的真正的哲学家——的领导下，希腊人逐渐形成了一种有关推理和科学的理论和方法，这种理论和方法后来被称之为自然法(natural law)*。

1.1 自然法

自然法建立在这样的重要洞见基础之上:存在,必然意味着是某种物,即某种具体的东西或实体的存在。没有任何抽象的存在。任何存在的东西,不论它是一块石头、一只猫,还是一棵树,都是某种具体的事物。由经验事实可知,宇宙中存在着不止一类的事物。实际上即使没有数百万种不同事物的话,也有数千种不同的事物。每一个事物都有它自己特定的一套性质或属性,即它本身的性质,正是它把一个事物与其他种类的事物区分开来。一块石头,一只猫,一棵榆树,每一个都有其自身特定的可以为人们发现、研究和识别的性质。

进而,人们便通过考察各种实体,识别相同种类的事物,并按照其自身的性质与自然将它们归入不同的范畴,来研究世界。如果我们看见一只猫走入街道,我们能够立刻将它纳入一组事物,或其自然已经被发现和研究过的叫做"猫"的动物集合。

如果我们能够发现和了解实体 X 与实体 Y 的自然,那么我们就能够发现当这两个实体相互作用时将会发生什么。例如,假定当一定数量的 X 与给定数量的 Y 相互作用时,产生了一定

---

* 自然法一词具有多种含义,在最狭窄和严格的意义上,它指的是由自然本身决定的具有普遍支配力的法律体系,并且常常被与由国家和政治社会制定的法律(所谓人为法(man-made law)或者实在法(positive law))相比照。而从更宽泛的、历史的角度看,自然法一词也蕴涵了一种理论,指的是人们运用推理等思维方法去认识客观存在的自然的规律和法则。本文是在后一种意义上使用自然法一词的。——译者注

数量的另一种事物,Z。那么,我们就可以说,作为结果的Z,是由X与Y的相互作用引起的。这样,化学家便可以发现,当两个氢分子与一个氧分子相互作用时,产生了一个新的实体的分子,水。所有这些实体——氢、氧和水——都具有特定的可以发现的性质或能够被识别的性质。

由此,我们看到,因与果的概念成为自然法分析中的基本内容。世界上的事件可以被追根溯源于特定实体的相互作用。由于性质是给定的并且是可以识别的,各种实体之间的相互作用在同样的条件下将会重复。同样的原因将总是产生同样的结果。

对于亚里士多德主义的哲学家来说,逻辑并不是一个分离而孤立的学科;相反,它是自然法的一个有机组成部分。因而,识别实体的基本过程在"古典的"或亚里士多德的逻辑中,便导致了同一律(the Law of Identity):一个事物就是它本身,而不可能是它以外的任何东西,也就是说,a 就是 a。

由此又得出,一个实体不可能是它自身的否定。或者换一种说法,我们拥有一个矛盾律(the Law of Non-Contradiction):一个事物不可能既是 a 又不是 a。a 不是也不可能是非 a。

最后,在我们这个充满众多种类实体的世界,任何事物都一定或者是 a,或者不是 a。简言之,它将或者是 a,或者是非 a。任何事物都不可能同时是这二者。这又给予我们第三条著名的古典逻辑法则,即排中律(the Law of the Excluded Middle):宇宙中的任何事物都或者是 a,或者是非 a。

但是,如果宇宙中的每一个实体——氢、氧、石头或猫——

都能被识别、分类,并且其性质都可以被考察,那么对于人类也将是如此。人类必然也有特殊性质,我们能够对其加以研究,能够从中获得知识。人类在宇宙中是独一无二的,因为他们除了研究其周围的世界以外,也能够并且实际上也在研究其自身。同时,他们还努力去发现他们将要追求的目标以及他们为实现这些目标所可能采取的手段。

"好"(以及因而得出的"坏")的概念仅仅与有生命的实体相关联。由于石头或分子没有目标或目的,因而对一个分子或石头而言,任何所谓"好的"概念都必然被认为是稀奇古怪的。但是对于一棵榆树,或者一条狗来说,"好的"概念将具有重要意义:具体来说,"好"指的是任何有利于生命和有生命的实体兴旺发展的事物。"坏"则是指任何伤害此类实体的生命或妨害其兴盛的事物。这样一来,通过发现对于榆树的生长和生命延续所需要的最好的条件如土壤、阳光、气候等等,和努力避免被认为是对于榆树的"坏"的条件,如榆树枯萎病、过度干旱等等,便可能建立起一种"榆树的伦理学"。类似的一套伦理性质也能够针对各种动物的繁育而建立起来。

因此,自然法将伦理学看作是与有生命的实体(或者说是物种,*species*)相关联的。对于卷心菜来说是好的东西,将与对兔子来说是好的东西不同,它们反过来又将与对人来说是好或者是坏的东西不同。对于每一物种的伦理学都将依它们各自的性质的不同而不相同。

人是唯一的这样一类物种,它能够——实际上是必须——为它自己开发出一种伦理学。植物没有意识,所以不能进行选择或行动。动物的意识只是狭隘的感知上的意识,而不是概念上的意识,即动物没有构造概念并根据概念来行动的能力。而人,用亚里士多德的著名警句来说,是独一无二的理性动物,即人是这样的物种:它运用理性来选取价值和伦理原则,通过行动去达到这些目的。人是行动者,也就是说,他选取价值与目的,并选择实现它们的方式。

因此,人在寻求目标和达到目标的途径的过程中,必然要在自然法的框架之内去发现和工作,揭示他自身和其他实体的性质以及它们之间相互作用的方式。

西方文明在很大程度上是源于希腊人。古希腊的两个伟大的哲学传统长期以来一直在影响着西方人的思想,它们就是亚里士多德和他的伟大导师与对手柏拉图(公元前 428—前 347 年)两者的思想传统。据说,每一个人,从最基本的方面来看,不是属于柏拉图主义者,就是属于亚里士多德主义者,这种划分将贯穿于他们思想的始终。柏拉图开创了自然法的研究方法,这种研究方法又为亚里士多德加以发展和系统化。但是,他们的基本目标是相当不一样的。对于亚里士多德及其追随者而言,人的存在像所有其他创造物的存在一样,是"偶然"的,并不是必然的和永久性的。只有神的存在才是必然的和超越时间的。人的存在的偶然性是自然秩序不可变更的一部分,而且必须被认为如此。

然而,对于柏拉图主义者,特别是由柏拉图的后继者,埃及的柏罗丁(Plotinus)(公元 204—270 年)所详尽阐述的学说而言,这些对于人的自然状态的不可避免的限制是无法容忍的和必须被超越的。对于柏拉图主义者而言,人们实在的、具体的、暂时的现实存在也是受到限制的。不过,这种存在(它是我们中的任何人曾经见到过的所有东西)是降生于神的恩典,降生于原初不存在的、理想的、完美的、永恒的人类存在,这种永恒的人类存在像神一般完美因而无任何限制。通过使用一种稀奇古怪的语言转变,这种完美的、从未存在过的存在便被柏拉图主义者说成是真正的存在,人的真正本质,我们所有人都是由此异化或者分离出来的。在这个世界上,人(以及其他所有实体)的性质应该是某种东西,应该存在于时间当中。但是,按照柏拉图主义者的语言转变,真正地存在的人应该是永恒的,生活在时间之外,并且是没有限制的。因而人在地球上的状况便被假定成一种退化和异化的状态,而他的目的则被假定为要通过其努力返回到那种"真正"无限制的、完美的和已认定为是其原初的状态。这当然是在没有任何证据的基础上的认定——实际上,证据本身是自我确认的、有限制的,因而对于信奉柏拉图思想的人来说,它也在退化。

柏拉图与柏罗丁关于人被认定为异化状态的观点具有广泛的影响,正如我们在卡尔·马克思及其后继者的著述中将要看到的那样。另一位与亚里士多德传统有着显著区别的希腊哲学家,是早期的前苏格拉底哲学家埃菲修斯的赫拉克利特(Heraclitus of Ephesus,公元前约535—前475年),他可以被视为黑格尔和马克思的先驱。他被称为前苏格拉底学者是因为在年代上早于柏拉图的伟大导师苏格拉底(公元前470—前399年),后者没有任何著作,却为我们流传下来经由柏拉图和其他几位后继者解释过的东西。赫拉克利特被希腊人贴切地授予"晦涩家"(The Obscure)的头衔,他教导人们说,有时,相反的东西,a与非a,可能是同一的,换句话说,a可能是非a。这种对于基本逻辑的蔑视对于像赫拉克利特这样的人来说,也许是值得原谅的,他是在亚里士多德建立起古典逻辑之前从事著述的,不过对于他的后继者们则不能再这样宽容了。

1.2 波里斯的政治学

当人们将其对理性的运用从无生命的世界转到人类本身和社会组织时,使纯粹的理性避免屈服于那个时代政治架构的偏差或偏见就变得日益困难了。这对于包括苏格拉底、柏拉图和亚里士多德在内的希腊人来说,绝对是真实的。希腊人的生活被组织在一个小型城市国家即城邦(波里斯,*polis*)中,其中的一些城邦能够开辟海外帝国。最大的城邦,雅典,覆盖的区域只有大约一千平方英里,或现今的特拉华州面积的二分之一。希腊政治生活中的关键一点是,城邦是由拥有特权的公民(*citizens*)组成的一个牢固的寡头集团来管理,他们中的大多数都是大土地所有者。城邦中人口的大多数是奴隶或外邦的居住者,他们通常各自承担体力劳动和商业企业活动。公民的特权被保留至公民的后代。尽管希腊的城邦不断地在绝对的暴政与民主之间徘徊,然而即使在最"民主"的雅典,保留有民主统治特权的也只占人口的百分之七,而其他人则或者为奴隶,或者是外邦居住者。(于是,在公元前15世纪的雅典,总共400,000人口中,只拥有大约30,000公民。)

由于拥有特权的土地所有者依靠税收和奴隶的产品为生,雅典的公民便有闲暇的时间来从事选举、讨论和艺术活动,对于特别聪明的人们来说便进行哲学讨论。虽然哲学家苏格拉底本人是一个石匠的儿子,可他的政治观点却是极端精英式的。在公元前404年,专制的斯巴达国(城邦)征服了雅典,建立起一个被称为"三十僭主统治"(Rule of the Thirty Tyrants)的恐怖统治。当雅典人在一年后推翻了这个短命的统治时,重新恢复的民主政体将年迈的苏格拉底处以死刑,这主要是因为他有同情斯巴达人的嫌疑。这件事更加坚定了苏格拉底的才华横溢的年轻弟子,一个高贵的雅典家族的后裔,柏拉图,献身于贵族和专制统治的(在现今将被称为"极右的")信念。

十年以后,柏拉图在雅典郊外建立了他的阿卡德米学园(Academy),不仅作为进行抽象的哲学教学与研究的思想园地,而且也成为有关社会专制主义的政策规划的策源地。他本人曾有三次试图在西拉丘斯(Syracuse)城邦建立专制王国的不成功的努力,然而,至少有九个柏拉图的学生都成功地使自己成为希腊的各城邦的专制统治者。

亚里士多德虽然在政治上较柏拉图更为温和,但是他对于城邦贵族的忠诚也完全是显而易见的。亚里士多德出生在斯塔吉拉城(Stagira)的马其顿沿海城镇的一个贵族家庭,在公元前367年他17岁时,作为一名学生进入柏拉图的学园。直到20年后柏拉图去世时为止,他一直待在那里。在那以后,他离开了雅典,最终又回到马其顿,在这里他加入了菲利普国王的宫廷,并成为年轻的未来世界征服者亚历山大大帝的私人教师。在亚历山大登上王位宝座之后,亚里士多德又于公元前335年返回雅典,在吕克昂(Lyceum)建立了他自己的哲学学园,在这里形成了由他自己撰写或者由他的学生抄写的讲义笔记,而这些成为他流传给我们的伟大著作。当亚历山大于公元前323年去世后,雅典人可以自由地发泄他们对马其顿人以及他们的同情者的愤怒,亚里士多德被驱逐出城市,以后不久便去世了。

他们的贵族情结以及他们生活于其中的寡头执政的城邦的环境,比起柏拉图在理论上的右翼的集体主义乌托邦与他的学生们建立专制暴政的实际尝试之间的各种徘徊来,对苏格拉底学派思想产生的影响要更大。因为苏格拉底学派的社会地位与政治偏好浸染了他们的伦理与政治哲学和他们的经济观点。因此,对于柏拉图和亚里士多德两人来说,对人是"好的事情",不是个体所追求的某种东西,个体也不是一个其权利不能被同伴剥夺或侵犯的人。对于柏拉图和亚里士多德而言,"好的"事情自然不是单个人所追求的,而是由城邦所追求的,美德与好生活是城邦导向的,而不是个人导向的。所有这些都意味着柏拉图和亚里士多德的思想核心是主张中央集权下的经济统制和杰出人物统治论。中央集权下的经济统制不幸地渗透到了"古典"(希腊与罗马)哲学,并且对基督教和中世纪的思想产生了重大影响。因而,古典的"自然法"哲学从未达到过后来关于个人的"自然权利"思想(这种权利不允许个人或政府侵犯)先是在中世纪、随后又在17和18世纪所达到的完美程度。

在更严厉的经济王国中,希腊人的中央集权统制思想意味着贵族们对于通常所公认的在军事艺术和农业方面的美德的赞扬,和对于劳动和贸易从而对于赚钱和寻求与获取利润的普遍蔑视。这样,苏格拉底学派便公开地将劳动鄙视为不健康的和庸俗的,他们引证波斯国王的话,其大意是说,最高贵的艺术乃是农业和战争。亚里士多德曾经写道,没有任何好公民"将被允许去从事任何低层次的、机械呆板的就业或者贸易活动,因为它们是可耻的并且有损于美德的"。

进一步地说,希腊人将城邦抬举到高于个人的地位,导致他们对于经济创新与企业家才能采取了一种暗淡的观点。企业家,亦即动态的创新者,毕竟是个人自负和创造力之体现,因而也就成为经常性地扰动社会变迁以及经济增长的预言家。但是,希腊人和苏格拉底学派关于单个人的伦理价值观念却不是一种对于内在可能性的展开与绽放,而是一种被塑造出来旨在与城邦的需求保持一致的公共的或政治的傀儡。这样一种社会观念所旨在推进的,将是一种根据政治来决定人们地位的呆滞的社会,而肯定不会是一种由富有创造力的动态的个人和创新者所组成的社会。

1.3 第一位"经济学家":赫西俄德与稀缺问题

任何人都不应当被误导说,古希腊人已经是现代意义上的"经济学家"了。在开创哲学的过程中,他们关于人及其世界的哲理性探讨产生了零散的有关政治—经济的思想和洞见,甚或严格的经济思想和洞见。不过,那时并没有现代类型的关于本来意义上的经济学的专题论文。确实,"经济学"一词是希腊语,它来自希腊语中的 *oikonomia*,可是 *oikonomia* 按照我们今天的理解,其意思并非是经济学,而是"家政管理",而那时关于"经济学"的专题论文将要讨论的东西则可以被称为家政管理技术,它们也许有用,但肯定不是我们今天视为经济学的那些内容。此外还有一个危险——不幸的是,它并没有为许多有才华的经济思想史学者所避免——这就是人们热切地渴望从古代哲人的零碎思想中读出现代经济学所取得的知识。虽然我们绝对不应忽视以往的任何思想巨匠,但是我们也必须避免任何使历史"人为地现代化"(presentist)的做法,即仅仅抓住了少数含混的语句就公然要推出实际上并不存在的复杂深奥的现代概念的所谓开创者。

第一位希腊经济学家的殊荣将落在诗人赫西俄德(Hesiod)的身上。他是一个皮奥夏的住民(Boeotian),生活在公元前8世纪中叶古希腊较早的时期。赫西俄德生活在小型的、自给自足的阿斯克拉(Ascra)农业社区,他本人将其称之为一个"令人悲伤的地方……冬天气候恶劣,夏天酷热难耐,从没有好时候"。因而,他自然要将与人的雄心勃勃的目标与愿望形成鲜明对照的资源匮乏性归结为恒久性的稀缺问题。赫西俄德的宏大诗篇《工作与时日》(*Works and Days*)由数百个诗句组成,它是为有音乐伴奏的独自诗朗诵而创作的。然而,赫西俄德是一位说教式的诗人,而不是单纯的娱乐家,他经常中断他的叙事线索,向他的公众传授传统智慧或者有关人类行为的明确规则。在这部诗的828个诗行中,前383句集中在相对于诸多追求和人类大量的目的与愿望而言的资源稀缺的基本经济问题。

赫西俄德采纳了人们所断言的地球的初始状态是一个伊甸

园,即一种无限丰裕的天堂这样一种"黄金时代"的流行的宗教与部落的神话。当然,在这个初始的伊甸园里并没有经济问题,也没有稀缺问题,因为人们的所有欲望瞬间都被满足了。不过现在,一切都不同了,"人们从未从白天的劳动和悲伤中得以喘息,也未能逃脱夜晚的难耐时刻"。导致这种低沉状态的原因,是一种无所不包的稀缺,是由于人被驱逐出天堂的结果。赫西俄德注意到,由于稀缺,劳动、物质材料以及时间都必须有效地加以配置。不仅如此,通过精力充沛地运用劳动和资本也只能是部分地克服稀缺性。具体来说,劳动——工作是决定性的要素,赫西俄德分析了能够引致人们放弃上帝所喜爱的闲暇的关键因素。这些因素中的第一个当首推基本物质资料的需要。而幸运的是,这种需要将会由于社会不赞成懒惰以及人们渴望效仿同伴们的消费标准而增强。对赫西俄德来说,效仿将导致一种竞争精神的健康发展,对此他称之为"有益的冲突"(good conflict),并视为缓解基本的稀缺问题的一个关键力量。

为了保证竞争的公正与和谐,赫西俄德严格地排斥了诸如抢劫这样的非正当的获取财富的方法,提倡法律规则,尊崇在社会内部建立秩序与和谐的司法制度,允许在一种和谐与公正的环境下发展竞争。事情已经十分清楚,与三个半世纪以后远为富有深奥哲学思想的柏拉图和亚里士多德相比,赫西俄德在有关经济增长、劳动以及有活力的竞争等问题上提出了更为乐观的观点。

1.4 前苏格拉底学派思想

人易于犯错误,甚至出现愚蠢,所以,经济思想史不能将其限定于经济真理总是进步与发展的框架。它也必须对待有影响的错误,也就是那种不幸地影响到了本学科后来发展的错误。此类思想家之一便是萨摩斯(Samos)的古希腊哲学家毕达哥拉斯(Pythagoras,公元前约582—前约507年),他在比赫西俄德晚两个世纪之后发展了一个思想学派,该学派强调唯一具有重要意义的现实是数。世界不仅是数,而且每个数甚至包含了道德品质以及其他抽象要素。如此一来,对于毕达哥拉斯及其追随者来说,正义便是4这个数,而其他的数则是由各种道德品质构成的。虽然毕达哥拉斯毫无疑问地对希腊数学的发展做出了贡献,但是他的数字神话则被20世纪的哈佛社会学家皮季里姆·A. 索罗金(Pitirim A. Sorokin)恰当地描述为"数量狂"(quantophrenia)和"计量痴"(metromania)的原始例子。几乎可以毫不夸张地说,从毕达哥拉斯那里可以看到现今正在生长并且已经繁花似锦的数理经济学和计量经济学的胚芽。

因此,毕达哥拉斯对于哲学与经济思想的贡献是使它们走进了一条毫无结果的死胡同,它在后来对亚里士多德想要建立一种有关正义与经济交换的数学的机敏而又虚幻的尝试,产生了影响。另一个重要的建设性发展则是由前苏格拉底学派(实际上是与苏格拉底同时代)的德谟克里特(Democritus,公元前约460—前约370年)贡献的。

这位来自阿尔德拉(Abdera)的有影响力的学者是宇宙论中的"原子说"的创立者,该理论认为现实的基础结构是由相互作用的原子组成的。德谟克里特对于经济学的发展贡献了两个重要的思想线索。首先,他是主观价值理论的创立者。德谟克里特教导说,道德价值、伦理观是绝对的,而经济价值必然是主观的。"同一事情",德谟克里特写道,可能"对于所有人都是好的和正确的,但是每个人的喜好却各不相同"。不仅估价是主观的,德谟克里特还认识到,一种物品的供给如果变得过度丰裕,那么它的有用性将降为零甚至会变为负数。

德谟克里特还指出,如果人们限制他们的需求并遏制他们的欲望,那么他们目前所拥有的东西将会使他们感觉到更为富有,而不是贫穷。这里,财富的主观效用的相对性质再一次地得到了承认。此外,德谟克里特还是第一个形成有关时间偏好的初始观念的人:这是奥地利学派的深刻见解,它承认人们对于现在时刻的物品比对于未来预期可能得到的物品更偏好。正如德谟克里特所解释的那样,"年轻人并不肯定是否一定能活到老年;因此,手头现有的物品将比以后到来的物品更优越"。

除了勾画主观效用理论的轮廓之外,德谟克里特对经济学的另一个主要贡献是他开创性地捍卫一种私有财产权的制度。在东方的专制主义国家,所有财产均由皇帝及其属下的官僚所有或控制。与此相反,希腊是建立在一种私有财产的社会和经济基础之上的。德谟克里特看到了雅典的私有财产经济与斯巴达的寡头集体主义(oligarchic collectivism)之间的区别,得出了私有财产是经济组织的优越形式的结论。与共同所有财产相对比,私有财产权提供了辛苦工作与勤奋努力的激励,因为"得自共同拥有的财产的收入带来的快乐将更少,而共同财产下的支出所引致的痛苦也更低"。这位哲学家总结道,"当人们辛苦工作的结果为他们所获得或者他们知道他们将使用它的时候","辛苦工作"将"比懒惰更甜蜜"。

1.5 柏拉图的右翼的集体主义乌托邦

柏拉图对于一个等级制的、集体主义乌托邦的寻求,在他的最著名和最有影响的著作《理想国》(*The Republic*)中,得到了经典的表述。在这部著作以及后来的《法律篇》(*The Laws*)中,柏拉图阐述了他理想中的城邦的轮廓:由哲学王及其哲学同伴来维持右派的寡头统治,据认为,如此一来将可以确保由社会中最好和最聪明的人实行统治。在这种强制性的等级制中,处于哲学家之下的是"护卫者",即士兵,他们的任务是侵犯其他城市和国家,同时防备他们的城市被外部人所侵略。在他们之下则是人民,即由受到鄙视的生产者构成的主体:包括劳动者、农民以及商人,他们生产出供贵族式的哲学家和护卫者生活所需的物质产品。这三个广泛的阶级被认为是反映了一种不稳固的、有害的断层,假使在每个人那里曾经存在着一个——适当的支配灵魂的法则的话。在柏拉图看来,每个人被分成了三部分:"一个是欲望,一个是战斗,一个是思想",在每一个灵魂内部最适当的统治序列被认为是,首先是思想,其次是战斗,最后才是最低下的、卑贱的欲望。

在柏拉图的理想国中,实际存在的两个统治阶级——思想家和护卫者,被强迫生活在纯共产主义制度下。在精英中间,无论什么样的私有财产都没有,一切都归公共所有,包括妇女和儿童。精英们将被迫生活在一起,吃大锅饭。按照身为贵族的柏拉图的观点,由于货币和私人占有只能败坏品德,所以必须使上层阶级拒绝它们。在精英中间婚姻的配偶,必须由国家来严格地挑选,婚姻被假定将要按照在畜牧业中已知的科学繁殖规则来进行。如果任何哲学家或者护卫者对于这种安排感到不愉快,他们必须使自己明白,与城邦整体的幸福(这至多也只是一个相当模糊的概念)相比,他们个人的幸福将是一文不值的。事实上,那些并不受柏拉图关于理想的基本现实理论诱惑的人,并不相信有城邦这样一个真实存在的实体。相反,城邦或公社只能是由活生生的、能够进行选择的单个人所组成。

为了使精英和作为臣民的普罗大众各司其职,柏拉图指示哲学家—统治者散布"高贵的"谎言,说他们自己降生自神,而其他阶级则是下等人的后嗣。言论或探询的自由,正如人们所预期的那样,对于柏拉图来说是被强烈谴责的事情。艺术得不到赞许,公民的生活受到管辖,以便压制任何可能会浮出水面的危险思想和观念。

值得注意的是,正是在阐述其对于集权主义的经典辩护的过程中,柏拉图对真正的经济科学做出了贡献,他第一次详述和分析了社会中劳动分工的重要性。由于他的社会哲学是建立在阶级之间必然分离的基础之上,柏拉图又进一步去说明这样的专业化是植根于基本的人性,特别是它的多样性与不均等性特征。柏拉图在《理想国》中借苏格拉底之口说出,专业化的出现是因为"我们并不全都一样;在我们中间存在着很多的人性多样性,它们将适合于不同的职业"。

由于人们生产不同的东西,各种物品自然要相互交换,从而专业化必然要导致交换。柏拉图还指出,这种分工将会提高所有物品的生产量。然而,柏拉图没有看到按照道德来对各种职业划分等级会存在任何问题,他把哲学当然地排在最高等级,而劳动或贸易则被置于肮脏和卑贱可耻的地位。

在公元前 7 世纪初期,伴随着在吕底亚(Lydia)铸币的发明,金银作为货币来使用获得了极大的发展,铸造的货币迅速地在希腊普及开来。由于坚持他对于赚钱、贸易和私有财产的反感,柏拉图也许是第一个谴责将金银作为货币来使用的理论家。此外,他不喜欢金银还主要因为它们充当了所有人都接受的国际通货。由于这些贵金属的普遍被接受和存在并没有得到政府的许可,金银对于统治者对城邦的经济与道德管制便构成了一种潜在的威胁。柏拉图要求实行一种根据政府法令发行的通货,对于从外部城邦输入黄金处以高额罚金,所有与货币打交道的贸易者和劳动者都将被剥夺公民权。

柏拉图所追寻的一个有秩序的乌托邦的标志之一是,为了保持有序和可控制性,它必然要保持相对的静止状态。而这将意味着只能存在微小的甚至为零的变革、创新或经济增长。柏拉图预见到了某些当今的知识分子对于经济增长的不满,并且其理由是相似的:最显著的一点,就是担心由统治者精英掌管的国家的支配地位会发生崩溃。努力使一个静态社会凝固化的突出困难,是人口增长问题。所以,与其思想相当一致的是,柏拉图要求冻结城邦的人口规模,使其公民人数限制在 5,000 个农业土地所有者家庭的水平上。

1.6 色诺芬论家政管理

柏拉图的一位弟子和同时代人,是雅典的土地贵族和军队司令官——色诺芬(Xenophon,公元前430—前354年)。色诺芬的经济著述分散在一系列著作中,诸如关于一个波斯人赏金的教育的说明,关于如何增加政府收入的专题论著,以及一本从家政和农业管理技术的思想角度论"经济学"的书。色诺芬的暗示大部分反映的都是通常的古希腊人对于劳动和贸易的轻蔑以及对于农业和军事艺术的推崇,并伴之以要求政府活动以及对经济干预的大规模增加。这些活动将包括改善雅典的港口、建设市场和客栈、建立政府商船队,并积极地扩张归政府所有的奴隶的数量。

然而,就是在这种平庸陈腐的文卷中,散发着某些有关经济事务的有趣洞见。在其专论家政管理的书中,色诺芬指出,"财富"应当被定义为一种资源,对于这种资源人们能够利用并且知道如何加以利用。这样一来,一个所有者对其既无能力拥有又没有使用知识的某些东西,就不能真实地构成他的财富的一部分。

另一个重要见解是色诺芬预见到了亚当·斯密著名的格言,即社会中分工的范围必然要受到产品市场范围的限制。因而,作为对柏拉图关于分工的洞见的重要补充,在《理想国》问世20年以后,色诺芬说道,"在小城镇,同一个工匠既制作椅子也做门、犁和桌子,经常是同一个工匠来建造房屋……",而在大城市,"很多人拥有对应每一行业分支的各种要求",因而"仅仅一个职业,并且在大多数情况下甚至不用完成全职工作,就足以保证一个人的生活"。在大城市,"我们发现一个人只做男人们所需的长筒靴,另一个人则只做女人们的长筒靴……,一个人以裁剪外套为生,另一个则以缝制外套为生。"

在其他地方,色诺芬还勾勒出作为市场经济的一种动态趋势的一般均衡的重要概念。例如,他论述说,当铜匠过多时,铜就变得便宜,而匠人们将面临破产或者转入其他职业,就像在农业和任何其他产业中所发生的情况那样。他也清楚地认识到,一种商品供给的增加将引起其价格的下降。

1.7 亚里士多德:私有财产与货币

伟大的哲学家亚里士多德的观点具有特别的重要性,这是因为他的思想的全部内容对于中世纪的鼎盛时期以及中世纪晚期的经济与社会思想曾经产生了强烈的,甚至占支配地位的影响,而这时期的经济与社会思想家则将他们自己视为亚里士多德主义者。

尽管亚里士多德沿袭希腊人传统,蔑视赚钱行为,并且几乎不可能成为一个自由放任主义的支持者,但是他却提出了一个赞成私有财产的有力证据。也许是受到德谟克里特有关私有财产论证的影响,亚里士多德发起了一个对于柏拉图所要求的统治阶级内部的共产主义的有力攻击。他谴责柏拉图通过共产主义来实现国家完美统一的目标,指出这种极端的统一是有悖于人类多样性的,也是与每个人通过市场交换所获得的互惠利益相矛盾的。亚里士多德进而逐一地将私有财产与公共财产做了对比。首先,私有财产具有更高的生产力,因而将导致进步。由大多数人公共所有的物品将很少受到关心,因为人们主要是考虑他们自己的利益,而忽视他们可能会搪塞掉的对其他人的所有责任。相反,人们将会对他们自己所有的财产倾注最大的热情和关心。

其次,柏拉图关于公共财产权的证据之一,是它有助于社会和平,因为没有人将会妒忌或试图掠夺别人的财产。亚里士多德对此反驳道,公共财产将导致持续的和激烈的冲突,因为每个人都将抱怨他比其他人工作更努力,得到的却更少,而其他人干得少却从公共储藏中拿得多。不仅如此,亚里士多德还声称,并不是所有的犯罪或革命都是由经济动机所推动。正如亚里士多德尖锐地指出的那样"人们并不会为了他们不再受冻而成为僭主"。

再次,私有财产显然是牢固植根于人的自然本性:他对于自己、对货币和对财产的爱通过一种对排他的所有权的自然的爱,而结合在一起了。第四,作为一位对过去和现在的伟大观察家,亚里士多德指出,私有财产已经存在并且遍布各地。对社会强加一种公共财产将是对于人类经验的漠视,并且将会导致新的未经检验的结果。取消私有财产与它将要解决的问题相比,也许会产生更多的问题。

最后,亚里士多德通过提供一种辉煌的见识而将他的经济与道德理论整合起来,即只有私有财产才能赋予人民按照道德原则行事(即践行慈善与博爱的美德)的机会。公有财产的强迫将会摧毁这些机会。

尽管亚里士多德批评赚钱行为,但是他也反对任何对于个人积累私有财产的限制,而这正是柏拉图所拥护的。相反,教育应当教会人民自愿地去抑制他们的无止境的欲望,由此引导他们去限制他们所有的财富积累。

虽然他强有力地捍卫私有财产并反对对财富强制地实施限制,然而作为贵族的亚里士多德也像他的前辈一样,完全蔑视劳动和贸易。不幸的是,亚里士多德由于杜撰了一个虚构的、最原始的加尔布雷斯式的区分,即在应当被满足的"自然的"需要与无限制的因而应当被放弃的"非自然的"欲望之间的区分,而为后世埋下了麻烦。没有任何可行的证据能够表明,为什么像亚里士多德所认为的那样,由基本生存劳动或易货贸易来满足的欲望就是"自然的",而那些由更富有生产力的货币交换来满足的欲望就是人为的、"非自然的"、因而应该受到谴责的。为了货币利得而进行的交换被简单地斥责为不道德的和"非自然的",特别是像零售贸易、商业、运输以及劳动雇佣这类活动。亚里士多德对于零售贸易怀有一种特别的敌意,零售贸易当然要直接服务于消费者,而亚里士多德愿意完全将其消除掉。

亚里士多德在他苦心钻研的经济著作中很少保持一致性。因为虽然货币交换被谴责为不道德和不自然的,可是他也赞赏通过互助和相互的给予与获得而将城市结合起来这样一种交换网络。

亚里士多德在分析的思想与"道德的"思想之间所产生的混乱,也体现在他关于货币的讨论中。一方面,他认识到货币的增长极大地便利了生产与交换;另一方面,他也看到货币作为交换媒介,代表了一般性需求,并且"将所有物品都结合在一起"。

此外，货币也消除了那种"需求的双重吻合"的致命问题，即每一个交易者必须直接需要对方的物品这一难题。现在，每个人可以出卖物品换回货币。不仅如此，货币还可以发挥价值储藏的功能，被用于未来的购买。

然而，亚里士多德由于从道德上谴责贷放货币以获取利息是"非自然的"，而为后世带来了巨大的困扰。由于货币不能被直接使用，只能被用来方便交换，所以它是"不生育的"，因而本身不能增加财富。所以，收取利息——亚里士多德误以为这样就意味着承认货币有了直接的生产力——便被强烈地谴责为违反自然的。

亚里士多德如果避免这种草率的道德谴责，而是努力去发现为什么利息在事实上普遍被支付的原因，将会更好。终其究竟，难道关于利息率就没有什么"自然的"东西吗？如果他发现了人们收取利息和支付利息的经济原因，那么亚里士多德也许能够理解这种利息索取是道德的和并非不自然的。

像柏拉图一样，亚里士多德也是敌视经济增长并且偏好一种静态社会，这些都与他反对赚钱和积累财富的思想相吻合。老赫西俄德曾经洞察到，经济问题就是满足各种不同欲望的稀缺手段的配置问题，这个思想完全为柏拉图和亚里士多德所忽视了，他们恰好相反，劝说人们形成减低自己欲望的美德，以便与可供利用的生产手段相适应。

1.8 亚里士多德：交换与价值

亚里士多德关于交换的困难的、然而却是有影响的讨论遭受着他固执地分析与紧迫的道德判断相混淆的倾向的痛苦折磨。像在收取利息的场合一样,亚里士多德仍然不满意在跃升到道德声明的层次以前去完成一种关于为什么会在实际生活中发生交换的研究。在分析交换的过程中,亚里士多德声称这些互利的交易蕴涵了一种"对等互惠"(proportional reciprocity)。可是是否所有的交换按其本性来说都是以互惠为标志？或者,是否只有对等互惠的交换才是真正"公正的"？这些在亚里士多德那里存在着特有的矛盾看法。当然,亚里士多德绝不是提出这样问题的人:为什么人们自愿地从事"不公正的"交换？同样,如果利息真的是"不公正的",那么为什么人们自愿地支付利息？

为了把事情搞得更加混淆,亚里士多德在毕达哥拉斯的数字神话的影响下,将含混的、令人头脑模糊的数学术语引入直接的分析中。这种做法的唯一可能使人将信将疑的好处是,它将给企图从亚里士多德那里找出复杂深奥的现代分析的经济思想史学者带来许多快乐时光。这个问题又由于思想史学者中间存在着的认为以往的大思想家必然总是一致和严谨的这样一种不幸的倾向,而变得更加严重。这当然是一种令人痛心的编史工作错误。任何思想家,无论他们有多么伟大,都可能出现错误和不一致性,甚至偶尔写出莫名其妙或语无伦次的东西。很多思想史学者似乎不能够承认这样一个简单的事实。

亚里士多德在他的《尼各马可伦理学》(*Nichomachean Ethics*)第五篇中关于交换的互惠性的著名讨论,就是滑入胡言乱语的主要例子。亚里士多德讲述的是,一个建筑师用房子向一位制鞋匠交换他所生产的鞋。他继而写道:"一座房子所换得的鞋的数量因而必须与建筑师对鞋匠的比率相一致。如果不是这样,将不会有任何交换和往来发生"。是这样吗?这里怎么可能有一个"建筑师"与"鞋匠"的比率?至于等于鞋比房子这一数值的建筑师与鞋匠的那个比率,不是更不可能存在了吗?像建筑师和鞋匠这样的人,应该用什么单位来表示呢?

正确的回答将是,这些问题无任何意义,这个具体的思想陈述应当作为毕达哥拉斯式的计量狂的一个不幸的例子而加以抛弃。然而,许多知名的史学家以曲解的方式阅读了这段话,认为亚里士多德看起来好像是劳动价值理论、W.斯坦利·杰文斯或者阿尔弗雷德·马歇尔的先驱者。劳动价值理论被理解为一种未经证实的假定,即亚里士多德"一定是想说"建筑师或鞋匠投入的劳动时间,而约瑟夫·索迪克(Josef Soudek)不知怎的又在这里看到了这些生产者各自的技能,这些技能进而又用他们的产品来衡量。索迪克最终与亚里士多德一样也成为了杰文斯的祖先。面对所有这些煞费苦心的徒劳之举,看看由研究古希腊的经济史学者摩西·芬利(Moses I. Fenley)以及知名的亚里士多德的研究者乔基姆(H. H. Joachim)所支持的胡言乱语的判断,将是令人感到有趣的,他曾勇气十足地写道,"生产者价值是怎样精确地决定的?以及他们之间的比率意味着什么?对此我必须坦率地承认,它们最终对我来说是难以解决的问题"。[1]

在《尼各马可伦理学》的同一段落中出现的另一个致命的错误,则对未来世纪的经济思想造成了不可估量的损害。亚里士多德说道,为了让交换(任何交换?还是一种公正的交换?)

发生,各种物品和服务"必须是相等的",这是亚里士多德强调了几次的一段话。正是这种必然的"相等"导致亚里士多德引入数学和等式符号。他的推理是这样的:对于 A 和 B 来说,交换两种产品,两种产品的价值必须是相等的,否则交换将不可能发生。对相互交换的各种物品必须使之相等,因为只有同等价值的东西才能被交易。

亚里士多德这种等价交换的概念恰恰是明显错误的,正如奥地利学派在 19 世纪晚期已经指出的那样。如果 A 用鞋交换 B 所有的数袋小麦,那么 A 这样做是因为他偏好的是小麦而不是鞋,而 B 的偏好正好相反。如果一个交换发生了,这并不意味着一种价值的相等;相反,它表明了在进行交换的双方之间存在着价值的颠倒的不均等(reverse inequality)。如果我花 30 美分买了一份报纸,我这样做是因为我偏好获得一份报纸,而不是保持 30 美分在手中。而卖报的代理人则偏好获得货币,而不是保留报纸。这种双重的主观估价不均等为任何交换确立了必要的前提条件。

如果关于建筑师与劳动者比率的均等最好被忘掉的话,那么亚里士多德分析的其他部分则被某些史学家视为奥地利学派经济学的先期成果。亚里士多德清楚地论述道,货币代表了人的需要或需求,它为交换提供了激励,并且"它将所有事情都结合到了一起"。需求是受一种物品的使用价值或合意性所支配。亚里士多德沿袭德谟克里特的说法,他指出,一种物品的数量在达到某种极限之后,在它变得"太多"之后,其使用价值将骤然下降,并且会变成毫无价值的东西。不过,亚里士多德又超过了德谟克里特,他指出了问题的另一面:当一种物品变得更稀缺时,它在人们主观看来将变得更有用或更有价值。他在《修辞学》(*Rhetoric*)中陈述道,"稀罕的物品与丰富的物品相比,将是一个更好的物品。因此,黄金与铁相比就是更好的东西,尽管它更少有用。"这些论述提供了一种暗示,即一种物品的不同供给水平将对物品价值产生影响,至少它暗示了后来完全成熟的奥地利的边际效用价值理论以及它对于价值"悖论"的破解。

这些是饶有趣味的隐喻和提示。然而,散布在不同书中的一向零碎的句子则很难说是奥地利学派的发育比较成熟的先驱了。不过,一个更有意义的对奥地利学说的预言只是在近些年才引起史学家们的注意:对奥地利学派的边际生产力理论——将最终产品的价值归与生产手段或生产要素这样一种过程——的奠基性工作。

亚里士多德在他的几乎不为人知的著作《论题篇》(*Topics*)以及后来的《修辞学》中,对人类目的与人们为实现这些目的所采取的手段之间的关系进行了一种哲学分析。这些手段,或者"生产工具",必然要从对人有用的最终产品即"活动的工具"中来衍生出自己的价值。一种物品的合意性或主观价值越大,生产那种产品的工具的合意性或价值也越大。更重要的是,亚里士多德在这种归与的过程中引入了边际因素,他论证道,如果对于一个已经是令人满意的物品 C,追加一个物品 A 比追加一个物品 B 创造了更加令人满意的结果,那么 A 将比 B 具有更高的价值。或者,像亚里士多德说的那样:"用一种增量的方法来判断,看看对于与 B 同样的事情,追加 A 是否比追加 B 从总体上导致了更加令人满意的结果。"亚里士多德还给出了一个甚至更专有的前奥地利或前庞巴维克的概念,即他强调了损失(loss)的级差价值,而不是追加一种物品所具有的价值。如果损失了 A 被认为比损失了 B 更糟糕,那么物品 A 将比物品 B 更有价值。正如亚里士多德清晰地表述的那样:"它是更好的物品(其反面是更差的物品),它的损失将带给我们更大的影响"。

在将价值归与经济的生产要素的过程中,亚里士多德还注意到各个生产的经济要素互补的重要性。他指出,一把锯在木器行业将比一把镰刀更有价值,但是它在其他地方以及所有其他行业却并不具有更大价值。他还指出,一个具有很多潜在用途的物品比起一个只有一种用途的物品来,将是更为令人满意或具有更大价值的。

对亚里士多德的分析所具有的经济重要性持批评态度的人指责说,除了关于锯与镰刀这一段论述以外,亚里士多德没有将他关于归与问题的广泛的哲学讨论应用到经济上。然而,这种指责忽略了关键的奥地利思想的核心——它是由 20 世纪的奥地利经济学家路德维希·冯·米塞斯所特别有力和详尽阐述的——经济理论不过是一个更广泛的、有关人类行为的"行为学"(praxeological)分析的一部分,一个子集。通过分析在人类的所有活动中采用手段去追求目的所具有的逻辑含义,亚里士多德卓越地为两千多年后的奥地利归与理论和边际生产力理论奠定了最初基础。

1.9 亚里士多德以后的衰退

值得注意的是,古代世界经济思想的巨大迸发仅仅维持了两个世纪,即公元前5世纪到前4世纪,并且只限于一个国家——希腊。古代世界的其他地方,甚至在这两个世纪以前和以后的希腊,基本上都是一片经济思想的荒漠。在伟大的美索不达米亚平原和印度的古代文明中,没有任何实质性的贡献,在绵延数千年的中国文明中的政治思想是一个很小的例外。引人注目的事实是,虽然在这些文明当中很少有或完全没有经济思想的出现,可是其经济制度,诸如贸易、信贷、采矿、手工艺等等却往往是有了长足发展的,甚至超过了希腊的发达程度。这里提供了一个与马克思主义以及其他经济决定论者相反的标志,它表明经济思想和观念并不是简单地作为经济制度发展的反映而出现的。

思想史学者没有任何办法能够完全地识破人类灵魂的创造力所具有的神秘性,从而也就不能完全地解释人类思想的这种相对短暂的繁盛。但是,由希腊哲学家来为我们提供系统的经济理论的最初片段,这肯定不是偶然的。因为,哲学在古代世界的其他地方,或者在此前时期的希腊,也是绝对不存在的。哲学思想的本质在于,它要透过日常生活中变幻无常的特定情况,以便揭示出超越于日常发生的时间与空间方面的偶然事件的真理。哲学要揭示关于世界与人类本身的真理,这些真理是绝对的、普遍的以及永恒的——至少就世界和人类存在而言是永恒的。简言之,它揭示一个自然法体系。但是经济分析是这种研究的一个子集,因为真正的经济理论只能通过揭示有关人类活动的那些绝对的、不变和永恒的,并且不受时间与空间变化影响的真理,来超越日常变化的事件而发展。经济思想,至少是正确的经济思想,就它自己的研究分支而言,其本身构成了自然法的一个子集。

如果我们记住古希腊人所贡献的经济思想的片段:赫西俄德论稀缺,德谟克里特论主观价值与效用,论供求对价值的影响以及时间偏好,柏拉图和色诺芬论分工,柏拉图论货币的职能,亚里士多德论供给与需求、货币、交换以及价值从目的向手段的归与,那么我们将会看到,所有这些人都集中于人类生活的为数不多的几个广泛经验公理的逻辑含义:人类活动的存在,使用稀缺手段对于目标的永恒追求,人们之间的多样性与不均等性。这些公理肯定是经验上的,但是它们又是如此广泛和普遍地存在着,以至于无论在任何时间和地点都适用于人类生活的所有方面。一旦它们被明确系统地表达和提出,它们就会通过一种认识上的冲击驱使人们同意它们的真理性:一旦被明确系统地表达出来,它们相对于人类头脑就变成显而易见的了。由于这些公理继而被确立为确定的和必然的,则逻辑过程——它们本身是普遍的、绝对真实的以及超越时空的——便能够被用来揭示绝对真理的结论。

虽然这种哲学的和经济学的推理方法既是经验上的(它从现实世界引申出来),也是正确的,然而它却是与现代科学哲学相违背的。例如,在现代实证论和新实证论中,"证据"的含义要狭小得多,并且是短暂的和易变的。在很多采用实证主义方法的现代经济学中,"经验证据"就是各个孤立的、狭小的经济事件的一种堆积,它们中的每一个都被想象为同质的信息小片段，被认为可以用于"检验"、证实或否定经济假说。这些小片段，就像实验室里的实验一样，被假定产生用于检验一种理论的"证据"。基于从那些在经验上如此广泛以至于基本上是不言而喻（或者是自我证实）的基本公理来进行演绎推理基础之上的分析体系（无论它是古典的希腊哲学还是经济理论），一旦它们被明确系统地表达出来，现代实证论将没有办法来理解它或者对待它。实证论未能理解到，实验室的实验结果是唯一的"证据"，因为它们也对科学家（或者对从事实验的其他人）提供了证实，也就是说，使从前未得到证实的事实或真理得到了自我证实。这种逻辑的演绎推理过程与数学做的是同一件事：它们通过使从前未得到证实的事情在人们面前得到证实，来迫使人们同意它。而我们命名为"行为学"理论的正确的经济理论，则是采取另外一种方式来使真理在人类的理性面前得到证实。

甚至是政治——它也被某些人嘲弄为并不是纯粹的或严格的经济学——也对经济思想产生了严重冲击。政治当然是人类活动的一个方面，并且它的大部分活动都对于经济生活产生了决定性的影响。关于政治的经济层面的永恒的自然法真理能够并且已经被揭示出来了，它们在有关经济思想发展的研究中不能被忽视。当德谟克里特和亚里士多德捍卫私有财产制度以及亚里士多德摧毁柏拉图关于理想的共产主义的蓝图时，他们实际上是在进行着关于不同财产控制与所有制度所具有的性质与后果的重要经济分析。

亚里士多德达到了古代经济思想的顶峰，就像他在古典哲学中的地位那样。在亚里士多德去世以后，经济理论发展走向衰退,到了后来的公元前 4 世纪至公元前 1 世纪时期的希腊化(Hellenistic)和罗马时代,经济思想则差不多成为了空白。我们同样也不可能完全解释清楚经济思想的这种消失,不过,可以肯定的一个原因一定是在亚里士多德时代以后曾经令人骄傲的希腊城邦的解体。早在亚历山大大帝先前的老师亚里士多德时代,希腊的城邦国家随着亚历山大帝国的出现就面临着被征服和解体的威胁。最终,希腊的财富与经济繁荣极大地衰减了,被罗马帝国所吞并。

因而,不足为奇,对经济事务唯一能够涉及的就只有对于绝望的劝慰,由各色的希腊哲学家通过严厉地抑制其欲望和愿望的手法来无谓地敦促他们的追随者去解决严重恶化的稀缺问题。简言之,如果你是悲惨和贫困之人,那么你就承认这种境遇是人的不可避免的命运吧,而不要去努力渴望得到比你已有的更多的东西。这种失望与绝望的劝告由犬儒学派(Cynics)的创立者第欧根尼(Diogenes,公元前 412—前 323 年)和伊壁鸠鲁学派(Epicureans)的创立者伊壁鸠鲁(Epicurus,公元前 343—前 270 年)所鼓吹。第欧根尼和犬儒学派追求这种贫穷的文化已经到了如此极端的程度,以至于他们采取了狗的名字和生活方式,第欧根尼本人把一只桶作为自己的家。与他的观点相一致,第欧根尼谴责了英雄普罗米修斯,后者在希腊神话中从神那里盗取了火种作为献给人类的礼物,因而才使得创新、人类知识的增长以及人类进步成为可能。第欧根尼写道,普罗米修斯由于这种致命的行为而受到了神的正当惩罚。

正如贝特兰德·鲁塞尔(Bertrand Russell)总结的那样:

……亚里士多德是以乐观的态度面对世界的最后一位希腊哲学家。在他之后，所有的人都以这种或那种形式持有一种消极避世的哲学。世界是坏的，让我们学会独立于它。外部的物品是不可靠的，它们是幸运的礼品，而不是对我们自己努力的报偿。

在亚里士多德以后最有意思和最有影响的希腊哲学流派是斯多葛学派（Stotics），其创立者是克利丘姆（Clitium）的芝诺（Zeno）（公元前约336—前264年），他在公元前300年左右出现在雅典，在漆彩的柱廊（希腊语叫做 stoa poikile）下讲学，在那之后他和他的追随者便被称为斯多葛学派。虽然斯多葛学派最初是作为犬儒学派的一个分支而出现的，教导人们要遏制对于美好世界的渴望，可是在斯多葛主义的第二个伟大奠基人克吕西波（Chrysippus，公元前281—前208年）那里，它采取了一种新的、更加乐观的观点。尽管第欧根尼曾经鼓吹喜爱货币是一切邪恶的根源，克吕西波却用这样的讽刺语回敬道："聪明的人将愿意为一笔适当赏金翻三个筋斗"。克吕西波在关于人的固有不平等性和多样性问题上也是明智的，他指出："没有任何东西能够阻止剧院中的某些席位比其他席位更好"。

但是，斯多葛学派思想中最重要的贡献还是在伦理、政治和法哲学方面，因为正是斯多葛学派第一个发展并系统化了自然法概念与自然法哲学，特别是在法律领域。柏拉图与亚里士多德的道德与法哲学紧密地与希腊城邦纠缠在一起，完全是因为他们在政治上受到希腊城邦(波里斯)环境的影响。对于苏格拉底学派,城邦,而不是个人,是人类美德的体现。但是,在亚里士多德以后希腊城邦的毁灭或被征服却使斯多葛学派的思想摆脱了政治的束缚。因而,斯多葛学派可以自由地运用他们的理性提出一种自然法学说,这种学说的焦点不是城邦,而是每个人;不是每一个国家,而是世界各地所有的国家。简言之,在斯多葛学派那里,自然法变成绝对的、普遍的、超出政治壁垒或跨越时空限制的东西。法与伦理学,正义原则,变成跨文化与跨民族的,适用于世界各地的所有人类事务。由于每个人都具有理性能力,所以他可以运用正确的理性去理解自然法的真理。其对于政治的含义是,由人的正确理性所发现的自然法、公正和适当的道德法,能够并且应当被用于对任何国家或城邦的实证的、由人制定的法律进行道德批判。有史以来第一次,实证的法律被连续地置于一种基于普遍的和永恒的人类自然的超验批判之下。

斯多葛学派的大多数人都是来自希腊本土以外的东方人,这一事实无疑有助于他们形成他们对于城邦的狭隘利益的世界主义的蔑视。芝诺,这位该学派的创立者,被描述为"高个子、面容憔悴和黑皮肤"的人,来自塞浦路斯岛的克利丘姆。包括克吕西波在内的很多人则来自靠近叙利亚的小亚细亚大陆上西里西亚(Cilicia)的塔尔索斯(Tarsus)。后来的希腊斯多葛学派集中于一个与小亚细亚隔开的罗德岛(Rhodes)上。

斯多葛主义存续了500年,它的最重要影响从希腊传播到了罗马。后来的斯多葛学派,在耶稣降生后的头两个世纪,聚居于罗马,而不是希腊。将斯多葛思想从希腊传到罗马的伟大传播者是著名的罗马政治家、法学家和演说家马尔乌斯·图里乌斯·西塞罗(Marcus Tullius Cicero)(公元前106—前43年)。伴随着西塞罗,斯多葛学派的自然法学说极大地影响了公元2世纪和3世纪的罗马法学家,因而帮助形成了后来广泛渗入西方文明之中的罗马法的伟大建构。西塞罗的影响的确立是由于他的清晰透彻和活力四射的风格,以及他是第一个用拉丁语写作的斯多葛学派成员这一事实,因为拉丁语是罗马法以及直到17世纪末的西方所有思想家和作家所采用的语言。此外,西塞罗的著作以及其他拉丁语著作,与我们从希腊语著作中所得到的零散的存留文献相比,得到了更为妥善得多的保存。

西塞罗的著作受到希腊斯多葛学派的领导者、罗德岛的贵族潘尼提乌(Panaetius)(公元前约185—前110年)的强烈影响。西塞罗作为一个年轻人旅行到那里,跟潘尼提乌的追随者,罗德岛的波塞东(Posidonius)(公元前135—前51年),也是他那个时代最伟大的斯多葛主义者,进行学习。概括西塞罗的斯多葛学派的自然法哲学的最好办法,就是引用一段被他的追随者称之为是他的"几近神授的话"。西塞罗在对克吕西波的定义与洞见给予短评和发展的过程中,这样写道:

有一个真正的法,正确的理性,它与自然相一致,为所有人所知晓,并且是不变和永恒的,它依靠它的戒律要求人们恪尽职守,它凭借它的禁令阻止邪恶发生。……此法与无罪的世界是不可分离的……不仅如此,也不是在罗马有一个法,而在雅典又有别的法,在当前有一个法,今后又有一个法。而是同一个不变和永恒的法将所有时代和所有种族的人民结合在了一起。可以说,有一个共同的家长和统治者——神存在着,它是这个法的制定者、颁布者和推行者。无论什么人,如果不遵守它就是背离[他真正的]自我,蔑视人的自然,从而将使他遭受最大的惩罚。

西塞罗对西方思想的贡献还有一个伟大的反中央集权统治的寓言,该寓言曾经在几个世纪中反复传颂,它揭示出国家统治者的自然本性不过就是被放大了的海盗。西塞罗讲述了一个海盗的故事,该海盗被带到亚历山大大帝的宫廷。当亚历山大谴责他的海盗和土匪行径,并询问他究竟是什么动机促使他用他的一只小船搞得海上不得安宁时,该海盗以犀利的口吻回答道,"它与促使你(亚历山大)把整个世界搞得不得安宁的动机是一样的"。

但是,尽管他们对道德和法哲学做出了重要的贡献,无论是斯多葛学派还是其他的罗马人却没有对经济思想做出什么富有重要意义的贡献。不过,罗马法深刻地影响和渗透到了西方后来的法律发展。罗马的私法在西方世界第一次详尽阐述了绝对的私有产权观念,每一个所有者都有权按照他认为合适的方式使用他的财产。由此又产生了自由签约的权利,因为合约被解释为财产权利的转移。某些罗马法学家声称,产权是自然法所要求的。罗马人还建立了商法。罗马法强烈地影响了说英语国家的普通法以及欧洲大陆国家的民法的形成。

1.10 古代中国的道家学说

除了上述思想以外,唯一值得提及的古代思想学派,是古代中国的政治哲学学派。虽然古代中国思想拥有引人注目的深刻见解,然而它在随后的世纪中却全然没有影响到孤立的中华帝国以外的区域,因此这里将仅仅给予简要的讨论。

有三个主要的政治思想学派:法家学说、道家学说和儒家学说,它们产生于公元前6世纪到公元前4世纪。粗略地说,法家(它也是三个学派中最晚出现的)简单地相信国家至高无上的权力,并劝告统治者如何去扩大其权力。道家是世界上第一个自由主义者,他们绝对信仰国家对于经济和社会的完全不干预。至于儒家,在这个关键性的问题上持有一种中间立场。孔子(公元前551—前479年)的实际名字叫孔仲尼,他的高大形象是一个博学之人,属于衰落的殷代的一个穷困然而却是贵族的家庭的后裔,其先祖曾为宋国的大司马。在实践上,儒家思想与法家并没有什么差别(尽管在理论上远不是这样),因为儒家也大都致力于任命受过教育的、有哲学思想的官僚统治中国。

显然,最值得关注的中国政治哲学家是道家学派,它是由具有非常重要地位同时却又令人难以捉摸的老子创立的。关于老子的生平人们知道得很少,不过他显然与孔子是同时代人,并且与孔子本人熟悉。像后者一样,他也是来自宋国,是殷代的一个下层贵族家庭的后裔。两个人都生活在动荡、战争和集权主义的时代,但是他们却对此做出了极为不同的反应。对老子来说,他形成了这样一种观点,单个人及其幸福是社会的关键所在。如果社会制度束缚了个人的繁荣和他的幸福,那么这些制度应当被削减或者完全废除。对于作为个人主义者的老子来说,一个"拥有法律和规则多如牛毛"的政府,将是对个人的邪恶的压迫者,它"将比猛虎更令人恐惧"。总之,政府必须被限制在所可能有的最小规模。"无为"成为老子的口号,因为只有政府无为才能允许单个人兴旺发展并获得幸福。他宣称,任何政府的干预,都将是反生产的,从而将导致混乱和动荡。作为第一个认识到政府干预的系统后果的政治经济学家,老子在援引人类的共同经验之后,得出了他的富有洞察力的结论:"在人为的禁忌与限制越多的地方,人民越贫困……在法律和规则越被赋予重要性的地方,盗贼与抢劫犯越多"。

根据老子的观点,最坏的政府干预措施是沉重的赋税和战争。"人民挨饿是因为他们的统治者依靠税收而消费过度",并且,"在军队曾经驻扎过的地方总是荆棘和灌木丛生。一场大战过后,肯定要出现若干年严重的饥荒"。

最聪明的办法是使政府保持简单和无为,那时世界"自己就实现稳定了"。

正如老子指出的那样:"所以,圣贤说:我不采取任何行动而由人民自己转变他们自己,我喜欢静止而由人民自己恢复正常,我不采取任何行动而由人民自己使他们致富……"。

由于深陷悲观主义,以及对于由群众运动去纠正压迫性政府不抱任何希望,老子提出了现在人们所熟悉的道家关于撤退、退却以及限制人的愿望的思想路线。

两个世纪以后,老子的伟大继承者庄子(公元前369—前约286年)在其老师的自由放任思想的基础上创立学说,将这些思想推向它们的逻辑上必然的结论:个人无政府主义。因而,富有影响力的庄子,一位用比喻和寓言写作的伟大作家,也是人类思想史上第一位无政府主义者。极为博学的庄子是在蒙国*出生的人(现在可能在河南省),并且他也是旧有贵族的后裔。作为在他自己国家的一个小官,庄子名声远扬,并且传遍整个中国。以至于楚国的国王楚威王派使者携带厚礼去见庄子,敦促他担任国王的宰相。庄子轻蔑地拒绝了国王的邀请,这种拒绝在历史上是对于支撑国家权力陷阱并且与私人生活美德形成鲜明对照的那种邪恶的重大宣言之一:

1000两黄金确实是一笔巨大奖赏,宰相的官职也真正是位高权重。但是先生,难道你没有看见在国家王室的圣坛上,等待牺牲的献祭的公牛吗?它被精心抚育和饲养了一些年,披挂装饰着锦缎,从而早已准备好了要被带到这个盛大的殿堂。在那一时刻,尽管它乐意与任何孤独的猪变换位置,但是它能够做到这一点吗?所以,快滚蛋!不要让我丢脸。我宁愿在泥泞的壕沟里按照自我娱乐的方式闲散地游荡,也不愿被置于统治者施加的限制之下。我将决不担任任何官职,因而我将[自由地]满足我自己的目的。

庄子继承并发展了老子对于自由放任和反对国家统治的贡献:"世界上只有让人类独立存在这回事,决没有[成功地]管理人

---

* 实际是宋国蒙地。——译者注

类这回事"。庄子也是第一个提出"天然秩序"概念的人,它后来在 19 世纪由蒲鲁东独立地发现,并且为 20 世纪奥地利学派的 F. A. 冯·哈耶克所发展。因此,庄子说:"当事情任其自由自在时,好的秩序便天然地产生了"。

但是,虽然人民运用他们"天然的自由"可以靠自己来很好地生活,政府统治和法令却使这种自然被扭曲,变成一种人为的强求一致的制度。正如庄子所写的那样,"普通人拥有一个不变的自然。他们纺织并且穿衣,耕作并且吃饭……这就是可以被称为他们的'天然自由'的东西"。这些拥有天然自由的人民自生自灭,不受任何的限制和约束,他们既不争吵,也不混乱无序。如果统治者建立规矩和法律去管理人民,"那将无异于将鸭的短肢拉长,将苍鹭的长腿截短",或"给马戴上笼头"。这种统治不仅不能带来好处,反而将产生大害。庄子总结到,简言之,世界"根本不需要管理,事实上,它不应当被管理"。

不仅如此,庄子也许是将国家视为扩大了的土匪的第一个理论家:"一个小偷被关进了监狱。而一个大土匪却变成国家的统治者"。因此,在国家统治者与十足的抢劫犯匪首之间的唯一区别,仅仅是他们危害的程度不同而已。正如我们已经看到的那样,这种将统治者视为抢劫犯的主题不断地为西塞罗以及后来在中世纪的基督教思想家所重述,尽管这些人毫无疑问是独立地得出他们的结论的。

道家的思想辉煌了几个世纪,它在几乎是绝对无政府主义的思想家鲍敬言那里达到了顶点,他生活在公元四世纪的早期,有关其生平人们了解得很少。鲍敬言在详尽地阐述庄子思想的过程中,将没有统治者、没有政府的古代田园诗般的生活方式与当前时代的统治者所带来的悲惨做了对比。鲍敬言写道,在最早的时代,"那里没有统治者,也没有官员。[人民]打井并且饮水,耕田并且吃饭。日出而作,日落而息。他们的生活方式是平静的,不受任何妨碍,他们以崇高的精神完成他们自己的任务"。在这个无国家的时代,没有战争和混乱:

> 在没有任何战场的地方,不可能调集战将和军队……利用权力获取优势的想法也无从萌生。灾难和混乱都不会发生。盾牌与长矛不再使用,城墙与护城河不再修建……人们咀嚼着他们的食品,并且自娱自乐。他们是漫不经心和心满意足的。

鲍敬言写道,就在这种和平与满意的田园诗般生活中,由于国家的出现而带来了暴力和欺骗。政府的历史就是暴力的历史,强者掠夺弱者的历史。邪恶的暴君无节制地使用暴力,作为统治者他们"可以为所欲为"。不仅如此,政府使暴力成为国家制度的形式,还意味着日常生活中的微小混乱将会被极大地增强并扩展到更为广泛得多的程度。正如鲍敬言所指出的那样:

> 普通人之间的争执仅仅是微小的琐事,因为两个普通同伴之间的较力能够产生多大范围的后果?他们没有任何唤起贪婪欲望的广阔空间……他们没有任何可以借以推动他们的斗争的权威。他们的权力不是使他们能够调集众多的追随者的那种,他们不能使他们的敌对者产生任何畏惧,这种畏惧也许可以

[压制这些敌对者所聚集的追随者]。而国王的盛怒则表现在,他能够排兵布阵,令没有任何仇恨的人们去攻击没有做错任何事情的国家,他们怎么能够与之相比呀?

鲍敬言曾经受到共同的指责,说他忽略了好的和仁慈的统治者的存在。他对此的回答是,政府本身就是强者对弱者的一种暴力剥削。这个体制本身就是问题所在,政府的目标并不是造福于人民,而是要控制和掠夺他们。没有任何一个统治者他们的德行可以与在无统治的情况下相比。

鲍敬言还进行了政治心理学的出色研究,指出正是由国家产生的制度化暴力的存在导致了人民中间对于暴力的模仿。鲍敬言宣称,在一个幸福的和无国家的世界,人民将自然地倾向良好秩序的思想,而对于掠夺他们的邻居不感兴趣。但是统治者压迫和掠夺人民,"使他们陷入不得安宁的困境和永久地被剥夺财物的毁灭之中。"通过这种方式,盗贼和土匪在不幸的人民中间诱发出来,旨在保护公共稳定的武器也被土匪们盗走,用来增强他们掠夺的能力。"所有这些事情都是因为有了统治者才发生的。"鲍敬言总结道,那种认为强大的政府对于防止人民中间出现混乱是必需的通常想法,是犯了严重的因果混淆的错误。

在更为严格意义上的经济王国里提出著名观点的唯一一位中国人,是杰出的公元前 2 世纪的历史学家司马迁(公元前145—前约90年)。司马迁是一位自由放任的捍卫者,他指出最小规模的政府将会导致丰衣足食,就像政府节制与私人企业的竞争一样。这与道家学说是相似的,不过司马迁作为一位世界性的博学者,抛弃了那种认为通过将欲望减少到最低程度就可以使人民解决其经济问题的见解。司马迁断言,除了方便和舒适的物品与服务以外,人民还偏好最好的和最可能得到的物品与服务。所以,人是财富的本能的追求者。

由于司马迁极不赞成限制人的欲望的思想,这促使他远远超过道家学派,去探讨和分析自由市场的活动。他因而看到,专业化和分工以一种有序的方式对市场生产的物品和服务产生影响:

> 每个人仅被派去利用他自己的能力并发挥他的努力来获得他最想要的东西……当每个人都在他自己的职业上工作并且喜爱他自己的工作时,就像水往低处流一样,物品将会自然地、日夜不停地源源而来,不请自到,人民将生产商品而无须被要求。

对于司马迁来说,这是自由市场的自然结果。"这难道与理性不一致吗?它难道不是一种自然结果吗?"不仅如此,价格在市场上也受到管制,因为过于便宜和过于昂贵的价格会倾向于自我矫正并达到一种适当的水平。

但是,如果自由市场是自我管制的,富有敏锐洞察力的司马迁自然要问,"还需要政府在指导、调动劳动或定期地集合劳动力方面做什么呢?"实际上还需要什么呢?

司马迁还提出了市场上的企业家职能问题。企业家积累财富并通过预期条件(即预测)以及采取相应行动来发挥职能。简言之,他"对于时机保持着敏锐目光"。

最后,司马迁是世界上最早的货币理论家之一。他指出,政府增加质量下降的铸币的数量将会导致货币的贬值,使价格提高。同时,他也看到政府内在地具有实行此种通货膨胀和降低货币成色做法的倾向。

1.11 注释

1 H. H. 乔基姆,《亚里士多德:尼各马可伦理学》(Aristotle: The Nichomachean Ethics)(牛津:克拉伦顿出版社(The Clarendon Press),1951年),第50页。另见,摩西·芬利,"亚里士多德与经济分析"(Aristotle and Economic Analysis),载于《古代社会研究》(Studies in Ancient Society)(伦敦:劳特利奇与基根·保罗出版社(Routledge and Kegan Paul),1974年),第32—40页。

第 2 章　基督教的中世纪

2.1　罗马法:产权与自由放任
2.2　早期基督教对待商人的态度
2.3　加洛林王朝与教会法
2.4　博洛尼亚大学的教会法学者与罗马法学者
2.5　教会法学者对高利贷的禁止
2.6　巴黎大学的神学家
2.7　哲学家—神学家:圣托马斯·阿奎那
2.8　13 世纪晚期的经院学者:方济各会教派与效用理论
2.9　注释

2.1 罗马法：产权与自由放任

整个中世纪在法与政治思想以及西方基督教制度方面产生最强有力影响的因素之一，是从古代罗马共和国和罗马帝国产生的罗马法。罗马法在公元1世纪到3世纪获得了经典性的发展。私法发展了绝对的私有产权理论和自由贸易与契约理论。虽然罗马的公共法在理论上允许国家干预公民的生活，但是在罗马共和国的后期以及罗马帝国的初期这种干预很少见。因而，私有产权法和自由放任仍然是罗马法留给后世的基本遗产，它的大部分内容都为西方基督教国家所采用。尽管罗马帝国在第4和第5世纪崩溃了，它的法律遗产却得以持续，被包含在两部宏大的罗马法典当中：在西方有影响的《狄奥多西法典》(Theodosian Code)，它由狄奥多西皇帝在公元438年公布；和在东方有影响的大部头的四卷本《民法大全》(*Corpus Juris Civilis*)，它是由拜占庭的基督教皇帝查士丁尼(Justinian)在公元535年发布的。

这两部法典都竭力强调，"公平"价格(*justum pretium*)就是指买方和卖方之间自由与自愿地讨价还价所达成的任何价格。每个人都有权运用他的财产去做他想做的事情，因而都有权签订合约去让与、购买或出卖这种财产。从而，无论什么价格，只要是自由达成的就是"公平"的。因而，在《民法大全》中，3世纪的几位知名的罗马法学家在一种关于自由放任的道德观的经典表述中，便引证了2世纪早期的法学家波波尼乌斯（Pomponius）的论述："在买和卖中，自然法允许一方所买的东西比其所值更少，而另一方所卖的东西比其所值更多。于是，每一方都被允许以机智胜过对方"。并且，"允许各方在买与卖的价格中彼此以智慧取胜，也是自然的"。这里唯一的问题是这个古怪的说法，即"东西所值"，它假定存在着某种不同于由自由讨价还价所表示的某种"真正价值"的价值，这个说法将被证明对于未来是一个不幸的预兆。

更明确地说，《狄奥多西法典》具有水晶般的清晰：由自由和自愿地讨价还价所确立的任何价格都是公平的和合法的，唯一的例外是合约由儿童签订的场合。强力或欺骗，作为对产权的侵害，当然地被视为非法。该法典明确地坚持，买方或卖方对于一种物品价值的无知并不足以构成权威机关介入和废除自愿地达成的合约的理由。《狄奥多西法典》在西欧得到发扬光大，例如，在16世纪和17世纪提出的维西哥德法（Visigothic law）和18世纪早期出现的巴伐利亚法（Bavarian law）。巴伐利亚法增加了一个明确的条款，即买者不能因为他后来断定所同意的价格过高而取消对一种物品的购买。《狄奥多西法典》的这种自由放任态度后来被圣贝内迪克图斯·迪亚科努斯（St Benedicus Diaconus）于公元9世纪纳入"牧师会法规"（decrees）集，从而被吸收进基督教教会法。

虽然查士丁尼的《民法大全》发表在东方，同样地致力于自由放任，但是它却包含了一个小小的因素，这个因素在后来发展成对于自由讨价还价进行攻击的合法依据。作为查士丁尼关于法院怎样才能评价对于损害赔偿的财产价值的讨论的一部分,该法典指出,如果一个卖者出售他的财产的价格低于"其公平价格"的一半以下,那么他将遭受"巨大损失"(laesio enormis),因而卖者将被赋予或者从买者那里找回原来的价格与公平价格之间的差价,或者按照原来的价格赎回其财产的权利。这个条款显然意味着仅仅适用于不动产以及对于损害的赔偿,在这个场合权威机关必须要对"真实的"价格进行某种评估,所以它对于后来各个世纪的法律并没有什么影响。不过,它却对未来产生了不幸的后果。

2.2 早期基督教对待商人的态度

对中世纪的经济思想产生影响的不仅仅是罗马法。早期基督教传统中的自我矛盾的态度也被证明在这方面具有极端的重要性。

经济问题当然不会成为无论是《旧约全书》还是《新约全书》的中心问题,在那里分散的有关经济的看法不是相互对立的,就是自相矛盾的解释。对于过度热衷于货币的严词谴责并不必然意味着敌视商业或财富。然而《旧约全书》中的一个引人瞩目的观点(它几乎为所有的前加尔文主义者所复述)是,赞美为了工作而工作。与希腊哲学家对待劳动的轻蔑态度完全相反,《旧约全书》充满了劝告人们热爱工作的话语:从《创世记》中的"工作是有成果的和倍增的",到《传道书》中的"当你在阳光下辛苦地工作,你会从你的辛劳中享受生活"。令人奇怪的是,这些号召人们劳动的话语经常伴随着反对财富积累的告诫。后来,到了公元前2世纪,那位曾经撰写了伪《传道书》的希伯来抄写员,更达到将劳动视为神的召唤的地步。他写道,体力劳动者"保持了世界结构的稳定,他们的祈祷者就是他们的职业的实践"。然而,追求货币则受到谴责,同时商人也被以根深蒂固的怀疑态度受到禁止:"一个商人几乎不可能不做错事,贸易商不可能声称没有原罪"。可是,就在同一本《传道书》中,读者又被教导说不要为利润或商业的成功而感到羞耻。

早期基督教,包括耶稣基督及其使徒,对待工作和贸易的态度,受到他们关于世界末日即将来临和神的王国即将出现的强烈预期的影响。很明显,如果一个人预见到世界末日已经迫近,他将表现出对于投资或积累财富一类活动很少有耐心。相反,他将易于像田野中的百合花那样活动,跟随耶稣基督,忘却世俗的事情。我们必须在这样的背景下来理解圣保罗(St Paul)的著名的话:"对货币的热爱是一切邪恶的祸根"。

然而到了大约公元100年,由圣约翰(St John)撰写的《新约全书》清楚地表明基督教徒已经放弃了关于世界末日即将来临的思想。但是希腊语言文化的遗产以及福音书的遗产相融合,导致早期的教父们对于世界及其经济活动采取了一种逃跑主义的观点,并伴随着对财富以及企图大量积聚财富的商人们的强烈反对。教父们指责商业活动必然染上贪婪的原罪的色彩,并且几乎总是伴随着欺骗与欺诈。领导这种思潮的是信奉神秘主义和基督教启示录的德尔图良(Tertullian)(公元160—240年),一位卓越的迦太基律师,他在生命的后期转向基督教并且最终形成了他自己的异端学派。对德尔图良来说,攻击商人和反对赚钱是对于现世的世界进行的总体的猛烈抨击的一个主要组成部分,他在任何时刻都预期这个世界是建立在大量过剩人口之上,从而这个地球将很快招致"传染病、饥饿、战争的痛苦,并且地球将裂开以吞噬掉全部城市",以此作为一种恐怖的解决过剩人口问题的方法。

两个世纪以后,在罗马受过教育但是也受到东方的教父们影响的圣杰罗姆(St Jerome)(约公元340—420年)捡起这个主题,宣告了这样一种谬见,即认为在贸易中一个人所得必然意味着另一个人所失:"所有的财富都来自不平等,除非一个人有所失,否则另一个人不可能有所得。因此,那种通常的见解对我来说是非常正确的,'富人是不公正的,或者他们是一个不公正的人的后代'"。然而,甚至在杰罗姆这里,也存在着另一个、与此相矛盾的倾向,即他又声称"一个拥有财富的聪明人比起一个仅仅是聪明的人来,更为荣耀",因为他能完成更好的事情。"财富对于能够很好地利用它的富人来说,并不是一种障碍"。

也许在早期教父们中间对待财富和赚钱持有最明智态度的,要数在雅典出生的东方教父,亚历山德里亚的克莱门特(Clement of Alexandria)(约公元150—215年)。虽然克莱门特劝告人们财产要用于为社会办好事,但是他也赞同私有财产和财富的积累。他猛烈抨击一个人自我剥夺其占有的财产的禁欲主义思想,将其视为愚蠢之举。正如克莱门特运用一种自然法的命题所精明地指出的那样:

我们决不能丢弃能够给邻居带来好处的财富。财产就是为了被占有才制造出来的。物品之所以被称为好（goods）就是因为它们能做好事，它们是上帝为了赐福于人类而提供的：它们就在那些知道如何使用它们的人的手边，由他们掌握，为实现某种有益用途而充当材料和工具。

克莱门特还对无所寄托的穷人采取了一种脚踏实地的态度。他指出，如果没有财产占有的生活是如此理想的：

那么那些生活上捉襟见肘的无产者、被遗弃者和乞丐的整个群体，所有那些悲惨地被逐出家门流落街头的人，尽管他们在不知道上帝以及他的公正的状态下生活，也是最幸福和最虔诚的，并且正是因为他们身无分文他们还是永恒生活的唯一人选……

早期的教父在伟大的圣奥古斯丁（Saint Augustine）（公元354—430年）那里达到了顶点，他生活在公元410年罗马被攻陷从而罗马帝国崩溃的时代，不能不预先规划一个他想要极大地施加其影响的后—古代世界。奥雷柳斯·奥古斯丁出生在非洲的努米底亚（Numidia），在迦太基接受的教育，后来成为一名米兰的修辞学教授。在32岁时受洗成为一名基督教徒之后，圣奥古斯丁成为他在北非的出生地希波的主教（bishop of Hippo）。康斯坦丁统治下的罗马帝国在一个世纪以前就笼络了基督教徒的民心，奥古斯丁写出他的伟大著作《神国论》（*The City of*

God），以此书来反驳那种关于罗马失败是由于接受了基督教徒而招致的恶果的指责。

奥古斯丁的经济观点散见于他的《神国论》及其他具有广泛影响的著述中。然而他却明确地（并且也被认为是独立于亚里士多德）得出了下述观点：人们对物品的支付亦即他们对于它们的估价，是由他们自己的需要而不是任何更为客观的标准或者它们的性质的排序决定的。这至少构成了后来奥地利主观主义价值理论的基础。他还指出，追求贱买贵卖是所有人的共同愿望。

此外，奥古斯丁还是第一个对商人的作用持有积极态度的教父。在反驳通常的教会学者们对商人的指责过程中，奥古斯丁指出，他们通过长途贩运物品并卖给消费者，提供了有益的服务。由于根据基督教原则，"劳动者值得他的雇主尊敬"，因而商人由于他们的活动与劳动也值得给予补偿。

至于对商业和贸易中所特有的欺诈与弄虚作假的普遍指责，奥古斯丁富有说服力地反驳道，任何此类说谎与造假都不是职业的毛病，而是从业者本身的过错。此类原罪是起源于人的不均等，而不是他的职业。奥古斯丁指出，毕竟，鞋匠与农民也可能说谎和造假，可是教父们并没有把他们的职业本身作为邪恶来加以谴责。

这种为商人洗清其固有邪恶本性的污点的论述，被证明对后世产生了强烈的影响，并且在随后的 12 和 13 世纪的基督教思想中一而再、再而三地被反复引用。

一个不太直观然而却仍然具有重要意义的对社会思想的贡

献,是圣奥古斯丁对于古代世界关于人的个性观点的重述。对于古希腊哲学家而言,人的个性将被塑造成与城邦的需要和理想保持一致。城邦的独裁必然意味着一种静态的社会,形成对于任何试图冲破当时时代模式的富有创新精神的企业家的抑制。但是,圣奥古斯丁的着重点是人的个性本身的展现,以及由此而导致的它在时间进程中的进步。因此,奥古斯丁对于单个人的深邃的重视至少间接地为一种有利于创新、经济增长与发展的态度提供了舞台。不过,奥古斯丁思想的这一方面实际上并没有为以奥古斯丁思想为基础的 13 世纪的基督教神学家和哲学家所重视。具有讽刺意味的是,一个为乐观主义和有关人类进步的理论开辟天地的人,在其临终之时却发现野蛮的游牧民族正在包围着他所热爱的希波城。

如果说圣奥古斯丁宽厚地看待商人的作用,那么他也会赞赏(虽然并不是热烈地赞赏)国家统治者的社会作用。一方面,奥古斯丁接受并扩展了西塞罗的比喻说明,即亚历山大大帝不过就是一个扩大了的海盗,而国家也不过是一个大规模的、定居的抢劫团伙。在他的著名的《神国论》中,奥古斯丁发问道:

那么,如果公平被抛弃了,王国除了是一个大抢劫团伙以外还能是什么?一个抢劫团伙除了是一个小王国还能是什么?这个团伙也是由这样一群人组成的,他们受一个领导人的命令所支配,限于一个严密的社会组织,并根据所一致同意的某个法律来分配战利品。如果由于这些铤而走险之人不断增加而使得这种灾难累积到这样严重的程度,即它控制了领土并建立了固定的统治地位,掌握了城市并使人民屈服,那么它就更引人注目地采取了王国的名字,这一名字现在被公开地授予给它,不是因为其贪财欲望的任何减少,而是由于其免罪范围增加了。因为,一个确确实实的海盗在被抓获以后面对亚历山大大帝的审问所做的回答,提供了一个真正精彩的说明。当这位国王问他,你对于扰乱了海上秩序现在作何感想时,后者以蔑视一切的独立性格回答道:"这与你把整个世界扰乱了时的想法是一样的!由于我是用一只小船来做这件事,所以我被称为海盗。而你是利用一个巨大舰队来完成此项任务,所以被称为皇帝"。[1]

然而,奥古斯丁还是以承认国家的作用来结束他的论述,尽管国家在他看来仍是一个大规模的抢劫集团。在一段时间里他强调的是单个人而不是城邦,奥古斯丁按照前加尔文主义的方式着重指出了人的邪恶与堕落。在这个堕落的、邪恶的和充满原罪的世界,国家统治虽然是令人不愉快的和强制性的,但却成为必需的。因此,奥古斯丁支持北非的基督教教会对于多纳图派(Donatist)异教徒的强有力的打击,该教派与奥古斯丁相反,实际上相信所有的国王必然都是邪恶的。

然而,将国家元首比作大规模土匪这样一种比喻,在大教皇格里高利七世(the great Pope Gregory VII)最初反对国家的背景下又得到了复兴,这发生在11世纪晚期他与欧洲各国的国王之间就他的格里高利改革(Gregorian reforms)而展开的斗争过程中。从那以后,这种尖锐地反对中央集权的倾向在早期基督教时代和中世纪便一次又一次地表现出来。

2.3 加洛林王朝与教会法

"教会法"(Canon law)是管理教会的法律,在早期基督教时代和中世纪,教会与国家紧密纠缠在一起的状况经常意味着教会法与国家法律就是一回事。早期的教会法是由教皇的指令和教会会议通过的法令以及教父们的著述构成的。我们已经看到,后来的教会法还吸收了很多罗马法的内容。但是教会法此外也包括了某些基本上属于有害的东西:加洛林帝国在随后的8世纪和9世纪所颁布的法令和法规("牧师会法规")。

从5世纪到10世纪,中世纪的黑暗时代中的经济与政治的混乱流行于整个欧洲,因而几乎没有为政治、法律或经济思想的发展留下任何空间。唯一的例外是加洛林帝国的活动,它肇始于西欧。最重要的加洛林皇帝是查理曼(Charlemagne)(公元742—814年),而在9世纪的剩余时期里他的统治则转移到了他的继承者那里。在加洛林王朝的一系列法规中,查理曼和他的继承者对于整个帝国中的经济、政治以及宗教生活的每一个方面都制定了详细的规定。这些规定中的很多内容都被纳入了后来一些世纪中的教会法,因而即使在加洛林帝国本身被粉碎之后它们仍然保持着相当大的影响力。

查理曼将其专制的管制网络建立在一种不稳固的基础上。因而,在尼西亚的重要的教会公会议(公元325年),严格禁止任何神职人员从事任何会产生"令人羞耻的所得"(*turpe lucrum*)的经济活动。在他在奈梅亨的公会议中(公元806年),查理曼恢复并且极大扩展和实施了关于"令人羞耻的所得"的旧有的学说。但是现在,这种禁止被从神职人员扩展到了所有的人身上,并且所规定的限制从造假扩展到所有的贪心和贪欲行为,以及包括所有违背查理曼关于价格的广泛管制的行为。市场对于这些固定的价格的任何偏离,都被谴责为买方或者卖方谋取利润的行为,因而属于令人羞耻的所得。由此得出的必然结论是,所有投机性的买卖食品的行为都将被禁止。不仅如此,任何在市场以外或者按照比通常的市场价格更高的价格出卖物品的行为也都被禁止,这预示了英国普通法中关于禁止"先发制人"行为的条款。由于英国普通法的编制动机并不是源于某种旨在帮助穷人的误导性的企图,而是为了赋予当地的市场所有者以垄断特权,所以完全有可能,查理曼实际上也是在试图使市场卡特尔化并赋予市场所有者以特权。

加洛林王朝的官员们任意制定的每一个价格法令当然地都被查理曼尊为"公平价格"。可能这种强制的价格会经常地接近于邻近市场上惯常有的或者通行的价格,否则的话,人们将很难想象加洛林王朝的官员们怎么能够发现什么价格是公平的。但是,这又意味着以某个过去的市场现状为基础而对所有的价格实行一种无意义和无经济目的的冻结。

于是问题在于,后来的教会法包含了把公平价格作为国家法令规定的价格的思想。在后来的加洛林王朝的皇帝,即公元884年的查理曼那里,又实施了对于任何高于当前市场价格的禁令,并且这种禁令在公元900年还被纳入由普吕姆的雷吉诺(Regino of Prum)主编的教会法典,一个世纪以后它又被纳入由沃尔姆斯的布尔夏德(Burchard of Worms)编撰的教会法典。

引人注目的一个事实是,存在着两个相互矛盾的法律:《狄奥多西法典》的自由放任主题和加洛林王朝的专制主义基调,二者在 12 世纪开端以教会法的中世纪学派为基础的集大成中,即沙特尔的伊沃(Ivo of Chartres)主教那里,都找到了自己的位置。在这同一个法典当中,我们发现既有认为公平价格就是买者和卖者自愿达成的价格的观点,也有与此相矛盾的观点,即认为公平价格是由国家颁布的一种法令,特别是对于一般市场上的普通价格,更是如此。

2.4 博洛尼亚大学的教会法学者与罗马法学者

从 11 世纪到 13 世纪,商业革命开辟了中世纪的繁盛时期,这时贸易、生产和金融得到繁荣发展,生活水平显著地提高,商业资本主义制度也在西欧发展起来。随着经济增长与繁荣的出现,教会法与罗马法,学习与社会思想,又再一次地时兴起来。

在中世纪的繁盛时期,教会法与罗马法研究的源泉和大本营是意大利的博洛尼亚大学,它从 12 世纪初到 13 世纪后期是十分活跃的。在这两个世纪中,教会法与罗马法,包括查士丁尼的《法典》,在博洛尼亚都得以恢复,并且相互影响,进而渗透到西欧的其他地方。

宏大而权威的教会法典是由意大利的僧侣约翰内斯·格拉提安(Johannes Gratian)在 1140 年前后出版的《教会法汇要》(Decretum),他在博洛尼亚大学开创了教会法的研究。从那时起,《教会法汇要》就是权威性的教会法著作,并且在 12 世纪随后的时间里,被称之为教会法汇要学家(decretists)的博洛尼亚学者都在深入阐释、讨论格拉提安的著作,为之撰写注释。

格拉提安本人以及他的早期的注释者采取了一种传统的激烈反对商人的立场。投机、贱买与贵卖——这些纯粹的商业活动——都是令人羞耻的获利行为,因而必然要充满欺骗。

第一位对于商人的活动采取明智态度的教会法汇要学家,是博洛尼亚大学的教授若菲努斯(Rufinus),他后来成为阿西西的主教(bishop of Assisi),再后来又成为索伦托的大主教(archbishop of Sorrento)。在他为《教会法汇要》所写的《总论》(Summa)(1157—1159年)中,若菲努斯指出手工艺人和工匠可以便宜地购买材料,对其进行加工与制作,然后再以更高的价格出卖该产品。由于工匠们付出了费用和劳动,因而这种形式的贱买与贵卖是合理的,并且不仅一般的俗人可以这样做,甚至牧师等教职人员也被允许可以这样做。然而,由纯商人或投机者进行的另一类活动,即并不涉及产品转型或生产的贱买与贵卖,按照若菲努斯的观点,对于神职人员则是要绝对禁止的。不过,世俗中的商人只要他们花费了巨大的支出,或者付出了艰辛的劳动,就可以体面地从事这些交易。但是一种纯粹按照企业经营的方式来贱买并随后在市场价格更高时再出卖的行为,则受到若菲努斯无条件地谴责。

教会法汇要学家对于商人的这种部分地恢复名誉的态度,也体现在博洛尼亚大学的教授胡古克奥(Huguccio)所撰写的重要的《总论》(Summa)(1188年)中,他后来被选为费拉拉的主教(bishop of Ferrara)。胡古克奥重复了若菲努斯的观点,不过他将商人存在的正当理由从劳动或费用支出,转移到他们所从事的那些能够满足商人家庭需要的活动上来。因而,胡古克奥所重点强调的,就不是商人付出的客观的成本,而是他们的主观的目的。他假定这些目的是能够被发现的:究竟是单纯的贪婪欲望,还是一种满足其家庭需要的愿望?显然,胡古克奥为商业活动存在的正当理由提供了充分大的空间。

不仅如此,胡古克奥还开始了对有关私有财产的教父教义(Patristic teachings)进行根本性的变革工作。从胡古克奥的时代开始,私有财产被视为一种源于自然法的神圣不可侵犯的权利。个人和社会公众的财产,至少在原则上被认定不受国家方面的随意侵犯。单个人作为他自己的物品的"处置者和裁决者",只要不违背一般的法律规则,就可以按照他认为合适的方式来使用和支配它们。对于一个清白、无过错者的财产,统治者只能在出于"公共必要"的条件下才可以占有它。这当然是这种权利体系中的一个"漏洞",因为"公共必要"也许是并且实际上也是一个模糊不清的概念。然而,这种私有财产概念毕竟比教父教义前进了一大步。

在12世纪晚期以后,教会法汇要学家们的教会法研究活动让位于教令学家们(decretalists)的活动,后者以从12世纪晚期到13世纪教皇所颁布的一系列敕令和教令为基础来展开活动。由于教皇是天主教教会(Catholic Church)的最高首脑,所以由他和他的梵蒂冈元老院所发布的教令就自动地被纳入教会法的主体之中。这样一来,教会法就逐渐变成了与格拉提安以及教会法汇要学家们所撰写的内容不同的东西,后者对于教会法的建构主要是立足于古代的思想来源。不过新的教令学家们绝不是武断地行事，他们以先前的教会法为基础，并对其进行了详尽的阐释。这种建构过程中的连续性，极大地得益于其中的几位教皇本身就是先前的博洛尼亚学派的学者这一事实。例如，曾经发起新的教令制定工作，并且在 1159 年到 1181 年间长期地享有教皇统治职位的教皇亚历山大三世（Pope Alexander III）（罗兰·班迪内利，Roland Bandinelli），就是在博洛尼亚大学完成的法学与神学学业，他可能还是一位教授，而且与伟大的格拉提安直接接触过。作为一位知名的法学者（他本人对于格拉提安的《教会法汇要》也著有一本早期的《总论》），亚历山大在被选入教皇统治职位之前，就已经是主教和大法官了。另一位举足轻重的具有教皇统治职位的教令学家是教皇英诺森二世（Pope Innocent II）（洛泰尔·德·塞尼，Lothaire de Segni），他在 1198 年到 1216 年间执掌统治教权，也曾在博洛尼亚大学跟随胡古克奥学习教会法。最后，是在 1227 年到 1241 年间执掌统治教权的教皇格里高利九世（Pope Gregory IX）（乌戈利诺·德·塞尼，Ugolino de Segni），他在 1234 年授权发表了具有重大意义的《教令》（*Decretals*），它除了包含教皇统治者颁布的各种教令以外，还把一个世纪以前的格拉提安的《教会法汇要》也纳入进来。从那时起，格里高利九世的《教令》便成为教会法的标准著作。

教令学家与早期的教会法汇要学家相比，对于商人和自由市场采取了更为友好得多的态度。首先，与那种消极的对于商人和贸易的教父态度不同，从教皇亚历山大三世开始一直延续到格里高利九世的教令学家们，都吸收了罗马法的自由市场态度。不幸的是，它还并不是《狄奥多西法典》甚或查士丁尼法典中的纯粹的自由放任态度。因为当查士丁尼的《法典》在 12 世纪初传到博洛尼亚和西欧的时候，《小逻辑》(*Brachylogus*)的法国作者已经接受了查士丁尼的《法典》的"巨大损失"原则，并且极大地改变了它的含义。查士丁尼的《法典》是用不同于实际价格的"公平价格"的概念来评估损失，与此不同，《小逻辑》将这一概念从不动产扩展到了所有物品，并从评估损失扩展到了实际销售。在《小逻辑》中，对于任何一种销售，甚至是自愿的销售，如果其价格低于"公平价格"的一半以下，卖方都可以让买方做出如下选择：或者向卖方补充支付销售价格与公平价格的差额，或者取消交易，即买方退还所购买的物品，卖方退还所接受的货币。我们已经指出，这并不是一个卡特尔性质的安排，因为既没有第三方也没有国家可以介入实施有关"巨大损失"的补偿问题。这里的实施只能由卖方自己加收一笔费用来解决。

罗马法在 12 世纪和 13 世纪期间所获得的发展，主要是博洛尼亚大学的成果，在那里，关于罗马法的研究在 11 世纪晚期就由伊内尔留斯(Irnerius)奠定了基础。在 12 世纪中叶，博洛尼亚大学的罗马法学家开始吸收《小逻辑》中关于巨大损失的更为广泛的概念。大约在 1150 年，以普罗旺斯语出版的《法典》(*Lo Codi*)（它是当时最新的一本博洛尼亚学派的《总论》的通俗化读本），增加了另一个对于巨大损失概念的重大扩展。因为，这本普罗旺斯语的著作第一次指出，当销售价格明显地高于公平价格的时候，买方也像卖方一样会蒙受巨大损失。在这本《法典》中,如果买方的支付超过了一个产品的真实价值或公平价格的两倍以上,卖方将面临或者向买方支付公平价格与销售价格的差额,或者取消交易的选择。当这部《法典》被译回拉丁语之后,这种关于自由放任的新的扩展了的限制便十分明显地被追加到罗马法中,这主要是由博洛尼亚大学的罗马法教授阿尔贝里库斯(Alberikus)在他于12世纪末出版的教会法集所完成的。

关于巨大损失原则的不断的扩充,在博洛尼亚学派的学者彼得吕斯·普拉坎地努斯(Petrus Placentinus)发表于12世纪晚期的著作中达到了顶点。普拉坎地努斯把最大可允许的价格限制在公平价格的1.5倍,超过这一限制就要适用巨大损失原则。这个最后的扩展分别被纳入13世纪三位重要的博洛尼亚大学的罗马法教授的著作之中:阿佐(Azo,约在1210年)以及他的富有影响力的学生与追随者阿库修斯(Accursius,约在1228—1260年间)(一个出生于佛罗伦萨的本地人)和13世纪中叶作为博洛尼亚学派的顶峰的奥多弗雷德(Odofredus)。

虽然12和13世纪的罗马法学者确实接受了巨大损失这个微不足道的概念,并且使它成为对于自由谈判和自由放任的一个重大限制,然而至少是到12世纪末,他们也清楚地认识到,在巨大损失的限制框架之内,将存在着充分的谈判自由和以机智胜过别人的自由。从教皇亚历山大三世开始的教令学家们,吸收了许多罗马法的这种发展。这意味着教会法现在已经不仅包括教父们对于商人本身的严词谴责,而且也在巨大损失的框架下吸收了完全相反的关于谈判的充分自由的罗马法传统。教令学家以格里高利九世的《教令》为基础,并对之撰写注释,使教令学的发展达到了顶峰,这体现在枢机主教亨利库斯·霍斯廷斯·德·塞古西奥(Henricus Hostiensis de Segusio)先是发表于13世纪50年代后期、最后又发表于其逝世的1271年的著作中。霍斯廷斯曾在博洛尼亚大学学习教会法和罗马法,教授英语和法语,并在奥斯蒂亚(Ostia)担任枢机主教。

教令学家通过采纳并扩展胡古克奥关于如果投机者的活动是为了满足其家庭需要就应当允许其投机行为的论述,来为投机性的买与卖做辩护,使其脱离关于"令人羞耻的所得"这样一种原罪的指责。在法国多明我会教派(Dominican)的教会法学者、雷恩的威廉(William of Rennes)的《注释》(Gloss)中(约1250年),这种自由的空间被进一步地放大了。一个商人或者投机者的活动不应当被视为有罪,除非它是为"一种肆无忌惮的愿望所驱使,即为了暂时的富裕,而不是必需的使用或效用,或者是出于好奇,从而使其行动陶醉于昂贵物品,就像喜鹊和乌鸦受到它们所发现并隐藏起来的硬币的诱惑一样"。可以肯定,这种责难只能适用于现实世界中的很少一部分人,因而它实际上已经远远脱离了教父们对于商人和贸易者本身的谴责。

对商人限制的另一个放松来自于阿拉尼斯·安格利库斯(Alanus Anglicus),他是一位英国出生的博洛尼亚大学的教会法教授,这体现他在13世纪的前20年的著作中。阿拉尼斯声称,如果一种物品的未来价格在商人的头脑中是叫不准的,那么就不可能存在"令人羞耻的所得"(或者就此而言,存在高利贷)。不仅不确定性总是存在于市场上,而且外部法院或权威机关也不可能证明一个商人在其从事买卖活动时没有感觉到不确定性。实际上,所有有关"令人羞耻的所得"对贸易或投机的限制在这里完全被排除了。

13世纪后期的教会法学者,在分析商业利润的过程中又对旧有的对于覆盖在劳动和费用之上的利润的辩护做了补充。这就是在每一种商业环境中都存在的风险因素。作为一种风险后果的价格提高,最初是在教皇英诺森四世(Pope Innocent IV)(西尼巴尔多·菲耶斯基,Sinibaldo Fieschi)于1246年至1253年间出版的著名的教会法评注中得到肯定的。在成为教皇之前,英诺森是热纳亚的本地人,并且是博洛尼亚大学罗马法和教会法的学生,以后又成为那个大学的罗马法教授,最终成为一名大主教和著名的政治家。

如果在超出高于或低于公平价格的某个范围以后交易将是有罪的和非法的,那么教会和权威机关就必须找到某种方法来确认被假定为公平价格的东西究竟是什么。在12和13世纪以前这并不是一个问题,因为那种巨大损失的原则从前并没有实际地被应用。罗马法学者与教会法学者的解决办法使人联想到加洛林王朝的原则,即公平价格就是现行的、当前的、普通的市场价格(the *communis aestimatio*)。这意味着,它或者是与单一孤立的交易相对照的竞争性的一般市场价格,或者可能是指由政府或政府授权的行会所规定的价格,因为这种控制通过严格的法律将形成现行的具有法律效力的价格。对于违背这种管制的任何黑市价格的认可甚或承认,可能会有损这些法官们的尊严。

普拉坎地努斯将这一标准应用于12世纪后期的罗马法律体系,这特别与阿佐在13世纪早期所做的相似。阿佐已经开明到了把等于任何其他可比销售的价格的销售价格,叫做"公平价格"。但是阿库修斯,以及在他之后的奥多弗雷德,则明确地把一般或通常的市场价格作为公平的标准。正如阿库修斯指出的那样,"一种东西要按照它可能被通常出售的价格来估价"。

研究教会法的法学家对于公平价格采取了同样的标准。受加洛林王朝实践的影响,并且为6世纪圣本尼迪克(St Benedict)规则所启示,12世纪后期的教会法学者和格拉提安的学生,博西格纳诺的西蒙(Simon of Bosignano),最先将物品的真实价值描述为它们通常被出售的价格。同样的观点随后也被13世纪的教令法学家所采用。教会法学者和罗马法学者现在一致地同意,将一种物品的通常价格作为其公平价格。

不过,对于13世纪发展了的教会法学者来说,还有一个问题。一方面,他们采纳了罗马法关于除了超出"公平价格"(他们把它视为现行的、通常的市场价格)以上的某个特定区间以外所有的自由谈判都是合法的观点。但是,另一方面,他们又从教父和较早的教会法汇要学家那里继承了一种对于商业的敌视态度,特别是对于投机性交易的敌视态度。他们怎样才能摆平这一矛盾呢?

正如我们已经看到的那样,他们可以部分地弱化羞耻性的投机概念的范围。此外,从13世纪开始,教会以及它的教会法学家大都通过教会司法实践所采取的极为明智的"两庭"(two forums)原则来解决这个问题。"外庭"(the *jus fori*)是指在公开的教会法庭审判基督教徒的社会活动。在这里,教会法庭像世俗中的法庭一样,对违反教会及其通行法规的行为按照基本相同的程序进行审判。另一方面,"内庭"(the jus poli)则是指忏悔,在这里神父从基督徒与上帝的个人关联的视角来评判他们的单个人行为。两庭相互分离且不相同,各自在不同的层次上实施裁决。虽然教会对二者确立了规则,但它们是不同的,一个涉及外部与社会的方面,另一个则涉及内在与个人的方面。

两庭原则使教会法学者能够解决教会法中所存在的表面上的矛盾。自由谈判、巨大损失、共同市场原则适用于外部法律和公开法庭的场合,换言之,在这里一种近乎自由的市场可以盛行。另一方面,严格地反对超过劳动、成本以及风险补偿以外的商业利润则不属于国家和外部法管理的事情,而是属于忏悔中的觉悟问题。甚至更为明显的是,只有在忏悔的场合才对基于贪婪、从而超出维持一个家庭的体面需要以外的贸易和投机行为予以禁止。显然,只有一个人自己内在地通过他的觉悟,才能知道他的目的究竟是什么,而依靠外部法是不可能观察到这些目的的。

2.5 教会法学者对高利贷的禁止

极大地放松对于贸易的道德与法律的限制和禁止虽然在中世纪的教会法学者和罗马法学者中间深入人心,然而不幸的是,这种情况却没有出现在对高利贷实施的严格禁令上。现代的人们通常将"高利贷"视为对一笔贷款收取极高的利率,然而这绝不是直到晚近时期以前高利贷的真正含义。经典的"高利贷"

是指对一笔贷款收取任何水平的利率,不论其有多么的低。禁止高利贷实际上就是禁止对一笔贷款收取任何利息。

除了一个特例以外,在古代世界没有任何一个国家——不论是希腊、中国、印度还是美索不达米亚平原——禁止利息。这个例外就是希伯来人,作为一种狭隘的部落道德观的表现,他们允许对非犹太人收取利息,但是却禁止在犹太人之间收取利息。

激进的中世纪的基督教徒对于高利贷的攻击是绝对令人感到稀奇古怪的。首先来说,在《福音书》或早期的教父那里,尽管也存在着对于贸易的敌视,但是却找不到任何可以被认为是为禁止高利贷做论证的东西。事实上,《马太福音》(Matthew)(第25章:第14—30页)中关于天才的寓言可以很容易地被视为对于商业贷款获得利息的认可。反对高利贷的运动开始于325年尼西亚的第一届教会公会议,它本身仅禁止神职人员对贷款收取利息。不过,尼西亚公会议抓住《旧约全书》中《诗篇第14篇》*里的一段话,"耶和华啊,谁能寄居你的帐幕?他是不放债取利的人",这句话成为中世纪时期人们所喜欢引证的《圣经》反对高利贷——实际上它也是全书唯一的一处——的理由。尼西亚公会议对高利贷的禁止在后来的4世纪西班牙的埃尔维拉公会议和迦太基的公会议得到了继续。再后来,到了5世纪,教皇莱奥一世(Pope Leo I)则把这种禁令扩展到世俗的人群,他谴责世俗中的高利贷者是贪心于"令人羞耻的收入"。7世纪中,在高卢的几次地方公会议都继续坚持了莱奥的谴责

---

* 疑有误,此段话在《圣经》的《旧约全书》第15篇。——译者注

态度,而教皇阿德兰(Pope Adrian)以及几个英国宗教会议在8世纪所实行的政策也是如此。

然而,对于所有高利贷的完全禁止第一次被写进世俗的立法中,还是在查理曼皇帝大一统的集权王国中实现的。在789年于亚琛(Aachen)召开的至关重要的帝国宗教会议上,查理曼皇帝对他的王国中的每一个人,不论是俗人还是神职人员,都发布了高利贷的禁令。这个禁令在后来公元806年奈梅亨(Nijmegen)的公会议上被重新恢复并加以阐释,在这里高利贷第一次被定义为一种"索取比给予更多"的交换。因而,从查理曼的时代开始,高利贷就被刻意地视为一种特定的和特别恶毒的"令人羞耻的所得"形式,企图放松对于它的限制将会面临激烈的反对。"索取比给予更多"这种结论性的定义,被从10世纪普吕姆的雷吉诺到沙特尔的伊沃再到格拉提安的所有教会法学家原封不动地保留下来了。

但是,令人奇怪的是,尽管对于高利贷的敌视态度在教会法学家中间一直存在并且实际上还在极大地增强,可是作为这种敌视态度的明确的基础也发生了显著的变化。在基督教时代的公元1世纪,高利贷作为一种贪婪或者缺乏博爱的表现形式是羞耻的,它还没有被视为一种违反公平的邪恶的原罪。当11世纪商业在欧洲开始复苏并且出现繁荣时,把收取利息指责为一种缺乏博爱的行为方式实际上已经开始被认为是远离正题了,因为博爱与商业贷款基本上是风马牛不相及的。是意大利的一位僧侣,坎特伯雷的圣安塞尔姆(St. Anselm of Canterbury, 1033—1109年),第一次使对高利贷批判的基础发生转变,他指责高利贷为"偷窃"。这个新的原则由安塞尔姆的追随者、卢卡的安塞尔姆(Anselm of Lucca)所发展,他是一个意大利伙伴,所出生的城市拥有日益发展的纺织工业。在他大约于1066年完成的教会法典里,卢卡的安塞尔姆明确地谴责高利贷是偷窃,是一种违背第七条戒律的原罪,他要求高利贷者向借款者归还"所偷窃的物品"。这种将"偷窃"扩展到一种不使用强制力的自愿合约的做法确实是异乎寻常的,然而这种任意炮制的新概念却被圣维克托的休(Hugh of St Victor,1096—1141年)和沙特尔的伊沃的教会法典所紧紧地抓住,并加以继承。

到了1139年,教会的第二届拉特兰公会议明确地对所有的人都禁止高利贷,不论是神职人员还是世俗人员,从而令所有的高利贷者变得臭名昭彰。这次会议隐晦地宣称旧约与新约全书规定了这样一种禁令,但是却没有给出明确的出处。九年以后,教皇欧金尼三世(Pope Eugene III)又开始反对修道院对于抵押贷款收取利息的通常做法。

最终,教会法在格拉提安的《教会法汇要》中达到了最成熟的形式。格拉提安运用他所能找到的一切武器来猛烈地反对高利贷,从诗篇第15章到那种将高利贷视为偷窃之物从而需要被归还的新观点。在系统地阐述对高利贷的严厉禁止的过程中,格拉提安不仅将其限于货币,而且还扩展到物品的贷放上,只要对任何东西的归还要求超过了其本金(本来数额)的数量,就都在此列。他明确地宣称,在这种情况下,所谓"公平价格"并不是通行的市场价格,而是零,即归还物完全等于所贷出的物品或者货币。

伟大的教令学家教皇亚历山大三世虽然也许在其他方面倾向于自由市场,但是在对待高利贷的问题上却完全加重并扩展了限制措施,他谴责对于贷款收取比现金出售更高的价格。这一做法被指责为隐蔽的高利贷,尽管它不是对于一笔贷款的公开的利息。由教皇亚历山大三世于1179年主持的第三次拉特兰公会议,谴责高利贷,并且对于所有公开和明确的高利贷者均开除教籍,同时禁止其死后举行基督教的葬礼。随后的教皇乌尔班三世(Pope Urban III)(1185—1187年),在他的教令《咨询》(Consuluit)中断章取义地从耶稣那里摘取一段先前从未被使用过的话,"免费地借给人,不图任何回报"(《路加福音》第6章,第35页),这个引证从此便成为神学将高利贷谴责为一种道德罪恶的中心论据。不仅如此,甚至仅仅是想往获得高利贷都被认定为一种完全同样的罪恶。

教会法学者们如此普遍深入地关注高利贷,以至于格拉提安、他的前辈以及他的后继者们很大程度上都是根据任何一种特定的交易究竟是否处于"高利贷"这个令人恐惧的红字之下,来提出他们有关销售、利润或者公平价格的理论的。因此,12世纪后期的教会法学家,像1179年博西格纳诺的西蒙和1188年的大主教胡古克奥,都坚持把对于一笔贷款收取的任何利息都视为高利贷而严厉禁止,同时却又允许一种物品的出租或者为了贵卖而贱买的情况,不被视为高利贷。胡古克奥令人费解的道德区分坚持认为,使用借贷(commodatum)——仅仅转移一种物品的使用的租让合约——在道德上完全不同于消费借贷(mutuum)(这令人有些莫名其妙)——纯粹的贷放,这里在一段时间内所有权发生了转移。对于一种租赁即使用借贷收取费用是完全有道理的,因为所有者保留着所有权并且是在对他所有的物品的使用收费。但是令人莫名其妙的是,当一个贷放者对于他(暂时)不再所有的物品的使用收取费用的时候,这一行为就变成有罪的了。贸易的利润也可以是合理与合法的,因为它被视为对于风险的报酬。但是一种贷款的利息——在这里风险是由借者承担而不是由贷者承担——就总是被视为高利贷。

后来的教令学家试图同在各种合约中以伪装的高利贷形式出现的商人实践活动作斗争,正如我们在他们对待销售合约中所看到的那样,如果在买者与卖者的头脑中关于未来价格不存在不确定性,那么此类合约就将被作为"隐蔽的高利贷"而加以谴责。13 世纪早期的教会法学者阿拉尼斯·安格利库斯(Alanus Anglicus)声称,如果在这样的合约中存在不确定性,那么买者与卖者将具有同样的获利或亏损的机会,所以高利贷并不存在。安格利库斯在彻底地禁止高利贷的运动中留下了第一个真正的(尽管是很小的)豁口,他解释道,这种隐含的高利贷形式可能仅仅存在于头脑中,从而不能对其实施法律。这个不确定性的豁口在格里高利九世(Pope Gregory IX)的《教令》中又稍微有所扩大。

另一方面,教会法学者一直坚持对逃避高利贷禁令的行为予以严惩,这些行为是由市场活动所不断创生出来的。对一种销售的延期支付合同受到怀疑,在这样一种合同中的极高的价格,被教会法学者认为是处于合理的怀疑范围以外的有目的地实施高利贷的行为。《教令》还继续谴责贷款者对于向旅行的商人的贷款收取利息的行为，尽管教会法学者们都明白这种利息是对于风险的一个直接补偿。虽然在英诺森四世以后的教会法学者开始谈论风险，以此来为利润的合理性做辩护，从而一种有风险投资的利润被视为完全正当的，可是对于一种纯粹贷款（或消费借贷）的利息却被谴责为高利贷，甚至在合理的抵押贷款的场合也是如此。

关于禁止高利贷的思想，是中世纪的法学家与神学家的经济观点中一个悲剧性的缺点。这种禁止在经济上是非理性的，它排除了边际的借款者并使得任何借得的本金的高信贷风险消失了。对此在自然法中找不到任何根据，而在旧约或新约全书中也绝对没有相关教诲。可是，在整个中世纪它却被牢固地坚守着，以至于法学家和神学家在推理中不得不采取灵巧和狡诈的手法以便从这种禁令中划出某些例外，以适应日益增多的贷放货币和对一种贷款收取利息的实践发展。然而中世纪的研究家，特别是后来的哲学家和神学家，却拥有一个吸引人的重要观点：究竟在什么意义上可以说对一种纯粹的贷款收取利息是具有道德或经济上的正当合理性的？如同我们将要看到的那样，中世纪的经院学者已经完全认识到收取利息在几乎所有的方面所具有的经济与道德的正当性：作为一种对于风险的隐性利润，作为一种对于投资赢利机会的放弃，以及其他许多情况。但是为什么对于一种简单的、无风险的、不涉及机会放弃的贷款仍然要收取利息呢？对于这个问题的回答直到19世纪后期奥地利学派出现以前，从没有被完整地给出过。经院学者致命的缺陷在于,他们不理解如果利息像被自愿地索取一样也被自愿地支付,那么它本身就具有充分的道德上的正当合理性。进一步地说,一定存在着一种经济解释,尽管经济科学暂时还没有发现它。

第一个对于高利贷禁令的系统性地违背,来自于13世纪的最后一位教会法学者,枢机主教霍斯廷斯。除了是一位知名的法学教授,霍斯廷斯还曾是一位世界性的公民,担任了亨利三世(Henry III)派驻到他的朋友教皇英诺森四世那里的大使。首先,霍斯廷斯恢复了从前对于高利贷的较为温和的传统,即认为高利贷虽然苛刻但却并不是一种违背公正的原罪。其次,他列举了不少于13个例子来证明高利贷禁令可能被冲破从而对于一笔贷款将收取利息的情况。一种情况是,利息作为一笔贷款的担保人所要求的担保金。另一种情况是,如果商品的未来价格具有不确定性(就像实际上一直存在的情况那样),那么一个卖者对于所出卖的一种物品在信贷支付方式下所索取的价格要比在现金支付的方式下更高。再一个重要的例外是,允许贷款者在一笔贷款中附加一个惩罚性条款,即如果贷款者没有在到期日得到偿还,借款者将必须在本金之上再支付一笔罚金。这当然为借贷双方达成隐蔽的延期支付的协议从而允许所谓"惩罚"的存在铺平了道路。此外还有一个例外是,贷款者可以对他在从事特定贷款的过程中所付出的劳动索取报酬。

这些便是所列举的几种惩罚或特殊支付的形式。然而除此之外,霍斯廷斯还破天荒地第一次提出了对于一笔并不涉及延期支付或者担保的贷款收取一个利率的正面辩护论点。这就是

"获利停止"(*lucrum cessans*),即贷款者放弃了当自己将货币用于投资时所可能获得的利润,他收取的一笔合法的利息是对于这种利润放弃的一种补偿。总之,获利停止预先发现了奥地利学派关于机会成本的概念和放弃的收入的概念,并且将其应用于对收取利息的论证上。然而,遗憾的是,霍斯廷斯枢机对于获利停止的使用仅仅限于那些出于仁慈而将钱贷给借款者的非寻常的贷款者。因此,贷款者不能把对一种贷款收取货币当作商业营生,这即使是在获利停止的场合也不允许。

霍斯廷斯给出的另一个例外也为对贷款收取利息打开了方便之门。他允许借款者给予贷款者一个免费礼品,只要这个"礼品"不是贷款者所要求的就可以。但是,在这种场合,贷款者,特别是接受存款的佛罗伦萨的银行家,他们将会感到不得不向他们的存款户赠送"礼品",因为否则的话,这些存款户将把他们的资金转移到惯于赠送此种"礼品"的竞争者那里。从而炮制伪装的礼品便成为允许事实上的收取利息行为的一种重要机制。

2.6 巴黎大学的神学家

神学在中世纪是"科学"的皇后,即它是提供真理与智慧的知识学科。可是在中世纪的黑暗时代神学也陷入了衰败的时期,只剩下罗马法与教会法学者来把伦理体系应用于法与人类事务。12世纪初,在著名的彼得·阿伯拉尔(Peter Abelard)的影响下,神学在巴黎大学又开始兴旺起来。从那时起,在整个中世纪的繁盛时期巴黎就成为神学的中心,其地位就如同博罗尼亚作为罗马法与教会法的中心一样。但是,在 12 世纪的剩余时间里,神学家们满足于思考与研究形而上学以及实在论的问题,而将社会伦理学的问题留给了法学家。当普瓦提耶的彼得(Peter of Poitiers,他后来成为巴黎圣母教堂学校的神学主持人)声称像高利贷之类令人怀疑的问题应当留给教会法学者去解决的时候,他实际上已经成为了 12 世纪神学家的典型。

然而,进入 13 世纪以后,当教会法和罗马法理论已经取得了长足的进步,新一代经过大学训练出来的哲学—神学家们又鼓足劲头转向了社会伦理问题。甚至在进入 13 世纪之前,巴黎大学此类有影响的神学家,像拉杜普斯·阿尔当斯(Radulphus Ardens)和那位英国人——后来的枢机——史蒂芬·兰顿(Stephen Langton),就已经开始著述有关公平的问题。不幸的是,在对待"公平价格"的问题上,这些神学家并没有继承罗马法学者和教会法学者的明智的观点,即只要价格处于所谓"公平价格"的广泛区间,自由谈判或者市场价格就是合理的。对于巴黎的神学家来说,超过公平价格的任何市场价格情况都是不道德的、有罪的、非法的。这当然意味着公平价格变成了一种强制性的武器,而不是一种广泛持有的标准。阿尔当斯把公平价格当做一种"公平销售"的关键性标准。而他的同事和巴黎大学的第一部法规的撰写者、英国人以及后来的枢机主教——库尔松的罗伯特(Robert of Courçon)(逝于 1219 年),在大约 1204 年的著述中则把在公平价格以上销售物品说成是非法活动。卓越的史蒂芬·兰顿严厉地声称,任何其收取的价格超过公平价格的卖者都犯有一种道德上的罪过。

神学家们十分清楚他们在公平价格问题上的深刻分歧,但是却紧紧抓住他们的新观点和极端观点不放。因此,欧塞尔的威廉(William of Auxerre)(1160—1229年),一位巴黎的神学教授,在1220年写道:使任何销售价格都不高于公平价格的神的法律,必然要取代伴随巨大损失原则而来的人类法律。他的同事,英国人托马斯·沙布哈姆(Thomas Chabham),也在1220年左右著述,狂热地坚持神的法律将要求卖者给予赔偿,即使卖者仅仅是出于失误以及这种失误仅仅只有一便士,也不能例外。

如果神学家坚持公平价格必须被严格地遵守,那么它在现实世界中究竟是什么?虽然有少数神学家直接面对过这个关键性问题,但是很明显,他们头脑中所拥有的是与教会法学者和罗马法学者一样的公平价格概念,即在特定地点上流行的价格,它或者是共同市场上的价格,或者是由政府规定的价格(在存在此种价格规制的场合)。12世纪晚期的巴黎神学家彼得·康塔尔(Peter Cantor)(逝于1197年)在论述王室的估税官职能时指出,物品的公平价值是它们的流行价格。13世纪前期巴黎伟大的方济各会教派(Franciscan)神学家,黑尔斯(Hales)的英国人亚历山大(Alexander of Hales, 1168—1245年)以更简洁地方式明确宣布,对于"物品的公平估计"就是"当销售发生时它在所销售的城市或地点的共同售价"。13世纪巴黎有声望的德国多明我会教派的教授,大主教圣阿尔伯特(Saint Albert the Great)(1193—1280年)甚至更清晰地这样指出:"一个价格,当它能够使所出售物品的价值等于在出售时市场对于它的估价时,就是公平的"。

虽然渴望实施流行的共同价格的神学家比教会法学者和罗马法学者拥有更多的限制，但是他们在从那种低层次中重新来塑造商人形象方面也做出了富有建设性的工作，在这种低层次上他们曾深陷教父们著述的影响。

直到巴黎的意大利神学家以及后来成为巴黎的主教的彼得·隆巴德(Peter Lombard)(逝于 1160 年)为止，神学家们一直都持有那种旧有的观点，即一个商人如果不犯罪就不能履行他的职责。对于商人完全恢复名誉的开端始于彼得·隆巴德主持的对《箴言录》(Sentences)的评疏(严格地说，是对于 1150—1151 年间形成的《箴言录四卷书》(Sententiarum quator libri)的评疏)。评疏者，特别是进入 13 世纪以后的那些评疏者，对于商人和商业赢利行为给予了系统的辩护。首先，在作为领导者的《箴言录》的评疏者中，包括巴黎的多明我会派的教授、大主教圣阿尔伯特(《评疏》(Commentary)，1244—1249 年)，塔朗泰斯的彼得(Peter of Tarentaise)(即后来的教皇英诺森五世，逝于 1276 年)(《评疏》，1253—1257 年)，以及巴黎的意大利神学家、黑尔斯的亚历山大的学生和方济各会教派的会长，圣波拿文都拉(St Bonaventure，1221—1274 年)(《评疏》，1250—1251 年)，他们都宣称商人是社会所必不可少的。这种概念由于在 13 世纪早期亚里士多德的著作的重新被发现以及亚里士多德的哲学被纳入神学而得到了进一步加强，这首先应归功于大主教阿尔伯特，特别是他的伟大弟子托马斯·阿奎那。对于这些新的亚里士多德学说的信徒，此外还有英国方济各会教派的黑尔斯的亚历山大来说，分工是社会所必需的，就像商品与服务的同时互相交换是社会所必需的一样。这是社会中自然法的运行轨迹。

更明确的见解是由托马斯·沙布哈姆所提出来的,尽管他对于公平价格的坚持细致到了每一个便士,但是他却正确地观察到商人实际上履行了将物品从丰裕的地区拿来然后再将其分配到稀缺的地区的职能。大主教阿尔伯特后来在13世纪中重复了这一洞见。

如果贸易是有用的甚至是必需的活动,那么为了维系这种活动而取得的利润就是正当合理的了。因此神学家们重复了那种12世纪的原则,即商人被允许为了维持其自身和家庭的生存而取得利润。关于这种需要的合理性,12世纪的神学家增加了为施行善举而牟利所具有的合法性质。方济各会教派的黑尔斯的亚历山大,也许是第一个将其称之为为了从事善事与仁慈活动而进行贸易的公正的和虔诚的动机。然而,它不过是对于胡古克奥的学说——为了贪婪的目的或无休止的欲望而获取利润——的一种毫无价值的效仿。

如果劳动者在基督教传统中是"值得被雇佣的"(《路加福音》,第10章,第7页),那么得自商人的有益活动的利润就能够正当地被视为对于他的"劳动"的补偿,或者毋宁说是对于他的劳动和费用的补偿,就像法学家已经宣称的那样。阿奎那将商人挣得的收入视为一种劳动的薪饷。对于神学家来说,"劳动"有几种类型:运输物品;储藏与保管物品;以及——由13世纪的教会法学者所提出来的——承担风险。因此,商业利润是对于商人的运输与储藏劳动以及他承担风险的一种支付或报酬。这种风险因素特别为黑尔斯的亚历山大和圣托马斯·阿奎那所强调。应当注意，与很多后来的历史学家不同，法学家与神学家讨论劳动、成本以及风险的目的并不是要在决定公平价格时使用这些因素（公平价格简单来说就是指的通行的共同价格），而是要为商人获取利润提供正当的辩护。

库尔松的罗伯特是13世纪中第一位对传统的、尽管是基础脆弱的对高利贷的神学讨伐追加一种自然法视角的神学家。库尔松的罗伯特简单地盗用了教会法学者胡古克奥关于一项租赁与一项贷款之间的复杂深奥的道德区分，认为前者是合法的，而后者是非法的，因为在这里货币的所有权暂时被转移给了借款者。更有影响的人物是巴黎的神学家同事，欧塞尔的威廉，他对于日益增强的基督教教会对高利贷的攻击增添了一系列新的谬论。威廉斥责高利贷具有内在的邪恶与可怕性，却没有实际地解释为什么。不过，他通过实际地把高利贷与谋杀做比较，与前者造成的损害做比较，对于将高利贷与偷窃联系起来的标准也给予了改进。他说道，谋杀有时可能是合法的，因为只有某些形式的谋杀是有罪的。但是高利贷无论在何处都不可能是合法的。因为按照欧塞尔的威廉的看法，高利贷在本质上就是有罪的，这足以使它违背自然法，就不用说它的其他公认的邪恶了。

关于高利贷为什么是一种违反自然法的罪过，威廉是不清楚的，他在反高利贷的斗争进程中所增添的一个创新性论点是，一个人对一笔贷款收取利息就是试图在"出卖时间"，而时间理所当然地是所有创造物的共同财产。由于时间被假定为公共的和免费的，所以欧塞尔的威廉以及后来的神学家才能够利用这个论点不仅将一笔贷款谴责为"高利贷",而且也将对于信贷收取比现金售卖更高的价格谴责为"高利贷"。在追加这种"免费时间"的论点的过程中,威廉无意地接触到了后来的奥地利学派对于一种无风险贷款的纯利息问题的理论解释:这里出售的固然不是"时间",但是却出售了"时间偏好",因为贷方是在向借方出售货币,即一种现在物品(一种现在可以使用的物品),来交换一种对于未来的效用指数(IOU),它是一种"未来物品"(一种只能在未来某个时点可以利用的物品)。但是由于每个人对于同样的物品都更偏好于现在时刻的,而不是未来时刻的(这是普遍的时间偏好的事实),所以贷款者将要对一笔贷款收取利息,而借款者也将愿意支付利息。因而,利息就是时间偏好的价格。经院学者由于未能理解或者得出时间偏好的概念而发生的失败,不仅仅是损害了经院学者的经济学的名声,因为这一体系毫不妥协地敌视和谴责普遍的"高利贷"行为。

欧塞尔的威廉还试图抓住那种自愿主义的论点:如果借者自愿地支付,那么高利贷收取利息怎么能被说成是邪恶的和不公正的呢?作为经济思想史上肯定是最糊涂的论点之一,欧塞尔的威廉承认借者对利息的支付是自愿的,但是他又补充道,借者将更偏好一种免费的贷款,从而在一种"绝对的"而不是"有条件的"意义上,利息负担并不是自愿的。威廉不知何故未能认识到,这同一种论述可以适用于任何产品的买者,因为不论相对于何种价格负担而言,任何买者都将偏好一种不付任何费用的免费物品。由此我们可以得出结论,在一种"绝对的"意义上,所有的自由交换都是非自愿的和有罪的。

尽管这种论断具有明显的荒谬性,欧塞尔的威廉关于"有条件的"自愿以及其他的新论断却是具有高度影响力的,并且很快就被纳入反对高利贷的标准的神学论点之中。

德国的多明我会教派的大主教圣阿尔伯特通过将亚里士多德以及亚里士多德主义带回西方的思想中,对于哲学发展起到了巨大的促进作用。出生于巴伐利亚一个贵族家庭,阿尔伯特在一段时间内曾是多明我会在德国区的大主教和雷根斯堡的主教。但是,他一生中的大部分时间是在巴黎和科隆的大学教书。

不幸的是,阿尔伯特作为一位经济学家并不具有类似于他作为一位哲学家所具有的那样的成就,并且在很多方面他实际上使经院学者的经济学跌入错误的道路。确实,他向他的伟大的学生,圣托马斯·阿奎那,传授了下述思想:公平价格就是共同的市场价格,商人履行了一种合法的社会职能。另一方面,令人遗憾的是,在所有其他反对利息的论点累积的大杂烩之上,阿尔伯特又补充了亚里士多德将高利贷抨击为一种对"不生育的金属"进行反自然的繁殖的论断。圣阿尔伯特并不理解,亚里士多德抨击高利贷仅仅是他谴责所有零售贸易的思想的组成部分。因为阿尔伯特所能得到的对于亚里士多德学说的拉丁语翻译版本,将希腊语中的零售贸易解释成拉丁语中的"货币交换"一词的含义。因此,阿尔伯特实际上是由于误解而采纳了这个论点,因为他肯定不会与亚里士多德一样地持有所有零售贸易都是反自然的和有罪的思想。

阿尔伯特的另一个对于亚里士多德的《尼各马可伦理学》的错误解释,也对后世的思想造成了极大的损害。不知何故,他将亚里士多德关于价值决定的因素不是解释为消费者需要或效用,而是说成"劳动与费用",这样便至少部分地预示了后来的劳动价值理论。

2.7 哲学家—神学家:圣托马斯·阿奎那

圣托马斯·阿奎那(1225—1274年)是中世纪繁盛时代最杰出的知识巨匠,正是他在亚里士多德的哲学体系的基础上,在自然法概念的基础上,以及在打造成"托马斯主义"的基督教神学的基础上,建立起一种将哲学、神学以及关于人的科学综合起来的宏大体系。这个意大利青年出身于贵族家庭,他是兰杜尔夫(Landulph)——那不勒斯王国的洛卡舍卡(Rocco Secca)的阿奎诺伯爵——的儿子。托马斯早年跟随本尼迪克特教团僧侣(the Benedictines)学习,后来进入那不勒斯大学学习。15岁那年他试图加入新的多明我会——一个适合于教会知识分子和学者的地方,但是由于遭到其父母的人身控制而未能如愿以偿,他们限制他的行为达两年之久。最终,圣托马斯逃脱了,加入了多明我会,继而在科隆学习,最后在巴黎就读于他的德高望重的老师大主教阿尔伯特的门下。阿奎那在巴黎大学取得了他的博士学位,并在那里以及欧洲的其他大学中心从事教学活动。阿奎那极胖,据说当时在圆形的晚餐桌旁必须留出一个足够大的地方才能使他坐下来。从他1250年对于彼德·隆巴德编撰注释的《箴言录》的《评疏》开始,到写于1265年至1273年间的他的具有强烈和广泛影响力的三卷本的《神学大全》(Summa Theologica)为止,阿奎那写下了无数的著作。正是《大全》,而不是任何别的著作,使得托马斯主义成为以后各世纪天主教经院神学的主流。

直到最近,关于公平价格的历史研究仍然典型地从圣托马斯开始,仿佛这全部讨论是突然地闪现在这位在 13 世纪叫做阿奎那的学识渊博之人的学说中的。然而,我们已经看到,阿奎那是依照长期而丰富的教会法学者传统、罗马法学者传统以及神学传统来进行研究工作的。毫不奇怪,阿奎那遵循了他的德高望重的老师圣阿尔伯特以及前一个世纪的其他神学家的传统,坚持着眼于针对所有交换的公平价格,而不满足于更为自由的法学家有关通过自由谈判可以达到公认的巨大损失点的信条。他断言,必然要超越人类法律的神法(divine law),将要求完全纯洁或者精确的公平价格。

遗憾的是,在讨论公平价格的过程中,圣托马斯由于对究竟什么是所假定的公平价格语焉不详,而为后世埋藏了极大的麻烦。作为一种建立在伟大的亚里士多德基础之上的体系的创立者,阿奎那追随在他之前的圣阿尔伯特,感到有义务将亚里士多德关于交换的分析纳入到他的理论中,这包含了由此而产生的所有模棱两可与含混不清。圣托马斯在采纳亚里士多德关于交换价值的决定因素是消费者的需要或效用(这体现在他们对产品的需求上)这种鲜明的观点时,他显然是一个亚里士多德主义者。因而,这种以需求和效用为基础的原始的奥地利的价值决定观点便在经济思想中得到了恢复。另一方面,亚里士多德将交换视为使价值"均等化"的错误观点,连同他那个难以猜解的鞋匠—建筑师的比率,也被重新发掘出来了。令人遗憾的是,在撰写《〈尼各马可伦理学〉评注》(Commentary to the(Nichomachean Ethics))的过程中,阿奎那遵循圣阿尔伯特的做法,除了效用以外又把劳动和费用作为交换价值的一个决定因素。这就为后来人们或者认为圣托马斯在亚里士多德的效用价值理论之上又追加了一种生产成本的理论(劳动加上费用),或者认为他甚至用一种成本理论取代了效用理论,提供了口实。一些评论者甚至声称阿奎那采纳了一种劳动价值理论,而20世纪英国圣公会的社会主义历史学家理查德·亨利·托尼(Richard Henry Tawney)下面这种声名狼藉和洋洋得意的词句则肯定涵盖了这种判定:"阿奎那学说的真正后嗣者就是劳动价值理论。该学派思想家中的最后一位则是马克思。"[2]

对托尼的灾难性的曲解进行拨乱反正,耗费了历史学家几十年的时间。实际上,经院学者是深奥的思想家和社会的经济学家,他们赞成贸易和资本主义,主张将共同的市场价格作为公平价格,只是在高利贷问题上存有例外。甚至在价值理论中,阿奎那关于劳动加费用的讨论也是一种异常情况。因为劳动加费用(绝不仅仅是指劳动)只是出现在阿奎那的《评注》中,而没有出现在他的巨著即《神学大全》中。[3] 此外,我们看到,劳动加费用作为一种公式通常是被阿奎那用在为商人的利润进行辩护的场合,而不是当作一种决定经济价值的手段。所以很可能,阿奎那就是在这种意义上来使用这一概念的,他提出了这样一种有意义的论点,即一个商人如果不能在长期中补偿其成本并且赚取利润,就将被淘汰。

除此以外,还有很多迹象也表明阿奎那坚持了他那个时代以及先前时期的基督教徒所持有的普遍观点,即公平价格就是市场上通行的价格。如果是这样,那么他就基本没有可能也持有公平价格等于生产成本的观点,因为这两者不仅可能是不同的,而且实际上也是不相同的。所以,他在《大全》中得出的结论是,"经济物品的价值就是体现在人的使用中并且由一种货币价格来计量的东西,货币就是为此目的而发明出来的。"阿奎那早在1262年在给维泰博的雅各布(Jacopo da Viterbo,逝于1308年)的一封信中所做的答复,特别明确地显示了这一点(后者是佛罗伦萨多明我会修道院的一位教士,后来又成为那不勒斯的大主教)。阿奎那在信中把通常的市场价格说成是规范的和公平的价格,用它来比较其他的合同。此外,在《大全》中,阿奎那还注意到供给与需求对价格的影响。在一个地方更充裕的供给将倾向于降低那里的价格,反之则相反。不仅如此,圣托马斯完全不带任何谴责之意地描述了商人通过在物品充裕从而便宜的地方买进物品,然后通过运输到它们昂贵的地方再卖出以赚取利润的活动。这里没有任何东西可以看似一种关于公平价格的生产成本观点。

最后,也是最迷人和最关键的,阿奎那在他的巨著《大全》中提出了一个曾经被西塞罗所讨论的问题。一个商人正在把粮食运往一个遭受严重饥荒的地区。他知道其他商人很快就会效仿他提供更多的粮食供给。这个商人究竟是有义务告诉饥饿中的市民,说粮食供给很快就到达从而价格将会下降,还是完全有权利保持沉默从而攫取由一种更高价格所带来的好处? 在西塞罗看来,这个商人必然有义务披露他的信息,从而按照一个较低的价格销售。但是圣托马斯的论证却不同。由于随后的商人的到达是一种未来事件,因而是不确定的,所以阿奎那宣称,公平并不要求他向他的顾客通告有关他的竞争者即将到来的信息。他可以在那个地区按照流行的价格出卖自己的粮食,尽管这个价格可能极端地高。当然,阿奎那继续不无厚道地表示,如果这个商人无论如何愿意向他的顾客吐露真情,那么这将是特别善良的举动,不过公平并不要求他一定要这样做。恐怕再也找不出比这更明显的例子来证明:阿奎那所认为的公平价格就是流行的价格,它由需求与供给来决定,而不是由生产成本来决定(生产成本在从粮食充裕地区到发生饥荒地区之间,当然不会发生多大变化)。

一个间接的证据是莱西讷的吉勒斯(Giles of Lessines,逝于约1304年),他是阿尔伯特和阿奎那的学生,后来又成为巴黎的多明我会的神学教授。吉勒斯以类似的方式分析了公平价格,断然声称它就是通行的市场价格。此外,吉勒斯还强调,一个物品的正当所值就是其在没有强制或欺诈的情况下出售时的价格。

所以毫不奇怪,与亚里士多德相反,阿奎那高度赞赏商人的活动。他宣称,商业利润是对于商人劳动的一种薪饷,是对于承担运输风险的一种报酬。在对于亚里士多德的《政治学》的一个评论中(1272年),阿奎那精明地注意到,海上运输的更大风险导致了商人的更高利润。在他于13世纪50年代对彼德·隆巴德撰写注释的《箴言录》所写的《评疏》中,托马斯遵循了先前的神学家关于商人们可以在不犯罪的情况下从事商业活动的论点。但是在他后来的著作中,他则更积极地指出了商人在将物品从充裕的地方转移到短缺的地方的过程中所发挥的重要职能。

特别重要的是,阿奎那简要地描述了每个人从交换中所得到的互利结果。正如他在《大全》中指出的那样:"买与卖看起来是为了使买卖双方互利而设立的活动,因为一个人需要属于别人的某些东西,而反过来也是一样"。

基于亚里士多德的货币理论的基础,阿奎那指出了它作为一种交换媒介、一种表示价值的"计量"以及一种核算单位所具有的不可或缺性。与亚里士多德不同,阿奎那并不担心货币价值在市场上的波动。相反,阿奎那认识到货币的购买力必然要发生波动,并且满足于这种看法:如果它发生波动,它也将比具体的价格波动更稳定,就像通常所实际出现的那样。

正是中世纪时代高利贷禁令所特有的致命后果,使得每当它在现实面前看起来有所减弱时,便会有理论家们出来强化这种禁令。在一段时间里,具有深邃思想和渊博学识的霍斯廷斯枢机曾经寻求放松这种禁令,然而圣托马斯·阿奎那却令人遗憾地再一次将它收紧了。像他的老师圣阿尔伯特一样,阿奎那将亚里士多德的反对意见追加到了中世纪对高利贷的禁止上,所不同的是阿奎那还插入了某些新的论点。根据中世纪从结论开始的传统——面对受到压制的支离破碎的高利贷的现实——再通过抓住一切可以导致这一结果的稀奇古怪的论点,阿奎那对亚里士多德的学说又增加了一种新的扭曲。与强调把货币的不生产性作为反对高利贷的主要论据这一做法不同,阿奎那抓住了"计量"这个词,强调由于货币(当然是用货币来表示)拥有固定的法定面值,因而意味着货币的正规性质必然要保持不变。货币的购买力由于物品供给的变化可能会发生波动,这是合法的和自然的。但是当货币的持有者试图通过收取利息而导致其价值发生改变时,他便违背了货币的自然本性,因而是有罪的和违背自然法的。

这种彻头彻尾的胡说八道,迅速地在后来所有的经院学者对于高利贷的禁止中取得了核心地位。这一事实证明,非理性可以俘获人们的思想,甚至像阿奎那(以及他的后继者)这样如此伟大的理性巨匠也不例外。为什么一枚硬币固定的法定面值就意味着它在交换中的价值——至少从货币的角度来看——将要保持不变。或者,为什么收取利息要与货币购买力的变化相混淆。这简单地证明了人类所拥有的谬误倾向,特别是当禁止高利贷已经成为压倒性目标的时候就更是如此了。

但是阿奎那反对高利贷的论点包含了另一个他自己的创新。对他而言,货币总体上是"被消费的",它在交换中"消失了"。所以,货币的使用与它的所有权是等同的。由此,当一个人对一笔贷款收取利息时,他等于是收取了两次,一次是对货币本身,一次是对它的使用,尽管它们是同一回事。在阐明这个莫名其妙的命题的过程中,阿奎那讨论了为什么一个货币所有者向某个人收取其展示钱币的租金是合理的。在这个场合,存在着一种委托,租金是对于一个人的货币由别人来托管而收取的费用。至于为什么这种费用是合法的,在阿奎那看来,其理由在于货币的展示仅仅是一种"次级"使用,一种与其所有权相分离的使用,因为货币并没有被"消费",或者说并没有在这个过程中消失。货币的主要使用将在物品的购买中消失。

阿奎那为鞭挞高利贷而发明的这种新鲜武器具有几个致命性问题。首先,针对所有权和使用"两次"收取费用的错误指的是什么?其次,即使承认这个说不清、道不明的错误,这种行为也很难担当得起数个世纪中天主教会对于运气不佳的高利贷者施加的罪名和驱逐惩罚。最后,如果阿奎那能够超出关于货币的法定的形式主义,关注于借款者用他的贷款所购买的物品,那么他也许会看到这些所购买的物品在某种重要的意义上是"有成果的",从而虽然货币在购买过程中"消失了",然而在某种经济意义上与货币相等价的物品却由借者保留下来了。

圣托马斯对货币消费的强调导致了一种关于高利贷问题的奇怪的回避。与自格拉提安以来的所有理论家不同,现在罪过不是在于对于一种贷款本身收取了利息,而是仅仅在于对一种物品——货币——它已经消失了——收取利息。所以,对阿奎那而言,对于一种实体物品的贷放收取利息,不应当被斥责为"高利贷"。

但是,如果说关于货币的高利贷禁令由于新的论点而收紧了的话,那么阿奎那则继承并发展了先前的为合伙(*societas*)投资进行辩护的传统。合伙是合法的,因为每一个合伙人保留了他的货币的所有权,并面临着亏损的风险,因而对于此种风险投资的利润是合理合法的。在 11 世纪后期,沙特尔的伊沃已经简要地将合伙与高利贷的贷款区别开来,这种区分在 13 世纪早期由神学家、库尔松的罗伯特加以深入阐述(约 1204 年),同时也在约翰·泰乌坦尼科斯(John Teutonicus)对格拉提安学说的《注释》中得到了详尽说明(1215年)。库尔松的罗伯特清楚地指出,甚至一个不实际参与活动的(inactive)合伙人也会使他在一个企业中的资本面临风险。这显然是指那些不实际参与的合伙制,诸如为特定的航海提供的海上贷款之类活动,但是它也渐渐地成为实际的贷款,所以在这里关于参与和不参与的界限常常是含糊不清的。此外(这也是在那时没有人能够想到的问题),由于借款者最终总是显示出甚至连本金都不能偿还,任何的贷款者难道不是必然要使其资本面临风险吗?

阿奎那现在凭借其巨大的权威地位促成了那种认为合伙制是完全合法的、并且不属于高利贷的观点。他简洁地指出,货币的投资者并没有将所有权转移给从事工作的合作伙伴,那个所有权还保留在投资者手中。从而,他仍使其货币面临风险,故可以合法地获取投资的利润。然而,与此相连的麻烦是,阿奎那在这里放弃了他自己关于货币的所有权与它的使用是同一回事的命题。因为货币的使用被转移到了从事工作的合伙人,因而根据圣托马斯自己的理论基础他应当谴责所有的合伙制,包括合伙投资,指出它们是违法的和高利贷性质的。面对着13世纪这个合伙投资兴旺发展并且对于商业和经济生活至关重要的世界,通过谴责这种已经充分发展了的贸易与金融工具而使经济陷入混沌状态之中,这对阿奎那来说将是不可想象的。

进而,不再强调与一种可消费物品的使用相伴随的所有权,阿奎那现在又提出与意外的风险相伴随的所有权概念。投资者会使他的资本面临风险,所以,他要保留对于他的投资的所有权。这个看起来似乎明智的解决办法,其实却是毫无价值的。不仅阿奎那因此而使自己稀奇古怪的所有权理论陷入矛盾,而且他也未能理解到这一点:毕竟不是任何的所有权都需要与特定的风险挂钩。另一个问题是,风险承担者正在赚取其货币投资的利润,而货币根据假定是不具有生产性的。圣托马斯不认为所有的利润都应当归于从事工作的合伙人;相反,他明确地指出资本家可以正当地接受"随后的收益",即来自他的货币使用的收益,将其"作为来自他所有的财产的收益"。看起来极有可能,圣托马斯在这里是将货币视为有增殖能力和生产能力的,它为资本家提供了一种独立的报酬。

然而,尽管在圣托马斯有关高利贷和合伙投资的论述中充满着内在的矛盾,他的整个学说在 200 年的时间里却一直处于支配的地位。

最后,阿奎那还是一位坚定地相信私有财产和资源所有制比公有财产和所有制更为优越的人。私有制成为由人组成的尘世国家的一个必然特征。它是一个和平和有序社会的最好的保障,并且为关心和有效地使用财产提供了最大限度的激励。因此,在《大全》中,圣托马斯敏锐地写道:"每个人都更关心获取仅仅对他自己有利的东西,这一点对许多人或者所有人都是共同的,因为每个人都想逃避劳动,而让别人去关心整个社会,就像在有众多仆人的场合所出现的情况那样"。

不仅如此,在发展罗马法关于获得的理论(theory of acquisition)的过程中,阿奎那还预见到了约翰·洛克(John Locke)著名的理论,该理论将财产的原始获得建立在两个基本的因素之上：劳动和占有。每个人最初的权利是对他自己所有的物品的所有权,按照阿奎那的观点,即是一种"一个人对于他自己的所有权"。这种单个人的自我所有权是建立在人作为一种理性动物所具有的能力基础之上的。

接下来,通过开垦与利用原先未使用的土地,在一个人(而不是其他人)的土地上建立起一种公正的财产权利。圣托马斯的获得理论由他的亲密学生与弟子,巴黎的约翰(让·基多尔特(Jean Quidort),约 1250—1306 年)所进一步澄清和发展,后者像阿奎那一样,也是巴黎圣雅克(St Jacques)的同一个多明我会教派的成员。在拥护绝对的私有产权的过程中,基多尔特宣称,世俗中的财产

是单个人通过他们自己的技能、劳动与勤奋而获得的。每个单个人像其他单个人一样,对于其财产拥有权利和权力,并拥有合法的地主身份。每个人可以按照他的意愿来安排他自己所有的东西,处置、管理、持有或者放弃它们,只要他不给其他人带来任何伤害就可以。因为他是地主。

这种关于财产的"自耕农式"的理论被很多史学家认为是马克思的劳动价值理论的先驱。但是这种归与是把两个完全不同的事情混淆起来了：一个是一种物品的经济价值或价格的决定,另一个是关于未利用的资源如何到达私人手中的决策。所谓阿奎那——巴黎的约翰——洛克的观点,是关于财产起源的"劳动理论"(将"劳动"限于人的精力的付出,而不是为了工资

而工作），而不是一种劳动价值理论。

与他的前辈亚里士多德不同，劳动在阿奎那那里很少受到鄙视。相反，劳动是由积极的、自然的以及神的法律所发出的一种指令。阿奎那十分清楚地知道，《圣经》中的上帝将对于所有土地的控制权交给人，以供他使用。人的职能就是要利用自然提供的材料，领悟自然法，对现实加以改造以实现其目的。虽然阿奎那几乎没有任何关于经济增长或资本积累的概念，但是他显然断定人是他的生活的积极的塑造者。而无所作为则是与给定环境或者与城邦要求保持一致的消极的希腊人观念。

也许圣托马斯最重要的贡献是为经济学而不仅仅是针对经济事务提供了基础或框架。因为通过恢复亚里士多德学说并在其基础上实现重建，圣托马斯在基督教世界引入并建立了一种自然法哲学，在这种哲学中人类理性能够掌握宇宙中的基本真理。在阿奎那手中像在亚里士多德那里一样，由于以理性作为其知识工具，哲学又一次地变成科学的皇后。人类理性表明，宇宙的现实以及自然法都是可以被发现的实体种类。人类理性能够了解世界的性质，因而它能够知道对人类来说适当的伦理学是什么。进而，伦理学变成可以由理性辨认的东西。这种理性主义的传统直接冲击了早期基督教教会的"信仰主义"，即认为只有信仰和超自然的神示才能为人类提供伦理学这样一种日益衰弱的观念。它之所以日益衰弱是因为，如果信仰丧失了，那么伦理学也就丧失了。相反，托马斯主义表明，自然法，包括人类的自然，为人类理性发现一种合理的伦理学提供了手段。确实，上帝创造了宇宙的自然法，但是不论人们是否相信上帝是一位造物主,这些自然法都是可以被理解的。通过这种方式,一个有关人类的伦理学就在一种真正科学的、而不是超自然的基础上建立起来了。

在自然法理论关于权利的这一分支中,圣托马斯领导了一种变革,即从12世纪那种将权利视为一种对于别人的要求、而不是作为一种单个人所支配的不可侵犯的产权领域的观念,转变到权利是对于所有其他人的防范的观念上来。在一部辉煌的著作中,理查德·图克(Richard Tuck)教授[4]指出,关于权利的观点,早期的罗马法是以"主动的"产权或权利支配观点为显著特征的,而12世纪晚期在博洛尼亚的罗马法学者则将"权利"的概念转变为对于其他人的一系列被动要求。这种与"主动的"权利概念相反的"被动的"权利概念,反映了中世纪时代所特有的混杂的、习惯的以及对于身份地位的各种权利要求。在某种重要的意义上可以说,这是诸如"工作权利"、"正常的一日三餐权利"等等此类"要求权"的现代主张的先驱,所有这些权利都只能通过采取强制别人来获得它们的方式而实现。

然而,在13世纪的博洛尼亚,阿库修斯又开始转回到主动的产权理论,认为每个人的财产一定具有防范所有其他人的支配权。阿奎那采纳了这种自然的支配权的概念,然而却全然没有达到一种真正的自然权利理论,根据这种自然权利理论,私有财产是自然的,而不是由社会或政府创造出的惯例。因为在13世纪晚期在多明我会教派与方济各会教派之间爆发了激烈的意识形态斗争,所以阿奎那倾向于接受多明我会教派的理论。方济各会教派信守完全的贫穷,声称他们出于生存目的而对于资源的使用并不是真正的私人财产。这种令人愉悦的虚假说法使得方济各会教派能够宣称,他们在其自愿的贫穷状态中已经克服了财产的所有权或占有。他们奇怪地声称,对于资源的纯粹消费上的使用(就像他们所进行的那样),并不包含着对于财产的占有。而据称,一种资源的出售或让与则必然要赋予它以财产权。根据方济各会教派的观点,自我满足或者处于孤立状态,不允许财产权的存在。与这种观点相对立的多明我会教派,包括阿奎那,对这种论调产生反感显然是可以理解的,他们开始坚持认为,对于资源的所有的使用必然都包含着支配权,即对于资源从而财产的占有和控制。

2.8 13世纪晚期的经院学者:方济各会教派与效用理论

关于产权概念斗争的第一个胜利由方济各会教派所赢得,他们的理论得到了他们的保护者教皇尼古拉三世(Pope Nicholas III)在他于1279年颁布的教皇训令《播种者》(*Exiit*)的支持。这种占支配地位的理论由对托马斯主义的第一位大批评家,英国的方济各会教派学者约翰·邓斯·斯各脱(John Duns Scotus,1265—1308年)所深入阐述,他是牛津大学、后来又是巴黎大学的神学教授。阿奎那坚持认为无论是私有还是公共财产,都不必然具有自然的状态的特征,从而一种情况并不比另一种情况更具有自然性。相反,斯各脱则明目张胆地主张,在一种自然的、纯洁的状态下,无论是自然法还是神法都裁定,所有的资源都归公共支配,从而任何私有财产或支配权都不可能存在。在这种据说是田园诗般的原始共产主义中,每个人可以从公共储备中各取所需。

权利理论绝不是方济各会教派对于托马斯主义的思想主线的唯一偏离。作为信仰主义者,方济各会教派重新恢复了基督教在其被圣托马斯的理性主义超越之前的早期传统。因而,他们开始反对理性伦理学进而自然法的概念。

至少在有关权利理论方面,方济各会教派很快地就被打败了。为了反对方济各会教派,教皇约翰二十二世(Pope John XXII)于1329年颁布了著名的教皇训令《因为有堕落之人》(Quia vir reprobus)。《因为有堕落之人》尖锐地指出,上帝对于尘世的支配权反映在人们对于他的物质占有物的支配权或财产权。所以,产权甚至也不像阿奎那所相信的那样,是一种积极的法律或者社会惯例的产物。相反,它们是植根于人的自然,由神法所创造。因而,产权是自然的,并且是与人在物质世界中的活动相共存的。方济各会教派在这一问题上被有力地击溃了,正如理查德·图克教授所指出的那样,人们现在已经认识到,财产"是关于人类事务的一个基本事实,他们的社会与政治的概念必须建立在财产的基础之上"。[5]

在更严格的经济事务方面,方济各会教派既可以坚持,也可以偏离托马斯主义关于公平价格概念的思想主线。斯各脱自己提出了一种标新立异的观点。在他关于彼德·隆巴德撰写注释的《箴言录》所写的评疏中,斯各脱明确阐述了一种被很多历史学者错误地归于经院学者整体的少数派观点:公平价格就等于商人的生产成本加上对于他在把产品带到市场的过程中所付出的勤勉、劳动以及所经历的风险的补偿。不仅如此,这种补偿还被认为是对商人的家庭提供了适当的生活支持。通过这种方式,劳动加费用、再加上风险,这些先前被用来为商人们所可能获得的任何利润做辩护的理由,现在都被转化为公平价格的决定因素。斯各脱将这种生产成本变成一种公平价格理论,从而与那种认为公平价格就是市场上通行的价格的长期流行的主流派经院学者的观点,形成了鲜明对比。

巴黎大学的一位英国的经院学者、米德尔顿的理查德(Richard of Middleton,约1249—1306年),虽然是一个方济各会教派,但是却遵循阿奎那的学说,强调需要和效用作为经济价值的决定因素。所谓公平价格,按照主流的经院学者的思想线索,就等于由这些需要决定的通常的市场价格。米德尔顿的理查德也特别强调阿奎那的至关重要的概念,即交换的双方均受益。不过,米德尔顿的理查德比阿奎那更为精细,他指出,比如说为了换钱而出售一匹马,买卖双方都会从这个交易中获益,因为买者表明他对于马的需要比对于钱的需要更强烈,而卖者对于货币的偏好则要强于对于马的偏好。

除了发展出这种关于互利的关键性概念以外,米德尔顿的理查德还是将这一概念应用于国际贸易的第一人。像单个人之间的交换一样,国际贸易也会带来互利。米德尔顿的理查德以两个国家为例来说明这一思想:国家 A 与国家 B,前者粮食极度充裕但是葡萄酒却严重短缺,后者葡萄酒充裕但是粮食短缺。两国通过交换它们各自的剩余物品将会都得到好处。商人通过将粮食从粮食充裕从而价格便宜的 A 国,运往粮食短缺从而价格昂贵的 B 国,也将获得利润。通过相反的运输,即把葡萄酒从其价格较低的 B 国运往价格较高的 A 国,商人也将获得利润。由于是按照当前的市场价格来买进和卖出,所以商人们是在按照公平价格进行交易,他们获得了利润,但没有剥削任何人。商人对于他们所履行的有效的服务以及所承担的麻烦和风险,得到了正当的补偿。在这种深入透辟的分析中,米德尔顿的理查德所忽略的唯一一点是,各类商人的活动最终将使两个国家的价格趋于均等化。

对于经济思想的另一个甚至更加令人眼花缭乱的贡献,是由普罗旺斯的方济各会修道士、在佛罗伦萨传教多年的皮埃尔·德·让·奥利维(Pierre de Jean Olivi,1248—1298 年)所完成的。皮埃尔·德·让·奥利维在两部论合约的著作中(一部是关于高利贷的,另一部是关于购买与销售的)指出,经济价值由三个因素所决定:稀缺(*raritus*),有用性(*virtuositas*),以及合意性或满意性(*complacibilitas*)。稀缺的后果,或者我们现在称之为"供给"的作用是显而易见的:一种产品越短缺它就越值钱,从而其价格就越高。另一方面,产品越充裕(供给越多),其价值和价格便越低。

奥利维的引人注目的贡献在于,他考察了先前有关需要和效用的含混不清的概念。阿奎那的学生和弟子,在巴黎大学教书的多明我会教徒、莱西讷的吉勒斯,曾把效用的概念向前推进了一步,他指出,物品在市场上总是具有与它们的效用程度相一致的价值。但是现在,奥利维将效用分离成两部分。一个是有用性,或者说一个物品的客观效用,它所拥有的满足人类欲望的客观能力。然而正如奥利维所解释的那样,决定价格的重要因素乃是满意性,或者说主观效用,即一个产品在单个消费者看来的主观合意性。

不仅如此,奥利维还直截了当地面对后来的亚当·斯密和古典经济学家所碰到的"价值悖论"问题,并且他对于这个问题的解决远比斯密以及古典学派高明得多。所谓"价值悖论"是指这样一种情况,诸如水或者面包这样的物品是生活所必不可少的,按照古典经济学家的说法也就是具有较高的"使用价值",它们通常在市场上非常便宜并具有较低价格。与此同时且与此相反,黄金或者钻石,则属于并非生活必不可少的奢侈品,因而拥有极低的使用价值,但是却在市场上拥有极高的交换价值。18世纪和19世纪的古典经济学家面对这一悖论采取简单的退却路线,令人遗憾地提出了一种关于使用价值与交换价值的尖锐的二分法。然而,奥利维却指出了问题的解决思路:水虽然是人类生活所必需的,但是由于它是极度充裕和轻易可得的,故在市场上只拥有一个非常低的价格,而黄金由于极为稀缺则拥有更高的价值。在决定价格的过程中,效用的概念是相对于供给而言的,而不是绝对意义上的。对于价值悖论的完全解决将不能不等到19世纪晚期奥地利学派的出现:"边际效用"——物品的每一单位的价值——随着其供给的增加而减少。因此,一种极度充裕的物品,例如面包或水,将具有较低的边际效用,而一种稀缺的物品,例如黄金,则具有较高的边际效用。物品在市场上的价值从而它们的价格,是由其边际效用决定的,而不是由全部物品所具有的哲理意义上的效用或者抽象意义上的效用所决定。当然,在奥地利学派出现之前,是不存在边际概念的。

进而,在奥利维看来,市场不过是这样一个竞技场,在其中各种物品的价格通过拥有不同主观效用和对于物品估价的单个人相互作用而形成。因而公平的市场价格不是由物品所具有的客观质量所决定,而是由市场上的各种主观偏好的相互作用来决定的。

除了他作为发现主观效用价值理论的第一人而取得的不朽成就以外,奥利维还最先将资本(capitale)的概念引入经济思想,他把资本视为投入于商业冒险活动的一笔货币资金。"资本"一词自从12世纪中叶以后就开始出现在无数的商业报告中,然而这却是它第一次被加以概念化。奥利维使用资本的概念是要表明,按照一种有成果的方式使用货币从而获取利润,是可能的。奥利维维护了对于高利贷的禁令,认为在这种情况下被投入的资本并没有通过投资者的劳动和勤奋而改变什么。不过,奥利维作为接受霍斯廷斯关于允许获利终止理由的观点的经院学者的少数派之一,他也承认当一种投资的利润在借贷过程中被放弃的场合,对贷款收取利息是合理的。遗憾的是,奥利维又延续了霍斯廷斯仔细地将获利终止限定于出于博爱目的的贷款,从而一个职业的货币贷放者的活动仍然不能得到任何方式的辩护。

具有极大讽刺意味的是,在经济思想史上的这位主观效用理论的发现者——一个关于市场经济如何运行的高度精当而娴熟的分析家——一个相信公平价格就是通常的市场价格的人——一个资本概念的发明者——一个至少部分地将获利终止作为为利息辩护的一种理由的利息捍卫者——这位伟大的市场思想家,居然成为信仰在极端贫穷中生活的方济各会教派中的极端主义者的领导人。一个可能的解释也许是,奥利维出生于纳博讷(Narbonne)的具有极重要地位的市场城镇。他是属灵派方济各会修士(Spiritual Franciscans)的主要知识领袖,这些人虔诚地信仰并衷心地遵循由该教派的创立者,阿西西的圣弗朗西斯(St Francis of Assisi,1182—1226年)所确立的完全贫穷的规则。更为具有讽刺意味的是,奥利维的反对者——在远为松散的意义上信奉这一规则的住院派方济各会修士(Conventual Franciscans),他们恶语诅咒奥利维以及其他的属灵派方济各会修士,不仅设法消除奥利维著作的知识影响,而且试图销毁他的许多著作。1304年,也就是在他逝世六年以后,一个方济各教派的圣堂参事会长命令销毁奥利维的所有著作;14年以后,不幸的奥利维的尸体又被从坟墓中掘出,尸骨被抛弃于荒郊野外。

不仅奥利维的许多著作被销毁,而且引证他的著作至少对于方济各会教派来说也成为有害的了。正因为如此,当将近一个半世纪之后已经被遗忘的奥利维的著作由伟大的方济各会修士、锡耶纳的圣贝尔纳迪诺(San Bernardino of Siena)重新发现的时候,贝尔纳迪诺为了谨慎起见甚至只字不提被视为异端的奥利维,尽管他在自己的著作中绝对是逐字逐句地采用了后者的效用理论。这种缄默是必然的,因为贝尔纳迪诺属于方济各会修士中严格的循规派或严守派(Observant wing),此一派别在某种程度上也属于奥利维的属灵派的后继者。实际上,只是从

20世纪50年代以后,对于奥利维的经济著作以及圣贝尔纳迪诺对它们的盗用问题,才得到阐明。

主流派的方济各会修士之所以以这种歇斯底里的方式来对待皮埃尔·奥利维的宗教观点,也许存在另外一个原因,这就是奥利维一直以来都对约阿基姆派(Joachimite)的异端邪说采取戏弄的态度。神秘的基督教救世主义(Christian messianism)的创始人之一,是卡拉布里安的隐士、修道院院长,菲奥勒的约阿基姆(Abbot Joachim of Fiore,1145—1202年)。在12世纪90年代的早期,约阿基姆采纳了这样一种命题:历史不止两个时代(前—基督时代和后—基督时代),而是还有第三个时代,在这个时代中他本人就是先知。前—基督时代是《旧约全书》中的圣父的时代,后—基督时代是《新约全书》中的圣子的时代。现在将要来临的是新的第三个时代,即圣灵的天启时代,在这一时期中历史将很快终结。在约阿基姆看来,这第三个时代在随后的半个世纪即13世纪的早期或中期将会到来,它将是一个真爱和自由的时代。上帝的知识将直接展示给所有的人们,那时将不再有工作或财产,因为人类将仅仅拥有精神实体,他们的物质实体已经消失了。那时将没有任何教会、《圣经》或国家,只有一种由完美的精神存在组成的自由社会,这种精神存在无时无刻不神秘地沉迷于对上帝的祈祷,直到这个神圣的千年王国在末世亦即最后审判日来临。

前提中看起来极微小的偏差常常铸成永久的社会与政治的后果,这在基督教内部关于末世逃避学、末世科学或学派的看似深奥晦涩的问题的不一致中,也得到了证实。自圣奥古斯丁以来,正统的基督教观点一直是非千禧年主义(amillennialist),即认为除了耶稣的生命和基督教的建立以外,在人类历史上不存在任何特定的千年或者上帝王国。这是天主教的观点,路德教的观点,甚至也许是加尔文本人的观点。其在意识形态或社会方面的含义是,耶稣将回来启动最后的审判并结束他自己的时代的历史,从而不存在任何可能由人类来加速这一末世到来的事情。这种学说的一个变种认为,在耶稣返回之后,他将在最后的审判到来之前在地球上创建一个千年的上帝王国。然而,从实际的角度来看,这里并没有什么显著的差别,因为基督教仍然处于不可替代的适当地位,仍然不存在任何可能由人类来引领千年的事情。

关键的差别是源于菲奥勒的约阿基姆所拥有的那些关于千禧年的观念,这种观念认为不仅世界将很快走到尽头,而且人必须做某些事情来引领这种末世的到来,为最后的审判铺平道路。这些就是所有的后—千禧年主义学说(post-millennial doctrines)的内容,它们认为人必须首先在地球上建立一个上帝的王国,以此作为耶稣返回或者最后审判的必要条件。总体说来,正如我们将会在新教改革中进一步看到的那样,后—千禧年主义的观点将导致社会为了给历史顶点的到来铺平道路而产生某种形式的理论强制。

对于菲奥勒的约阿基姆来说,通往末世之路将由一个新的拥有至高心灵的僧侣会来开拓,在这些僧侣中将出现12位主教,他们由一位超级导师来领导。这位导师将把犹太人都变成基督教徒(就像《启示录》中所预言的那样),并且领导全人类脱离物质世界,走向心灵世界的关爱。进而,经过一个三年有半的简短的辉煌时期,一位世俗的国王和反基督教者,将要惩罚和摧毁腐败的基督教会。这个反基督教者很快地就被推翻,随后便进入了整个的心灵时代。

如果考虑到约阿基姆的异端邪说所具有的激进的和潜在的爆炸性质,那么在当时至少有三位教皇对他的学说产生了极大的兴趣这一事实,就特别值得关注了。不过,到了13世纪中叶,约阿基姆的学说就被忽视并且基本上被遗忘了。属灵派方济各会修士重新恢复约阿基姆的异端邪说是有点令人奇怪的,因为他们热衷于从他们自己所发展起来的新规程以及他们对于贫穷的挚爱的立场,来看待由约阿基姆所预言的将会导致末世到来的那种极端禁欲主义的规程。

2.9 注释

1 圣·奥古斯丁,《神国论》(*The City of God*)(剑桥,马萨诸塞州:洛布古典图书馆/哈佛大学出版社(Loeb Classical Library/Harvard University Press),1963年),第Ⅱ卷,第Ⅳ篇,第17页。

2 理查德·亨利·托尼,《宗教与资本主义的勃兴》(*Religion and the Rise of Capitalism*)(纽约:哈考特-布莱斯与世界图书公司(Harcourt, Brace and World),1937年,第1版为1926年),第36页。

3 史学家们关于《评注》(*Commentary*)究竟在何时所撰写,存在着争论。旧有的观点是,它成书于1266年甚或更早的时间,这种观点意味着它简单地说明了阿奎那的思想如何从早期对于他的老师圣阿尔伯特的紧密追随到走向成熟的过程。较新的观点则认为,《评注》是与《大全》同时完成的,从而其异常观点原封不动地保留了。

4 理查德·图克,《自然权利理论:它们的起源与发展》(*Natural Rights*

Theories：Their Origin and Development)（剑桥：剑桥大学出版社，1979年）。

5 同上,第 24 页。

第3章 从中世纪到文艺复兴

3.1 14 世纪的大萧条

3.2 绝对论与唯名论:托马斯主义的分裂

3.3 效用与货币:比里当与奥雷斯姆

3.4 剩余之人:海因里希·冯·朗根施泰因

3.5 14 世纪的高利贷与外汇

3.6 世界性的苦行者:锡耶纳的圣贝尔纳迪诺

3.7 圣贝尔纳迪诺的弟子:佛罗伦萨的圣安东尼诺

3.8 士瓦本的自由主义者及其对高利贷禁令的攻击

3.9 唯名论者与积极的自然权利

3.10 注释

3.1 14世纪的大萧条

大多数人——史学家也不例外——都乐于把经济与文化的进步想象成为连续的形式：在每一个世纪，人们都会做得比前一个世纪更好。当黑暗时代在罗马帝国崩溃之后接踵而来的时候，这种令人欣慰的假定不得不被较早地放弃了。可是一般又认为，在11世纪的"文艺复兴"之后，西欧的进步从此几乎是直接和连续地走到了当前的时代。经过像阿尔曼多·萨波里（Armando Sapori）和罗伯特·萨巴蒂诺（Robert Sabatino）教授这样的经济史学者数十年的富有学术勇气的努力，最终才使史学界确信，在从大约1300年到15世纪中叶这段时期，西欧的大部分地区经历了一种深重的长期衰退。这是一个可以被称为中世纪晚期或文艺复兴早期的时代。这种长期的衰退（它也被不恰当地称为一种"萧条"）蔓延到西欧的大部分地区，只有少数意大利的城邦属于例外。

经济的衰退以人口的急剧下降为显著标志。从11世纪起，经济增长与繁荣一直拉动人口的增长。在公元1000年，西欧的总人口估计在2,400万，而到了1340年则跃升到了5,400万。可是，在一个世纪多一点的时间里，即从1340年到1450年，西欧的人口就下降到3,700万，仅仅一个世纪中就下降了31%。

虽然在确认这种大衰退的事实方面的学术努力取得了成

功，可是它却很少触及到这场灾难的一个或多个原因。将目光集中于由 14 世纪中叶的黑死病的爆发所引致的破坏固然具有一定的道理，但也是肤浅的，因为黑死病的这些爆发本身部分地也是由于在该世纪较早时期开始出现的经济衰败和生活标准下降所引起的。西欧大萧条的原因可以用一句明确无误的短语来加以总结：国家政府新施加的统治。在中世纪繁盛时期所发生的中世纪大综合的过程中，在教会权力与国家权力之间形成了一种平衡，教会的权力稍微更大一些。到了 14 世纪，这种权力平衡被打破了，民族国家开始取得支配地位，并摧毁教会的权力，在一个多世纪的连续不断的战争（从 1337 年到 1453 年的所谓百年战争）中，国家通过征税、管制与控制，导致了大灾难。[1]

国家以使经济陷于凋敝为代价来扩张权力的第一个也是至关重要的步骤，是摧毁香槟的集市（fairs of Champagne）。在中世纪繁盛时期，香槟的集市是国际贸易的主要集散地，也是当地与国际商业的中心。这些集市由于被设定为自由区、并且享受法国国王或贵族的免税以及不管制政策，而得到了细心的培育，司法问题则由各个相互竞争的私人和商人法院快捷而有效地解决了。在 13 世纪，香槟的集市达到了它们的繁荣顶点，成为从远方运输物品经过意大利北部的阿尔卑斯山脉进行陆路贸易的中心。

后来，到了 14 世纪早期，法国国王——公正王（the Fair）——腓力四世（Philip Ⅳ，1285—1314 年）开始征税和实行掠夺，有力地摧毁了至关重要的香槟集市。为了给其持久的王朝战争筹措经费，腓力对香槟集市征收了一种严厉的消费税。

他还通过对团体或组织的货币收入实施反复的、没收性的征税政策,摧毁了国内的资本与金融。1308 年,他摧毁了富裕的圣殿骑士团(Order of Templars),没收其基金充入皇家国库。腓力继而对在这个集市上占有举足轻重地位的犹太人和北部意大利人("伦巴族人")实施了一系列扼杀性的税收和没收政策:它们分别发生在 1306 年、1311 年、1315 年、1320 年以及 1321 年。除此以外,在与佛兰芒人(Flemings)的战争中,腓力还打破了所有商人在香槟集市都应该受到欢迎的长期惯例,通过法令排除了佛兰芒商人的进入。这些措施导致香槟集市以及经由阿尔卑斯山脉的贸易路线,出现了一种急剧的和永久性的衰退。处于绝望中的意大利城邦开始重建贸易通道,通过航海绕过直布罗陀海峡到达布鲁日(Bruges),遂使后者开始繁荣起来,尽管佛兰德(Flanders)的其他地区也处于衰落之中。

特别致命的是,公正王腓力在法国创设了常规的税收体系。在那之前,没有常规的税收。在中世纪时代,虽然国王被认为在他自己的领域拥有无上的权力,可是他的领域是受到私有财产神圣性的限制的。国王被认为是一位对于法律的武装的实施者和捍卫者,他的收入被规定来自于皇家土地的地租以及领地的税费。那里没有任何我们现在称之为常规税收的东西。在紧急时期,例如发生侵略或者发动一种十字军征讨,国王除了诉诸为他的利益而战斗的封建义务以外,也许会要求他的诸侯提供一种经费补充。但是这种经费补充只能是请求,而不能是命令,并且仅仅限于紧急时期之内。

绵延 14 世纪和 15 世纪前半叶的无休止的战争始于 13 世

纪 90 年代,当时公正王腓力利用英格兰国王爱德华一世(Edward I)与苏格兰和威尔士的战争机会,从英格兰手中夺取了加斯科尼(Gascony)省。这引发了以英格兰和佛兰德为一方、以法国为另一方的一场旷日持久的战事,从而导致了英、法两国的王室对于资金的极大需求。

香槟集市的商人和资本家也许有钱,但是对于皇家掠夺者来说最大和最诱人的财源乃是天主教会。英、法两国的君主都实行对教会征税的政策,这导致了他们与教皇的一系列冲突。教皇博尼法斯八世(Pope Boniface VIII,1294—1303 年)坚决地反对这种新的掠夺形式,禁止君主对于教会征税。国王爱德华通过在皇家法院否决教皇决定的合法性来对教会进行反击,而腓力则采取了更富有进攻性的手段,禁止教会将收入从法国转移到罗马。博尼法斯不得不退让,允许征税,但是他的教皇训令《唯一的圣》(Unam Sanctam)(1302 年)仍然坚持世俗的权威必须服从圣灵。这对于腓力来说已经足够了,他无所顾忌地逮捕了在意大利的教皇,并准备将他作为异教徒来审判,只是由于年老的博尼法斯的逝世这一审判才被取消。在这一时期,公正王腓力控制了教皇职位本身,把罗马天主教会的统治职位从罗马转移到阿维尼翁(Avignon),在那里他开始亲自来确定教皇。在整个 14 世纪,处于法兰西国王设立的"巴比伦囚笼"(Babylonian capitivity)之中的教皇,始终不过是该国王的一个卑微的工具,只是到了 15 世纪早期教皇才得以返回意大利。

通过这种方式,曾经强大的、在中世纪繁盛时期拥有占支配地位的权力和精神权威的天主教会,转入了低落,成为法国皇家掠夺者的实质上的附庸。

进而,教会权威的衰落被专制国家的权力上升所弥补。公正王腓力并不满足于没收、掠夺、课税、摧毁香槟集市,以及将天主教会置于自己的脚下,他还要通过铸造不足值的铸币、从而引发一种持久的通货膨胀来为其无休止的战争筹措收入。

14世纪的战争并没有引起多大的直接破坏:因为军队是小规模的,敌对也是间歇式的。主要的破坏是来自于沉重的税赋以及通货膨胀,和为了维持无休止的皇室冒险行为所需经费而大量举债。税收的巨额增加是这些战争的最具破坏性的后果。战争的费用包括:征募具有适中规模的军队,支付其工资,物资供给,以及修筑工事,其全部费用相当于皇室日常支出的二到四倍。除此以外,还包括税收评估与实施的高额成本,贷款的成本,以及破坏性的战争税负担。这些都是极其显而易见的。

新的税收无处不在。我们已经看到了税收对于教会的致命后果。在大的修道院农场,税收常常拿走农场净利润的40%以上的份额。英国王室于1380年征收的统一的一先令的人头税,令农民和手工业匠人苦不堪言。该税收相当于农业工人一个月的工资,城市劳动者一周的工资。不仅如此,由于很多贫穷的工人和农民的工资是以实物而不是货币来支付的,让他们积累货币来支付税收就更为困难了。

另外的新税种是对于所有的交易都征收的从价税。包括对批发与零售饮料的课税,对食盐与羊毛的课税。为了同避税做斗争,在法国,政府建立了食盐销售的垄断市场,而对于英国羊毛则建立了"贸易中心"(staple points)。税收限制了供给并提高了价格,破坏了关键的英国羊毛的贸易。生产和贸易由于国王的横征暴敛而受到进一步压抑,从而引起了收入和财富的急剧下降,以及生产者们的破产。总之,消费者承受了人为造成的高价格之苦,而生产者则蒙受了低收益的损失,只有国王在从这种差异中获得好处。政府的举债几乎很少是有益的,它导致国王反复地违约,随后便使得那些糊涂到极点以至于把钱借给政府的私人银行蒙受巨大损失和破产。

作为应对战时"紧急状态"而出现的新税种,却逐渐变成永久性的了。这不仅是因为战事持续了一个多世纪,而且也因为国家政府总是热衷于增加其收入和权力,试图抓住千载难逢的机会将战时税收转为国家财产的一种永久来源。

从14世纪中叶到14世纪末,欧洲遭受了黑死病灾难性流行的沉重打击,仅仅在1348年到1350年的短暂时间就死掉了全部欧洲人口的1/3。黑死病的爆发,主要是因为大萧条导致了人民生活水平的低下以及由此造成的人们抵御疾病能力的降低的结果。在该世纪的每一个十年,黑死病都持续地反复发作,尽管没有达到先前那样的致命程度。

人类发展中的恢复力真是强大,以至于像黑死病这样的巨大灾难居然完全没有在欧洲人民中间产生长久的、悲惨的社会的或心理上的影响。在某种意义上,黑死病所带来的最持久的不良影响,就是英国王室通过在英国社会实行永久性的最高工资控制和强制性的劳动配给,来应对这场灾难的后果。人口的突然下降和随后工资率的翻倍,受到了政府1349年《法令》(the Ordinance)和1351年《劳工法令》(the Statue of Labourers)所严厉施加的最高工资控制的挑战。最高工资控制是秉承雇主阶级的意志而建立的：包括大、中、小地主以及手工业师傅，前者对于农业工资率的提高尤其感到恐慌。上述两个法规企图通过实施最高工资控制将其控制在黑死病发生之前的水平，却违背了经济规律。然而，不可避免的结果是，劳动者短缺得要命，因为在法令所规定的最高工资下，对劳动的需求远远地大于新的、短缺的劳动供给。

在这种徒然地试图解决原有问题的过程中，政府的每一项干预措施都带来了新的问题。因而政府面临着选择：是依靠新的干预措施来解决难以厘清的新问题，还是诉诸原来的干预措施。政府的本能追求，当然是通过追加新的干预措施来使它的财富与权力最大化。英国的《劳工法令》就是如此，它强迫劳动者接受以往的工资率，对于所有年龄在60岁以下的英国人均如此。它还限制劳动者的流动，宣布某一具体领地上的领主拥有对于劳动力第一要求权。一个雇主如果雇佣了一个离开其先前雇主的工人，将被视为违法。按照这种方式，英国政府企图通过实行劳动配给来达到按照黑死病前的工资水平将劳动力冻结在黑死病前的职业岗位的目的。

这种强制性的劳动配给是与人们渴望在较高工资的地方提供更多就业的自然倾向相冲突的，因而不可避免地导致了劳动市场黑市的出现，使得上述法令的实施面临困难。绝望的英国王室再一次努力，在1388年的《剑桥法令》（Cambridge Statute）中使得对劳动的配给限制变得更加严厉。如果没有当地法官的书面准许，任何形式的劳动流动都将被禁止。同时，农业中开始实行强制的儿童劳动。不过,对于这种强制的买方卡特尔始终存在着逃避办法,特别是那些大雇主,他们更容易并且也能够支付更高的工资率。笨拙的英国司法体系在实施其法律方面是完全无效率的,尽管垄断的城市行会(由政府所实行的垄断)可以在城市部分地实行工资控制。

3.2 绝对论与唯名论:托马斯主义的分裂

伴随着专制国家的兴起,绝对论(absolutism)*理论问世了,并且开始令自然法学说黯然失色。毕竟,采纳自然法理论将意味着国家要限制自己,使其服从自然法或神法的支配。但是新的政治理论家出现以后,则主张尘世对于神灵的支配,以及国家的实证法律对于自然或神的秩序的支配。在中世纪晚期对于绝对论的这种倡导运动中,第一个也是最有影响的斗士当属帕多瓦的马西利乌斯(Marsiglio of Padue,约1275—1342年),其论点体现在他的名著《和平保卫者》(*Defencor Pacis*)(1324年)中。作为帕多瓦的一位律师的儿子,马西利乌斯成名后成为巴黎大学的校长。在马西利乌斯看来,国家是至高无上的,你必须服从它,它本身就要求你这样。与这种对国家的颂扬同时相伴的,是对于那种认为人类理性能够知晓处于国家的实证法律之外的任何自然法的观点的否定。对马西利乌斯而言,理性必须与公平或人类社会相分离。公平没有任何理性基础,它是纯粹神秘的,

---

* 又译专制论,专制主义,主张上帝或专制君主国家拥有绝对的权力。——译者注

完全属于一种信仰的问题。上帝的命令完全是任意的和神秘的，不能够在理性或伦理的含义上被理解。

由此得出的一个必然结论是，实证的法律与正确的理性毫无关系，它的发布是要促进"国家的活力与健康"。按照马西利乌斯的观点，民族是一个有机体，国家政府则具有头脑的功能。正如罗斯科鲁格（Rothkrug）教授所写道的那样，"马西利乌斯说国家是一个不受理性制约的生命有机体，因为就像一棵植物一样，它是按照天生的动力来生长的"。[2]

马西利乌斯从他的政治哲学中得出的实践结论是，国家，不论是王国还是意大利的城市共和国，必须在它的领域内拥有绝对的权力，并且不受教会对于世俗所施加的任何审查或司法限制。这样，虽然是作为一位虔诚的天主教徒，可是马西利乌斯由于坚持教会不应该拥有任何反对国家的世俗权力，却预见到了两个世纪以后在法国以及其他地方出现的政治家（politiques）。由此，马西利乌斯便昭示并推动了欧洲中世纪秩序的瓦解。

对于中世纪繁盛时期所取得的成就的另一个毁灭性打击，是到14世纪所引发的托马斯主义的意识形态的瓦解。这个衰落是起自于方济各会教派的信仰主义，而该主义则始于圣托马斯在英国的强大竞争敌手约翰·邓斯·斯各脱。人们通常认为，这种毁灭是由14世纪的方济各会修士、牛津大学的哲学家、奥卡姆的威廉（William of Ockham，约1290—1350年）所带来的一个逻辑结果。据认为，奥卡姆学派的唯名论，否认人类理性具有把握有关人与宇宙的基本真理的能力，从而否定理性具有掌握人类系统伦理的能力。只有上帝的意志（它是通过神示中的信仰来识别的)能够产生真理、规律或者伦理学。十分清楚,唯名论为现代的怀疑论和实证论铺平了道路,因为如果对于神的信仰被放弃,理性将不再拥有达于科学的或伦理的真理的能力。在政治上,唯名论未能提供一种与国家相抗衡的自然法的标准,因而,它是与文艺复兴时期日益发展的国家绝对论思想相吻合的。

然而,近期的学术界开始极大地怀疑奥卡姆以及他的追随者是否真是唯名论者,抑或他们更可能是实在论者,并且相信自然法。由此,情况逐渐表明,那位卓越的与奥卡姆的威廉同时代的奥古斯丁教义的信奉者,意大利的理米尼的格里高利(Gregory of Rimini,逝于1358年),并不是一位真正的唯名论者,相反则是一个主张实在论、理性以及自然法的坚强斗士。与奥卡姆及其追随者的通常观点相反,格里高利坚持认为自然法不是来自于上帝的意志,而是来自于正确的理性的支配。他在通向一种完全的理性主义立场的道路上甚至走得更远,这种理性主义一般认为是由荷兰的信奉新教的哲学家、法学家胡戈·格劳秀斯(Hugo Grotius)在三个世纪以后提出的。这种观点认为,即使是上帝并不存在,自然法体系也将由正确的理性的支配力赐予给我们,对于它的违反仍将是一种罪过。因此,正如格里高利指出的那样:"如果——这本是不可能的(*per impossibile*)——神的理性或者上帝本身并不存在,或者它的理性是错误的,那么当人们的行动违反了正确的理性——它可能是天使的、人类的或者任何其他的(如果可能的话)理性——时,他仍将犯罪"。

3.3 效用与货币:比里当与奥雷斯姆

虽然是一位方济各会修士和奥卡姆的威廉的学生,可是这并没有妨碍出生于皮卡第(Picard)的伟大的法兰西哲学家与科学家让·比里当·德·贝蒂纳(Jean Buridan de Bethune, 1300—1358年)成为巴黎大学的校长,也没有影响他按照实在论学者的托马斯主义传统对经济思想做出另一个重要贡献。在他的《问题》(*Quaestiones*)——一本对于亚里士多德的《伦理学》进行系统评论的书中,比里当继承了亚里士多德—托马斯关于物品的交换价值是由消费者需要或效用来决定的分析。但是,比里当另外还强调指出,一座房子绝不能交换一件衣服,因为这意味着建房者将要放弃一年的物品价值去换取一件价值低得多的物品。简言之,比里当实际上是在探索一种有关生产成本的机会成本的概念,以及它对供给的影响。

更重要的是,在分析交易的每一方必然都会从一种交易中获益的过程中,比里当比米德尔顿的理查德前进了一步。比里当在分析交换的过程中注意到,双方都获益,并且贸易并非许多人所想象的那样,好似一种一方获益而以另一方损失作为代价的战争。不仅如此,比里当进而给出了一种深入分析,在其中他以引人注目的方式表明:在一个两种物品的交换中,即使交换本身是不道德的因而将会受到基于伦理的或神学的谴责,交换的双方仍然可能都获益。因此,比里当提出了相当有刺激性的假说:

因为苏格拉底为了交换10本书而愿意并且也征得了他的妻子的同意而将其妻让给柏拉图,与其通奸,我们就能说他们之中的哪一个蒙受了损失而哪一个又得到了好处吗?……就他们的灵魂层面而言,双方都受到了伤害——[但是]就外在的物品而言,每一方又都获得了收益,因为每个人所得到的要比他们所需要的更多。

对于比里当,也像对于很多其他的经院学者一样,公平价格就是市场价格。对于通常的人类需要和效用究竟是怎样产生市场价格的,比里当也提供了一种系统成熟的分析。需要越大,从而需求越高,价值就越大。另外,一种产品供给的减少将引起其市场价格的提高。不仅如此,一种物品在它不是被生产出来的场合与在它是被生产出来的场合相比,价格要更昂贵,因为在前一种场合存在着更大的需求。这里再一次地表明,为了完成有关需求、供给和价格的分析,所需要的就是边际概念。比里当的分析也给出暗示,市场参与者的不同估价产生了一个单一价格,它包含了对每个参与者不同的消费者和生产者的心理上的剩余。

然而,比里当在实现经济学重大进步方面所做出的主要贡献,还是在于他对现代货币理论的实质性建构。亚里士多德曾分析了货币的优越性,以及它对于物物交换中出现的需求的双重吻合问题的克服,但是他的观点却又受到他对于贸易和赚钱的基本敌视态度的干扰。所以,对于亚里士多德来说,货币不是自然的,而是一种人为的惯例,基本上属于一种国家或城邦的产物。阿奎那的货币理论基本上限制在亚里士多德的框架之内。正是比里当,打破了这些框架的束缚,建立起"金属的"或商品的货币理论,即认为货币天然地作为一种有用的商品而产生于市场,市场在挑选交换媒介时几乎总是选择一种可以利用的、拥有充当货币的最良好特性的金属。

因而,在比里当看来,货币就是一种市场商品,而这个货币的价值就像在其他市场商品的情况下一样,"一定由人类的需要来衡量"。正如可交换的物品的价值"与人类的需要成比例一样,这些物品的价值也将与货币成比例,而货币本身则与人类的需要成比例"。由此,比里当就令人瞩目地为在决定物品市场价格的同一效用原则基础上来研究货币的价值或价格决定问题,设立了议程:这个议程只是在六个世纪以后的1912年,才由奥地利学派的路德维希·冯·米塞斯在他的《货币与信贷理论》(*Theory of Money and Credit*)中所完成。

作为奥地利学派的门格尔和冯·米塞斯的先驱,比里当坚持认为,一种有效的功能货币一定是由拥有与其充当货币的角色无关的价值的材料所构成,即它必须由最初不是为了作为货币而使用的某种市场商品所构成。比里当进而列出可以导致市场选择一种商品作为交换媒介或者货币的那些特性,诸如便于携带、拥有单位重量的高价值、便于分割、具有耐久性——所有这些性质最明显地为贵金属黄金和白银所拥有。按照这种方式,比里当开始对各种商品所具有的货币特性加以分类,这实际上也是直到20世纪30年代金本位时代终结时为止无数的货币与银行学教科书的第一章的内容。

因此,让·比里当不仅创立了作为一种市场现象的货币理论,而且他还借此使货币摆脱了它完全是由国家创造出来的神话,将货币作为一种市场产品而置于与其他物品相平等的地位。

比里当的选择理论(theory of volition)的一个并不十分令人欣赏的现代副产品,作为无差异曲线分析的一部分出现在20世纪30年代。比里当假设了一头完全理性的驴子,它发现自己处在两堆具有同样吸引力的草料之间正好居中的位置。两种选择都是一样的,因而不能够做出选择,故完全理性的驴子可能两者都不选因而饥饿而死。这个例子的疏漏在于,它包含了第三种选择,在这里假定驴子喜欢最不重要的种类:饥饿而死。从而,正确的阐述应该是,正是"完全的理性"导致它不选择饥饿而死,而是随机地选择两堆草料中的一堆(然后再去吃掉另一堆)。[3]

直到近年来,传统的经济思想史教科书只要是涉及重商主义或亚当·斯密以前的任何人,就只简要提及两个人:圣托马斯·阿奎那和尼科莱·奥雷斯姆(Nicole Oresme,1325—1382年)。虽然奥雷斯姆作为知名的法兰西数学家、天文学家和物理学家,是14世纪欧洲最重要的知识巨匠之一,但是他对于经济思想的贡献却很少受到这种特别的关注。奥雷斯姆作为让·比里当的学生和追随者,是一位亚里士多德学说的学术评论家,他曾在巴黎大学教书,后来成为利雪(Lisieux)的主教。在14世纪50年代,奥雷斯姆开始撰写他的著名的小册子《论货币的起源、性质、规律以及变质》(*A Treatise on the Origin, Nature, Law and Alternations of Money*),将他那主张坚实货币的老师的教导应用于14世纪前半期法国国王沉迷于不计后果地实行减低货币成色的行为。在17世纪后期出现纸币和建立中央银行以前的若干世纪中,国王通过操纵货币来取得收入的唯一途径就是降低货币成色——通过减轻它用基本货币黄金或白银表示的重量,来重新规定货币单位。例如,如果货币单位被规定为10盎司白银,政府可能会利用它对铸币的垄断权力重新将货币单位规定为9盎司白银,然后把重铸货币过程所产生的差额据为己有。新增的这些盎司白银将被铸币厂铸出新硬币,由国王用于战争、建造宫殿以及其他被认为有价值的事业。

英国的通货单位——英镑,是由于最初在若干世纪以前被简单地规定为一磅白银而得名的。英国的货币减低成色过程达到如此严重的程度,以至于1"磅"现在只等于不到1/4盎司白银。

因而,在纸币和中央银行出现以前,减低货币成色便成为统治者可以用来变更通货以创造(以货币单位来表示的)更大的货币供给,从而引起价格膨胀的唯一过程。国王能够运用他对于铸币的强制性垄断反复地令货币减低成色,以牺牲公共利益为代价来满足他自己的利益。

奥雷斯姆对于货币理论最重要的贡献,是第一次清楚地阐明了后来被称之为"格莱欣法则"(Gresham's law)的现象,即这样一种洞见:如果有两到三种货币由政府通过法律来规定其相对价值,那么政府所高估其价值的货币把政府所低估其价值的货币逐出流通领域。例如,如果政府法令规定(比方说)1盎司黄金在法律上值10盎司白银,而在自由市场上它却值15盎司白银,那么人们将要用法律上被高估的货币(白银——"劣"币)去偿还贷款和支付货款,而将被低估的货币(黄金——"良"币)

窖藏起来，或者输出到它能够被按照其市场价值出售的其他国家。格莱欣法则经常被以大众化语言概括为："劣币驱逐良币"，可是这样来表达它将是荒谬的和不能令人满意的。因为它蕴涵的意义是，虽然在所有其他市场产品中优良物品将战胜劣质物品，可是由于自由市场中的某种深刻缺陷却导致了市场更偏好优良货币，而不是劣质货币。不过，正如路德维希·冯·米塞斯在20世纪初期所阐明的那样，格莱欣法则并不是自由市场的产物，而是政府货币控制的结果。它对于货币的相对价值的固定，就是任何价格控制所具有的一般后果的一种特例，即在对一种物品实行最高价格控制时将出现短缺，而在对一种物品实行最低价格控制时则产生"过剩"。在货币的场合，根据我们的例子，黄金承受了一种最高价格控制，因而出现短缺。而白银的价值则被人为地提高了，故而出现白银相对于黄金的过剩。

第一个提出格莱欣法则的是古希腊的讽刺剧作家阿里斯托芬（Aristophanes），他在剧作《青蛙》（*The Frogs*）中富有特性地指出，"在我们的共和国，劣等公民比优等公民受到了更好待遇，正像劣币在流通而良币却消失了一样"。[4] 然而，奥雷斯姆却把这一规律以更严谨和正确的形式表达出来，他强调货币的瓦解是政府实行固定价格的一种结果："如果政府固定的各种铸币的法定比率不同于这些金属的市场价值，那么被低估的铸币将会完全地退出流通，而被高估的铸币则唯一地保留在流通之中"。

在他的《论货币》中，尼科莱·奥雷斯姆开始应用他的老师比里当的金属货币理论去攻击法兰西国王使铸币减低成色的政策。奥雷斯姆并没有达到否定国王的铸币垄断权力本身的地步,不过他在使这整个事情摆脱由国王所精心编造的"主权"神话方面是立了大功的,他把全部铸币问题转变成为一种社会实践的惯例问题。由于国王并没有被授权以王室特权以及绝对的王室意志的神秘借口去垄断铸币,他就有义务按照最有利于社会的方式来实行管理。因此,他有义务保持重量标准以及铸币标准,因为经常地变更这些标准将会"破坏人民之间的相互尊敬,滋生'丑闻和怨言,导致反抗的风险'"。因而,有关通货单位的规定应当是一个固定的法令。经常的变更与降低货币成色,按照奥雷斯姆所指出的那样,将导致货币和铸币丧失它们作为价值计量工具所具有的特性,对内与对外贸易都将被严重削弱。外国商人将要抵制,因为他们不再拥有良好和安全的货币来为其业务服务,而国内的贸易者也不再拥有任何坚实的流通手段。货币不再能够安全地贷放出去,这时将不存在任何可以正确地估价货币收入的方法。

不仅如此,由于降低成色的货币在国内拥有更低的价值,黄金或白银将被输送到其现在将会拥有更高的市场价值的国外。这样,奥雷斯姆也许是第一个指出货币将倾向于流向其具有最高价值的地区与国家、而离开其具有最低价值的那些国家的人。

尼科莱·奥雷斯姆并没有被国王反复地使铸币减低成色的理由所迷惑。正如奥雷斯姆所指出的那样:如果国王"在向人民陈述专制者通常的谎言,即他将用从减低货币成色中得到的利润来为公众谋利益,我们绝不能相信他,因为他也可能拿走了我的大衣同时说他需要用它来为公共利益服务"。

奥雷斯姆还补充了比里当关于在市场上商品如何变成货币的分析。他强调便利的可携带性，而这将体现在每单位重量的较高价值。他还指出，在黄金或白银对于每一笔交易都被精确地按照重量确定出数量以后的一定时期中，人们就开始将贵金属铸成硬币，铸币的一面有雕刻，另一面是正面，以便保证每一枚铸币拥有确定数量的黄金或白银。黄金作为一种更有价值的货币，一般将被用于更大的交易，而白银甚至铜则被用于较小规模的购买。

3.4 剩余之人：海因里希·冯·朗根施泰因

作为一位唯名论者和比里当的学生，老海因里希·冯·朗根施泰因（Heinrich von Langenstein the Elder）——他也被称为黑塞的亨利（Henry of Hesse, 1325—1397 年），虽然在他当时的时代和以后的世纪中仅是一位人微言轻的经院哲学家，却对经济思想的现代解释产生了巨大损害。朗根施泰因起先在巴黎大学教书，随后又到了维也纳。他在其《论合约》（*Treatise on Contracts*）的书中开始按照主流经院哲学的方式来分析公平价格：公平价格就是市场价格，它是对于消费者本身需要的一种大致计量。这一价格是单个人对于他们的欲望与价值进行计算的结果，而这些计算本身又受到供给的相对稀缺与丰裕程度以及买者的多寡的影响。

在做了这些论述之后，朗根施泰因就开始了完全的自相矛盾。在一种对于经济思想史的极为令人遗憾的贡献中，朗根施泰因敦促地方政府的机关采取措施去固定价格。固定价格在某种程度上将是一种比市场相互作用更好地达于公平价格的方法。其他的经院学者也不曾明确地反对固定价格,对他们而言,市场价格就是公平的,不论它是通过人们在市场上的共同估计实现的,还是由政府所确立的。但是在他们的著述中至少隐含着这样的思想,即自由市场将是一种更好地(或者至少同样好的)发现公平价格的途径。朗根施泰因是唯一的一个积极地倡导政府实行固定价格的人。

不仅如此,朗根施泰因还提供了另一个异端经济思想。他劝告政府权威机关这样来固定价格:使每一个卖者(不论是商人还是手工业工匠)都能够维持他们在社会中的身份或生活地位。公平价格就是这样一种价格,它将保证使每个人的地位维持在他已经习惯了的水平上——既不过高,也不过低。如果一个卖者试图索取一个会使其超出原来地位的价格,那他就是犯了贪婪之罪。

朗根施泰因是经院学者以及中世纪晚期思想家中最后的剩余人物。我们还没有发现有谁支持这种有关公平价格的"生活地位"的概念。实际上,圣托马斯·阿奎那本人当他明确地宣称下述论断的时候,就已经有力地否定了这种观点:

> 在一种公平交换中,其交换媒介并不随当事人社会地位的变化而变化,而是仅仅依物品的数量为转移。例如,无论谁购买了一种东西,他都必须按照物品所值来支付价格,不论他是从一个乞丐手中购买,还是从一个富人手中购买。

简言之,在市场上,价格对于所有的人,不论是富人还是穷人,都是一样的,而且,这也就是建立价格的正当方法。按照朗根施泰因的稀奇古怪的观点,对于同一个产品,一个富裕的卖者理所当然地必须要卖出一个比贫穷的卖者更高的价格,这样一来,富裕的人就不可能持久地立足于商界。

就我们所确切知道的而言,没有哪一位中世纪或文艺复兴时期的思想家采纳了这种生活地位理论,只有两位后来者接受了固定价格的观点。一位是克拉科夫的马修(Matthew of Cracow,约1335—1410年),他是布拉格的神学教授,后来又成为海德堡大学的校长和沃尔姆斯(Worms)的大主教。另一位更值得特别关注的是让·德·热尔松(Jean de Gerson, 1363—1429年),一个唯名论者和法兰西的神秘主义者,他曾经担任巴黎大学的校长。不过,热尔松无视那种生活地位的观点,而返回到了13世纪的约翰·邓斯·斯各脱的观点,即公平价格就等于生产成本加上对于供给者付出的劳动和承担的风险的补偿。热尔松因而敦促政府固定价格,使其与所公认的公平价格相一致。实际上,热尔松是一个狂热主张固定价格的人,他鼓吹价格的固定应该从小麦、面包、肉类、葡萄酒以及啤酒等通常的领域扩展到包含无论什么样的所有商品。幸运的是,热尔松的观点也几乎没有产生什么影响。

冯·朗根施泰因在他自己的时代以及随后的时期都是无足轻重的人物。他的巨大重要性仅仅在于,他被19世纪晚期的社会主义和主张国家合作主义(state corporatist)的历史学家从本应该属于默默无闻之辈中发掘出来,这些历史学家运用他的生活地位的愚昧思想去凭空幻想出一个有关天主教的中世纪的完全扭曲的图景。就像这个神话所传播的那样,说那个时代唯一地受到这样一种观点的支配,即每个人都只能索取公平价格以便维持他的被假定由神所指定的在社会生活中的地位。通过这种方式,这些历史学家便赞美了一种并不存在的等级性社会,在其中每个人和团体都发现自己处于一种和谐的等级制结构之中,而这种结构并不受市场关系或资本家的贪婪的干扰。这种毫无意义的关于中世纪以及经院学说的观点,是最先由德国社会主义和国家合作主义的历史学家威廉·罗雪尔(Wilhelm Roscher)和维尔纳·桑巴特(Werner Sombart)在19世纪晚期提出来的,它随后又为英国的社会主义者理查德·亨利·托尼(Richard Henry Tawney)和信奉天主教的合作主义学者以及政治家阿明托尔·范范尼(Amintore Fanfani)这样有影响的学者抓住不放。最后,这种唯一地建立在一个含混不清和非正统的经院哲学基础上的观点,又被庄严地纳入传统的经济思想史中,并在这里受到了自由市场的、并且是狂热的反天主教的经济学家弗兰克·奈特(Frank Knight)以及他在目前具有重要影响力的芝加哥学派中的后继者的支持。

自从第二次世界大战以来,对于这种旧有观点的最迫切的矫正由于约瑟夫·熊彼特的巨大威望以及雷蒙德·德·罗弗的权威性研究工作,而逐渐取得了支配地位。

3.5　14世纪的高利贷与外汇

对一笔贷款收取利息一直被主流的经院学者著作视为高利

贷而受到完全谴责,只有少数追随枢机霍斯廷斯以及奥利维的人,认为应该允许对获利停止——对于所放弃的投资的收益索取补偿——因而也就仅仅适用于慈善性质的贷款,而不适用于职业的货币贷款人。对于外汇交易的看法也好不到哪里去,主流的经院学者,包括圣托马斯,都简单地将其作为高利贷以及试图对于不生产的货币收取利息而断然地予以谴责。

然而到了13世纪和14世纪,汇兑票据作为信贷工具已经占有重要地位,特别是在外汇交易的场合更是如此。各种复杂的外汇交易形式发展出来,其中交易商可以对信贷收取和支付利息,不过这种交易表面上是以买卖外国通货的假象来进行的。大多数经院学者这时又继续地谴责外汇交易商,不过一个勇敢的少数派在14世纪出现了,他们为这些当时已经普遍存在的交易(教会本身就已经从事这种活动很久了)呐喊助威。这种思潮初起较弱,它由阿奎那的主要个人信徒、莱西讷的吉勒斯所发起。吉勒斯虽然在外汇市场方面思想混乱,但是却认为风险是这些信贷交易存在的正当理由。他并且还表明,与顾客支付给他们的货币相比,外汇中间商为他们的顾客提供了具有"更大效用"的东西,这使得中间商有权收取额外费用。

对于外汇市场的主要捍卫来自于著名的方济各会教派的亚历山大·博尼尼(Alexander Bonini),他又被称之为亚历山德里亚的亚历山大(Alexander of Alexandria)或亚历山大·隆巴德(Alexander Lombard)。博尼尼在巴黎大学经历了一段学术生涯,然后在教皇的神学院(papal court in theology)从事讲座,最后成为他的出生地隆巴迪(Lombardy)的方济各会的管辖教省的大主教——该地区是当时最臭名昭彰的高利贷者活动的场所。在他的《论高利贷》(*Treatise on Usury*)(这是他1307年在热那亚的一个讲座)中,亚历山大虽然仍在按照通常的方式攻击高利贷,但是却为他所熟悉的外汇交易提供了一种全面系统的辩护。通过批判亚里士多德的观点,亚历山大指出,货币不会只有一种职能,即仅仅作为一种不生产的交易媒介,因为存在着很多硬币,而这些硬币必然要相互交换。不仅如此,这样来交易的硬币的价值还不是由法律正式地决定的,而是由硬币的重量与成色决定的。亚历山大还采纳了莱西讷的吉勒斯关于在货币交易中,中间商为其顾客提供的效用将大于他从顾客那里得到的货币的深刻见解。至于外汇中的信贷交易,亚历山大·隆巴德并不为它们提供全部的辩护,而只是对于在从交易开始到交易终止期间一种货币的价值变化提供一种获利停止式的辩护。实际上,亚历山大是最先指出对货币的需求可能并且实际上也是随着时间的变化而变化、从而导致货币价值发生变化的人之一。获利停止为经院学者对于在中世纪的繁盛时期及以后人们规避高利贷禁令的主要方法的辩护,增加了一个楔子。

富有启发意义的是,亚历山大是从实践的观点来开始他的辩护的:"教会总是谴责和驱赶高利贷者,可是它却并不谴责和驱赶外汇交易商,相反,甚至还培育他们,就像在罗马教会中人们所明显地看到的那样"。

亚历山大·隆巴德对于外汇市场的捍卫,被他的弟子和作为隆巴迪的方济各会管辖教省的大主教继承者的阿斯特桑纽斯(Astesanus,逝于1330年)所逐字逐句地照搬过来。像他的老师一样,阿斯特桑纽斯也来自隆巴迪,具体说是来自于阿斯蒂(Asti),这是当时重要的国际高利贷者的主要聚集地之一。他的主要著作是发表于1317年的《大全》(*Summa*)。像他的前辈一样,阿斯特桑纽斯对于"罗马教会培育外汇交易商"这一事实拥有深刻的印象。不仅如此,他还补充了亚历山大的推理,对于获利停止提供了一个率直的辩护,他是不同于教会法学者的、最初接受这种辩护性解释的神学家之一。

在我们已经讨论过的14世纪的杰出学者当中,海因里希·冯·朗格斯泰因也许如我们所预期的那样,将所有的外汇交易商都视为高利贷者本身而加以谴责。甚至尼科莱·奥雷斯姆也只是简单地重复亚里士多德的陈词滥调,即货币对货币的交易是不自然的,因为货币是不生产的。尽管奥雷斯姆并没有明确地宣称外汇交易本身是高利贷性质的,但是带着一种讨厌的心情,他也将外汇交易贬损为一种"可耻的"职业,认为它腐蚀人的灵魂,就像清理阴沟将会弄脏人的身体一样。

然而,与此相反,奥雷斯姆的老师,让·比里当则致力于为外汇交易作辩护。他区分了两类交易:一类是交易商"仅仅得到他所放弃的"——根据亚里士多德—托马斯主义的传统即是完全所值,另一类是交易商"得到的比他所放弃的更多"。不过在这里比里当又进了一大步,他铲除了经院学者为了反对货币的交易所设置的某些不合理的壁垒。正如比里当所声称的,甚至对于第二类的交易,它们也可能是合法的,尽管那里的交换不存在任何等价,但只要这种交换能够促进"共同利益"(common good)就应视为如此。比里当的新概念虽然并没有运用于普通的高利贷上,但是它却为论证外汇交易银行家存在的完全正当合理性埋下了伏笔。

在15世纪之初,一个对于外汇合约的深入系统的辩护由一位精于世故的佛罗伦萨的世俗的教会法法学家洛伦佐·迪安东尼奥·里多尔菲(Lorenzo di Antonio Ridolfi,1360—1442年)所提出。里多尔菲是佛罗伦萨的雅典娜神庙的训导师,并且在一段时期里曾经担任佛罗伦萨共和国的大使。正像隆巴德不愿意去谴责教会所支持的任何一种实践一样,里多尔菲也声称他不愿意谴责一种在他的家乡已经广泛流行的职业。通过发展隆巴德的真知灼见,里多尔菲在他于1403年出版的论高利贷的著作中强调,货币的价值就像随着时间的变化而不同一样,它也可能因为从一个地点到另一个地点而变化。这些不同是由于对货币需求的变化、货币需求相对于货币供给的波动以及铸币的金属含量发生改变等因素作用的结果。这些变化证明了外汇交易的正当合理性,以及外汇交易中所包含的信贷交易的正当合理性。这样,里多尔菲就发展了一种理论,它表明货币的价值像任何其他商品的价值一样,是由其需求与供给的相互作用决定的,并且其价值也将因时间和地点的不同而发生变化。

3.6 世界性的苦行者:锡耶纳的圣贝尔纳迪诺

经院主义经济学的伟大思想家和伟大的系统建构者,是一个谜中之谜:他是一位严苛的、苦行者的方济各会的圣人,生活于15世纪初期托斯卡尼(Tuscany)成熟地发展了的资本主义世界中间,并在这种环境下从事著述。虽然圣托马斯·阿奎那曾是所有领域的知识探索的系统综合者,但是他的经济见解在他的神学著作中却是割裂地散见在各处的。锡耶纳的圣贝尔纳迪诺(1380—1444年)是在奥利维之后撰写出一部系统地阐述经院学者的经济学的完整著作的第一位神学家。这个先进的思想的许多内容都是由圣贝尔纳迪诺本人直接贡献的,而高度成熟的主观效用理论则是逐字逐句地抄袭两个世纪以前的方济各会的异端邪说者皮埃尔·德·让·奥利维的论述。

圣贝尔纳迪诺的书是作为一套拉丁语的训诫来撰写的,冠之以《论合约与高利贷》(*On Contract and Usury*)的标题,完成于1431年至1433年间。这部著作相当有逻辑性地从制度以及私有财产体制的正当合理性开始,继而是关于贸易体制与伦理学,接下来讨论市场上价值与价格的决定。最后,以关于较为混乱的高利贷问题的详细讨论而结束。

圣贝尔纳迪诺论私有财产的一章没有任何值得关注之处。财产被视为人为的,而不是自然的,不过它对于一种有效率的经济秩序来说仍然是至关重要的。然而,圣贝尔纳迪诺的重要贡献之一,是对于企业家的作用给予了最充分和最有力的讨论,并以雄辩的语言给出定论。首先,商人被赋予了一种甚至比在阿奎那那里更为健康和良好的形象。与早期的学说相反,圣贝尔纳迪诺睿智地指出,贸易像所有其他的职业一样,既可以以合法的形式来进行,也可以以非法的形式来从事。所有的职业,包括一位主教的职位,都为犯罪提供了机会。这些机会不仅仅限于贸易。更明确地说,商人们能够提供几种有用的服务:将商品从剩余的地方运往短缺的区域和国家,保存和储藏物品以便使其在消费者需要它们时可供利用,同时,作为手工业工匠和工业企业家,将原材料转化为完成品。总之,商界人士能够履行运输、分配或制造物品的有用社会职能。

在其对贸易的辩护中,圣贝尔纳迪诺最终设法恢复自从古希腊以来就受到嘲讽的普通的零售商。圣贝尔纳迪诺指出,进口商和批发商买进大量商品,然后成批量地卖给零售商贩,他们再以零散的量卖给消费者。

从现实的观点出发,圣贝尔纳迪诺没有谴责利润。相反,利润是企业家对于他的劳动、费用以及所承担的风险的一种合法报酬。

圣贝尔纳迪诺进而开始了他关于企业家职能的深刻分析。他认识到,管理能力是能力与效率的一种难能可贵的结合,因而要获得一种高收入。圣贝尔纳迪诺列举了成功的企业家所必备的四种素质:效率或勤奋,责任心,劳动,以及承担风险。效率对于圣贝尔纳迪诺来说意味着充分了解有关价格、成本以及产品质量的信息,从而在估价风险与利润机会方面思维"敏捷"。按照圣贝尔纳迪诺的机敏观察,"实际上很少有人能够做到这一点"。责任心意味着关注细节,以及始终保持完好的记录,这是商业活动的一个必要环节。麻烦、辛苦乃至个人的艰难困苦也都是经常不可缺少的。由于所有这些原因,以及所发生的风险,企业家有正当的理由对于成功的投资赚取足够的利润,以便维持其商业活动并补偿他所付出的所有艰辛。

关于价值的决定,圣贝尔纳迪诺继续沿袭主流的经院学者的传统,认为价值与公平价格是由市场上共同的估价所决定的。

价格将根据供给情况而波动,如果供给短缺,价格就上升,供给丰裕价格就下降。圣贝尔纳迪诺还深入地讨论了成本的影响。劳动成本、技能以及风险都不直接地影响价格,但是会影响一种商品的供给,从而在其他条件给定不变时(ceteris paribus,这是圣贝尔纳迪诺所使用的短语),需要更大的努力或创造性来生产的东西将更昂贵,具有更高的价格。这一真知灼见预见了大约5个世纪以后的杰文斯/奥地利学派关于供给和成本的分析。

像在其他经院学者的情况下一样,市场上的共同估价被认为是共同的市场价格(但并不是由自由谈判的单个人所确立的价格)。政府被认为能够通过强制性管制来建立一个共同的价格,但是正如在大多数其他经院学者的情况下那样,这种可能性很快就被忽略了。

正如我们已经看到的那样,圣贝尔纳迪诺是逐字逐句地接过了方济各会修士皮埃尔·德·让·奥利维所发表(并且先前曾经被忽视)的主观效用价值理论。圣贝尔纳迪诺对于这种作为市场价格的公平价格理论的重大贡献在于,他将它运用于"公平工资"。圣贝尔纳迪诺指出,工资是劳动服务的价格,因而公平的或者说市场工资,将由市场上对劳动的需求和可能的劳动供给决定的。工资不均等是技能、能力以及培训等方面差别的一个函数。一个建筑师的收入要比挖地沟者的收入更高,圣贝尔纳迪诺对此解释道,这是因为前者的工作要求更多的知识、能力以及培训,从而只有较少的人能够胜任这种工作任务。高技能的工人比低技能的工人更短缺,从而前者将拥有一个更高的工资。

在关于外汇的一种复杂精致的讨论中,圣贝尔纳迪诺表示了他对于已经成为对一种信贷交易收取隐蔽的利息的主要方式的外汇交易的赞许。在这里,圣贝尔纳迪诺遵循了他的大师亚历山大·隆巴德的不拘泥于宗教教条的观点。一般来说,外汇交易是通货的转换,而不是信贷。不仅如此,高利贷仅仅是对于一种贷款收取的确定的、无风险的利息,而外汇汇率是波动的,因而是不可预测的。这一点从技术角度来说没有错,但是通常的贷款者总要对于外汇交易收取利息,这是因为货币市场的结构特征使贷款者以这种方式获益。圣贝尔纳迪诺还指出,通货的转换是必需的,因为通货具有极大的多样性,以及一个国家的铸币在其他国家通常不被接受。所以,货币兑换者通过使对外贸易——"它是支撑人类生活所必不可少的"——成为可能,同时使资金在不必实际地跨国运输铸币的情况下实现从一国向另一国的转移,而发挥了一种有益的作用。

锡耶纳的圣贝尔纳迪诺是对于他那个时代的资本主义市场的卓越的、有远见的、有识别力的分析家,同时又是一位愤怒谴责世界性的可耻的、商业实践活动的柔弱的苦行圣人,这是一个既引人入胜又令人困惑的组合。圣贝尔纳迪诺于 1380 年出生于锡耶纳的一个高官家庭。其父阿尔贝托罗·德利·阿尔维泽斯奇(Albertollo degli Albizzzeschi)是锡耶纳共和国的马萨城(Massa)的最高行政长官。圣贝尔纳迪诺的母亲也属于当地的名门望族。由于加入了严守派方济各会(Observant Franciscans)的严苛的、苦行者骑士团,圣贝尔纳迪诺很快就成为一位著名的劝诫者和家喻户晓的四处巡游的雄辩家,他传教的地区遍及意大利的北部与中部。在 15 世纪 30 年代，圣贝尔纳迪诺被任命为严守派方济各会的署理主教（vicar general）。在圣贝尔纳迪诺的一生中，他曾经有三次被推举为主教（分别在锡耶纳、乌尔比诺（Urbino）和费拉拉（Ferrara）），但是又都被他谢绝了，因为这将使他不得不放弃他的传教活动。

圣贝尔纳迪诺的反世俗性质的传教内容的一部分，是关于个人道德的问题。例如，他为流动的商人长期待在远离家乡的地方从事商业活动，进而通过生活在一种淫欲的罪恶甚或鸡奸状态而玷污自己的名声，感到痛悔，这种情形被圣人习惯地称之为"肮脏"。实际上，在他年轻的时候，圣贝尔纳迪诺曾经猛烈击打过一个提出同性恋建议的人。

但是，圣贝尔纳迪诺在作为商业运行的娴熟的分析家与商业实践的声讨者之间的主要矛盾，还是体现在他对于高利贷的强烈反对上。由于处在托斯卡尼的高利贷之乡的包围之中，圣贝尔纳迪诺与如此众多的经院学者一样，也感觉到现实主义在高利贷的大门前突然消失了。关于高利贷问题，圣人们的英明的分析和对于自由市场的宽容的观点令他产生失望，他愤怒到了几近发狂的程度：高利贷是一种邪恶的传染病，蔓延于商业和社会生活之中。虽然别的经院学者都严肃地采取这样的反对理由，即教会和社会依赖于高利贷，可是圣贝尔纳迪诺对此却并不理会。不：它不可能是这样。所有那些坚持认为高利贷在经济上是必需的人都犯了亵渎上帝的罪过，因为他们由此将会说是上帝将他们束缚于一种不可能的行动过程。圣贝尔纳迪诺认为，取消了利息负担，人们将免费地、无偿地放贷。此外，这时出于无意义的和邪恶的目的而借的款项也将特别多。这位圣人怒吼道,高利贷摧毁了博爱。它是一种传染性疾病。它玷污了社会中所有人的灵魂。它将城市中的所有货币都集中于少数人的手中,或者驱使它离开这个国家。更严重的是,它正当地使上帝的愤怒降临于城市,招来了启示录中的四大骑士。

人们可能只是对于这种无端的愤怒感到敬畏,在这种愤怒中一位真正伟大的思想家却将自己沉溺于高利贷的问题中。通过夸张地声称高利贷胆敢"出售时间",圣贝尔纳迪诺比其前辈走得更远,他坚持只有耶稣基督"知道时间和钟点。所以,如果知道时间的不是我们,那么我们就更少有理由去出售它"。由此,保持钟表的运转属于一种道德罪恶吗?圣贝尔纳迪诺以一种几乎是歇斯底里式的疯狂的发作来攻击可怜的高利贷者:

因此,所有的圣人以及天堂里所有的天使都大声吼叫地反对他[高利贷者],说:"下地狱,下地狱,下地狱"。而天神连同它们的司命星也大声呼喊,说:"见鬼去,见鬼去,见鬼去"。众行星也叫嚷道:"可恶的,可恶的,可恶的"。

然而,尽管存在所有这些声讨,圣贝尔纳迪诺却极大地关注那个最终将导致逃避高利贷禁令的概念:获利停止。沿袭霍斯廷斯以及 14 世纪经院学者中的少数派的传统,圣贝尔纳迪诺同意获利停止的理由:对于一种将会牺牲收益——放弃的机会——对于一笔合法的投资——的贷款收取利息,是完全正确的。确实,圣贝尔纳迪诺像他的前辈一样,也将获利停止严格地限制于一种慈善的贷款,而拒绝将它应用于职业的货币贷放者。但是,他通过下列解释又使分析向前迈进了重要一步:获利停止是合法的,因为在那种情况下货币并非是简单的非生产性的货币,而是"资本"。正如圣贝尔纳迪诺指出的那样,当一个商界人士从一笔本可以进入商业投资的资金余额中贷出货币时,他"并不是给予具有简单特征的货币,而是给予的资本"。作为更完整的表述,他写道,货币因而"不仅只有纯货币或者一种纯粹东西的特征,它还有超越于此的东西,即某种可赢利的东西所具有的确定的根本特征,对于它我们通常称之为资本。所以,必须返还的就不仅仅是其简单的价值,而且还要加上一个超额的追加值"。

简言之,当货币作为资本而起作用时,它就不再是不生产的或者无生殖能力的了。作为资本,它应当占有一个利润。

此外,还需提到下面一点:在为反对各种形式的合同中所隐蔽着的高利贷而进行的详细论证的过程中,圣贝尔纳迪诺的卓越的头脑有史以来第一次(他在其他方面已经有几个第一次了)偶然遇到了后来被称为"时间偏好"的现象:人们对于现在的物品比对于未来的物品(即对于未来物品的现在预期)更偏爱。但是,他未能认识到这一问题的重要性,轻易地忽略了它。只是等到18世纪晚期的法国人杜尔阁(Turgot)以及后来的伟大的奥地利经济学家欧根·冯·庞巴维克(Eugen von Böhm-bawerk)在19世纪80年代发现了这一原理之后,才最终解决了对于利息率的存在与水平给予解释并论证其合理性的问题。

3.7 圣贝尔纳迪诺的弟子：佛罗伦萨的圣安东尼诺

圣贝尔纳迪诺的重要弟子是具有广泛影响力的、仅比他年轻几岁的佛罗伦萨的圣安东尼诺（Sant'Antonino of Florence，1389—1459年）。安东尼诺的影响主要是来自于他的多产的著作，特别是他的代表托马斯主义的巨著《道德神学大全》(*Summa Moralis Theologiae*)(1449年)，这是在道德神学这一新的学科领域中的第一部专著。在道德神学，或者决疑论(casuistry)中，神学家将抽象的神学与伦理学原理应用于日常生活中详细的经验事实。简言之，神学和道德被带到抽象研究的象牙塔之外，应用于具体的日常生活中。

圣安东尼诺关于道德神学的开拓性的著作《大全》产生了超凡的影响。在随后的150年当中，它频繁地被引用，并且印刷了24版。他的部头较小的《忏悔》(*Confessionals*)(1440年)，是一本忏悔者的指南，在他那个世纪以及随后的半个世纪共重印了30次。

安东尼诺在生活与个性方面与他的伟大导师圣贝尔纳迪诺惊人地相似。圣安东尼诺是佛罗伦萨的一位下级官吏、公证员，塞尔·尼科洛·德·皮耶罗佐·代·福尔奇格里奥尼(Ser Niccolo de Pierozzo dei Forciglioni)的儿子。儿子的最初名字叫安东尼奥(Antonio)，但是由于他身材矮小人们大都对他使用安东尼诺的昵称，这个昵称后来被记录在正式的教会圣人名册中。尽管身体素质虚弱，安东尼诺仍然很早就加入了多明我会的严格的严守派团体。他的管理才能是非同寻常的，并且很快就被发现了，从而他不久就成为科尔托纳(Cortona)的多明我会修道院的修道长。随后，又转到那不勒斯和罗马担任类似的职位。在那以后，安东尼诺于1433年被任命为隆巴迪的多明我会修道院的署理主教，四年以后，又成为意大利中部和北部所有的多明我会修道院的署理主教。除了他的署理主教职位以外，安东尼诺还持续地担任佛罗伦萨的圣马可修道院的修道长。

1445年，教皇欧金尼四世任命圣安东尼诺出任佛罗伦萨的大主教，这可能是伟大的文艺复兴画家弗拉·安杰利科（Fra Angelico）劝荐的结果。然而，作为一个谦卑的人，安东尼诺步其老师圣贝尔纳迪诺的后尘，固执地拒绝接受这一职位。但教皇颁布了强硬的命令要求安东尼诺接受这一任命，据当时流传的故事证实，他只是在受到开除教籍的惩罚威胁之下，才接受这一职位的。无论如何，圣安东尼诺在其余生中一直都没有穿戴主教的长袍，而是继续身着一个普通的多明我会修道院修道士的白衣服和黑斗篷。然而具有讽刺意味的是，在他1459年逝世时，安东尼诺却被以绝对盛大的仪式来安葬。

尽管安东尼诺并不情愿，但是他仍然成为一名杰出的管理者和审判官，每天做出难以计数的经济决策。在佛罗伦萨，他开始深入钻研有关这个在他那个时代属于最先进的资本主义中心的金融和经济实践的知识。

圣安东尼诺与圣贝尔纳迪诺习惯上被人们概括为两位伟大的经院主义的思想家和经济学家。但是安东尼诺仅仅是一位思想普及者和决疑论者。在他的分析中，他只是简单地重复真正伟大的、富有创造性的思想家圣贝尔纳迪诺的观点。两人都对他们那个时代的经济实践深入透彻地了解，且安东尼诺是来自于佛罗伦萨这个欧洲巨大的银行业中心。然而,两人又都是谦卑的苦行者,世界性的苦行主义所包含的紧张与矛盾也体现在他们的著作与生活中。

一般说来,安东尼诺是简单地重复圣贝尔纳迪诺的分析。不过,在其关于价值理论的讨论中,安东尼诺也进一步强调了阿奎那的关键论点,即市场上的任何交换对于交易双方都有好处,因为每一方都比交换以前变得更好了。自愿的出售是一种公平销售。不过,对于政府的价格管制,安东尼诺似乎比他的老师赋予了更多的同情,他认为在存在政府价格管制的场合必须要有道德约束。任何超过法定最高限价的黑市价格都是一种犯罪。

关于公平工资,安东尼诺附和圣贝尔纳迪诺的论述,并且又基于他自己有关庞大的佛罗伦萨羊毛工业的丰富知识而补充了新见解。一个劳动者的工资完全是由市场的共同估价决定的,任何企图形成一种工会的想法都将是有害的介入。这种观点,隐含地反映了佛罗伦萨当时将被取缔的羊毛工人工会视为一种非法的"密谋"的现实。然而,服装业者的具有垄断性质的羊毛行会却是合法的。这毫不奇怪,因为它控制了佛罗伦萨的政府。"行会"一词并没有出现在安东尼诺论劳动条件的著作中,这也许是因为他感觉到避开这个争论性问题更为稳妥。

虽然属于师生关系,可是在这两位世界级的圣人之间也存在着明显的、尽管是微妙的差别。尽管安东尼诺拥有更充分的关于商业世界的知识,可是他却又(令人感到迷惑不解地)成为更为强烈地崇尚道德的人。例如,安东尼诺的众多著作中有一本小册子,叫做《论女性的时尚》(*De ornate mulierum*),在其中他竭尽全力地反对妇女擦口红、做假发、修饰花样发型,以及穿戴俗艳的衣着。他在道德说教方面的才能肯定受到了他关于决疑论的开创性的著作的强化。同样,他也反对艺术家,谴责除了宗教艺术以外的所有艺术,当然对于他的朋友弗拉·安杰利科的作品则破例。安东尼诺之所以对非宗教的艺术特别感到恼火,是因为他认为非宗教的题材给了艺术家"不是为了追求美而是为了勾起淫欲感"去描绘裸体女人的机会。(不过,安东尼诺也确实给出了睿智的见解,他认为画作的价格是由艺术家的技艺水平决定的,而不是由他们所投入的劳动量决定的。)安东尼诺的吹毛求疵的观点也涉及了音乐,他主张回归到严格、禁欲的格里高利圣歌,制止对位旋律的、通俗的甚至淫荡的情歌的罪孽深重的推广。

在更严格的经济事务方面,安东尼诺高度重视道德的立场也是十分明显的。与他的伟大导师不同,安东尼诺把外汇交易作为一种隐含的高利贷而加以强烈的反对。正如雷蒙·德·罗弗所惊讶地评论的那样:"这种建议如果被采纳,将意味着完全取消银行业,对于一位处在西欧最先进的银行业中心地区的大主教来说,它是一个相当奇怪的态度。大多数神学家都采取更为宽容的态度,尽管并不总是一致……"。[5]

安东尼诺对于高利贷的厉声讨伐完全像圣贝尔纳迪诺一样充满激情,此外,这种态度还由于他曾经作为教皇的代表去压制托斯卡尼地区的高利贷而得到强化。安东尼诺是一位彻底的反高利贷者,他将所有可能加以利用的论点都集中起来,并对它们做出最严厉的解释。如同努南教授所说,……按照更系统性的标准来衡量,安东尼诺要比很多他的前辈更为严厉……安东尼诺把关于早期高利贷的所有严厉规则都集中起来,形成一套紧密联系的规则。在随后的著作家中没有任何一位像他那样严厉,那样毫不调和,以及那样严格地恪守早期概念的逻辑。[6]

不仅如此,安东尼诺在他歇斯底里式的声讨高利贷的过程中,并不比圣贝尔纳迪诺逊色。高利贷是"恶魔",它是启示录第17篇中的大淫妇,"她坐在众水之上,而地上的国王则与她淫乱"。不仅直接的高利贷者,而且所有与他们合作的人,都"应该永远去死"。对安东尼诺来说,高利贷是比通奸或者谋杀更坏的罪行,因为它是持续不断的,而通奸或者谋杀则是间歇发生的。高利贷者处于一种"永久犯罪"的状态。事情还不仅限于此:高利贷还使这些犯罪者的后代下地狱,因为这一罪过直到高利贷者或他的资产通过退还所收取的利息而得到清偿之前,是不会赎清的。在安东尼诺看来,高利贷无处不在,无孔不入。

不过,安东尼诺也承认,获利停止可以作为收取利息的一个合法理由。然而他也特别担心这会暗示高利贷,因此他又声称获利停止在实践中是绝对不可取的。

令人可悲的是,由皮埃尔·德·让·奥利维在13世纪所提出、两个世纪以后又被圣贝尔纳迪诺重新发现,并且被圣贝尔纳迪诺的弟子圣安东尼诺所广泛传播的主观效用理论,其寿命却在这位世界级的佛罗伦萨圣人那里终结了。除了极少数的例外,甚至到了后来16世纪拥有如此深厚的托马斯主义和效用传统的晚期西班牙经院学者那里,也从未再达到过这样的高度。独立地重新发现并超越奥利维的主观价值理论的任务,留给了19世纪晚期的奥地利学派,而对于经院学者思想的这一线索也只是到了20世纪50年代才被重新发现。

3.8 士瓦本的自由主义者及其对高利贷禁令的攻击

几乎是在圣贝尔纳迪诺创作他的巨著的同时,一位不引人注目的德国多明我会的修士也独立地进行了类似的分析。约翰内斯·奈德(Johannes Nider,1380—1438年)是一个士瓦本人(Swabian),他曾在维也纳大学教授神学,并领导了德国南部多明我会教派的改革。奈德的主要论著是《论商人合约》(De Contractibus Mercantorum),它大约写于1430年,在作者死后大约于1468年在科隆(Cologne)发表,随后在15世纪中被多次重印。

奈德从对商人的利润进行辩护开始。由于承认商人所具有的企业家的作用,奈德强调指出贸易需要市场知识,而要获得这种知识就需要勤奋、努力以及幸运因素。商业收入作为对费用、精力投入以及风险的回报,是正当合理的。在分析市场价格时,奈德强调主观效用是其决定因素。像奥利维和圣贝尔纳迪诺一样,奈德区分开了一种物品所固有的客观效用和主观效用,后者即是该物品"在人们的估价中"所处的地位。奈德十分清楚,只有后者根本地决定了公平的市场价格。奈德已经预见到了四个世纪以后的杰文斯学说,他指出供给的变化将会通过改变归属于它的效用而改变其价格。在奈德那里,共同的市场价格决定公平价格是显然的事情:"一种东西的正当价值将依买者与卖者如何来考虑价格为转移"。然而,并不存在任何共同的市场。奈德同意先前的经院学者的观点,即卖者可以采取一种成本加成的方法来找到他们所想要的公平价格。

由于在价格决定中仅只考虑了主观效用,在奈德的论述中也包含了朗根施泰因在论证商业收入合理性时所提出的"地位"论点的扰乱痕迹。对于商界人士的收入,除了由上面所述的经济因素决定以外,还要"根据努力的高贵程度"来决定——这是奈德的下述清晰论点的前奏:士兵的工作比商人的工作更高贵,因而应该得到更多的报酬。这不仅是返回到了朗根施泰因,而且是返回到了古希腊崇尚军事而反对生产技能的传统。

在讨论货币时,奈德坚定地支持货币交换者的活动。这里不存在任何关于高利贷的胡言乱语。奈德指出,通货交换是"一种买卖行为",它甚至更准确地显示了货币的价值像其他商品的价值一样,也是随着市场上共同估价的变化而变化的。然而,由于追随阿奎那的思想,他又认为货币的价值通常要比某一特定商品的价值变化得更缓慢,不过变化确实会发生,而这种变化将给商人带来合法的赢利或者亏损。

奈德尖锐地指出,"货币或者其他东西的转换或交换,正像它作为卖出一种通货买进另一种通货的活动一样,可以说存在着与物品贸易活动中同样的道德问题……"。

具有比奈德更为重要得多的意义的,是伟大的 15 世纪经院学者、他的士瓦本的同路人加布里埃尔·比尔(Gabriel Biel,

1430—1495年),他是德国西南部的图宾根新大学(the new University of Tübingen)的神学教授。比尔是一位知名的唯名论者和奥卡姆主义者,实际上也是15世纪被称为加布里埃尔主义者(*Gabrielistae*)的德国的奥卡姆主义者。然而,最近的研究发现,比尔本质上是一位托马斯主义者,因为他信仰理性和客观的自然法的伦理学。实际上,他追随了先前世纪作为他的同路人的"奥卡姆主义者"——里米尼的格里高利的信仰,基于高度理性的信念认为自然法是永恒的,即使上帝不存在它也将存在。不仅如此,依靠他的无须借助外力的理性人们就能识别这个自然法,并且能够得到关于什么是他的适当行为的结论。

比尔的贡献之一是,对于下述经院学者的见解给出了一种清晰透彻的说明:交换中的每一方所从事的活动都是为了获得各自的主观收益。通过沿袭让·比里当——他的先前世纪的唯名论的同路人的传统,比尔的分析具有逻辑的严谨性和简洁性:"渴望得到一种商品的买者,只有当他从一种物品中得到的满足大于他为此付出的时候,他才能购买。而卖者,只有当他有希望从物品的价格中获得利润的时候,他才能出卖"。在比尔之前,没有谁能够更清楚地说明:每一次交换都包含着由交换的每一方所预期的相互的收益。也没有谁能够说明:至少买方的满足纯粹是主观的,尽管卖方的满足也许会转为货币形式的利润。直到19世纪晚期奥地利学派出现之前,没有任何人能够对比尔的论述给予实质性的改进。

作为其同路人、奥卡姆主义者让·比里当和尼科勒·奥雷斯姆的追随者,比尔在他的《论货币的力量与效用》(*Treatise on the Power and Utility of Moneys*）中，重复了他们关于货币的价值的金属论的见解以及他们对于政府减低货币成色做法的抨击。比尔与比里当一样，也坚持认为一种健全的货币必须由其使用是完全独立于货币用途的材料来构成。比尔将国王减低货币成色的行为视为与盗贼等同："如果一位王子拒绝足值货币，以便他可以更便宜地将它买来并熔化，然后发行另一种具有更少价值的铸币，并将先前的通货的价值标示其上，那么他就是在犯偷窃货币罪，因而将被要求偿还"。

不仅如此，比尔对于外汇交易市场的运作还提供了一种比先前已有的论证更为系统成熟的解释和辩护。在其关于《箴言录》的评疏中（1484年），比尔注意到接受一张外汇票据的银行准许开出票据者在另一个城市取得现金，从而提供了一种对于货币的"虚拟运输"的重要服务。开票据者节省了成本以及自己携带货币的风险。所以，对于作为贷方的银行家来说，在购买一种外汇票据上面取得利润就是合法的。通过这种方式，比尔就极大地扩展了外汇交易的合法性，不仅是对于买者来说是合法的，对于卖者而言也是合法的，从而就进一步加深了这样一种理论见解，即货币的价值像具体商品的价值一样也要发生变化。

然而，加布里埃尔·比尔在经济思想史上的巨大重要性还是在于，他开始粉碎自从早期基督教时代以来就一直束缚着经济思想的高利贷禁令。除了完全地将外汇交易市场从高利贷的耻辱中解脱出来以外，比尔又对保险合约的正当合法性提出了辩护。因为，如果拥有财产或者一种权利而不承担风险（诸如一笔纯粹的贷款的让与者）是有罪的或者是属于高利贷的，那么对于一个购买一份保险合约、从而能够将风险转移给保险人的人来说,又该如何看待呢?这种对保险的辩护,是比尔从严守派方济各会的署理主教、安杰勒斯·卡莱塔斯·德卡尔瓦西奥(Angelus Carletus de Clavasio)那里继承来的,后者在他与比尔写作其著作的同一时期完成的著作《天使大全》(Summa Angelica)中,对无风险的保险合约的正当性进行了辩护。

比尔在削弱高利贷禁令方面的主要贡献,是他对于租金合约(census contract)——购买一种年金——的辩护,并且这种辩护是在其最大限度可能的形式上进行的。例如,购买一笔年金作为富有生产性的货币的一种权利被认为是合法的,这就像被保险或担保的年金是合法的一样。另外,买者还被允许赎回年金,这个让与条款非常类似于准许一个贷款者在他收到一种分期支付的收益之后收回其所贷出的本金。

这样,比尔实际上也就等于在为收取利息的信贷交易做辩护。通过解释年金的出卖者经常愿意支付一笔高的年金费(即是对一笔贷款支付利息)以便获得即刻能用的现金,比尔极为中肯地指出,这一交易的双方像任何其他交易一样都会预期获益:"对于一个渴望得到商品的买者,除非他预期从商品中获得的好处将大于从持有的货币中获得的好处,否则他将不会购买;卖者也是一样,除非他预期会从出售价格中获得利润,否则也将不会出卖"。

但是,对于高利贷禁令的最全面系统的抨击还是来自于加布里埃尔·比尔的最出色的学生和他在图宾根大学的神学讲座教授席位的继承者,康拉德·苏门哈特(Conrad Summenhart,

1465—1511 年),他曾经也是巴黎大学的学生。对高利贷的批评出自苏门哈特的巨著《论合约》(*Tractatus de Contractibus*)(1499 年)中。

苏门哈特的贡献体现在两个方面:首先是广泛地扩展所有可能的对于高利贷禁令来说属于例外的情况,例如租金合约和获利停止。其次是对于仍然存在的所有那些对任何形式的高利贷合约都持反对态度的由来已久的论点发起一种声势日隆的抨击。就第一个方面而言,苏门哈特关于被保险或担保的合伙制提出了比以往更为机智和更为有力得多的论点。他还把获利停止这一例外加以扩展,其程度远远超过先前的任何人。苏门哈特肯定地宣称,货币是生产性的,它是商人的工具,商人可以通过使用他的劳动来使它产生成果。因此,商人应当对于他的货币的使用的损失得到补偿,就像农民对于他的田地的损失应当得到补偿一样。然而令人遗憾的是,苏门哈特对于获利停止的扩展仍然是有限度的,就像较早的经院学者一样,也是把它限制在出于仁爱之心而贷款的范畴。

苏门哈特对于有关高利贷束缚的最勇敢的解禁,体现在他激进地捍卫那种对于租金合约的最大限度可能的理论解释。在这里,苏门哈特为当时存在于德国的很多信贷交易所具有的正当性提供了论证。这与他所提出的货币价值可变的概念一起,意味着"取消高利贷限制将具有完全重要的实践意义"。[7] 苏门哈特声称,货币可以为了利润而合法地交易。不仅如此,他还断言一笔租金合约并不是一种(有罪的)贷款,因为货币的这种权力属于不同于所交换的货币的另一类物品。但是苏门哈特也自我发问道,在那种场合,难道一个高利贷者不是也可以持有同样说法吗?即,他不是也可以简单地表明他在交换中所要求的货币的权力是一种不同于所贷放的货币的另一类物品吗?令人吃惊的是,苏门哈特对此回答道,这是完全对的,只要贷款者并没有意识到这是一种高利贷,并且他自己真实地相信他就是在购买作为一种不同于货币本身的商品的货币权力,情况就是如此。但是,如果高利贷仅仅是一种主观的目的,而不是一种收取利息的贷款的客观事实,那么也就没有任何客观的方式来识别高利贷或者对高利贷实施限制了!只是通过这种方式,苏门哈特便有效地摧毁了对于高利贷的禁令。

但是这还不是问题的全部。因为苏门哈特还明确声称,某人购买一笔贴现的债务并不是一种高利贷性质的贷款,因为这仅仅是购买了对货币的一种权力。购买债务像租金合约一样,也是合法的。不仅如此,"购买一笔债务"可能还会构成一种新的债务,而不仅仅是简单的对于先前的债务的购买。这个论点也有效地终结了高利贷的禁令。

不仅如此,在赞同"债务购买"合约的过程中,苏门哈特已经接近于理解时间偏好的原始形态,即对于现在货币的偏好高于对未来货币的偏好。当某个人付出 100 美元是为了获得在未来某一天拥有 110 美元的权利,那么双方对于现在货币的估价就比未来某个时日可以利用的货币要高。进一步地说,这里的"买者"(即贷者)实际上并没有从贷款中获得高利贷性质的利润,因为他对于未来的 110 美元的估价等于对现在的 100 美元的估价,从而"价格与商品在事实上与在买者的估价中都是一样的"。

进而,在直接阐述维护高利贷的论点的过程中,苏门哈特罗列了23个标准的自然法反对高利贷的论点,并且全部予以否定,只剩下两个靠不住的形式化的论点。然而,他也提出了他自己反对禁止高利贷的强有力论点。正如努南教授所总结的那样,苏门哈特的"考察以对于过去的否定而告终结。高利贷作为仍有待解决的问题仅仅停留在名义上了。早期的经院学者关于高利贷的理论被放弃了"。[8] 苏门哈特赞成高利贷的论点是系统透辟的。与圣托马斯相反,在这里高利贷者收取的费用不是针对借款者对于货币的使用,而是针对他自己对于这种使用的放弃。如果有人说借者归还了本金也就等于恢复了贷者对货币的使用权,那么苏门哈特将会有说服力地回答道(这里他再一次地意识到时间偏好):"他并没有使他[贷者]恢复在交易所牵涉的期间内对于货币的使用权,从而他就可以在那个期间内使用它[货币]……"。这样,一笔贷款的利息就变成了对于在放贷期间所放弃的货币的使用而收取的合法费用。很显然,至少在隐含的意义上可以这样说,康拉德·苏门哈特出色地说明了"高利贷"的公正性以及对贷款收取利息的公正性。

关于作为反对高利贷的一个论点的货币的固定价值问题,苏门哈特重复并发展了早期的批评意见,即认为货币的价值是随时间而变化的。不仅如此,对于一笔货币贷款在无风险情况下收取利息的问题,苏门哈特创造性地提出了一种对于高利贷禁令具有潜在的致命性打击的论点。他正确地指出,贷款者绝对不会没有风险,他总是要承担着借款者可能破产的风险。借款者也有机会挣得比他支付给贷款者的利息更高的利润。此外,苏门哈特还彻底粉碎了亚里士多德关于货币就其本性而言将"意味着"只能被用作交换媒介、而不能占有利息的观点。苏门哈特勇敢地宣称,这个论断简直是荒谬的。一个人用葡萄酒灭火,或者把货币藏在鞋子里,难道就是犯罪吗?在自然法中没有任何东西表明,一种物品只能用于一种特定目的,而不能用于另外的目的。

在苏门哈特以后,我们只剩下了两个极其微弱的反高利贷的论点:亚里士多德说它是不自然的(unnatural)这一简单事实(这是一个苏门哈特只能以讽刺的态度来看待的"论点"),和神的禁令。不过由于高利贷实际上是自然的,所以正如我们已经看到的那样,苏门哈特愿意尽可能窄地去诠释神的禁令,以至于使它实际上消失了。在苏门哈特以后,高利贷的禁令便终结了。

然而,对于经院学者的经济学的可信价值来说,令人感到遗憾的是,16世纪的经院学者虽然在经济学的诸多领域取得了壮观的发展,却没有接受康拉德·苏门哈特为使高利贷禁令完全寿终正寝所做出的勇敢的挑战。

在某些场合,特别是在其对于担保的合伙制进行辩护的场合,苏门哈特曾有暂时退缩,即不再完全赞成,而是审慎地建议反对这类合约,他认为尽管这些合约是合法的,但却会引起社会的反感。只是到了苏门哈特的杰出的学生约翰·埃克(Johann Eck)那里,才最终完成了由苏门哈特所发动的革命。埃克是位于巴伐利亚的奥格斯堡(Augsburg in Bavaria)金融中心附近的因戈尔斯塔特大学(University of Ingolstadt)的神学教授,他在为天主教反对马丁·路德(Martin Luther)的案件做论证的过程中名声大噪。那时的奥格斯堡是德国最先进的金融中心,以及伟大的银行家富格尔家族(Fuggers)的故乡,该家族曾经从佛罗伦萨城市夺取了赚钱的教皇的银行业务。在1514年,作为富格尔家族的一个朋友,28岁的埃克开始批评他的过于谨慎的神学同伴,指出他掩盖了担保的合伙制的真相:担保的合伙制是完全合法的,而不论它是否为社会所反感。在博洛尼亚大学的一次面对支持他的教会法学者的听众而为自己的观点做论证时,埃克指出商人一般都要求担保的投资合约,并借此获得利润。不仅如此,这种合约已经被普遍采用了40多年,因此应该认为担保的合约是合法的,除非能够证明情况不是这样。此外,埃克还补充了具有现代色彩的成熟老到的见解,即毕竟在此类合约中的大多数资本家投资人都是鳏寡孤独者。

应当指出,杰出的苏格兰唯名论的神学家约翰·梅杰(John Major,1478—1548年)——他也是巴黎大学的神学院院长,无保留地赞同富有争议的埃克—苏门哈特为担保的投资合约所做的辩护。

3.9 唯名论者与积极的自然权利

正如我们看到的那样,在有关产权的问题上,多明我会教派借助于教皇约翰二十二世的训令《因为有邪恶之人》而战胜了方济各会教派。个人产权现在被正式地确认为自然的,它源于上帝所授予的人对于地球的支配权。尽管奥卡姆的威廉试图驳斥约翰二十二世,可是他的那些唯名论的追随者却领先发展了这种积极的自然权利理论。皮埃尔·达伊(Pierre d'Ailly,1350—1420年),特别是他的学生以及他的巴黎大学校长的继任者让·热尔松(1363—1429年),都发展了这一理论。例如,热尔松在他的《灵魂的精神生活》(*De Vita Spirituali Animae*,1402年)中尖锐地指出:

> 存在着一种作为来自上帝的礼物的自然的支配权,借此每一个生物都拥有一种直接来自上帝的权利(*ius*),运用这种权利可以让低等的东西来为自己的生存目的服务。每个人对这个权利的拥有是一种公正的和不可改变的正义的结果,这种正义保持了其原始的纯洁性,或自然的完美性。由此,亚当便可以支配地上的家禽以及海中的鱼类……。自由的支配权也能被同化到这种支配权之中,它是由上帝赐予的一种无限的能力……。[9]

十分奇怪的是,这种处于经院学者少数派中间的唯名论者和神秘论者,在提出人类权利作为一种支配权的观点之后,居然又能够坚持认为,任何超过成本和风险补偿以上的商业利润都是不道德的,从而政府应当固定所有的价格以便保证实现一种公平价格。

这种积极的自然权利理论由热尔松学派的康拉德·苏门哈特所倡导,随后又为唯名论者约翰·梅杰所进一步发展。在其关于隆巴德的《箴言录》的评论(1509年)中,梅杰在热尔松以后一个世纪得出了这样的结论:不仅人的权利与支配权是自然的,而且私有财产也是自然的。梅杰的学生雅克·阿尔曼(Jacques Almain)对此说得更明白(《金色小书》(*Aurea opuscula*),约1525年):"自然的支配权就是对使用物品的处置权利或能力,人们能够根据对自然规律的理解去使用外部的物体服务于他们的目的"——借此,每个人都能够照看他们自己的身体并实现自我维护。

在整个15世纪,并且直到16世纪,这种积极的自然权利理论似乎都保持着不可动摇的支配地位。

3.10 注释

1 整个西欧人口的下降大致是一样的。意大利的人口从1,000万下降到了750万,法国和荷兰从1,900万下降到了1,200万,德国和斯堪的纳维亚从1,150万下降到了750万,西班牙从900万下降到了700万。下降百分比最大的是大不列颠,其居民数在这一时期从500万减少到了300万。

2 莱昂内尔·罗斯科鲁格(Lionel Rothkrug),《反对路易十四:法国启蒙运动的政治和社会起因》(*Opposition to Louis XIV: The Political and Social Origins of the French Enlightenment*)(新泽西州,普林斯顿:普林斯顿大学出版社,1965年),第14页。

3 关于比里当和现代的无差异分析,参见约瑟夫·A.熊彼特,《经济分析史》(纽约:牛津大学出版社,1954年),第94页注释,第1064页。关于一种批评意见,可参见默瑞·N. 罗斯巴德,《人、经济与国家》(*Man, Economy and State*)(1962年,洛杉矶:纳什出版公司(Nash Publishing Co.),1970年),第Ⅰ卷,第267—268页。

4 更完整的台词是:

> 无论是遴选公职人员,
> 还是选择普遍使用的货币,

> 我们常常都表现出一种相似的陋习；
> 你手中旧有的被准许使用的有价值的标准硬币，
> 从希腊国内到世界其他地方，
> 尽管在每一处都承认其可靠的信誉和纯色标记，
> 但是却被当作昔日的垃圾遭到了排斥与抛弃；
> 因为一种低劣的掺杂使假的货币发行，
> 使劣质的赝品的成色缩水的货币，
> 占据了城市中商品贸易和流通的领地。
>
> ——阿里斯托芬，《青蛙》

95 引自劳伦斯·劳林(J. Laurence Laughlin)，《货币原理》(*The Principles of Money*)(纽约:查尔斯·斯克里布纳儿子出版公司(Charles Scribner's Sons)，1903 年)，第 420 页。

5 雷蒙·德·罗弗，《锡耶纳的圣贝尔纳迪诺与佛罗伦萨的圣安东尼诺》(*San Bernardino of Siena and Sant'Antonino of Florence*)(波士顿:贝克图书馆(Baker Library)，1967 年)，第 37 页。

6 小约翰 T. 努南(John T. Noonan, Jr.)，《经院学者对高利贷的分析》(*The Scholastic Analysis of Usury*)(马萨诸塞州，剑桥:哈佛大学出版社，1957 年)，第 77 页。

7 同上，第 233 页。

8 同上，第 340 页。

9 理查德·图克(Richard Tuck)，《自然权利理论》(*Natural Rights Theories*)(剑桥:剑桥大学出版社，1979 年)，第 27 页。

第 4 章　晚期的西班牙经院学者

4.1　16 世纪的商业扩张
4.2　枢机主教卡耶坦：自由的托马斯主义者
4.3　萨拉曼卡学派：第一代
4.4　萨拉曼卡学派：阿斯皮利奎塔与梅迪纳
4.5　萨拉曼卡学派：中期阶段
4.6　晚期的萨拉曼卡学派
4.7　博学的极端主义者：胡安·德·马里亚纳
4.8　最后的萨拉曼卡学者：莱修斯与德·卢戈
4.9　经院学派思想的衰落
4.10　临终的片断：席卷耶稣会的风暴
4.11　注释

4.1 16世纪的商业扩张

14世纪与15世纪前半期的长期大萧条,到了15世纪后半叶开始让位于经济复苏。被法国国王针对香槟集市的掠夺性政策所切断了的从地中海到北欧的陆路贸易,日益增长地为大西洋沿岸的海上贸易所取代。现在,各种船只穿过直布罗陀海峡到达沿岸地区,越来越多地驶往安特卫普(Antwerp),并使这座城市成为16世纪北欧的巨大贸易中心。商业逃离了佛兰芒的布鲁日(Flemish Bruges)的各种限制与高额税收,转移并扩展到了作为自由市场的安特卫普,在那里商业和贸易能够不受立法、特权以及高额税收的阻碍而繁荣地发展起来。此外,大西洋的船队也驶往南部和西部,15世纪晚期著名的探险和地理发现通过使欧洲国家具有世界性权力而改变了世界历史的面貌,这时非洲和新大陆开始被一体化地纳入欧洲的经济中。西班牙和葡萄牙,这两个最强的新大陆的探险者,成为16世纪占支配地位的民族国家和帝国。缓慢然而却又真实地发生的情况是,曾经居于经济发展领先地位并且是文艺复兴先锋的意大利的城邦国家开始在经济发展与政治权力方面落伍了。

与商业扩张结伴而来的是通货膨胀,它又因为西班牙人从西半球新发现的矿藏中带回欧洲的数量剧增的黄金和白银而加剧。欧洲金银货币存量接近三倍的增长导致了一个世纪的通货膨胀,使得价格在整个16世纪增长了三倍。新货币最先流入西班牙的主要港口塞维利亚(Seville),然后进入西班牙的其他地区,最后再进到其他欧洲国家,价格的增长也是按照这样的地理顺序展开的。

作为大西洋的强大国家,英国和法国的力量随着其他大西洋区域的西欧国家的地位增长也在日益提升。他们极大地受惠于1453年两国之间破坏性的百年战争的终结。先前在很大程度上主要限于意大利城邦国家的理论家和统治者的绝对国家学说,现在扩展到了所有的欧洲民族国家。到了17世纪早期,绝对论最终在欧洲各地大获全胜。正如我们在下面将要看到的,这个胜利由于开始兴起于16世纪的新教(Protestantism)以及稍后一点儿的世俗主义(secularism)的出现,而得到了增强。

4.2 枢机主教卡耶坦:自由的托马斯主义者

晚期经院主义是16世纪的产物,该世纪带来了新教改革(Protestant Reformation)与天主教反对改革(Catholic Count-Reformation)运动。如果说13世纪可以被恰当地描述为经院学派的黄金时代,那么16世纪则可以说是它的白银时代,这是经院学派思想在黑夜笼罩永久地结束之前出现一种辉煌复兴的时代。正如我们所看到的,14世纪和15世纪出现了唯名论,以及至少是一种理性的、客观的自然法观念的削弱,自然法——包括一种自然法伦理——是可以为人类理性所发现的。16世纪见证了一种新生的托马斯主义,它由那个时代最伟大的宗教人士之一、维奥的托马斯(Thomas De Vio)枢机主教卡耶坦(Cajetan,

1468—1534年)充当先锋。

枢机主教卡耶坦不仅是他那个时代杰出的托马斯主义哲学家和神学家,而且也是一位意大利的多明我会修士,他在1508年成为多明我会的会长。作为教会的枢机主教,他是教皇所欣赏的对与新教的伟大创始人马丁·路德展开论战充满信心的支持者。在他对阿奎那的《大全》所写的《评疏》(Commentary)中,卡耶坦当然地支持标准的经院学派的观点,即公平价格就是市场上的通常价格,它反映了买者的估价,并且坚持认为这一价格将要随着需求与供给条件的变化而发生波动。然而,由于想要从经院学派的经济学中清除掉任何有关朗根施泰因的"生活地位"理论的痕迹,卡耶坦又进一步批评阿奎那将财富的积累超过一个人的地位这种行为作为一种贪婪罪而加以攻击的做法。卡耶坦声称,情况正相反,对于能力强的人而言,其按照成就自己事业的方式沿着社会的阶梯向上攀登是合理合法的。这种对于在一个自由市场中向上流动行为的坦率支持,是使经院学说摆脱古老的对于贸易和经济利得的轻蔑思想的所有遗留影响的最为明显的努力。

在其系统性地论述外汇交易的著作《论外汇交易》(De Cambiis)(1499年)中,伟大的卡耶坦提出了在所见诸的文字中堪称是对外汇交易市场的最全面和最绝对的辩护。通过扫除作为他的多明我会修士同伴的弗拉·桑蒂·鲁切拉伊(Fra Santi Rucellai,1437—1497年)(他本人先前是一位外汇银行家,同时也是一位银行家的儿子)的摇摆不定性,这位枢机主教成为一个坚定的和持极端强硬态度的人。由于商人的作用长期以来一直就被认为是合法的,那么对于外汇银行家就也应当如此看待,因为他们就是在从事一种商品交易。此外,如果没有外汇市场现代贸易将不可能进行,而没有贸易城市也就不可能存在。因此外汇市场的存在既是必需的,也是合理的。正像在其他市场上一样,流行的市场价格就是公平价格。

在他在《论外汇交易》一书中对外汇市场进行辩护的过程中,卡耶坦试图去提升货币理论的科学水平。他雄辩地表明,货币是一种商品,特别是当你从一个城市走到另一个城市的时候尤其如此,因而它也要受到支配商品价格的需求与供给规律的支配。在这一问题上,卡耶坦实现了货币理论的重大进步,实际上是实现了一般经济理论的重大进步。他指出,货币的价值不仅依赖于现存的需求与供给条件,而且还受制于当前对市场的未来状态的预期。有关战争、饥荒以及未来的货币供给变化的预期,都将影响到其当前的价值。这样,枢机主教卡耶坦,一位16世纪的教会的红衣主教,就可以被视为经济学中的预期理论的创始人。

不仅如此,卡耶坦还区分了两类"货币价值":其一是用商品来表示的它的购买力,因而黄金或白银便"等于"被买卖的物品;其二是在外汇市场上一种硬币或通货用另外一种硬币或通货来表示的价值。在这里,每一种硬币都倾向于流入其具有最高价值的地方,而流出其价值最低的地方。

关于令人苦恼的高利贷问题,虽然卡耶坦没有像与他同时代的德国人苏门哈特那样采取完全消除高利贷禁令的激进的立场,但是他也赞成苏门哈特关于隐含的目的的学说,并且甚至在苏门哈特表现出犹豫不决的一个地方即获利停止的问题上，比之更为激进。隐含的目的说的是，如果某个人真实地相信他的合约不是一种贷款合约，那么它就不属于高利贷，尽管它实际上也许是高利贷。这当然为在实践中消除高利贷禁令铺平了道路。此外，卡耶坦还与他的自由主义同伴一道，支持担保的投资合约。

不过，枢机主教卡耶坦在有关高利贷问题上的重大突破，还是体现在他对于获利停止所做的辩护上。利用其作为自阿奎那本人以来最伟大的托马斯主义者的崇高威望，卡耶坦对他的伟大导师反对获利停止可以不受高利贷禁令限制的观点，提出了逐条的批评。他进而论辩道，实际上并不是所有的获利停止，而是所有的对商界人士的贷款，都应该不受这一禁令的限制。因此，一个贷款者只要是将货币贷放给商界人士，就可以对所有的贷款收取利息，以作为对于其在其他投资方面放弃的利润的补偿。这种将贷款分裂为向商界人士的贷款与向消费者的贷款两类的论点是有些站不住脚的，它第一次被用来作为对所有的商业性贷款进行辩护的工具。其推理的基础在于，货币在商界人士的手中将拥有较高的放弃利润的价值，而在作为消费者的借款人手中则没有。这样，自基督教时代有史以来的第一次，枢机主教卡耶坦为货币贷放的经营活动进行了辩护，即只要它们是面向商业的贷款就是合法的。在他之前，所有的著作家，甚至最主张自由主义的人士，甚至康拉德·苏门哈特，他们对针对获利停止而收取利息费用所做的辩护都仅仅限于慈善的贷款本身。现在，伟大的卡耶坦已经是在为以赚取利息为目的的货币贷放经营活动做辩护了。

4.3 萨拉曼卡学派:第一代

如果说新的处于萌芽状态的自由的托马斯主义开始于意大利的枢机主教卡耶坦,那么这个火炬很快就传递给一群16世纪的神学家,他们恢复了托马斯主义和经院学说,并使之在一个多世纪的时间里保持着活力。他们就是西班牙的萨拉曼卡学派(the School of Salamanca)。

没有哪个地方能比西班牙更适合成为16世纪的经院学者研究中心的了。这一世纪突出地表现为西班牙的世纪。西班牙是对新大陆进行探险和征服的领导者;西班牙也是将黄金和白银财富跨越大西洋运往欧洲的国家;西班牙还与意大利和葡萄牙一起,成为欧洲保持完整的天主教传统从而足以抵御日益扩散的新教教义影响的国家。

公认的萨拉曼卡学派的创始人是伟大的法学理论家和国际法学说的开拓者,弗朗西斯科·德·维多利亚(Francisco De Vitoria,约1485—1546年)。他是西班牙北部的巴斯克人,出身于一个繁荣富裕的家庭。维多利亚成为一个多明我会的修士,并去巴黎学习,随后又在那里教书。在巴黎,作为思想史上具有讽刺意味的事件之一,他成为一个佛兰芒人的弟子,而后者曾是晚期的奥卡姆主义者之一的约翰·梅杰的学生。这位佛兰芒人名叫皮埃尔·克罗凯尔特(Pierre Crockaert,约1450—1514年),他是一位神学学生,在其生命晚年又成为神学教授。克罗凯尔特背离了他的老师梅杰,放弃了唯名论,而转向托马斯主义,同时加入了多明我会,并开始在巴黎圣-雅克(Saint-Jacques)的多明我会学院从事教学活动。维多利亚经过在巴黎对于托马斯主义的 17 个年头多的学习与教学之后,回到西班牙,在巴利亚多利德(Valladolid)讲授神学,最终来到萨拉曼卡——当时的西班牙大学中的皇后,并于 1526 年成为首席神学教授。

作为一位成就辉煌和影响深远的教师与演讲者,维多利亚为萨拉曼卡学派在该世纪随后的发展建立了基本理论框架。尽管他没有发表任何著作,但是他的讲座却经由他的学生的手抄本而流传下来——这与亚里士多德的情况十分相似。萨拉曼卡大学的很多荣誉都是维多利亚本人实施改革的结果。因此,该大学不久就有至少 70 个教授席位由当时最优秀的学者来担任,他们所从事的教学活动不仅限于传统的中世纪的课程,而且也包括诸如航海科学和占星术语言等新流行的学科。

维多利亚的讲座大部分是对于阿奎那的道德理论进行评论。在这些讲座的过程中,维多利亚建立了伟大的西班牙经院学派传统,这一传统否定西班牙人对于新大陆的征服特别是对于印第安人的奴役。在那个法国与意大利的思想家正在为世俗中的专制主义和国家权力而说教的时代,维多利亚和他的同伴却恢复了自然法在道德上将胜过纯粹的国家权威的观念。

维多利亚并没有阐述更多的经济问题,但是他却对商业道德感兴趣,其观点遵循的是主流经院学者的传统:公平价格是通行的市场价格,尽管如果存在着一种法律规定的价格的话,它也将被认为是公平价格。简言之,有关法定价格的法令是必须遵守的。然而,对于那些没有一个共同市场的物品——比方说只有一两个卖者——维多利亚超越了他的前辈。与用生产成本来决定不同,维多利亚(尽管也声称需要考虑成本)返回到旧有的几乎被人遗忘的自由放任的罗马法传统,即单个人的自由谈判决定了公平价格。维多利亚坚持认为,在这种情况下价格将由交易的各方自己来决定。不过,维多利亚进而补充了一个关于奢侈品与非奢侈品区分的奇怪论点。奢侈品能够卖出一个"昂贵的价格",因为买者会自愿地、基于自由意志而支付高价格。不过,为什么在非奢侈品的场合这种"自由意志"消失了,维多利亚并没有提供解释。

维多利亚在萨拉曼卡最出色的学生和神学同事是多明我会的修士多明戈·德·索托(Domingo de Soto,1494—1560年)。出生于塞哥维亚(Segovia)的一对殷实但并不富裕的双亲,德·索托在马德里附近的阿尔卡拉大学(University of Alcalá)学习,继而去往巴黎,就学于维多利亚门下,后来成为一名教授。返回西班牙以后,德·索托成为阿尔卡拉大学的形而上学教授,随后加入多明我会,并于1532年像他的老师一样成为萨拉曼卡大学的神学教授。虽然个性腼腆,德·索托却不断地介入大学的管理,并几度出任该大学中的埃斯塔班学院的院长。德·索托在物理学方面的著作也被认为是杰出的。

1545年,查理五世(Charles V)皇帝授予德·索托以荣誉,任命他为驻特朗河大公会议的代表,这是天主教反对改革的声势浩大的会议。不久,德·索托成为皇帝的忏悔神父,但是几年以后又放弃了这一职位,返回到他在萨拉曼卡大学的教授职位。德·索托的名声是建立在他的专著《正义与法律》(*De justitia et* jure）的基础上的,该书发表于 1553 年,是基于他在 1540 年到 1541 年间在萨拉曼卡大学最初所做的讲座整理而成的。《正义与法律》截止到 16 世纪末被重印了不下 27 次,并且直到 18 世纪中叶仍在为法学家和道德学者所阅读和引用。

遗憾的是,关于经济学家德·索托却是一位具有反动作用的思想家,他使先前的经院学者的自由的学术成果积淀发生了某种程度的倒退。例如,虽然德·索托也承认"物品的价格不是由它们的性质所决定的,而是由它们满足人类需要的能力大小决定的",但是这种效用分析却又因为他模糊地承认一种销售中所包含的"劳动、麻烦与风险"也将影响价格决定而打了折扣。比这更糟的是,德·索托并不满足于承认政府规定物品的价格并且令其保持不变所具有的正当性。相反,他断然地声称一种固定的价格总是优越于市场价格,理想地看,所有的价格都应当由国家政府来规定。在德·索托看来,甚至在缺乏这样一种控制的情况下,价格也将"由拥有审慎和公正的头脑的人（无论他们是谁！）来决定",这些人与任何交易都没有关系。它们不应当由交易所涉及的买方与卖方的自由谈判来决定。这样,德·索托就比任何其他的经院学者都更为强烈地要求通过经济统制而不是市场来决定价格。

关于外汇交易,德·索托的影响是相互矛盾的,他既赞成外汇市场,又反对这个市场。从赞成的方面说,他提出了也许是有关外汇市场上通货与汇率运动的第一个严谨有力的解释,这一解释后来被称之为关于汇率的"购买力平价理论"。

16 世纪的经济是以通货膨胀为显著特征的,作为新大陆黄金与白银的发现以及随后的硬币流入西班牙的后果,它首先使西班牙遭受了打击。通货膨胀最先冲击了西班牙,当西班牙人花费其供给日益增多的货币时,它随后又扩散到了欧洲的其他地方。结果造成了历史上第一次大规模的长期通货膨胀,在16世纪前半叶欧洲的价格水平增长了一倍。

德·索托致力于解释下面这样的令人感到奇妙的事实:西班牙更为充足的硬币却引起了它的国际收支逆差,导致货币流出西班牙而进入欧洲其他地区。正如他所指出的:

> 麦地那的货币越多,外汇交换条件越不利,任何想要将货币从西班牙送到佛兰德的人都必须支付更高的价格,因为对货币的需求在西班牙比在佛兰德更小。麦地那的货币越少,他所需要支付的价格就越低,因为在麦地那需要货币的人将比想要把货币送到佛兰德的人更多。

简言之,一个地方的货币更充足将导致货币流出,从而降低它与其他通货的汇率关系。更充足的货币供给意味着那种货币在当地"更少被需要"——这是一种阐明沿着一条给定的向下倾斜的货币需要曲线,货币供给增加将会导致每一个单位或硬币的价值降低这一道理的最原始的方式。同时,这里也给出了有关汇率决定的初步的购买力平价分析。

然而,尽管在有关市场运行方面提出了这种睿智的思想,德·索托在高利贷的问题上却倒退到这样严重的程度,以至于他主张把外汇市场也作为高利贷而加以禁止。事实上,德·索托在1552年曾经想方设法地去影响法院,以便把国内所有不是按照法定平价来进行的通货交换都视为非法的。

正如我们所能看到的那样,德·索托对有关高利贷禁令问题产生了反动的影响,他设法阻止人们对于苏门哈特和卡耶坦有关高利贷问题的革命性贡献的任何普遍的接受。由于企图倒转潮流,德·索托走得如此之远,以至于他依据那种旧有的难以令人信服的关于风险与所有权绝不可能分开的中世纪的论据,声称标准的担保或保险的投资合约是有罪的和高利贷性质的。他试图击溃获利停止的论点,并且总体来说比几乎所有的中世纪经院学者都更积极地反对高利贷,因为他顽固地坚持那种具有时代错误的观点,即货币是不生产的,不能带来果实的,所以它不能合法地获取利息。

然而具有讽刺意味的是,虽然急于扭转解禁高利贷的潮流,德·索托本人也对于推动高利贷禁令在长期中消亡做出了贡献。我们记得,教皇乌尔班三世在他于12世纪晚期颁布的教令《咨询》中,曾经突然地引证一句《路加福音》中的话(第6章,第35页):"免费地借给人,不图任何回报",并且利用这个含糊不清的劝告去证明仁爱为本,借此将禁止对于贷款收取任何利息。更为引人注目的是,所有后来的经院学者都遵循这种令人怀疑的来自神的对于收取利息的禁止,甚至激进的苏门哈特也承认对于利息的神的禁令,并且简单地将其归结为绝对不收取任何东西。现在,令人不解的事落在了保守的德·索托身上,他首先起来谴责这种神的禁令。他声称,《路加福音》所表述的,与为收取利息而放贷没有任何重要关系,基督的最明确的定义并没有宣称高利贷是有罪的。所以,他总结道,如果高利贷不违背自然法,它就是完全合法的。从神学上说,高利贷不存在任何问题。

4.4 萨拉曼卡学派:阿斯皮利奎塔与梅迪纳

令人欣慰的是,德·索托的反动的和经济统制主义的影响至少部分地被维多利亚的另一位杰出的学生所抵消了,他就是马丁·德·阿斯皮利奎塔·纳瓦鲁斯(Martin de Azpilcueta Navarrus,1493—1586年)。这位面容憔悴的具有鹰钩鼻子的多明我会的修士以其圣洁的生活和广博的学识而闻名于世,他被视为他那个时代最优秀的教会法学家。在法国的卡奥尔(Cahors)和图卢兹(Toulouse)讲授教会法之后,阿斯皮利奎塔回到萨拉曼卡担任一个首席教授的职位,在那里他的丰富多样的讲座体现了一种讲授民法的新的方法,即把民法与教会法结合起来。1538年,阿斯皮利奎塔被查理五世皇帝(Emperor Charles V)派到在葡萄牙西部新成立的科英布拉大学(University of Coimbra)担任校长。他在这里发展了由他的老师维多利亚所创造性地提出的国际法原理。阿斯皮利奎塔的晚年是在罗马度过的,在那里他成为三位教皇的信得过的顾问,最终以93岁的高龄谢世。

阿斯皮利奎塔利用他的巨大影响力来推进经济自由主义,其作用远远超过了从前的经院学者或者其他学者。与德·索托对于系统的价格控制的尊崇成尖锐对立,阿斯皮利奎塔是第一个明确而又勇敢地宣称政府的价格制定是轻率的和不明智的经济思想家。他睿智地指出,当物品充裕时,并不需要实行最大价格控制，而当物品稀缺时，控制给社会带来的坏处要比所带来的好处更大。

然而，阿斯皮利奎塔对经济学的杰出贡献还是集中在他的货币理论上，这体现在他的作为道德神学手册的一个附录而发表的《对高利贷的决定性评论》(Comentario resolutoio de usuras, 1556)中。该手册以及附录中的评论被翻译成拉丁语和意大利语，并且被实践证明在许多年间对天主教的著作家产生了重要影响。在枢机主教卡耶坦的分析的基础上，阿斯皮利奎塔建立起自己的理论，提出了有史以来最清晰明了的"货币数量论"。或者毋宁说，他坚决地打破了那种认为货币无论在何种意义上都可以被视为一种固定的计量其他物品价值的尺度的传统。与较早的对外汇（或者用其他货币来表示的货币）的强调不同，阿斯皮利奎塔明确地将货币的价值定义为它所具有的用物品来表示的购买力。一旦阿斯皮利奎塔牢固地抓住了这两点，"数量论"就自然出现了。因为这样一来，像别的物品一样，货币的价值也与它的供给或可供利用的数量呈反方向变化。正如阿斯皮利奎塔所指出的那样："所有的商品，当对它们的需求巨大而供给短缺时，都将变得更昂贵。货币，就其可以被买卖、交易或者通过某种其他形式的合约进行交换而言，也是商品，故而当它面临巨大需求和供给短缺时也将变得更昂贵"。

需要注意，这种关于货币的购买力决定因素的精彩而又简洁的分析，并没有犯后来的"数量论学者"所犯的单纯强调货币的供给量而忽略需求的错误。恰恰相反，需求与供给分析被正确地应用于货币理论领域。

在16世纪,黄金与白银涌入西班牙继而又涌入欧洲其他地区,由此最先推动了西班牙的价格上涨,随后又拉动了其他国家的物价上涨。到了该世纪的中叶,物价已经涨了一倍。经济思想史学者认为,第一个数量论理论家,即第一个将价格的提高归因于硬币流入的思想家,是法国的绝对论政治理论家让·博丹(Jean Bodin)。但是,博丹在其著名的《对 M. 马莱特鲁瓦悖论的回应》(*Reply to the Paradoxes of M. Malestroit*)(1568 年)中提出的思想,早在 12 年以前就为阿斯皮利奎塔的著作所预见到了,因此,博学的博丹也许是读到过这位西班牙多明我会的修士的著作,他公开地声称自己观点的原创性似乎是一种异乎寻常的恶劣的行事风格。因为西班牙是从新大陆流出的硬币的第一个接受者,所以肯定毫不奇怪,西班牙人将是破解这种新现象的第一人。例如,阿斯皮利奎塔写道:

……假设其他条件相同,在一个货币极为短缺的国家里,所有可销售的物品,甚至人手以及人们的劳动,将比在货币充裕的国家里被支付得更少。比如,我们根据经验可以看到货币在法国比在西班牙更短缺,所以,那里的面包、葡萄酒、服装和劳动的价值就更低。甚至在西班牙,当货币短缺时,对可销售的物品和劳动的支付也要比发现西印度群岛之后低许多,因为这种发现造成了黄金与白银在该国的大泛滥。产生这种情况的原因在于,货币的价值在其数量稀缺的场合将比在数量充裕的场合更大。

马丁·德·阿斯皮利奎塔在这里是受到了他的同事德·索托的影响,另一方面也发展了后者关于汇率的购买力平价理论,同时他又提出了"数量理论",即关于货币价值的供求分析。当然,这两者是相辅相成的。

阿斯皮利奎塔的最重要贡献之一是复兴了时间偏好的关键概念,这也许是受到这一概念的发现者锡耶纳的圣贝尔纳迪诺的著作影响的结果。阿斯皮利奎塔比圣贝尔纳迪诺更为清晰地指出,一个现在物品,例如货币,自然要比未来物品,亦即那些现在拥有对未来的货币要求权的物品,在市场上更有价值。正如圣贝尔纳迪诺指出的那样:"一个对某种东西的要求权要比那种东西本身价值更小,并且……明摆着的事情是,一年之内不能使用的东西要比具有同样质地的可以立刻使用的东西具有更小的价值"。

但是,如果一个未来物品在市场上必然要比一个现在物品价值更小的话,那么这一洞见就自然地为"高利贷"做了辩护,因为所收取的利息并不是针对"时间"而言的,而是针对现在物品(货币)与一种对那个货币的未来要求权(即一个效用指数(IOU))的交换而言的。不过,这个看起来简单的推理(对于我们这些后来者是简单的)却并没有被阿斯皮利奎塔·纳瓦鲁斯所完成。

关于外汇市场,阿斯皮利奎塔通过复兴卡耶坦的思想路线而赞成经济自由主义,否定了来自他的同事德·索托的经济统制论的谴责,后者曾号召把所有的外汇交易都作为高利贷而加以禁止。除了重复卡耶坦的论点以外,这位西班牙的多明我会修士、三位教皇的信得过的顾问,也进行了有关实践问题的思考。阿斯皮利奎塔指出,"无数体面的作为基督教徒"的商人、贵族、寡妇甚至教会人士,通常都投资于外汇交易。阿斯皮利奎塔强调指出,他反对通过施加过于严苛的标准来"谴责整个世界"。不仅如此,他还警告说,取消外汇市场"将会把王国拖入贫困的境地",这是他显然所不愿意采取的步骤。

然而,在有关高利贷问题的其他许多方面,阿斯皮利奎塔·纳瓦鲁斯却是相当令人惊奇地保守,他从康拉德·苏门哈特的先进的自由市场的立场上倒退了一大步。关于年金,或租金合约,阿斯皮利奎塔·纳瓦鲁斯比德·索托更为严厉得多,后者在有关高利贷的这一具体问题上还是比较宽容的。而与此相反,阿斯皮利奎塔则是教皇庇护五世(Pope Pius V)于1569年颁布的教皇训令《承受的负担》(Cum onus)的主要影响人。该训令规定,除了"有成果的、不流动物品以外",所有的租金合约都是非法的,而货币显然不具有这种属于例外的身份。教皇是受到枢机主教圣卡罗·博罗梅奥(San Carlo Borromeo)的激励而颁布这一训令的,后者是一位新任命的米兰的大主教,他声称在这座罪恶的城市中到处充斥着高利贷。博罗梅奥是天主教反对改革运动的领导人之一,正是他的积极努力导致了《承受的负担》的问世。

但是它出现得太晚了。租金合约在欧洲的商业实践中已经变得根深蒂固了,很多神学家对之都采取了自由宽松的态度。天主教神学家中的大多数都拒绝这种新的尝试,他们只是声称教皇的主张属于实证的事情,而不属于自然法。因而,教皇的训令必须被政府所接受,或者成为某一特定国家的普遍实践,因为它要在那个国家贯彻实施法律。然而十分有意思的是,在欧洲,没有任何一个国家承认《承受的负担》的教条:西班牙没有,法国没有,德国没有,南部意大利没有,甚至罗马本身也没有!

《承受的负担》在整个欧洲遭到的蔑视最突出地显示在晚近形成的耶稣会(Jesuit Order)对它的态度上。这个耶稣社团由一位残疾的前西班牙军官依纳爵·罗耀拉(Ignatius Loyola)在1537年所创立,该人出生于巴斯克自治区。这个急剧扩张的社会建立在与自觉的军事路线相一致的严格的纪律约束基础之上(罗耀拉最初的社会头衔就是来自于"耶稣的连队"(the Company of Jesus'))。在绝对服从教皇以及耶稣会会长的誓约之下,耶稣会会士成为了天主教反对改革运动的"突击部队"。可是,尽管他们发誓效忠于教皇,在1573年的耶稣会全体大会上(也就是《承受的负担》颁布仅仅四年以后),那种相互可以偿还的租金合约被确认为正当有效。到了1581年,耶稣会大会完成了全部行程,确认所有类型的租金合约都正当有效。当某些德国的耶稣会会士对于这种宽容感到烦躁不安时,其耶稣会会长克劳德·阿夸维瓦(Claude Aquaviva)于1589年颁布命令,规定德国的耶稣会将在无任何限制的条件下支持租金合约的正当有效性。这就是教皇对于年金的禁止所引发的一切。

接下来的世纪中,在年金问题上的这种漏洞被广泛地用来对贷款的利息进行遮瞒,这在德国尤其盛行。正如努南所指出的那样,德语中关于贷款的利息一词(即 zins)是从拉丁语的租金(census)一词引申出来的,这里面肯定具有重要的含义。

苏门哈特—卡耶坦关于隐含的目的的学说——如果某人并未打算去签订一个可能属于贷款的合同,那么它就是合法的——甚至由1581年召开的著名的耶稣会全体大会进一步向前推进了。这次大会明确地确认所有的合同都是正当合法的。正如努南所总结的那样:"在实践中,它意味着,只有针对没有财产的年老体弱者进行的放贷,或者索取一种超过在'担保的投资合同或年金中可能得到的'利率水平的利息率的那些贷款,才被视为真正具有高利贷性质的贷款"。

如果说阿斯皮利奎塔·纳瓦鲁斯在有关高利贷的大多数问题上都是保守的,那么他在基于获利停止来为利息做辩护这一点上则不然,他是第一个将从这一视角来为利息的正当合理性进行的辩护扩展到所有的贷款,而不仅仅限于出于仁爱目的的贷款(像先前的学者所做的那样)甚或仅仅限于对企业的贷款(像卡耶坦的做法那样)的著作家。在他这里,任何放弃的利润都可以被作为利息来索取,即使这种索取利息的行为是由职业的货币贷放者来进行的也不例外。所保留的唯一限制是——它在实践中是几乎不起什么作用的——贷款者必须实际地利用他的货币进行原来所放弃的投资。

在这个晚期西班牙经院学者的第一代——大致出生于15世纪80年代到15世纪90年代的那些人——当中,最后一位值得关注的学者是胡安·德·梅迪纳(Juan de Medina,1490—1546年)。梅迪纳是一位方济各会修士,然而他并没有在萨拉曼卡讲授神学,而是在阿尔卡拉的科利加姆(Collegium at Alcalá)从事神学教学活动。梅迪纳的独特之处在于,他是有史以来第一位清晰地论述了只要对贷款收取的利息是对于贷者面临的不能偿还的风险进行的补偿那么它就是合法的这一观点的学者。梅迪纳的推理可以说是完美无瑕的：使一个人的财产"面临损失的风险，这种活动是可以按照某种价格来买卖的，无论哪一种情况都不能按照无偿的方式来进行"。不仅如此，梅迪纳还指出，神学家现在承认，某个对债务人所接受的贷款进行担保的人可以对其服务合法地收取费用。可是，如果在这种场合借款者不能找到担保者的话，贷款者为什么就不能由于自己承担了贷款不能偿还的风险而向借款者收取费用呢？他收取的费用难道与担保者收取的费用有什么不同吗？

这种论证是完善有力的，但是它对于经院学者的影响也是带有重创性的（至少不亚于此），因为梅迪纳由于坚持禁止对于无风险的贷款收取利息以及将可以收取费用的情况仅仅限于借款人不能找到担保者的场合，而削弱了他有关利息的风险辩护观点。多明戈·德·索托以对此厌恶的态度正确地指出，承认对于不偿还的风险收取费用是合理的，就将摧毁有关高利贷的全部禁令，因为一个收费额是可以大于一笔贷款的本金的。通常更为自由的阿斯皮利奎塔对于梅迪纳甚至更不屑一顾，他正确地（也许可能不够充分地）指出，每一个神学家、教会法学家以及自然法学家都不会同意梅迪纳的创新。这个论述被认为是为这个问题画上了句号。

然而，梅迪纳关于价值理论的讨论却不那么如此严谨。在讨论公平价格的过程中，梅迪纳把一大堆杂乱无章的东西拼凑在一起：成本、劳动、勤勉以及供给者的风险；买者的需要或效用;物品的稀缺与丰裕程度。显然,这里关于供给方面的分析所具有的内在一致性要比锡耶纳的圣贝尔纳迪诺差得多。另一方面,虽然经院学派的传统坚持认为法律规定的价格将要优先于市场价格,梅迪纳却引证了市场价格必须被采行的两种情况:其一是在市场价格较低的场合,其二是当管理机关将法定的价格向市场价格进行调整的速度特慢的时候。

4.5 萨拉曼卡学派:中期阶段

因此,萨拉曼卡学派的机构与思想框架在16世纪的前半叶便由三位伟大的多明我会修士建立起来:弗朗西斯科·德·维多利亚以及他的两位追随者多明戈·德·索托和马丁·德·阿斯皮利奎塔·纳瓦鲁斯。后两位神学家是萨拉曼卡学派系统的神学与哲学理论中所包含的经济思想的奠基人。

萨拉曼卡学派的中间一代是由那些在16世纪头一个十年出生而在该世纪中期前后从事著书立说的人所组成的。这些第二代成员中的最年长者当属杰出的迭戈·德·科瓦鲁维亚斯·莱瓦(Diego de Covarrubias Leiva,1512—1577年),他的英俊而又非凡出众的容貌使伟大的西班牙画家格列柯(El Greco)又增添了一幅令人倾倒的画作,该作品现在悬挂在托莱多(Toledo)的格列柯博物馆。作为被公认的自维多利亚以来最伟大的法学家,科瓦鲁维亚斯是阿斯皮利奎塔最出色的学生。在萨拉曼卡大学当了10年的教会法教授以后,科瓦鲁维亚斯被皇帝任命为卡斯蒂利地区(Castile)的首席大法官的审计员,其后他又成为罗德里戈城(Ciudad Rodrigo)的主教和塞哥维亚的主教。1572

年，科瓦鲁维亚斯成为卡斯蒂利地区委员会的主席。像那个时代如此众多的其他经院学者一样，科瓦鲁维亚斯的著述也广泛涉猎神学、历史、钱币学以及包括法学在内的其他有关人类活动的学科。

自从 15 世纪的圣贝尔纳迪诺和约翰内斯·奈德以后，价值理论就一直处于沉寂的状态。然而现在，在一个世纪以后，它又为科瓦鲁维亚斯所复苏了。在他的《论变化》(*Variarum*)(1554年)一书中，科瓦鲁维亚斯使价值理论回归到正确的轨道：市场上物品的价值是由效用以及该产品的稀缺程度决定的。因而，物品的价值并不依赖于物品所固有的东西，或者它的生产，而是依赖于消费者的估计。科瓦鲁维亚斯这样写道："一件东西的价值并不依赖于它的本质特性，而是依赖于人们的估计，尽管那种估计可能是愚蠢的。例如，小麦在印度比在西班牙更贵，是因为前者的人们对其估价更高，尽管小麦的性质在这两个地方是一样的"。在思考一种物品的公平价格的过程中，科瓦鲁维亚斯又补充道，我们一定不能考虑它的原始成本，也不能考虑它的劳动成本，唯一要考虑的只能是它的共同的市场价值。当买者人数少而物品充裕时价格就下降，反之则相反。

应当注意，正像下面将要进一步提醒的那样，作为被认为是他那个时代最伟大的罗马法专家之一，科瓦鲁维亚斯对伟大的 17 世纪荷兰新教法学家胡戈·格劳秀斯产生了深刻的影响。科瓦鲁维亚斯的经济著作在意大利影响尤甚，它们在那里不断地被引证，直到费迪南德·加利亚尼神父(Abbé Ferdinando Galiani)的杰出著作在 1750 年出版为止。

对效用理论的另一个重要贡献,是由科瓦鲁维亚斯的一位年龄较小的同代人路易斯·萨拉维亚·德拉·卡列·韦罗内塞(luís Saravia de la Calle Veroñese)做出的。萨拉维亚是论道德神学的手册的几位有影响的作者之一,这套手册继承了伟大的神学家们的教义,它将这些教义浓缩成更适合于忏悔神父以及他们的忏悔者的形式。在他的《商业训令》(Instrucción de mercades, 1554年发表于坎波城)一书中,萨拉维亚抨击了所有形式的生产成本价值理论,坚持认为只有效用和市场需求在与供给的稀缺性相互作用的过程中,决定了共同的市场价格,从而决定了公平价格。萨拉维亚对生产成本观念的攻击是相当猛烈和尖锐的:

正如已经指出的那样,公平价格源自物品、商人以及货币的充裕或者稀缺程度,而不是来自于成本、劳动和风险。如果我们为了确定公平价格一定要考虑劳动和风险,那么就没有任何商人将要承担风险,同时物品与货币的充裕与稀缺问题也就不在考虑之中了。

萨拉维亚的著作除了被后来的西班牙著作家长时间的引证之外,在意大利也产生了影响,它于1561年在那里被翻译成意大利文。意大利人韦努斯蒂(A. M. Venusti)成为了萨拉维亚的弟子,并且发表了类似的专著。

下一个重要的萨拉曼卡学派的经济学家是多姿多彩的多明我会的修士托马斯·德·梅尔卡多(Tomás de Mercado)(卒于

1585年)。梅尔卡多的著作是继萨拉维亚之后又一本重要的道德神学手册:《商人的惯例与合同》(*Tratos y contratos de mercaderes*,1569年发表于萨拉曼卡)。梅尔卡多出生于塞维利亚,生长于墨西哥,在那里他加入了多明我会,后又从多明我会返回到萨拉曼卡和塞维利亚。梅尔卡多的手册是基于他的旅行所积累起来的广泛的商业实践经验而写成的,文笔简洁洗练,甚至富有讽刺的格调。

梅尔卡多是一位有洞察力的货币理论家,尽管有时也犯糊涂。通过将效用分析应用于货币,梅尔卡多指出购买力在货币最稀缺因而被高度"评价"的场合最高,这使他直接达到了接近边际分析的高度。简言之,梅尔卡多朦胧地认识到对货币的需求是一个表,它随着货币供给的增加而下降,而货币的价值,或者它的购买力,则是由其供给与需求的相互作用决定的。梅尔卡多这样写道:

货币在西印度(Indies)[在那里它被开采出来]得到的评价远远低于它在西班牙得到的评价……。在西印度之后,货币被评价最低的地方是塞维利亚,该城市将从新大陆得来的所有好东西都聚积在了自己手里。而在塞维利亚之后,对货币评价低的地方将是西班牙的其他地方。货币在佛兰德、罗马、德国以及英格兰都得到高度评价。这种估计和评价,首先就是由这些贵金属的充裕还是稀缺程度决定的。因为它们在美洲被发现并得到开采,所以它们在那里便只能得到很低的评价。

毫不奇怪,梅尔卡多与德·索托相反,他反对禁止在西班牙进行内部通货交换的法律。可是另一方面,与他在有关货币价值方面的敏锐分析成鲜明对照的是,他又糊涂到了极点,赞成禁止贵金属出口的法律。然而,如果允许出口的话,对于剩余下来的贵金属的评价难道不是更高吗?并且这难道不会限制和抵消贵金属的外流吗?

在16世纪70年代,一个由神学家—经济学家组成的卫星团体在巴伦西亚(Valencia)出现了,他们本身都是以其在萨拉曼卡的研究为基础的。其中最重要的当属弗朗西斯科·加西亚(Francisco Garcia),他在其《论效用》(*Tratado utilismo*,1583年发表于巴伦西亚)一书中,阐述和发展了主观效用价值理论。作为关于效用讨论的一种令人瞩目的进步,加西亚指出,一种东西的效用或者价值可以因为下列因素而变化:一个物品也许具有很多用途并且与其他物品相比能够满足更多的需要,也许与其他物品相比能够满足某种更重要的需要,或许与其他物品相比能够以更有效率的方式来提供某种给定的服务。

除了指出效用决定价值与价格以外,加西亚还提到了它们的相对充裕与稀缺问题。所以在这里,加西亚恰恰也接触到了发现最终的、在效用理论中缺失的边际因素的门槛(尽管他并没有越过去):

例如,我们说面包比肉更有价值,是因为它对于保持人的生命更重要。但是也可能出现这样的时候,那时面包更充裕而肉更短缺,以至于面包比肉更便宜。

加西亚继续详细阐述价值的其他决定因素,包括买者与卖者的人数,以及买卖双方在想要购买或拥有一种产品方面的迫切程度(即强度):"卖主是否急于出卖他们的物品,以及买主是否十分迫切地想购得物品。"他进而把货币有机地纳入价值理论,认为"货币是否稀缺或者充裕"将是决定价格的另一个因素。

在货币理论方面,加西亚继承并发展了阿斯皮利奎塔—科瓦鲁维亚斯—梅尔卡多的思想路线。铸币在金银充裕的西印度得到的评价,将"不像"在金银较为短缺的西班牙得到的评价"那样高"。在其系统深入的讨论中,他以同样的方式指出,在任何一个国家,当货币充裕时,对它的评价或者其价值就较低,而当货币短缺时它就将具有更高得多的价值。换言之,正如加西亚指出的那样,这些评价程度上的差异,或者说需求上的差异,可以随着空间或时间的变化而发生。

这种关于货币价值随着时间或空间而变化的比较分析,是货币理论中的一个重要进展。但是还不仅仅限于此,加西亚又第一次把"宏观的"分析奠定在"微观的"见解之上:一个非常富有的人,一个拥有充裕的个人货币供给的人,对每一单位通货的估价都将倾向于比他在贫穷的时候更低,或者说,要比其他的穷人更低。在这里,加西亚实际上抓住了(尽管只是粗略地)货币边际效用递减的概念。至少在这一领域,他实际上已经达到了边际主义的高度,而不仅仅是简单地接近它。

最后,加西亚形成了他那个时代最完整的关于货币价值的效用理论:市场上的货币的价值是由可供利用的货币的供给、对货币的需求强度以及货币自身的安全性(它被后来的经济学家称之为市场里的人们在头脑中所形成的关于货币"质量"的概念)所决定的。

4.6 晚期的萨拉曼卡学派

由弗朗西斯科·维多利亚于16世纪20年代所开创的萨拉曼卡学派,在16世纪末达到了它最后的繁盛时期。这一时期领先的思想家之一是多明我会的修士、蒙德拉贡的多明戈·德·巴涅斯(Domingo de Bañez de Mondragon,1527—1604年),他是萨拉曼卡大学的神学教授,也是著名的神秘主义者、阿维拉的圣特蕾莎(St. Theresa of Avila)的朋友和忏悔神父。德·巴涅斯由于与他那位杰出的耶稣会会士的同伴路易斯·德·莫利纳(Luís de Molina)就决定论还是自由意志的关键问题展开的大争论,而闻名于世。德·巴涅斯采取多明我会的观点,它倾向于"加尔文教派",亦即决定论者的立场,这一立场观点认为,救世仅仅是上帝的仁慈的结果,它是在混沌初开时由上帝基于其高深莫测的理由而做出的。莫利纳则鼓吹耶稣会的观点,这种观点强调在实现救世的过程中每一单个人的意志的自由。按照后一种观点,单个人的自由意志选择是实现上帝的仁慈所必需的,这种仁慈是为了让人们接受而存在的。一位历史学者用下面这些鼓舞人心的词语来总结莫利纳关于自由意志的观点:"自由是我们的,这一点具有如此强烈的无可争辩性,以至于借助于上帝的礼物的帮助,它使我们拥有避免所有道德上的邪恶并实现永生的力量。自由属于上帝的子民"。[1]

在关于货币及其价值以及外汇的系统讨论中,德·巴涅斯(在发表于1594年的《正义与法律》一书中)提供了一个关于外汇的购买力平价理论的令人信服的讨论,这一理论自德·索托和阿斯皮利奎塔以来就已经成为经院学者的主要思想路线。

最后一位著名的萨拉曼卡学派的经济思想家是伟大的神学家路易斯·德·莫利纳(1535—1601年)。莫利纳在西班牙经院学者思想中的举足轻重地位体现在,他是将神学和自然法的学术火炬从多明我会传递到更加锋芒逼人的新的耶稣会的最佳人物。到了16世纪晚期,耶稣会的影响已经渗透到了西班牙的所有地区。

尽管是一位彻头彻尾的萨拉曼卡学者,可是莫利纳却只是短暂地在这所大学学习过,而实际上从未在这里教过书。出生在昆卡(Cuenca)的一个贵族家庭,莫利纳只是短暂地去过萨拉曼卡,随后到了阿尔卡拉大学。当加入新的耶稣会之后,莫利纳就被送到葡萄牙的科英布拉大学,因为耶稣会那时在卡斯蒂利地区尚未得到完全承认。莫利纳在葡萄牙作为学生和教师待在那里达29年。在科英布拉大学以后,莫利纳,这位总是习惯于衣衫褴褛的人又在埃武拉(Évora)大学教授神学和民法达20年之久。在退休回到昆卡以后,博学而又闻名世界的莫利纳出版了他的六卷本巨著《正义与法律》。其中前三卷出版于1593年、1597年和1600年。其他各卷是在作者身后出版的。

路易斯·德·莫利纳是一个坚定的经济自由主义者,他按照萨拉曼卡学派的风格对于供给与需求以及它们对价格的决定,提供了一个系统深入的分析。公平价格,当然是共同的市场价格。莫利纳对他的前辈的一个重要补充是指出了,数量较少的零售物品供给将要比在零售阶段以前的大宗销售物品的单位价格要高。这个论断也为受到众多谴责的零售商的存在的合理性提供了一种正当辩护。

然而,莫利纳在经济学上主要还是一个货币理论家。在这方面,他赞同并发扬了关于汇率的购买力平价理论和萨拉曼卡学派关于货币价值的分析,甚至明确赞成他的神学上的对手多明戈·德·巴涅斯的著作。莫利纳关于货币价值决定及其变化的分析在当时是最精致的,他明确使用了"其他条件给定不变"的条款,发展了有关货币需求决定因素的分析。

因而,关于16世纪的价格变化特别是西班牙的通货膨胀的原因,莫利纳这样写道:

> 正像物品的充裕(在货币量和商人数量保持不变的条件下)将引起价格下降一样,货币的充裕(在物品数量和商人数量保持不变的条件下)将引起物品价格的提高。其原因就在于,货币本身相对于购买目的和与商品相比较而言变得价值更低了。因此我们看到,在西班牙,由于它的数量充裕,货币的购买力与80年以前的情况相比要低很多。那时花两个达克特*能够买到的东西现在将要值五六个甚至更多的达克特。工资按照同样的比例提高了,结婚的彩礼也是如此,不动产的价格、牧师

---

* 达克特是从前流通于欧洲各国的硬币。——译者注

的薪俸以及其他事情,都是如此。

在对货币充裕如何首先在新大陆、继而又在塞维利亚和西班牙引起其价值的下降这一现象进行了标准的西班牙经院学派式的分析之后,莫利纳又指出了货币需求的重要性:"无论什么地方,只要对货币的需求最旺盛,不论这种需求是出于购买或携带物品的理由,从事其他商业活动的理由,筹备战争的理由,支付皇家法院开庭的理由,或者其他什么理由,都将使那里的货币的价值达到最高"。

毫不奇怪,主张经济自由主义的莫利纳强烈地反对政府试图固定汇率的任何做法。一种通货用另外一种通货来表示的价值,总是要通过对供给与需求力量做出反应而发生变化的,因而,汇率相应地发生波动也就是适当的与合理的。莫利纳进而指出,固定的汇率将会产生一种货币的短缺。不过,他对此并没有详细展开论述。

莫利纳还痛斥大多数的政府控制价格的行为,特别是对农产品实行限制价格的政策。

关于高利贷,莫利纳虽然并没有达到一个世纪以前康拉德·苏门哈特那种激进地赞同利息的程度,但是在拓宽人们所认可的收取利息的限度方面也做出了重要贡献。他以其巨大的权威影响力支持胡安·德·梅迪纳基于贷方的风险假定而对收取利息进行辩护的全新论点。实际上,他拓宽了梅迪纳使用风险观点做辩护时所允许的利息限度。不仅如此:莫利纳还极大地拓宽了获利停止这一概念的范围,奋力地强化那个被认可的收取利息的权利,使之成为渗透到整个市场经济中的一个广泛的原则。所保留的少数限制之一是目的明确的:如果贷款者并不打算对其贷放的资金进行投资,这种贷款就不能被允许。

路易斯·德·莫利纳在复兴积极的自然权利以及私有产权理论方面也发挥了重要作用,这一理论自从 16 世纪早期以来便衰落了。正像我们在下面将要看到的那样,人文主义者与新教徒很少使用自然权利的概念,而维多利亚和多明我会的修士则陷入一种决定论的、被动的或者衰弱的权利观点。只有比利时的鲁汶大学,开始发挥自由意志思想中心的作用,它同时强调有关人与财产的绝对自然权利思想。鲁汶的神学家约翰内斯·德里多(Johannes Driedo)强调意志的自由(在 1537 年发表的《和谐》(De Concordia)一书中)以及积极的自然权利(在 1548 年发表的《基督教的自由》(De Libertate Christina)一书中)。

到了 16 世纪 80 年代,新的耶稣会开始发起了对多明我会的攻击,他们怀疑后者是隐蔽的加尔文主义者——这种怀疑并没有因为很多多明我会修士在 16 世纪已经正式皈依加尔文教派而减弱。在其鼓吹自由意志、反对德·巴涅斯和多明我会的过程中,莫利纳还返回到了积极的自然权利观点,这一观点很长时间以来只能在鲁汶得到不断的支持。在抨击被动的权利要求理论的过程中,莫利纳给出了极为明确的区分:

当我们说……某个人对某种东西拥有一种法律权利(ius)时,我们并不是指的任何东西由他所有,而是说他有权利得到它,破坏这种权利将会给他造成伤害。按照这种方式,我们说某个人对于使用归他所有的东西——诸如消费归他所有的食品，拥有一种法律权利，也就是说，如果他受到阻碍，他就会面临伤害和不公正。以同样的方式可以说，一个乞丐对于乞讨施舍物拥有法律权利，一个商人对于出售他的货物拥有法律权利，等等。

需要注意，精明的莫利纳并没有说乞丐拥有被施舍的权利。对于莫利纳来说，正像对于所有的主张积极的财产权利的理论家一样，一种"权利"并不是对于另外某个人的财产的要求权；相反，它是一种清晰界定的在没有其他人对其拥有要求权的情况下使用一个人自己所有的财产的权利。

将这种积极的自然权利理论与它对于每个人的自由以及自由意志的自由主义的坚守联结起来，是莫利纳同时在神学和哲学上所取得的成就。图克教授运用下面这些激动人心的语言总结了莫利纳的这种联结：莫利纳的理论"是这样一种理论，它包含了一幅作为自由和独立存在的人的图画，这个人就那些可以为其带来身体健康和精神快乐的事情，自我做出决策，并坚持实施它们"。[2]

萨拉曼卡学派是从杰出的法学家德·维多利亚开始出现的，因而，最后一位重要的萨拉曼卡学者将是另一位著名的法学家似乎也是顺理成章的。这个人也许还是耶稣会史研究方面的最著名的学者，他就是弗朗西斯科·苏亚雷斯（Francisco Suarez，1548—1617年）。作为伟大的托马斯主义者中的最后一位，这位令人赞颂的神学家出生在格拉纳达（Granada）的一个贵族家庭。在 1564 年进入萨拉曼卡大学时,苏亚雷斯申请加入耶稣会,但是却成为那一年 50 位申请者当中唯一一个最初可能被拒绝的人——理由是智力与身体条件都不符合标准!虽然最终被降格录取,但苏亚雷斯几乎很难应付他的学业,故曾经以——具有讽刺意味的是,这与他之前的托马斯·阿奎那很相似——"笨牛"著称。然而很快,这个谦卑和低调的苏亚雷斯就成为了明星学生,不久以后他的神学教授们已经开始向他征询意见了。

1571 年,苏亚雷斯成为塞哥维亚大学的哲学教授,随后又在阿维拉和巴利亚多利德教授神学。苏亚雷斯很快就取得了罗马的耶稣会学院里著名的神学教授职位。由于健康状况不佳,苏亚雷斯从那里又返回到西班牙,先在阿尔卡拉教书,但却完全不受重视。随后又转到萨拉曼卡,在这里像在阿尔卡拉一样,他在与那些低劣的竞争对手的争辩中败北。1593 年,国王坚持要苏亚雷斯接受在科英布拉大学的首席神学教授职位,在这里,苏亚雷斯于 1612 年出版了他的杰作《法律以及立法者》(*De Legibus ac de Deo Legislatore*)。

弗朗西斯科·苏亚雷斯在其有生之年从未得到过应有的评价。他的单调、缓慢的讲授风格使得他与那些虽然时尚但却低劣的竞争对手相比,失去了学术影响力。也许对他来说最大的侮辱是,在 1597 年他 49 岁的时候,这位卓越而又博学的法学家与神学家,可能也是耶稣会历史上最伟大的思想家,居然为了在埃武拉获得一个博士学位而被迫离开科英布拉大学一年。这是 16 世纪的博士学位癖![3]

虽然苏亚雷斯在严格的经济事务方面理论贡献很少,但是他也极大地补充了由鲁汶学者——莫利纳所重新发现的关于私有财产的积极的自然权利观点的能量，并且增强了莫利纳学派的自由意志理论的巨大影响力。此外，苏亚雷斯对于有关国王的公正权力问题也提出了比莫利纳或者其他的前辈们具有更多限制性的观点。在苏亚雷斯看来，说统治者的权力是由神创造的制度安排没有任何道理，因为由自然法和神法所授予的政治权力是唯一地移交给作为整体的人民的。社会作为一个整体将政治权力让与国王或其他的统治者群体。虽然苏亚雷斯相信自然法要求某种形式的国家，然而任何具体国家的统治权"必定是以社会赞同的方式赠予国王的"。

当然，苏亚雷斯的理论实际上富有激进的含义。因为，如果说是人民或者社会将国家的权力让与国王或者一个统治者群体，那么他们随后难道不可以再把它要回来吗？在这里，苏亚雷斯显得有些混乱和含糊。他肯定自始至终都没有想过要得出一种真正激进的或者说革命性的论点。他认为不可以，并且用一种前后不一致的方式宣称，一旦统治权由人民让与了国王，它就永远属于他了，人民不能够再把它要回来。然而，苏亚雷斯接下来再一次地转移问题，他采纳了传统的托马斯主义关于人民反对暴政的权利的学说。如果一个国王堕入了暴政，那么人民就可以起来反对他，甚至暗杀这个国王。但是，苏亚雷斯像他的前辈一样，也是通过附加诸多的限制条件来约束这种"诛戮暴君"的权利。具体来说，暴政必须是公开宣称的，并且单个人不能够自我出头去杀死这个国王。这种行动必须以某种经由作为整体行动的人民或者社会发布命令的方式来进行。

4.7 博学的极端主义者:胡安·德·马里亚纳

最后的一位西班牙经院学者是一位耶稣会士,而不是萨拉曼卡学派的人。他就是与莫利纳和苏亚雷斯同时代的"极端主义者",胡安·德·马里亚纳(Juan de Mariana,1536—1624年)。马里亚纳出生于托莱多附近的一个贫穷的家庭,父母寒酸。他于1553年进入规模宏大的阿尔卡拉大学,成为一名活力四射的学生,一年后又被吸收加入新的耶稣会社团。在完成了他在阿尔卡拉的学业后,马里亚纳于1561年去往罗马的耶稣会学院教授哲学与神学,四年以后又到了西西里,在那里建构他在耶稣会学院所形成的神学体系。1569年,作为只有33岁的引人注目的年轻人,马里亚纳来到规模宏大的巴黎大学教授神学。四年以后,不佳的健康状况迫使他退休,回到托莱多生活。不过,健康状况欠佳并不一定导致人短寿,马里亚纳活到了在他那个时代显然是属于寿星的88岁高龄。

幸运的是,马里亚纳的"退休"是一种主动的行为,他的渊博知识和才学吸引了众多的人,从公民个人到国家和基督教会的权威部门,都寻求他的建议与指导。他以其充沛的精力出版了两部伟大的、富有影响力的著作。一部是西班牙史,先用拉丁文、随后又用西班牙文写成,两种语言的文本都包含很多卷,并且出了很多版。拉丁文的版本最终出版了11卷,西班牙文的版本出了30卷。这个西班牙文的版本长期以来一直被视为西班牙风格的经典,直到19世纪中叶为止它出了许多版。

马里亚纳的另一部著名著作《论国王》(De Rege),发表于

1599年,它是根据西班牙国王腓力二世(King Philip II)的建议以及他的继承者腓力三世(Philip III)的指令而撰写的。不过,专制君主在马里亚纳的尖锐的笔锋之下并不是完美的。作为在欧洲日益兴起的专制主义潮流的炽热反对者,以及像英格兰的詹姆斯一世国王所宣称的国王统治绝对地由神权授予的一类学说的强烈批评者,马里亚纳把经院学者有关暴政的学说从一种抽象的概念转变为一种武器,用这种武器来重击以往真实存在的专制君主。他公然谴责像居鲁士大帝(Cyrus the Great)、亚历山大大帝(Alexander the Great)、尤利乌斯·恺撒(Julius Caesar)这样的古代统治者,视他们为暴君,认为他们是通过非正义手段和抢劫来获得他们的权力的。先前的经院学者,包括苏亚雷斯,都相信人民在事后经由他们的同意将能够认可这种非正义的篡夺行为,从而使他们的统治合法化。但是马里亚纳并不如此简单地承认人民的同意。与那些将权力的"所有权"置于国王的其他经院学者相反,他强调只要国王有滥用权力的行为,人们就有权重新索要回他们的政治权力。实际上,马里亚纳坚持认为,在将他们原始拥有的政治权力从一种自然状态转移给国王的过程中,人民必然要保留属于他们自己的重要权利。除了重新索回统治权以外,他们还保留有像税收、否定法律权、当国王无子嗣时决定王位继承人等等至关重要的权利。很显然,可以被称之为约翰·洛克(John Locke)关于群众赞同理论(theory of popular consent)以及人民始终比政府更重要的思想先驱的,应当是马里亚纳,而不是苏亚雷斯。进一步地说,马里亚纳由于指出人们通过脱离自然状态来形成政府是为了保护他们的私有财产权利,也预见了洛克的理论。此外,马里亚纳假定在政府机构出现之前就存在着一种自然状态、一种社会,这也远远超过了苏亚雷斯。

但是,马里亚纳的政治理论所具有的最迷人的"极端主义"的特点,还是表现在他创造性地革新了经院学者关于诛戮暴君的理论。一个暴君可以被人民公正地杀死,这一点长期以来已经成为标准的原则。然而,马里亚纳在两个重要方面对它进行了极大扩展。首先,他扩展了暴政的定义:暴君就是任何一个这样的统治者:他违反宗教法律,他未征得人民的同意而征税,或者他阻止一个民主议会的举行。而与此相对照,所有其他的经院学者都将唯一的税收决策权力配置给统治者。甚至更令人感到惊奇的是,对马里亚纳来说,任何单个的公民都能够正当地暗杀一个暴君,并且可以采取任何必需的手段。暗杀并不要求全体人民的某种集体决策。诚然,马里亚纳并不认为某一单个人能够轻易地从事暗杀活动。首先,他将要努力集合起人民来进行这种关键的决策。但是如果这样做是不可行的,他就将至少请教某些"博学与重要之人",除非人民反对暴君的呼声已经成为一种如此强硬的声明,否则这种请教或咨询是不可或缺的。

此外,在那些预见到洛克的思想的段落中,以及在关于起义权利具有独立的正当合理性的宣言中,马里亚纳还补充道:我们不必担心过多的人民参与诛戮暴君的活动会导致公共秩序的极大扭曲。马里亚纳明智地指出,因为这是一种危险的行当,只有极少数人愿意以这种方式使他们的生活面临风险。相反,大多数暴君都不是死于非命,故诛戮暴君的行为几乎总是被民众尊崇为英雄。与对于诛戮暴君的普遍反对相反,马里亚纳得出这样的结论:如果统治者对人民保持敬畏,并且认识到堕入暴政可能会引起人民要求清算他们的犯罪,将会对统治者有益。

在其切中要害的著作中,马里亚纳为我们提供了一个关于典型的暴君形象的令人信服的描述:

> 他实际上是在淫欲、贪婪、残忍以及欺骗等等这些并非国王所特有的邪恶品性的驱使之下,没收单个人的财产,并对这些财产加以滥用。暴君们实际上想要伤害和毁灭每一个人,是他们往往直接具体打击王国中的富人和正直的人们。他们认为良善者比邪恶者更值得怀疑。他们自身所缺乏的美德是最令他们感到畏惧的……他们依据下面这一原则来把好人从共同体中驱逐出去:无论谁在王国中的地位提高了,都要把他降下来……他们还通过在公民之间制造纠纷以及卷入战争,耗尽所有其他人的精力,使其无法因为他们面临的新的每日纳贡要求而团结起来。他们以公民付出费用和承担痛苦为代价兴建巨大工程。当埃及的金字塔诞生时,暴君必然会担心,那些受到他们的恐怖统治并且被置于奴隶地位的人会企图推翻他们……。因此他将禁止公民聚集,集中开会,以及一起讨论国家大事,以秘密警察的方式剥夺他们自由演说、自由聆听的机会,甚至自由抱怨的机会……。

胡安·德·马里亚纳,这个"博学与重要之人",毫无疑问地为我们留下了他关于最近的一起著名的诛戮暴君的案例的想法:法兰西国王亨利三世(Henry III)事件。1588年,亨利三世曾准备提名纳瓦尔的亨利(Henry of Navarre)作为其继承人,后者是一个加尔文主义者,而他将要统治一个狂热的天主教民族。面对由以吉斯(Guise)公爵为首的天主教贵族领导并且为巴黎忠诚的天主教市民所支持的起义,亨利三世要求这位公爵和他的兄弟即枢机主教到他的营地进行和谈,然后就把两人给杀害了。接下来的一年,在巴黎城市被攻破的时刻,亨利三世反过来又被一位年轻的多明我会修士(他同时也是天主教联盟(Catholic League)的成员)雅克·克莱芒所杀死。在马里亚纳看来,通过这种方式,"血债被用血来还",吉斯公爵"被用皇室的鲜血报了仇"。马里亚纳总结道,"因此而失去生命的克莱芒","是为法国增光的永恒人物"。这一刺杀行为也得到了教皇西克斯图斯五世(Pope Sixtus V)以及巴黎的天主教牧师们的喝彩。

法国当局对于马里亚纳的理论以及他的著作《论国王》所采取的紧张不安的态度,是令人可以理解的。最后,在1610年,亨利四世(即先前的纳瓦尔的亨利,为了成为法国国王,他已经从一个加尔文教徒转变为天主教信徒)又被一个天主教反对者拉瓦亚克所刺杀,因为他看不起国王所推行的宗教温和主义和国家专制主义。在那个时刻,法国迸发出对于马里亚纳的极大愤慨,巴黎最高法院指令行刑的刽子手公开焚烧《论国王》。在对拉瓦亚克执行死刑之前,这位行刺者被仔细地询问他的暗杀行为是否受到了阅读马里亚纳书籍的鼓动,但是他坚称从未听说过马里亚纳这个人。尽管西班牙国王拒绝回应法国提出的禁止这部具有颠覆性的著作的要求,但耶稣会的长老还是对他的协会发布了一个法令,禁止他们讲授杀死国王是合法的这一论点。不过,这种讨好法国的行为并没有阻止在法国兴起的一个针对耶稣会的成功的诽谤运动,同时它在政治上与神学上也失去了影响。

胡安·德·马里亚纳在政治与经济思想史上拥有最迷人的个性特征之一。诚实、豪爽,还有无畏,马里亚纳几乎终生都处于因言论而招惹是非的困境之中,甚至对于他的经济著作也不例外。说到他对于货币理论与实践的关注,马里亚纳在他的一部简论《货币的变质》(*De Monetae Mutatione*)(1609 年)中谴责了他的君主腓力三世,因为后者通过发行成色不足的铜币来掠夺人民和损害商业。他指出,这种使货币贬值的做法由于增加了该国的货币数量也加剧了西班牙的持久性价格膨胀。腓力通过使铜币减值 2/3,抹掉了他的全部公共债务,由此也使铜币供给增加了三倍。

马里亚纳指出,减低货币成色以及政府以不正当手段改变货币的市场价值,将会带来致命的经济问题:

只有愚钝之人才会以这样的方式来区分这些价值,即认为法定的价格将不同于自然的价格。愚蠢的,不,实际是邪恶的统治者,他命令要对一个人们通常(比方说)估价为五个货币的东西,卖上十个货币的价格。而人们对于这种东西的估价是由他们基于物品的质量以及它们的多寡程度的考虑来决定的。君主想要破坏这些商业原则将是徒劳的。最好是丝毫也不去干扰它们,而不是用强力去改变它们,以免带来公共利益的损害。

马里亚纳的《货币的变质》是以一个迷人同时也是坦诚的歉意来开头的,他对于写作该书所表示的歉意曾引起大约两个半世纪以后伟大的瑞典经济学家克努特·威克塞尔(Knut Wicksell)的深情回忆:他知道他对于国王的批评将会很不得人心,但是每个人现在都因为货币减低成色所带来的恶果而蒙受痛苦,却没有一个人有勇气敢于公开地批评国王的行为。因此,正义要求至少有一个人——马里亚纳——挺身而出,去公开地表达人们共同的不满。当恐惧与贿赂结合起来试图使批评者沉默时,在这个国家里至少有一个人知道真理,并有勇气向所有人讲出来。

马里亚纳进而继续阐明,减低货币成色相当于对公民所有的私人财产征收了一种极重的隐蔽税。而与他的政治理论相呼应,他又认为,任何国王都无权在未征得人民同意的情况下征税。由于政治权力起源于人民,国王对于个人所有的私有财产没有任何权利,也不能凭借其一时的兴致和个人意志占有人民的财富。马里亚纳提到了教皇训令《主的晚餐》(*Coena Domini*),该训令中的条款规定,任何征收新税种的统治者都将被逐出教会。马里亚纳由此推理,任何采取减低货币成色做法的国王都将受到同样的惩罚,而未经人民同意就由国家实施的任何法律垄断也是如此。在这样的垄断下,国家本身,或者它所保护的人,能够以比市场价值更高的价格将一种产品卖给公众,这毫无疑问就是一种税。[4]

马里亚纳还描绘了减低货币成色这一实践的历史,以及它所带来的不幸后果。他指出,政府一般被假定要维持有关重量与计量的所有标准,而不仅仅限于货币,但是他们在对这些标准进行掺杂使假方面的记录是最令人羞耻的。例如,在卡斯提尔,就改变食用油与葡萄酒的计量标准,以便实施一种隐蔽的税收,这曾带来巨大的混乱和普遍的动荡。

马里亚纳的著作对国王减低通货成色的攻击,导致君主把这位老迈年高(73 岁高龄)的学者投入了监狱,他被指控犯有冒犯君主的重罪。法官宣判马里亚纳对国王犯有此罪,但是教皇却拒绝惩罚他,最终,在四个月之后马里亚纳被从监狱释放出来,其答应的条件是,他要删除他的书中冒犯国王的部分,并且今后一定要谨慎从事。

然而,国王腓力及其宠臣们并不想等到由马里亚纳最终可能发生的动摇来改变这本书的命运。相反,国王命令他的官员买下他们可能碰到的已经出版的所有版本的《货币的变质》一书,并把它们销毁。不仅如此,在马里亚纳去世以后,西班牙的宗教裁判所又修订了该书的剩余版本,删除了许多段落,并且用墨水整页地涂抹。所有未修订的版本都被标上西班牙禁书的标志,而它们在 17 世纪也都被重新修订了。作为这种严酷的审查运动的结果,这部重要小册子的拉丁语版本在 250 年的时间里一直不为人知,只是由于它的西班牙语版本被纳入一部 19 世纪经典西班牙论文的选集,它才被重新发现。因此,这本小册子完整保留下来的版本极少,唯一的一本现存于美国波士顿公共图书馆。

年高德劭的马里亚纳所经历的麻烦显然还没有到头。在他被国王关进监狱以后,当局查抄了他的笔记和文稿,在其中发现了一篇攻击耶稣会现行的治理权力的手稿。作为一个无畏地独立思考的个人主义者,马里亚纳显然不相信一个严格训练的、像军队一样的实体就是耶稣的理想社会。在《论组织的弊端》(*Discurso de las Enfermedades de la Compañia*)这本小册子中,马里亚纳对耶稣会从它的管理到对新信徒的培训,进行了彻头彻尾的抨击,并且他判定他在耶稣会的上司并不适合其管理重任。首先,马里亚纳批评了这种像军队一样的等级制度。他得出结论说,会长拥有过多的权力,而辖区主教和其他耶稣会信徒则几乎没有什么权力。他主张,耶稣会信徒至少在选举他们的顶头上司的时候,应该有一定的发言权。

当耶稣会的会长克劳迪乌斯·阿夸维瓦发现马里亚纳著作的这个复印本正在耶稣会内外以一种地下出版物的形式流传时,他就命令马里亚纳就自曝家丑的事情做出道歉。但是喜好争吵而又坚持原则的马里亚纳拒绝这样做,而阿夸维瓦也并没有紧逼下去。当马里亚纳一去世,耶稣会的众多敌对者立刻同时以法文、拉丁文和意大利文出版了他的《演说集》(*Discurso*)。就像所有官僚组织的情况下那样,耶稣会信徒们在那时及以后更加关心的是流言诽谤和不在公开场合谈论家丑的问题,而不是培养自由调查、自我批评的氛围,或者去纠正也许被马里亚纳揭露出来的任何邪恶。

耶稣会从未驱逐他们这个杰出的成员,而他也从未脱离开它。终其一生,他始终被视为一个好争吵的麻烦制造者,一个不愿意向命令或同伴压力低头的人。安东尼奥·阿斯特拉因（Antonio Astrain）教父在其关于耶稣会历史的论述中，曾经写道："首先我们必须记住，他的[马里亚纳的]特点是十分粗暴和毫无节制"。[5] 就个人生活方式而言，像15世纪意大利的方济各会的圣徒圣贝尔纳迪诺和圣安东尼诺一样，马里亚纳也是禁欲和节俭之人。他从未去过剧院，并且认为牧师与僧侣们绝对不应该因为去听戏而降低了他们神圣的身份。他也谴责流行的西班牙斗牛运动，这肯定也不会使他更得人心。令人沮丧的是，马里亚纳经常强调人生苦短，波动不定而又充满烦恼。然而，尽管具有其严苛节俭的特性，胡安·德·马里亚纳这位圣父却拥有一种火花四射的、几乎是门肯斯克的（Menckenesque）聪明才智。例如，关于婚姻他曾经有一句俏皮话："某些人精明地断言，结婚的第一天和最后一天是最好的，然而其他时间是可怕的"。

但是，也许他的最睿智的见解还是体现在对于斗牛的看法上。他对于这项运动的攻击遭到了某些捍卫斗牛运动的正当合理性的神学家的反对。马里亚纳斥责这些神学家，说他们试图提出各种取悦于大众的解释来减低自己的罪过，同时，马里亚纳写下了一行几乎完全预见到三个半世纪以后路德维希·冯·米塞斯所喜欢采用的对于经济学家评论的字句："无论多么荒谬的事情，总有某些神学家为其辩护"。

4.8 最后的萨拉曼卡学者：莱修斯与德·卢戈

最后的重要的萨拉曼卡学者之一也是一位耶稣会会士，但却不是西班牙人。莱昂纳德·莱修斯（Leonard Lessius, 1554—

1623年)是一个佛兰芒人,出生在位于安特卫普大城市附近的布雷赫特(Brecht)。整个16世纪,安特卫普成为北欧著名的商业与金融中心和来自地中海的贸易枢纽。莱修斯的父母最初曾想让他成为一个商人,但是他却进了鲁汶大学,并且于1572年被吸收进入耶稣会。他在法国的杜埃(Douai)英语学院教了六年哲学,随后去了罗马,用了两年时间在弗朗西斯科·苏亚雷斯指导下学习。正是在罗马,莱修斯在精神上成为一个萨拉曼卡学者,并且从那时起开始了与路易斯·德·莫利纳的友谊。返回佛兰德时,莱修斯在鲁汶大学取得了一个哲学与神学教授职位。在神学方面,莱修斯着手实现伟大的莫利纳学派为反对鲁汶大学中赞成决定论思想的神学家而提出的自由意志的理论目标。在这里,他遇到的对手是鲁文大学的校长、一个隐蔽的加尔文主义者米夏埃尔·德·巴伊(Michael de Bay)博士,后者接受作为上帝的选民的宿命论和救世论观点。莱修斯还发展了苏亚雷斯认为原始的政治权力是由上帝赐给人民的观点,他进而攻击那种日益坚持君权神授的思想,特别是由英格兰国王詹姆斯一世所提出的见解。

莱修斯最重要的著作是《正义与法律》(1605年),它与莫利纳和德·巴涅斯的书同名。这部著作产生了广泛而深远的影响,分别在安特卫普、鲁汶、里昂、巴黎以及威尼斯出版了近40个版本。莱修斯不仅关于他的前辈具有百科全书般的知识,而且也以他对于当时的商业实践和合约的理论与分析以及将道德原则应用于这些实践而著称。莱修斯经常就这些问题请教政治家和教会的领导人。

关于价格理论,莱修斯像他的经院学派前辈一样,坚持认为公平价格就是由市场共同估计来决定的价格。一个法律规定的价格也可能是公平价格,不过与许多他的经院学派同事不同,这些人认为法定价格具有优先性,而莱修斯则指出了市场价格可能会优于法定价格而被选择的几种情况。遵循胡安·德·梅迪纳的思想传统,这些情况有:首先,是当市场价格较低时。其次,是当"在供给以及类似的要素日益增加或者减少这种环境变化的情况下,管理当局明显地没有意识到要调整法定价格……"时。他甚至更为强烈地指出,当管理当局"错误地理解商业环境"时,甚至某一"个人"都可以要求一个高于法律限价的价格,这当然是可能经常发生的事情。

在批判关于价格决定的生产成本理论时,莱修斯指出市场需求是价格的决定因素,而无论一个商人的费用是多少:

> 但是,如果商人的费用较高,那只能说明他很不走运,市场共同的价格不会因为这个而提高,正像当他即使不耗费任何费用时它也并不降低一样。这就是商人所面临的环境。正像他如果使费用降低就能获得利润一样,如果他的费用很高或者超出寻常就只能面临亏损。

莱昂纳德·莱修斯对于所有的经济市场是如何相互联系的问题提出了精辟见解,他依次分析了外汇、投机以及货币价值与价格的运作,并为它们做了辩护。特别是,莱修斯对于工资和劳动市场的运作进行了到那时为止算是最为成熟的分析。像其他的经院学者一样,他也看到工资受到同一供给与需求法则的支配,因而像任何价格一样,也受同一公正原则的支配。在询问对于任何给定的职业什么是"最低的公平工资"的问题时,莱修斯明确指出,如果在任何给定的工资水平存在着其他愿意从事这种工作的人,那么这个工资水平就不算低。简言之,如果在那个工资水平上存在着劳动供给,怎么能说它是不公平的呢?

莱修斯还分析并提出了作为货币工资一部分的心理收入的概念。一个工人除了被支付货币工资以外,也可能获得心理上的收益:"如果工作赋予他以社会地位以及津贴,那么工资可能要低一些,因为社会地位以及与此相关的优越性,可以说,也算作薪金的一部分"。莱修斯此外还提出了这样的观点:工人被雇主所雇用是因为后者从中得到了好处,而这些好处将要由工人的生产力来衡量。这里肯定具有对于劳动需求的边际生产力理论从而工资理论的初始形态,这个理论是在19世纪末由奥地利学派和其他的新古典经济学家提出来的。实际上,莱修斯关于工资和劳动市场的娴熟的分析已经为主流经济学所丢掉了,直到在19世纪后期它们才又被独立地重新发现。

莱修斯也强调企业家才能在决定收入中的重要作用。这种企业家的"勤勉"的素质,有效地组合工作的素质,是很少见的,所以,有能力的企业家将要比他的同行获得高得多的收入。莱修斯还提供了一个关于货币的成熟老道的分析,表明货币的价值依赖于它的供给和需求。货币更充裕将会导致它无论是在购买物品还是外汇时,都将具有更低的价值。而对货币更大的需求将会引起通货价值的提高:"例如,如果大公们都迫切需要货币以从事战争或者为了其他的公共目的,或者如果大量的物品涌入市场,就是如此。因为只要由于很重要的事情而产生对货币的紧迫需要,用物品来表示的它的价值就会提高"。

莱修斯在将道德原则应用于贸易实践的过程中,对贸易产生了一种解放的作用。这在高利贷的问题上尤其如此,在这里莱修斯虽然在形式上仍然坚持传统的禁令,可是实际上他是导致这一禁令瓦解的具有重要影响力的人物。莱修斯对于担保的投资合约提供了迄今为止最彻底的辩护,他甚至对于资本的高收益率都采取宽厚的态度。他还打破了对于获利停止条款的所有残留的限制。首先,他对这一原则加以扩展,不仅将它应用于那些如果不放贷就可能被投资的贷款,而且还应用到所有的基金,理由是它们都属于流动性资产,从而它们总是可能被投资的。这样,资金总和作为整体就都将被考虑到放弃投资的机会成本,所以,对于一笔贷款索取的利息也必须要达到这样的范围。

正如莱修斯指出的那样:

虽然并没有哪一笔分开来考虑的具体的贷款可能构成全部获利停止的原因,但是当所有的贷款被集合起来考虑时它们却成为全部获利停止的原因了:因为为了无区别地贷款给那些借款者,你要节制商业活动,并且你要承担本可以从这些活动中获得的利润的损失。所以,由于所有被集合起来的贷款都是这种损失的原因,对于这种利润损失进行补偿的负担就要根据每一笔贷款所占的比例被分配到各个单一的贷款头上。

可是,这样一来,莱昂纳德·莱修斯也就不是仅仅在为企业界人士或者计划对他们的货币进行投资的投资人辩护,而是实际上在为拥有流动资金的任何人包括职业的货币贷放者进行辩护。在经院学者当中,这是第一次承认所有的货币贷放者的贷款都是正当合理的。因而,从莱昂纳德·莱修斯开始,有关利息或高利贷的最后壁垒被粉碎了,所剩下的仅仅是这种形式上的禁令的空洞外壳。

莱修斯补充到,贷款者可以收取利息,即使是在对货币的保留没有任何担心的情况下,以及即使这种担心属于非理性的情况下,也是如此。注意,对莱修斯来说,重要的是贷款者主观上发生担心这一事实,而不论这种担心在客观上是不是正确的。

不仅如此,莱修斯还接受了梅迪纳—莫利纳关于利息的风险辩护论点的假设,尽管他们曾打算在实践中限制这种论点的应用范围,莱修斯却极大地扩展了它。他指出,所有的贷款,都面临着不被偿还的风险:"一个人的权利几乎总是与某些困难和危险结合在一起的"。在对于贷款者风险的一个细致的分析中,莱修斯指出,当贷给一个贷款者所不了解的人或者其信用值得怀疑的人的时候,将要发生更大的风险,从而要收取更高的费用。

然而,这还不是他的贡献的全部。因为,莱昂纳德·莱修斯还为反对高利贷禁令提供了他自己的、新的和强有力的武器:一个对于利息的新的"合法权利"或正当理由。这个新的正当理由——它仅仅为受到忽视的苏门哈特所预示——就是缺少金钱

(*carentia pecuniae*)：因为缺少货币而收取费用。莱修斯相当有说服力地指出，贷款者在整个放贷期间承受了他的货币缺乏的痛苦，以及他的流动性缺失的痛苦，所以他有权对于这种经济损失收取利息。简言之，莱修斯敏锐地观察到，每一个人都会从流动性以及从占有货币中得到效用，而这种效用的被剥夺就是一种缺失，对此，贷款者可以并且将要提出补偿。莱修斯指出，人们未预见到的情况是可能并且真实地出现的，如果在这时人们的货币是在自己的控制之下，而不是处于借给别人的缺失状态，那么就能够更有效地应对这种局面。简言之，由于这个原因，时间在这里应当被索取费用，"因为从未存在过商人不对于一种长期让渡比短期让渡估价更高的情况"。对于那些被暂时剥夺货币使用权的人来说，"他们缺失货币五个月时要比缺失四个月时被剥夺的价值更大，而缺失四个月时要比缺失三个月时被剥夺的价值更大，这部分地是因为他们缺失了利用那个货币获利的机会，部分地是因为他们的本金更长时间地处于危险之中……"。

此外，莱修斯还指出，交易票据，或者说对于未来货币的权力，与现金相比较时总是要打折扣的。这个折扣当然就是利息率。莱修斯解释道："这是一个共同的经验问题，即货币对于多数东西提供了交易手段，而这些权利本身是不能提供这种手段的。所以，它们可以在一个较低的价格上被购买"。莱修斯还指出，商人和交换者日复一日地在安特卫普证券交易所决定了"货币缺失的价格"，平均大约为10%。如果这种价格得不到承认，那么对经济具有无法估量的价值的外汇就将消失掉。

这样,在莱修斯看来,有关一种货币缺失的价格是在一个组织有序的信贷市场上建立起来的。但是就存在这样一个信贷市场而言,并没有任何必要去根据每个商人具体的机会成本或者其资金的暂时被剥夺而为其贷款进行辩护。那个将成为公平价格的价格,是在信贷市场上建立起来的。正如莱修斯指出的那样:

不仅如此,任何商人看起来都能够要求这种价格……尽管并不存在因为他的贷款而导致的获利停止。这是对于商人们的货币缺失的公平价格。因为在任何共同体中,对一种物品或者义务的公平价格,就是该共同体在考虑到所有可能的结果的条件下真诚地出于公共利益的目的而建立起来的……。所以,尽管货币在一年中处于缺失状态,但是我的任何所得都没有停止,也没有任何资本的风险,因为这种出于公平原因的价格填补了这种缺失,我可以要求得到它,正像别人也可以要求得到它一样。

所以,利用缺少金钱的概念,莱昂纳德·莱修斯为粉碎高利贷禁令提供了致命一击,尽管稍有遗憾的是,他仍然保留了这种禁令的形式。所以,毫不奇怪,研究经院学派关于高利贷思想的重要学者努南教授,将莱修斯视为"这样一位神学家,其关于高利贷的观点最有决定性地标志了一个新的时代的到来。也许比起他的任何前辈来,他都能更加自在地适应现代的金融世界"。[6]

最后的萨拉曼卡学者是耶稣会的枢机主教胡安·德·卢戈

(Juan de Lugo，1583—1660年)。德·卢戈将萨拉曼卡学派带入17世纪，这是西班牙的势力在欧洲衰落的时期。在萨拉曼卡学习法学与神学之后，德·卢戈去了罗马，在大耶稣会学院教学。德·卢戈在罗马讲授神学达22年之久，之后他被任命为枢机主教，并成为罗马各种有影响的教堂委员会的成员。作为一位学识渊博和思想深邃的神学家，德·卢戈被称之为自阿奎那以来最伟大的道德神学家。德·卢戈著有一部心理学著作和另一部关于物理学的著作，他在法律与经济学领域中的杰作是发表于1642年的《正义与法律》。这部书在17世纪和18世纪被印刷了多个版本，它的最后一版出现在1893年。

在他的价值理论方面，这部萨拉曼卡学派的巅峰之作展示了一种精致而又先进的主观效用理论解说。德·卢戈指出，物品价格的波动"是源于它们满足人们需要的效用，从而唯一地源于人们的估计。例如，在房屋内珠宝远没有谷物的用处大，可是它们的价格却特别地高"。这里，德·卢戈再一次地几乎达到了19世纪晚期关于价值的边际效用解释，并接近于解决所谓的价值悖论。谷物的使用价值比珠宝更高，但是价格却更便宜。对于这一悖论的回答是，主观估计或估价不同于客观的使用价值，它们是受供给的相对稀缺程度影响的。同样重复出现的情况是，对于完成这一理论解释而言，这里所差的仅仅是边际的概念。

德·卢戈继续论述道，主观性意味着"估计"或估价是既可能由轻率之人做出也可能由谨慎之人做出的（这里没有任何"理性的"或"经济人"的假设！）。简言之，公平价格是由需求和消费者估价决定的市场价格。如果消费者是愚蠢的,或者与我们的判断不同,那也只能悉听尊便。市场价格照样是一种公平价格。

在其对商人活动的讨论中,德·卢戈对先前有关商业费用的机会成本的概念做了补充。对于一个商人,只有当价格能够补偿他的费用并且利润率达到他在其他活动中能够挣得的水平时,他才愿意继续供给一种产品。

在其货币理论中,枢机主教德·卢戈沿袭他的同事们的思想:货币的价值或购买力是由铸币的金属含量的成色以及货币的供求决定的。德·卢戈还提出了货币将从其价值较低的区域向价值较高的区域流动的思想。

关于高利贷,德·卢戈的论述是一个大杂烩。一方面,他从莱修斯以及其他人的使高利贷禁令仅仅限于一种空壳的具有清晰含义的论述倒退了。因此,他拒绝接受莱修斯关于在贷款期间应当允许贷款者由于货币缺失而索取费用的思想。另一方面,德·卢戈又进一步拓展了以风险和获利停止为武器来"捍卫高利贷"的强有力的论点。他将风险的概念加以扩展,明确地包括了所有的贷款。因为,正如他所直截了当地指出的那样:"今天我们在哪里能够看到一笔债务,它是如此安全以至于可以保证等于能即刻作为支付手段的现金?"当然,这也就为对于每一笔贷款都收取利息进行了辩护。德·卢戈还进一步拓宽了获利停止的概念,因为他允许贷款者不仅索取从一种贷款中可能放弃的利润,而且还要包括在遥远的未来可能放弃的预期利润。此外,贷款者在索取利息的过程中,还要计算一笔贷款所损失的利润如果再投资所可能带来的利润。总之,德·卢戈彻底地断言,获利停止是"洗刷高利贷罪名的最通用工具"。

4.9 经院学派思想的衰落

16世纪的西班牙被称之为经院学派思想发展的小阳春时代。从那以后,它便开始急剧地衰落,不仅仅是在西班牙,整个欧洲都是如此。究其原因,部分地是由于顽固地坚持禁止高利贷的形式。这样一个禁令,已经由于自然法或神法的出现而变得毫无意义了,并且它进入基督教的思想也相当晚,可是却被人们以一种近乎永久的、非理性狂热的方式坚持和强化着。基督教世界中的一些有识之士对于高利贷禁令的系统性削弱,对于社会对收取利息的认可曾经产生了有益的影响,但是,这却是以对经院学派方法本身失去信心为长期代价的。由于固守将高利贷视为一种道德上的罪恶而加以禁止这个空壳,与此同时又日甚一日地寻找可以使商人(最后还包括职业的货币贷放人)绕过这一禁令的圆滑老道的方法,这就使得经院学派陷自身于受到不公平指责的境地,他们被指责为逃避现实的伪君子。

对经院学派的致命攻击来自两个具有明显反差却又联合起来的阵营。一个是由处于教会之外的新教徒和处于教会之内的隐蔽的加尔文主义者组成的日益强大的团体,他们根据人们所断言的经院学派的堕落和道德放纵而谴责他们。毕竟,新教教义主要是抛弃那些圆滑老道的陷阱,精炼关于教会的学说,从而返回到人们所断言的早期基督教那种简单化和道德纯净化状态。使这种敌视达到极端典型形态的,是耶稣会,它是反对宗教改革运动(Counter-Reformation)的急先锋,这个教派从摇摇欲坠的多明我会教派那里接过了托马斯主义和经院主义的火炬。

经院学派的第二个敌对阵营是日益兴起的世俗主义与理性主义集团,这些人在他们的私生活方面可能是天主教徒,也可能是新教徒。不过,他们主要都想摆脱其所断言的像把宗教原则应用于政治或者禁止高利贷这样一些现代生活的赘瘤。因此,隐蔽的加尔文主义者攻击耶稣会削弱了高利贷禁令,而世俗主义者则因为他们保留了高利贷禁令而批判他们。

与经院学派为高利贷做辩护的精彩论断相比,这两个敌对阵营的哪一方都没有给人们留下深刻的印象。同时,他们也逊色于整个经院学派与耶稣会的"诡辩论"(casuistry):把道德原则(包括自然的与神的两个方面)应用于日常生活的具体问题。人们也许会想,诡辩论的任务应该被视为一种重要的甚至是高尚的任务。如果普遍的道德原则存在着,那么为什么不能把它应用于日常生活呢? 不过,这两组反对派团体立刻成功地把"诡辩论"这个词变成了污蔑性的字眼儿:对于其中的一派来说,它是逃避严格的道德戒律的一种方法。对于另一派而言,它则是对世界施加过时而又反动的教条的一种方法。

那么,为什么在已经有了苏门哈特以及其他人的重要著作的情况下,天主教教会仍然坚持固守对于高利贷的形式上的禁令达两个世纪之久呢? 也许是由于同样的理由,教会总是倾向于牢固地坚持绝不改变其原则,而始终按照一贯方式行事。在一个不变的外壳形式掩盖下变化其内容,长期以来不仅是天主教教会的特征,而且也是任何长寿的官僚机构所具有的特征,不论这些机构是教会还是美国高等法院的宪法解释机构。

在天主教教会内外反对经院学派的这两个各具锋芒的团体的联盟，它们之间的分歧远远超过了关于高利贷的争吵。作为一种宗教的天主教教义，其根基是认为人能够通过其所有的能力来接近和领悟上帝，而不仅仅是简单地通过推理和感觉来接近上帝。而新教教义，特别是加尔文主义，则严格地将上帝置于人的能力之上，例如，它将在绘画与雕塑中所体现出来的人们对于上帝的可感知的爱，视为渎神的盲目崇拜，对于这种崇拜要予以摧毁，以便为真正适当的与上帝的沟通（即揭示真正的信仰）扫清道路。托马斯主义强调推理是领悟上帝的自然法甚至神法的某些方面的一种手段，这种主张遭到新教徒的辱骂，后者唯一地强调对于上帝的武断的意志的信仰。虽然某些新教徒采纳了自然法的理论，但新教的基本的锋芒是反对任何企图从人的理性的运用中来推引伦理或政治哲学的自然法。对于新教徒们来说，人在他的理性或他的感觉方面拥有太多固有的罪恶和腐败，以至于除了是一个腐败的化身之外他不可能是什么别的东西。只有对于上帝的武断的、神启的命令纯粹地加以信仰，才能被允许作为人类伦理学的基础。但是这就意味着，对于新教徒来说也几乎不存在批判国家行为的自然法的基础。加尔文教甚至还有路德教对于萌芽于 16 世纪、繁盛于 17 世纪欧洲各地的专制主义国家，并没有提供任何的防御。

如果说新教教义为专制国家开辟了道路，那么 16 世纪和 17 世纪的世俗主义则已经拥抱它了。由于失去了自然法对国家的批判，像法国的让·博丹这样的新的世俗主义者便接受了国家的实证法,把它作为唯一可能的政治标准。正像反经院学派的新教徒把上帝的武断意志赞美成伦理学的基础一样,新的世俗主义者把国家的专横意志抬高到不可挑战和绝对"主权"的地位。

在我们究竟是怎样知道我们知道了什么,或者说,在"认识论"这样的更深层次的问题上,托马斯主义和经院主义学派遭受了来自"理性"和"经验主义"运动的两个具有明显差别却又联合起来的进攻。在托马斯主义的思想中,理性和经验主义并未分开,而是结合并纠缠在一起的。真理是由理性在一种经验上被确知为现实的基础上建立起来的。理性和经验被有机地纳入一个严密的整体。但是到了17世纪的前期,两位针锋相对的哲学家却努力使理性与经验产生了致命的分离,这种分离对于科学方法带来的损害直到今天仍然存在。这两位学者是英国人弗朗西斯·培根(Francis Bacon, 1561—1626年)和法国人勒内·笛卡尔(René Descartes, 1596—1650年)。笛卡尔是枯燥的数学的拥护者,绝对地断言"理性"与经验现实分家,而培根则赞成对经验数据进行无止境的以及近乎无思想的筛分。两个人中,一个是知名的英国律师,后来又成为大法官,王国的子爵和腐败的法官;另一个则是腼腆而又行为轻浮的法国贵族。但他们却在一个关键而又具有毁灭性的问题上达成了一致:将理性和思想与经验数据分离开来。因此,从培根那里便产生了以近乎无思想的方式深深浸入杂乱的数据之中的英国的"经验主义"传统,而从笛卡尔那里则产生了欧洲大陆"理性主义"的纯粹演绎的、有时又表现为数学的传统。所有这些当然是对于自然法的一种攻击,因为它长期以来一直将理性与经验整合为一体。

作为在"步入现代"时期(16世纪,特别是17世纪)欧洲思想的这种基本和系统的变迁的一种自然结果,并且与之相伴随,便出现了知识活动急速地脱离大学的运动。在整个中世纪和文艺复兴时期,在经济学、法律以及其他有关人类活动的学科领域进行写作和思考的神学家与哲学家,都是大学的教授。像巴黎大学、博洛尼亚大学、牛津大学、萨拉曼卡大学、罗马大学以及很多其他大学等,都为这些世纪中的知识成果的孕育和思想斗争提供了学术环境和活动舞台。甚至在步入现代时期的新教教徒的大学,也持续地成为自然法教学的中心。

但是,17世纪、进而18世纪的大多数理论家和著作家,却几乎没有人是教授。他们属于小册子的作者,企业家,像笛卡尔那样的四处漫游的贵族,像约翰·洛克那样的低级政府官员,以及像乔治·贝克莱(George Berkeley)主教那样的教会人士。活动中心的这种转移极大地得益于印刷业的发明,它使得书籍和作品的出版成本极大地降低了,从而为知识成果创造了更为广阔的市场。15世纪中叶发明了印刷技术,到了16世纪初,有史以来第一次使得一位在世者能够作为一个独立的作者向商业性市场出售自己的书。

至少就那个时代而言,从大学教授向世俗的公民个人的这种转移,意味着从传统的学习与思想模式向一种包含特异性的个人观点的更为多样化的局面的转变。在某种意义上说,这种多样化的加速是与新教改革对于社会和宗教思想的最重要冲击之一携手并进的。因为在相当长的时期中,比那些关于自由意志还是宿命论以及恳谈是否具有重要意义等诸如此类的神学争论更为有意义得多的事情,是基督教世界统一状态的瓦解。路德,甚至还有加尔文,并没有打算分解基督教世界。相反,他们每一个人都是想要改革统一的基督教会。然而,他们的革新的结果却是打开了潘多拉盒子。尽管各种摩擦因素和异端此前在教会内部已经被消除或者得到调节,可是现在基督教却实实在在地分裂成数百个不同的派别,其中的一些是相当奇异的,而每一个派别都对于社会生活提出一套不同的神学、伦理学以及传统惯例。

虽然从基督教内部分裂所产生的这种社会思想的五花八门的派系,除了专制主义以外还包括了像平等派这样的理性主义和个人主义团体,但是由此所产生的这种多样化的价值肯定被经院学派和托马斯主义从西方思想中的不幸淡出而抵消了。

统一的欧洲思想的这种分裂,又由于这些世纪中的著作文献从拉丁语转向各个国家的本土语言而得到了加强。在整个中世纪时期,欧洲所有的知识分子、法学家以及神学家都是用拉丁语来著书立说的,尽管他们在口头交流时是使用其本国的语言。这意味着对于学者和知识分子来说,只有一种语言,在某种意义上只有一个国家,从而英国人、法国人、德国人等等可以方便地阅读彼此的著作,并受到相互的影响。欧洲真正成了一个知识共同体。

在中世纪时代,只有意大利的学者一直在坚持既用拉丁语也用意大利语写作。但是新教的改革运动对于放弃拉丁语产生了巨大刺激,因为新教徒认为,对于广大的基督教教众来说,最为至关重要的事情是使他们用他们所能够理解的语言来阅读和学习圣经。马丁·路德在16世纪将圣经翻译成德文的著名举动鼓舞人们急剧地转向用本民族语言写作。结果,从16世纪和17世纪以来,经济的、社会的以及宗教的思想便开始用每个国家的民族语言来独自地表达了。经院学派的经济思想在后来的持续影响也就仅限于信奉天主教的国家中的学者。

4.10 临终的片断:席卷耶稣会的风暴

尽管对于创造性的、杰出的经院学者的精神激励消退了,但是在17世纪我们仍然可以看到经院主义的思想在西班牙的持续影响,以及它向其他国家的扩散。萨拉曼卡学派的英勇斗士和传播者当然非耶稣会莫属。在西班牙以及其他地方,耶稣会为忏悔神父制作了大量的道德神学手册,在这些手册中,他们除了其他事情以外主要讨论将神学与道德原则应用于商业伦理的问题。最重要的例子便是虔诚的安东尼奥教父、德·埃斯科巴尔—门多扎(Antonio de Escobar y Mendoza, 1589—1669年)所写的《道德神学》(*Theologiae Moralis*)(1652年)。这部极端流行的著作在短短的时间内就重印了37次,并且被翻译成法文、比利时文、德文以及意大利文出版。埃斯科巴尔的著作基本上是重述先前众多的关于道德神学的著作,主要是莫利纳、苏亚雷斯以及卢戈这些人的著作的思想。他重述了萨拉曼卡学派强调把共同估计、稀缺以及货币供给作为市场价格决定因素的思想。

萨拉曼卡学派在意大利特别具有影响力。在那里,热那亚的哲学家与法学家西吉斯蒙德·斯卡恰（Sigismundo Scaccia，约 1568—1618 年）于 1618 年出版了一部书，《论商业与交换》（*Tractatus de Commerciis et Cambiis*），该书直到 18 世纪中叶为止一直反复多次地在意大利、法国和德国再版发行。斯卡恰的《论商业与交换》重述了包括科瓦鲁维亚斯、阿斯皮利奎塔以及莱修斯在内的萨拉曼卡学派的价格与外汇理论。

意大利的其他杰出的新—萨拉曼卡学派的学者，有耶稣会的枢机主教詹巴蒂斯塔·德·卢卡（Giambattista de Luca，1613—1683 年），他曾于 17 世纪 70 年代在罗马出版了多卷本的《真理与正义的舞台》（*Theatrum Verittis et Justitiae*），此外还有马蒂诺·博纳奇纳（Martino Bonacina，约 1585—1631 年）和安东尼诺·迪亚纳（Antonino Diana，1585—1663 年）。

然而，具有广泛影响力的埃斯科巴尔的手册，由于它对待高利贷所采取的饱经世故的默认态度，在法国却陷入了一片谩骂声中。这种谩骂是由法国天主教会内部一个有影响的隐蔽的—加尔文教派的团体所领导的，它引发了对于人们所断言的耶稣会在道德上放纵行为的猛烈攻击。

对耶稣会及其忠诚于理性和自由意志的立场的攻击开始于比利时，到了 16 世纪末，这种攻击则由于鲁汶大学校长、迈克尔·德·巴伊博士的作用而加剧了。巴伊和贝乌斯主义者（Baianism）在鲁汶大学内部发动了一场激烈的反对莱昂纳德·莱修斯以及属于耶稣会的教师的运动。德·巴伊校长设法使大多数鲁汶大学的老师都能转变到他的信条上来，这一信条接受了加尔文主义关于一个上帝的选民属于命中注定的教义。在法国,专制主义的保皇派也开始了一个严酷的反对耶稣会的运动,他们将它与天主教联盟以及温和的、拥护加尔文主义的昂里(Henrys)的被暗杀联系起来。特别是,安托万·阿诺(Antoine Arnauld)律师对皇室专制主义的捍卫达到了登峰造极的程度,他要求将耶稣会士驱逐出法国,并愤怒地宣称他们是"有关君权神授这一神圣的学说"的最危险的敌人。阿诺最初是被巴黎大学以及索邦(Sorbonne)的神学院雇佣来推进反对耶稣会的案例诉讼工作的,这些单位也已经被隐蔽的——加尔文教派的思潮所扫荡。

到了 17 世纪早期,迈克尔·德·巴伊的两个弟子(他们从前都是耶稣会的学生)努力捍卫其老师的事业。其中最重要的人物是科尔内留斯·让森(Cornelius Jansen),他创立了新—加尔文主义的让森学术运动,这一运动在法国极其强大。像许多公开的信奉新教的神学家一样,让森要求返回到圣奥古斯丁的道德净化状态以及第 4 和第 5 世纪的基督教原则。如果说让森是这一运动的理论家,那么他的朋友圣—西兰神父(Abbé Saint-Cryran)则是它的杰出的谋士和组织者。在皇家港修道院(Port-Royal)女修道长梅雷·安热莉克(Mère Angelique)的帮助下,圣—西兰取得了对于这些有影响的修女的控制。梅雷·安热莉克是安托万·阿诺的女儿,实际上,皇家港修道院的十多位修女都是强有力的阿诺家族的成员。

皇家港修道院中的一位修女,是才华横溢的年轻哲学家、数学家以及法语文体批评家布莱兹·帕斯卡(Blaise Pascal)的姐妹。年轻的帕斯卡加入让森学派的运动,他对耶稣会特别是埃斯科巴尔展开了机智而又猛烈的斥责,批评他由于在高利贷问题上的软弱无力而陷入的道德失败。帕斯卡甚至杜撰了一个新的流行的术语:闪烁其词的蒙骗行径(*escobarderie*),借用它来把诡辩论这一重要学派斥责为逃避现实的诡辩。在帕斯卡沾满毒汁的笔锋下的另一个受害者,是严苛的法国耶稣会会士艾蒂安·博尼(Étienne Bauny)。博尼在他的书《罪之综述》(*Somme des Pechez*)(1639年)中,为进一步削弱对高利贷的禁令跨出了更大的一步,他指出索取比皇家法令所允许的最高利率还要高的利息率,是正当合理的,因为毕竟"借款者是自愿达成借贷协议的"。此外,博尼的锐利的唯意志论还在另一个敏锐的基础上捍卫了高利贷合约:由于对于一个贷者来说,他希望借者给予他一种免费的礼物是合法的,那么对于贷者和借者来说,事先达成这样一个契约就也是合理的。如果希望得到某种事情的结果是法律所允许的,那么怎么能说为这种事情签订一个合约就是邪恶的呢?一旦承认这种自愿选择的正当合理性,那么毫无疑问,所有对于高利贷以及其他自由市场活动的攻击都注定要失败。

虽然让森学派最终遭到了教皇的谴责,然而帕斯卡对于耶稣会会士的粗鄙恶劣的狂暴攻击,对于终结经院主义思想的统治,特别是它在法国的支配地位,还是产生了重大的影响。

4.11 注释

1 弗兰克·巴塞洛缪·科斯特洛(Frank Bartholomew Costello, S. J.),《路易斯·德·莫利纳的政治哲学》(*The Political Philosophy of Lius de Molina, S. J.*)(斯波坎(Spokane):贡扎加大学出版社(Gonzaga University

Press),1974 年),第 231 页。
2 理查德·图克,《自然权利理论》(*Natural Rights Theories*)(剑桥:剑桥大学出版社,1979 年),第 54 页。
3 伟大的莫利纳也曾因为没有获得一个神学博士学位而面临困难,不过最终,这个学位还是由耶稣会授予了他,尽管他十分地不情愿。
4 腓力降低货币成色的做法,正如马里亚纳所指出的那样:其一是在重新铸造铜币时,在保持原来重量的情况下使面值增加一倍,从而使增加价值作为利润进入皇家国库;其二是保持银币或者铜币的面值不变,然而却抽取和减低银和铜的重量,这一方法使国库增加了 2/3 的利润。
5 引自约翰·洛雷斯(John Laures, S. J.),《胡安·德·马里亚纳的政治经济学》(*The Political Economy of Juan de Mariana*)(纽约:福特汉姆大学出版社(Fordham University Press),1928 年),第 18 页。
6 小约翰 T. 努南,《经院学者关于高利贷的分析》(马萨诸塞州,剑桥:哈佛大学出版社,1957 年),第 222 页。

第5章 新教徒与天主教徒

5.1　路德、加尔文与国家专制主义
5.2　路德的经济学
5.3　加尔文的经济学与加尔文主义
5.4　加尔文主义者如何看待高利贷
5.5　共产主义的狂热信徒:再浸礼教徒
5.6　明斯特的极权共产主义
5.7　救世主似的共产主义的根源
5.8　非经院学者的天主教徒
5.9　激进的胡格诺教徒
5.10　乔治·布坎南:激进的加尔文主义者
5.11　天主教联盟成员与政治家
5.12　注释

5.1 路德、加尔文与国家专制主义

我们已经看到,16世纪的反宗教改革运动为了维护经院主义和自然法而不得不在两条战线展开一场思想斗争:反对新教徒和隐蔽的新教徒,同时也反对作为专制国家辩护士的世俗论者。这后两个看似对立的派别的相似之处绝不仅仅在于拥有同一个敌人。在许多方面,他们更像是一奶同胞的亲兄弟,而不是简单的偶然联姻。

马丁·路德(Martin Luther 1483—1546年),是一个德国矿工的儿子;约翰·加尔文(John Calvin 1509—1564年)(乳名简·考文 Jean Cauvin,其中,加尔文是拉丁语名字),其父为法国的一位律师和知名的城镇官员。尽管他们之间存在着许多不同,他们所领导的新的宗教派别却席卷了北欧,并在一些关键原则上达成一致。特别是,他们的社会哲学和神学观都持有这样的基本主张,即人类已经完全堕落,沉溺于罪恶之中。果真如此的话,人类将很难通过自身的努力获得救赎,即使是部分地救赎也办不到。所以,救赎不是来自人类非现实的自由意愿,而只能作为无法预料、难以理解的礼物来自于上帝的意外恩赐,谁会获得礼物的垂青,则取决于上帝预先注定的选择。不在选择之内的所有人则要受到诅咒。而且,由于人类已完全堕落成为撒旦的奴隶,他的理性——更不用说他的享乐感觉——完全靠不住

了。不论理性还是感觉,人们无论如何都不可能依靠它们去构建一种社会伦理学,这只能是来自于通过圣经启示而获得的神的意志。

或许是为了恢复加尔文主义的德国式简洁风格,直至今天,原教旨主义的加尔文信徒们仍被教导用缩写的 TULIP 来概括他们的信条:

T——代表永远的诅咒(Total damnation)

U——代表无条件的上帝的选择(Unconditional election)

L——代表有限的赎罪(Limited atonement)

I——代表不可抗拒的恩典(Irresistible grace)

P——代表圣徒的坚贞(Perseverance of the saints)

简言之,人类彻底被诅咒,他的赎罪只能是有限的和微不足道的。唯一能够并且确实可以无条件地拯救一个被选择的人类成员的,就是上帝的不可抗拒的恩典。

如果理性不能被用于构建一套伦理,路德和加尔文就不得不从本质上抛开自然法,这么做的同时,他们也就抛弃了几个世纪以来建立起来的用于批判国家专制行为的基本准则。事实上,路德和加尔文是依赖孤立的圣经教条而不是一种完整的哲学传统,认为权力是由上帝赋予的,因而国王——无论他有多么残暴——都是由天命神授的,所以必须永远得到服从。

这一学说当然有利于正在兴起的专制君主和他们的理论家。无论是天主教徒还是新教徒,这些世俗论者都努力使他们的宗教信仰成为现实生活的基础;正如我们下面将看到的,他们所持有的社会和政治观点就是,国家及其统治者都是绝对至高无上的,统治者必须寻求维护和扩张他的权力,他的命令必须得到服从。所以,反对宗教改革的早期耶稣会会士们便看到并分析了新教徒领袖们与像尼科洛·马基雅弗利(Niccolo Machiavell,1469—1527年)这样的非道德主义的世俗论者之间的重要联系。正如斯金纳教授所写道的:

> 早期的耶稣会理论家们清楚地认识到了那种路德和马基雅弗利的政治理论相趋同的中心观点:虽然出于各自明显不同的理由,但他们两者却都拒绝将自然法作为政治生活的合适的道德基础的观点。因此,在早期耶稣会会士的著作中,我们才会第一次碰到作为不虔敬的现代国家的两个奠基人的路德和马基雅弗利的亲密组合。[1]

不仅如此,路德还不得不倚靠德国和其他欧洲君主们来传播他的宗教信仰;他关于对统治者要绝对服从的说教也由于这种现实的考虑而得到加强。此外,世俗的皇亲贵族们也怀揣着诱人的经济动机而愿意成为新教徒:没收富有的修道院和其他教堂财产。在这些新起的新教徒国家的君主和贵族的动机的背后,至少有一部分是出于贪婪和掠夺的诱惑。于是,当瑞典国王古斯塔夫·瓦萨(Gustav Vasa)在1524年成为路德教徒时,他就迫不及待地将教堂的什一税改为向国王缴纳的税收,并于三年后没收了天主教堂的全部财产。类似地,在丹麦,新的路德教的国王们剥夺了修道院的土地,并没收了天主教大主教们的土地和他们在世俗中的权力。在德国,霍恩措伦的阿尔伯特(Albert of Hohenzollern）通过剥夺日耳曼天主教骑士们的土地实现了向路德教徒的皈依，而黑塞的腓力（Philip of Hesse）则掠夺了其国家内所有的修道院土地，并将收入中的大半纳入了他个人的财宝箱。

除了掠夺土地和财富，每一块国土上的君主们还牢牢抓住对教堂自身的控制权，并将路德教徒的教堂转为国家管理的教堂，以此作为对马丁·路德及其门徒拥护国家掌控教堂的观点的表彰。在日内瓦城，约翰·加尔文和他的门徒在一段时间内建立了一个极权主义的神权政体，但这种由教堂运转的国家被证明是对于主流加尔文主义的背离，而主流加尔文主义则在苏格兰、荷兰、瑞士大获全胜，并在法兰西和英格兰产生深远影响。

国家管理教堂作为宗教改革运动的动机之一，其杰出的一个范例是英格兰的英国圣公会教堂的成立。亨利八世（Henry Ⅷ）通过没收修道院，并分派这些土地——或者作为礼物、或者以低价出售——给其所宠爱的贵族和上流社会团体，而背叛了天主教。在全英格兰大约有两千名修道士和修女，同时大约还有八千名修道院里的劳工，就这样被剥夺了财富，而得到好处的是一个由大土地所有者组成的对国王感恩戴德的新阶级，同时不允许不列颠的罗马天主教君主得到任何收益。

5.2 路德的经济学

作为一个彻头彻尾地反对晚期经院主义改良，甚至反对经院主义那种一体化、系统性思想运动的人，作为一个追求所信仰的奥古斯丁教义的纯洁性的人，人们很难期望马丁·路德能够善待商业活动,或者善待晚期经院学者对高利贷的辩解。而他确实也没有那么做。作为一个混乱的、自相矛盾的、至少也是不成体系的思想家,路德在他并不感兴趣的世俗事务——经济学中的表述缺乏首尾一贯性,这是毫不令人惊奇的。

于是,对于困扰了经院学者数个世纪的关键问题:私人财产究竟是天然的还是惯例的,亦即仅仅是成文法的产物,路德表现出他特有的反理智倾向。他对这类问题不感兴趣;故而它们是索然无味的:"关注这类事情是无益的,它们不能靠思考来获得解答……"。正如加里·诺斯博士所评论的那样,"争论了1500年也还是这个样子"。[2] 总之,理查德·托尼关于路德对待这类事情的观点的评价也许并不夸张:

一旦碰到对外贸易和金融组织的复杂性,或者接触到经济分析的精妙之处,他[路德]就像是野蛮人见了发电机和蒸汽机一样。即使是好奇的感觉就足以令他害怕和愤怒了。试图向他解释机械构造只会激怒他;他所能做的只是不厌其烦地说:有魔鬼在里面,好的基督教徒是不愿意介入邪恶的秘密的。[3]

其他就剩下混乱的想法了。赞成关于严禁偷窃的训诫,意味着路德至少在某种意义上一定是一个私人财产权利的拥护者。但是对路德而言,"偷窃"不仅仅是人们所定义的偷盗,还包括"在市场、货栈、葡萄酒和啤酒窖、工场……利用和欺骗他人"。在不同的著述里,甚至有时是在同一部作品中,路德竟然能一面指责人们"以任性的方式利用市场,傲慢且无礼,就好像他有无上权利可以按他选取的任意高价售卖商品,无人可以干涉",一面又写道"任何人都可以按他所能达到的最高价售卖商品,只要他不欺骗任何人",并进而把这种欺骗定义为只是简单地缺斤少两。

关于公平价格,路德倾向于回复到少数人所持有的中世纪观点,即一个公平的价格不是市场价格,而是生产成本加上劳动的花费和利润再加上商业风险。特别是关于高利贷,路德倾向于回复到就连天主教堂都早已抛弃的严厉禁止的态度。他想要废除租金合约,就像他想要废除获利停止的理由一样;货币没有增殖力;对物品等等的现金支付不能因为时间变化而抬高价格。所有那些经院学者花了几个世纪想要埋葬或者改变的陈腐观点,到路德这里又原封不动地复活了。正如我们已经看到的,路德的观点正好和他在德国的神学上的劲敌———一个他早期的朋友——约翰·埃克(Johann Eck)的观点相匹配,后者是天主教神学家,强大的富格尔银行家族的朋友,他在完全时髦的赞同高利贷的辩论中甚至走到了时代的前列。

然而,尽管反对高利贷,路德却告诫萨克森的年轻统治者不要废除利息,也不要援助那些因支付利息而承受债务负担的债务人,毕竟,利息是一种"完全咎由自取的天罚,我们必须维护它,并且,要让债务人承受它"。

这些相互矛盾的观点中的若干部分能够得到调和,是源于路德对于人和人类制度的深深的悲观主义观念。他坚信,在病弱的俗世中,我们无法期望人民或者制度按照基督福音书的要求行事。因此,与天主教试图通过诡辩的技巧将道德原理应用于社会和政治生活不同,路德倾向于把基督教的道德私人化,使俗世及其统治者按照一种实用主义的、实际上是不受限制的方式行事。

5.3 加尔文的经济学与加尔文主义

约翰·加尔文的社会和经济观点与路德的极为相似,在这里没有重复的必要。只是在两个主要的领域有所不同:他们对待高利贷的态度,以及对所谓"召唤"(calling)概念的态度,尽管后一种差别对于17世纪晚期的加尔文主义清教徒来说更为显著。

加尔文在高利贷问题上的主要贡献就是他有勇气对禁止高利贷持全面否定的态度。这个重要的市镇官员的儿子完全蔑视亚里士多德所宣称的货币无增殖能力的观点。他指出,就连小孩子都知道,货币只有被锁起来的时候才没有增殖力,但有谁会在脑筋正常的情况下借钱而让它们处在闲置状态呢?商人们借钱的目的是在他们的买卖中赚取利润,因此货币是能带来收益的。至于圣经,路加福音中的著名训喻只是告诫人们对待穷人要慷慨,而旧约中希伯来人的法律在现代社会中是没有约束力的。因此,对加尔文而言,高利贷是完全正当的,只要它不是向穷人放贷收取利息就没有关系,因为穷人会从这种支付中受到伤害。此外,任何法定的最高额当然必须得到遵守。最后,加尔文主张,任何人都不应当成为职业的货币贷放者。

由此导致了令人奇怪的结果,即通过对他明确地赞成高利贷的学说施加限制,加尔文在实际上转向了诸如贝尔、苏门哈特、卡耶坦和埃克等经院学者们的观点。加尔文是从对收取利息进行彻头彻尾的理论辩护开始,然后又对它加以限制;自由主义的经院学者是从禁止高利贷开始,然后又赋予它以某种存在的资格。不过,虽然这两个集团在实际上有趋同的特征,但是就发现和阐述有关高利贷禁令的例外情况而言,经院学者们的理论要更为成熟和富有成效,而加尔文勇敢地打破高利贷的正式禁令也成为西方思想和实践中一个解放性突破。它同时也将履行有关高利贷的教义的责任从教堂和国家抛给了个人的良知。正如托尼所指出的,"他[加尔文]关于这一主题讨论的一个显著特征就是,他假定信贷是社会生活中一个正常的、不可避免的事件。"[4]

一个更加微妙的差别,但在长期可能对经济思想的发展具有更大影响的,就是加尔文主义者关于"召唤"的概念。这个新概念萌芽于加尔文,并由后来的加尔文主义者特别是17世纪后期的加尔文主义清教徒进一步发展。像马克斯·韦伯(Max Weber)这样的较老的经济史学家都过于强调加尔文主义者的"召唤"观相对于路德教和天主教的"召唤"观所具有的重要性。所有这些宗教团体都强调,一个人的劳动或职业的生产性是最值得称赞的,它是人生的"召唤"。但是他们,特别是后来的清教徒,也存在着这样的观念,即一个人召唤的成功是他成为上帝的选民的一员的明显标记。当然,获得成功并不是要去证明一个人要成为注定获得救赎的上帝的选民的一员,在假定一个人是凭借他对于加尔文主义信仰的美德而被选择的条件下,成功意味着要为上帝的荣耀而努力劳动并获得成功。加尔文主义者对于推迟现世的满足的强调使他们特别地注重储蓄。劳作或勤勉,以及节俭,几乎就是出于它们本身的目的,或者毋宁说,是出于上帝的目的,加尔文主义对于这一点的强调要比基督教的其他分支多得多。[5]

因此,无论是在天主教的国家,还是在经院学者的思想中,关注的焦点都与加尔文主义大相径庭。经院学者关注的是消费和消费者,认为这才是劳动和生产的目的。劳动本身作为一种物品,不过就是实现市场上消费的一种手段。亚里士多德的均衡法则,或黄金分割,思考了美好生活的一个必要条件,这种生活将导致与人的本性相一致的幸福。这种均衡的生活在强调生产性努力的重要性之外,还强调消费以及闲暇所带来的快乐。与之相反,一种对工作和储蓄的相当严格的重视开始在加尔文主义文化中被强调。这种对于闲暇的轻视当然符合在加尔文主义那里达到顶峰的破除偶像主义(iconoclasm)的口味——对感觉快乐的谴责成为了表达宗教信仰的一种手段。这种冲突的表现之一就是宗教节日,天主教国家享受众多的宗教节日。而对于清教徒来说,这属于偶像崇拜;甚至圣诞节也不被认为是感受快乐的日子。

关于"韦伯命题"(Weber thesis)一直存在着相当大的争论,该命题由20世纪早期德国的经济史学家和社会学家马克斯·韦伯提出,它将资本主义的崛起和产业革命归功于晚期加尔文主义者关于召唤的概念和由此导致的"资本主义精神"。尽管韦伯命题包含有丰富的真知灼见,但是它在许多方面仍应被否定。首先,现代资本主义,从任何有意义的方面讲,并非始于18

世纪和 19 世纪的产业革命,而是如我们所知,始于中世纪特别是始于意大利的城邦国家。像复式记账法和各种会计方法这些显示资本主义理性的例子,也是最早出现于这些意大利城邦国家的。它们都是天主教的国家。事实上,在 1253 年佛罗伦萨的一本会计书中首次发现了经典的原初—资本主义(pro-capitalist)的信条:"以上帝和利润的名义"。在 16 世纪,作为金融和商业中心,没有哪个城市比得过安特卫普这个天主教的中心。没有比雅各布·富格尔(Jacob Fugger)这个来自南部德国的模范天主教徒更出众的财政家和银行家了。不仅如此,富格尔工作了一生,拒绝退休,他还宣称,只要还能赚钱,我就绝不停止赚钱。从一个顽固的天主教徒身上,我们看到了韦伯所谓的"新教伦理"的绝好例子!同时我们也看到了经院学派的神学家们是如何走向理解和适应市场与市场力量的。

另一方面,虽然加尔文主义者的势力范围在英格兰、法国、荷兰和北美殖民地确实得到了蓬勃发展,可是加尔文主义者的坚固阵地苏格兰则一直是一个落后的和欠发达的区域,甚至时至今日仍然是这样。[6]

不过,即便对召唤和劳作的聚焦没有带来产业革命,它也完全可能在加尔文主义和天主教的国家之间导致另一个突出的差异——一个在经济思想发展方面的显著差异。埃米尔·考德教授对于这一后果的精彩说明将对这一研究工作的后续部分提供许多启示。考德写道:

加尔文和他的门徒们将工作置于他们的社会神学的中心位

置……社会中的所有工作都获得了上天的赞许。任何研究加尔文主义的社会哲学家或经济学家都会试图在他的社会学或经济学说中赋予劳动以崇高的地位,并且再也找不到比将工作与价值理论相结合得更好的赞美劳动的方式了,而在传统上价值理论恰恰是经济体系的基础。于是价值成为劳动价值,这不仅为衡量交换比率提供了科学的手段,而且也为把神的意志和日常经济生活结合起来提供了精神纽带。[7]

在对工作的赞美中,加尔文主义者专注于在一种稳定的劳动过程中的系统的、持续的勤勉。例如,英国清教徒的神职人员萨缪尔·希伦(Samuel Hieron)认为,"一个人如果没有日常从事的诚实的营生,没有使自己委身于其中的固定工作,就不能取悦上帝"。更特别的影响来自于17世纪早期剑桥大学的学者威廉·帕金斯(William Perkins)神父,他为把加尔文主义的神学付诸英国的实践做了大量的工作。帕金斯斥责了"不能进入任何具体召唤"的四种人:乞丐和流浪者;僧侣和修道士;"只知吃喝度日"的绅士们;以及只会把时间花费在等候盼咐上的仆人。由于动摇不定和缺少纪律训练,他们全都是危险分子。特别危险的是那些徘徊不定的人,他们"蔑视所有的权威"。进一步地说,帕金斯相信,"懒惰的人们总是倾向于……天主教的观点,总是更愿意去玩耍而不是工作;这些人是找不到通往天堂的道路的。"[8]

与加尔文主义者讴歌劳动相对照,亚里士多德—托马斯主义的传统则显著不同：

根据亚里士多德和托马斯主义的哲学，适度地追求快乐和幸福，而不是工作，构成了经济活动的中心。一种稳固平衡的享乐主义是亚里士多德关于幸福生活理论的一个有机部分。如果有节制的享乐是经济活动的目的，则遵循亚里士多德终极原因的概念，所有的经济原则，包括定价，都必然要从这一目标推引出来。按照这种亚里士多德和托马斯主义的思考模式，定价就具有表明从经济物品中可以获得多少快乐的功能。[9]

于是，大不列颠由于深受加尔文主义思想和文化的影响，以及它的对于单纯地行使劳动的赞美，逐步发展起了一种劳动的价值理论，而仍然受到亚里士多德和托马斯主义概念影响的法国与意大利，则继续着经院学者强调消费者以及作为经济价值源泉的消费者主观估价的传统。尽管没有办法证明这一假说的绝对准确性，但考德的洞见对于解释16世纪以后经济思想在不列颠和欧洲天主教国家的不同发展具有极高的价值。

5.4 加尔文主义者如何看待高利贷

或许是因为被视作16世纪中期最伟大的法兰西法学家，夏尔·杜·穆林（Charles Du Moulin 1500—1566年）（拉丁语名字是卡洛鲁斯·莫林涅斯 Carolus Molinaeus）的贡献的价值在他那个时代及以后的时间里被大大高估了。他原是一位天主教徒，后转向加尔文主义，进而被迫背井离乡去往德国。杜·穆林除了在他那本被大肆宣扬的著作《论合约与高利贷》(*The Treatise on Contracts and Usury*)(巴黎,1546年)中对经院主义学说表示蔑视并进行猛烈抨击外,也没做过别的什么。虽然莫林涅斯公开反对禁止高利贷,但事实上他的观点与同时代的经院学者们甚至与加尔文本人的观点差别不大。尽管明确地斥责货币没有增值能力的观点,并表明货币与用其能买到的商品一样有生产力,他仍使其对于高利贷的辩护留有充分余地,从而他的观点与众多其他人的观点差别不大。他确实认为单就一种贷款本身收取利息是不公正的,但又巧妙地指出贷款人是对货币的效用而不是对货币本身收取费用。但是莫林涅斯抨击以获利停止为由的"残酷的高利贷",并同加尔文一样坚持认为不应对向穷人的贷款收取利息。(人们不禁要问:如果这一规则被强制实施,世界上谁还愿意借钱给穷人,并且穷人的状况真的能由于被剥夺了所有的信用而变得更好吗?)

事实上,莫林涅斯的主要贡献似乎是不正当地损毁了可怜的康拉德·苏门哈特的名誉,这个残酷的不公正待遇一直持续了四个世纪。在一个显然是出于敌视经院主义学说的立场而颁布的法令中,莫林涅斯利用伟大的苏门哈特的言论来反对高利贷禁令,并通过曲解词义将这位德国神学家描述成了一个特别愚蠢的禁令的支持者。他选取了苏门哈特赞成高利贷禁令的最初的论断,并且他陈述它们只是为了批驳,宣称这就是苏门哈特自己的观点,之后又剽窃了苏门哈特对待这些论断的批评而没做任何说明。正如努南教授所指出的,作为这个肮脏谎言的一个结果是,自从"杜·穆林的著作独自流行之后,康拉德[苏门哈特]在后人看来就只剩下杜·穆林所讽刺的那个样子了",即"一个特别顽固同时又出奇地愚蠢的高利贷禁令的捍卫者"。[10]

最终对高利贷禁令盖棺定论的荣誉要归功于17世纪的古典学者、荷兰的加尔文主义者,克劳德·索麦斯(Claude Saumaise 1588—1653年)(拉丁语名字是克劳迪乌斯·萨尔马修斯Claudius Salmasius)。从最初在1630年发表《不受限制的高利贷》(*De usuries liber*)开始直到1645年,萨尔马修斯在莱顿出版了数部著作,在这些著作中他彻底终结了一直以来的众多错误给人们带来的困惑。他所擅长的是促成人们达成一致的最终意愿,而不是制造新的理论争论。简言之,萨尔马修斯犀利地指出贷放货币是同其他任何活动一样的一种商业活动,并且同其他商业活动一样有权索取一个市场价格。不过,他也确实提出一个重要的理论观点,即同市场的任何其余部分一样,如果放贷者的数量增多,货币的价格或利息就会因为竞争而下降。因此,如果人们不喜欢高利息率,那么放贷者就越多越好!

萨尔马修斯还敢于指出,无论是出于神的旨意还是自然法则,都没有反对高利贷的任何正当根据。犹太人法典只是禁止向犹太人实行高利贷,这是一个政治性和种族性的法令,而不是一种关于经济交易的道德理论的表述。至于耶稣,他关于国家行政法和经济事务方面全然没有什么教谕。现在就只剩下罗马教皇的教会法律反对高利贷了,而一个加尔文教徒干嘛要听教皇的呢? 萨尔马修斯还对渗入经院学者对利息的各种辩护言论中的那种逃避态度,或"外在的权利"的观点,进行了恰如其分的抨击。让我们一看究竟,萨尔马修斯有力地断言:教会法学者和经院学者们"一只手拿走了什么,就另一只手又把它原封不动地把它拿回来"。租金合约事实上是高利贷,外汇事实上是高利贷,获利停止事实上也是高利贷。既然都是高利贷,那就应该承认它们都是正当的。进一步地说,对贷款收取高利贷总是作为对某些事物的补偿,它在本质上是对于一笔贷款所导致的货币使用权的放弃和损失的风险的补偿。

萨尔马修斯还有勇气去面对最棘手的问题:专门面向穷人的贷款业务,并为之进行辩护。出卖货币的使用权是像任何其他商业活动一样的一种商业活动。如果拿用货币买来的东西去赚钱是合法的,那么用货币本身去赚钱为什么就不合法呢?正如努南对萨尔马修斯所解释的那样:"卖面包的人并不需要去回答他把面包究竟是卖给了穷人还是富人,为什么货币贷放者就必须要做这样的区分呢?"并且,"对其他商品收取最高市场价格的人既不是骗子也不是小偷,为什么放贷者收取他能获得的最高利息就是错误的呢?"[11]

在经验研究方面,萨尔马修斯还分析了阿姆斯特丹(17世纪伟大的商业和金融中心,它取代了前一个世纪的安特卫普)公共放贷人的例子。表明对穷人的小额贷款收取通常16%的利率是由下述成本构成的:假设放贷者借自己的钱时的成本,使一些货币处于闲置状态的成本,租下一间大房子的成本,消化部分贷款损失的成本,支付许可费的成本,雇用帮工的成本,以及支付给拍卖人的费用。扣除上述支出,货币贷放人的平均净利率就只有8%了,勉强维持他们的营生。

在总结高利贷是像任何其他商业活动一样的一种商业活动

时,萨尔马修斯用他特有的机智和魅力四射的风格宣称,"我宁愿被称作一名放贷者,而不是一名裁缝。"我们所举的关于萨尔马修斯风格的例子,已经表现出与伟大的奥地利学派经济学家庞巴维克对他的总结一样的倾向:庞巴维克认为他的著作

> 是极端显眼的文字作品,是火花迸射的辩论中真正的珍宝。必须承认,他著作中的素材一大部分已经被他的前辈们提出过了……但萨尔马修斯利用这些素材的愉快方式,以及他利用许多简洁的诙谐语言对这些素材的充实,将他的辩论置于远高于之前任何辩论的水平之上。[12]

其结果就是,萨尔马修斯的论著在整个荷兰乃至欧洲其他地区产生了广泛的影响。正如庞巴维克所宣称的,萨尔马修斯关于高利贷的观点代表了利息理论的最高水平,这一状态一直持续了100多年。

5.5 共产主义的狂热信徒:再浸礼教徒

有时候,马丁·路德一定会感觉到是他释放了旋风,甚至说打开了地狱之门。在路德发动宗教改革运动不久,各种再浸礼教派(Anabaptist sects)就出现了,并且遍布德国各地。再浸礼教徒相信被上帝的选择是预先定好的,不过与路德相反,他们还相信他们准确无误地知道谁将被选择:即是他们自己。这种选择的标志是,在一种令人情绪激动的、神秘的皈依过程中,得到"再生",接受圣灵的洗礼。此种洗礼只能针对成年人,不能在

未成年人中间进行;更重要的是,它意味着只有被选择的人才能成为这种教派的成员,他们要遵守教会的各种各样的规则和信条。这种教派的概念,与天主教、路德教或加尔文主义明显不同,它不是指社会中那种形成系统综合体系的宗教分支。在这里,教派是指与众不同的、唯一被选择的那些人。

给定这种信条,再浸礼教派可能有两条发展道路,而他们实际上也是这样发展的。大多数再浸礼教徒,像门诺教派(Mennonites)或阿门教派(Amish),成为实质上的无政府主义者。他们竭力要把他们自身尽可能地与一种必然的原罪状态和社会分离开来,以非暴力的方式反对国家法令。

另一种路线由再浸礼教派的另一翼所遵循,他们努力夺取国家权力并且通过极端强制来形成多数:简言之,即形成超级神权政治。不过,甚至当加尔文已经在日内瓦建立了一种神权政治后,诺克斯神父(Monsignor Knox)仍然尖锐地指出,它与由享有持续不断的、新的、神秘的天启的先知所建立的神权王国相比要逊色得多。

正如诺克斯以他那惯有的洒脱方式指出的那样:

……在加尔文的日内瓦……以及在清教徒的美洲殖民地,改革运动的左翼通过采取逐出教会以及在此种办法失灵时采取世俗的惩罚措施等等可能利用的每一种惩罚手段,强制地贯彻他们的道德严苛主义(rigorism of moral),借此来彰显他们的显赫地位。在这种惩罚之下,违反道德准则也成为一种犯罪,将要遭受来自选择的、运用一种无法容忍的道德自我正当性(self-righteousness)进行的惩罚。

我将这种严格主义态度称为神权政治原则的一个暗淡阴影,因为一种精力旺盛的神权政治将需要一个或若干个受到神的启示的领导人的存在,政府由于神秘地阐释的权利而属于他们。伟大的改革家过去不曾是这种人,但他必须坚称是具备这种才能的人;他们是权威,即拥有新知识的人……[13]

所以,在再浸礼教派与更为保守的改革者之间所存在着的关键差别之一,就是前者声称他们自己不断地接受神秘的启示,这迫使像路德与加尔文这样的人也转而只依靠圣经来接受第一次以及最后一次神启。

再浸礼教徒中的超级神权政治派的第一位领导人,是托马斯·闵采尔(Thomas Müntzer,约 1489—1525 年)。出生于图林根州的斯托尔伯格的一个富裕家庭,闵采尔在莱比锡大学和法兰克福大学接受的教育,随后成为在圣典、古典文学、神学以及德国神话作品领域里极为博学的学者。在路德于 1520 年发动宗教改革运动不久,闵采尔立刻就成为一名追随者,他被路德推荐担任茨维考市的牧师。茨维考位于靠近波希米亚边境的地区,在那里,不安分的闵采尔在织工同时也是能人的尼克拉斯·斯托奇(他一直住在波希米亚)的影响下,转向那种一个世纪以前就在波希米亚流行的古老的塔波尔学说(Taborite doctrine)。这一学说的本质内容是,强调一种连续不断的神启以及选择的必然性,这种选择是要通过残忍的武装力量夺取权力并强行建立一种神权政治的共产主义的社会。不仅如此,婚姻将被禁止,每个男人可以拥有任何他想要的女人。

再浸礼教中消极的一派是自愿的无政府—共产主义者,他们想往由他们自己和平地生活;但是闵采尔却接受了斯托奇的血腥与强制的观念。在很快就被路德主义者击败以后,闵采尔感到他自己即将成为先知,他的布道开始强调一场流血的战争,而它的终止只能由将违背道德规则之人排除在外的选择来实现。闵采尔声称,"活着的基督"永久地进入他自己的灵魂;而由于被赋予了可以洞察神的意志的一双慧眼,闵采尔断言他自己独一无二地具有履行神的使命的资格。他甚至说他自己"正在变成上帝"。闵采尔放弃了学习的世界,他现在已经准备好要付诸行动。

1521年,仅仅在他到达茨维考一年之后,茨维考的城镇委员会由于担心这些日益增长的群众的愤怒,故命令闵采尔离开这个城市。为了对此表示抗议,众多的人群,特别是织工们,在尼克拉斯·斯托奇的领导下,进行了起义,不过起义被镇压下去了。在这个时候,闵采尔赶紧去了布拉格,在这个波希米亚的首都去搜寻塔波尔派的残余人士。通过用农民的隐喻来讲述,他宣称收获的时代到来了,"因此上帝雇我来完成他的收成。我已经磨好了我的镰刀,因为我的思想最坚固地建立在真理之上,我的嘴唇、双手、皮肤、头发、灵魂、身体、生命将诅咒不相信上帝的人"。然而,闵采尔并没有发现塔波尔派的残余人士;他不懂捷克语,因此他在布道时不得不借助于翻译,这使他这位先知无法赢得大众声望。所以,他被驱逐出布拉格也就是顺理成章的了。

在德国中部度过几年贫困的流浪生活以后,闵采尔又标榜他自己是"基督的使者",于 1523 年在图林根州的一个小镇阿尔施泰特找到一个牧师的职位。在那里,他使用当地的方言来传教布道,从而建立起广泛的声望,并且开始吸引一大批没有受过教育的矿工,他把这些矿工组成一个叫做"被选择者联盟"(League of the Elect)的革命性组织。

一年以后,在闵采尔的急风暴雨般的生涯中出现了转折,那时约翰公爵——他是萨克森的王子,同时也是一位路德教的信奉者——听到了关于他的传闻,来到了小小的阿尔施泰特,请闵采尔为他传道。这对于闵采尔是重要机遇,他紧紧抓住了它。他是以直言来相告的:要求萨克森王室在做出他们的选择和采取他们的立场时,或者是作为上帝的仆人行事,或者是作为魔鬼的奴仆行事。如果萨克森王室的立场是与上帝在一起,那么他们就"必然要把剑强加于别人"。我们的先知提出忠告,"不要让他们再活着","这些邪恶之人想让我们离开上帝。因为一个不信上帝的人将没有生存的权利,如果他阻碍神圣行为的话"。当然,闵采尔对于"不信上帝"的定义是无所不包的。"根除"牧师、僧侣和不信上帝的统治者"必须用剑"。不过,闵采尔警告说,如果萨克森王室由于犹豫不决而未能完成这一任务,那么"这剑就要从他们手里被夺走……如果他们拒绝,就毫不留情地将他们屠杀掉……"。闵采尔进而返回到他所偏好的丰收时代的比喻:"在丰收的时代,人们必须要拔掉上帝的葡萄园里的杂草……因为不信上帝的人没有生存的权利,所以只能保留根据上帝的选择允许留下的东西……"。通过这种方式,千禧年,即上帝在地球上的千年王国,就将到来。但是,王室要想成功地完成这一任务必须满足一个关键的条件:他们必须在身旁拥有一个神父/先知(猜猜他是谁!)来启迪和指导他们的努力。

奇怪至极的是,在一个并不存在对于统治者迫害异教徒施加限制的第一修正案(First Amendment)的时代,约翰公爵似乎并不关心闵采尔有些发狂的最后通牒。甚至在闵采尔继续进行这样一种说教,即宣称所有的暴君马上就要被推翻、救世主的王国就要建立之后,这位公爵仍然无动于衷。最后,在路德的激烈抨击下,闵采尔变成了危险分子,约翰公爵告诉这位预言家要停止任何煽动性的传道,直到由他的兄弟、即被选择者来决定他的命运。

然而,来自萨克森王子的这种温和的反对却足以令托马斯·闵采尔最终走上他的革命道路。萨克森王子已经被证明是靠不住了;穷苦大众现在要进行革命。这些穷苦人是被选择者,他们将要建立一种强制的、平等派的共产主义的统治,在这个世界里一切东西将为所有的人共同所有,每一个人在任何事情上都是平等的,并且每一个人都将得到他所需要的东西。不过,事情还不止于此。甚至穷人也必须要首先打破尘世中的理想和卑微的享乐,必须要承认一个新的"上帝的仆人"的领导地位,这个上帝的仆人"必然勇敢地坚持我主上帝的精神……推动世界"。(再猜猜他是谁!)

由于感受到萨克森并不欢迎他,闵采尔于1524年爬过阿尔施泰特镇的城墙,来到另一个图林根城市米尔豪森。作为浑水摸鱼的专家,闵采尔在米尔豪森市找到了友好的家园,因为这里在一年多的时间里一直处于政治动乱状态。闵采尔大肆宣讲不信上帝的人即将毁灭,他加入环城游行,走在一群武装的队伍的前面,并且双手高擎耶稣受难的十字架和一把裸剑。在他的盟友发动的一场起义被镇压下去之后,他被驱逐出米尔豪森,于是去了纽伦堡。他在那里发表了一些革命的小册子之后,被驱逐出了纽伦堡。他随后在一段时间里游荡于德国西南部地区,到了1525年2月,当革命团体接管了米尔豪森时,他又被邀请回到了该市。

托马斯·闵采尔和他的盟友在米尔豪森市开始强制推行一种共产主义统治。修道院被强占,所有的财产都根据法令变成公有,其后果,正如当时的一位观察家所写道的,"他如此深刻地影响着人们,以至于没有任何人再愿意工作"。结果是,这种共产主义和仁爱的理论在实践中迅速地变成有组织的偷窃的托辞:

……当任何人需要食品或衣服时,他就到一个富人那里以基督的名义向他提出要求,因为基督命令所有的人都要分享他们的需要。如果不能以自由的方式得到,就要以武力来获得。很多人照此行事……托马斯[闵采尔]使这种抢劫成为制度化的行为,并且日甚一日。[14]

在这个时候,伟大的农民战争席卷了德国,这是由赞成地方自治和反对德国王公新的集权的、高赋税的、专制主义统治的农民所发动的一场起义。王室在全德国对不堪一击的武装的农民展开了极其残酷的镇压,总共屠杀了大约 10 万农民。在图林根,5 月 15 日,王室的军队以许多大炮和 2000 骑兵逼向农民,形成对农民的绝对优势。黑塞的领主,即王公军队的指挥官向农民提出,如果他们交出闵采尔及其亲密的追随者,就将赦免这些农民。农民们极大地动摇了,可是闵采尔却将他的出鞘之剑高高举过头顶,进行他的最后慷慨激昂的演说,声称上帝本人已经保证他获得胜利;他将要用他战袍的袍袖卷走敌人的所有炮弹;上帝将保护他们所有的人。就在闵采尔宣讲的关键时刻,一道彩虹在天边出现,而闵采尔先前曾经用彩虹来作为他的运动的象征符号。在容易轻信和思想混乱的农民看来,这似乎是来自上天的一种验证。然而遗憾的是,这种符号并没有起作用,王公的军队打垮了农民,杀死 5000 人,只有 6 个人逃生。闵采尔自己逃脱了,并隐藏起来,但是几天之后还是被抓获,经过拷打而忏悔,随后被处以死刑。

托马斯·闵采尔和他的符号可以被打败,他的肉体也可以埋入坟墓,可是他的灵魂却仍然不散。他的精神不仅在当时为他的追随者积极地继承着,而且也为从恩格斯直到今天的马克思主义的历史学家所发扬,他们在这个善于欺骗的神秘主义者身上看到了一种社会革命与阶级斗争的缩影,同时也认识了一位关于被假定不可避免地要实现的马克思主义的未来"共产主义阶段"的千禧年预言的先驱者。

闵采尔兴起的运动很快地被他先前的一个弟子所继承,这个人就是订书匠汉斯·胡特(Hans Hut)。胡特声称自己是上帝派来的先知,他在惠特森蒂德(Whitsuntide)宣告,1528 年耶稣将返回尘世,并赋予胡特及其再施洗的圣人追随者们以实施正义的权力。这些圣人进而将"拿起双刃剑",执行上帝对于神父、牧师、国王以及贵族们的复仇。胡特和他的追随者进而将"建立汉斯·胡特在地球上的统治",以米尔豪森作为理想的首都。基督随后将建立一个以共产主义和自由博爱为标志的千禧年王国。1527年(即所谓耶稣将要返回尘世的前一年),胡特被逮捕了,投进奥格斯堡监狱,并且在企图逃跑时被杀死。大约经过一两年,胡特的追随者在德国南部的奥格斯堡、纽伦堡以及埃斯林根重又出现,他们威胁要通过武装力量来建立他们的上帝的共产主义王国。不过,到了1530年,他们都被引起恐慌的政府当局所粉碎和镇压下去了。闵采尔类型的再浸礼教派现在开始转向德国的西北地区。

5.6 明斯特的极权共产主义

在那个时代,德国的西北部分布着一系列小的基督教国家,每一个国家都由一个采邑主教(prince-bishop)管理着。这些国家由基督教的神职人员管理,他们选出一个人来作为他们自己的主教。一般来说,这些主教过去都是世俗中的领主,他们不是被教会任命的。通过进行关于税收的谈判,这些国家的每一个首府城市通常都使它自己获得了某种程度的自主权。神职人员构成了这些国家的统治精英,他们豁免了他们自己的税收,同时却向其他人课征极其繁重的税赋。一般地,首府城市日益由它们自己的权力精英来管理,这个权力精英就是行会的寡头政治统治,它利用政府权力使他们的各种专业和职业都形成卡特尔。

在德国西北部地区,这些基督教国家中最大的一个要属明斯特(Münster)主教辖区,以及它的首府城市明斯特,这是一个拥有一万人口的城镇,由城镇行会来管理。明斯特的行会具体是通过僧侣们之间的经济竞争来运作的,这些僧侣不必遵守行会的限制与管理规则。

在农民战争时期,这些国家的几个首府城市,包括明斯特,都伺机爆发了起义,明斯特的主教曾被迫做出一系列让步。然而,随着起义的被镇压,主教又收回了原先的让步,重新建立起旧有的统治王国。不过,到了1532年,在人民的支持下,行会得以重新展开斗争并夺取城镇,很快就迫使主教承认明斯特正式地成为一个信奉路德教的城市。

然而,这种局面注定不会保持很久的。在德国西北部,有大群的再浸礼教派的热心家涌入明斯特,来寻找新耶路撒冷的发端。从北部的尼德兰涌来了数百名巡游的空想家梅尔基奥·霍夫曼(Melchior Hoffmann)的信徒(Melchiorites)。梅尔基奥·霍夫曼是德国南部斯瓦比亚地区的一位没有受过教育的皮货商学徒工,数年间巡回于欧洲各地宣讲即将到来的耶稣第二次降临,他并且根据他的研究得出结论说,这种降临将出现在1533年,即耶稣死后的第15个世纪。梅尔基奥主义在尼德兰北部十分盛行,很多骨干分子现在都涌进明斯特,他们要迅速地转变这个城镇的贫困阶级的观念。

与此同时,在明斯特的再浸礼教派运动出现了一个令人振奋的事件,这就是那位雄辩的、颇有声望的年轻牧师伯恩特·罗施曼(Bernt Rothmann)——该镇的一位铁匠的受过较高程度教育的儿子——宣布皈依于再浸礼教。原本是一位天主教传教士,罗施曼后来成为路德的朋友和明斯特的路德主义运动的领导人。通过皈依再浸礼教,罗施曼发挥他的雄辩的传道才能将共产主义运动解释为据称已经存在于原始的基督教教会中,大家共同拥有每一种东西,不分我的还是你的,每个人都是各取所"需"。作为对罗施曼的声望的回应,上千的人成群地进入明斯特,其中包括数百名穷人、流浪者、那些陷入债务的绝望者以及"那些花光了他们父母的财富而又不能凭借他们自己的勤劳挣得任何收入的人们……"。一般地,人们是受到"可以抢劫神职人员和富裕的城市公民"这一概念的诱惑而来的。深感恐怖的公民们竭力想驱赶罗施曼和再浸礼教派的传道者,但是无济于事。

1533年,梅尔基奥·霍夫曼确信耶稣的第二次降临将可能在任何一天发生,于是返回到斯特拉斯堡。他在那里取得了极大的成功,声称他自己是先知伊莱亚斯。他迅速地被投进监狱,并且在10年后死在狱中。

霍夫曼除了与其他人的所有相似之处以外,他还是一位和平主义者,劝告他的追随者不要采取暴力行动;因为毕竟,耶稣即刻就要降临了,为什么还要惩罚那些对此持怀疑态度的人呢?霍夫曼的被囚禁,特别是1533年并没有出现耶稣第二次降临的事实,使梅尔基奥失去了人们的信任,所以他在明斯特的追随者开始转向更为暴力的、后千禧年主义的预言家那里,这些人相信他们将不得不运用火与剑来建立这个千年王国。

这个主张暴力的再浸礼教派的新领导人,是来自哈勒姆的一位荷兰面包师,扬·马蒂斯(Jan Matthys,又叫马蒂斯佐恩(Matthyszoon))。旨在恢复托马斯·闵采尔的精神,马蒂斯从哈勒姆派出传教士或"传道先驱者"为他们所能碰到的每一个人进行再施洗,并委任"主教"进行施洗的权力。当这些新的传道先驱者于1534年年初到达明斯特时,正像他们曾经预期的那样,他们受到了极其热烈的欢迎和尊崇。由于陷入一种狂热,甚至罗施曼再一次地接受了再洗礼,在他之后,很多先前的女修道士以及大部分群众都纷纷效仿。仅在一周之内,这些传道先驱者就为1400人进行了再施洗。

另一位先驱者也很快到达了,他是一位25岁的年轻人,仅仅在两个月之前才皈依马蒂斯并接受他的洗礼。这个人叫扬·博克尔松(Jan Bockelson,又名 Bockelszoon,Beukelsz),他很快就在"莱登的约翰"(Johann of Leyden)这首歌曲和传说中声名鹊起。虽然相貌英俊且富有雄辩口才,可是博克尔松却处于心灵苦闷之中,因为他是一个荷兰村镇的镇长与来自威斯特伐利亚的女农奴的非婚生子。博克尔松是从做一个裁缝学徒来开始谋生的,他与一位富裕的寡妇结了婚,可是当他成为一个独自经营的商人时,他们的婚姻破裂了。

在1534年2月,博克尔松赢得了富有的服装商人——明斯特行会的强有力的领导人——伯恩特·克尼佩尔多林克的支持,并精明地与克尼佩尔多林克的女儿结了婚。在同年2月8日,这对女婿和岳父一同狂奔于大街上,号召每一个人进行忏悔。在经历了极度激动之后,大批的人在地上书写,并感受神启的幻觉。再浸礼教徒们聚集起来,占领了市政厅,赢得了对于他们的运动的法律认可。

作为对这种成功的起义的回应,很多富有的路德主义者离开了该城镇,再浸礼教徒感到兴高采烈,他们派出信使去周边地区号召每个人都到明斯特来。他们声称,世界的其他地方将在一两个月内遭到摧毁,只有明斯特可以得到拯救,它将变成新耶路撒冷。成千的人从远至北荷兰的佛兰德和弗里西亚涌到了这里。结果,再浸礼教徒很快就赢得了市镇委员会的多数。紧跟着这个成功的是,三天以后,出现了对于教堂以及全城各处的书籍、雕像以及绘画进行大抢劫的狂欢。扬·马蒂斯很快就来到了这里,他高高的个子,骨瘦如柴,留着长长的黑胡须。借助于博克尔松的支持,马蒂斯立刻就成为该市镇的实际的独裁者。最后,这些强暴的再浸礼教徒占领了整个城市。一个伟大的共产主义实验从此就可以开始了。

这个强硬的神权政体所采取的第一个重大计划,自然是对这个新耶路撒冷实行净化,清除那些不洁净和不信上帝之人,以此作为他们最终在全世界实行净化的序幕。为此,马蒂斯曾号召对所有尚存的天主教徒和路德教信徒处以死刑,不过还是克尼佩尔多林克的冷静的头脑占了上风,因为他提醒马蒂斯注意,如果对于除他们自己以外的所有其他的基督教徒都实行屠杀,将会引起世界其他地方人民的愤怒,他们也许都来到这里,将这个新耶路撒冷扼杀在摇篮之中。因此,他们决定去完成下一个理想的任务,在 2 月 27 日,在一场令人恐怖的暴风雪中,将天主教徒和路德教信徒驱逐出这个城市。这简直就是共产主义的柬埔寨的一个早期版本,所有的非再浸礼教人士,包括老人、残疾人、婴儿以及孕妇,都被驱赶到风雪之中,他们所有人都被迫放弃他们的货币、财产、食品和衣服。留下来的路德教信徒和天主教徒则被强制地再施洗,如果他们拒绝这种帮助就要被处死。

驱逐所有的路德教信徒和天主教徒对于主教来说已经忍无可忍了,他在第二天,也就是2月28日,开始了一个长时期的军事围城。通过征召每一个人参与围城里的工作,扬·马蒂斯便发起了他的集权主义的共产主义社会革命。

第一步就是没收被驱逐者的财产。他们拥有的所有世俗物品都被放在一个中心仓库,穷人被鼓励"根据他们的需要"来获取物品,这里的"需要"是由马蒂斯所选择任命的七名"执事"来具体定义的。当有一个铁匠抗议由荷兰的外国人来实行这些措施时,马蒂斯逮捕了这个勇敢的铁匠。马蒂斯把全城的人召集起来,他亲自刺、扎并杀死了这个"不相信上帝"的铁匠,同时把几个对于自己遭受的待遇表示抗议的知名的城市公民投进了监狱。围观的群众被警告说,通过这种公开的行刑他们将受益,而他们也都顺从地咏唱着圣歌以赞美这种杀戮。

再浸礼教徒在明斯特实行的恐怖统治的一个关键部分现在已经变成赤裸裸的了。可以绝对正确地说,就像四个半世纪以后的柬埔寨共产主义一样,这个新的统治精英集团认识到,取消货币的私人所有权将会减少人们对于有权人的奴隶般的依附。从而,马蒂斯、罗施曼以及其他人便发动了宣传运动,鼓吹私人所有货币将是反基督教的;所有的货币都应当由"公共"所有,这在实践中也就意味着所有的货币必须交到马蒂斯和他的统治集团的手中。有几个再浸礼教徒因为私自留藏了他们的货币而被逮捕,随后他们被胁迫一路爬行地跪在马蒂斯面前,乞求宽恕,并恳请他以他们的名义向上帝求情。马蒂斯随后宽宏地"原谅了"这些违背教规者。

经过两个月严厉而无情的镇压,并结合一种关于基督教要取消私人货币的宣传运动和对于那些不驯服者的威胁与恐吓,货币的私人所有权便在明斯特实际上废除了。政府掌握了所有的货币,并且运用它来从外部世界购买或租用物品。工资由所剩下的唯一雇主,即鼓吹神权政治的再浸礼教派掌管的国家以实物形式少量地分发。

食品被从私人家里没收了,根据政府的执事的意愿来分配。此外,为了给移民提供住处,所有的私人住房实际上都被公有化了,每个人都可以要求在任何地方住宿;现在关闭房门是非法的,就更不用说上锁了。公共大食堂也建立起来了,在那里人们一起咏读《旧约全书》。

这种强制的共产主义和恐怖统治是在公社和基督之"爱"的名义下推行的。所有这种公有化措施被视为走向完全平等派的共产主义的第一个巨大步骤,正如罗施曼指出的那样,在这种社会中,"所有的东西都是公共的,没有任何私有财产,也没有任何人再去做工作,大家只是简单地信奉上帝"。当然,这种无工作的国家是从来也没有实现过的。

在 1534 年 10 月,有一本寄送到另一个再浸礼教派的公社国家的小册子,该书歌颂了通过恐怖实现的基督之爱的新秩序:

因为不仅我们把我们所拥有的所有东西都放在一起,置于执事们的看护之下,我们还根据我们的需要从中取得生活用品;我们一心一意地通过基督来赞美上帝,并且用各种服务热心地互相帮助。

因此,过去一直服务于寻求自利和私有财产的所有东西,诸如买与卖、为货币而工作、收取利息和放高利贷……或者榨取穷人的汗水来吃喝……实际上将包括所有违背仁爱的东西——所有这些东西都通过仁爱与公社的力量在我们中间被废除了。

明斯特的再浸礼教徒们具有高度的信仰一致性,当他们对所有的物质财产实行公社所有的同时,他们也毫不掩饰对于知识自由的取缔。因为再浸礼教徒以他们缺乏教育为自豪,他们声称正是不学无术之人将成为世界的被选择者。再浸礼教派的暴徒特别热衷于观看焚烧大教堂图书馆里的所有图书和手稿的场面,最后,到1534年3月,马蒂斯宣布,除了上帝的书——圣经——以外,所有的书都是非法的。为了表示与过去的罪恶实行彻底决裂,所有私人和公共拥有的图书都被抛入篝火之中。毫无疑问,所有这些措施确保了明斯特的人只能有一种神学或者一种对圣典的解释,这就是马蒂斯和其他再浸礼教的传道士的解释。

然而,到了3月底,马蒂斯过度膨胀的自傲导致了他的毁灭。由于相信在复活节的时间上帝命令他和少数忠实者去解除主教的围城并解放这座城市,马蒂斯和少数其他人冲出了城门,遭遇了围城军队,结果被乱刃分尸。可以想象,在一个人们全然不懂得完全的宗教自由的概念的时代,任何一个被更正统的基督教徒所找到的再浸礼教徒都是绝对不会有好结果的。

马蒂斯的死使明斯特落入年轻的博克尔松之手。如果说马蒂斯责罚明斯特的人民是靠鞭挞,那么博克尔松的责罚手段则是用蝎子。博克尔松没有工夫去悼念他的导师。他向这些忠实的信徒们宣讲道:"上帝将为你们派来一位更为强有力的先知"。那么,这位热情的年轻人是怎样超过他的老师的呢？在5月初,博克尔松通过在一个狂乱的大街上裸奔吸引了全城的注意力,然后陷入一种沉寂的三日狂喜。当他再次出现时,他向全体人民宣告了一个新的罢免,并称这是上帝启示给他的。自恃上帝在身边,博克尔松取消了旧有的履行城市官方职能的委员会和市长,建立了一个新的由12名长老组成的统治委员会,他自己则当然地成为长老中的最高地位者。长老们现在被赋予掌握明斯特每一位居民的生、杀以及财产和精神的绝对权威。一个强迫劳动的严厉体系被强加给人民,那些未被征入军队的工匠现在都变成了公共雇员,没有分文报酬地为这个公社国家劳动。当然,这也就意味着行会在这时被取消了。

明斯特的独裁主义现在已经完备了。死刑现在已经成为对于任何独立行动——不论是好的,还是坏的——的惩罚。对于那些重罪颁布了处死令:暗杀、偷盗、说谎、贪婪,以及吵架(!)。对于那些可以想象得到的反抗也颁布死刑令:年轻人反对他们的父母,妻子反对他们的丈夫,当然,还有那些敢于反对作为上帝选出来在尘世的代表亦即明斯特的独裁政府的人。伯恩特·克尼佩尔多林克被任命为实施这些法令的最高执行官。

先前的生活中唯一一个没有被触动的方面就是性,它现在完全处于博克尔松的专制统治的铁锤之下。所允许的唯一的性关系就是两个再浸礼教徒之间的婚姻关系。其他形式的性关系，包括与一个"不信上帝"的人的性关系，都属于死罪。但是博克尔松很快就抛弃了这个相当陈旧过时的信条，决定在明斯特强制地实行一夫多妻制。由于很多被驱逐者都留下了他们的妻子和女儿，明斯特目前可以结婚的妇女是男人的三倍多，从而一夫多妻制在技术上便具有了可行性。博克尔松引证在以色列的主教们之间实行的一夫多妻制来说服其他对此感到震惊的传道者，同时也以死刑来威胁持异议者。

强制的一夫多妻制对于很多明斯特的人来说有些过分，他们以发动一场起义来抗议。然而，起义被迅速地镇压下去，大多数起义者被处以死刑。任何未来的异议者也都难逃死刑。这样，到了1534年8月，一夫多妻制便在明斯特强制地建立起来了。正如人们可能预期的那样，年轻的博克尔松立刻就沉醉于这种新体制，不久就拥有了15个妻子，其中包括死去的扬·马蒂斯的年轻漂亮的寡妇迪瓦拉。其他的男性市民也都开始以如鱼得水的心态接受新法令。然而很多妇女对于这个新制度却并不喜欢，因此长老们又通过了一项法令，强制在某一确定年龄下（实际上也包括超过这一年龄）的每一位妇女必须结婚，这通常意味着她们将成为第三个或者第四个妻子。

不仅如此，由于在不信上帝者之间的婚姻不仅是无效的，而且也是非法的，那些被驱逐者的妻子现在变成了捕猎的对象，她们被迫嫁给好的再浸礼教徒。拒绝服从这个新法律的，当然要受到死刑的惩罚，结果，真有不少妇女被实际处死了。那些

"老"妻子对于新妻子来到他们家会感到愤怒,她们因此也受到压迫,而她们之间的争吵则构成了死罪。很多妇女就是因为吵架而被处死的。

但是,国家的控制范围也就到此为止了,由于他们面临的最初的内部阻力,博克尔松和他的人不得不采取宽容的态度,允许离婚。实际上,结婚仪式现在完全成为非法的了,离婚变得极其容易。结果,明斯特现在处于一种可以说是强制的自由恋爱的制度下。所以,仅仅在几个月的时间内,一种严格的清教主义便蜕变成为一个强制的滥交的王国。

与此同时,博克尔松也显示出他是一位在一个被围困城市中的杰出组织者。强制性劳动,不论是军事的还是民用的,都在严格地实施。主教的军队是由穷人和不定期发饷的雇佣兵所组成的,而博克尔松则能够通过定期给他们发饷的手段来诱使他们开小差(发给他们货币,这与博克尔松在内部严格实行的无货币的共产主义形成了反差)。然而,得意忘形的先前的雇佣兵立刻就被射杀。当主教向城里发放小册子提出只要投降就可以实行大赦时,博克尔松宣布阅读小册子就是犯罪,并且当然地处以死刑。

在1534年8月底,主教的军队陷入了混乱,围城暂时解除了。扬·博克尔松抓住这个机会,进一步去推行他的平等派的共产主义革命:他任命他自己为国王和末日救世主。

宣布自己为国王也许看起来俗不可耐,甚至有点不合法。因此,博克尔松找来一位叫做迪森特舒尔(Dusentschur)的人,一个从附近的城镇来的金匠和自我宣称的先知,为他工作。在9

月初,迪森特舒尔宣布了一个全新的神示:扬·博克尔松将成为全世界的国王,即大卫王的继承人,他将保持他的王位直到上帝本身再收回他的王国。并不令人吃惊,博克尔松确认他自己也得到了完全一样的神示。迪森特舒尔进而向博克尔松赠予一把正义之剑,选定了他,并声称他就是世界的国王。博克尔松当然也立刻变得谦逊起来;他拜倒在地并请求上帝的指导。但是,他确保他将迅速地得到上帝的指导。说来也奇怪,接下来的情况表明,迪森特舒尔是对的,博克尔松向人群宣称上帝现在已经赋予他"支配地球上所有民族的权力";任何人如果胆敢反对上帝的意志,"将会立刻被用这把剑刺死"。

因此,尽管有少数的抗议者,扬·博克尔松还是被宣布为全世界的国王和救世主。明斯特的再浸礼教的传道士向他们那些感到困惑的教徒们解释说,扬·博克尔松实际上就是《旧约全书》里预言的救世主。博克尔松是理所当然的全世界的统治者,不论是俗世的还是精神的。

"平等派"经常会碰到这样的问题:为了摆脱那种乏味的千篇一律的生活,总要为他们自己创造出一个缺口,一个特定的逃遁之门。对于国王博克尔松来说,情况也是如此。毕竟,最重要的是要以一切手段来强调救世主降临的重要性。所以,博克尔松穿着最精致的法衣,佩戴金属与首饰;侍臣与绅士们陪伴左右,他们也都穿着华贵的服饰。博克尔松国王的正夫人迪瓦拉,现在被宣布为世界的王后,也是衣着奢华,并且身后跟着一群侍臣和随从。这支约有200多人的奢侈的皇家队伍聚集在这个被临时征用的豪华公馆中。一个套着金色外罩的王座放在公共广场上,国王博克尔松将要在那里举行登基,他头戴皇冠,手执权杖。一个皇家保镖保护着整个过程。博克尔松的所有的皇家侍从都被适宜地封以高官,并且穿着华丽:克尼佩尔多林克为首相,罗施曼为皇家发言人。

如果共产主义是一个完美的社会,就一定有某个人能够享有它的成果;那么,除了救世主耶稣和他的侍从以外,谁将获得改善?虽然私人的货币财产被取消了,但是被没收的黄金和白银现在却被熔铸成硬币来歌颂新国王的荣耀。所有的马匹都被充公,用来建立国王的骑兵中队。此外,明斯特市内的所有名字也都被更换了;所有的街道都重新命了名;星期天和宗教节日也被取消了;并且,所有新出生的婴儿都由国王个人根据某种特定的模式来起名。

在一个像共产主义的明斯特这样的饥饿的奴隶社会,不是所有的国民都能生活在像国王及其侍从人员所享受到的那种奢侈条件中;实际上,新的统治阶级现在实行了一种几乎前所未有的严厉的阶级寡头政治的统治。因而国王和他的贵族们可以生活在极度奢华之中,而对明斯特的其他人则实行严格的禁欲主义政策。这里的臣民已经被掠夺了他们的住房和他们的大部分食品;现在在人民群众中剩余的所有的奢侈东西都是违法的。服装和床上用品被严格地限额,所有超出限额的"剩余"都要交到国王博克尔松那里,违令者斩。每一所房子都遭到彻底的搜查,所收集的"剩余的"服装装了 83 辆大货车。

毫不奇怪,被欺骗的明斯特的民众这时开始对于他们被迫生活在可怜的贫困之中,而国王及其侍从却通过剥夺原先属于他们的东西过上了极端奢侈的生活,产生抱怨情绪。故此,博克尔松又向他们展开某种宣传攻势,来解释这种新的制度。他的解释是这样的:博克尔松生活在华丽与奢侈条件下是完全正当的,因为他对于尘世来说或者说在肉体上已经完全地死了。由于他对于尘世来说已经死了,故而在深层意义上他的奢侈就是无可指责的。用每一个宗教领袖在向他的易受骗的信徒们解释他自己的奢侈生活时所惯有的方式,博克尔松也解释说,物质目标对于他来说没有任何价值。这种"逻辑"怎么能够骗得了任何有思想的人呢?更重要的是,博克尔松向他的臣民保证,他和他的侍从仅仅是新秩序的先驱;不久,他们也将生活在同样的千禧年的奢侈环境中。在他们的新秩序下,明斯特的人民将团结起来一致对外,用上帝的意志武装起来,去征服全世界,根除邪恶,此后耶稣将降临,而他们将生活在奢侈与完美的环境中。为所有人带来极大奢侈的平等的共产主义由此将得以实现。

更大的不满,当然也就意味着更大的恐怖,国王博克尔松的"仁爱的"统治强化了它的恫吓与杀戮。先知迪森特舒尔一经宣布了君主,他就立刻公布了一个新的神示:所有坚持反对或不服从国王博克尔松的人将要被处死,他们的记忆要被完全抹掉。他们将永远被根除。被执行死刑的一些主要牺牲者是妇女:这些妇女之所以被杀死是因为她们反对她们的丈夫拥有的婚姻权利,或者因为对一个传道士出言不逊,或是因为敢于实行重婚——当然,一夫多妻制仅仅属于男性的特权。

尽管他不断地宣讲要向征服全世界进军,可是国王博克尔松并没有狂热到真要去尝试这个宏伟事业的地步,特别是他们还面临着主教军队对于城市的再一次围困。相反,他精明地利用没收来的大量金银向周边的欧洲地区派出传道使者并散发小册子,企图唤起民众参加再浸礼教派的革命。这个宣传运动产生了重大效果,在1535年1月,在整个荷兰以及德国西北部地区爆发了严重的群众起义运动。在某个自称是基督亦即上帝的儿子的人的领导下,一支上千人的、武装的再浸礼教徒的队伍组织起来;在西弗里西亚,在明登市,甚至在大城市阿姆斯特丹,都爆发了严重的再浸礼教起义。在阿姆斯特丹,起义者还设法占领了市政厅。所有这些起义最终都被镇压下去了,这主要是得力于向各个市政当局叛变的人的帮助,他们提供了起义者的姓名以及他们的军火库的地点。

欧洲西北部地区的王公们这时也忍无可忍了;所有这些神圣罗马帝国的国家一致同意派出军队粉碎明斯特的可恶的、地狱般的统治。到1535年1月,明斯特第一次完全成功地被外部世界封闭与隔绝了。下一步就是要使明斯特的人民面临饥荒,从而迫使其投降。食品短缺即刻就出现了,而应对这一危机的办法是富有特征的强硬手段:所有现存的食品一律充公,所有的马匹均被杀掉,以便保证国王及其忠诚的王室人员和武装卫队的食品供给。无论什么时候,国王和他的王室人员都是好吃好喝的,而饥饿和毁灭性灾难却在明斯特全城迅速蔓延。大多数人把能够找到的任何东西都吃了,甚至不能吃的东西,他们也不放过。

国王博克尔松却依然凭借喧嚣不断的宣传运动和向饥民的承诺来维持其统治。他说上帝肯定会在复活节来解救他们,如若不然,他将在公共广场上自焚。可是当复活节到来并且过去以后,博克尔松又狡猾地解释说,他所说的仅仅是"精神上"的救赎。他保证,上帝将把鹅卵石变成面包,这当然也不可能实现。最后,博克尔松这位长期痴迷于剧院的人,还命令他的饥饿的臣民从事连续三日的舞蹈与体育活动。戏剧性的表演被举行,与此同时,沮丧的民众无处不在,饿殍遍地。

这些可怜而又不幸的明斯特人现在完全绝望了。主教继续向城里发送传单,承诺如果人民反抗和罢免国王博克尔松及其王室,并将他们扭送出来,就可以得到大赦。为了防止出现这样一种败溃局面,博克尔松进一步加强了他的恐怖统治。在5月初,他把全城划分为12个地区,每个地区配备一个"公爵"和24人的武装力量。这些公爵像他本人一样也是外国人;因为荷兰的移民更可能忠实于博克尔松。每一个公爵都被严格地禁止离开他的地区,而公爵则禁止举行任何形式的会议,哪怕只是几个人的会议也不行。任何人都不允许离开城市,任何试图密谋离开城市,或者帮助别人离开城市,或者批评国王的人,一经发现即被立刻斩首,通常都是由国王博克尔松亲自动手。到了6月中旬,这种事情实际上每天都在发生,因此经常有人被分尸,并悬挂在高处以威胁大众。

毫无疑问,博克尔松宁可让全体人民饿死也不让他们投降;但是两个叛逃者削弱了城市的防御工事,到了1535年6月24日夜里,噩梦般的新耶路撒冷最终迎来了血腥的大结局。最后的几百名再浸礼教战士在一种赦令下缴械投降了,但是他们旋即遭到屠杀。王后迪瓦拉也被砍了头。至于先前的国王博克尔松,则被脖子上拴着铁链游街示众。到了下一年的1月,他与克尼佩尔多林克一道,被公开拷打致死,他们的尸体被放在笼子里悬挂在一个教堂的塔楼上。

明斯特过去原有的机构正当地恢复了,这个城市重又成为天主教城市。星星再次回复到它们的轨道,1534年至1535年的事件导致了一种对于遍布欧洲新教地区的神秘主义和狂热者运动的持久的怀疑,这是完全可以理解的。

5.7 救世主似的共产主义的根源

在宗教改革运动到来之时,再浸礼教派的共产主义并没有跳出虚无的状态。它的根源可以追溯到12世纪晚期具有超凡影响力的意大利神秘主义者,菲奥勒的约阿基姆(1145—1202年)。约阿基姆是意大利南部的卡拉布里亚的一位修道院院长和隐居修道士。正是约阿基姆向那些人提出了隐藏在《圣经》中的这样一种思想,即他们由于具有预见的聪明才智而成为预测世界历史的先知。集中于不可言传的《启示录》,约阿基姆宣告历史注定要按照三个连续的时代运动,每一个时代都将由圣三一组合(the Holy Trinity)中的一人来统治。第一个时代,即《旧约全书》时代,是圣父或法的时代,是恐惧和奴役的时代;第二个时代,即圣子的时代,是《新约全书》时代,它是信仰和归顺的时代。神秘主义者一般是按照三段式思维;故约阿基姆要进一步宣告即将到来的第三也是最后的时代,即圣灵(the Holy Spirit)时代。它是一个完全快乐、仁爱和自由的时代,是人类历史的终结。它将是财产终结的时代,因为每一个人都将生活在自愿的贫穷中；每一个人都能够容易地做到这一点，因为人民将完全从他们的物质躯体里解放出来，故那里将没有工作。由于仅仅拥有精神躯体，在那里将不需要吃东西或做任何其他的事情。用诺曼·柯恩（Norman Cohn）的话说，世界将是"一个广大的修道院，在这里所有的人都将成为感觉到与上帝同在的修道士，他们一直沉浸于神秘的狂喜之中，直至末世审判的到来"。约阿基姆的幻想实际上已经和后来的马克思关于历史的三个不可逾越阶段的辩证法产生了共鸣：原始共产主义，阶级社会，进而最终进入完全自由的王国，即完全的共产主义、分工的消亡以及人类历史的终结。

由于拥有如此多的信徒，约阿基姆对这个最后时代的到来深信不疑，特别是，他确信它将很快到来——在他看来，这应该是在下一个世纪即13世纪上半叶的某个时候。

约阿基姆派的这种奇谈怪论迅速地产生了巨大的影响，尤其是在意大利、德国以及在新出现的方济各会的严守派那里更为明显。

不久之后，在12世纪末，一位博学的巴黎大学的神学教授为这种女巫术的混合物增添了新的佐料。由于曾经受到过法兰西王朝的极大宠爱，阿马尔里克（Amalric）的怪诞学说遭到教皇的谴责，并且，在被迫公开做了放弃其学说的承诺之后不久，阿马尔里克就死了，时间大约是在1206年或1207年。他的学说随后被一个由博学的神职人员门徒组成的秘密小团体加以发扬，形成了阿马尔里学派，其成员的大多数都是巴黎大学神学院的学生。阿马尔里学派的传教士集中于香槟省的重要的商业服装加工城市特鲁瓦,他们影响了许多人,并且散发了用当地的语言写成的通俗的神学读物。他们的领导人是威廉·奥里费克斯(William Aurifex)神父,他不是一个金匠,就是一个炼金术士,企图把贱金属变成黄金。由于巴黎主教的告密,这14位阿马尔里学派的人士全部被逮捕,根据他们放弃其异端信仰的程度,有的受到终身监禁,有的则被绑在火刑柱上烧死。不过他们中的大多数都拒绝放弃其信仰。

像约阿基姆一样,阿马尔里学派也提出了人类历史的三个时代,不过他们对此又增添了某种调味品;具体来说,每一个时代都拥有它自己的化身。对于《旧约全书》时代,这个化身当然是亚伯拉罕,也许还有其他某些首领;而对于《新约全书》时代,这个化身当然是耶稣;现在,在这个圣灵时代的曙光时期,其化身将以人类本身的形式出现。正如我们可以预见的那样,阿马尔里学派实际上是把他们自己视为这个新时代的化身;换言之,他们声称自己是活着的上帝,是圣灵的体现。他们并不满足于始终在人的中间作为神的精英而存在;相反,他们被指定要引导人类达到它的普遍化身。

14世纪遍布北欧的各个团体集群被称之为自由灵兄弟会(Brethren of the Free Spirit),他们为这个女巫术大杂烩增添了另一个重要的素材:从第三世纪的柏拉图主义哲学家柏罗丁那里推引出来的"重归上帝"(reabsorption into God)的辩证法。柏罗丁有他自己的三段式:最初与上帝的统一,堕落和与上帝分离或与上帝相异化的人类历史阶段,以及"最终回归"或"重归",即所有的人类事务都被并入"一",从而人类历史终结了。自由灵兄弟会对此追加了一个新的精英纽节:虽然每个人的重归必须要等到历史的终结,并且"精神的蒙昧"必须同时面对他们个体的死亡,但是却存在着一个光荣的少数派,即"精神的敏锐",他们能够并且实际上也确实实现了重归,因而他们终生都是活着的上帝。当然,这个少数派就是自由灵兄弟会自己,他们积数年培训之美德,通过自我鞭挞和幻想,已经变成了完美的上帝,甚至比基督本身更完美和更像上帝。一旦达到了这个神秘的统一阶段,再进一步,就是永久和永恒了。这些新的上帝经常宣称他们自己比上帝本身更伟大。例如,在施韦德尼茨的一个女性自由灵团体,宣称能够支配圣三一,她们可以"把它当作马鞍来骑";这些妇女当中有一个人宣布,"当上帝创造万物时,我用它创造了万物……我比上帝更强"。所以,人本身,或者至少说一个有才华的少数派成员,通过他们自己比其他同伴更提前得多的努力,能够将其提升到神的地位。

由于地球上有活生生的上帝,将使很多好东西复苏。首先,它直接导致了一种极端形式的唯信仰论的(antinomian)异端邪说:如果人民是上帝,那么他们就不可能犯罪。无论他们做什么都是必然符合道德和完美的。这意味着通常被认为是犯罪的任何行为,从通奸到谋杀,当它们是由活生生的上帝所为时,都变成完全合法的了。实际上,所谓自由灵,像其他的唯信仰论者一样,也是企图阐明并炫耀他们对于其所犯的所有能够想象得到的罪恶都有可以免责的自由。

但是这里也存在着一个困难。在自由灵这些热衷于崇拜的异教徒中间,只有少数处于领导地位的能人可以成为"活着的上帝";对于一般大众崇拜者,尽管他们要想成为上帝,但是他们却绝对不能采取唯一一个属于犯罪的行为:不服从他们的主人。每一个弟子都必须宣誓绝对地服从某一具体的活着的上帝。以巴塞尔的尼科拉斯(Nicholas of Basle)为例,他是一位知名的自由灵的宗教老师,他的狂热崇拜者遍布莱茵河沿岸大部分地区。通过声称自己是新的基督,尼科拉斯坚持认为每个人实现救赎的唯一途径就是采取行动,绝对地、完全地服从尼科拉斯本人。作为对这种绝对忠诚的回报,尼科拉斯则允许他的追随者可以免除任何罪责。

至于这些异端崇拜者以外的其他人,则被简单地视为不能救赎的、顽固不化的人,他们的存在仅仅是为了供被选择者来使用和剥削。这种集权统治的态度与许多自由灵崇拜者在14世纪所信奉的社会学说是齐头并进的:对于私有财产制度的一种共产主义的攻击。不过,在本质上,哲学上的共产主义不过是对于他们的——自由灵教派——自称的拥有可以随意偷窃的权利的一层薄薄的遮羞布。简言之,自由灵教派的精英人物将所有未被选择者的财产都理所当然地视为他自己的财产。正如斯特拉斯堡的主教在1317年总结的那样:"他们相信所有的东西都是公共的,因此他们认为偷窃对于他们来说是合法的"。或者,像来自爱尔福特的自由灵教派的精英分子约翰·哈特曼所说的那样:"真正的自由人是所有创造物的国王和主人。所有的东西都属于他,他拥有使用任何令他高兴的东西的权利。如果任何人试图阻止他,那么这个自由人就可以杀死他来取得他的物品"。正如自由灵兄弟会团体所喜欢说的一句流行语那样:"无论你看到或窥视到了什么,都把它夺过来"。

对于这种革命的共产主义的闵采尔—明斯特的大杂烩的最后一份调料,是由 14 世纪早期的极端塔波尔派(Taborites)提供的。所有的塔波尔派信徒都构成了胡斯运动(the Hussite movement)的极右翼,而胡斯运动作为一个前-新教革命运动,则代表了一种宗教斗争(反对天主教)、民族斗争(捷克人对德国上层阶级与上层僧侣集团)以及阶级斗争(行会中卡特尔化了的工匠竭力从贵族手中夺取政治权力)的大混合。

由塔波尔派的极端分子所追加的新东西就是履行根除的职责。因为末日即将来临,被选择者必须通过根除所有的罪者来消灭所有的犯罪,而按照它们的含义,这些罪者至少应包括所有不属于塔波尔教派的人。因为所有的罪者都是基督的敌人,而"可憎的是有人不愿用他的剑让基督的敌人流血。每一个信仰者必须用敌人的血来洗手"。运用这种思维方式,极端的塔波尔派信徒便要去进行知识的破坏。当他们洗劫教堂和修道院时,塔波尔分子特别热衷于摧毁图书馆并焚毁书籍。因为"所有的附属物必须从上帝的敌人那里剥夺下来,焚烧或者摧毁"。此外,被选择者不再需要任何图书。当尘世上的上帝王国到来时,那里将不再有"任何人互相教育的需要。那里将不再需要图书和雕塑,所有尘世上的聪明才智都将毁灭"。人们怀疑,所有的人民是否也如此。

不仅如此,通过重新阐述对于已经丢失的黄金时代实行一种"回归"的命题,极端的塔波尔派还提出要返回到其所宣称的捷克早期共产主义的状态:一个没有私有财产的社会。为了实现这种无阶级的社会,城市,特别是那些奢侈与贪婪的中心,尤其是商人和领主,必须被根除。在被选择者通过革命的暴力在波希米亚建立起他们的共产主义的上帝王国以后,他们的任务就变成向世界其他地方来塑造和强加这种共产主义。

除了物质财产以外,信仰者的身体也将变成公有化的。塔波尔派中的激进分子已经丧失逻辑了。他们的布道者教导人们说:"所有的东西都是公共的,包括妻子;这里都是上帝的自由的儿女,他们将不会结婚,形成由丈夫和妻子两个人组成的联盟"。

胡斯革命在1419年爆发了。就在同一年,塔波尔派信徒聚集在靠近德国边境的波希米亚北部的乌斯季城。他们把乌斯季改名为塔波尔,即橄榄山,传说耶稣曾在此预言他的第二次降临,他在此升入天堂,他也被期望在此重生。塔波尔派在塔波尔开始从事一种共产主义的实验,公共所有一切事务,忠实地履行这样的观点:"无论何人,拥有私有财产就是一种道德罪行"。与他们的学说相吻合,所有的妇女都被公共所有了。如果丈夫和妻子被发现在一起,他们就要被毒打致死,或者处以死刑。不幸然而却富有特征的是,塔波尔派信徒如此地沉溺于他们所拥有的从公共仓库中消费的无限权利,以至于他们感到他们自己可以例外地不需要工作。公共仓库很快就消失了,接下来怎么办?毫无疑问,接下来,激进的塔波尔派分子宣布,他们的需要使他们有权要求获得未被选择者的财产,并且他们可以随心所欲地抢夺其他人。正如一个由温和的塔波尔派信徒召开的宗教会议所抱怨的那样,"很多公社从不去想如何通过他们双手的劳动来供给他们自己的生活,而是仅仅依赖于其他人民的财产生活,并且开展单纯为了抢劫的非正义的运动"。而没有加入到公社的塔波尔派的农民也发现,这个激进的政权正在重新向他施加刚刚在6个月前被他们取消了的封建税赋和义务。

由于在他们自身中间,以及在他们的较温和的盟友中间,和他们自己的农民信徒中间,出现了信任危机,这个在乌斯季/塔波尔的激进的共产主义政权很快就崩溃了。然而,狂热的神秘的共产主义的火炬又被一个被称之为波希米亚亚当派(Bohemian Adamites)的宗教团体接了过去。像前一个世纪的自由灵派一样,亚当派也将他们自己视为活着的上帝,并超越了基督,因为基督已经死了,而他们仍然活着。(这没有半点逻辑上的毛病,只是有一点短视。)不过,由于一种莫名其妙的矛盾,亚当派的创始人,即先前的牧师彼得·卡尼斯(Peter Kanisch)已经被胡斯军队的指挥官约翰·杰士卡抓住并烧死了。亚当派把死去的卡尼斯称为耶稣,随后又选举一个农民作为他们的领导人,他们把这位农民称为亚当—摩西。

对于亚当派来说,不仅所有的物品严格地为公共所有,而且婚姻也被认为是一种可耻的罪恶。简言之,它强制地实行滥交,因为在救世主的王国里贞洁是没有价值的。任何人都可以随心所欲地选择妇女,而这种意愿必须得到满足。亚当派还经常地实行裸体观光,设想亚当和夏娃的原初状态。另一方面,滥交既是强制的,同时也是有限制的,因为性行为只能在获得领导人亚当—摩西的批准后方可进行。

像其他的激进塔波尔信徒一样,亚当派也把根除世界上的所有无信仰者作为他们的神圣使命。他们要挥舞利剑,直到血水淹没马的笼头。他们是上帝的大镰刀,被派遣去铲除邪恶。

亚当派盘踞在内扎尔卡河的一个孤岛上,以躲避杰士卡的军队,在这里他们派出突击队尽最大努力去进行袭击。尽管他们人数较少,却要履行他们关于强制实行共产主义和根除所有未被选择者的双重誓言。在夜晚,他们突围出去进行袭击,这被他们称之为一种"圣战",在这个过程中他们偷窃他们所能触及的任何东西,并除掉他们的牺牲品。与其信条完全一致,他们谋杀他们所发现的每一个人,包括妇女和儿童。

最后,杰士卡派出一支由 400 个训练有素的士兵组成的部队,围困亚当派盘踞的岛屿,最终在 1421 年 10 月战胜了这个公社,并屠杀了那里的每一个人。一个地狱般的上帝在尘世的王国就这样被利剑铲除了。

1434 年,在利潘战役中,塔波尔派的军队被属于温和派的胡斯军队摧毁了。从那以后,塔波尔派衰落了,并且转入地下。但是它仍然继续到处出现,不仅限于捷克各地,而且还出现于巴伐利亚以及德国其他靠近波希米亚的边境地带。这就为下一个世纪的闵采尔—明斯特现象的出现提供了舞台。

5.8 非经院学者的天主教徒

除了新教徒和再浸礼教的极端主义者以外,在 16 世纪还有某些天主教徒,他们不属于经院学者,也没有参加宗教改革的斗争,但是却对经济思想的发展做出了重大的贡献。

这些人当中的一位,就是以其关于世界的全新观点而在世界历史上千古留名的博学的天才——波尔·尼古拉·哥白尼（Pole Nicholas Copernicus，1473—1543 年）。哥白尼出生在托伦，它属于皇家普鲁士的一部分，随后又成为波兰王国的一个附属国。他出生于一个富裕的甚至非常知名的家庭，其父是一位批发商人，其舅父以及他的良师益友是埃尔梅兰德的主教。哥白尼在诸多领域都显示出了如痴如狂的学生与理论家的才能：他在克拉科夫大学学习数学，又成为一名高水平的画家，他还在著名的博洛尼亚大学研究教会法典和天文学。成为一名神职人员后，哥白尼在他 24 岁时被任命为佛伦堡的大教堂的教士。不过，他之后又转而去罗马讲学，并在数个领域从事研究。他于 1503 年在费拉拉大学获得了教会法的博士学位，两年以后，又在帕多瓦大学获得了医学学位。他成为他的舅父，即那位主教的私人医生，后来全职服务于大教堂的教士工作。

同时，作为其繁忙一生之中的业余爱好，这位非同寻常的理论家还阐述了新的天文学体系，指出地球和其他行星围绕着太阳转动，而不是相反。

当波兰的国王西吉斯蒙德一世（Sigismund Ⅰ）要求他提出对于这一地区紊乱的通货进行改革的建议时，哥白尼开始关注货币事务。自从 15 世纪 60 年代以来，哥白尼所生活的普鲁士的波兰，是三种不同通货的流行地：皇家普鲁士的货币，波兰王国自己的货币，以及条顿骑士团的普鲁士的货币。这些货币的哪一种都没有由政府规定的单一重量标准。特别是条顿骑士团的货币，一直处于不足值状态，不足值的货币充斥于流通之中。哥白尼于 1517 年完成了他的论文，这篇论文于 1522 年提交给皇家普鲁士议会,并于四年后发表。

哥白尼的建议并没有被采纳,不过由此而形成的小册子《论铸币的价值》(*Monetae cudendae ratio*,1526年)却对货币思想做出了重要贡献。首先,哥白尼进一步强调了早在一个半世纪以前由尼古拉·奥雷姆第一次提出的"格雷欣法则"论点。像奥雷姆一样,他一开始就提出货币是对于共同的市场价值的一种计量尺度的深刻见解。他进而表明,如果它的价值由国家来规定,那么人为地规定过于便宜的货币就会驱逐过于昂贵的货币。因此,哥白尼宣布,足值的良币与不足值的劣币是不可能在一起流通的;所有的良币都将被窖藏、熔化或者出口,只有劣币能够保留在流通之中。他还指出,从理论上,政府可以根据流通的市场价值来调整两种货币的法定价值,但是在实践中,政府将会发觉这是一个极其复杂的任务。

在他讨论的过程中,哥白尼还第一次清晰地提出"货币数量理论",即认为价格与社会中的货币供给直接呈同方向变化的理论。他提出这个观点比阿斯皮利奎塔·纳瓦鲁斯早30年,并且他关于这个主题的思考也没有受到来自新大陆的货币的膨胀性涌入的影响。哥白尼还是一位超群的理论家。因果联系的链条是从货币的贬值开始,它增加了货币供给的数量,而这反过来又提高了价格。他指出,货币供给是价格的主要决定因素。他论述道,"我们在我们面临的萧条中","并没有认识到,各种东西价格的昂贵乃是货币便宜的结果。因为价格是根据货币的状况提高或者降低的。""过多的货币供给",按照他的观点,"应当被避免"。

在16世纪为经济思想做出贡献的另一位不属于经院学者的天主教人士,是拥有迷人的意大利名字的吉安·弗朗切斯科·洛蒂尼·达·沃尔泰拉(Gian Francesco Lottini da Volterra,卒于1548年),他代表了意大利人强调价值和效用分析的开始。在某种意义上说,洛蒂尼堪称一个"多才多艺者"的原型:他是一位博学的亚里士多德主义学者;科西姆一世,德·梅迪奇这位佛罗伦萨公爵的秘书;不择手段的政治家;以及威尼斯谋杀团伙的领导人。在他生命终止的1548年,洛蒂尼发表了他的《公民的机智》(Avvedimenti civili),该书是按照意大利的传统(参见本书下面的第6章),作为对国王提出建议的一本手册而撰写的。《公民的机智》是一位年老的政治家效忠于弗朗切斯科,即托斯卡纳的梅迪奇大公的作品。

洛蒂尼考察了消费者需求,指出消费者的估价是植根于他们从各种物品中能够获得的满足。从一种新的强调享乐的视角出发,他指出享乐来源于对人们需要的满足。虽然劝说人们在满足欲望时要受理性的支配,保持适度的消费(一个亚里士多德的命题),洛蒂尼却哀叹道,某些人的欲望和需求似乎是无止境的:"我知道有很多人,他们的需求是不能被满足的"。像在他的几位前辈那里一样,洛蒂尼也看到了时间偏好的实际存在:人民对现在的物品的估价要比未来的物品,即现在预期可以在未来得到的物品的估价更高。遗憾的是,洛蒂尼将这个合理的、不可避免的自然的事实归因于一种道德扭曲:似乎这是对于现在物品的不适当的过高估价和对于未来物品的过低估价。这种毫无根据的道德批评对后来的经济思想贻害很深。正如洛蒂尼写道的:"……现在就在我们眼前,可以说伸手可得,它促使人们,甚至是聪明的人,更经常地对于最近的满足比对于遥远的未来的希望给以更多的关注"。导致这种普遍的时间偏好事实的理由是,人们对于他们感觉所感知的东西要比通过理性学习了解的东西更加关注。并且,"只有少数人能够顽强地坚持实行一种持久的和有风险的计划直至达到目的"。在他的第一个理由中,洛蒂尼回避了问题:真正的问题不是感觉对理性,而是某些现在感觉明显的东西对那些只是在未来的某个时候预期将是明显的东西。然而他的第二个理由是说到点子上了:对于"持久性"的强调已经接触到了等待的时间长度这个关键问题,而"风险"一词则把另一个关键因素引进来,这就是客体最终也不会被感觉明显地意识到的风险程度。

洛蒂尼的著作在他死后不久连续出了好几版,有一个为伟大的英国诗人和神学家约翰·多恩(John Donne,1573—1631年)所有的版本被发现了,他的边注显示出这个亚里士多德主义者对多恩的影响。

洛蒂尼的后继者是贝尔纳多·达万扎蒂(Bernado Davanzati,1529—1606年),一个佛罗伦萨的商人,博学的古典文学家和知名的塔西佗(Tacitus)*的翻译者,以及英格兰宗教改革运动中的首要的天主教历史学家。在他17岁那年,年轻的达万扎蒂就成为佛罗伦萨学园(Florentine Academy)的成员。他于1582年和1588年以生动的意大利的风格撰写了两部著作,在这两部

---

* 塔西佗是古罗马元老院议员,历史学家。——译者注

著作中,特别是在 1588 年的《铸币教程》(*Lezione delle Moneta*)中,达万扎蒂将经院学者进行效用分析的方法应用于货币理论。因此,达万扎蒂通过比较需求和稀缺,研究并解决了——只差了一个边际分析的因素——价值悖论问题。达万扎蒂还步比里当的后尘,发展了后来被 19 世纪晚期奥地利学派之父卡尔·门格尔给予了杰出分析的货币起源的理论。达万扎蒂写道,人为了维持生活需要很多东西;但是气候和人的技能都是不一样的,因此才产生了社会中的劳动分工。由此,所有的物品才能被生产、分配,并且通过交换手段来享用。物物交换很快就被发现是不方便的,因而交换地点被建立起来,例如集市和市场。在那以后,人们同意——不过在这里达万扎蒂对于人们是怎样达成"一致意见"的却是语焉不详——使用某一特定商品作为货币,即作为所有交换的媒介。黄金和白银最先是被整块地使用;后来,它们被确定重量,并盖上标明重量的标记,进而采取铸币的精美形式。然而,令人遗憾的是,门格尔在后来对于货币理论的历史描述中,却极为粗俗而又草率地摒弃了达万扎蒂的学说,只是简单地把他说成是"将货币的起源归于国家的权威"的人。[15]

5.9 激进的胡格诺教徒

加尔文是在路德之后开始他自己的宗教改革的,但是他的改革迅速地席卷西欧,不仅在瑞士大获全胜,更重要的是,在荷兰这个 17 世纪欧洲主要的商业和金融中心也取得了胜利。并且,差一点在大不列颠和法兰西占据支配地位。在不列颠,苏格兰被加尔文主义者以长老会教堂的形式征服了,而加尔文主义的清教徒则极大地影响了英国圣公会教堂,并且在 17 世纪中叶几乎征服英格兰。法国在 16 世纪的最后 40 年被宗教—政治的战争撕得四分五裂,这里的加尔文主义者是以胡格诺教派(Huguenots)著称的,他们也离大获全胜不远了。尽管只有不超过 5% 的人口皈依于它,但是胡格诺教派在贵族中间却影响极大,并且在法国西南部地区也产生重大的影响。

约翰·加尔文与路德一样,也十足地鼓吹对正当地组成的政府要绝对地服从而不许反抗的学说,不论这个政府有多么的邪恶。但是加尔文的被四面围攻的弟子们则热衷于鼓励对于非加尔文主义的统治者的反抗,他们对反抗邪恶的统治者给予了辩护。这些观点是在 16 世纪 50 年代由英国的"玛丽流放者"(Marian exiles)在瑞士和德国最先提出来的,这些人是在英格兰的最后一位天主教君主玛丽女皇的统治时期被驱逐出境的。这种激进的传统,包括人民诛杀暴君的权利,在随后数年间一直被胡格诺教派坚持着。

由于受到 1572 年圣巴塞罗缪节的大屠杀(St. Bartholomew's Day Massacre)的恐怖的刺激,胡格诺教派迅速地发展出了激烈地反对国王暴政的自由意志主义(libertarian)理论。一些最著名的著述有,法理学家弗朗索瓦·奥特芒(1524—1590 年)的《弗朗克的高卢》(Franco—gallia),该书写作于 16 世纪 60 年代后期,但是第一次发表是在 1573 年;此外还有一本匿名的书《政治论文集》(Political Discourses)(1574 年);以及在 16 世纪 70 年代末由菲力普·迪·普莱西·莫尔奈(Philippe Du Plessis Monrnay,1549—1623 年)完成的登峰造极之作,《捍卫反对暴君的自由》(*Vindiciae Contra Tyrannos*)(1579年)。尤其是《政治论文集》,为诛杀暴君提供了特别的辩护,它严厉地抨击那些所谓的"神学家和传道者",这些人曾断言任何人都不可以在"没有得到上帝的特别启示"的情况下合法地杀死暴君。不过,其他的胡格诺教派著作家则对于这个棘手的问题采取比较谨慎的态度。

不仅如此,比西班牙的经院学者胡安·德·马里亚纳早30年,胡格诺教派发展了一种前—洛克的大众主权理论。特别是,奥特芒警告道,人民将他们的统治权利转让给国王,绝不是永久性的或不可改变的。相反,人民和他们的代表机构有权继续监督国王,以及随时把权力从国王手中夺回来。不仅如此,议会被假定始终拥有日常的统治权力。奥特芒通过以简·加尔文最初的、与此形成强烈反差的政治学说来包装这个新的信条,使它赢得了胡格诺教派的普遍接受。

但是,奥特芒关于原始的大众统治的论断是绝对地属于一种历史的解释,而保皇主义的作家们的反攻则通过严重的扭曲很快地使这种历史的解释变得令人迷惑。胡格诺教派必须要放弃加尔文主义者原先关于所有市民绝对服从的劝告,并建立一种关于人民的原始主权的自然法理论,同时强调这种原始主权是在通过协商向国王转让之前就已经存在了的。简言之,胡格诺教派必须要重新发现和重新评价他们所憎恨的天主教敌人的经院学说的传统。因此,与玛丽女王的流放者们的传道风格以及他们对神的意志的强调不同,莫尔奈和其他胡格诺教信徒采用一种逻辑的、经院学者的风格来写作,明确地引证阿奎那和罗马法典撰写者的言论。

总之,正如斯金纳教授所写道的,在16世纪,并没有"加尔文主义的革命理论"。令人迷惑不解的是,法兰西加尔文主义者通过把他们自己置于他们的天主教的敌手所拥有的自然法传统之上,开拓了一种关于人民大众统治的革命理论。[16]

不仅如此,15世纪早期巴黎的奥卡姆学派的经院学者,例如简·热尔松和16世纪早期的英国人约翰·梅杰,特别明确地开创了主权总是为人民所固有,并且可以随时被人民从国王手中夺回的概念。

马克斯·韦伯关于新教伦理(实际上就是加尔文主义)作为资本主义的创造者的论断,对于学术界所产生的有害影响之一已经被我们所看到:完全忽视了在天主教的意大利以及在安特卫普和德国北部所实际地出现的资本主义。另一个相关的韦伯谬误是这样一种流行的观念,即加尔文主义是"现代的"和革命的,是激进的和民主的政治思想的创造者。然而我们已经看到,加尔文主义和新教的政治思想原先本是统制主义和专制主义。加尔文主义仅仅是在反对天主教统治的压迫时才变成革命的和反暴政的,这种暴政使加尔文主义者不得不依靠天主教经院学者思想中的自然法和人民主权学说作为装饰物。

人民主权思想的一个重要线索是由泰奥多尔·贝扎(Theodore Beza,1519—1605年)建立起来的,他是加尔文的最重要弟子和在日内瓦的继承者。伟大的贝扎受到奥特芒的影响,于1574年发表了《地方官的权利》(*The Right of Magistrates*)。贝扎坚持认为自然法显示出,人民不论在逻辑上还是现实时间上都是先于他们的统治者而存在的,因此政治权力是起源于人民本身。贝扎宣称,"不言而喻","人民并不是来自统治者",不是由它们创造的。所以,是人民最初决定将治理的权力转移给统治者。一个有影响的激进的胡格诺教派的小册子《觉醒者》(*Le Reveille Matin*)(1574年)重复了贝扎的论点。(《觉醒者》可能是由卓越的法国法理学家雨格·多诺(Hugues Doneau)所作。)《觉醒者》指出,人不是生来就处于服从状态的,因为"在国王被创造出来以前每个地方都存在着人们的群落和团体","甚至在今天我们也能够发现,在没有地方官的场合可以有人存在,但是在没有一个人的情况下绝对找不到地方官"。如果人不是天然地自由的,而是天然地应该被奴役,那么面对"地方官总是由人民创造的"这个明显事实,我们只能荒谬地得出这样的相反结论,"人民一定是由他们的地方官创造的"。

像通常一样,菲力普·迪·普莱西·莫尔奈以极其清晰的笔调总结了这一观点。他观察道,"没有任何人","天生就是国王"。进而,他又特别指出,"一个国王如果没有人民就不能统治,而人民如果没有国王则可以自己管理自己"。因此,很显然,人民必然是先于国王或实证性法律的存在而存在的,他们随后才令他们自己服从于国王的支配。所以,人的自然条件必然是自由的,我们必须将自由作为一种天然权利来占有,这个权利是绝不能以正当的理由被剥夺的。正如莫尔奈指出的那样,我们都是"天生的自由人,生来就憎恨奴役,而渴望支配而不是服从"。不仅如此,通过把这种原初—洛克式的分析进一步发展,又可以推导出,人民为了促进他们的幸福,必须将他们自己置于政府的统治之下。

紧随约翰·梅杰其后,莫尔奈清楚地认识到,人民通过设立政府所要寻求的那种幸福就是保护他们自己的自然权利。对莫尔奈也像对梅杰一样,对于某些东西的一种"权利"就是自由地拥有它和处置它,即对于作为财产的客体的一种权利。人民在他们建立政体时要保留这种权利,他们之所以愿意创造这种政体就是为了确保他们的财产更加安全。这些财产权利包括每个人对于他们自己和他们的自由的天然权利。政府是被假定来维持这些权利的,可是它们经常变成主要的违规者。莫尔奈审慎地指出,人民在建立政府的过程中,不能与他们的主权相异化。相反,他们总是"保持着"他们的主权的"所有者的地位",因为这一主权只是委托给统治者而已。所以,"全体"人民仍然是"比国王更重要并且位于他之上"的。

另一方面,莫尔奈和其他的胡格诺教信徒又被迫去弱化他们的革命的激进主义。首先,他们以与其观点完全一致的方式澄清,是全体人民保留他们的主权,而"人民"实际上并不是作为一个全体的人民,而是体现在地方官和议会这些"代理者"身上。人民必然要"赋予他们的利剑"给这些机构,因此,"当我们说到集体的人民时,我们指的就是那些从人民手里接受了权威的人,也就是说,是国王之下的地方官……[以及]三级会议"。此外,在实践上,这些所谓的代理人要用他们的双手来保持国王承诺的实施,因为这种实施的权力是"将人民的权力集于自身的权威机关"的一种财产。

其次,根据胡格诺教派,主权只是体现于人民全体,而不是哪一个人身上,从而单个主体要去诛杀暴君是绝对不允许的。人民作为整体是高于国王之上,但是国王却高于任何单个人之上。更具体地说,由于主权是存在于正当地形成的议会机构或地方官那里,只有这些包含着人民主权权力的机构才能正当地反对国王的暴政。

几年以后,荷兰人反对西班牙统治的起义在1580—1581年达到了高潮。一个匿名的加尔文主义的小册子《真实的警告》(A True Warning),于1581年出现在安特卫普,它断言"上帝创造了人的自由",那种对于人的唯一的权力是他们自己让与的。如果国王破坏了他的统治条件,那么人民的代表将有权正当地罢免他,并"收回他们原来的权利"。荷兰起义的领导人,有沉默的威廉之称的奥兰治王子,在这些年中也持有同样的观点,这体现在他本人在1580年底提交给议会的《道歉信》和在第二年7月正式发表的《国民议会法令》中。(应当注意,《道歉信》主要是由莫尔奈和其他的胡格诺教派谋士所写的。)这个《法令》宣布,西班牙国王已经"被没收了他的主权","根据自然法的原则",统一的荷兰至少有义务去行使他们的无可争议的反对暴政的权利,并且"采取"必要的"措施"去保证他们的"权利、特权和自由"。

5.10 乔治·布坎南:激进的加尔文主义者

16世纪晚期最迷人同时也是最激进的加尔文主义理论家,并不是法国的胡格诺教派,而是一位在法国度过其大部分时间的苏格兰人,这就是乔治·布坎南(George Buchanan, 1506—

1582年）。乔治·布坎南是一位知名的人道主义的历史学家和诗人，他曾在波尔多的吉耶内学院教授拉丁语。布坎南在16世纪20年代中期在圣·安德鲁斯大学得到经院主义学说的训练，在那里他在伟大的约翰·梅杰的指导下学习。作为较早地皈依加尔文主义的人，布坎南成为贝扎和莫尔奈的朋友，并成为苏格兰长老会教堂宗教裁决会议的成员。

16世纪50年代的英国加尔文主义思想家，也是玛丽女王实行的天主教统治下的难民，他们在被流放中以与偶像崇拜截然对立的虔诚的态度论述了反对暴政的正当性。他们继续用俗世的、自然权利的语言，而不是关于虔诚与异端的严格的宗教语言，重述着革命的理论。这个功绩是由乔治·布坎南在苏格兰的加尔文主义多数派反对他们的天主教女王斗争运动中完成的。1560年的一场革命使加尔文主义征服了苏格兰议会，现在它已经成为一个加尔文主义者占有压倒优势的国家，七年以后，加尔文主义者罢免了天主教的女王玛丽·斯图尔特。

在这场斗争的过程中，布坎南于1567年开始撰写他的巨著《苏格兰王国的权利》(The Right of the Kingdom in Scotland)，该书于1579年出版。布坎南的部分观点在由新的苏格兰摄政王詹姆斯·斯图尔特(James Stewart)，即马里郡的伯爵(Earl of Moray)在1568年发表的演说中披露出来，并且还出现在随后三年苏格兰和英格兰两个政府之间的讨论中。

像胡格诺教派一样，布坎南也是从自然状态和人民与他们的统治者达成的一种社会合约开始，通过这个合约他们保持了他们的主权和他们的权利。但是，也存在着两个重大差别。首先,贝扎和莫尔奈谈过这样两种合约:一个是政治的社会合约,另一个是作为虔诚的人民行动的宗教承诺。在布坎南看来,宗教承诺完全不存在了,剩下的只有政治的合约。一些历史学家将布坎南的激进的步骤解释为:他是想通过把政治学纳入到一种独立的"政治科学"而使政治世俗化。更严格地说,布坎南把政治理论从对于新教创始者们的源自上天的或神学的直接关注中解放出来,使它返回到它的更早的自然法和人权的根基。

从更激进的意义上看,布坎南扫除了胡格诺教派关于人民完全将他们的主权异化给中间的"代理人"的思想中的所有不一致。相反,在布坎南看来,人民达成一致并与统治者缔结合约,保留了他们的主权,这里不需要中间集合体的介入。可是,这又赋予了自然权利和人民主权以更大程度的革命性含义。因为,这样一来,当一个国王变成暴君并且违背他的保卫单个人权利的义务时,也就意味着"全体人民,甚至单个的市民,可以被认为有权去反对并杀死一个合法的统治者,以捍卫他们的权利"。这样,比西班牙学者胡安·德·马里亚纳早20年,乔治·布坎南就有史以来第一次达到了一种真正个人主义的自然权利和主权理论,从而为个人弑杀暴君的行为提供了正当理由。于是,以一种被斯金纳教授称之为"高度个人主义的甚至是无政府主义的政治反抗观点",布坎南强调指出:

> 由于人民作为一个整体创造了他们的统治者,所以,在任何时候都……可能发生"人民摆脱"他们强加在他们自己头上的"任何统治权"的情况。个中的道理在于,"一种给定的权力所

赋予的任何事情,都可以被同一种权力所否定"。不仅如此,布坎南还补充道,由于每一单个人必须被设想成是为了他自己更大的安全和福利而同意形成共同体的,所以在任何时候,诛杀或者推翻暴君的权利都必须"不仅被赋予人民的整体",而且"甚至也要赋予给每一个单个的市民"。这样,他就情愿赞成那种几乎是无政府主义的结论,即:就像经常发生的那样,甚至当某个"来自最低级和最糟糕的阶层"的人决定通过简单地行使他自己的诛杀国王的权利,来"向一个暴君的傲慢和无礼复仇"时,这种行动也经常"被认为是做得相当正确的"……[17]

我们已经看到,西班牙学者胡安·德·马里亚纳在 20 年以后也发展出一种相似的洛克的人民主权和个人弑杀暴君的理论。作为一个经院学者,他的理论基础也包含了一种自然法合约,并且也没有任何宗教承诺在里边。斯金纳精明地总结道,

> 由此可以说,胡安·德·马里亚纳是与新教徒布坎南共同阐述了一种人民主权的理论,这一理论尽管起源于经院学者,并且由加尔文主义者在后来加以发展,但是就其本质而言它是独立于这两种宗教信条的。因此,它就可以为即将到来的 17 世纪宪政斗争中的所有派别所利用。[18]

然而,在 16 世纪出现的激进的加尔文主义中,一个更为有代表性的占支配地位的人物是知名的荷兰法理学家,约翰内斯·阿尔特胡修斯(Johannes Althuius,1557—1638 年)。他的

杰出著作是他于 1603 年出版的专著《系统的政治学》(*Politics Methodically Set Forth*)。阿尔特胡修斯以莫尔奈以及胡格诺教派的理论家们为基础,并且与他们保持了相似性。像他们一样,他也保留了前—洛克的人民主权思想,即这一主权是通过一致同意委托给国王,并且随时可以废除的。此外,像他们一样,他也认为代表议会和协会是具体行使这种主权的中介机构。再有,个人诛杀暴君的正当合理性在这里不见了。不过,布坎南的一个创新在阿尔特胡修斯的巨著中保留下来了:排除任何宗教上的承诺。实际上,阿尔特胡修斯更明确地抨击了神学家们在他们的政治学著作中注入"关于基督的虔诚与仁爱的说教"的做法,指出他们未能认识到这些事情"对于政治学说是不适合的和相异化的"。

5.11 天主教联盟成员与政治家

胡格诺教派的君主政治理论比 16 世纪晚期他们的天主教对手的理论得到了更为广泛的研究,而后者却是一个令人感兴趣的和被忽视了的团体。在国王亨利三世于 1574 年即位以后,形势开始变得明朗起来,胡格诺教派不再处于被消灭的危险。相反,亨利似乎采取了对于新教徒的怀柔政策。这种怀柔政策对于 1584 年法国的天主教徒来说,成为一个尖锐的问题。其时,王位继承人阿朗松公爵的逝世把纳瓦尔的亨利(Henry of Navarre)———一位坚定的加尔文主义者——推上了继位的前台。这种威胁促使了天主教联盟的成立,尤其是在巴黎这个当时法兰西天主教学说的心脏地带。这个联盟在全法国是由吉斯公爵领导的,他们起义反对亨利并将他赶出巴黎。正如我们已经看到的,亨利在一次和平的谈判中背信弃义地暗杀了吉斯及其兄弟,红衣主教,这导致了一种诛杀暴君的非凡行动:年轻的多明我会的修道士雅克·克莱芒在1589年8月1日暗杀了亨利三世,从而为吉斯报了仇。

天主教联盟控制下的巴黎是由一个16人委员会负责管理的,该委员会得到了中产阶级、专业人士和企业家的支持,并受到全城的修道士和神父们的热烈拥戴。在活跃于16世纪80年代和90年代期间的联盟的思想家中,最激进的一位是知名的律师,弗朗索瓦·勒布雷顿(François LeBreton),他在他的《告诫第三等级》(*Remonstrance to the Third Estate*)(1586年)中严厉地抨击国王是一个伪君子,主张建立一个法兰西共和国,并号召通过革命和内战来达到这一目标。

天主教联盟的起义在巴黎以及法国其他地方的反抗运动中达到了高潮。这种起义不仅仅是由于对作为少数派的胡格诺教派有可能把他们的信仰强加到天主教法国的头上感到担忧所激发。联盟成员们的抱怨除了宗教方面的原因以外,还有政治的和经济的原因。亨利三世,这位最后的瓦卢瓦王朝的国王,将他的国家建立在大肆掠夺的基础之上,极高的税收负担,庞大的开支、政府办公部门和补贴。不仅如此,对巴黎这个城市还特别规定了高额税赋。

然而,神父克莱芒的行动虽然英勇,但是最终却被证明产生了相反的效果。因为第一个波旁王朝人士,即纳瓦尔的亨利作为亨利四世,继承了王位。亨利清醒地认识到,他不可能继续统治法国而又保持一种胡格诺教徒的身份,因此经过四年的战争之后,他又皈依于天主教。他在一段也许是虚伪的话语中好像是在对此进行解释,"巴黎尊重大多数人"。亨利四世赢了。随着新的波旁王朝国王的出现,诞生了一种中间派的或"温和的"天主教徒——"政治家"(politiques,"the politicals")——的统治。

人们是否将亨利四世以及政治家称为"温和派",将完全取决于他们自己的视角。作为世俗主义者和信仰软弱的人,政治家确实对于屠杀胡格诺教徒不感兴趣,他们更关心如何尽可能早地结束宗教冲突。亨利以他的宽容的法令,即1598年颁布的南特法令(the Edict of Nantes),做到了这一点。在这种意义上,政治家是在两个极端的宗教——胡格诺教与天主教联盟之间的"走中间道路者"。这就是大多数历史学家对于他们的解释。然而在另一种重要的意义上说,政治家则全然不是"温和的"。因为他们极端地渴望将所有的权力都集中于专制国家,以及它的具体体现,法兰西国王身上。通过对于两个"极端"的宗教取得的压倒性优势,亨利四世和政治家们可以对这两个仅有的号召反对皇家暴政的集团置之不理。亨利的胜利也意味着法兰西反对皇权专制主义斗争的终结。波旁王朝的不受限制的专制暴君统治从此在法国持续了两个世纪,直到法国大革命以暴力手段将其终结。实际上,为了保持宗教和谐付出了高昂的代价,特别是从路易十四亦即"太阳王"以来更为明显,这个法兰西皇权专制主义的化身,于1685年撤销了南特法令,借此将许多胡格诺教徒驱逐出法国。在长时期中,专制主义者的"温和"所保持的宗教"和平"最终变成了对很多胡格诺教徒来说是致命的和平。

5.12 注释

1 昆廷·斯金纳,《现代政治思想的基础:第 II 卷,宗教改革的时代》(*The Foundations of Modern Political Thought*: *Vol. II*: *The Age of Reformation*)(剑桥:剑桥大学出版社,1978 年),第 143 页。特别值得注意的是,两部 16 世纪晚期的著作发起了这种批判:意大利的耶稣会士安东尼奥·波塞维诺(Antonio Possevino, 1534—1611 年)的《对让·博丹、菲力普·莫尔奈以及尼科洛·马基雅弗利著述的评判》(*A Judgment on the Writings of Jean Bodin, Philippe Mornay and Niccolo Machiavelli*)(里昂,1594 年),和西班牙的耶稣会士佩德罗·德·里瓦德内拉(Pedro de Ribadeneyra,1527—1611 年)的《宗教以及与马基雅弗利相对立的基督教王子的美德》(*Religion and the Virtues of the Christian Prince against Machiavelli*)(马德里:1595 年;英文本由乔治·莫尔(George A. Moore)所编辑和翻译,马里兰,1949 年)。

2 加里·诺斯,"路德与加尔文的经济思想"(The Economic Thought of Luther and Calvin),载于《基督教重建杂志》(*The Journal of Christian Reconstruction*),第 II 卷(1975 年夏季号),第 77 页。

3 理查德·托尼,《宗教与资本主义的勃兴》(*Religion and the Rise of Capitalism*)(1927 年,纽约:新美国图书馆(New American Library),1954 年),第 80 页。

4 同上,第 95 页。

5 与天主教、路德以及可能还有加尔文(不过,他对于这一主题显示出矛盾的态度)相反,清教徒属于"后一千禧年主义者",即他们相信人类将在基督再次降临之前在地球上建立起千年的上帝王国。另外一些人则属于"前一千禧年主义者"(认为基督先降临,然后再在地球上建立一个上帝的前年王国)。还有些人,像天主教徒,是属于非千禧年主义者(认为基督将最终降临,届时世界将终结)。当然,后一千禧年主义者倾向于劝导他们的信徒热情地甚至快速地行动起来,通过他们自己的努力在地球上建立起上帝的千年王国,这样耶稣就可以最终降临了。

6. 只有晚期的加尔文主义才发展了这种关于召唤的思想,这一事实表明,韦伯也许把他的理论的因果关系弄颠倒了:也许是资本主义的增长导致了一种与之更适合的加尔文主义,而不是相反。韦伯的方法更适合于用来分析像中国这样的社会,在这里宗教的态度似乎束缚了资本主义经济的发展。例如,可以参见由韦伯主义者诺曼·雅各布关于中国与日本的宗教与经济发展问题所做的分析,《现代资本主义的起源与东亚》(*The Origin of Modern Capitalism and Eastern Asia*)(香港:香港大学出版社,1958年)。

7. 埃米尔·考德,《边际效用理论的历史》(*A History of Marginal Utility Theory*)(新泽西州,普林斯顿:普林斯顿大学出版社,1965年),第5页。

8. 迈克尔·沃尔泽(Michael Walzer),《圣徒的革命:关于激进政治学起源的研究》(*The Revolution of the Saints: A Study in the Origins of Radical Politics*)(马萨诸塞州,剑桥:哈佛大学出版社,1965年),第216页,另见第206—226页。

9. 参见注释7中所引考德的文献,第9页。

10. 小约翰·努南,《经院学者对高利贷的分析》(马萨诸塞州,剑桥:哈佛大学出版社,1957年),第344页小注。

11. 同上,第371页。

12. 欧根·冯·庞巴维克,《资本与利息:第Ⅰ卷:利息理论的历史与批判》(*Capital and Interest, Vol. I: History and Critique of Interest Theories*)(1921年,伊利诺伊州,南荷兰:自由意志出版社(Libertarian Press),1959年),第24页。

13. 罗纳尔德·诺克斯(Ronald A. Knox),《狂热:宗教史上的一页》(*Enthusiasm: A Chapter in the History of Religion*)(1950年,纽约:牛津大学出版社,1961年),第133页。

14. 引自伊戈尔·沙法列维奇(Igor Shafarevich),《社会主义现象》(*The*

Socialist Phenomenon)(纽约:哈珀—罗出版公司(Harper & Row),1980年),第57页。
15 卡尔·门格尔,《经济学原理》(Principles of Economics)(纽约:纽约大学出版社,1981年),第317—318页。
16 参见注释1中所引斯金纳的文献,第321页。
17 同上,第343—344页。
18 同上,第347页。

第6章 意大利与法国的专制主义思想

- 6.1 专制主义思想在意大利的出现
- 6.2 意大利的人文主义:共和主义者
- 6.3 意大利的人文主义:君主主义者
- 6.4 "老尼克":邪恶的传教士还是第一个价值中立的政治学者?
- 6.5 人文主义在欧洲的传播
- 6.6 博特罗与马基雅弗利主义的传播
- 6.7 法国的人文主义与专制主义
- 6.8 对专制主义的怀疑:米歇尔·德·蒙田
- 6.9 让·博丹:法国专制主义思想的顶峰
- 6.10 博丹之后
- 6.11 注释

6.1 专制主义思想在意大利的出现

到了 12 世纪,意大利城邦发展出一种新的政府形式,至少从古希腊算起是新的。通常世袭的君主如封建领主,将其统治建立在全部领土范围内的封建统治网络的基础之上,与此相反,意大利城邦建立了共和制。商业寡头构成了城邦的统治阶级,他们选举一位支薪的行政官员或长官(podesta),他的任期较短,所以其统治令寡头集团感到愉悦。这种城市共和的政府形式于 1085 年最早出现在比萨,到 12 世纪末则扩展到了意大利北部。

在 9 世纪,由于查理曼大帝年事已高,德国皇帝或"神圣罗马"皇帝被确定为意大利北部的合法统治者。然而,几个世纪以来,这种统治只是形式上的,城邦实际上是独立的。到了 12 世纪中叶,意大利城邦是欧洲最繁荣的国家。繁荣意味着其财富对劫掠者具有持久的诱惑,所以从 1154 年的腓特烈·巴巴罗萨(Frederick Barbarossa)皇帝开始,德国的皇帝们在长达两个世纪的时间里,一直试图征服意大利北部城市。1310 年到 1313 年,亨利七世皇帝的远征彻底失败,这种侵略才结束,之后在 1327 年,巴伐利亚的路易斯令人难堪地撤退,并解散了帝国的军队。

在这一漫长的斗争中,法律和政治理论家在意大利成长起来了,并且最终成功地表达了意大利人反对德国君主的决心。他们发展出了民族权利思想,以反对其他国家的帝国主义的征服企图,这种权利在后来被称为民族独立权或"自治权"或"民族自决权"。

在这两个世纪的冲突中,意大利城邦反对德国帝国的主要盟友是教皇,教皇在那个时代可以把他的军队派往战场。在教皇的军队协助城邦把德国皇帝的军队赶出去之后,城邦又开始对教皇感到气愤,因为教皇开始宣称拥有对于意大利北部的世俗权利。这些要求得到了教皇的军队的支持,他们占领了意大利半岛的大部分地区。

在一个时期中,一些理论家对于那种要求扭转意大利的政策、使其臣服于德国皇帝,以便摆脱教皇威胁的观念,轻率地接受了。在这些人当中,最杰出的当属伟大的佛罗伦萨诗人但丁·阿利吉耶里(Dante Alighieri)。但丁在其《君主论》(Monarchy)中提出了赞成皇帝反对教皇的观点,该书是在帝国对亨利七世皇帝1310年的远征充满希望的时候写成的。然而,帝国的威胁不久之后就消失了,对皇帝的期望也变得不切实际了,对大多数意大利人而言也成为不合时宜的了。所以,意大利城邦的寡头政治便需要一种新的政治理论。这种理论将表达世俗的国家——无论是共和制还是君主制——都要依自己的意愿进行统治的主张,而不受古老的道德要求同时经常混合着天主教会限制国家对自然法和人权的侵蚀的思想所限制。简言之,意大利的寡头集团需要一种国家专制主义和不受约束的世俗权力理论。教会被急不可耐地限定在纯粹的神学和"宗教"领域,而世俗事务完全由国家及其世俗权力独立地掌握。这种思想汇总起来就是政治学说,并且在16世纪晚期的法国开始盛行。

正如我们上面所看到的,意大利政治寡头在政治理论家和大学教授、帕多瓦的马西利乌斯的著作中找到了他们的新理论。马西利乌斯因此被认为是现代西方世界的第一个专制主义者,其《和平保卫者》(1324年)被认为是对专制主义的第一次重要阐述。

虽然马西利乌斯是西方专制主义的奠基人,但其钟爱的特殊政体形式很快就被废弃,至少在帕多瓦是这样的。因为马西利乌斯是寡头共和主义的信徒,而事实证明这种形式的政府是短命的,在其著作发表后不久,在帕多瓦就消失了。在13世纪后半叶,意大利城邦开始分裂,其间老的政治寡头——巨头(magnati)——努力保持其权力,刚刚暴富但被剥夺公民权的平民(popolani)则努力获取权力。结果,在13世纪后半叶——于1264年从费拉拉开始——在整个意大利北部,权力被一个人掌握,即一个君王(signor)或一个君主,他实施自己或家族的世袭统治。实际上,世袭君主制再次建立起来了。他们并不被称为"国王",因为对一个城市的疆域来说,那是荒谬而宏大的称谓,所以他们给自己起了其他一些称号:"永久的领主"、"最高统帅"、"公爵"等等。佛罗伦萨是少数几个能够拒绝一人统治的城市之一。

1328年,在《和平保卫者》出版四年以后,德拉斯卡拉(della Scala)家族最终设法控制了帕多瓦城。13世纪60年代,德拉斯卡拉家族就已经接管了维罗纳,现在,经过多年冲突之后,堪格兰德·德拉斯卡拉(Cangrande della Scala)也控制了帕多瓦。著名的帕多瓦文学代表人物费雷托·德·费雷蒂(Ferreto de Ferreti,约1296—1337年)很快就开创了对暴政阿谀奉承的新传统,他放弃了以前信奉的共和主义,写作了拉丁语长诗《德拉斯卡拉的崛起》。

按照费雷蒂的说法,英雄堪格兰德的到来,最终为"动荡"与分裂的帕多瓦带来和平与稳定。费雷蒂在颂词的最后,表达了对堪格兰德·德拉斯卡拉的子孙后代能够"永远执掌权柄"的热切期望。

6.2 意大利的人文主义:共和主义者

旧式寡头共和制的捍卫者以他们自己的赞同共和制的专制主义,反对君主(signori)的崛起。这种发展始于修辞学的教导。在12世纪早期,博洛尼亚大学和意大利其他培训律师的中心,都发展了修辞学课程,最初讲授书信写作的艺术风格,后来增加了演讲的艺术。到了13世纪上半叶,修辞学教授在其课程和手册中加入了直接的政治评论。他们采取的一种流行的形式是宣传其城市的历史,特别是致力于灌输支持城市统治阶级的意识形态。这一流派早期最著名的大师是博洛尼亚修辞学家波坎帕诺·达·西格纳(Boncampagno da Signa,约1165—1240年),其代表作是《围困安科纳》(Siege of Ancona)(1201—1202年)。13世纪后半叶,意大利修辞学家发展出的另一种重要形式,是为统治者和城市官员撰写的建议书,其中的政治建议用来指导统治者。早期最重要的建议书是维泰博的约翰(John of Viterbo)所写的《城市的政府》(The Government of Cities),该书写于13世纪40年代,在作者出任佛罗伦萨民选的统治者或长官治下的法官之后。然而,维泰博的约翰并不是完全的专制主义者,因为他用坚定的道德准则,劝告统治者在任何时刻都要追求美德和公正,并且避免堕落和犯罪。

意大利的博洛尼亚等地的修辞学教育实用性较小,但13世纪法国的修辞学教授把古典的希腊和罗马作家当作学习的样板。这种法国方式在巴黎大学特别是在奥尔良得到传授。到了13世纪后半叶,在法国学习的意大利修辞学家把这种新方法带了回来,这种更为宽泛、更具人文主义的方法迅速传播,甚至在博洛尼亚大学也占据主导地位。不久之后,这些早期人文主义者在研究古典诗人、历史学家和演说家的风格同时,也研究他们的思想,并且开始参考古典文献与模式来使他们的政治理论更具活力。

最重要的早期人文主义修辞学家,是佛罗伦萨的布鲁内托·拉蒂尼(Brunetto Latini,约1220—1294年)。在被其祖国佛罗伦萨驱逐之后,拉蒂尼在40岁的时候去了法国,学习了西塞罗(Cicero)的著作,并掌握了法国的修辞学方法。在流亡期间,拉蒂尼完成了其主要作品《财富之书》(Books of Treasure),把西塞罗和其他古典作家引入意大利修辞学的传统著作之中。1266年,拉蒂尼返回佛罗伦萨,他也翻译和出版了西塞罗的一些重要作品。

在这种新学术中尤为重要的是帕多瓦大学,始于著名的法官洛瓦托·洛瓦蒂(Lovato Lovati,1241—1309年),他是与当时最伟大的意大利诗人彼特拉克（Petrarca，14世纪中期）相比肩的诗人。洛瓦蒂最重要的弟子是极具魅力的阿尔伯特·穆萨托（Alberto Mussato，1261—1329年）。作为律师、政治家、历史学家、剧作家和诗人，穆萨托是帕多瓦共和派的领导人，而共和派是德拉斯卡拉家族长期控制该城市权力时的主要反对派（具有足够讽刺意味的是，费雷托·德·费雷蒂是德拉斯卡拉的胜利的赞颂者，也曾是洛瓦蒂学派的门徒）。穆萨托写过两部意大利史，其最重要的文学成就是拉丁语诗剧《埃切利尼斯》（*Ecerinis*）(1313—1314年），这是古典时期的第一部世俗剧。在这部剧作中，作为政治家和宣传家，穆萨托采用了新的词汇。在本剧的序幕部分，他解释到，其主要目的是"用悲歌抨击暴政"，当然是特别针对德拉斯卡拉的暴政。帕多瓦的政治寡头很快就认识到《埃切利尼斯》的政治宣传价值，1315年，他们授予穆萨托桂冠诗人称号，发布命令规定每年城市平民聚会前都要大声朗诵该剧。

对于古典作品的崭新研究还催生了详尽的城市编年史，如迪诺·康帕格尼（Dino Compagni，约1255—1324年）在14世纪早期撰写的《佛罗伦萨编年史》，康帕格尼是该市著名的律师和政治家。实际上，康帕格尼自己就是佛罗伦萨寡头统治者之一。另一个共和派的修辞学人文主义的重要例证，是博文森·德拉瑞瓦（Bonvesin della Riva）的著作《米兰城的荣耀》（1288年）。博文森是米兰的重要修辞学教授。

所有这些作家——拉蒂尼、穆萨托、康帕格尼等等，都致力于设计一种政治理论，来捍卫寡头的共和制统治。他们认为，令人憎恶的君主的崛起有两个基本原因:城市中派系的出现与对贪欲和奢华的追求。当然,这些弊病都隐含着对平民暴发户的崛起以及平民对旧式共和寡头的挑战的抨击。如果没有平民的新财富及其派系的崛起,旧式的寡头政治将继续下去,其权力将不受干扰。康帕格尼直言不讳地写道:因为"虚伪的平民的思想"被"腐化了,错误地追求财富",佛罗伦萨才陷入混乱。拉蒂尼认为邪恶的原因在于"那些贪求财富的人",穆萨托则把帕多瓦的共和制灭亡的原因归结为"对金钱的欲望",它破坏了市民的责任感。请注意,对金钱的"欲望"或"贪婪"的强调,指的是新财富,旧的因而是"好的"财富(即寡头的财富)并不需要欲望或贪婪,因为它已经被政治寡头占有。

按照人文主义者的观点,结束派系斗争的方法,是把个人利益放置在一边,把人民团结起来,代表"公共"或公民的"利益",即"共同利益"。拉蒂尼通过介绍柏拉图和亚里士多德确定了基本论调,柏拉图教导我们,"公共利益高于一切",亚里士多德强调说,"如果每一个人都遵循其个人欲望,那么人们赖以生存的政府将被破坏,并被完全毁灭"。

对于"公共利益"和"共同利益"的废话或许都是非常正确的,然而在实践中要解释这些含混概念的含义,特别是由谁来解释其含义,就不是那么容易了。对人文主义者来说,答案是清楚的:仁德的统治者。挑选仁德的统治者,笃信其仁德,问题迎刃而解。

人民怎样来选择仁德的统治者?这并不是那种意大利人文主义者所提出或者加以考虑的令人窘迫的问题。因为这不可避免地会使人想到那些可以促使仁德的统治者当选的制度机制问题,或者从坏的方面看,能够防止邪恶的统治者当选的机制问题。对于制度的任何此类篡改都将会导致对统治者的绝对权力的限制,而这并不是这些寡头君主权力的人文主义辩护者的思想倾向。

然而,人文主义者很清楚,美德本质上存在于个体之中,而不是存在于贵族家族。虽然他们十分有见地地避免把美德集中在贵族家族,但这也意味着仁德的统治者可以实行个人的统治,而不受任何传统的家族联系或承诺的约束。

为确保统治者的仁德所需要施加的唯一约束,也是这种美德的唯一标准,就是统治者是否遵循这些人文主义者的建议,正如他们在建议书中详细阐述的那样。幸运的是,虽然拉蒂尼和他的人文主义追随者恰当地确立了专制统治的所有前提,但他们并没有进一步认可专制主义本身。因为像之前的维泰博的约翰一样,他们坚持统治者必须具有真正的美德,包括坚持正直、追求公平。像维泰博的约翰以及其他作者在"王者之镜"(mirror-of-princes)文学作品中的论述一样,拉蒂尼及其追随者坚持统治者必须拒绝所有可能进行欺诈与欺骗的诱惑,必须成为一个正直的典范。对拉蒂尼和其他人来说,统治者的真正的美德与自利是同一回事。正直不仅在道德上是正确的,而且(用后来的话说)也是"最好的政策"。公平,正直,被臣民热爱而不是恐惧——所有这些也将有助于统治者维持其权力。拉蒂尼清楚地表明,看起来公平和正直是不够的,统治者为了追求美德并保持权力,"必须实际地成为他所希望成为的人",因为如果"他试图以错误的方式来获得荣耀,他就将完全被欺骗……"。简言之,在统治者的道德与功利之间没有冲突,伦理和谐地产生了有用的结果。

在将近一个世纪之后,意大利的人文主义在佛罗伦萨再一次地大爆发。作为寡头共和主义的重镇,从 14 世纪 80 年代到 15 世纪 50 年代,在 3/4 个世纪以来,佛罗伦萨的独立受到了米兰的威斯康迪家族的威胁。吉安格利佐·威斯康迪(Giangeleazzo Visconti)是米兰贵族和公爵,从 14 世纪 80 年代,开始图谋征服整个意大利北部。到了 1402 年,威斯康迪占领了除佛罗伦萨外的所有意大利北部地区,而佛罗伦萨之所以能够幸免,是公爵突然去世了。然而,不久之后,吉安格利佐的儿子菲利浦·玛利亚·威斯康迪(Filippo Maria Visconti)公爵再次发动了征服战争。佛罗伦萨与米兰帝国之间弹尽粮绝的战争,从 1423 年持续到 1454 年,最后佛罗伦萨迫使米兰承认佛罗伦萨共和国的独立。

佛罗伦萨共和国被包围的状态,导致了共和的人文主义的复兴。虽然与其 14 世纪早期帕多瓦和其他意大利的前辈相比,这些 15 世纪早期佛罗伦萨的人文主义者更具有哲学倾向,也更加乐观,但他们的政治理论非常类似。所有这些重要的佛罗伦萨人文主义者(与早期帕多瓦的学者相比,后来的历史学家对他们更加了解),都有类似的经历:他们都被当作律师或修辞学家来培养,后来或者成为修辞学教授,或者(和)成为佛罗伦萨和其他城市或者梵蒂冈教廷的高级官员。例如,佛罗伦萨人文主义的一代宗师,是科鲁乔·萨卢塔蒂(Coluccio Salutati,

1331—1406年),他在博洛尼亚研究修辞学,并担任多个意大利城市的行政长官。在萨卢塔蒂的主要弟子中,莱昂纳多·布鲁尼(Leonardo Bruni,1369—1444年)曾在佛罗伦萨学习法律和修辞学,后来担任教皇元老院的秘书,并成为一名高级官员,最后从1427年起担任佛罗伦萨的行政长官,直到去世。皮耶尔·保罗·韦尔杰里奥(Pier Paolo Vergerio,1370—1444年)在佛罗伦萨开始学习法律,后来在教廷担任秘书;类似的还有波基奥·布拉乔利尼(Poggio Bracciolini,1380—1459年),他曾在博洛尼亚和佛罗伦萨学习民法,后在教廷担任修辞学教授。

第二代萨卢塔蒂学派学者也遵循类似的职业路线,具有相似的观点。这里我们应当提到的是:伟大的银行业家族的著名缔造者,莱昂·巴蒂斯塔·德利·阿尔伯蒂(Leon Battista degli Alberti,1404—1472年),他在博洛尼亚获得了教会法律的博士学位,之后担任教皇的秘书;加诺佐·马内蒂(Giannozzo Manetti,1396—1459年),他在佛罗伦萨受到了法律教育,并学习了人文主义,之后为佛罗伦萨的官僚机构服务了20年,后来担任教廷的秘书,最后出任那不勒斯国王的秘书;马蒂欧·帕米尔(Matteo Palmier,1406—1475年),他在佛罗伦萨担任高级官员长达五十年,其中八次出任大使。

6.3 意大利的人文主义:君主主义者

15世纪后期以及16世纪,在西方世界转向大西洋后,意大利城邦的政治和经济力量下降了,主要表现是,在外交事务上,意大利受到欧洲新兴的民族国家的军队的不断践踏。从15世纪90年代开始,法国国王反复入侵和占领意大利;从16世纪20年代早期到50年代,法国和神圣罗马帝国的军队把意大利作为战场,展开争夺。

在佛罗伦萨和意大利北部其他地区被从外部入侵之时,遍布意大利的共和主义让位于各种专制君主的一人统治。虽然在15世纪中叶,科罗纳(Colonna)家族领导的共和派设法剥夺了主教的世俗权力,但到了那个世纪末,在亚历山大六世(Alexander VI,1492—1503年)和尤利乌斯二世(Julius II,1503—1513年)领导下,主教们再次使他们成为罗马和教皇国范围内无可争辩的世俗君主。在佛罗伦萨,权倾一时的银行家和政治家德·梅迪奇(de Medici)家族开始缓慢但稳步地建立他们的政治权力,直到成为世袭君主。15世纪30年代,这一过程由伟大的科西摩·德·梅迪奇(Cosimo de Medici)开始,到1480年由科西摩的孙子"伟大的"洛伦佐夺取权力而达到顶点。洛伦佐设立了"七十人会议",全部由他自己的支持者组成,完全控制了共和国,确保了他的一人统治。

然而,共和派进行了反击,斗争持续了半个世纪。1494年,在洛伦佐把佛罗伦萨割让给法国后,共和派政治寡头强制他的儿子皮耶罗被流放。1512年,共和统治崩溃了,梅迪奇在西班牙军队的帮助下,夺取了权力。梅迪奇家族的统治持续到1527年,那时共和派再一次发动革命,把他们赶走;但是两年以后,梅迪奇教皇克莱门特七世(Clement VII),为了梅迪奇的利益,说服哈布斯堡的神圣罗马皇帝查理五世入侵并占领了佛罗伦萨。查理在1530年进行侵略之后,佛罗伦萨共和国就不再存在了。

克莱门特七世受皇帝委派管理佛罗伦萨的事务,他指定亚历山德罗·德·梅迪奇(Alessandro de Medici)为该城市的终身统治者,亚历山德罗及其继承人也被任命为这个城市永久的君主。佛罗伦萨政府被并入托斯卡纳的梅迪奇大公国,梅迪奇家族以君主的身份统治托斯卡纳达两个多世纪。

君主的最后胜利,终结了15世纪早期共和派的人文主义者的乐观主义,他们的后继者对于政治开始玩世不恭,并且鼓吹静默沉思的生活。

然而,其他人文主义者看到了自己利益之所在,立刻从赞美共和寡头制转变为赞美一人君主制。我们前面已经看到,费雷托·费雷蒂迅速完成了对帕多瓦的德拉斯卡拉家族暴政的歌颂。同样,在1400年前后,作为逍遥学派同时也是通常的共和派的韦杰里奥(P. P. Vergerio),在其生活于君主制的帕多瓦期间,完成了一部作品《论君主》(On Monarchy),在这部著作中,他把这种体制称为"最好的政府形式"。君主制毕竟终结了各派系与党派之间的争执与无休止的冲突,它带来了和平、"平安、安全以及对无辜者的保护"。同样,当威斯康迪的专制主义在米兰获得胜利之后,米兰的人文主义者立刻一致完成了对高贵而特别的威斯康迪的光荣统治的赞美之词。例如,在15世纪20年代,乌贝托·狄森伯里奥(Uberto Decembrio,约1350—1427年)把四本关于地方政府的著作献给腓力·玛利亚·威斯康迪,而他的儿子皮耶尔·坎迪多·狄森伯里奥(Pier Candido Decembrio,1392—1477年)保持了这种家族的传统,在1436年写作了《米兰颂歌》。

在 15 世纪末和 16 世纪初，随着君主的统治在整个意大利取得胜利，赞同皇室的人文主义达到了狂热的顶峰。如果不能灵活地调整其理论，使之从赞同共和制转变为赞成皇室的统治，人文主义者就什么也证明不了。人文主义者开始炮制两种类型的建议书：一种面向王室成员，另一种则面向那些需要知道自己在王室成员面前如何表现的朝臣。

最著名的对于朝臣的建议，是巴达萨列·卡斯蒂廖内(Baldassare Castiglione, 1478—1529 年)撰写的《侍臣之书》(*ll libro del Cortegiano*)。卡斯蒂廖内出生于曼图亚附近的一个村庄，在米兰接受了教育，然后开始为米兰市的公爵服务。1504 年，开始依附于乌尔比诺(Urbino)公爵，并恪尽职守，担任外交官和军事指挥官长达 20 年。之后，在 1524 年，卡斯蒂廖内得到了西班牙皇帝查理五世的赏识，由于他的服务，查理任命他为阿维拉主教。卡斯蒂廖内在 1513 年到 1518 年之间，写作了《侍臣之书》，内容为一系列的对话，该书于 1528 年第一次在威尼斯出版。此书成为 16 世纪最受读者欢迎的书籍之一(对意大利人来说，就像《金书》(*ll libro d'oro*)一样知名)，它详尽地描绘和赞颂了完美的朝臣与绅士的品质，清楚地把握住了当时的文化脉络。

15 世纪早期佛罗伦萨的人文主义者对于人，对于他追求美德与卓越，对于"尊敬、赞美与荣耀"是乐观的，而传统的基督徒则认为这些品质只能属于上帝。所以，后来 16 世纪的人文主义者，能够轻易地把对卓越与荣耀的追求，从单个的人转变为君主唯一的职能。例如，卡斯蒂廖内宣称，朝臣的主要目标，"他被指引的目标",一定是向其君主提出建议,这样后者才能到达"荣耀的山巅",并使自己"举世闻名,无与伦比"。

早期的共和派人文主义者,受到了"自由"理想的滋养,他们对于"自由"的定义,不是个人权利这样的现代概念,而是共和、普遍的寡头制和"自治"。卡斯蒂廖内明确反对这种旧式的观念,宣称君主热爱和平、消除纷争的美德,主张完全服从专制君主。在《侍臣之书》中,对话中的一个人物断言,君主用"最严厉的束缚控制其臣民",所以没有自由。卡斯蒂廖内机敏地用许多经常用于为专制辩护的古老术语辩驳到,这种自由只是一种请求,使我们能够被允许"像我们喜欢的那样生活",而不是"遵守好的法律"。既然自由只是一种许可,那么君主就需要"让他的人民知道,在这样的法律与命令下,他们可以生活在安逸与和平之中"。

为君主和朝臣双方写作建议书的主要作家是那不勒斯公爵狄俄墨德·卡拉法(Diomede Carafa,1407—1487年),他享有也许是第一个重商主义者这样的令人暧昧的殊荣。15世纪80年代,在为那不勒斯国王费迪南德宫廷服务期间,卡拉法写作了《完美的朝臣》,在同一时期,他还撰写了《优秀君主的职责》。在《完美的朝臣》中,卡拉法为随后一代的卡斯蒂廖内的有巨大影响力的作品奠定了基调。在《优秀君主的职责》中,卡拉法为顾问们提交的经济建议树立了典范。像许多后来的著作一样,该书以一般政策和辩护的原理开篇,然后分析司法管理、公共财政,最后是经济政策本身。

关于政策细节,卡拉法的建议相对有见地,并不是完全的权力导向,也不是像后来的重商主义者那样的统制主义者为成熟的民族国家服务。预算应当平衡,因为强制性借款等于抢劫和偷窃,税收应当公平适度,不会压迫劳动,也不会驱使资本离开本国。另一方面,商业应该自由发展,卡拉法要求国家对工业、农业和商业进行补贴,以及巨额的福利支出。与后来的重商主义者不同,卡拉法宣称,应当欢迎外国商人,因为他们的活动对国家来说是非常有用的。

但是与经院学者不同,并没有线索可以说明卡拉法有理解或分析市场过程的愿望。唯一重要的问题是,统治者怎样才能操纵市场。正如熊彼特对卡拉法的描述:"在卡拉法看来,经济生活的正常过程不存在什么问题。唯一的问题是如何管理和改善这种过程"。

熊彼特也认为卡拉法第一次提出了国民经济概念,把整个经济看作是由君主管理的巨型企业单位说:

就我所知,是第一个全面论述了近代新兴国家所遇到的经济问题的人。……卡拉法的"开明君主"所包含的基本思想,……国民经济……[它]并不仅仅是一国境内家庭和企业或集团和阶级的简单加总。而被认为是一种理想化的企业单位,具有自己独特的存在方式和独特的利益,需要像大农场那样来管理。[1]

或许在对于君主的新建议书中最重要的作品要属弗朗切斯科·帕特里奇(Francesco Patrizi,1412—1494 年),他于 15 世纪

70 年代撰写了《王国与国王的教育》(The Kingdom and the Education of the King),并把它献给第一位激进主义的教皇西克斯图斯四世(Sixtus IV),并参与把世俗权力归还罗马的教皇和教皇国家的运动。帕特里奇是锡耶纳的人文主义者,曾担任加埃塔的主教。

像其他人文主义者的建议书一样,帕特里奇也认为君主的美德是核心问题。但是应当注意的是,与其他赞同君主的人文主义者同伴一样,也与早期的共和派一样,帕特里奇的明君简直就是基督教美德的典范。君主必须是一个坚定的基督徒,总是追求和坚持公平。尤其是,君主必须总是绝对正直和可敬的。他"绝不会欺骗,绝不会撒谎,也绝不会允许其他人撒谎"。然而,与后来的人文主义者同伴相比,帕特里奇认为与顺从的臣民相比,君主具有一些不同的美德。例如,作为历史的缔造者和荣耀的追求者,君主不应是谦卑的;相反,他应当是慷慨的,在支出方面出手不凡,完全是"大手笔"。

君主的胜利产生了许多单纯以《君主》(Il Principe)为题的建议书。其中一本为巴特罗密欧·萨基(Bartolomeo Sacchi, 1421—1481 年)在 1471 年所写,以此向曼图亚公爵致敬。乔万尼·彭塔诺(Giovanni Pontano, 1426—1503 年)撰写了另一本重要的建议书,他通过在 1468 年写作《君主》来讨好那不勒斯国王费迪南德。作为回报,费迪南德国王任命彭塔诺为秘书,任职时间长达 20 多年。在两篇独立的文章中,彭塔诺不断地赞美其主子,歌颂费迪南德具有两种高贵的美德,高尚与壮丽的慷慨。在《论慷慨》中,彭塔诺认为,"没有什么能比缺乏慷慨更有损君主的尊严"。在《论崇高》中,彭塔诺强调,对于高贵的荣耀来说,建设"华丽的建筑、壮丽的教堂和剧院"是至关紧要的,并赞美费迪南德国王建设了"雄伟壮丽的"公共建筑。

6.4 "老尼克":邪恶的传教士还是第一个价值中立的政治学者?

意大利人文主义者提出了专制政治统治的学说,首先由共和派寡头提出,其次由赞美专制君主、帝王、国君的人文主义者提出。但是至关重要的一点仍旧是,让统治者免除所有的道德约束,允许甚至赞美君主异想天开的不受约束、不受束缚的统治。因为虽然人文主义者知道对于国家的统治不存在任何制度性的约束,但是仍然存在着一个关键的绊脚石:这就是基督教道德。所有的人文主义者都要求统治者必须是基督徒,必须始终坚持公平,必须是正直和令人尊敬的。

那么,要完成对于专制理论的发展,理论家就必须无畏地打破这种伦理的锁链,而这种锁链仍旧以道德原则束缚着统治者。佛罗伦萨官员尼科洛·马基雅弗利(Niccolo Machiavelli,1469—1527年)完成了这项工作,这体现在他最有影响的政治哲学著作《君主论》(The Prince)中。

尼科洛·马基雅弗利生于佛罗伦萨,成长于托斯卡纳的中产贵族家庭。他的个人偏好明显倾向于旧式的寡头共和制,而不是君主制。1494年,当共和派把梅迪奇赶出佛罗伦萨时,年轻的尼科洛成为城市官员。马基雅弗利在政府内迅速蹿升,担任十人委员会的秘书,而该委员会把持着佛罗伦萨的外交与战争大权。在1512年梅迪奇再次征服佛罗伦萨之前,他一直担任这一重要的职务,承担了一系列外交和军事使命。

马基雅弗利如果不是"灵活善变"的话,就一无是处,这个非凡的机会主义哲学家努力讨好梅迪奇家族,对于他所憎恨的梅迪奇的复归致以祝贺。在1513年,他写作了《君主论》,在传统的献给君主的建议书和赞美词系列中,这不过又是浅薄的一本。马基雅弗利希望能够吸引梅迪奇家族来阅读,这样他就能够恢复高官的职位,马基雅弗利缺少必要的羞耻心,把这本书献给"伟大的洛伦佐·德·梅迪奇"。然而,梅迪奇并没有上钩,马基雅弗利唯一能做的就是在文学上谋求发展,并且又开始从事共和的密谋。马基雅弗利参加了秘密共和会议,地点在佛罗伦萨郊外的奥瑞塞拉瑞花园,它由贵族科西摩·鲁塞莱(Cosimo Rucellai)拥有。正是在奥瑞塞拉瑞花园,马基雅弗利讨论了其第二本最重要的著作《论李维著罗马史前十书》(*Discourses on the First Ten Books of Titus Livy*)的草稿,该书写于1514年到1519年。

在16世纪以及后来的两个世纪,尼科洛·马基雅弗利在整个欧洲被人痛骂。他被看作是西方历史上独特的人物,一个有意识的邪恶传教士,一个恶魔,释放了政治世界中的魔鬼。在英语中,把他的教名用作恶魔的同义语,"老尼克"。正如麦考利(Macaulay)所指出的:"他们把他的姓氏当作流氓的绰号,把他的教名当作恶魔的同义语"。

在现代,马基雅弗利的名声已经由邪恶的传教士转变为令人羡慕的政治学者,被看作是政治理论原则的奠基人。因为马基雅弗利摆脱了过时的道德准则，以冷酷无情的眼光看待权力。作为一个思想坚定的现实主义者，他是现代实证的、价值中立的政治科学的先驱。作为权力导向的重商主义者和现代"科学"方法的奠基人，弗朗西斯·培根（Francis Bacon）爵士在17世纪早期写道："我们要对马基雅弗利和其他学者表示感谢，他们描述了人们在做什么，而不是人们应当做什么"。

那么，马基雅弗利究竟是恶魔的教师，还是价值中立的政治学者？让我们来看一下。首先，《君主论》与15世纪晚期人文主义者的被称为"君主之镜"的其他建议书非常类似，假定君主追求美德或卓越，在发展这些优点的同时，追求正直、荣耀和声望。但在这种传统的形式中，马基雅弗利进行了根本性的、激烈的转变，以这种方法创造了新的政治理论范式。马基雅弗利所做的，是重新定义了美德（*virtú*）这一重要概念。对于人文主义者以及基督徒与古典理论家，美德即卓越，是践行传统的、经典的基督教品德：正直，公平，仁爱等等。与此相反，对于老尼克（对于后来的人文主义者也是如此，毕竟他们只考虑君主），正如斯金纳教授所指出的，统治者或君主的美德，是"任何有助于君主'维持其国家'的品质"。[2] 简言之，如果君主压倒一切的（如果不是唯一的）目标是维持和扩展其权力，那么他对于国家的统治高于一切。由于维持和扩展权力是君主的目标，他的美德，从而为实现这一目标所必需的任何手段就都是正当的。

在对于马基雅弗利的富有启发意义的讨论中，斯金纳教授试图捍卫马基雅弗利，反对"邪恶的传教士"这一指责。斯金纳告诉我们，马基雅弗利本质上并没有赞美邪恶；实际上，在其他条件相同的情况下,他可能会首先选择正统的基督教品德。只是在这些品德带来不便,即它们与保持国家权力这个高于一切的目标相冲突时,基督教品德才不得不放在一边。更为天真的人文主义者也希望君主维持其国家,实现伟大与荣耀。然而,他们相信,只有追求与坚持基督教美德,这些才会实现。与此相反,马基雅弗利认识到坚持公平、正直以及其他基督教美德,有时(甚至大多数时候)会与维持和扩张国家权力的目标相矛盾。因而,对马基雅弗利而言,正统的美德就必须被抛弃。斯金纳教授对马基雅弗利做了如下总结:

因此,马基雅弗利最终对于什么是人的美德的认识,以及他最终对君主的忠告,可以总结为,他告诫君主首先要成为一个"灵活处事"的人,必须有能力随意从善跳到恶,然后再变回来,"视偶然的具体情况而定"。[3]

然而,关于究竟什么是"宣扬邪恶",斯金纳教授有一种奇怪的观点。毕竟,在世界历史上,除了小说中的傅满洲博士(Dr Fu Manchu)[*],谁还会真正地赞美邪恶,鼓吹邪恶,并在生命的每一步中都自甘堕落? 就像马基雅弗利所做的那样,宣扬邪恶恰好是劝人为善,只要美德没有妨碍你获取想要的某种东西,对统治

---

[*] 傅满洲是英国小说家萨克斯·罗默创作的系列小说中的虚构人物。在1875年出版的《福尔摩斯遭遇傅满洲博士》一书中首次出现,号称世上最邪恶的角色。傅满洲是一个瘦高秃头,倒竖两条长眉,面目阴险。他其实是西方种族主义者心目中黄祸的拟人化形象(引自百度百科)。——译者注

者而言，这种东西就是维持和扩张权力。除了这种"灵活性"之外，宣扬邪恶还能是什么呢？

把权力作为高于一切的目标，以及马基雅弗利对于经常处于冲突状态的权力和道德标准的现实主义态度，可以直接得出他对于君主一方的欺骗与谎言的著名辩护。马基雅弗利建议君主应当总是以基督徒的方式装扮成具有道德和美德的样子，因为这会提高他的声望；但如果维持权力是必需的话，就走向其反面。例如，马基雅弗利强调表象的价值，基督徒与其他道德家称之为"伪善"。他写道，君主必须乐于成为"一个伟大的撒谎者和骗子"，利用所有容易轻信的人，因为"人们是如此幼稚"，以至于"骗子总是可以发现准备受骗的人"。或者，用数个世纪以后巴纳姆（P. T. Barnum）*的不朽名言来说："每分钟都有一个傻瓜诞生。"而且，在赞美诡计与谎言时，马基雅弗利写道，"当代经验表明，成就了伟大事业的君主，是那些轻率地对待承诺的人，是知道如何用诡计戏弄他人的人，最后，是战胜那些坚持诚实原则的对手的人"。或者用美国另一位狡猾的社会评论家的话来说："好人总是吃亏"。

当然，在向所有人宣传这种观点、公然地（！）鼓吹欺骗的人中，有一个内在的矛盾。因为，当统治者开始采纳一种"实用主义"哲学（在任何情况下这都是他们的自然倾向）时，受欺骗的

---

* 菲尼亚斯·泰勒·巴纳姆（P. T. Barnum, 1810—1891 年），美国巡回演出团老板和马戏团老板。他被认为是世界最伟大的巡回演出团老板，并因展现畸形人的表演而闻名，尽管只有部分是真材实料。他喜欢大做宣传，经常夸大其词，以吸引那些好奇和容易上当的观众。——译者注

公众可能会开始认识到事物的真实情况("傻瓜也会聪明起来"),因而统治阶级持续的欺骗将被证明是不起作用的。"伟大的撒谎者和骗子"或许再也找不到如此多的"准备受骗"的臣民。

所以,尼科洛·马基雅弗利毫无疑问是西方世界的一个新现象:一个有意识地向统治阶级传播邪恶的传教士。他在创立讲究实际、现实主义、价值中立的政治科学中的所谓贡献到底是什么?

首先,他的主要贡献之一,被认为是要求国家的统治者大规模地使用权力、武力和暴力。马基雅弗利算不上是第一个理解武力和暴力是国家权力的核心的政治哲学家。然而,先前的理论家却对于这种受到古代或基督教道德约束的权力感到担忧。但马基雅弗利完全抛弃了政治学中道德的外衣,把国家明白无误地看作是没有装饰的残忍的武力,服务于绝对的权力,这确实是令人耳目一新的现实主义。

马基雅弗利作为现代政治科学的奠基人,也具有深远的意义。由于现代"政策科学家"——政治学家、经济学家、社会学家等等——是那些非常舒服地充当君主(或更为广泛地说,统治阶级)的顾问角色的人。因此,作为纯粹的技术人员,这种顾问实际上是建议统治阶级如何实现其目标,正如马基雅弗利所看到的,这种目标可以归结为通过维持和扩张其权力来实现伟大与荣耀。现代政策科学家回避道德原则,把它看作是"非科学的",所以在他们的兴趣范围之外。

总之,现代社会科学家是老谋深算的佛罗伦萨机会主义者的忠实追随者。但在一种重要的意义上,二者是不同的。由于尼科洛·马基雅弗利从未因为他是"价值中立的",而自欺欺人地宣称自己是真正的科学家。老尼克从来不假装或诡诈地声称自己是价值中立的,他只是用另外一些相反的道德原则取代了基督教美德的目标:维持和扩张君主的权力。正如斯金纳所说的:

> 人们经常说,马基雅弗利观点的创新之处在于,……他把政治学与道德相分离,因而强调"政治学的自主性",……[但是]马基雅弗利与其同时代的学者之间的差异,并不能用关于政治学的道德观点与将政治学与道德相分离的观点二者之间的不同来准确地刻画出来。更为本质性的区别在于,二者具有两种不同的道德观,即关于究竟应当做什么的问题,存在着相互竞争、不可调和的两种解释。[4]

与此相反,现代社会科学家以现实主义和价值中立而自豪。但是,具有讽刺意味的是,关于这一点,他们远不如其佛罗伦萨的导师更加现实(或许还有更加)公正。因为正如马基雅弗利清楚地知道的,在完成国家统治者的顾问这一角色方面,"价值中立的科学家"是无可奈何的,只能服务于最终的目标,服务于高于一切的道德,即加强其统治者的权力。正是在鼓吹公共政策方面(如果不涉及其他场合的话),价值中立成为一个陷阱和一种幻觉,老尼克既过于诚实,又过于现实主义,以至于不能用其他方式思考。

所以,尼科洛·马基雅弗利既是现代政治科学的奠基人,也是著名的邪恶的传教士。然而,在排除基督教与自然法道德方面,他并没有像其现代的追随者那样过分地宣扬"价值中立",他完全知道,他正在倡导从属于权力与国家理性的所有其他视角的新道德。马基雅弗利是不受约束、不受限制的专制国家权力的最卓越的哲学家和辩护士。

有些历史学家喜欢区分《君主论》中的"坏"马基雅弗利,与后来影响较小的《论李维著罗马史前十书》中的"好"马基雅弗利。由于没有说服梅迪奇相信他已改变立场,在《论李维著罗马史前十书》中,马基雅弗利回到了他的共和立场。但《论李维著罗马史前十书》中的老尼克并没有变得善良,他只是配合其学说,充当反对君主政体的共和派。

作为一个共和派,马基雅弗利明显不再强调君主的美德和伟大,他改变立场,把社会当作一个整体,强调集体性的美德。当然,除非为了社会,美德不再是伟大的行为,也不再用于维持一个人的权力,它现在总是服务于"公共利益"或"共同利益",个人或集团的"私利"总是从属于所谓的更大的利益。

另一方面,马基雅弗利把对个人利益的追求斥为"堕落"。简言之,马基雅弗利仍然坚持维持和扩大国家权力是最高的利益,只是这里的国家是寡头共和制的国家。他真正宣传的东西,与早期共和派人文主义者的信条是类似的:每一个个人和团体都必须毫无疑问地从属和服从于共和制城邦的寡头统治阶级的法令。

尼科洛·马基雅弗利在《论李维著罗马史前十书》中与在

《君主论》中一样，都是邪恶的传教士。作为最早的无神论作家之一，马基雅弗利在《论李维著罗马史前十书》中对于宗教的态度，是典型的嘲讽与操纵态度。他认为，在保持臣民的团结与对国家的服从方面，宗教是有益的，因此，"那些希望免于堕落的君主和共和国，首先应当保证其宗教仪轨的纯洁性"。如果宗教能够壮大国家的力量与好战的品质，它也会做出积极的贡献，但是令人遗憾的是，基督教宣扬谦卑与默祷，削弱了人们的力量。在一篇已经预见到尼采思想的长篇檄文中，马基雅弗利指责基督教道德"美化了谦卑与默祷的人"，这种和平精神导致了目前的堕落。

马基雅弗利大声疾呼，只有公民的最高目标是维护和扩张国家，才能具有美德，因此他们必须使基督教伦理服从于这一目的。特别是，他们必须准备取消基督教伦理的约束，愿意为维护国家而"做不道德的事情"。必须时刻把国家放在第一位。所以，任何在基督教伦理范围内判断政治或政府的尝试都必须放弃。正如马基雅弗利以水晶般的纯净和无比的庄严，在他最后的《论李维著罗马史前十书》的结尾中所阐述的，"如果国家的安全依赖于我们所采取的决策时，那么根本不会允许考虑公正还是不公正，人道还是残忍，光荣还是羞耻。"

马基雅弗利的观点与他在《君主论》中的见解在本质上是一致的，并且在《论李维著罗马史前十书》中关于罗穆卢斯（传说中罗马城的缔造者）的讨论中清楚地表示出来。按照马基雅弗利的观点，罗穆卢斯谋杀其兄以及其他人是正当的，因为只有一个人能够奠定共和国的宪法。马基雅弗利狡猾地把"公共利益"与统治者的私利结合起来,用以下虚假的话语加以说明:"所以,共和国有洞察力的立法者,其目标在于提高公共利益,而不是其私人利益[原为如此],……应当把所有权力集于一身"。在这种集权之下,为实现建立国家的目的,可以采取任何必要的手段:"一个明智的头脑不会由于任何行为(无论多么超乎寻常)而责备任何人,这些行为的目的可能是建立一个王国或组建一个共和国。"马基雅弗利用他所谓的"正确格言"总结道,"这些应被谴责的行为,可以因其结果而被宽恕,如果结果是好的,就像罗穆卢斯的情况一样,就可以不择手段"。

贯穿《论李维著罗马史前十书》,马基雅弗利都鼓吹对统治者来说,欺骗是一种美德。与以前的人文主义者不同,他也坚持认为,对统治者来说,人们害怕他比人们热爱他更好,在统治其臣民方面,惩罚比仁慈更好。此外,如果统治者发现这个城市都在起义,反对其统治,那么最好的行动过程就是完全"把他们清除干净"。

因此,斯金纳教授对《君主论》和《论李维著罗马史前十书》的总结是富有洞察力并且完全正确的:

> 所以,这两本书潜在的政治道德是相同的。马基雅弗利基本立场的唯一变化源于其政治建议的焦点的改变。在《君主论》中,他主要关注塑造单个君主的行为;而在《论李维著罗马史前十书》中,则更为关注对全体公民提出忠告。然而,其建议背后隐含的假设,与以前别无二致。

马基雅弗利仍然一方面是邪恶的传教士,另一方面是现代政治和政策科学的奠基人。

6.5 人文主义在欧洲的传播

意大利的这种新式人文主义,其标志是在哲学和文学方面热衷于经典著作,具有专制主义政治思想,轻视经院学派的系统性思想和自然法学说。它在 15 世纪,像野火一样迅速传播到北方,如法国、英格兰、德国和尼德兰。在 16 世纪之前,这种思想征服了北方的学术界与大学,几乎与新教改革运动终结了经院学派思想具有同样的影响,为专制国家的统治铺平了道路。然而,北方的人文主义者所持有的政治思想,有一个重要的差别:在法国、德国和英格兰等国家,国王获得了更加集中和决定性的权力,对于寡头共和主义美德的讨论似乎是奇怪的、不相关的废话。而与此相反,北方的人文主义者坚定地效忠于"君主"——尽管必然是处于马基雅弗利之前的有德行的君主——把他们自己当作贤明的权力顾问。

在法国任教并引起轰动的第一位意大利人文主义者,是那不勒斯的格利高里欧·达·蒂夫纳(Gregorio da Tiferna,约 1415—1466 年),他于 1458 年来到巴黎大学,并成为第一个希腊语教授。其他意大利人文主义者很快就旋风般地成功占领了中世纪和早期文艺复兴时期经院学者的神圣堡垒。菲利浦·博尔多(Filippo Beroaldo,约 1440—1504 年)于 1476 年来到巴黎大学,讲授诗歌、哲学和人文主义研究。当时在巴黎大学特别有影响的是福士托·安德烈利尼(Fausto Andrelini,约 1460—1518

年),从 1489 年起,他在巴黎大学任教 30 多年,因在拉丁诗人和评论家方面的经典学术造诣而获得了巨大的声誉。

彼得罗·德尔蒙特(Pietro del Monte,卒于 1457 年)最早将人文主义带入英格兰,从 1435 年到 1440 年,他担任教皇在英格兰的税收征集人,更为重要的是,担任了格罗斯特的汉弗莱(Humphrey)公爵的文学教师,汉弗莱公爵是亨利五世国王的哥哥,他是人文主义在英国的第一个保护人。格罗斯特把意大利的修辞学家带入其家庭,建立了一个非凡的图书馆,收集了所有的重要人文主义著作,后来把其中的许多著作捐献给了牛津大学。在 15 世纪晚期,牛津和剑桥也是意大利人文主义学者的家园。米兰学者斯特凡诺·苏利冈(Stefano Surigone,约 1430—约 1480 年),于 1454 年到 1471 年在牛津讲授语法和修辞;科尼利奥·维特利(Cornelio Vitelli,约 1450—1500 年)是英国大学的第一个希腊语教授,从 15 世纪 70 年代起在牛津大学的新学院任教。意大利人文主义者洛伦佐·达·萨瓦诺(Lorenzo da Savona)从 15 世纪 70 年代起在剑桥任教,于 1478 年出版了修辞学手册,并且在该世纪末重印两次。卡伊欧·奥博瑞诺(Caio Auberino,约 1450—约 1500 年)成为剑桥大学的修辞学正式教授,并于 15 世纪 80 年代在那里讲授拉丁文学。

人文主义也传播到了欧洲北部,因为许多年轻的学者,经常受本国的意大利教授的鼓舞,前往意大利,在发源地学习新的人文主义。例如,罗伯特·加甘(Robert Gaguin,1435—1501 年)在聆听了格利高里欧·达·蒂夫纳的讲座后,改信人文主义,在 15 世纪 60 年代两次在意大利长时间旅行,成为法国杰出的人文主义者,于1473年回到索邦神学院,讲授修辞学和拉丁文学,翻译李维的著作,出版了研究拉丁诗歌的论文,并且出版了第一本完全用修辞风格撰写的法国史。来自英格兰的威廉·格洛辛(William Grocyn,约1449—1519年),是牛津大学维特利的学生,曾于15世纪80年代末在佛罗伦萨学习人文主义。1491年,格洛辛重返牛津,成为牛津大学的第一个希腊语教授。另一位年轻的牛津学子威廉·拉蒂默(William Latimer,约1460—1545年),与其朋友格洛辛一道在意大利旅行,之后去了帕多瓦大学,使其希腊语研究更加精深。在格洛辛获得第一个牛津大学职位后不久,拉蒂默被任命为牛津大学莫德林学院(Magdalen College)教师,并将莫德林学院发展成为人文主义研究的中心。

在去意大利游学的众多牛津学子中,最著名的是约翰·科利特(John Colet,约1467—1519年),他是格洛辛在牛津的学生,于1493年到1496年在意大利游学。从意大利归来后,科利特也被任命为牛津大学教授,从1498年到1499年,他面向整个大学,发表了关于使徒圣保罗的一系列著名演讲。

6.6 博特罗与马基雅弗利主义的传播

北方的人文主义者与意大利人文主义者都坚定地认为,君主必须实践基督教的正直与公平的美德。就在马基雅弗利在《君主论》中为他的实用主义道德辩护时,这个时代最伟大的人文主义者正在为君主撰写一部著名的建议书,严肃地重申基督教美德。德希德利乌斯·伊拉斯谟(Desiderius Erasmus,约1466—1536年),荷兰奥古斯丁派教士,受约翰·科利特的影响而研究神学，在 1516 年把他关于《一个基督教君主的教养》(The Education of a Christian Prince)的阐释献给了后来的查理五世国王。虽然老尼克宣称为了维护统治者的国家权力，可以不择手段，但伊拉斯谟告诫道，君主绝不能做任何有损公正的事情，无论其动机是什么。

马基雅弗利的《君主论》直到 1532 年才出版，在那之后，正如我们所看到的，对马基雅弗利的攻击席卷整个欧洲。在英格兰，对马基雅弗利最受欢迎的称呼是"狡猾的无神论者"。例如，在 1602 年，詹姆斯·赫尔(James Hull)写了一本关于马基雅弗利的书，标题为《揭露狡猾的无神论者的真面目》(The Unmasking of the Politic Atheist)。北方的人文主义者一般具有同样的立场，为传统政治哲学关于公平和正直的主要论点辩护，攻击新理论家对于高于一切的目标的关注，即马基雅弗利所恰当地总结的"国家理性"(ragione di stato)。例如，枢机主教雷金纳德·波尔(Reginald Pole, 1500—1558 年)，作为英格兰反对亨利八世的宗教改革的天主教的支持者之一和知名的人文主义者，他于 1539 年在其《向查理五世致歉》(Apology to Charles V)中，攻击马基雅弗利的政治理论摧毁了所有的美德。罗杰·阿斯坎(Roger Ascham, 1515—1568 年)是另一位重要的人文主义者，长期担任伊丽莎白女王的希腊语和拉丁语教师，在其《关于德国国家事务的报告与讨论》(Report and Discourse of the Affairs and State of Germany)中，极其厌恶地评论道，马基雅弗利教人可以"思考、谈论和从事任何能够带来最大利润和快感的事情"。

在16世纪70年代的法国宗教战争中,也证明马基雅弗利有益于胡格诺教徒。胡格诺教徒把1572年的圣巴塞罗缪节大屠杀归因于母后凯瑟琳·德·梅迪奇(Catherine de Medici)的邪恶诡计,她是伟大的洛伦佐·德·梅迪奇的女儿,马基雅弗利曾把《君主论》献给洛伦佐。胡格诺教徒把大屠杀归因于马基雅弗利的哲学观点。因此,《醒悟者》(The Awakener)不断地谴责马基雅弗利的"异端邪说",断言国王"实际上被马基雅弗利的学说所蛊惑",试图铲除胡格诺教徒。另一本小册子《警钟》(The Alarm Bell,1577年),认为凯瑟琳故意用"无神论者马基雅弗利"的学说训练其儿子,因而用"最适合暴君的原则"教导年轻的国王。对于其他的胡格诺教徒来说,马基雅弗利是"欺骗的科学"的导师,这种"科学"是由像凯瑟琳这样的意大利人带到法国来的。

在反马基雅弗利类型的小册子中,突出例证是英诺森·让蒂耶(Innocent Gentillet,约1535—1595年)撰写的《反马基雅弗利主义》(Anti-Machiavel),于1576年出版。让蒂耶是法国胡格诺教徒,在圣巴塞罗缪大屠杀后逃往日内瓦。他指出,马基雅弗利是《如何成为一个完全的暴君》手册的邪恶作者。

但是,新道德的诱人性质,以及认为为实现维持和扩展国家权力这一高于一切的目的而采取邪恶手段是正当的观点,也开始被许多作家认可。在16世纪,意大利出现了一群马基雅弗利主义者,代表人物是乔万尼·博特罗(Giovanni Botero,1540—1617年),其论作《国家理性》(The Reason of State)发表于1589年。

博特罗是重要的人文主义者,来自皮埃蒙特,后来加入耶稣会。这一时期经院学派在意大利的没落,预示着政治生活中"国家理性"的支持者(因而也是自然法伦理的反对者)应当成为伟大的耶稣会的一员。由于马基雅弗利在欧洲特别是在天主教界得不到普遍赞同,博特罗谨慎而明确地在形式上攻击马基雅弗利。但这只是形式上的伪装而已,博特罗采纳了马基雅弗利思想的本质。虽然以表面上强调君主坚持公正的重要性为开端,但博特罗立即指出政治上的审慎对于所有的政府来说是至关重要的,然后将这种审慎的本质定义为"在君主做出的决策中,利益总是高于任何其他的理由";所有其他因素,如友谊、条约或其他承诺都应当被抛弃。博特罗的基本观点是,从根本上说,君主必须主要由"国家理性"所指引,其行为"不能被看作是由普通理由所指引的"。君主的行为所依据的道德以及证明其正确的理由,与指导普通公民的原则完全不同。

在此后40多年的时间里,博特罗的著作激发出了大量类似的作品,它们都有一个共同的标题:《国家理性》。

除了是政治实用主义和国家理性的重要理论家之外,乔万尼·博特罗还是值得注意、也许是具有独自特征的第一个"马尔萨斯主义者",是第一个对所谓的人口增长的恶魔进行痛苦谴责的人。在其《论伟大城市的成因》(*On the Cause of the Greatness of Cities*)(1588年)中(该书于1606年译成英语),博特罗几乎展示了200年后马尔萨斯在其著名论文中所阐述的所有论题。因此,博特罗的分析是高度机械论的:人口倾向于无限增长,或者更准确地说,唯一的限制是人类生育能力的最大值。

因此,人口的增长总是——用马尔萨斯的话说——倾向于"对生存手段构成压力",由此导致贫穷与饥荒总是存在。因此,人口增长只能用两种方法加以抑制:第一种方法是通过饥荒、瘟疫或争夺稀缺资源的战争来消灭大量人口(马尔萨斯所说的"积极"抑制);第二种方法是博特罗的理论所允许的自由意志或积极人类反应的唯一要素,即饥荒和贫穷会使某些人拒绝婚姻和生育(马尔萨斯所说的"预防性"或"消极的"抑制)。

在这个以人口增加和生活水平提高以及经济增长为标志的时代,博特罗对于人口增长的悲观观点,绝不会被人友好相待。实际上,正如我们下面将要看到的,17世纪和18世纪的理论家预言无限的人口增长,他们喜爱这一思想,认为无限的人口增长将刺激繁荣和经济增长。[5]

无论如何,不管人们是否从关于人口无限增长的论文中得出悲观、中立或者乐观的结论,其基本的缺陷是在于假定,即使人们看到其生活水平将会因养育大家庭而下降,他们也不会对此做出反应。博特罗(以及后来的马尔萨斯)尽管提到了"预防性"抑制,但实际上忽略了这种情况。如果人们在面临绝对贫困的时候,会减少养育子女的数量,那为什么他们很久以前未变贫困时就不会减少呢?如果是这样,就不能假设存在这种机械趋势。

实际上,在历史上,事实与马尔萨斯的悲观预测完全相反。为适应较高的经济增长和繁荣以及由此产生的生活水平的提高,人口才会增长,所以人口与生活水平倾向于同方向变化,而不是反方向变化。随着生活水平的提高,营养、卫生和医疗条件的改善,死亡率将会降低,因而人口通常会增加。死亡率的大幅下降,会引起人口加速增长(大致用出生率减去死亡率来度量)。在数代人之后,出生率通常会下降,因为人们要保持较高的生活水平,所以人口增长将趋于平稳。

博特罗—马尔萨斯人口学说的主要缺陷在于,他们假设两种实体——人口和生活资料(或产品,或生活水平)——受到两种完全独立的规律的支配。然而,正如我们将要看到的,人口增长可能会对产品的变化反应强烈,反之亦然。人口的增加为更多的产品提供了更大的市场,也使更多的劳动进入生产过程,因而会刺激投资和生产的增长。[6] 熊彼特在他对马尔萨斯的批判中提出了其基本观点:"……当然,无论怎样,试图用两种相互独立的'法则'说明两种相互独立的数量,都是没有意义的"。[7]

在英格兰,温切斯特主教斯蒂芬·加德纳(Stephen Gardiner,约 1483—1555 年)是一位重要的人文主义者,他与枢机主教波尔一道反对英国圣公会改革、捍卫天主教会。与波尔不同,加德纳属于北方第一批人文主义者,走赞成马基雅弗利的路线。16 世纪 50 年代初,在都铎王朝玛丽女王的专制统治下,加德纳担任上议院大法官,非常适时地写作了《论英格兰人和诺曼人来到不列颠》(Discourses on the Coming of the English and Normans to Britain),献给西班牙国王腓力二世。该书是作为建议书,而在腓力国王与玛丽女王结婚前夕写成的,就如何统治英格兰而向国王提出建议。加德纳明确赞同马基雅弗利的观点,即对君主而言,看上去具有美德比实际上具有美德更加重要。加德纳认为,对君主而言,表面上让人感觉到具有"仁慈、慷慨和忠于信仰"的美德是有用的,但任何统治者如果要真正地恪守这些品质,就会受到约束,其损害要比收益更大。

16世纪后期,杰出的比利时学者、人文主义者贾斯特斯·李普修斯(Justus Lipsius,1547—1606年)是热忱而内敛的马基雅弗利主义的信徒。李普修斯从荷兰的安特卫普迁居莱顿,以逃避反对西班牙统治的严酷的战争。1589年,李普修斯在莱顿出版了他的《政治学六卷书》(Six Books of Politics)。李普修斯写道,君主必须学习如何进行"有益的欺骗",并且能够明智地把"利益与正直混合起来"。国家理性再一次获得了胜利。

6.7 法国的人文主义与专制主义

在人文主义在法国具有影响之前,法国的政治思想是中世纪的,而不是专制主义。例如,著名的王室官员、法理学家和牧师克劳德·德塞瑟尔(Claude de Seyssel,约1450—1520年),在去世之前,出版了关于君主制的论文,总结了中世纪以后关于政治学的观点。1515年,他撰写了《法国的君主制》(The Monarchy of France),描述国王路易十二的死亡,并把它献给新国王弗朗西斯一世。该书在四年以后出版,并改为一个更为专横的标题《法国的大君主制》(The Grand Monarchy of France),之后不断重新发行。

德塞瑟尔出身于萨沃伊,受到了法学教育,并且服务于查理八世和路易十二国王,后来成为国王参议会(the Grand Council)的成员,并多次担任大使。虽然德塞瑟尔长期在官僚机构任职,并且对路易十二非常钦佩,但他仍是一个立宪主义者,而不是专制主义者。他认为,国王在其领域内实际上是专制的,但该领域由一套权利体系严格地限制,而这些权利由与习俗、自然和神的法律相一致的其他人所掌握。

与此相反,在弗朗西斯一世的长期统治时期(1515—1547年),专制主义在法国政治思想中开始取得胜利。这一新趋势由法国重要的人文主义者纪尧姆·布德(Guillaume Budé,1467—1540年)发起。布德是非常博学的古典文学和法律学者,于16世纪早期在意大利游历,吸收了那里的人文主义思想,回国后于1508年发表了《法典注释》(*Annotations on the Pandects*),尖锐抨击经院法学。1515年,弗朗西斯一世登基,对老练的德塞瑟尔和年轻的布德带来特有的截然相反的影响。德塞瑟尔撰写他的巨著,以他所信仰的老国王的立宪主义统治的伟大来劝导年轻的国王。布德则被新王登基所鼓舞,于1519年写下《一位君主的制度》(*The Institution of a Prince*),颂扬这位国王潜在地具有的绝对伟大与力量。

在这本献给国王的法国式的建议书中,布德发展了君主完全地、绝对地至高无上的思想,其权力与思想绝不能被限制和怀疑,这对法国来说是全新的思想。布德大声赞美到,君主是一个拟神化的人,是一个必然高于他人的人。约束臣民的法律不能约束他,也不适用于他;因为法律只能应用于一般人和普通人,而不能应用于近乎人类完美理想的君主。简言之,君主是人间的上帝,自己就是法律。所以,君主就是超人,他自己就是所有正义的源泉与标准。

对布德而言,国王的行为总是正确的,因为"国王的内心由上帝的本能与动机来驱动,上帝控制他,并引导他按照自己喜悦的方式去从事对于他的臣民和他本人是值得称颂的、诚实的和有用的活动……"。君权神授,并且直接受到上帝的感召,国王只需要哲学家的建议。无需太多想象,我们也能看清楚,在布德的心目中,究竟谁是弗朗西斯一世的哲学顾问。

在随后的几十年中,布德的工作由人文主义者特别是法学家继续发展。法国国王乐于看到这个时代的这些主流理论,而且欣喜地将其付诸实施。在这一过程中,他们得到专制主义法理学家的大力协助,后者也成为服务国王的高级官僚。在弗朗西斯一世统治时期,两位主要的法理学家是:巴泰勒米·德·沙瑟尼厄(Barthelemy de Chasseneux,1480—1541 年),他的《世界荣耀录》(Catalogue of the Glory of the World)出版于 1529 年;夏尔·德·格拉塞利(Charles de Grassaille),其《法国盛宴》(Regale of France)写于 1538 年。格拉塞利宣称法国国王是有血有肉的上帝,他的所有行为都受上帝的感召与引领,上帝通过国王的本人来发挥作用。因此,国王是上帝在人间的牧师,是活的法律。所以,在某种意义上,夏尔·德·格拉塞利从根本上指出:国王就是人间的上帝。

16 世纪的法国法学家也系统性地打碎了所有公司或组织的合法权利,而在中世纪,这些公司与组织是介于个人与国家之间的,不再有任何中间的或封建的权威。国王绝对高于这些中间组织,可以任意建立或打破它们。因此,正如一位历史学家对沙瑟尼厄的观点所做的总结:

沙瑟尼厄说，所有的权力，都属于君主的至高权威，没有统治者的承认或许可，任何人都不会获得权力。因此，任命官员的权力只属于君主，所有官职与尊严就像泉水一样，源自君主。[8]

中间结构的存在能够对君主对于臣民的专制统治构成约束，打破这种结构的最重要的贡献，属于这个时代最伟大的法理学家夏尔·杜·穆林。我们已经看到在《论合约与高利贷》（1546年）中，杜·穆林（莫林涅斯）对于禁止高利贷的批评意见。更为重要的是其巨著《评巴黎的风俗》(Commentaries on the Customs of Paris)（1539年），编辑和评论了法国的习惯法。这本书对中间阶层在中世纪拥有的权力和特权予以致命一击，实际上把所有的权力归入君主及其国家之手。

6.8 对专制主义的怀疑：米歇尔·德·蒙田

20世纪的现代自由主义者最喜爱的观点是，怀疑主义是一种态度，没有什么东西能被当作是真理，因而它是个人自由的最好的基础。狂热的人，坚信自己的观点，会践踏别人的权利；而怀疑论者，什么都不信，不会损害他人的权利。但事实恰好相反：怀疑论者没有防范攻击、捍卫他或其他人的自由的基础。因为总是有些人为了权力和金钱想要攻击其他人，怀疑主义的胜利意味着，受害者在面对攻击的时候无法自卫。此外，怀疑论者不能发现有关权力或任何社会组织的原则，他们也许会带着无奈的叹息而屈服于当下的暴政。退而求其次，除此以外，怀疑论者也没什么能说或能做的。

一个极好的例子是近代世界伟大的怀疑论者之一,广受读者喜爱的著名法国散文家,米歇尔·埃康·德·蒙田(Michel Eyquem de Montaigne,1533—1592年)。[9] 蒙田出生于法国西南部佩里格尔地区的一个贵族家庭,那里临近波尔多市。1557年,像其父亲一样,蒙田成为波尔多最高法院法官,年仅24岁。蒙田也把他的一个叔叔、他母亲的一个堂兄和他的妻弟提携到最高法院。他在最高法院任职13年,后来拒绝了升迁的机会,于1570年退休回到其乡间城堡,专心撰写其著名的《短论集》(*Essays*)。除了在16世纪80年代,担任了4年的波尔多市长外,他一直生活在那里。作为主要的人文主义者,蒙田实际上创造了法国的散文形式。16世纪70年代早期,他开始写作短论,于1580年出版了前两卷。第三卷出版于1588年,7年以后,完整的三卷本在其去世后出版。

虽然是一个虔诚的天主教徒,但蒙田也是一个彻底的怀疑论者。人一无所知,其理性不足以理解自然法伦理或牢固的神学。正如蒙田所指出的:"除了在每件事情上都误入歧途,理性什么也做不了,特别是当它越界干预神圣的事情时。"有一段时间,蒙田将"我知道什么"这样的质疑作为其正式的座右铭。

如果蒙田一无所知,他就不会有足够的知识来提倡坚决抵制当时兴起的专制主义暴政。另一方面,坚忍而顺从,屈从于主流风向,也成为面对公共世界的必由之路。斯金纳总结了蒙田的政治忠告,即"每个人都有责任使自己服从事物的现存秩序,绝不反抗占有优势的政府,并坚持不懈地忍耐"。[10]

特别是,蒙田虽然对宗教本身持怀疑态度,但冷嘲热讽地强调每个人表面上都遵守相同的宗教规范的社会重要性。尤其是,法国必须"完全服从我们的[天主教]教会政府"。

实际上,臣服于政府的权威是蒙田的政治思想的关键。在任何时候,每一个人都必须服从国王,无论国王如何实施其统治。由于不能用理性来指导,蒙田不得不又退回到现状、习俗和传统。他严厉且反复地警告道,每一个人必须"完全遵循公认的时尚和规范",因为"这是统治的规则,是普遍的法中之法,每一个人都必须遵守他所处地方的法律"。蒙田向柏拉图致敬,要求禁止任何公民"研究民法的逻辑",因为这些法律必须"像神的旨意一样受到尊重"。虽然我们期待着不同的统治者,但我们必须"服从现在的统治者"。按照蒙田的观点,基督教信仰的最高成就,是坚持"服从官吏和维护政府"。

就蒙田的基本观点而言,毫无疑问,他热情地接受了马基雅弗利的"国家理性"概念。(我们能说人的理性毫无价值,而国家的理性高于一切吗?)具有特征性的是,虽然蒙田写到,他个人喜欢置身于政治和外交事务之外,因为他愿意回避谎言和欺骗,但是他也声称在政府的运转过程中,"合法的恶行"是必需的。此外,统治者的欺骗是必需的,这种恶行"对于把我们的社会团结在一起",起到积极作用,"就像保持我们健康的苦口良药一样"。蒙田接下来把他对君主的欺骗的辩护,同他为国家理性辩护而认为人类理性完全无用的明显自相矛盾的观点结合起来。因为按照国家理性,君主不过是"为更普遍、更有力的理性而放弃了其个人的理性",这种神秘的超级理性向他表明,需要采取通常的罪恶行为。

米歇尔·德·蒙田也对重商主义做出了著名的、具有广泛影响的贡献,即国家专制主义在经济方面的严格特征。尽管他宣称自己一无所知,但是在一个问题上他肯定揭示了真理,这时他极为自傲的怀疑主义突然消失了:这体现在路德维希·冯·米塞斯后来所说的"蒙田谬误"(Montaigne fallacy)中。如同其著名的22号短论的标题一样,他坚持"一个人的苦难就是另一个人的福利",他极为自傲的怀疑主义突然消失了。这是重商主义理论的本质,重商主义本来就有这样一种理论,与经院学者所熟知的各方都会从交易中获益这一基本真理相对立,蒙田认为在贸易中,一个人只有损害其他人才能够获益。依此类推,在国际贸易中,一国之所得就是另一国之所失。这意味着,市场是一个掠食的丛林,那么法国人为什么不要求法国政府尽可能多地从别的国家掠夺呢?

在22号短论中,蒙田以一种特别精于世故和冷嘲热讽的方式,发展了他的这一主题。他提到,雅典人曾经这样谴责一个葬礼承办人:

> 在他的收费中包含了不合情理的利润,因为若不是有很多人死亡,他不会得到这种利润。这种判断似乎是没有根据的,因为若不让其他人受损,就不可能有利润产生,而且因为按照相同的原则,每一种收益都应当受到谴责。

所有的行动都会使他人受损,蒙田正确地指出了医生同样也应当受到谴责。同理,农民或零售商获得的收入中,包含有"因人们挨饿而得到的收益";裁缝获得的收入中,包含有"因人们需要衣服而产生的利润",等等。他推广其结论道,任何一个个体获益,必然要"导致其他事物的瓦解与堕落"。当然,令人遗憾的是,他没有看到,这些生产者不会创造出这种需求,但会满足它,因而满足了顾客的需要;消除了他们的痛苦,增进了他们的幸福,并且提高了他们的生活水平。如果他能再前进一步的话,就会认识到他关于市场的人吃人的无情竞争或现在所谓的"零和博弈"的观点,是没有任何意义的。

6.9 让·博丹:法国专制主义思想的顶峰

虽然蒙田为专制主义思想在法国占据主导地位铺平了道路,但16世纪法国专制主义真正的奠基人,或者至少是常被引用的权威学者,是让·博丹(1530—1596年)。博丹出生于昂热,后在图卢兹大学学习法律,并在那里任教12年,后来去了巴黎成为一名法理学家,很快就成为亨利三世国王的主要随从,并且是中央集权主义的政治家党派的主要领导人之一,该党支持国王拥有权力,反对一方面是胡格诺教徒、另一方面又是天主教联盟的理论上的激进分子。

博丹最重要的著作是《论共和国六卷书》(*Les Six livres de la republique*)(1576年),该书也许是迄今为止关于政治哲学的最为厚重的著作,在16世纪政治思想领域也最有影响。除了本书,博丹还出版了许多关于货币、法律、历史方法、自然科学、宗教和神秘学的著作。面对胡格诺教徒起义的挑战,博丹专制主义理论的核心是主权概念:君主对社会其他成员的统治中,具有无可争议的指挥权。博丹特别将主权定义为"在共和国中,对于公民和臣民的最高的、绝对的和永久的权力"。对博丹而言,主权的核心在于,君主的功能是社会的立法者,而"立法的本质是命令——结合武力来实施其意愿"。[11]

由于君主是法律的制定者或创造者,因而他必然高于法律,法律只适用于其臣民,不能适用于他自身。因此,君主是从无序与混沌中创造秩序的人。

此外,君主必定是一元的,其权力是不可分割的,是社会的指挥中心。博丹解释道,"我们看到,君主的权威和绝对权力的首要之处,通常在于为臣民立法,而无需征得他们的同意"。君主必然高于法律,他既创造了所有的习惯法,也创造了各种制度。博丹强烈要求至高无上的君主遵循上帝的法律,依此来制定其法令,但重要之处在于,人的行为或制度不能用来鉴别君主是否遵循了神的旨意,也不能要求他自己来说明。

然而,博丹要求君主听从少数睿智的顾问所提出的建议或忠告,因为这些人,据说没有自利动机,能够协助国王为整个国家的公共利益立法。简言之,少数睿智的精英将在幕后分享君主的权力,而表面上,是君主在发布法令,好像这完全是其个人意愿的产物。正如吉奥恩(Keohane)所指出的,在博丹的体系中,"君主依赖于其顾问的思想,被法律由一位仁慈、专制的超人所发布这一令人满意且印象深刻的虚构所掩盖着……"。[12]

我们不能因此想当然地认为,作为宫廷政治家和法理学家的博丹,把他自己看作是在幕后操纵政府的贤人之一。柏拉图的哲学家与国王相结合的理想,现在被转化为更为现实的形式,对博丹而言,哲学家指导国王是更为自利的目标。所有这些都隐藏在下面的虚幻假设之中,即这样一个宫廷哲学家在金钱和权力方面不存在个人利益。

博丹也正视其他参与共和国政府运作的各种团体所扮演的各种角色,也为官僚和行政人员提供广泛的机会。至关重要的一点是所有人必须从属于国王的权力。

政治分析家在揭示他们不赞同的体制的缺陷方面最为敏锐,这一点通常是正确的。因此,博丹最深刻的见解之一是对过去流行的民主体制的分析。博丹指出:"如果我们把曾经存在过的所有流行的国家加以解剖",仔细考察他们的真实状况,我们将发现,所谓人民的统治其实总是少数寡头的统治。博丹的思想要早于19世纪的罗伯特·米歇尔斯(Robert Michels)、加埃塔诺·莫斯卡(Gaetano Mosca)和维尔弗雷多·帕累托(Vilfredo Pareto)所提出的统治阶级权力精英理论,他指出,实际上任何统治总是由寡头来实施的,"人民为其服务,但只是为一个面具服务"。

然而,在让·博丹所宣称的专制权力的议事日程中,还存在一个奇怪的空白。这种空白存在于对国家权力的实际运行始终是至关重要的领域:税收。我们以前看到,在14世纪以前,人民认为法国君主依靠他们自己的封建领主租金和收费来生活,而只有在紧急情况下,才会谨慎地允许征税。然而到了16世纪早期,法国出现了常设的、压迫性的税收体制,甚至皇室和专制主义理论家也考虑要不要授予君主无限的征税权。在16世纪后期,胡格诺教徒和天主教联盟都把国王任意的征税权斥为对社会的犯罪。因此,博丹以及他的同伴、信奉英国国教的政治家都不愿做对国王的敌人有利的事情。像以前的法国作家一样,博丹前后矛盾地赞成私人财产权,也认为没有臣民的同意,国王对他们的征税是无效的:"随心所欲地提高对人民的税收,只是夺取了其他人的物品,这不是世界上任何国王的权力。"然而,博丹所说的"同意"的含义,完全不是一个彻底或根本的概念,相反,他满足于整个现有的议会对于税收的形式上的赞同。

在布卢瓦召开的议会上(1576—1577年),作为韦尔芒杜瓦的代表,博丹自己特别强调他限制君主税收的一贯态度。国王建议用针对所有平民的没有豁免的累进所得税(即是现在所称的"递增的固定税"),取代必须强制支付的各种不同的税收。非常奇怪的是,这一计划几乎完全是博丹自己在不久以前公开提议的,但博丹反对国王的建议,这反映了他对于政府的狡猾的现实主义态度。他指出:"当国王说这项税收将取代租税、商业税和盐税时,是不可信的,国王更可能是想要把它变成一项附加税。"[13] 博丹还对巴黎代表率先支持这种新的、较高的税收的原因,进行了深入的利益分析。因为他表明,长期以来,巴黎人并没有得到政府债券的利息,他们希望较高的税收能使国王有钱支付。

让·博丹渴望阻止国王全力发动对胡格诺教徒的战争,他不仅引导议会各阶层阻止单一税计划,而且反对对国王的紧急授权。博丹指出,"暂时"授权经常变成永久授权。他也警告国王和他的国民,"其他过高的税负与关税是导致国家频繁的动荡、暴乱和毁灭的重要原因。"

在追随博丹的专制主义者作家以及 17 世纪专制国家的仆人中,所有对于中世纪遗留下来的严格限制税收思想的犹疑或虔诚,注定是要消失的。大家只赞美无限的国家权力。

正如我们上面看到的,在更为狭窄的货币经济理论领域,长期以来,历史学家认为博丹的《对 M. 德·马莱特鲁瓦悖论的回应》(*Response to the Paradoxes of M. de Malestroit*)(1568 年)是货币数量论(更为严格地说,指货币供给直接影响价格)的先驱。马莱特鲁瓦把法国物价的不寻常的缓慢而长期的上升归因于货币成色降低,但博丹发现,其原因在于来自新大陆的硬币供给增加。然而,我们已经看到,自 14 世纪的经院学者让·比里当和 16 世纪早期的尼古拉斯·哥白尼之后,数量论已经被人所认识。在博丹之前 12 年,杰出的西班牙经院学者马丁·德·阿斯皮利奎塔·纳瓦鲁斯就认为,来自新大陆的硬币的增加是价格上涨的原因。作为学富五车的学者,博丹一定会读过纳瓦鲁斯的论著,特别博丹在图卢兹大学学习之前,纳瓦鲁斯曾在那里教育了一代人。因此,我们应当对博丹对于这种理论分析的原创性,持有相当大的保留意见。[14]

博丹也是最早发现社会领袖对商品的需求进而对其价格具有影响的理论家之一。他指出,人民"推崇伟大的贵族喜欢的一切事物,并抬高了它们的价格,虽然这些东西本身可能并不值这么多钱"。这样,在"伟大的贵族看到其臣民也拥有很多他们喜欢的东西"之后,一种趋炎附势的效应就出现了。然后,贵族们开始"鄙视"这些产品,于是其价格开始下降。

然而,尽管博丹具有许多敏锐的经济和政治见解,但他对于高利贷的观点却是极端正统的,忽略了几乎与他同时代的杜·穆林以及西班牙经院学者的工作。按照博丹的观点,上帝禁止获取利息,仅此而已。

6.10 博丹之后

让·博丹对于君权的崇尚,如同一声霹雳,震惊了法国的政治思想,最终成为对于国王与日俱增的权力进行辩护并促使其进一步扩展的一种手段。特别是在实践中,这种新观点被比博丹自己更加极端的专制主义作家所采纳,并被巧妙地转化。博丹的君权崇拜所欠缺的一个因素是君权神授的新教概念,因为对博丹来说,专制的君主权只是一个自然的事实。然而,其他的政治家成员很快就添加了缺少的成分,因为他们长期以来习惯于认为统治是神的权力。国王的统治由上帝赐予的思想,在16世纪是常见的,然而,没有一个人能将君主的统治延伸到博丹所创立的专制君权的概念。

博丹最重要的直接追随者是皮埃尔·格雷瓜尔(Pierre Grégoire),其著作为《论共和国》(*De republica*)(1578年)。对格雷瓜尔而言,国王是世俗世界中上帝任命的牧师,其统治持续地受到上帝意愿的影响。因此,国王的命令就是上帝的命令,同样要求其臣民绝对服从。格雷瓜尔写道,"在权力和权威方面,君主就是上帝的形象"。

博丹和其他学者仍保留以下思想,即真正的公正是与国王的法令相独立或相分离的概念,这样国王的活动可能是相当不公正的,然而不允许有人妨碍或违反这种活动。但是在具有法国风格的苏格兰人亚当·布莱克伍德(Adam Blackwood)的学说中,这两种概念几乎完全合为一体了(《反对乔治·布坎南》(*Adversus Georgii Buchanani*)(1581年))。对布莱克伍德而言,按照定义,君主的意志本质上就是公正。国王必然是公正的,他实际上是超人,是现有法律的终点。实际上,布莱克伍德把对神授的君主的颂扬推向了最高点,他认为国王这个人,不仅是行政权威,而且是神,是人间真正意义上的上帝。

正如其标题所显示的,布莱克伍德的写作此书的目的是为了攻击同样是具有法国风格的苏格兰人、激进的加尔文主义者乔治·布坎南(George Buchanan)。毫不奇怪,布坎南的自由意志主义和赞成诛杀暴君的学说仍停留在自然法概念。所以布莱克伍德谴责自然法是无政府主义自由的根源,刺激了其信徒对法律和政治权威的反感。布莱克伍德反对自然法,赞成用万民法(*jus gentium*)即国家的实在法,来为政治权威进行解释和辩护。

毫不奇怪的是,在博丹思想中仍然活跃的针对税收的一致同意的限制的观点,立即被专制君主和神权的混合理论所抛弃了。这种混合理论的代表人物是皮埃尔·格雷瓜尔,主张消除对税收的限制。然而,虽然博丹也承认自然法所建立的私人财产权,但格雷瓜尔却认为,自然法仅认可国王不受限制的权力。对格雷瓜尔而言,国王具有不受限制的征税的权力,因为国家的利益高于个人的财产权。实际上,对于所有人以及其臣民的所有财产,国王都具有神授予的绝对权威。因此,为了避免混淆,以及任何有关基于同意的税收的含义,应当彻底废止议会。

实际上,正是亚当·布莱克伍德从根本上阐释清楚了统治者征税权的一致性,他是唯一做到这一点的学者。因为如果财产权是重要的,而且国王具有征税或任意占有私人财产的绝对权利,这一定意味着"所有的土地最初都是国王的,后来才由国王把它授予其他人。……国王对封地的授予只是部分转让,所有土地都需向他进贡,并臣服于其权威"。[15] 简言之,按照一种奇怪的自然国家观点,只有国王具有初始和连续的财产权,其他的所谓财产权只是由国王授予的、临时性的占有,并由国王来管制,国王随时都可以将它废止。

虽然在 16 世纪 80 年代早期,亚当·布莱克伍德是专制主义中的唯一的极端主义者,但许多保皇主义小册子作家很快就采纳了他的观点。从 1585 年前后到八年后亨利四世皈依天主教,这期间皇权受到围攻,并且被隶属于好战的天主教联盟。因此,保皇主义作家认为有责任把君权神授思想推向最高峰,以消除教皇在法国的所有势力,并引导民众绝对服从任何合法的君主,无论其宗教信仰是什么。国王具有超越法国天主教会以及任何其他机构的绝对权威。例如,弗朗索瓦·勒热(Francois Le Jay,《论国王的尊贵》(*On the Dignity of Kings*),1589 年)断言,国王是因尊重和服务于上帝而被确立的,臣民应把统治者当作人间的上帝来服从。路易斯·塞尔万(Louis Servin)在其《申辩》(*Vindiciae*)(1590 年)中,吹捧当时还是胡格诺教徒的亨利四世说,"上帝就是我们的国王,国王因上帝而生存,并取得辉煌,依靠上帝的精神,国王获得了勃发的生机。"法国总检察长雅克·德拉盖瑟(Jacques de La Guesle)在一次演讲中,要求最

209 高法院严惩一位支持教皇拥有至高世俗权利的牧师,或许表达了这种学说的最极端的观点:

> 先生们,国王的权威是极其神圣的,是上帝授予的,是上帝旨意的主业,是上帝之手的杰作,显示了上帝的崇高与伟大,与上帝的无比庄严是那么相称,以至于可与造物主相比拟。……像上帝生来就是万王之王、万君之君一样,国王通过创造与模仿,也成为人间所有人的上帝。[16]

按照拥护亨利国王的这些专制主义者的观点,臣民应对这位拟神的人绝对服从。这些作家发展了布莱克伍德的主题,即国王的法令是有事实依据的,因而必然是公正的。雅克·于罗(Jacques Hurault)在《论国家机关》(*On the Offices of State*)(1588 年)中,最为清晰地发展了这一学说。于罗解释道,君主受上帝之手的指引,因而绝不会犯错。统治者不仅仅是一个人,而是公正的化身,他按照上帝的意志来施政。按照于罗的观点,国家宪法从属于两个简单的要点:国王的命令必然是公正的命令,以及要求臣民的服从。统治者命令,臣民服从,不断循环。此外,作为对天主教联盟强调人民的观点的回应,保皇主义者建议国王不要让本来就不安分的臣民拥有过多的自由。

由于不久以后政治家和亨利四世获得了胜利,处于论战不止状态的拥护亨利国王的小册子作者们的这些极端专制主义观点,启发并且完全引领着 17 世纪的法国——这个专制主义的重要时代的主流理论家们。

6.11 注释

1. 约瑟夫·A. 熊彼特,《经济分析史》(纽约:牛津大学出版社,1954年),第163—164页。
2. 昆廷·斯金纳,《现代政治思想的基础:第Ⅰ卷,文艺复兴》(剑桥:剑桥大学出版社,1978年),第138页注。
3. 同上,第138页。
4. 同上,第134—135页。
5. 在下一卷我们将看到,著名的左派凯恩斯主义者阿尔文·亨利·汉森(Alvin Henry Hansen),在其20世纪30年代晚期发表的著名的关于"停滞"的论文中,预言美国经济会永远陷入停滞,部分原因是近期人口增长的下降。我们将进一步看到,汉森发展了这一学说,把它作为严格的瓦尔拉斯分析框架的结果。当然,这与20世纪70年代歇斯底里地支持"零人口增长"的左派自由主义者完全不同。
6. 例如,对于20世纪的世界,鲍尔(P. T. Bauer)指出:"实际上,在大多数第三世界国家,人口极端稀少,它构成了富有进取心的人们发展经济的障碍,这种阻碍比人口压力产生的阻碍更有影响力。稀少的人口阻碍了交通和通信设施的建设,因而延缓了新思想和新方法的传播。这样,就限制了企业的范围。"P. T. 鲍尔:《平等、第三世界与经济错觉》(*Equality, the Third World and Economic Delusion*)(马萨诸塞州,剑桥:哈佛大学出版社,1981年),第45页。
7. 见注释1所引熊彼特文献,第579页。
8. 威廉·法尔·丘奇(William Farr Church),《16世纪法国的宪政思想:关于思想演变的研究》(*Constitutional Thought in Sixteenth-Century France: A Study in the Evolution of Ideas*)(1941年,纽约:奥克塔根图书公司(Octagon Books),1969年),第53页。
9. 其发音为蒙—汤—耶(Mon—TAN—ye),而不是通常的蒙—田(Mon—TAYN),因为他来自法国西南部的一个地区,那里讲的是奥克语(Occitan, *langue d'oc*),而不是北方(主要是巴黎周边地区)的法语(*langue d'oeil or d'oui*)。南部地区只是在13世纪被法兰西所占领,这期间他们的宗教(阿比尔派)和文化被野蛮地清除。此外,从12世纪中叶到15世纪中叶,波尔多周边的地区曾被英格兰占领,并被英格兰人统治达三个世纪。15世纪50年代,法国人占领波尔多及其周边地区,他们下一步要做的是根除奥克语的加斯科尼(包括佩里格尔)方言,不把它当作书面语言,这是英国人所留下的唯一语言。因此,在蒙田出生几年后的1539年,在《维莱尔—科特雷特法令》(Edict of Villers-Cotterets)中,法国人宣布将奥克语作为行政、书面用语是非法的。所以,像蒙田一样,人们被引导使用官方的法语来书写,虽然蒙田总是忠于法国国王,但他仍然认为自己是加斯科尼人,而不是法国人。

10 见注释2所引斯金纳的文献,第279页。
11 南尼尔·O.吉奥恩(Nannerl O. Keohane),《法兰西的哲学与国家:从文艺复兴到启蒙运动》(Philosophy and the State in France: the Renaissance to the Enlightenment)(新泽西州,普林斯顿:普林斯顿大学出版社,1980年),第70页。
12 同上,第75页。
13 马丁·沃尔夫(Maitin Wolfe),《法国文艺复兴时期的财政体制》(The Fiscal System of Renaissance France)(纽黑文:耶鲁大学出版社,1972年),第162页。
14 1907年,博丹的一个后代指出,第一个于1548年对来自新大陆的硬币对欧洲价格的影响进行解释的,是法国人诺埃尔·杜法伊(Noël du Fail)。
15 威廉·法尔·丘奇,《16世纪法国的宪政思想:关于思想演变的研究》(1941年,纽约:奥克塔根图书公司,1969年),第259页。
16 这段话由本人译自法语。同上文献,第266—267页注。

第 7 章　重商主义:为专制国家服务

7.1　作为专制主义经济侧影的重商主义　　　　　　　　　211
7.2　西班牙的重商主义
7.3　法国的重商主义与柯尔贝尔主义
7.4　英格兰的重商主义:纺织品与垄断
7.5　东欧的农奴制
7.6　重商主义与通货膨胀
7.7　注释

7.1　作为专制主义经济侧影的重商主义

17世纪初,皇权专制主义在整个欧洲取得了胜利。但是国王(或者意大利城邦的某些小君主或统治者)并不能亲自统治一切。他必须通过分等级的官僚机构来进行统治。所以,专制主义的统治是由国王及其贵族(主要是封建制或后封建制时期的大地主)与不同部门的大规模商人或贸易商而组成的一系列联盟来实现的。19世纪后期的历史学家,把大致从16世纪到18世纪专制国家的政治经济体制称为"重商主义"。不同的历史学家或研究者使用重商主义一词,有不同的含义,如一种"建立强权或国家的体制"(埃利·赫克歇尔(Eli Heckscher)),一种系统性的国家特权体系,特别是限制进口或补贴出口(亚当·斯密),或者一套有问题的经济理论,包括保护主义以及所谓的在一个国家积累金银的必要性等等。实际上,重商主义包括所有这些内容,它是一种有关国家建构、确立国家特权的综合体系,应当被称为"国家垄断资本主义"。

作为国家专制主义的经济表现,重商主义必然是一种关于国家建构、大政府、皇室的巨额开支、沉重的税负、通货膨胀和赤字财政(特别是在17世纪晚期以后)、战争、帝国主义以及民族国家的扩张等等的体系。简言之,是与当前情况非常类似的政治经济体系,唯一一个不太重要的差别是,目前的主要经济着眼点是大规模工业而不是商业。但是,国家专制主义意味着,国家在经济上必须获得和维持与强势集团的联盟,同时也要为为这些集团的专有特权进行游说的活动提供平台。

雅各布·瓦伊纳(Jacob Viner)对此阐述得很清楚:

> 像重商主义的优点的某些现代赞美者使我们相信的那样,法律和公告并不是强大而又荣耀的国家反对谋利的商人的自利本性的高贵热情的结果,相反,它们是各方面不同程度的利益冲突的产物。每一个团体(经济的、社会的或宗教的),常常要求法律与其特殊利益相一致。在贸易立法过程中,国王的财政需求总是具有重要而且普遍的决定性影响。在影响立法方面,外交因素也发挥着作用。同样国王授予特权的想法也是如此,国王或者把特权授予其宠臣,或者将其出售,或者给行贿之人,即给予出价最高者。[1]

在国家专制主义领域,特权可以通过准予或出售"垄断"权来创设,即由国王授予的生产和销售特定商品或在某个区域从事贸易的排他性权利。这些"垄断专利"既可以出售,也可以授予国王的盟友,或者那些协助国王征收税款的商人集团。这种授权可以针对特定区域的贸易,如各种东印度公司,它在每一个国家都获得了与远东进行贸易的垄断权。也可以是国内的,如授予某人在英格兰生产扑克牌的垄断权。其结果是,以损害其潜在竞争者和大量英国消费者的利益为代价,一些商人获得了特权。或者,也可以由国家强制所有生产者加入具有特权的城市行会,并遵守其命令,把手工业生产和工业卡特尔化,形成联盟。

应当注意的是,重商主义政策最突出的特征,即税收、禁止进口或补贴出口,是这种国家垄断特权体制的基本构成部分。进口被禁止,或面临保护关税,以便为国内商人或手工业者提供特权;出于同样的理由,出口受到补贴。考察重商主义思想家和作家的焦点,不应落在其所谓经济"理论"的谬误上。理论是他们最后考虑的事情。正如熊彼特称呼他们的那样,他们是"顾问行政官和小册子作家",此外还应该加上说客。他们的"理论"可以是任何宣传的论据,无论有多么的错误或自相矛盾,都可以使他们从国家机器中分一杯羹。

正如瓦伊纳所言:

重商主义文献……存在于代表"商人"的人或生意人的主要作品之中,他们惯于把自己的利益等同于国家福利。……大量的重商主义文献由部分或全部、直白或隐晦地专门要求特殊经济利益的小册子构成。他们自己要求自由,但要限制其他人,这是重商主义小册子的商人作者常见的立法计划的本质。[2]

7.2 西班牙的重商主义

16世纪,西班牙的表面繁荣和耀眼的权力,从长远来看是虚假的,是一种幻觉。因为它的经济发展几乎完全是由来自于新大陆的西班牙殖民地的金银输入推动的。在短期,金块的输入为西班牙人提供了购买并享用来自于欧洲其他国家和亚洲国家产品的手段;但是从长远看,价格上涨最终消除了这种暂时性的好处。所以,到17世纪,当输入的硬币枯竭时,好处基本不存在了。不仅如此,金块繁荣还促使人口和资源转移到西班牙南部,特别是转移到新硬币进入欧洲的门户塞维利亚港。结果导致在塞维利亚及西班牙南部形成了不良投资,这种不良投资与北部潜在经济增长的减弱相互抵消了。

但这并不是全部。15世纪末,西班牙国王通过100条法律旨在将纺织业的发展冻结在当时的发展水平上,而对处于发展中的、前途光明的卡斯蒂利亚纺织业实行了卡特尔化。从长期来看,这种冻结削弱了被保护的卡斯蒂利亚织布业,削弱了它的效率,使它在欧洲市场上不能形成竞争力。

此外,国王的行为也试图摧毁以西班牙南部的格拉纳达为中心的繁荣的丝绸业。不幸的是,格拉纳达还是穆斯林及摩尔人聚居的中心,因而西班牙国王采取一系列报复性的行动使丝绸业陷入了真正的困境。首先,几项法令彻底地限制了国内对丝绸的使用和消费。其次,16世纪50年代,丝绸被禁止出口,而1561年以后对格拉纳达丝绸业激增的税收则结束了这一产业。

16世纪,政府干预也削弱了西班牙的农业,使农业处于荒废状态。卡斯蒂利亚的王室长期与牧羊业行会麦斯塔(Mesta)结盟,该行会获得了特权,并以向国王奉献重税作为报答。在15世纪80和90年代,政府法令不再准许早先几年为谷物耕种而设置的围栏,而以牺牲谷物种植者的土地为代价,急剧地扩展牧羊场。同时,谷物种植者也受制于为保护马车夫行会的利益而通过的特别立法，即全国的道路都被用于军事目的。但特别允许马车夫可以免费通过所有的地方道路，而谷物种植者则被征收高额赋税以修建和维护道路，从而使马车夫从中受益。

从16世纪初期开始，整个欧洲的谷物价格上涨。西班牙王室担心价格上涨会导致土地再次回到谷物种植者手中，因而对谷物设置了最高价格控制，同时却允许地主单方面地废止租约、对谷物种植者征收更高的租金。由此导致的成本—价格压榨造成了大量农场破产、农村人口的减少以及农民向城镇转移或加入军队。异乎寻常的结果是，到16世纪末，卡斯蒂利亚遭受了周期性饥荒，因为从波罗的海进口的谷物难以运送到西班牙内陆，而同时期卡斯蒂利亚1/3的农场土地却未被耕作，处于荒废状态。

与此同时，西班牙王室给予牧羊业大量特权，使牧羊业在16世纪前半叶繁荣发展，但是不久之后它就成为了金融和市场混乱的牺牲品。结果，西班牙牧羊业急剧衰落。

繁重的皇家开支和对中产阶级的课税也从整体上削弱了西班牙经济，巨额的财政赤字导致资本的配置不良。1557年、1575年和1596年，西班牙国王腓力二世的三次重大违约，毁掉了资本，也导致了法国和安特卫普的大规模破产及信用危机。结果在1575年由于无力支付在尼德兰作战的西班牙皇家军队的薪俸，造成了第二年叛乱的军队在一次大肆的抢夺中对安特卫普进行了彻底的洗劫，即著名的"西班牙人的狂怒"。虽然被冠以这一名字，可是那些叛军却主要是德国雇佣兵。

在16世纪后期，由于一系列集权主义的措施，曾经的自由和极度繁荣的城市安特卫普彻底衰落了。除了政府违约以外，主要的问题是西班牙国王腓力二世付出巨大的努力坚持占有尼德兰并坚持消灭新教徒及再浸礼教徒的异端邪说。1562年，西班牙国王强制性地禁止安特卫普进口主要商品——英国宽幅毛纺呢绒。而且，1567年臭名昭著的阿尔瓦（Alva）公爵担任尼德兰的总督时，开始以"血腥公堂"（Council of Blood）的名义实施镇压，"血腥公堂"具有拷打、杀戮和没收异教徒财产的权利。阿尔瓦也征收了高达10%的增值税，即营业税（alcabala），从而削弱了复杂且相互联系的尼德兰经济。许多熟练的毛纺工匠逃到了好客的英格兰。

最终，在16世纪80年代，荷兰人脱离了西班牙的统治，而1607年西班牙王室的再一次违约又导致二年后与荷兰人达成了一个条约，该条约切断了安特卫普的入海通道及进入斯凯尔特河河口的通道，并确定这些权利归荷兰人。从那时起，在17世纪剩下的时间里，地方分权和自由市场的荷兰，尤其是阿姆斯特丹市，取代了佛兰德和安特卫普，成为欧洲主要的商业和金融中心。

7.3 法国的重商主义与柯尔贝尔主义

法国在17世纪成为顶尖的专制主义民族国家。在16世纪最后40年，破坏性的宗教战争削弱了法国里昂和南部的朗格多克地区的前途光明的布匹贸易和其他商业及产业。除了破坏、杀戮及熟练的胡格诺派工匠移民至英格兰，为战争提供资金而征收的高税收也削弱了法国的经济增长。随后，号称政治家的党派上任承诺结束宗教纷争,开始了没有约束的皇家专制主义统治。

15世纪晚期,对法国工业的破坏性规制已经开始了,当时国王发布了行会章程,授予城市行会及其官员在不同的行业进行控制并确定质量标准的权力。王室给予行会组成卡特尔的特权,以向其征税作为交换。16世纪里昂蓬勃发展的一个主要原因就是它被授予了对于行会规则与限制的特别豁免权。

16世纪末,宗教战争结束之时,旧有规制仍然有效,可以随时执行。新的专制君主政权便迅速实施并将它们进一步发展。因而,1581年,国王亨利三世命令所有法国工匠联合起来组团加入行会,强制执行行会的规则。除巴黎人和里昂人之外的所有工匠都被迫留在其当时所在的城镇;这种方式使法国工业不再具有流动性。1597年,亨利四世重新制定并且巩固加强了这些法律,对其进行了彻底实施。

该限制体系彻底破坏了法国经济和工业的增长。维持"质量标准"的典型手段束缚了竞争,限制了生产和进口,使价格一直保持在较高的水平。简言之,这意味着不允许消费者为低质量的产品少付费。拥有国家特权的垄断也发展起来,它们具有类似的影响;政府依托行会和垄断者征收越来越多的税收。日益增加的质量检验费也使法国经济承担了巨大的负担。此外,法国政府还特别补贴奢侈品生产,将扩张中的产业的利润转移补贴给薄弱的产业。因此,资本积累的速度放缓,有前景的、强势的产业的增长陷于瘫痪。对奢侈品产业给予的补贴和特权意味着将资源从新的大规模生产行业中的削减成本型创新转移到如玻璃、挂毯等高成本的手工工艺领域。

日益强大的法国君主和贵族阶级是奢侈品的主要消费者，因此对于鼓励奢侈品产业发展、维持奢侈品质量持有特别的兴趣。价格不是他们考虑的主要问题，因为王室和贵族无论在任何情况下都是靠强制征税生活的。因此，在1665年5月，国王以明显伪善的论点，即为了防止"货币的输出并为人们提供就业的机会"为借口，为一群法国花边制造商建立了垄断特权。实际上，其用意是禁止除特权牌照持有人以外的任何人生产花边，以换取其对王室支付的高额费用。另外，如果允许消费者从国外购买便宜的替代品，国内卡特尔就将成为毫无价值的了，因此对进口花边也征收了保护性关税。但是由于明显地存在着大量走私，在1667年，政府以更简单的方式直接强制禁止进口所有外国花边。此外，为防止未经许可者的竞争，法国王室禁止在家里进行花边生产，迫使所有的花边生产集中于固定的、有形的生产地点。例如，正像财政和商务大臣、经济沙皇让-巴蒂斯特·柯尔贝尔写信给政府的花边管理者所说的那样："请你密切注意，不允许女童在其父母家中工作，你必须强制她们都去生产车间……"

在17世纪对法国经济强加的众多商业限制中，最重要的也许是对生产和贸易强制执行的"质量"标准。这意味着将法国经济冻结在17世纪早期或中期的水平上。这种强制性的冻结有效地束缚甚至阻碍了对于经济和工业发展十分必要的创新——新产品、新技术、生产和交换的新方法。一个典型的例子是发明于17世纪初的织布机，它最初主要被用于生产奢侈品丝袜。当织布机开始应用于生产更面向大众消费的毛纺制品和亚麻制品时,手工编织者要回避这种有效率的竞争,并在1680年说服柯尔贝尔,禁止织布机用于生产丝绸以外的任何商品。幸运的是,在织布机的事件中,被排斥的羊毛和亚麻制造商在政治上比较强势,四年后废除了该项禁止,并加入到具有优势的保护主义者和卡特尔主义者体系之中。

法国的所有这些重商主义思想倾向在让-巴蒂斯特·柯尔贝尔(Jean-Baptiste Colbert)(1619—1683年)时代达到高峰,以至于这个最庞大的重商主义实体被用他的名字命名为柯尔贝尔主义。柯尔贝尔出生在兰斯,他的父亲是一位商人,他年轻时就加入了法国的中央官僚机构。到1651年,他已经成为一位为王室服务的最重要官僚,从1661年开始直到22年后去世,柯尔贝尔是伟大的太阳王即典型的专制独裁者路易十四治下的真正的经济沙皇,占据了财政大臣、商业大臣和国务卿等高位。

为了实施控制和管制体系,柯尔贝尔忙于无节制地授予垄断权、补贴奢侈品生产、授予组成卡特尔的特权,以及建立一个强大的中央集权体系,该体系中的官员被称为监督官(intendants)。他还创建了一个强大的检查、标识和测量系统,以便能够鉴别所有偏离国家法规详细清单的行为。监督官雇用了一个间谍和告密者系统,搜查所有违反卡特尔限制和规定的行为。在无处不在的经典的间谍模式中,他们还互相刺探对方,包括监督官自己。对违反行为的惩罚从没收和销毁"劣质"产品到巨额罚款、当众斥责以及吊销营业执照。正如一位重要的重商主义历史学家对法国的实施方法所总结的那样:"在确保对管制的最大可能的尊重方面,没有什么过于严厉的措施被认为是不能采取的"。[3]

柯尔贝尔去世后不久,在路易十四漫长的统治过程中,法国发生了抑制创新的两个最极端的事件。法国的纽扣制造因所使用的材料不同,而受到不同行会的控制,其中最重要的是灯芯绒纽扣制造商行会,它们手工生产灯芯绒纽扣。到了17世纪90年代,裁缝和经销商根据服装生产中所使用的材料推出创新型的编织纽扣。愤怒的低效率的手工纽扣生产商劝服政府迅速地为他们实施保护。17世纪90年代晚期,政府对新型纽扣的生产、销售甚至佩戴强制征收罚金,而且不断增加罚金的数量。当地行会的监督官甚至获得搜查居民房屋并且在大街上逮捕佩戴邪恶、非法的纽扣的居民的权利。然而,几年之后,由于法国的所有人都使用了这种新的纽扣,政府及手工纽扣生产者不得不放弃了这场斗争。

阻碍法国工业增长的更为重要的东西,是对流行的新布(即印花棉布)的灾难性的禁止。棉纺织品在这个时代还不是最重要的,但棉花却引发了18世纪英格兰的工业革命。法国实施严厉的政策,这就注定了棉花在那里不会蓬勃发展。

17世纪60年代,开始从印度进口的这种新型的印花棉布,在法国广受欢迎,既可以被廉价的大众市场采用,也可以用于高级时装。所以,法国开始推行了棉布的印花。到了17世纪80年代,愤怒的毛纺、布料、丝绸和亚麻产业都向政府抱怨极为盛行的暴发户的"不公平竞争"。印花的颜色很容易地打败了老式的布料。因此,法国政府在1686年做出回应,彻底禁止印花棉布的进口及国内生产。1700年,法国政府走到极致,从各方面对印花棉布进行绝对禁止,包括对它们的消费。政府的间谍歇斯底里般忙碌的一天是:"窥视马车和私人住宅,并报告在窗口看见科穆瓦侯爵的女家庭教师穿着一件几乎全新的白底带有大的红色花朵的印花棉布衣服,或看见柠檬水售货商的妻子在她的商店穿着一件印花棉布的衣服。"[4] 毫不夸张地说,在这场印花棉布之争中,有数以千计的法国人死亡,他们要么是因穿印花棉布的衣服而被处死,要么是死于针对印花棉布使用者的武装袭击。

然而,印花棉布是如此流行,特别是在法国妇女中尤其受欢迎,所以即使禁令一直保持到18世纪晚期,这场斗争也仍然以失败告终。走私印花棉布无法简单地加以制止。但与禁止整个法国人口消费相比,禁止国内印花棉布的生产无疑是较容易执行的,所以,将近一个世纪的禁止造成了法国国内棉布印花产业发展的完全停止。印花棉布企业家和熟练的技工(其中许多是被法国政府压迫的胡格诺派)移居到荷兰和英格兰,增强了这些国家的印花棉布产业。

此外,普遍存在的最高工资限制抑制了工人的流动特别是进入工业的倾向,而使工人留在农场。三年或四年的学徒年限要求,大大限制了劳动力的流动,阻碍了劳动力进入手工业。每位师傅只能招一个或两个学徒,因而也阻止了单一企业的发展。

在柯尔贝尔以前,法国收入的大部分来自于税收,但在柯尔贝尔当政期间,为支付猛增的花销,对垄断的授予激增,从垄断权授予获得的收入占国家全部收入的一半以上。

最繁重、执行得最严格的是政府的食盐垄断。食盐生产者必须将其生产的全部食盐以固定价格出售给确定的皇家仓库。而消费者则被强迫购买食盐,并且,为了扩大国家收入,剥夺走私者收入,要以 4 倍于自由市场价格的价格来购买固定数量的食盐,并将购买量在居民中进行分配。

尽管得自垄断权授予的收入大增,可是税收在法国也大大提高了。土地税或实物人头税(*taille réelle*)是国家最大的单一收入来源,在柯尔贝尔当政初期,他试图进一步增加人头税的负担。但是关于人头税的一系列豁免,包括对所有的贵族的免税,妨碍了人头税的征收。柯尔贝尔尽力查明被免税的人,找出"虚假的"贵族,清除对征税官的贿赂网络。稍微降低人头税而显著增加间接税(*aides*)的努力(对批发商和零售商征收的国内间接税,特别体现在饮料业)使得税款包收人的贿赂和腐败行为归于失败。随后出现的食盐税(*gabelle*)的收入,如果剔除物价因素,从 16 世纪初期到 17 世纪中期增长了 10 倍。在柯尔贝尔时代,盐税收入的增长与其说是来自于税率的提高,不如说是来自于对现有畸高税收体系的强化实施。

土地税和消费税的负担在很大程度上落在了穷人和中产阶级身上,严重地削弱了储蓄和投资,特别是正如我们所见,减少了大规模生产行业的储蓄和投资。1640 年,法国的经济已处于危险境地,因为正当英格兰国王查理一世主要因为征收高额税收而引发了一场成功的革命的时候,法国王室征收的人均税收却等于查理一世征收的 3 至 4 倍。

作为所有这些因素的结果,纵然 16 世纪法国人口是英格兰人口的6倍,其早期的工业发展似乎充满希望,可是法国的专制主义和严格实施的重商主义却使得该国不能成为一个工业或经济增长的领先国家。

7.4 英格兰的重商主义:纺织品与垄断

正是16世纪,英格兰开始迅速攀登至经济与工业山峰的顶端。英国国王通过采用重商主义法律和规则,实际在尽力地来阻碍这种发展,不过这并没有得逞,由于各种原因干预主义法令没有付诸实施。

几个世纪以来,原羊毛一直是英格兰最重要的产品,因而也是其最重要的出口商品。羊毛被大量运往佛兰德和佛罗伦萨,制成精美的衣料。到了14世纪初,羊毛贸易非常繁荣,达到年均出口35,000袋的高水平。国家自然开始插足进来,实行征税、管制和限制。英格兰建立民族国家的基本财政武器是"手续费",即是对羊毛出口的税收和对毛织布进口的关税。手续费不断上升,以便为连绵不断的战争筹措经费。在14世纪40年代,爱德华三世国王把羊毛出口的垄断权授予几个商人小团体,条件是他们同意代表国王征收羊毛税。这种垄断权的授予排挤了曾控制羊毛出口贸易的意大利和其他外国商人。

然而,到了14世纪50年代,这些垄断商人破产了,爱德华国王最终为解决这一问题,放宽了垄断权,把它扩展到由几百名商人组成的一家公司,这家公司被称为"商站商人公司"(Merchants of the Staple)。所有的羊毛出口都必须通过由商站商人公司赞助的一个固定城镇,然后出口到欧洲大陆的一个固定地点,14世纪末期之前是加来(Calais),那时加来在英格兰的控制之下。商站商人公司的垄断并不适用于意大利,但适用于佛兰德,后者是英格羊毛出口的主要目的地。

商站商人公司不久就开始以所有垄断者由来已久的方式运用其特许垄断权:强行压低英格兰羊毛生产者的价格,同时提高对于加来和佛兰德羊毛进口商的价格。在短期内,这种体制对商站商人公司来说是非常惬意的,他们能够大大补偿向国王付出的款项,但是在长期内,英格兰鼎盛的羊毛贸易被大大削弱,而且无法补救。国内价格与国际价格之间人为的差距,阻碍了英国的羊毛生产,也损害了外国对羊毛的需求。到了15世纪中叶,羊毛的年均出口量急剧地下降,只有8,000袋了。

英国人从这种灾难性政策中得到的唯一好处(除爱德华国王和商站商人公司共同的短期获益以外),是无意中推进了毛衣料生产。现在,英格兰的衣料生产者可以从英格兰羊毛的人为低价、外加上国外羊毛的人为高价中获益。在与权力进行的无休止的拉锯战中,市场再一次设法提供一种帮助。到了15世纪中叶,精美、昂贵的宽幅"羊毛织品"在英格兰大量生产,集中在西部乡村,那里河流湍急,水量充沛,适合洗涤羊毛织物,而布里斯托尔则成为进出口的主要港口。

在16世纪中叶,一种新的毛织布生产形式在英格兰发展起来了,不久便成为纺织行业的主导形式,这就是"新布料"或精纺毛纱,布料中的每一根线都可以看到,这是一种更廉价更轻便的布料,可以向气候温暖和不适宜染色与装饰的地区出口。由于精纺毛纱不需要洗涤,因而其生产不需要靠近水边,所以新的纺织品企业和工厂在农村与新的城镇如诺里奇和瑞埃（都在伦敦附近）发展起来。由于伦敦是布料最大的市场，所以现在运输成本降低了，而且东南部是牧羊业的中心，那里出产的又粗又长的羊毛特别适合生产精纺毛纱。伦敦周围新建的乡村工厂也可以雇到熟练的新教徒的纺织技工，他们是从受到宗教迫害的法国和尼德兰逃亡来的。最为重要的是，迁往乡村或新的城镇意味着纺织工业的扩张和创新，可以摆脱行会沉重的限制和老城镇僵化的技术。

现在每年要出口 100,000 匹衣料，而两个世纪前则不到 1,000 匹。这种情况促进了复杂的生产形式和营销创新的发生。商人们建立"外包"制（putting out system），根据技工织布的数量计件付酬。此外，市场经纪人大量出现，纱线经纪人充当纺纱工和织布工的中间人，而布料商在产业链的终端专门从事销售。

看到这种有效的新竞争不断发展，老城镇以及宽幅织物的技工与生产商求助于国家机器，试图限制效率更高的新贵。

正如米斯基明（Miskimin）教授所指出的："就像在演变的时期经常发生的那样，过时的既得利益者会求助于国家保护，反对产业内的创新因素，寻求管制，以保护他们传统的垄断权"。[5]

作为回应，英格兰政府于 1555 年通过了《织布工法案》（Weavers' Act），将老城外的工厂的织布机的数量严格限制在只有一到两台。然而，大量的豁免损害了该法案的效力，而其他法令如限制最高工资、限制竞争，以保护原来的宽幅布料生产行业，由于几乎没有实施，所以也形同虚设。因此，英国政府转而采取另一种措施,支持并强化城市的行会体制,以排除竞争。然而,这些措施只在孤立老城的宽幅织物生产企业并加速其消亡方面是成功的。因为新的乡村企业特别是新布料的生产企业,超越了行会的权限。因此,1563年,伊丽莎白女王在全国推行了《技工法令》(Statute of Artificers),该法令表明了民族国家对行会权力的支持。每个师傅能雇用的学徒的数量被严格限制,这是特别适合阻碍任何一个企业发展的措施,同时坚决要把羊毛产业卡特尔化,以削弱竞争。在整个英格兰,学徒的年限,即徒弟成长为师傅的时间,被普遍延长到七年,并在全英格兰对学徒实施了最高工资限制。《技工法令》的受益者不仅是老式的、无效率的城市宽幅织物行会,而且包括那些大土地所有者,他们的农村工人一直在流向新的、高工资的纺织行业。《技工法令》公布时所宣称的一个目的是强制性充分就业,按照一种"优先"体制引导劳动力工作,最优先考虑的是国家,而国家试图强迫工人留在农村和农场工作,而不是离开农场去其他地方寻找更好的机会。另一方面,要进入商业或专业领域,需要获得各等级执业资格,这样,各种职业都会庆幸这种卡特尔化法令所形成的进入限制,而土地所有者因把工人以比其他地方低得多的工资限制在农村而感到欣喜。

如果《技工法令》被严格地实施,英格兰的工业增长可能会被永久地抑制。但幸运的是,英格兰比法国的无政府主义程度要强,法令并没有很好地实施,特别是在它想要发挥作用的、迅速增长的新的精纺毛纱行业更是如此。

不仅农村没有被城市行会及其民族国家的同盟所控制,而且迅速发展的伦敦也是如此,伦敦海关宣布,任何行会成员都可以从事任何一种贸易,任何行会都不能实施对任何生产过程的限制性控制。

伦敦作为新布料的重要出口中心(主要是面向安特卫普),部分原因在于这个城市在 16 世纪的巨大增长。在这个世纪中,伦敦人口的增长 3 倍于整个英格兰的人口增长率,从 16 世纪初的 3 万—4 万人,增加到下一个世纪初的 25 万人。

然而,伦敦商人并不满足于自由市场的发展,权力开始向市场进入。特别应指出的是,伦敦商人开始谋求获得出口垄断权。1486 年,伦敦创立了伦敦冒险商协会(the Fellowship of the Merchant Adventurers),要求其成员获得羊毛出口的排他性权利。其他地区(伦敦以外)的商人要加入的话,需要缴纳昂贵的费用。11 年以后,国王和议会宣布,任何向尼德兰出口的商人都必须向冒险商协会缴纳费用,并遵守其限制性管制。

在 16 世纪中叶,国家加强了冒险商协会的垄断地位。首先,在 1552 年,汉萨同盟(the Hanseatic)的商人被剥夺了他们自古就有的向尼德兰出口布料的权利。五年以后,提高了进口布匹的关税,从而授予国内布匹贸易更特别的权利,并强化了国王与布匹商人的财政联系。最后,在 1564 年,在伊丽莎白女王统治期间,在更为严厉更为寡头化的控制之下,冒险商协会进行了重组。

然而,在 16 世纪晚期,势力强大的冒险商协会开始衰落。英国与西班牙以及西班牙与尼德兰的战争,使冒险商失去了安特卫普市,而且在 16、17 世纪之交,他们被正式赶出德国。在

1688年革命之后,英格兰对尼德兰和德国海岸的羊毛出口垄断最终被取消。

如果我们把英格兰对于印花布的措施,与法国对于该行业的抑制相比较,应当是很有启发意义的。1700年,在比法国晚大约10年后,英格兰强大的羊毛产业开始禁止进口印花布,但即便如此,国内生产还是被允许的。结果,印花布的国内生产迅猛发展,当羊毛利益集团于1720年通过法案(印花布法案),开始禁止印花布消费时,国内的印花布产业已经非常强大,能够继续出口其产品。与此同时,印花布的走私仍然存在,国人的消费也在继续——所有这些都是因为,在英格兰禁令的执行并不像法国那么严厉。之后,在1735年,英格兰棉花产业赢得了豁免权,可以在国内印染和使用"粗纹棉布",这是棉花与亚麻混纺的布料,无论如何,这种布料在英格兰都是最流行的印花布。因此,在整个18世纪,英格兰国内的棉花纺织业能够发展并繁荣起来。

英格兰最为突出的重商主义政策体现在国王普遍授予的垄断特权:在国内或对外贸易中排他性的生产和销售权力。在16世纪后半叶,也就是在伊丽莎白女王统治期间(1558—1603年),垄断权的设立达到顶峰。用宾多夫(S. T. Bindoff)教授的话说:"……像巨大的乌贼一样,限制性原则用它那可以环抱的触角,紧紧抓住国内贸易与生产的许多方面",而且"在伊丽莎白统治的最后十年,几乎没有一种具有公共用途的物品——如煤炭、肥皂、淀粉、铁、皮革、书籍、葡萄酒、水果等等——不受到垄断权的影响"。[6]

宾多夫用优美的文笔,描述了说客如何以货币收益为诱饵,获得皇室朝臣对其要求被授予垄断权的请愿的帮助:"他们的帮助通常只是追求地位与财富的伟大游戏中小小的插曲,而这种游戏不间断地在王座前的台阶上上演"。一旦授予他们特权,这些垄断者就开始用国家权力武装自己,搜查、发现并抓获所有非法竞争者。正如宾多夫写道:

> 生产黑火药用的硝石的人,有权在任何人家里挖掘,因为含有硝酸的土壤是他们的原材料。具有扑克牌垄断权的宠臣闯入任何商店,搜查没有盖印的扑克牌,并威胁店主,会因他们的违法行为而受到远方某个法庭的传唤。实际上,对于垄断者来说,如果他要排除竞争,以便随意确定其产品的价格,搜查授权就是必不可少的。[7]

像我们预期的一样,排除竞争的后果是质量降低和价格上升,有时能达到400%。

英格兰是以前著名的获得全球贸易份额垄断权的对外贸易公司的故乡。英格兰对外贸易公司的鼻祖是俄罗斯公司(Muscovy Company),成立于1553年,获得与俄罗斯以及直到白海港口阿尔汉格尔的亚洲部分的所有英格兰贸易的垄断权。在16世纪70年代晚期和80年代早期,伊丽莎白女王授予一些新的垄断公司如巴巴里(Barbary)、伊斯兰特(Eastland)、黎凡特(Levant)等公司以贸易垄断权。一个在政治上有很大势力的小团体,原来是俄罗斯公司的核心,现在成为每一个这种垄断公司的核心。俄罗斯公司在一段时期内控制了北美的所有探险与贸易的垄断权。此外,16世纪80年代俄罗斯公司与俄罗斯的贸易,由于哥萨克人对从亚洲开始的伏尔加贸易路线进行了破坏,而严重受损,俄罗斯公司的领导人因而于1581年组建了土耳其公司和威尼斯公司,从事与印度的贸易。这两个公司于1592年并入黎凡特公司,他们非常满意获得了经由黎凡特和波斯与印度进行贸易的垄断权。

像一根强有力的线一样,在这些相互关联的垄断公司之间往返穿梭的是托马斯·史密斯(Thomas Smith,1558—1625年)爵士本人及其家族。史密斯的祖父安德鲁·贾德(Andrew Judd),是俄罗斯公司的主要创始人,其父老托马斯·史密斯(Thomas Smith,Sr,1514—1577年)爵士是一名律师,也是都铎王朝皇权专制主义、高额税收和经济限制体制的创建者。在16世纪90年代之前,小史密斯严格说来是每一个单一的从事对外贸易和殖民业务的垄断公司的主管。俄罗斯公司也有这些业务,它有在弗吉尼亚殖民的垄断特权。但是史密斯职业生涯的顶峰还是体现在(除了其他职位外)担任庞大的东印度公司的主管上,该公司在1600年获得与东印度进行全部贸易的垄断特许权。

7.5 东欧的农奴制

东欧发生的事情比重商主义更糟糕。在那里,国王和封建贵族的专制主义肆意滋生,不受约束,以至于他们决定打垮刚刚形成的资本主义。以前的农奴,现在自由了,一直在从农村向城市迁移，由于新兴的资本主义生产和工业的出现，在那里工作可以获得更高的工资和更好的机会。到了 15 世纪初，东欧特别是普鲁士、波兰和立陶宛，已经有了自由农民。城市和货币交易繁荣，制衣业和制造业发展并繁荣起来。然而，在 16 世纪，东欧的国家政府和贵族重申自己的主张，再次使农民变成农奴。特别是，16 世纪早期欧洲粮食（主要是黑麦）价格的上升，使得粮食种植更加有利可图，刺激了服务于贵族土地所有者的廉价劳动的社会化。农民被强迫回到农场，并被强迫留在那里，同时也被强迫服徭役（强迫定期为贵族劳动）。农民被强迫进入贵族拥有的大庄园劳动，因为就贵族而言，大庄园意味着监督和强制农民劳动的成本较低。此外，在波兰，贵族促使国家通过更多的法律，严厉限制城市商人的活动。波兰商人在维斯瓦河上运输货物所需支付的通行费，比土地所有者要高，同时禁止波兰商人出口国产商品。此外，对先前的自由农民的压制，极大地降低了他们可用于购买商品的货币收入。这些政策组合，摧毁了波兰的城市与城市经济，也摧毁了波兰商品的国内市场。正如米斯基明教授所说的："由于自私的贵族的成功筹划，摧毁了波兰的经济发展，以便保护他们自己赚钱的粮食生意，并确保农业劳动的充足供给，让他们的庄园能够获得最大剥削"。[8]

在匈牙利，也出现了同样的再次农奴化的过程，但是出现在养牛业和酿酒业而不是黑麦种植。在中世纪晚期，农民的租金由实物支付转变为货币支付。在 16 世纪，贵族大大地提高了租金，并重新改回实物支付。农民承担的税收大幅上升，强制性徭役负担极大增加，在一个地区上升了 9 倍，从一年 7 天上升到

60天。土地所有者自己获得了葡萄酒销售的严格垄断权,也获得了商人应缴纳的沉重的牛出口税的豁免权。这样,土地所有者在重要的葡萄酒的购买和销售以及牛的贸易中,通过特许垄断权而使自己获利。

7.6 重商主义与通货膨胀

通过税收,中世纪以后的国家获得了它们急切寻求的绝大部分收入。但是,除了直接劫掠其臣民的财富之外,国家总是被创造自己的货币的思想所吸引。然而,在纸币发明之前,国家的货币创造仅限于偶尔的铸币减值,它对此长期以来设法保持一种强制性垄断。由于减值是一种一次性的过程,不能像国家喜欢的那样用来连续地创造货币,并把货币送入国家的钱柜,以便为国家机器及其权力精英建造宫殿、陵墓和其他消费品。

1685年,在西方世界中,法国的魁北克第一次出现了强大的通货膨胀工具即政府纸币。魁北克总督缪勒斯(Meules)先生,迫于通常的资金压力,决定把扑克牌分为四份,每一份都用法国货币的不同面额来标记,并作为支付工资和购买物品的手段,由此来增加国家的财源。这种卡片货币,后来用实际的硬币来赎回,不久就成为可重复发行的纸质票据。

五年以后,即1690年,更为常见的政府纸币形式出现在英国殖民地马萨诸塞。马萨诸塞派遣士兵,对繁荣的法国殖民地魁北克进行他们惯常的劫掠活动,但这一次他们被打败了。马萨诸塞士兵通常从对法国战利品的拍卖中分得一份,作为自己的收入,但这次他们没得到钱,沮丧的马萨诸塞士兵由此变得更加愤怒了。马萨诸塞政府面临哗变的士兵要求支付他们的薪水的困扰，却又不能从波士顿商人那里借到钱，因为这些精明的商人认为这种信贷是没有价值的。最后，作为权宜之计，马萨诸塞发行了7,000镑纸券，承诺在几年后用硬币来赎回。不可避免的是，在这短暂的几年悄然过去时，政府欣喜地发现这种新的方法似乎是一本万利的，于是就开动印刷机，迅速发行了40,000多镑纸币。如命中注定一般，纸币诞生了。

20年以后，法国政府在苏格兰狂热的通货膨胀理论家约翰·劳(John Law)的影响下，在国内打开了纸币通货膨胀的阀门。英国政府为实现同样的目标，设立了一个更为复杂的机制，历史上一种新的机构建立起来：中央银行。

17、18世纪英国历史的关键，是英国政府不断参与的持久战争。战争意味着国王有巨额的金融要求。在中央银行和政府纸券出现之前，任何政府都不愿意为了偿付依赖日益庞大的公债来筹措的全部战争费用而举国征税。但如果公债持续上升，而税收不增加，就必须付出什么，空头支票必须被支付。

在17世纪以前，贷款通常由银行来做，而"银行"是资本家出借其积累的资金的机构。当时没有普通存款银行，商人存放剩余黄金的安全之地，是位于伦敦塔的皇家铸币厂，这是通常用于储存黄金的机构。然而，这种惯例的成本过于高昂，因为在1638年内战爆发之前不久，查理一世国王急需用钱，立刻征用了存放在铸币厂价值200,000镑的黄金，宣称这是向存放人的借款。可以理解，存放人被他们的经历震惊了，商人们开始把黄金存放于个体金匠的钱柜，而后者习惯上也接受贵金属的储藏，并能安全地存放。不久,金匠的票据开始执行私人银行券(普通存款银行的产品)的职能。

不久之后,复辟政府需要一大笔钱来应付与荷兰的战争。税收大幅上升,同时国王向金匠大举借债。在1671年末,查理二世国王要向银行家借更大一笔款项,以支付新舰队所需费用,但遭到了金匠的拒绝。1672年1月5日,国王宣布"财政署止兑",即全面终止支付未偿公债的所有本金和利息。"止兑"债务中的一部分为政府对供应商和年金获得者的债务,但绝大部分为被损害的金匠所持有。实际上,全部止兑债务为121万镑,其中117万镑属于金匠。

五年以后,即1677年,国王勉强开始支付止兑债务的利息。但在詹姆斯二世于1688年被驱逐之前,在12年的债务中,只支付了6年多一点的利息。此外,利息是按照随意确定的6%的利率来支付的,虽然国王原来承诺的利率是8%—10%。

在1688年的光荣革命引导下,威廉和玛丽的新政府更加强烈地反对金匠。新的统治者明确地拒绝支付止兑债务的任何利息和本金。倒霉的债权人把案子呈交给法庭,虽然法官原则上批准了债权人的要求,但其决定被国玺大臣否决,他们坦率地指出,政府的金融问题必须优先于公平和财产权。

"止兑"的结果,是下议院于1701年介入此事,宣布直接免除债务总量的一半,剩余的一半债务的利息于1705年末开始支付,利率为令人惊讶的3%。即使如此之低的利率,后来也被砍到2.5%。

国王的这种破坏性宣称的后果是可以想见的:政府信用被

严重削弱，金融灾难严重打击了金匠们，他们的票据不再被公众和黄金存放人所接受。到了17世纪80年代，大多数主要的金匠债权人都破产了，许多人在债务人的监狱终了其生。私人存款银行被沉重打击，这种打击只有在中央银行设立之后才得以休止。

而且，财政署止兑发生在铸币厂征用黄金仅仅20年之后，这着实给予私人存款银行和政府信用以致命一击。但与法国无休止的战争又开始了，政府又从那里能搞到钱来应付战事呢？[9]

一些发起人发起了拯救行动（Salvation），为首的是斯科特·威廉·帕特森（Scott William Paterson）。1693年初，帕特森在下议院成立了一个特别委员会，研究筹集资金问题，并提出了一项值得关注的新计划。作为国家设立一系列重要特权的回报，帕特森和他的团队要组建英格兰银行，用于发行新的票据，其中大部分用来为政府赤字融资。换句话说，由于没有足够的私人存款人愿意为政府赤字融资，而帕特森及其公司恰好愿意购买有利息的政府债券，以新创造的银行券来偿付，这给他们带来大量的特权。1694年，国会适时地批准成立英格兰银行，威廉国王和许多议员就迫不及待地成为这个新出现的创造货币的富矿的股东。

威廉·帕特森要求英国政府授予英格兰银行券法偿货币的地位，但是，即使对不列颠国王来说，这也做得太过火了。然而国会却授予该银行持有所有政府资金存款的优势地位。

作为政府授权的中央银行，这个新机构很快就显示了它的通货膨胀的力量。英格兰银行迅速发行了 760,000 镑的巨额货币,其中大多数用于购买政府债务。这一发行立即产生了巨大的通货膨胀冲击,在不到两年后,英格兰银行在一次挤兑风潮中无力偿付,这种无力偿付是其竞争者私人金匠兴高采烈地煽动的,他们很乐于把膨胀的英格兰银行券归还给它,赎回硬币。

这时,英国政府做了一个致命的决定:1696 年 5 月,简单地允许银行"延迟硬币偿付"。换句话说,允许银行随意拒绝履行其合同约定的义务,以黄金赎回银行券,而同时继续愉快地发行银行券,并用银行券来强制支付自己的债务。两年后,银行重新恢复硬币的支付,但这开创了英国和美国银行业的一个先例。只要银行因不断膨胀而陷入金融困难,政府就立刻允许其延缓硬币偿付。在 18 世纪末和 19 世纪初,与法国的最后一次战争期间,有 20 年允许银行延缓偿付。

在同一年,即 1696 年,英格兰银行受到了另一次威胁:竞争的幽灵。托利党财团试图建立一个国家不动产银行,与辉格党控制的中央银行来竞争。这一尝试失败了,但英格兰银行立即促使国会于 1697 年通过法律,禁止在英格兰设立任何新的股份银行。任何新银行都必须由一个人拥有或合伙所有,因而严厉地限制了银行竞争的程度。此外,伪造英格兰银行券的犯罪行为现在可以判处死刑。1708 年,国会在这一系列特权的基础上,又增加了一个至关重要的权力:除英格兰银行外,任何股份银行发行银行券,以及合伙人超过六人的银行发行银行券,都是非法的。而且,除此以外,禁止非股份银行以及合伙人超过六人的银行从事任何短期贷款。现在,英格兰银行只需要同少数几个银行竞争了。

因此,到了17世纪末,西欧国家特别是英格兰和法国的政府,已经发现了扩大国家权力的新的重要途径:或者由政府,或者更为巧妙地由具有垄断特权的中央银行,通过通货膨胀性的纸币创造来获得收益。在这种政策的庇护下,英格兰的私营存款银行(特别是支票账户)迅速扩张,政府最终能够扩大公债,来进行无休止的战争;例如,在1702—1713年与法国作战期间,政府可以用公债来为其31%的预算融资。

7.7 注释

1. 雅各布·瓦伊纳,《国际贸易理论研究》(*Studies in the Theory of International Trade*)(纽约:哈珀兄弟出版公司(Harper & Bros),1937年),第58—59页。
2. 同上,第59页。
3. 埃利·F. 赫克歇尔,《重商主义》(*Mercantilism*)(1935年,第二版,纽约:麦克米伦出版公司(Macmillan),1955年),第Ⅰ卷,第162页。
4. 查尔斯·伍尔西·科尔(Charles Woolsey Cole),《法国重商主义:1683—1700年》(*French Mercantilism, 1683–1700*)(纽约:哥伦比亚大学出版社,1943年),第176页。
5. 哈里·米斯基明,《文艺复兴后期欧洲的经济:1460—1600年》(*The Economy of Later Renaissance Europe: 1460–1600*)(剑桥:剑桥大学出版社,1977年),第92页。
6. S. T. 宾多夫,《都铎王朝时期的英格兰》(*Tudor England*)(巴尔的摩:企鹅图书出版公司(Penguin Books),1950年),第228页。
7. 同上,第291页。
8. 见哈里·米斯基明,《文艺复兴后期欧洲的经济:1460—1600年》(剑桥:剑桥大学出版社,1977年),第60页。
9. 在从1688年到1756年的66年中,有整整34年或超过一半的时间用来与法国作战。后期的战争,如 1756—1763 年、1777—1783 年与 1794—1814 年的战争,甚至更加激烈,所以,从 1688 年到 1814 年的 124 年间,英格兰至少有 67 年的时间是在同"法国的威胁"作战。

第 8 章　17 世纪的法国重商主义思想

233　8.1　统治精英的形成
　　8.2　法国第一个重要的重商主义者:巴泰勒米·德·拉斐玛
　　8.3　第一个"柯尔贝尔":苏利公爵
　　8.4　怪诞的诗人:安东尼·德·孟克列钦
　　8.5　弗朗索瓦·迪努瓦耶的大失败
　　8.6　枢机主教的统治:1624—1661 年
　　8.7　柯尔贝尔与路易十四
　　8.8　路易十四:极端的专制主义(1638—1714 年)
　　8.9　注释

8.1 统治精英的形成

重商主义体系并不需要依靠花哨的"理论"来登场。它天然地适合于新兴的民族国家的统治阶层。国王,以及仅次于他的贵族阶级,都热衷于高额的政府支出、军事讨伐,以及通过高额税收来构筑他们共同的和个人的权力与财富。国王自然喜欢与贵族结盟,并与卡特尔化的、垄断性的行会与公司联姻,因为这样做将会通过联盟来巩固他的政治权力,通过来自受宠的获益人的销售和收费增加其财政收入。卡特尔化的公司也不特别需要一种理论来为获得的垄断特权辩护。出口补贴,限制进口,也无须理论解释,增加货币供给以及对国王、贵族或其所宠爱的商业集团贷款,也被认为是自然而然的。重商主义者关于积累国家金银供给的时髦主张也不需要理论支撑:这种供给实际上意味着有更多的金银流入国王、贵族以及垄断出口公司的保险柜。谁不愿意增加他们口袋中的货币供给呢?

理论来得较晚。理论或者被用来向受愚弄的大众宣传这种新体系的必然性和慈善性,或者被用来向国王兜售由那些小册子作者及其同行所倡议的特别计划。重商主义"理论"是一套旨在支持与扩展特定的既得经济利益的理论原理。

很多20世纪的史学家盛赞重商主义者,说他们具有原初——凯恩斯主义式的对于"充分就业"的关心,因而显示了据说是惊人的现代倾向。然而,必须强调指出,重商主义对充分就业的关心绝不是出于人道主义考虑。相反,他们的理想是消灭懒惰,强迫懒惰者、流浪汉以及"身体强壮的乞丐"去工作。简言之,对于重商主义者来说,"充分就业"明确包含的逻辑结论是:强迫劳动。例如,在1545年,巴黎的"身体强壮的乞丐"被强迫长时间地工作,两年以后,"为了消除健康的人所有可能的懒惰机会",所有能够工作但是又不愿意工作的妇女都受到鞭打并且被逐出巴黎,所有能够工作但是又不愿意工作的男人则被送到战舰做奴隶。

人们将会立刻看到重商主义对于懒惰的这种恐怖的阶级基础。例如,贵族和僧侣是从来不在意他们自己的懒惰的;仅仅是对于下层阶级,才必须采取任何必要的手段来禁止他们懒惰。对于拥有特权的第三等级的商人也是如此。其几乎不加掩饰的理由是,这是增加"国家生产力"所必要的,不过这些阶级构成了统治精英,所以不论是在公共工程中还是在私人生产中,这种通过强制手段消除懒惰的结果,都会使统治者受益。它不仅仅增加了生产,使后者获益,同时也由于强迫性地追加劳动供给而降低了工资率。

所以,在1576年作为法国议会机构的国民会议(the state general)上,所有三个等级都一致地号召强迫劳动。僧侣们敦促"不能允许或容忍……任何懒惰之人"。第三等级则要求对"身体强壮的乞丐"实行强迫劳动、鞭打或驱逐。贵族们力主对"身体强壮的乞丐和闲散之人"强迫劳动,如果他们不服从就施以鞭刑。

这同一届国民会议还使得他们在保护关税问题上的特别诉求极其糟糕地明晰起来。三个等级都要求禁止进口制造品,和所有原材料的出口。这两个措施的目的在于为国内制造业筑起一道垄断保护的壁垒,迫使原材料的生产者将他们的产品以人为的低价卖给这些国内制造业者。其理由是,这种措施对于将"金银"或者货币"保留在国内"是必要的。然而对于任何无偏见的人来说,这个理由显然都是荒谬的。因为如果法国的消费者为了保卫"他们的金银"而被禁止购买进口品,这会发生什么情况呢?难道真的存在着法国人将他们的金银全都送到国外而他们自己不再保留一个金银原子的危险吗?显然,设想这样一种情况是荒谬的,不过,假使它已经发生——最坏的一幕出现了——显然也有一个对于金银从本国流出的明显而严格的最大极限。因为,渴望增加进口的消费者究竟从哪里得到更多的金银呢?很明显,他们只有出口其他产品才行。

因此,"将货币保留在国内"的论点显然是骗人的,不论在 17 世纪的法国或是 20 世纪的美国,都是如此。国民会议在一段时间里热衷于保护法国的某些产业。

"将货币保留在国内"的论点,也是用来打击比本国的企业家和金融家更有竞争优势的外国企业家和金融家的一贯手段。例如,对于德国银行家和意大利金融家在法国的业务日益兴旺的预期,与日俱增地激起了人们对外国人"不正当获利"以及将货币带出法国的愤怒,这种愤怒自然地又为典型的重商主义的恶名昭著的"蒙田谬误"所加强:一个人(或国家)在市场上的所得,事实上就是另一个人(或国家)的所失。这些不高兴的法国人经常建议将外国金融家驱逐出法国,然而,国王却由于深深地陷入债务之中而无法采纳这种建议。

8.2 法国第一个重要的重商主义者:巴泰勒米·德·拉斐玛

值得注意的第一个法国重商主义者,是巴泰勒米·德·拉斐玛(Barthélemy de Laffemas,1545—1612年),他是出生于多菲内省的一个极其贫穷的新教家庭的没有受过教育的儿子。他一生都是作为纳瓦尔的亨利这位窥视王位的新教徒的仆人,到了1582年,他被晋升到其主子的荣誉裁缝和贴身男仆的高贵地位。当纳瓦尔的亨利成为亨利四世国王时,拉斐玛的运气来了,他于1601年成为商业总监和商业委员会的负责人,直到国王去世时为止。就像一只忠诚的狗将随其主子而去一样,拉斐玛此时也失去了权力,在亨利于1610年被刺杀之后一年死去。拉斐玛之所以值得我们注意,是因为他在其拥有权力的十年间,从他帮助在法国推行的商业体系的利益出发,出版了数十本拙劣地表述的小册子。

拉斐玛关注的焦点,以及他对于一系列经济政策的标准,是这些政策是否能够将货币带回法兰西王国。不过要注意,无须将这些观点解释为愚钝地相信货币就是财富。因为,当拉斐玛论述金银是"王国和贵族的肌腱与支柱……是国家反对……敌人……的真正力量与物质基础"的时候,他无疑是完全正确的。国王们从他的臣民那里聚集的货币越多,他们就变得越富有和权力越大。关于这一点是没有什么值得奇怪或者令人感到荒谬的。其荒谬之处仅仅是对于那些人而言才存在的——如果这个论点被严格地对待的话——他们将国王的利益与整个法国社会的利益等同起来了。

说这里闪烁着一个经济思想的火花,是因为拉斐玛是最初的机敏的重商主义者之一,他们劝告国王不要直接禁止金银出口。更为明智的是,他相信,允许金银自由地流入与流出本国,然后通过严格地管制商业和产业,可以使金银最终流入本国。

撇开这一点不说,拉斐玛的经济建议则是一种令人郁闷的连祷文:禁止所有的制造品进口,禁止那些会使货币从王国流出并转入外国人之手的市场交易,强迫商人只买国外的原材料而不买制成品,禁止出口原材料。行会必须被恢复,以便用来管理所有的城市劳动和保证产品质量。行会师傅委员会要监督行会。在其上要有一个制造业管理局监督它们,最高的监督部门是皇家法院。

通过对重商主义者通常的套话加以发挥,拉斐玛力图使人确信,农业将从对制造品建立的保护中受益,而不是受损,因为这些措施将为农产品提供国内市场。至于说这将是一个极度低效率和高成本的国内市场,拉斐玛则不愿意花费心思去想。

按照拉斐玛的看法,每一个反对他的人都是自私的、无知的,以及(或者)是一个卖国贼,应当像惩治卖国贼那样来对待他们。所有不服从管制和禁令的人都将被没收财产以及处死。

像他的大多数重商主义者同伴一样,巴泰勒米·德·拉斐玛也沉迷于充分就业和根除懒惰的理想。充分就业当然意味着强制就业,拉斐玛号召通过迫使闲散人员从事工作以及用"锁链和监狱"强迫不愿意工作的人去工作,来消除懒惰。酒馆与夜总会要严格加以限制,对于酗酒成性的醉汉要逮捕并戴枷示众。

保护主义起初是竭力确保国家能够在国内实现物品的自给自足,继而又进一步扩展到关于实际可能生产的产品究竟是什么的问题。因为,当市场的赢利性作为一个标准被放弃时,严格说来生产中的每一种产品都有可能被(以某种成本)在国内来制造。如果美国人愿意,他们无疑能够在缅因州或蒙大拿州的温室中以惊人的成本生产出他们所需要的所有香蕉。但是,除了对少数拥有特权的温室种植者给予补贴以外,这件事情还能有什么别的意义呢?

巴泰勒米·德·拉斐玛最愚蠢的建议之一——这也是他作为商业总监竭力付诸实施的计划——是让法国在它所偏好的进口奢侈品即丝绸方面成为自给自足的国家。他的很多小册子和实际努力都是致力于强力扶持法国丝绸产业的大规模扩展,而到那时为止法国的丝绸业一直是小规模的,并且仅限于南部地区。

拉斐玛坚持认为,法国的气候对于养殖柞蚕是十分理想的,任何持有相反想法的人,任何以破坏性口吻谈论法国大部分地区过于寒冷和多暴风从而不适于丝绸生产的人,都仅仅是由"某些法国商人和外国丝绸零售商人出于邪恶动机"所散布的蛊惑性宣传。拉斐玛说到他自己成功地进行了丝绸生产,以及亨利国王的桑树种植(依靠它养殖柞蚕)。他提议建立一种法律,强迫所有的财产所有者,包括神职人员与僧侣,平均每亩地种植两到三棵桑树。他描绘了一幅美好图画,说从种植桑树和发展丝绸中肯定获得丰厚的利润。拉斐玛还声称桑树具有神奇的医疗作用:它们可以用于治疗牙痛和胃病,救治烧伤,驱逐寄生虫,并且还是一种解毒剂。

尽管拉斐玛劝说国王投入数十万里弗尔来扶持桑树种植和丝绸业发展,国王也确实命令法国的每一个主教区都要建立一个 50,000 株桑树的培育地,但是这个宏大的丝绸试验最终证明还是惨败了。大多数法国地区的气候实际上是不适宜的,因此,这个失败并不是自私的和背叛国家利益的进口商们散布虚假信息所造成的,而是严酷的现实的结果。可以理解,大多数法国的神职人员对于他们突然地被迫成为丝绸生产者是不情愿的。法国依旧是一个巨大的丝绸净进口国。

拉斐玛的主要弟子(如果不是唯一的一位弟子的话),是他的儿子伊萨克。还在他 19 岁未成熟的年龄时,年轻的伊萨克·德·拉斐玛(Issac de Laffemas,1587—1657 年)就发表了《法国商业史》(*History of Commerce in France*)(1606 年),强烈地渴望在各方面都成为他的强有力的父亲的继承者。这部《法国商业史》谈不上是一部值得纪念的著作,其独特之处主要在于向他的父亲和亨利国王大肆献媚,以及一味地重复他父亲所崇信的观念和妙策。只要注意到这样一个事实,即伊萨克将亨利四世视为法国所有美好事物的源泉,就可以评判这部著作的品格如何了。在向他的国王陛下致辞中,年轻的伊萨克写道,上天"宠爱我的父亲,让他生活在您统治的时代"。

随着他父亲的失宠以及随后的去世,伊萨克作为一个政治经济学家的生涯也过早地走到了尽头。他结束了作为首相和枢机主教黎塞留的一名次级但却忠诚的尉官的时光。

8.3 第一个"柯尔贝尔"：苏利公爵

像 17 世纪后半叶让—巴蒂斯特·柯尔贝尔对于路易十四一样,罗尼男爵、苏利公爵马克西米利安·德·贝蒂纳（Maximilien de Béthune, Baron de Rosny, the due de Sully, 1560—1641 年）对于亨利四世也非常重要。年轻的贝蒂纳出生于胡格诺贵族罗尼男爵的家族。他自然对纳瓦拉的亨利的宫廷十分向往,曾参加过宗教战争并受过伤。值得一提的是,罗尼力劝亨利四世改宗天主教以保持其王位,尽管他自己拒绝这么做。

自负而且残忍的罗尼迅速成为亨利四世的重要大臣,担任财政主管,并由于做出的贡献而被封为苏利公爵。苏利自己的观点体现在《回忆录》(*Memoirs*)（1638 年）,该书写于作者的晚年,极力为其在任期间的所为辩解,因为在其皇家庇护人被暗杀后,苏利被迫退休了。在其《回忆录》中,苏利宣布反对其同僚、位高权重的拉斐玛不切实际的计划。比如,他详细阐述了对拉斐玛惨败的丝绸计划的反对意见。他警告道,在法国的气候条件下,丝绸不容易生产,而且会使法国人沉湎于奢侈生活。

当然,这并不是说苏利不是一个重商主义者。只不过与荒唐地强行扶持诸如丝绸业这样的本国奢侈品产业不同,苏利更倾向于通过立法直接限制奢侈品消费。他希望直接禁止黄金白银出口,国王应给他或其他人一笔资金,以便查出那些逃避法律的人。当然,他的某些特别的观点,如关于丝绸计划的观点,也许会改写历史,使他自己比同时代的人看起来更正确,毕竟,在那时拉斐玛和亨利国王都不能活着证实其回忆录了。至于其他的观点,可能只是他与作为他的同僚的经济的独裁者之间进行的官场钩心斗角的产物。

作为一个炽热的专制主义者,苏利为了巩固法国的中央集权制确实不遗余力,这位公爵与其同僚拉斐玛一样,本质上也是保护主义者,尽管有些历史学家认为苏利(及其君主)是某种"自由贸易者"。一个重要的事件就是苏利反对拉斐玛的保护计划,后者倡议禁止所有的纺织品进口。但是苏利这么做的根本原因是他对里昂市——新教在法国东南部的主要根据地——的忠诚,该市将会因为纺织品的进口禁令蒙受巨大损失。苏利的全部职业生涯,都在致力于维护里昂的财富和特权。

8.4 怪诞的诗人:安东尼·德·孟克列钦

经济思想史中最为独特的人物之一是诗人和剧作家安东尼·德·孟克列钦(Antoine de Montchrétien,约1575—1621年),他出生于诺曼底的佛雷斯,成长于一个中产阶级家庭,他的父亲可能当过药剂师。他就读于卡昂一所颇受欢迎的学校,并在20岁的时候开始创作诗歌和悲剧,其中的一些作品,如《赫克托》(*Hector*)和《苏格兰》(*L' écossaise*)至今仍被认为是法国文学的经典作品。30岁那年,孟克列钦卷入了一场令人羞耻的决斗,并逃往英格兰。在游历了荷兰之后,他于1610年前后又回到法国,并与一个富有的诺曼寡妇结婚,他的妻子资助他开办五金制品生意,于是他在卢瓦河畔的乌斯内建立了一家工厂,生产菜刀和镰刀等。

1615年,在40岁的时候,安东尼·德·孟克列钦出版了其唯一的一本经济学论著《论政治经济学》(Traicté de l'Oeconomie Politique)。该书唯一的特色在于它的标题,因为这是历史上第一次出现"政治经济学"这个词。《论政治经济学》不过是对国家的经济资源的杂乱无章的、松散的描述,以及要求法国的两个统治者(年轻的国王路易十三和摄政王、他的母后玛丽·德·梅迪奇(Marie de Medici))通过铁腕加强秩序和规则,使他们的民族国家法兰西更加强大。正如查尔斯·科尔(Charles Cole)所指出的,该书"在很大程度上基于一个隐含的假设,即对国家的经济生活进行控制和引导是政府的主要职能之一,它要求统治者更积极地在经济事务方面进行活动"。[1] 书中有一句话可以传达其思想本质:"陛下拥有一个庞大的国家,它拥有适宜的地理条件,殷实的财富,繁荣的人口,强大而坚固的城池,战无不克的武力,胜利的荣誉。"孟克列钦指出,法兰西的全部需要就是秩序:"秩序是国家的实现形式。"

所谓的加强国家秩序的需求,是与孟克列钦有意识地回应蒙田谬误直接相关,该谬误认为:"某一个人的所失必定是其他人的所得。这是完全正确的,而且在商业领域比其他领域体现得更明显。"

对孟克列钦来说,法国国王尤其要管制和培育生产与贸易,特别是制造业,这样法国才能实现自给自足。应当把外国的商品与外国的厂商赶出法国。例如,当时曾允许荷兰的亚麻布制造商在法国营业,这种情况绝不能再继续了。英格兰的毛纺织品必须被禁止。孟克列钦宣称,法国必须在丝绸方面实现自给自足,而且他宣称,亨利四世统治期间,丝绸补贴计划的惨败,只是由于国王副官们的不忠。此外,由于"外国的任何东西都会腐化我们",所以应查禁外国书籍,它们"毒害我们的精神,腐蚀我们的生活方式"。

孟克列钦并没有忽略自己的镰刀生意。法国的产品竞争不过德国的镰刀,即使法国的镰刀质量更好,他警告说,这是国家的悲剧。也许有人感到奇怪,为什么法国消费者会如此偏爱德国商品,如果知道其价格较低的话就不足为奇了。

按照孟克列钦的观点,懒惰就是一种罪恶,必须予以消除,如果必要的话可以采用武力。对孟克列钦而言,人生来就要不断地工作,因此国家的政策就是确保没有任何一部分人口处于闲散状态。懒惰的双手就是魔鬼的双手,懒惰损耗了男人的力量,玷污了女人的贞洁。简言之,懒惰是所有罪恶之母。所以,罪犯和违法分子都应该送去劳作。像其他许多重商主义者一样,对于孟克列钦而言,充分就业实际上意味着强迫就业。

在孟克列钦的著作中最为普遍的主题,是对外国人、他们的进口产品以及这些人的深刻而持久的憎恨与厌恶。他怒斥道,外国人"是吸附在高贵的[法兰西]身躯上的水蛭,吸走了最好的血液,喂饱他们自己,然后离开。"总之,法兰西"曾经多么纯洁,多么干净",现在却变成"别的国家的底舱、下水道和化粪池"。

我们现在已经不可能知道孟克列钦是否希望从法国君主那里得到重要的东西,但无论如何实际上什么也没有,所以他自封为贵族,把自己简称为"瓦特维勒爵士"。尽管他在他的《论政治经济学》中多处暗示自己是天主教徒,并宣称对于君主专制的极端崇拜,但他却参加了1621年诺曼底的胡格诺教徒起义,并在战斗中被杀。四天以后,法庭在其去世后仍判他有罪,拖行其尸体,肢解并焚烧,并把他的骨灰随处抛洒。这就是安东尼·德·孟克列钦所竭力吹捧的专制统治者对他的惩罚。

8.5 弗朗索瓦·迪努瓦耶的大失败

圣马丁爵士弗朗索瓦·迪努瓦耶(François du Noyer, sieur de Saint-Martin)有一个梦想,那是对未来的宏伟展望。在17世纪早期,他周围的所有主要西方国家,政府都在创立垄断企业。因而迪努瓦耶推论道,为什么不彻底这样做呢?如果垄断企业对贸易中的特殊商品或特殊区域是有益的,为什么不让它做得更好呢?为什么不建立一个大公司,由一个巨型的垄断者,把所有的产品都垄断了呢?

国王亨利四世听取了迪努瓦耶的计划,并很感兴趣。但它们毕竟只是一些学说与观念的逻辑结论,仍未落实。但到1613年,就不再是这样了,迪努瓦耶制订出了详细的计划,并递交给国家参议会(council of state)。这是一个庞大的实际上无所不包的公司,名叫耶路撒冷圣墓法兰西皇家公司。这家公司当然地由迪努瓦耶自己掌管,它实际上在每一项贸易中,要么拥有垄断特权,要么拥有管理其他公司的权力。例如,皇家公司生产布料,并对生产所有种类布料的其他厂商以及为这些厂商提供原材料的厂商实行管制;控制所有的葡萄酒生产,所有购买葡萄酒的商人和旅馆都必须在该公司进行一定的投资,但只有小额的固定收益;每年控制4个巴黎的特权集市;垄断所有公共马车;控制法国的所有矿山;无偿获得所有未利用的王室土地和废弃矿山;开凿运河,建立磨坊;垄断扑克牌的销售;制造军需品;借贷货币;以及众多的其他活动。此外,迪努瓦耶使皇家公司从国王那里获得了许多超常的权力:

● 拥有抓捕可能逃走的乞丐和流浪汉,并将他们带到法国的殖民地的权力,这些殖民地据推测是由该公司管理的;

● 所有被证明有罪的罪犯都将被判处在殖民地为公司强制劳动;

● 所有的破产者都被迫将他们从剩余资产中结余的资金全部投资于公司;

● 所有被流放到国外的人都可以回国,前提是必须为公司服务或向公司支付一笔钱;

● 任何人逾越自身的等级或权限从事贸易都必须强制加入公司;

● 任何商业文件都必须使用公司出售的指定的纸张。

国家参议会被迪努瓦耶的观点所打动,下令研究这一计划。第二年,即1614年,法国国民议会通过了皇家公司计划,许多将军、司令和其他高官对该计划赞美有加。迪努瓦耶的影响达到了顶峰,被任命为商业总监,这是原来老拉斐玛的职位。宏大的皇家公司计划似乎就要被采纳了。1615年,迪努瓦耶在呈交给国王的一本小册子中,详细阐述了其计划。

国王,或者说毋宁摄政王玛丽·德·梅迪奇被打动了,于

1616年重新组建了原来的商业委员会——它的前任主管就是拉斐玛,并指示该委员会深入研究迪努瓦耶的这一计划。委员会很快成立,第二年即批准了皇家公司计划,并责成所有从事贸易的商人将他们的资金专门投资于该公司。简言之,皇家公司是一个终结所有企业的垄断公司。与此同时,欣喜的迪努瓦耶看到他钟爱的计划即将实现,出版了一个关于该计划的长篇小册子,极力宣扬他的法国最大的公司。犹如国王一样,皇家公司将是独一无二的、全能的,而它的资本也将同时来自私人和皇家。

皇家公司计划似乎进展顺利,1618年国家参议会授权核准。当路易十三国王热情支持时,又于1620年再次授权核准。在1621年初,公共传令员在全巴黎宣布了皇家公司成立的喜讯,公司开始接受投资的资金。

然而,问题在于资金。似乎没有人愿意为新公司实际提供现金甚至是抵押品,尽管它看起来是具有相当的规模和特权。国王鼓励法国的各个城市加入该项目,但各个城市都保持观望,声称自己没有资金。失望的商业总监迪努瓦耶只能缩小皇家公司的规模,使之只集中从事商业和与印度及其他海外地区的贸易。最终,迪努瓦耶又进一步缩小了他钟爱的公司的资本范围,仅限于巴黎和布列塔尼。但甚至布列塔尼人也却明确表明对此不感兴趣。

后来出任首相并登上权力高峰的枢机主教黎塞留,于1624年终止了迪努瓦耶的计划。但四年以后,该项目最后冲刺。国王强烈要求商业委员会着手实施,在1629年春,再次通过这一计划,这一次在其原来巨大的权力之外,又加上了与外国签订条约、为转口贸易建立殖民地岛屿的权力。

在将近 30 年的计划和游说之后,迪努瓦耶现在只需要路易国王的简单签字,以把他的宏伟愿景付诸实施。但是由于某种原因,王室一直没有签字。没有人知道到底为什么。也许位高权重的黎塞留并不希望竞争对手的计划得以实施,或许国王厌烦了这个年迈的偏执狂和他那不知疲倦的热情。虽然经反复的乞求与纠缠,但国王却充耳不闻。皇家公司最后终于夭折了,但老迪努瓦耶的失败却使法兰西公众受益。

8.6 枢机主教的统治:1624—1661 年

从 17 世纪 20 年代到 50 年代的几十年间,法国由两个非常世俗的枢机主教统治着。第一个是严厉、强硬、狡猾和充满魅力的阿尔芒·让·迪普莱西,枢机主教德·黎塞留(Armand Jean du Plessis, Cardinal de Richelieu,1585—1642 年)。黎塞留是普瓦图一个古老的初等贵族家族的后裔。黎塞留的父亲弗朗索瓦曾是亨利三世和亨利四世的宠臣。因此,1606 年,年轻的阿尔芒被亨利四世任命为吕松地区的主教。八年之后,黎塞留引起了王太后玛丽·迪·梅迪奇的注意,并在她流亡期间成为她的主要顾问。1622 年,他被任命为枢机主教,并于 1624 年成为首相,一直到 20 年后去世。

黎塞留的主要兴趣在于他所参加的 30 年战争(1618—1648 年),这场战争在后来的几十年带给德国毁灭性的破坏。这场战争标志着,欧洲的战争在 17 世纪已经从前几个世纪的严格的宗教冲突根本转变为民族国家的政治野心。于是,黎塞留——这位至少在名义上是天主教国家的天主教(虽然是政治上的)枢机主教,发现自己已成为欧洲主要的新教联盟的领导,与奥地利和西班牙的天主教的哈布斯堡王朝相对抗。

这位枢机主教的理论观点在其临近终年而撰写的两部书中进行了阐述,这两部书分别是《路易十三统治回忆录》(Memoirs on the Reign of Louis XIII)和《政治遗嘱》(Political Testament)。虽然他的实践活动的主要兴趣不在于国内或经济事务,但他还是促进了法国国家专制主义的建立。在其著作中,他不断重复在他所处时代法国流行的专制主义的重商主义观点:法国必须实现所有物品的自给自足,建立海军和商业舰队,授权垄断,强制闲散人员劳动或将之关入相关的机构,禁止奢侈品消费。

一个有趣的新变化是,黎塞留对大多数法国人持公正态度,他简单地将他们视为被督促或被强制走向最有利于国家的方向的动物。例如,税收不应该过高,否则会影响商业和工业的积极性,但也不能过低,以致让公众太过富足。因为一旦人民生活过于舒适和满足,则很难"让他们遵守规则、履行义务"。黎塞留又富有启发意义地指出,"有必要将他们[人民]和骡子相比,骡子习惯于承受负担,它们垮掉往往是因为长时间休息而不是因为工作。"

很明显,为民族国家和君主谋求利益的同时,黎塞留也没忘了自己的利益。在他成为首相的时候,首相每年的合理收入为25,000里弗尔,到黎塞留结束枢机主教任期的时候,他大概每年收入300万里弗尔。显然,枢机主教在为君主谋利和同时自己致富这两方面都做得不错。

黎塞留的继任者是一个很有魅力的人物,他是西西里人,其父是隶属于很有权势的科隆纳家族的高官。朱尔斯·马萨林(Jules Mazarin,1602—1661年)在罗马接受耶稣会士的教育,成为西班牙阿尔卡拉大学的一座教堂的官员。之后他回到罗马获得了法学博士学位,在那里马萨林担任了步兵上尉,后又成为罗马教皇有名的外交官。在没有担任过牧师的情况下他就直接成为教堂的教士。在他作为教皇的教廷大使派往法国期间,他获得了伟大的黎塞留的赏识,黎塞留承诺,如果马萨林愿意加入法国国籍,他将为马萨林提供一个高级别的官职。

没有多少人能够在移居并成为另一国的公民(就像1639年马萨林移民法国)仅仅三年之后,就成为该国的首相。但是马萨林完成了这一壮举,他在1641年成为枢机主教(依然没有当过牧师),并在黎塞留一年后去世时,接替了他的位置。马萨林相当精明,设法博得了王后的喜爱,所以第二年路易十三去世,王后成为摄政王时,马萨林能够继续身居高位。除了有一两年的间断,马萨林一直担任首相直至1661年去世。

马萨林远比他的前任更不关心经济事务,也不是理论家,他大部分的精力都用于外交和战争。他并不需要多少理论方面的洞察力,但是在利用要职聚敛财富这方面,恐怕连他的前任都要自叹弗如。在他统治的期间,他积累了总数接近5,000万里弗尔的巨额个人财富。

在马萨林统治时期,有一部值得一提的著作出自加尔默罗的修道士让·埃翁(Jean Éon)之手,他的教名是马蒂亚斯·德·圣—让(Mathias de Saint-Jean,约1600—1681年)。埃翁生于布列塔尼的圣马洛,后来成为布列塔尼总督的朋友和顾问。当时的布列塔尼总督是黎塞留的亲戚,名为马绍尔·德·拉梅耶雷(Marshal de la Meilleraye)。埃翁后来成为都兰地区的加尔默罗教省的大主教,同时他放弃了出任该省总检察官的机会。

在埃翁于布列塔尼期间,布列塔尼商人开始对设立特权商业公司感兴趣,1641年,一伙商人与德·拉梅耶雷协商,制订了以南特为中心设立大公司的计划,公司名称为南特公共证券交易公司。该公司于1646年获得国家参议会批准,却引出了一本持反对意见的匿名小册子。埃翁当时受雇于南特市,拉梅耶雷鼓励他写一本书为公司辩护。结果就是冗长的《光荣的商业或政治意见》(*Le Commerce honorable ou considérations politiques*)(南特,1647年)的面世。该书实际是为埃翁的朋友和资助人拉梅耶雷而写,他称赞拉梅耶雷继承了黎塞留的衣钵,具有领导国家经济的才能。

埃翁的著作是对标准的重商主义教条的编纂,此处不再赘述。他甚至比孟克列钦更敌视外国人,他希望严厉地限制他们在法国的活动,或他们对法国的销售。他的两点个人原创的贡献是:对海洋、海运、航海生活的赞美;对南特市、南特市的荣耀及其设立特权公司的独一无二的合理性的颂扬。

8.7 柯尔贝尔与路易十四

让-巴蒂斯特·柯尔贝尔(1619—1683年)既不是学者也不

是理论家,但是他对自己认可的观点深信不疑,这些观点正是法兰西和欧洲其他地区数代人中流行的重商主义思想。在担任太阳王的经济沙皇期间,柯尔贝尔的主要成就是大范围地将重商主义的思想纲领付诸实施。柯尔贝尔坚信这些观点是美好、公正和正确的,他由衷地相信,任何相反的观点都是完全错误的,它们不是出于无知,就是出于私人目的和特殊诉求的偏见。他的反对者,例如崇尚竞争和自由贸易的商人,是狭隘、短视和自私的;只有他,让-巴蒂斯特·柯尔贝尔,心系民族与国家的长远利益。他一再声称,商人,是只关心"私人小利"的小人。比如说,他们常常希望能够自由地与他人竞争,可是,从"公共利益"和"国家利益"来说,所有产品的构成和质量都应当是一致的。当然,柯尔贝尔这里所说的是国家及其统治者和官僚机构、卡特尔等的联合利益,所有的私人利益实际上则受到了威胁。但是,"公共"这一神话仍旧不过是某些个人和集团的面具,他们的利益实际上远大于单个"小"商人的利益。

柯尔贝尔的重商主义思想是人们所熟悉的:鼓励将金银保存在国内,这样它们就可以流入国家的金库;禁止金银的出口;通过制定强制性的高质量标准来实现卡特尔化;补贴出口;限制进口直至法国实现自给自足。柯尔贝尔关于税收的观点几乎就是每一位财政部长的观点,只不过在柯尔贝尔这里有了更清晰和更直白的表达:他说道,"税收的艺术","在于拔鹅毛的时候,能够拔走最大数量的鹅毛,同时引起最少的鹅叫声。"这个关于人民和国家之间固有的利益冲突的描述没有更多的戏剧色彩。按照国家及其统治者的观点,人民不过是一只被尽可能有效率地拔毛的巨大的鹅。

此外,柯尔贝尔还向国王陈述:"必须经常关注财政的普遍规则,不断留意,并尽可能运用陛下的所有权力,为王国获取金钱,并将之散布到所有省份以补偿他们的税负。"从中可以看出,不断膨胀国王和国家的金库就是重商主义中另一种愚蠢的"重金主义"教条的直接理论基础。

与其他重商主义者一样,柯尔贝尔完全信奉关于贸易的"蒙田谬误"。贸易就是战争和冲突。世界上贸易的总量,船只的总数,生产的全部产品是固定的。一个国家只有在这个固定数额的范围内掠夺其他国家,才能增加其贸易量或海运量或制成品的数量。一国的所得必定是另一国的损失。柯尔贝尔为法国贸易的实际增长感到自豪,据说这是以增加其他国家的痛苦为代价的。正如1669年柯尔贝尔向路易十四上书中所说的,"这个国家之所以繁荣,不仅依靠自己,而且还是依靠损害所有邻国的愿望。"

实际上,贸易和征服并不类似,而且正好相反。每一个交易的各方都能获益,无论交易是在同一国家的国民间进行,还是在不同的国家间进行。政治边界与贸易和市场中的经济利得没有任何联系。在交易中,一个人的获益只有通过成就其他人的获益才能实现;正如两个"民族"(例如,住在特定国家或其他地理区域的人民)之间通过相互交易共同获利一样。然而,柯尔贝尔的理论却总是充满了对所有外国人深深的敌意,尤其是对诸如英格兰和荷兰这样的繁荣民族。

和其他重商主义者一样,柯尔贝尔十分厌恶他人的懒惰,并设法强迫他们为国家和民族工作。所有的流浪汉都必须被赶出法国,或者是作为苦役强制参加劳动。节假日应当减少,这样人们才能更努力地工作。

柯尔贝尔非常注重将知识分子和艺术生活置于国家控制之下,这有别于一般的重商主义者。这么做的目的,是为了确保艺术和知识能够为赞美国王和他的功绩服务。一笔相当庞大的资金投入到为国王修建宫殿和城堡,其中最大的部分——接近4,000万里弗尔,用于建造凡尔赛巨大、独立的宫殿。在柯尔贝尔时期,大约8,000万里弗尔的资金用于修建王室建筑群。此外,柯尔贝尔还动员艺术家和知识分子进入研究院,通过拨款和政府项目资助他们。刚建立不久的法兰西科学院,原本还是毫无影响的半私有集团,柯尔贝尔将之国有化,并让它负责法兰西语言研究。由马萨林建立的绘画和雕刻研究院,拥有艺术教育方面的合法垄断地位,又被柯尔贝尔予以强化,他严格地管理这些艺术家,使他们的作品合乎体统、遵守规定,并时刻为国王服务。柯尔贝尔还建立了建筑研究院,主要为王室建筑服务并传授规范的建筑学原则。

在柯尔贝尔无所不包的统治下,不管是音乐还是戏剧都无法幸免。柯尔贝尔喜欢意大利歌剧,而不喜欢法国芭蕾,于是,在使后者凋敝的同时却促进了从意大利的进口。1659年,佩兰神父(Abbé Perrin)创作了第一部法国歌剧。所以10年后,柯尔贝尔授予神父有关组织音乐演出的全权垄断地位。然而,佩兰只是个贫穷的经理人,经营破了产。在因为债务而入狱期间,佩兰将他的特权卖给了让-巴蒂斯特·吕利(Jean Batiste Lulli),

一位意大利的音乐家和作曲家。吕利被授予建立皇家音乐学院的权力,而且,所有使用超过两种以上乐器的音乐演出都必须经过吕利的许可。

同样,柯尔贝尔还创立了对于剧院的垄断。1673 年,他强制现有的两个剧院合并,后来又强迫第三个剧团并入,于是在1680 年法国剧院(*Comedie française*)成立,法国剧院在巴黎拥有所有戏剧表演的垄断特权,受到国家严厉的管制和控制,并由国家基金资助。

补贴和资助伴随着管制和垄断。年金、拨款,作为未正式任命的国王的贴身仆人,获得作为国王的艺术家的有利的任命,享有税收豁免和债务豁免权,所有这些好处都惠及艺术领域。类似地,对于剧院、作家、科学家、历史学家、哲学家、数学家和散文家也是如此。各种形式的慷慨资助都经过国家渠道投向这些领域。这些补助金是同期所有对人文科学或国家科学基金的任何捐助都无法比拟的。大量的投入确实阻碍了法国的知识分子形成任何的独立精神。整个民族的意识完全堕落到只为国家服务。

这位高官将起码的个人利益和商人利益视为微不足道和狭隘的,却总是擅自充当"国家"甚至"公共"利益的代言人和代理人,他到底是怎样的人? 让-巴蒂斯特·柯尔贝尔生于兰斯一个商人家庭,他的父亲尼古拉斯在巴黎购买了一个小型政府办公室;他的叔叔欧达尔·柯尔贝尔更具影响力,是一个成功商人兼银行家。让-巴蒂斯特当时只是一个没受过教育的青年,但他的叔叔认识与枢机主教马萨林有联系的一个银行家。更为重要的是，欧达尔的一个儿子娶了政府一位重要官员米歇尔·勒泰利耶的妹妹。欧达尔叔叔让年轻的柯尔贝尔为勒泰利耶工作，他刚刚被任命为国家军事秘书。让-巴蒂斯特从此开始，毕生服务于法国上层官僚机构。柯尔贝尔担任这一职位七年之后，在向一位富有的财政官员提供进口税收减免之后，柯尔贝尔娶了他的女儿玛丽·沙龙。

不久之后，柯尔贝尔担任国务顾问，然后又成为枢机主教马萨林的高级助手之一。在马萨林去世后不久，柯尔贝尔升任路易十四事实上的经济总管，一直到他去世。

冷酷、严肃、严厉而且强硬，当时的人称他是"大理石般的男人"，但柯尔贝尔却拥有在他的主子面前无限谄媚和贬低个人功劳的智慧。例如，在一次作战胜利后，柯尔贝尔写信给路易："陛下，每个人都应当始终默默地赞叹，并每天感谢上帝让我们生于陛下您这样的国王的统治下。"不为太阳王效劳实在是太有失身份了。柯尔贝尔为国王寻找丢失的天鹅，为路易进贡他所喜欢的橘子，安排国王私生子的出生，替国王为他的情人买珠宝。柯尔贝尔的人生哲学很好地总结在他对爱子塞涅莱的教诲中：如何在这个世界上出人头地。他告诉他的儿子："必须为自己确立的首要目标就是让国王满意，极为勤奋地工作，在一生中都必须要非常清楚国王的喜好。"

柯尔贝尔的努力工作和对国王卑躬屈膝的谄媚获得了良好的回报。显然，只有个体商人和市民的利益是狭隘和"微不足道的"。不过柯尔贝尔还是难以将装饰自己巢窠的利益羽毛与"公共利益"、国家荣誉以及公共福利完全画等号。官酬、圣俸、年金和补贴从他永远感激的国王那里源源流入他个人的金库。而且,柯尔贝尔还从国王那里领取特别的奖励或"赏金";例如,在 1679 年 2 月,柯尔贝尔获得了不少于 400,000 里弗尔的赏金。落入柯尔贝尔腰包的财富总数非常巨大,其中包括土地、向他寻求补贴或豁免的感恩戴德的说客的贿赂以及经济利益。总之,他积累了至少 1,000 万里弗尔的财富,这是毫无疑问的,但是还没有达到枢机主教马萨林任首相时收受贿赂的惊人程度。

柯尔贝尔对他的庞大家族也照顾得非常好。柯尔贝尔的兄弟、堂兄弟、儿子和女儿都受到恩宠,有的成为主教,有的成为大使,有的成为军队指挥官、地方行政长官以及重要的女修道院的院长。柯尔贝尔家族确实在为君主和法国的"公共利益""尽忠"方面做得非常好。

1683 年,柯尔贝尔去世。他的继任者在路易十四统治下发展和强化了柯尔贝尔主义政策。保护性关税大幅上升,各种商品的进口被限制在特定的港口,质量管理得到强化,对工业与职业现状的保护使得创新难以进行。柯尔贝尔主义被深深地凝结在法国的政治经济中。

8.8 路易十四:极端的专制主义(1638—1714 年)

对路易十四来说,适应专制主义者的角色并不难。他完全把他身为统治者的私人利益等同于国家利益和"公众福利",这一点比柯尔贝尔有过之而无不及。有一句被认为是出自路易之口的名言,"朕即国家",不论这是否真是出自他之口,他肯定是完全信奉它并身体力行,就像他的父亲路易十三一样。路易十三曾说过,"不是朕在说,而是朕的国家在说"。中央集权制逻辑上意味着国家拥有这块土地上的一切财富,任何人想要居住于此或使用这些财富都必须得到它"真正的"主人的容许。路易显然相信自己就是法兰西一切财富的所有者。于是,正义就是"朕的正义",因此他宣称他天然地拥有随心所欲的向他的臣民征税的权力。如果只有在他这个主人乐意的情况下,才能让他们生活在他的王国之内,为什么不能这样呢?

而且,事实上所有人甚至包括国王的反对者,也都相信他凭借神的恩典与权力来进行统治。以前,枢机主教黎塞留称国王为上帝的化身。在太阳王统治时代的早期,朝廷的宣传官丹尼尔·德·普里萨克(Daniel de Priézac)在他的《政治论文集》(*Political Discourses*)(1652年,1666年)中,就称帝王君主为"伟大的、不灭的光芒"。而且,这种光芒是伟大的神迹,凡人无法看见。正如德普里萨克所说:

> 国王威严的源泉至高无上,它的本质是隐秘的,它的力量是神圣的,所以毫不奇怪,它即使不为人所知也足以使人敬畏,正如上天的事物一样。[2]

与那些对国王拟神化的圣坛顶礼膜拜的人不同,蒙田式的怀疑论者和对人性的悲观论者以他们自己的方式加入赞颂路易十四的潮流。在一套三卷本的《论怀疑》(*Sceptical Discourses*)(1664年)中,托马斯·霍布斯(Thomas Hobbes)的仰慕者和翻译者、愤世嫉俗的塞缪尔·索尔比耶(Samuel Sorbière),谴责了野蛮堕落的当代人掌握公共渠道且漠视公共福利的趋势。但是,索尔比耶也表示,解决问题的方法在于:绝对服从国王(假定为超人)的命令,这样就能在持久的冲突之上建立秩序。在这种完全的服从之下,人们将会找回他们进入市民社会之前所具有的、自然本性中孩童般的质朴。正如吉奥恩教授对索尔比耶的描述:"他指出,作为专制君主的臣民,他们将以相同的方式生活,平静而质朴,完全依赖于君主赐予他们的生活和财富,保护他们不受同伴的侵犯,他们幸福地接受奴役。"[3]

国王路易十四有能力将这两方面结合成为一种专制主义思想的可贵融合。一方面,正如在他为教导他的儿子所写的个人《回忆录》中清楚地阐述的,他对人性(至少是普通人的本性)的观点是悲观和马基雅弗利式的。个人受到本性的限制,总是追求他们自己的个人目标,从不关心自己为什么必须屈从于他人的命令;另一方面,国王是超人,他凌驾于一切之上,俯视一切,只有他是在为"公共"利益工作,而这种"公共"利益等同于他的个人利益。而且,太阳王也认可自己的拟神化状态;在他看来,路易十四,就像太阳一样

是最为高贵的,……由于它的独一无二的美德;由于环绕它的光芒;由于它给予其他天体光亮,它们对此无比崇敬;由于它平等和公平地将相同的光芒撒播到世界的不同角落;由于它惠及每个地方,使每个地方不断产生生命、充满欢乐、富有精力;由于它永恒而且总是很细微地运动;由于它永不违背或偏离它的

稳定状态和不变的轨迹,确定无疑地为伟大的君主创造了最为生动、最为美丽的景象。

吉奥恩教授公正地评价路易十四"并不满足于将自己与神相比,他是以这样一种方式来进行比较的,即清楚地表明上帝是他的复制品"。[4]

专制主义思想的顶峰是雅克—贝尼涅·波舒哀(Jacques-Bénigne Bossuet,1627—1704 年),他是莫城的主教,路易十四麾下的宫廷神学家和政治理论家。这位主教认为,整个国家"都在国王统治之下。……由他来统治,是所有人民的意愿"。国王等同于公共利益,因为"上帝使他们处于不再需要为自己谋求任何东西的状态"。波舒哀断言,专制主义是必需的,因为任何对国王的宪法限制都会导致可怕的"无政府"状态,没有比这更糟糕的。对君主权力的唯一限制只能是他出于本人的利益而自我施加的,而无论什么时候,只要国王"将国家视为自己的财产,耕耘它并传给后代",则他自己的利益就一定等同于公共利益。

最后,波舒哀将国王与上帝视为一体:

国王陛下是伟大的上帝的化身,上帝是无限的,上帝就是一切。国王,正因为是国王,所以不能将他视为一个单个的人:他是公共的人,他包含了整个国家。……正如上帝是一切美好和一切美德的统一,国王个人也集所有个人权力于一身。多么伟大啊,一个人能容纳的东西如此之多。[5]

从西班牙经院学派以后,天主教政治思想取得了长足的发展。

8.9 注释

1 查尔斯·伍尔西·科尔,《柯尔贝尔与一个世纪的法国重商主义》(*Colbert and a Century of French Mercantilism*)(1939年,康涅狄格州,哈姆登:阿尔康图书公司(Archon Books),1964年),第I卷,第85页。
2 引自南尼尔 O. 吉奥恩,《法兰西的哲学与国家:从文艺复兴到启蒙运动》(*Philosophy and the State in France: The Renaissance to the Enlightenment*)(新泽西州,普林斯顿:普林斯顿大学出版社,1980年),第241页。
3 同上,第244页。
4 《回忆录》中的段落转引自注释2中所引吉奥恩的文献,第251页。
5 引自注释2所引吉奥恩的文献,第252页。

第9章 17世纪法国反对重商主义的自由运动

9.1 乡巴佬起义 253
9.2 克劳德·乔利和投石党
9.3 单一税
9.4 商人和贵族对集权主义日益高涨的反对意见
9.5 商人与商业委员会
9.6 沃邦元帅:皇家工程师和单一税者
9.7 弗勒莱、费奈龙与勃艮第集团
9.8 自由放任的功利主义:贝莱巴领主
9.9 布阿吉尔贝尔与自由放任
9.10 世纪之交的乐观主义手册
9.11 注释

9.1 乡巴佬起义

国王及其宠臣不会在不引起强烈、深刻和持续的反对意见的情况下,强加给人民日益加剧的专制主义负担。实际上,从17世纪30年代到70年代,法国不断出现农民和贵族团体的起义。一般而言,引起不满与起义的核心问题是不断增加的税收,也包括权利和特权的丧失。在本世纪中叶的西班牙,以及整个17世纪的独裁的俄罗斯,也有类似的起义。

例如,我们看一下17世纪法国第一次大起义中农民的抗议,这是1636年发生在法国西南部的乡巴佬(*croquants*,字面意思为吧嗒嘴)起义。为了筹措对西班牙战争的经费,对农民的直接税突然扩大近两倍,这引发了农民起义。被派去调查这场暴乱的总督拉福斯(La Force),汇报了农民的不满与要求。农民的问题集中在没完没了、不断增加的税收。他们指出,在亨利四世执政期间,征的税比以前各个朝代的总和都要多,可是在路易十三执政的两年间,他们交的税比亨利四世时的总和都要多。农民还抗议皇家征税官仅仅是为了补偿执行的成本,就夺走了他们的牲畜、衣物和工具,因而税债的本金永远不会减少。结果是毁灭性的。由于劳动资料被剥夺,农民被迫放弃他们未耕种的土地,甚至离开他们祖祖辈辈生活的地方,乞讨度日。在给上司的一封信中,拉福斯觉得必须承认他们的疾苦:"阁下,当我看到这些百姓生活在极端贫困之中,不能不萌发极大的怜悯,这是人之常情。"

农民们坚持认为他们不是破坏分子,如果取消新增加的税负,他们愿意缴纳原来惯常的税收。新税只应在极为紧急的情况下征收,而且只能由国民会议来实施(1615年以来,它就没出现过,而且直到法国大革命前也没有再出现)。像任何时间、任何地点的被迷惑的臣民一样,这些农民并不因他们的苦难而谴责国王本人,而是谴责其邪恶而残暴的大臣,正是他们让国王误入歧途。农民们坚持他们必须起义,以使"他们的呼声能够被国王本人听到,而不再让那些谗佞的大臣欺下瞒上"。无论统治者是国王还是总统,通过转移针对他身边的谋士或主要的大臣们的抗议与敌意来保护自己的声望,都是非常方便的。

但是尽管有这种令人遗憾的局限,农民们还是有足够的见识和智慧,集中抨击皇室大臣所编造的"公共利益"神话。农民们指出,"国家的需要"只是"少数人中饱私囊的借口",如令人憎恶的税款包收人,他们从国王那里购买了收税的特权,却把税款装进了自己的腰包,还有"统治这个国家的人的走狗",即黎塞留及其党羽。农民们要求取消朝臣的年金,也取消新设立的官职的薪水。

第二年,即1637年,临近佩里格尔地区的农民也爆发起义。在向路易十三国王的陈词中,佩里格尔的人民阐述了起义的理由:"陛下……,我们做出了非同寻常的举动,以申诉我们的冤情,只有这样才能禀呈陛下"。他们对税款包收人和税官最为不满,因为这些人"把千余鹰犬爪牙带到我们这里,啃噬贫穷农人之血肉,直至累累白骨,正是他们迫使我们拿起武器,变犁铧为剑戟,为的是要求陛下审判或处死这些人"。

国王被起义所震惊,组建了忠实的侍卫队。皇家出版人梅特耶(F. Mettayer)出版了"普瓦提埃城居民"的一份声明,谴责佩里格尔"煽动叛乱"的人。普瓦提埃人宣称,"我们知道,按照上帝昭示的戒律,作为基督徒和忠实的法国臣民,国王的荣耀在于命令,而无论是谁,作为臣民的荣耀,是以所有的谦卑与意愿去服从……;"所有的法国人都知道,国王是国家的生命与灵魂。国王直接受圣灵的指引,而且"受到您高贵心灵中的超人决断,以及您的仁治而产生的神迹所指引,我们完全晓得,是上帝之手在把握您的内心"。因此,普瓦提埃的保皇派对起义的唯一解释是:反叛一定是撒旦在作祟。

并不是所有的天主教徒都赞同这种观点,甚至法国的天主教神职人员也是如此。1639年,一场武装起义突然在诺曼底爆发,提出两项要求:反对沉重的税负;反对中央集权的巴黎政权,要求诺曼自治。这是相对贫困的各个阶层的运动,他们组成了一支"受苦军",自称为"赤足汉"(Nu-Pieds),他们是位于诺曼西南部地区的阿夫朗什的制盐人,常光脚在沙里行走。这支军队的首领名为赤脚让(Jean Nu-Pieds),是个虚构的人物,而实际的领导层由来自阿夫朗什地区的四名牧师组成,其领头人是圣热尔韦教区的让·莫雷尔(Jean Morel)神父,莫雷尔把自己称作"沙丘团长"(Colonel Sandhills),但他除了是军队的指挥官外,还是一位诗人和宣传家。在他写的"受苦军将领,绝对不可战胜的赤脚让上校的声明"中,直接抨击"那些靠他们的税款暴富

的人",莫雷尔神父写道:

> 而我,能让人民凋零
> 在暴政的铁蹄下,听任一伙外来人(非诺曼人)
> 用包税制来天天鱼肉百姓?

其中提到了"外来人",表明法国的排他主义与分离主义国民运动的力量在不断加强(在这里就是诺曼底的排他主义与分离主义运动在不断加强)。诺曼底人与乡巴佬的运动,兴起了反对强加到独立或自治国家的中央集权的巴黎帝制的斗争,就像反对他们自己的高税负一样。

9.2 克劳德·乔利和投石党

17世纪中叶法国最有名的起义,是因投石党(*fronde*)而知名的贵族和法官发动的。议会(法官)中的投石党的主要理论家是克劳德·乔利(Claude Joly),其《真正的准则》(*Recueil de maximes veritables*)出版于1653年。乔利的论著是立宪主义者的准则汇编,还留有前专制主义时代的痕迹,并且对枢机主教黎塞留和马萨林关于法国政治思想与实践的两篇文章进行了犀利的攻击。其中一篇论述了一个新的观念,即国王是法国所有居民的人身和财产的主人(实际上的所有者);另一篇是马基雅弗利式的观点,即成功的公共政策需要系统地使用不道德的手段。

乔利警告到,国王的权力是有限的,不能自动地由神的法律所认可。法国人对其生命与财产拥有正当权利,他们不是暴君的奴隶。乔利补充到,国王初始的神授权利要通过法国人民才能获得,未经国民会议允许,国王不能直接对法兰西征税。乔利指出,他被国王及其党羽斥为叛逆者和叛国者的事实表明,原来的政体已经被国王拥有高于一切法律的、不受约束的权威的新观念所取代。对乔利而言,这种新观念是"纯粹的篡权",是"马基雅弗利"的大熔炉所哺育出来的。

9.3 单一税

在16世纪后期,让·博丹与其他一些人提出取消大部分或全所有遭受破坏的税收网络,代之以对财产或收入征收单一、普遍、直接的比利税的问题。到了17世纪中叶,由于税收非常高,更加难以承受,要求实行简单的单一直接税的呼声再次出现。不仅老百姓会从取消大批非生产性的、寄生的税款包收人和其他税官中受益,甚至国王也是如此。

这些最早的税收改革者之一是艾萨克·罗班(Isaac Loppin),他于1638年出版了《高卢矿业》(*Les mines gallicanes*)。这本小册子再版四次,其中一次是在1648年投石党起义期间,对后来的税收改革者产生了直接的影响。罗班解释了为什么所有的社会成员,从最穷困的人到国王,都遭受着税官的掠夺:"在他的王国中没有一个居民,从头到脚,能够穿上吃上不承担上述补贴和关税的衣服与食物,没有例外,即使尊敬的陛下本人也是如此。"罗班强烈要求取消现存的所有税收,由每年向占总人口10%的最富有的人征收小额固定税收来代替。

罗班的小册子大大影响了曾任对外事务助理国务秘书的布

列松(Bresson)先生。1675年,布列松向路易十四国王递交了一份小册子,题为《献给国王的建议》(Propositions au Roi)。他符合实际地谴责"税官和捐税征收者除其个人利益之外,没有别的目的"。布列松指出,国王本人也受征税者的支配,然后逐字逐句地引用了前面罗班所说的话。布列松把没有特权的人中最富有的约10%的人分成19个收入等级,建议对他们征收单一的直接税,逐级累进。

与此同时,在1668年,热劳德·德·科德穆瓦(Geraud de Cordemoy)向政府提交了自己的单一税方案。在其《关于国家改革的信》(Letter Concerning the Reform of State)中,科德穆瓦强烈要求实施单一的人头税,每个人都应缴纳。他以梦的形式描述了这一计划:在一个遥远的理想国度,那里令人愉快地实行一种单一人头税,"每一个人"为了补偿"国家费用和必需品的支出",都要缴纳这种税。此外,科德穆瓦出现了一个非同寻常的曲解,宣称这样一种人头税将是"自愿的",因为每一个人都知道,他将会比在目前现有的体制下生活得更好。

大约在同一时间,查斯特莱侯爵保罗·哈伊(Paul Hay, Marquis du Chastelet)撰写了极为流行的作品《论法国的政治》(Traité de La politique de La France)。该书写于1667年,以手稿形式在法国流传,并于两年后出版。查斯特莱攻击了沉重的税收负担,要求将财产税的征收范围扩展到以前免税的贵族的不动产,并且把沉重的盐税改为普通的直接所得税。他也强烈要求允许以实物缴纳来合法地替代硬币缴纳,以减轻农民的税负。

17世纪50年代末,出现了一个更加激进的方案,据说是出自法国元帅、色当公国总督亚伯拉罕·德·法贝尔（Abraham de Fabert）。法贝尔死于1662年，但在1679年，一个佚名作者把法贝尔的方案交给法国首相。法贝尔要求把盐税改为针对社会非特权阶层的累进的直接税。这个方案并不是要设计一个单一税，而是要求取消"所有的新税种"，其他税种则回到原来的税率。与布列松的方案不同，法贝尔的方案把没有特权的法国人分为30个收入等级，税收逐级累进。征税的成本将降至最低，国王将从10万个"吸血"税官的束缚中解放出来。1684年，在法贝尔小册子的第二版中，增加了大量的统计资料以支持这一方案。

9.4 商人和贵族对集权主义日益高涨的反对意见

17世纪60年代晚期，柯尔贝尔的国家统制主义体制、垄断和禁止性关税，还有路易十四的重税与中央集权，使得商人和贵族的反对浪潮不断高涨。出版于1668年的匿名著作《历史回忆录》（*Mémoires pour servir à l'histoire*），是重要的批判大纲。《回忆录》包含了首次详细发表的反对柯尔贝尔和柯尔贝尔主义的争辩文章。在政治上，作者谴责柯尔贝尔用集权主义创新取代了原来的政体，并且全面攻击柯尔贝尔的政策，特别是关税与垄断，该书指出法国停止从荷兰购买商品，导致荷兰也停止从法国购买商品。关于贸易，《回忆录》提出一个重要的观点，即柯尔贝尔的自给自足国家的理想是违背自然法的，因为上帝的旨意使得自然资源在世界各地有极大的差异，以便让人类通过因国际贸易而产生的相互依赖的纽带联系在一起。

在17世纪60年代晚期谴责柯尔贝尔的高潮过后,这位总监镇压了所有的反对意见。结果,在1683年9月6日柯尔贝尔去世时,整个法国特别是巴黎欣喜若狂。当时的情况是,只有在军队的保护下,才得以阻止平民试图拖着柯尔贝尔的尸体在巴黎游街,以发泄他们的不满。许多被压迫的法国人开始欢呼新的一天的到来:"税收将被取消,黄金时代将再次来临。"

然而,情况并非如此,专制主义及其导致的悲惨的经济状况变得更加糟糕。但柯尔贝尔的去世使得反对意见再次出现。仇恨的洪流涌向了柯尔贝尔的儿子、外甥和他亲手选定的其他接班人。[1] 然而,由官方对柯尔贝尔时代的质询与调查而引发的反对浪潮,不再只是针对个人了,也开始反对阻碍经济发展的重商主义。在1684年5月,一个贵族指控柯尔贝尔应对"金融与贸易的崩溃"负责。受到补贴与拥有特权的企业的建立,"剥夺了商业自由,……也剥夺了商人从国外吸引货币的手段"。这个不知名的贵族指出,高额的保护性关税削弱了外国对法国农产品的需求,因而使法国农场主陷入贫困。

第二年,加西安·德·柯蒂兹·德·桑德斯即迪韦尔热爵士(Gatien de Courtilz de Sanras, Sieur du Verger)继续对柯尔贝尔主义进行攻击,他出版了《欧洲君主们的新利益》(*The New Interests of the Princes of Europe*)一书。该书指出,虽然法国政府试图支持国内的生产者,但是它们通过削弱他们的出口市场却着实地打击了他们。这部作品很受欢迎,到1689年,再版四次。同一年,著名的小册子文集《被奴役的法国的叹息》(*Les soupirs de la France esclave*)在阿姆斯特丹出版,也猛烈地抨击保护性关税,认为它导致了贫困和商业的凋零。

在《被奴役的法国的叹息》一书中,商人米歇尔·勒瓦索(Michel le Vassor)极其雄辩地批驳了柯尔贝尔主义,他写道:

> 国王通过向所有的商品征收畸高的税收,将所有的钱掠夺到自己的手中,商业已经枯竭。税款包收人、成千个骗子为了搜刮民脂民膏,向商人们使出了无所不用其极的残暴和严酷的手段。……除此以外,某些商人,在朝廷的特别关照下,获得了商业垄断权,可是赋予他们特权就把其他人排除在外。……最后,禁止进口外国商品,根本不能使商业繁荣,恰恰相反,这已经把它毁灭。……与此相伴的是,暴虐的君主权力充斥奇思怪想,并用绝对的权力来重新安排每一件事,改造所有的东西,以此来炫耀自己。[2]

在这个萧条的时期,柯尔贝尔的法国东印度公司董事们,于1685年否认是因为他们出口硬币以从东印度进口商品导致了这样的艰难时日。在他们的《对〈回忆录〉的回应》(Responses aux memoires)中,也赞成"贸易自由",可他们实际上只是从其特许垄断权的角度评价他们自己的进口自由,不过这些董事也勾勒出自由贸易思想的重要脉络:

> 经验表明,没有完全的自由和与外国的相互协调,贸易就不能进行。一旦我们……妨碍[贸易],……外国人就会撤出。他们会吸引法国工人,把我们的工厂建在他们的国家,……却不再

需要我们了。

这些董事也对他们出口硬币以进口亚洲商品的行为进行了有力的辩护。他们在讨论荷兰(在17世纪,这个国家的繁荣与贸易总是让人羡慕和嫉妒)的时候逐步提出了自己的答复:

> 港口总是开放,给予硬币的流入与流出任何可能的自由,……此外,在荷兰,这个国家的铸币出口也有同样的自由。这是一种极大的自由,吸引大量商品来到这里,并使他们[荷兰人]掌握了所有贸易。

17世纪80年代,在热切的商人宣传贸易和企业自由的时候,路易十四的鲁昂总督报告了该市两名重要商人所提出的建议。1685年10月5日,雷内·德·马里亚克(Rene de Marillac)在写给这位总监的信中,陈述了这两个商人的要求:

> 最大的秘诀在于让贸易具有完全的自由,人们会因自己的利益而完全被它所吸引。……再不要让制造业如此萧条了,对贸易也是如此,因为我们已经希望通过当局来发展他们了。

这两个商人中的一位,即托马斯·勒森德(Thomas Le Gendre),据说在略早之时,第一次创造了著名的短语自由放任(*laissez-faire*)。18世纪后期伟大的自由放任思想家和政治家阿内·罗贝尔·雅克·杜尔阁(Anne Robert Jacques Turgot),按照家族传统,记录下勒森德曾对柯尔贝尔说过:"*Laissez-nous faire*"(让我们自己来)。杜尔阁的富有的祖父母是大富豪勒森德及其家族的亲密朋友,他们之间也有相互的生意往来。

托马斯·勒森德(1638—1706年),创造了政策与经济中广泛使用的自由放任一词,是自16世纪早期起的相当长时期内最杰出的商人和银行家。他身家数百万,在非洲和新大陆拥有巨额投资,是从黎凡特进口明矾的主要商人,经常被邀请仲裁本国商人与外国商人之间的纠纷。

尽管托马斯·勒森德富甲一方,与多个国家有商业联系,并且在公众中有良好声望,但他似乎对法国政府只有消极的而不是积极的影响。国王多次禁止他的船队前往国外,或是为外国商船装货。这种状况只是在17世纪90年代政府与新教统治下的英格兰和荷兰开战时,才发生改变,因为在战争期间,要让勒森德和其他从前的新教徒利用与这些国家的联系进行贸易。

不仅是商人,还有一些总督,也加入到17世纪80年代的自由放任阵营中来。1686年8月29日,佛兰德总督迪古·德·巴诺勒(Dugué de Bagnols)写了一篇措辞严厉的抗议书,反对前一年实施的一项政令,该政令要求除由法国商船从中东运输并已在马赛和鲁昂港申报的货物以外,向来自地中海东岸地区的进口货物征收20%的关税。迪古指出,法国北部的纺织企业不应该被迫向无效的法国商船购买进口丝线,并不得不支付更多的货款。这将全部补贴那些在地中海东岸无法与英国人和荷兰人竞争的马赛商人和运货人!迪古把这种看法概括为自由放任观点:

只有当商人可以在[售]价最低的地方，自由获得他们所需要的货物时，贸易才会繁荣并维持下去，每当我们希望强迫他们在一个地方购买，而排除了其他地方的时候，货物将会变得更加昂贵，贸易也会因此而陷入凋敝。³

9.5 商人与商业委员会

1700年6月，路易十四国王为了听取本国主要商人的建议，成立了一个商业委员会，在该委员会中有十个主要城市选出的十名代理人，充当顾问性经济议会的角色。国王很快就后悔这一决定，因为商人代表抓住这一机会，掀起了反对太阳王设立的重商主义政策的攻击浪潮。⁴

这些愤怒的商人特别针对政府授予特许公司的特别垄断权进行攻击。许多商人指出这种垄断限制了贸易，提高了价格，他们认为："一个最明确的原则是，在贸易中，除竞争和自由外，再没有什么东西能够给国家带来商业利益，某些公司能够享有而其他公司无法获得的所有垄断或贸易，都将带来无穷的负担和毒害。"

商人中最坚定、最激进的呼声，是由西部港口城市南特的代理人若阿基姆·德斯卡吉奥·迪哈雷（Joachim Descazeaux du Hallay）发出的，他是富有的运货人和商人，也是托马斯·勒森德以前的合伙人。德斯卡吉奥激烈地反对特许垄断权，指出这会限制贸易，从而把他的论点扩展到对自由和自由竞争的一般诉求上。德斯卡吉奥指出，自由竞争会以低价供给充足的商品，这会使公众受益。他深刻指出,即使生意受损,也有益于公众,因为这表明存在大量低价的产品。此外,自由会产生创新,激发企业家精神:

> 自由是商业的灵魂与本质,她刺激了商人的才智与勤奋,他们永不停歇地思考发现和创立企业的新方法。[自由]激发了永无休止的运动,给每个地方都带来丰富的产品。我们一旦限制了商人的才智,就会毁灭贸易。

9.6 沃邦元帅:皇家工程师和单一税者

直率而热情的爱国元帅塞巴斯蒂安·勒普雷斯特雷·德·沃邦爵士(Sebastian Le Prestre, Seigneur de Vauban, 1633—1707年),算不上一个激烈反对皇室和柯尔贝尔主义政策的好战分子。作为法国的主要军事工程师,沃邦为保护国家建立了很多坚固的军事要塞,因功勋卓著而被路易十四封为贵族,他并不是国王的反对者。尽管沃邦是忠诚的君主主义者和专制主义者,但在1685年《南特敕令》被撤销后,逐渐对路易十四的政策特别是扭曲的税收体制和对胡格诺教徒的迫害,感到深深的困惑。关于敕令的撤销,天真的沃邦相信仁慈的国王被邪恶愚钝的谋士所蒙蔽,于是就写了要求召回胡格诺教徒的备忘录,并呈交给国王。沃邦指出,撤销敕令破坏了商业,并且引起了对君主制自身的反叛。

国王对此并不在意,但沃邦毫不气馁,他继续给路易国王写类似的请愿书。最后,在1707年,在其生命的最后时刻,这位出生于圣莱热的贫寒之家,后来成为法国最伟大的军事工程师、元帅和贵族的人,出版了具有深刻洞察力的论著《皇家什一税方案》(Projet de dixme royale)。沃邦建议废除大多数沉重的税收体系,代之以单一税,即每个臣民收入的1/10。理由是国家向人民提供安全服务,因而获得这种服务的人应当纳税。然而,有一个问题,如何证明获得这种服务的人得到了与其收入相对等的服务。此外,在市场中每一项其他的服务都不是按照购买者收入的比例,而是按照统一的单一价格,来由每个人支付的。面包、汽车或立体声音响的购买者,对每种商品都是支付一种价格,而不是按他们的收入或财富的比例来支付的。那么,为什么对所谓的安全服务要这样支付呢?

不管怎样,沃邦极为有力地指出,这个国家穷困的生产者承担了税负的绝大部分,他雄辩地要求减轻他们负担。

沃邦在1707年不同意大量出版《皇家什一税方案》,只有少量手稿在朋友们中间流传。但这也不能不让路易十四对这位年迈的元帅大为光火,国王的检查员和警察查封了这本书,出版商被逮捕并受到惩罚。沃邦元帅在国王命令执行的当天去世。

9.7 弗勒莱、费奈龙与勃艮第集团

17世纪70年代早期,虔诚的神父克劳德·弗勒莱(Claude Fleury,1640—1723年),一位年轻的神学家、道德学家和作家,发起了一场很有影响的反对路易十四的专制主义和重商主义的运动。在一本名为《政治思想》(Pensees politiques)的小册子中,弗勒莱支持理想的土地制度,反对重商主义者对某些产业的强

制性补贴。此外,在另一本名为《对马基雅弗利著作的思考》(*Reflections on the works of Machiavelli*)的小册子中,弗勒莱攻击了蒙田式的怀疑主义,认为这会导致允许全无理性的堕落之人肆无忌惮地行使权力。他也谴责了马基雅弗利的政治应当与伦理分离的观点,通过把二者结合起来,弗勒莱主张人可以用理性来走上正义与美善之路,而马基雅弗利的君主却是一个无神论的暴君,并不想给他的臣民带来幸福。与马基雅弗利"人性恶"的观点相反,弗勒莱敏锐地指出,"他们在很大程度上既不特别好,也不特别坏",统治者有责任提高他们的美德与幸福。

然而,17世纪晚期反对专制主义和重商主义的著名牧师,并不是弗勒莱,而是他的朋友和学生、冈布雷大主教弗朗索瓦·德·萨利尼亚克·德·拉莫特·费奈龙(François de Salignac de la Mothe Fénélon,1651—1715年)。费奈龙在宫廷中领导一个很有力量的小集团,强烈反对国王的专制主义和重商主义政策,要沿着自由贸易、有限政府和自由放任的方向进行改革。费奈龙凭借其担任国王情妇曼特农夫人(Madame de Maintenon)[5]宗教老师的地位,在1689年被任命为皇家子弟的指导教师,其中特别有路易十四的孙子、年轻的勃艮第公爵,他似乎被指定为未来的国王。在弗勒莱的协助下,费奈龙使公爵接受了他的观点,在他周围聚集了一些太阳王政策的激烈反对者。

1693年,费奈龙对与英国和荷兰连年不断的战争感到愤慨,给国王写了一封饱含激情、措辞严厉的匿名信,可能是通过曼特农夫人呈送的。费奈龙谴责了国王的奸臣,他写道:

陛下,……在过去的30年里,您的大臣违反并颠覆了所有的古代国家准则,以便把您的权力升至最高点,可这种权力其实是他们的,因为它在他们手中。我们再也听不到国家,也听不到国家的法则,他们只谈论国王以及他的喜怒。他们无限度地提高您的收入和支出。他们把您升至天堂,……使所有的法国人陷入贫困,这样才能在宫中创造并维持不可救药的、难以置信的奢靡。他们想通过摧毁我国所有阶级来提升您的权力,好像压榨您的臣民,您就可以变得伟大一样。

费奈龙继续指出,国王的大臣只想镇压所有反抗的人,他们使国王名字"令人厌恶",他们想要的"只是奴隶",他们"已经发动了血腥的战争"。战争和随之而来的税收摧毁了贸易,压垮了穷人,"您的战争,掠夺了他们用辛勤汗水换来的面包",使人民陷入绝望的境地。[6]

费奈龙的杰作是一篇政治寓言《太雷马克历险记》(*Télémaque*),它是为教导年轻的勃艮第公爵而写,费奈龙及其同仁把建立激进自由主义法国的所有希望都倾注在公爵身上。《太雷马克历险记》写于1695年到1696年间,1699年未经他同意而出版。太雷马克是一个虚构的年轻王子,他周游古代世界,以寻求关于最英明的政府形式的教导。太雷马克得到的教诲,就是完全的自由放任。例如,年轻的太雷马克向智者———一个聪明的腓尼基人求教,人民怎样才能在世界商业中富足起来。智者答道,自由放任:

首先,永远不要按照你的看法来干预贸易。君主不能够与[贸易]有利害关系,以免阻碍它的发展。他必须把所有的利润留给赚取这些利润的人,否则他们将失去信心。……贸易就像某种泉水一样:如果你让它离开原来的河道,就会枯竭。利润与便利,每一项都可以吸引外国人到你的国家来,如果你让贸易变得很困难,而且对他们没什么用处,他们将逐渐撤离,再也不回来了……[7]

同样,在萨兰特(Salente)*,"商业自由是完全的",费奈龙以此来明确地说明不存在对国内贸易和对外贸易的国家干预。在这个国家。每一种商品的进出口都是完全自由的,贸易"就像潮水的涨落"。

在《论上帝的存在》(*Treatise on the Existence of God*)中,费奈龙攻击了重商主义者的民族主义,强调要把分散在世界各地的所有人都联合起来。此外,他强调人类的理性是"独立并高于人自身的,所有国家都是如此"。像上帝用普遍、一般的理性把所有人团结在一起一样,海洋和大地通过提供能与其他人相互交换的信息与资源,把人类联系在一起。费奈龙雄辩地强调,自然专业化和自由贸易把所有人联系在一起:

没有一块土地能够提供人类生活的所有有用之物,这是执掌权柄的英明的上帝的旨意。因为需要才使人们从事商业,以

---

* 古意大利的城市,又名大希腊。——译者注

便为其他人提供必需品。因此,需要是国家之间自然的社会纽带,否则所有的人只能有一种食品或衣物,没什么东西能够使他们了解和认识其他人。

追随其导师弗勒莱的思路,费奈龙也强调农业的重要性和生产性,抨击统治者以扭曲的税收致使乡村陷入贫困,并把资源从农业转移到奢侈品的生产中。

在对暴政和专制主义的攻击中,费奈龙雄辩涛涛。他斥责道,专制君主

> 掠夺了一切,摧毁了一切。他们是整个国家的唯一拥有者,但整个国家一片凋零。农村无人耕作,几乎荒芜;城市日渐萎缩,贸易萧条。……国王的绝对权力创造了与其臣民一样多的奴隶。……这种巨大的权力膨胀到最极端的尺度,难以为继,不再受到人民的衷心拥护。……只要一击,偶像就会倒下、破裂,被人们踩得粉碎。蔑视、仇恨、报复、反抗,总之所有这样的情绪都一股脑儿涌向这个可憎的统治者。

对费奈龙来说,"战争是最大的罪恶",法国持续进行战争的有害政策,是其民族主义和重商主义经济政策的恶果。费奈龙声称,应当被诅咒的是那些统治者,他们增大自己的力量,以损害其他国家利益,在他们的同胞的血泊之中寻求"骇人听闻的荣耀"。

为了让年轻的勃艮第公爵明白战争的罪恶,费奈龙聘请了

一个据说是"本世纪最聪明的人",弗朗索瓦·勒布兰克(Francois Le Blanc),他在 1690 年出版了关于货币与铸币的巨著《对君主制以来法国货币的历史研究》(*An Historical Treatise on the Moneys of France from the beginning of the Monarchy until the Present*)。在该书中,勒布兰克认为国王为获得货币收益而采取减低货币成色的手段是有罪的。费奈龙委托勒布兰克为年轻的公爵撰写一本书,其中包括欧洲国家之间的所有条约,相继发生的所有战争的起因与后果,也包括避免战争的方法。然而,不幸的是,勒布兰克在完成这一艰巨任务之前就去世了。

勃艮第集团的一位关键人物是夏尔·德·圣莫尔,蒙托西耶公爵(Charles de Sainte-Mayre, the duc de Montausier)。蒙托西耶是皇太子的监管人,勒布兰克(在呈交那本书之前)和弗勒莱神父就是受聘为蒙托西耶服务的。勒布兰克教育公爵的职位后来被阿夫朗什主教皮埃尔·丹尼尔·于埃(Pierre Daniel Huet)所取代。于埃是勒布兰克的朋友,1694 年,他谴责了法国的重商主义和保护主义政策,赞美为荷兰带来繁荣的自由贸易。

1711 年,路易十四的大太子去世,勃艮第集团欣喜若狂,因为公爵即将在年迈的太阳王之后继承王位。但是,第二年,惨剧发生了,公爵及其妻子和最大的儿子都死于麻疹。所有的希望、所有的计划都无情地毁灭了,费奈龙绝望地给一位朋友写信道:"人们通过教育使一个人充满勇气,富有学识,但上帝过来毁灭这一计划……。"

勃艮第集团的悲惨结局显示了计划中的一个至关重要的战略失误,不仅勃艮第集团如此,而且 18 世纪晚期的重农主义者、杜尔阁以及其他自由放任的思想家也是如此。因为他们的希望和战略视野,不可避免地局限在君主及其实质上的专制统治框架之内。简言之,这种思想就是要进入朝廷,影响到权力的核心,促使国王采纳自由主义的思想,实施自由放任的革命,也就是说,要自上而下地进行变革。如果国王不能被直接说服,那么下任国王的思想与价值观,从孩提时代开始,就应由自由主义的导师和家庭教师来引导形成。

然而,依靠国王的良好愿望,存在着一些固有的缺陷。首先,像勃艮第公爵的事例一样,这取决于某个人的生存和健康。其次,还存在一个更加系统的缺陷:即使某人能够使国王相信,其臣民的利益需要自由与自由放任,但是那种关于他自己的收入将会与他们的繁荣一起成比例地增加的经典论点也是不可靠的。因为通过残暴地使其臣民辛苦劳作,以获得可能的最大收入,国王的收入在短期内确实是可以实现最大化的,甚至在长期内也是如此。对君主的利他主义的依赖,最多是一根摇晃的芦苇。综上所述,要求君主自上而下地实施自由放任只是一个失败的策略。一个更好的策略是,在被统治和被剥削的群众中自下而上地组织大量的反抗,由于大多数人的支持,每一次反抗都可以使自由放任的基础更加牢固。当然,长期来看,法国确实出现了大量的反抗,甚至革命,自下而上的革命部分地(如果不是主要的话)由自由放任的理想所鼓动。然而,17、18世纪的博学而善辩的自由放任思想家,断然拒绝了这种隐含的策略,特别是考虑到17世纪中期农民和投石党早期起义的失败,把它当作了不宜实施的甚至是疯狂的策略。同样重要的是,这些有影响、有特权地位的人,并不愿意抛弃自己的特权,在他们所继承的政治体制之外从事孤独而危险的事业。

9.8　自由放任的功利主义:贝莱巴领主

在路易十四统治的后十年,有影响的反重商主义的赞成自由放任的思想家之一是夏尔·保罗·于罗·德·洛必达,贝莱巴领主(Charles Paul Hurault de l'Hopital, Seigneur de Belesbat,卒于1706年)。贝莱巴是法国一个大臣的曾孙,在17世纪90年代,成为一个反对派政治沙龙的有影响的成员,该沙龙在位于巴黎卢森堡花园区的卢森堡宫举行,每周在贝莱巴的第一代堂兄弟舒瓦西神父弗朗索瓦·蒂蒙列昂(François Thimoleon)的家中碰面。

1692年秋,贝莱巴向路易十四提交了六本论文集,其副本与摘录在整个法国翻印。贝莱巴也强调与荷兰的战争是法国经济问题的关键。贝莱巴建议,不能以掠夺或摧毁其他国家的商业的方法,来使自己的国家富裕,而应当鼓励符合国家自然利益的贸易。法国政府不应当任意掠夺荷兰的商业,而应当允许自己的农业发展起来。

贝莱巴也强调上帝通过贸易和专业化的手段,把所有的人都编织进一个互惠的网络:"没有什么东西是一个[国家]缺乏而另一个国家不能生产的。……上帝……为社会创造了人,并且精细地将他们加以划分,以至于没有别人他们就无法生存"。政府对贸易的限制,只会削弱这种自然的相互依赖,因此,商人应当自由地追逐"他们选择的商业"。每一个国家经济活动的方向,通常由该国的自然资源和资本投资类型所决定。

贝莱巴指出,一国的贸易根本不是使一方受益而使另一方受损,事实恰恰相反。此外,商人的国内贸易自由与对外贸易自由是同样重要的,贸易与交易的网络是国内的,也是国际的。而且,正如罗斯克鲁格(Rothkrug)教授所指出的,贝莱巴关于自由市场的观点是哈耶克的观点的预演,贝莱巴注意到

> 每一项交易,无论是国内的还是国外的,都要求自由竞争,因为这种交易是由商人在特殊环境下实现的,而商人的命运部分取决于每个人处理自己生意的秘密而独特的方法。[8]

因此,国家管制远不能保护市场,相反只会削弱贸易繁荣所必需的自由。贝莱巴解释道,如果不被人们利用,并参与贸易与商业,自然资源是没有价值的。接下来,贝莱巴用一种精致的分析来说明成功的市场活动所需要的基本要素:

> 我们把商业称为拥有相互需要的东西的人之间的交换。……在国内和国际贸易中,成功的原则都是相同的。尽管有无数种进行贸易的方法,每一种都不一样,但它们都以巨大的自由、大量的投资、良好的信誉、多种用途和严格保密为基础。每一个商人,都有自己独特的观点,这样他能够通过销售其产品来获得利润,不会阻止别人买了这些产品并对其做相应的处理来获得利润。……因此,所有商业上的成功,像其所发生的那样,都在于自由、大量资本投资、应用性和保密,防止国王不断地

进行干预,以避免摧毁这些原则。

因此,贝莱巴除了敏锐地正确评价了单个企业家的作用和商人的能力,也正确评价了交易的互利性,他看到(如果只是模糊地看到的话),纷繁复杂的贸易形式可以用少数几种规范的法则来正确地分析,这些法则或真理可以应用于所有的企业家和交易。

在一个至关重要的领域,贝莱巴大大地超越了费奈龙和其他人的自由放任观点,这些人极力反对专制朝廷的奢靡以及暴发的官僚,他们希望政府限制奢侈品的生产和贸易。贝莱巴清除了这种与自由放任思想不一致的观点。他反复思考的贸易的自然法则所产生的效果,适用于奢侈品,也适用于其他所有产品的生产和交易。

贝莱巴从他的分析中雄辩地得出结论:"自由是商业的灵魂,这应当确定为一条原则,如果不是这样,……良好的港口、宽阔的河流以及……肥沃的[土地]都毫无用处。如果没有自由,什么都没用。"[9] 简言之,政府应当"让商业自便"(laissant faire le commerce que l'on voudra)。

贝莱巴领主十分清楚,他实施自由主义的希望以早期功利主义的一种极端形式为基础,他希望这种功利主义能够被国王加以实施。他要求国王让人们注意到善有善报、恶(如偷盗和其他有悖于贸易的行为)有恶报,把人们的利己行为引导到自由和谐的活动。这样,人们将习惯于追求美德。贝莱巴极端坚持功利主义,认为"正义"一直是而且只是效用或自利。其理论有一个致命弱点,这就是自信地认为国王的利己行为(假设都能够实现)总是与其臣民和谐的利己行为相一致。

贝莱巴还较早地遇见到了后来的这样一种观点,即蒙田式的关于理性的怀疑主义观点与其说是对与国家专制主义一道同行提供了支持,倒不如说是教导人们要保持谦卑,从而去接受自由和自由市场。然而,理性并不是支配权力行使的唯一动机,甚至不是主要动机,获得财富和特权的动机似乎足以支配权力。因为总是有些人或集团,为一己之私而试图掌握并扩大国家权力,所以对于理性和理性政治哲学的怀疑主义,似乎更可能扰乱国家统制主义的坚定反对派,而不是阻挠国家统制主义者的支配权力。

9.9 布阿吉尔贝尔与自由放任

17世纪晚期,法国最知名的自由放任的倡导者是皮埃尔·勒贝松,布阿吉尔贝尔爵士(Pierre le Pesant, Sieur de Boisguilbert,1646—1714年)。布阿吉尔贝尔生于鲁昂,是一个诺曼底法官家庭的名门之后,也是著名诗人、戏剧家高乃依兄弟(Corneille brothers)的表弟。布阿吉尔贝尔受教于耶稣会,后来在鲁昂捐了两个法官职位。从1690年开始,他在那里担任法院的代理首席法官,直到去世。布阿吉尔贝尔也是一位大土地所有者、商人、文学家、翻译家、律师和历史学家。

布阿吉尔贝尔是一个天才,也是一个怪人。他的第一本也是最重要的著作《法国详情》(*Le Detail de La France*),出版于1695年,它的副标题开宗明义:"法国毁于路易十四的统治"(*La*

France ruinee sous le regne de Louis XIV）。[10]关于自由贸易和自由放任的好处，以及政府干预的危害，布阿吉尔贝尔给法国多任财政大臣写了无数封信。1699 年之后的许多年，布阿吉尔贝尔仍继续给财政大臣米歇尔·沙米亚尔（Michel Chamillart）写信，但没有任何效果。沙米亚尔始终拒绝允许出版他的著作，但布阿吉尔贝尔坚持要出版，最后在 1707 年，把他的文集以《法国详情》为题才得以刊行。那一年，沃邦的《皇家什一税方案》被查禁，布阿吉尔贝尔的作品也被宣布违法，他被短暂流放。在承诺保持沉默之后，他才得以返回，但在 1708 年到 1712 年间，他迅速地把他的著作重印四次。

布阿吉尔贝尔赞成自由放任，谴责重商主义者把积累硬币当成当务之急，他指出财富的本质是商品而不是货币。布阿吉尔贝尔解释道，货币只是一种便利的工具。因此，16 世纪金银从新大陆的流入，只是提高了价格。如果完全由自然来决定，所有的人都会享受繁荣，政府改进自然的努力只会带来浩劫。正如吉奥恩教授所指出的，对法国正在忍受的多种罪恶的一个简单治理方法："对政府来说，是停止干预贸易与商业的自然模式，采取自然的自由放任。不需要超人的改革努力，只需要停止那些考虑不当的行为。"[11]

布阿吉尔贝尔写道，集体或社会的和谐，源自无数个人为提高自己的利益与幸福而付出的努力。如果政府取消针对贸易的所有人为的限制，所有人都具有生产和交换的动机，那么自利行为将自由地从事建设性的工作。只有强制或国家特权的使用才会使一个人的利益与另一个人的利益相冲突，而服从明智的自然秩序将确保个人私欲与普遍利益之间的和谐。正如吉奥恩对布阿吉尔贝尔的总结:"只要我们不干预她[自然]的运行,我们的努力将收获的足够多,因为我们在长期内将使每一个人的幸福最大化。"[12]因此,个人的目标并不在于整体利益,而是追求他们自己的个人利益。然而,自然秩序的辉煌在于,个人在以自己"个人效用"为目标的同时,也促进了所有人的利益。尽管有人试图违反法律,通过损害邻人来获得收益,但自由与自由放任的自然秩序将保证和平、和谐与普遍利益。正如布阿吉尔贝尔所说的:"但自然自己就可以维护秩序,保持和平。任何其他的试图干预的权力都将扰乱一切,无论它有多么美好的愿望。"在自然秩序所建立的自由市场中,"对于利润的纯粹的欲望,将是每一个市场的灵魂,对买者和卖者都是如此;借助于市场的均衡或平衡,交易的每一方都需要倾听理性的声音,并服从它。"

自由市场的自然秩序会防止任何剥削的产生。因此,"自然或天意……[已经]让商业生活如此有序,以至于如果让其自便(on le laisse faire),最有权势的人就不会再有权从最穷苦和不幸的人那里购买商品,同时又禁止向他们出售所需衣食了"。"如果让自然自便(on laisse faire la nature),……[即]如果它是自由的,而且没有人能够妨碍这种生意,取消所有对于它的保护,并防止暴力",[13]那么一切都会运行良好。

布阿吉尔贝尔也特别说明了政府干预的反生产性后果。例如,当法国政府试图通过降低谷物价格并控制贸易,来缓解饥荒时,其全部后果是减少了粮食的耕种与生产,因而更加强化了政府试图减轻的饥荒。按照吉奥恩教授所总结的,这种干预只有在粮食像吗哪(manna)*或蘑菇一样,不需要人力就可以生长出来时,才有意义,因为他忽视了低价对于耕种者的习惯的影响。如果政府完全停止干预,那么法国经济将像突破重围的城市一样,恢复活力。自由地确定他们自己的粮食价格,自由地把粮食进口到这个国家,就会有充足的面包供应给法国人。[14]

在阐明专业化与贸易的本质与优势方面,布阿吉尔贝尔是最早开始使用最简单的交换假设的经济学家之一:两个工人,一种产品是麦子,另一种是羊毛,然后把分析扩展到小城镇,最后扩展到整个世界。这种"连续近似"的方法,即从最简单的地方开始,然后逐步扩展,最终证明在发展分析经济世界的经济理论方面,是最有成效的。

布阿吉尔贝尔以图表说明了权力与市场各自的运作,他假设一个暴君,折磨其臣民,把他们捆在互相看得见的地方,某个人周围都环绕着大量各自生产的特殊商品:食物、衣服、酒、水等等。如果暴君解除他们的锁链,并允许他们相互交换各自剩余的产品,他们马上就会快乐起来。但如果暴君说,只有在战争或其他事情发生,或者在未来什么时候,他才会解除他们的锁链,那么他只是对他们令人同情的遭遇大加奚落和嘲笑。这里,布阿吉尔贝尔辛辣地嘲讽了路易十四及其大臣对改革者和反对派

---

* 吗哪是《圣经》所述古以色列人经过荒野所得的天赐食物。——译者注

的习惯性答复:"我们必须等待和平。"像对待其他反对派一样,战争再一次成为维持极其有害的政府干预的借口。

像贝莱巴一样,布阿吉尔贝尔无法容忍自相矛盾的改革派,他们试图把奢侈品当作是自由放任的例外。对布阿吉尔贝尔来说,自然财富不只是生物学意义上的必需品,而且是"由完全的享乐所构成的真正的财富,不仅包括生活必需品,甚至还包括所有奢侈品和所有能给感官带来享受的物品"。

此外,布阿吉尔贝尔也许最早将财政政策与其一般经济学说进行综合讨论。布阿吉尔贝尔采纳了沃邦取消所有税收,代之以对所有收入征收10%的单一直接税的建议,他分析并严厉谴责了间接税对农业的影响。他指出,对粮食课以重税,提高了成本,并削弱了粮食的生产和贸易。他指出,40年来,法国政府实际上用巨额的税收向消费和贸易宣战,导致了经济生活的每个领域都严重萧条。

与此相反,自由市场会使每个人都获益,因为"除了互惠互利外,贸易别无所长。所有各方,无论是买方还是卖方,一定具有平等的利益或需要才买或卖"。

因此,对贝莱巴和布阿吉尔贝尔来说,古典自由主义对中央集权主义攻击的焦点,从对皇家的骄奢淫逸或有害的马基雅弗利主义的道德谴责,转移到以自己的功利主义为基础,迎击重商主义学说。因此,即使不考虑古典的道德问题,效用以及普遍的快乐也要求符合自然秩序的私有财产和自由放任。在某种意义上,老式的自然法被扩展到经济领域,通过自由市场的运作与个人效用和个人利益相吻合。与虔诚的神秘主义者如费奈龙不同,贝莱巴和布阿吉尔贝尔的思想,与 17 世纪晚期艾萨克·牛顿和其他学者提出的新机械论宇宙哲学相一致。上帝已经为世界和社会创立了一套自然法则,理解这些法则,并按照这些法则获得个人利益和幸福,是人类理性的任务,无论哪个国家,何种习俗,这种理性普遍存在。在经济中,自由贸易和自由市场,通过互惠互利所产生的和谐,由个人追求自己的效用和私利,提高了所有人的利益和幸福。这种黄金规则与暴力的消失,是自然的道德法则,它揭示了社会和谐与经济繁荣的关键。虽然这种分析本质上不是反基督教的,但它的确用一种乐观主义的、更以人为中心的信条,取代了基督教禁欲特征,它也迎合了日渐高涨的自然神(deism)教派的信仰,该教派认为,上帝是造物主或时钟发条,他创造了宇宙运行机制与自存的自然法则,然后从世界隐退。

正如斯彭格勒(Spengler)教授所指出的:

18 世纪定义了经济(或社会)宇宙的概念,使得隐藏的社会秩序过程被人了解,就像 17 世纪知道了物理过程,并使它们为人所了解一样;它用隐藏在"最普遍的现象"背后的"结构"以及"自然作用"于"所有事物"的"看不见的手"等概念,把人类活动的领域一般化。

至于布阿吉尔贝尔,其贡献是

认识到(尽管是不完全的)经济秩序背后的关系体系,这一点,如果不是最早的话,也是最早的人之一。……他的贡献包括:把经济秩序与总的社会系统相分离(尽管不完全),知道其秩序的相对自主特征,发现了经济秩序中把人们联系在一起的机械和心理的本质关系,以及关注经济秩序遭受政治秩序冲击扰动的方式。[15]

应当提到的是,让国王及其统治精英相信私有财产与自由市场的一般用途,确实似乎比让他们相信自己是一个有组织的、邪恶的、罪恶的强盗集团的头领要更容易。所以,让国王改变观念这一基本策略,至少不可避免地导致了功利主义方法在自由与政府干预问题上的广泛应用。

9.10 世纪之交的乐观主义手册

这些自由放任的新思想、隐秘的自然神教、功利主义道德观与黄金规则迅速传播,甚至成为社会的主流,这可以在《对话录》(Dialogues)中看出来,该书是为想方设法攀附上流社会的人提供时髦举止和思想的实用手册,出版于1701年,作者是年轻的文学家尼古拉斯·博多·德·朱里(Nicholas Baudot de Juilly)。在《对话录》中,博多是凡登一个税款包收人的儿子,在赞美了时髦沙龙里学到的优雅举止后,开始阐述当时的主流思想;他把自由放任思想在明确、直白的享乐主义基础上进行了通俗化。追逐快乐、逃避痛苦以自我保护的自然驱动力为基础。此外,在博多的手中,基督教的上帝变成半自然神论的上帝,提供了"万物",就像"上帝用他无尽的仁慈召唤我们参见的大型宴会一样"。伊甸园是感官享乐的国度,耶稣降临的目的在于唤醒人们最原始的快乐。此外,禁欲主义会使经济凋敝。专业化、贸易和在市场中对财富的追求,是最真实因而也是上帝赐予的恩惠形式。

正如博多所指出的:上帝"有意允许我们扩大我们的需要,以便货币在所有人中流通,从富人的钱包流向穷人的口袋。"

因此,贸易是真正的恩惠:

> 所有这些[区域性专业化与交流]已经极好地完成,以便把人们联系在一起,这些人只是有效地形成单个的家庭,这样他们对其他人的需要,就要在人与人之间完成,这只是上帝的仁慈所应当做的。正是由于这一原因,人们……虽然在风俗、语言、宗教等方面有很大差别,……但从世界的一端到另外一端,由于互惠贸易而连成一体。也正是由于这一原因,他们平等地交易使人愉悦的物品以及那些必需品,这样他们不仅可以像草地上的牛马一样维持生活,而且可以因快乐而使生活更加甜蜜、更加优雅、更加精致。

9.11 注释

1 其外甥尼古拉斯·德马内兹(Nicolas Desmaretz)——柯尔贝尔曾想让他继承自己的事业——在"为柯尔贝尔先生辩护"中,愤怒地写道:"柯尔贝尔先生的名声在他去世之后,受到怀有极大敌意的攻击。那时,当局掌握在其敌人手中,他们通过发泄仇恨来获得满足,疯狂迫害所有他曾经用过的人……"。引自莱昂内尔·罗斯克鲁格(Lionel Rothkrug),《反对路易十四:法国启蒙运动的政治和社会起因》(新泽西州,普林斯顿:普林斯顿大学出版社,1965年),第223页。
2 引自查尔斯·伍尔西·科尔,《法国重商主义:1683—1700》(1943年,纽约:奥克塔根图书公司,1965年),第248页。
3 见注释1所引罗斯克鲁格文献,第231—232页。
4 除了这十名代理人,国王还指定了两名来自巴黎的商人"代表"。他们对国王的态度非常顺从,这毫不令人奇怪。
5 弗朗索瓦丝·德奥比尼夫人,曼特农侯爵(Madame Françoise d'Aubigne, Marquise de Maintenon, 1635—1719年)。
6 见注释1所引罗斯克鲁格的文献,第267—269页。
7 见注释1所引罗斯克鲁格的文献,第270页。
8 见注释1所引罗斯克鲁格的文献,第333页。
9 见注释1所引罗斯克鲁格的文献,第333—334页。
10 因此,两年后出现的英译本的标题《法国的没落》(*The Desolation of France*),并非是不准确的。
11 N. O. 吉奥恩,《法兰西的哲学与国家:从文艺复兴到启蒙运动》(新泽西州,普林斯顿:普林斯顿大学出版社,1980年),第352页。
12 同上,第353页。
13 见注释2所引科尔的文献,第266页。或者在另一处写道:"绝对必须让自然行动"。见约瑟夫·J. 斯彭格勒,"布阿吉尔贝尔的经济观点与当代改革家"(Boisguilbert's Economic Views Vis-à-vis those of Contemporary *Réformateurs*'),载于《政治经济学史》(*History of Political Economy*),第16卷(1984年春季号),第81页注。
14 见注释11所引吉奥恩的文献,第354—355页。
15 见注释13所引斯彭格勒的文献,第73—74页。斯彭格勒补充道,"看不见的手"一词是英国作家约瑟夫·格兰维尔(Joseph Glanville)在《论教条化之无益》(*The Vanity of Dogmatizing*, 1661年)中第一次使用的,这比亚当·斯密使用类似的概念要早一个世纪。斯密在其哲学论文中,把哲学当作"代表着将"似乎毫无关联的现象"联系在一起的看不见的链条"。同上,第73页注。

第10章　从都铎王朝到内战时期英格兰的重商主义与自由运动

- 10.1 都铎王朝和斯图亚特王朝的专制主义
- 10.2 托马斯·史密斯爵士：追求健全货币的重商主义者
- 10.3 爱德华·科克爵士的"经济自由主义"
- 10.4 "重金主义者"对外汇与东印度贸易的攻击
- 10.5 东印度公司支持者的反击
- 10.6 "经验主义"的先知：弗朗西斯·培根爵士
- 10.7 培根主义者：威廉·配第爵士与"政治算术"
- 10.8 注释

10.1 都铎王朝和斯图亚特王朝的专制主义

从 16 世纪早期到 17 世纪早期,英格兰政治思想的主流是一种朴素的、好战的专制主义思想,被称为"对应论(correspondence theory)"或"秩序政治理论"。这个保皇主义学说在都铎—斯图亚特时代很流行,那时国王在为建立其绝对权力而奋斗,反对旧式宗教如天主教和加尔文主义清教徒的国际影响,他们具有明确的共和主义和民粹主义倾向。与此相反,上帝现在被认定正在通过英格兰国王因而也是通过英国的国教领袖发言。

基本的哲学基础是"自然秩序"——"宏大的存在之链(the great chain of being)"——它从中世纪起,就被视为严格地分等级排列的,上帝在最顶端,人是其造物中排列最高的。不过,这也引出了基本的方法论:浅薄的类比或"对应论观点"。正如在"宏观世界"中,上帝是至高无上的,较高的各个等级是天使,之后是人,最后是地球上的各种低级创造物一样,在每个人的单个的"微观世界"中,脑袋在整个身体中一定是至高无上的,理性与意志统帅欲望。同样,父亲在家庭中是至高无上的。更为明确和突出的是,在政治的王国中,国王是其臣民的慈父,在政治体中必定是至高无上的。

这种浅薄的有机论的类比可以延伸得很远。人体的脑袋

"就是"政治体的国王;前者的健康等同于后者的社会福利;血液循环等同于货币循环;理性精神的统治等同于皇家主权等等。唯一的"论点"是对应论:所谓存在于神界的"政府"和社会的序列,一定会在地球上的政府和社会生活中复制。

对应论观点产生一个问题,即人的自由会进入政治与社会生活,但不进入其他领域。肝脏很少会"反抗"脑袋,因而这种保皇主义政治哲学的一个重要结论是,政治反抗是罪恶和反自然的,就像肝脏对脑袋的"反抗"一样。同样,每一个臣民一定要服从神定的君主,否则神圣的秩序将会崩溃,陷入无政府主义和混乱状态,腐朽与没落将统治人类生活。

虽然肝脏通常不会反抗脑袋,但皇权专制主义者当然地有一种基于天国中的政府的类比:撒旦对于至高无上的上帝的邪恶背叛。同样,人类历史的重大事实是亚当的堕落,它是由对神圣权威的反叛和过度的自负所引起的。

上帝与国王,撒旦、亚当与反叛的臣民,这些类比与对应就是皇权专制主义者竭力使人理解的东西。因此,在1547年和1570年,英国国教关于顺从的布道,宣称对君主的顺从是"所有美德之根基",而"邪恶的无畏"是所有罪恶与痛苦之源泉。正如这一布道所言,所有的"罪恶都可以被指责为反对上帝,或者属于叛乱的人",这"会颠覆所有的良好秩序……"。对于所有低等级的人来说,"始终顺从、惟有顺从"是绝对的职责,就像身体服从灵魂、万物服从上帝一样。

与经院学说完全相反,也与加尔文主义者和反暴君派同盟(Leaguer monarchomach)的思想家完全相反,关于秩序,英国国教传教士反复强调,在任何情况下,臣民都必须服从国王,无论国王及其行为是善还是恶。即使对于邪恶王子,也不能有任何反抗。君权神授,由于世袭的权利而在世上代表上帝。所以,怀疑国王,更不用说不服从国王,不仅是叛国,而且是亵渎。不服从国王,就是不服从上帝。正如有广泛影响的《官员之镜》(*Mirror for Magistrates*,从 1559 年到 1587 年,该书有多个版本)所主张的:"上帝任命所有官员。"因此,"如果上帝爱人民,就任命好人;如果上帝要惩罚他们,则任命恶人。"简言之,明君是上帝送给人间的祝福,而暴君是上帝给予的惩罚。无论哪一种情况下,臣民的职责都是绝对服从上帝或国王的命令。"因此,无论是谁,无论反对好的还是坏的统治者,都是反对上帝,都一定会有一个悲惨的结局……"。

对于保皇主义思想家而言,不断高涨的个人自由和每个人的自然权利的要求,只会导致对上帝的理性秩序的损害与破坏。因此,16 世纪英国国教的重要神学家理查德·胡克(Richard Hooker,约 1554—1600 年),在其著名的《教会政体法规》(*Laws of Ecclesiastical Polity*,写于 1594—1597 年)中,痛斥各种个人主义观念。尽管胡克自己对皇权专制主义持温和立场,但他写道,每一个人是"他自己的指挥官"的观念,"会彻底动摇政府的结构,趋向于无政府主义和纯粹的混乱,瓦解家庭,遣散学院、公司、军队,颠覆王国、教会,以及目前蒙上帝眷顾、由权威和权力建立的一切事物。"

都铎—斯图亚特时期最为极端的皇权专制主义者之一是爱德华·福塞特(Edward Forset,约 1553—1630 年),他是一位剧作家，拥有泰伯恩庄园，也是治安法官和下院议员。福塞特的巨著为《自然体与政治体比较研究》(*A Comparative Discourse of the Bodies Natural and Politic*)(1606 年)，这一标题散发着对应论与秩序的政治哲学的陈腐气息。在某些方面，福塞特近乎于认为君主绝不会伤害其人民，换言之，无论其行为看起来多么邪恶，按照定义，他们实际上都是好的。实际上，在某种意义上，福塞特倾向于通过神迹和权力来证明国王行为的正当性，就像《约伯记》(*the Book of Job*)所说的那样。因此，格林利夫(Greenleaf)教授在对福塞特学说的讨论中阐述了这一观点："统治者表面上邪恶的行为，只是真正的自然的一种外观，它被市民的错误思想所误解。"[1] 当然，其真正的含义是，与低等级的市民相比，君主的思想是永远正确的。

17 世纪英格兰最有才华、肯定也最有影响的专制主义秩序理论家，或许要数罗伯特·菲尔默爵士(Sir Robert Filmer, 1588—1653 年)。在其生命的晚期，这位无名的肯特郡贵族于 17 世纪 40 年代末和 50 年代初，出版了一系列皇权专制主义论文。30 年以后，菲尔默如同复活了一般，其论文集于 1679 年出版，第二年，他写作于 30 年代末或 40 年代初的最著名的作品《父权论及国王的自然权力》(*Patriarcha or the Natural Power of Kings*)首次出版。在去世之后，菲尔默立即成为从传统的秩序理论视角来捍卫皇权专制主义的主要代表。

菲尔默愤怒地否定"按照自然法，所有人生来自由"的思想，认为这是"异端邪说"。通过将个人主义和自我指导与对上帝的邪恶反叛相联系，菲尔默警告道："对自由的渴望使亚当丧失天恩。"[2]

菲尔默的思想中最值得注意的是对成长中的契约主义学说的透彻批判,这种学说确立了某些原始的社会契约中的国家的基础,并且证明其正当性。托马斯·霍布斯(Thomas Hobbs,1588—1679年)一生都是卡文迪什家族的家庭教师、事业伙伴和导师,该家族与斯图亚特皇室有一定关系。17世纪40年代,霍布斯建立了一种契约主义理论,来证明皇权专制主义是正确的。

菲尔默指出,霍布斯的社会契约论致命的缺陷在于,完全采用了约翰·洛克40年后提出的自由意志主义观点:

> 菲尔默质问道,在契约在世界范围内生效以前,所有人达成一致,这怎么可能呢?他想知道一个契约为什么能够以及如何约束以后的每一代人;他认为求助于似是而非的隐含默会的同意的概念是不合理的……[3]

菲尔默也尖锐地批评了成长中的古典自由主义思想,这一思想认为政府以人民同意其统治为基础。他指出,如果那样,政府就变得不稳定了,因为人民有时会不再赞同政府的统治。一旦承认人民有赞成的权力,也就等于承认自然法中"不被征服的自由",其逻辑结果一定是无政府主义。因为那样一来,

> 每一个小团体都有权成立自己的独立王国;不仅每一个城市,而且每一个村庄、每一个家庭、每一个特定的个人都有成为

自己的国王的自由,只要他愿意;按照天赋自由,只有疯子才会选择自己之外的其他人作为统治者。因此,整个世界不会只有一个国王,我们将陷入一种自由,即世界上有多少人就有多少国王,因而根本就没有国王,所有的人只剩下他们的天赋自由。[4]

值得注意的是,菲尔默与当时的其他专制主义者,从法国理论家让·博丹那里获得了很多灵感,后者被称为最受欢迎的政治思想家,在17世纪上半叶的英格兰被引用次数最多。

10.2 托马斯·史密斯爵士:追求健全货币的重商主义者

400年来英格兰第一个重商主义著作家(如果这是个适当的称谓的话)的荣誉,应给予老托马斯·史密斯爵士(Sir Thomas Smith the Elder,1513—1577年)。其非凡作品《论英格兰王国的公共福利》(*A Discourse on the Commonwealth of this Realm of England*)写于1549年,于1581年匿名出版,最初未被确认,在1893年再版时,被错误地当作是另一位都铎王朝官员约翰·海尔斯(John Hales)(卒于1571年)的作品。

托马斯·史密斯出生在艾塞克斯郡一个贫穷的牧羊人家庭。史密斯虽然贫穷,但富有才华,他通过努力进入剑桥大学,其学术能力很快得到认可,升任国王钦定的民法讲座教授,后来担任副校长。史密斯是著名的演讲家,也是学问深厚、才华横溢的博学家,他撰写了关于希腊语发音与英文拼写方面的著作,对数学、化学、语言学和历史有浓厚的兴趣。

从1547年到1549年,史密斯成为摄政王萨默塞特勋爵

(Lord Somerset)的秘书,开始其政治家与官僚的职业生涯。尽管是一名英国国教徒,史密斯的立场比较温和,很少关注宗教事务,因此他可以在天主教的玛丽女王统治时期,在其剑桥旧同事、天主教主教斯蒂芬·加德纳(Stephen Gardiner)的举荐下,为枢密院工作。在伊丽莎白女王时期,他在剑桥大学时的学生威廉·塞西尔爵士(Sir William Cecil),也就是后来的伯利勋爵(Lord Burghley)在法院握有重权,其影响也由此继续。然而,由于傲慢、粗野和易怒的性格,他经常失去权力。

托马斯·史密斯是对于货币减值问题的尖锐批评者,因而成为其导师萨默塞特勋爵的明确的反对者,后者主张不断地减低货币成色以增加国王的收入。1549 年,史密斯被法庭流放,他进行了深入的思考,然后做了具有个人特点的事情:以论著的形式整理并阐述了其思想。这部观察深入、生动活泼的作品以几个人物之间的对话形式写成,其中医生是作者自己观点的代言人。后来,史密斯在《关于女王婚姻的对话》(1561 年)一书中,再次采用对话的形式。前一部书并不打算出版,史密斯在小册子中有这样的批注,"干预国王的事务是危险的",事实的确如此。

《论公共福利》的首要目的是攻击货币成色的降低及其后果,如较高的物价水平、通货膨胀和社会动荡。是货币减值而不是农场主或商人的任意决策导致了较高的物价水平。这一政策首先损害了固定收入的人。《论公共福利》在托马斯爵士去世以后,由其侄子出版;本书包括托马斯在 16 世纪 70 年代插入的后几段,把 16 世纪后期伊丽莎白时代的通货膨胀归因于另一种因素：西半球新开采的金银的流入。我们并不知道史密斯是否了解纳瓦鲁斯 1556 年的类似分析以及博丹 12 年以后对法国通货膨胀的分析，也不知道这是不是史密斯的独立发现，因为通货膨胀是从西班牙逐步向北波及到欧洲的。

1562 年，史密斯在一本长篇著作《罗马步兵的工资，或论罗马的货币》(The Wages of a Roman Footsolidier, or A Treatise on the Money of the Romans) 中，再次讨论了货币减值问题，该书仍未出版。关于罗马货币与铸币的这篇论文，写作的初衷是为了回到其友人与同事塞西尔提出的问题，当时他担任伊丽莎白女王的首席秘书。史密斯再次攻击了货币贬值，认为这是"国家衰退的证据"，也是"价格过度上涨"的原因。

在《论公共福利》和《论罗马的货币》中，史密斯接受了一种便捷但错误的观点，即国王自身是货币减值引起的高价格的最大受害者。由于在价格上涨之前，货币减值立即增加了国王的收入，所以，与其观点相反，国王是货币减值以及通货膨胀的主要受益者。

史密斯的《论公共福利》非常现代，明确地把社会分析建立在个人对自身利益的追求之上。史密斯认为，自利是"人类生活中自然而然的事情，应当以建设性的政策来引导，而不是用抑制性的立法来阻碍"。史密斯没有放弃刚刚出现的重商主义，也没有提出任何一种自由主义或自由放任的世界观。自利并没有被置于一种财产权利框架之中。它由政府来引导或指导，以实现国家确立的"公共目标"。但史密斯至少足够睿智，指出最好"以利益驱使"人们实现正确的目标，而不是由政府"拿走他们的这些收益"。简言之，政府应与个人的自身利益所产生的有效激励共同发挥作用。

史密斯认识到经济激励在市场中总是发挥作用，把经济资源从低利润的用途转移到高利润的用途。政府应当利用这种激励共同发挥作用，而不是反对它。

然而，史密斯的确是一个重商主义者，其本质愿望是要培育英格兰的毛纺织业，禁止原羊毛向国外毛纺织业出口。

约翰·海尔斯来自肯特郡一个著名的家族，是史密斯的朋友以及都铎时期的官场同僚。但两人的经济与社会哲学显著地不同。例如，1549年，史密斯的《论公共福利》撰写完成，其中包括对毛纺布的新税种的攻击，而正是海尔斯设立了这一税种。海尔斯也不欣赏《论公共福利》钟爱的两个主题：对民法的喜爱和对牧羊业的赞赏。此外，海尔斯完全不认为宗教是无关紧要的，他是《圣经》读经会的执事和专心的组织者。

海尔斯与《论公共福利》的作者之间最重要的区别在于，海尔斯不认为货币减值是高价格的原因，而认为原因在于三种非常不同的供给方面的因素：家畜与家禽的匮乏、投机和过高的税收。事实上，这些因素中没有一种能够真正说明一般价格水平的上升。

最后，海尔斯持有旧式的道德观点，把所有的恶包括高价格都归因于所有人都普遍存在的贪欲（当然，为解释价格水平高，需解释为什么近年来贪欲迅速上升，这仍是个未加说明的问题）。对利润的贪婪与欲望有巨大的社会危害。海尔斯认为，根治这些贪欲的唯一方法，是清除人们的利己心："去除很多人都有的利己心,消除对财富无节制的贪欲所造成的羁绊,消弭并平息邪恶无度的欲望,这些欲望使他们道德败坏……",用对宗教与国家的双重热爱取代这种"堕落的"利己心,"使我们知道并且记得我们都……只是救主基督的神秘之体与王国体系的一员。"

还有,在与《论公共福利》同一年写作的《辩白》(Defence)中,约翰·海尔斯在任何意义上都明确地否定了自利会成为公共福利的基础:"每个人都任意使用自己的所有物,是不合法的,反之,每个人都应为国家的最大利益而使用自己的所有物。我们必须设计某种东西,以消灭人们无尽的贪欲,必须根除贪婪之心,因为它会破坏所有美好的事物。"

在英格兰,第一次表述了"格莱欣法则"的是托马斯·史密斯爵士,而不是其同事托马斯·格莱欣爵士(Sir Thomas Gresham,约1519—1579年)。直到最近,人们都认为著名的、匿名发表的《理解交换之备忘录》(Memorandum for the Understanding of the Exchange),是格莱欣于1559年伊丽莎白统治时期呈交给女王的。然而,现在已证明,《备忘录》是史密斯于1554年在玛丽女王统治时期撰写的。《备忘录》确实不是一本自由市场小册子,因为它提倡国家对于外汇市场的各种控制。然而,它不仅抨击货币减值,要求高价值的通货,而且通过阐述了"格莱欣法则",说明英格兰金币短缺的原因在于对于黄金的合法低估。

格莱欣是国王在安特卫普的财政代理人,他与"格莱欣法则"联系在一起,这是1560年他对之有重要影响的皇家调查委员会宣布的。格莱欣也是合格的统计学家,是都铎王朝垄断特权的设计师。作为垄断的羊毛布料出口公司和冒险商协会的成员,格莱欣是16世纪50年代到60年代英格兰收紧垄断权力政策的主要制定者:禁止汉萨同盟的商人出口英格兰的毛织布,提高外国布匹的关税,最后,使冒险家协会更加寡头化,由高层更紧密地控制。

受到《备忘录》极大影响,并且对其格莱欣法则做出回应的,是比他们年轻的理查德·马丁爵士(Sir Richard Martin, 1534—1617年),他是金匠、执行官和伊丽莎白女王执政时期的造币主管。从年轻时起,马丁就被训练做一个金匠,也曾就任英国金匠公会(Worshipful Company of Goldsmith)首席执行官,担任伦敦市议员多年,并且两度出任伦敦市市长。在1576年的关于通货与交易的皇家调查委员会中,成员由托马斯·史密斯爵士亲自选定,女王的首席秘书格莱欣和马丁,还有塞西尔,都包括在其中。但委员会中没有史密斯本人,他罹患致命重症。在一代人之后,他们对格莱欣法则的支持得到了1600年的皇家调查委员会的回应,马丁也是该委员会成员,并且起草了主要的备忘录。

10.3 爱德华·科克爵士的"经济自由主义"

人们通常认为,17世纪早期杰出的法理学家、大法官爱德华·科克爵士(Edward Coke,1552—1643年)做出的著名的"反垄断"普通法判决,是上升中的清教徒商人阶级所声称的对于自由主义和自由放任皈依的一种表示。这一观点非常有名的鼓吹者,是多产的英国马克思主义历史学家克里斯托弗·希尔

(Christopher Hill)，他需要用这种观点来融入马克思主义对于英国内战的解释。

然而，可以证明，这种观点存在许多严重的缺陷。科克本人是一个温和的英国国教徒，对宗教问题并没有特殊的兴趣。无论怎么说，他都不是一个商人，也不是商人的发言人，他是诺福克的乡绅，先后与两个女继承人结婚，他的主要职业是政府的律师，连续担任首席检察官和首席法官。科克对有关商人的任何新的法律，如股份所有权、破产保险、可转让票据和商业契约等的新的法律分支，也没有表现出任何兴趣。

更为重要的是，科克从未表现出对自由放任的任何赞同。作为下院议员，科克支持许多重商主义措施。此外，他汲取了其亲密的同事威廉·塞西尔、伯利勋爵的观点，赞同精心设计的都铎王朝的国家控制结构。他对于对外贸易的观点，具有深刻的重商主义色彩。例如，在与皇家的关系破裂之后，在1621年国会会议上科克指责所谓铸币短缺的经济后果，他攻击贸易逆差，谴责允许东印度公司出口金银，攻击与法国的进口贸易，因为这种贸易把邪恶的奢侈品引进到英格兰，如"葡萄酒与丝带，以及诸如此类没有价值的东西"。科克也宣称从西班牙进口烟草是非法的。

科克还试图削弱一种新的贸易活动，即出口未加工的布料然后进口加工好的布料。他一贯提倡禁止进口外国布料，也禁止出口未加工的布料，同时试图宣布出口羊毛原料给外国制造商是非法的。

一般而言，爱德华·科克爵士对政府对贸易的管制与控制以及创造垄断没有不同意见,他反对的是国王进行管制和垄断,而不是国会。科克赞同由1563年《技工法案》所提出的对工业进行详尽的管制和卡特尔化、工资管制与强制就业的主张。在攻击垄断和高价格水平的伪装之下,他支持反对"囤积和独占"的法律,但实际上是禁止食品投机,禁止向官方划定的地方"市场"外销售,促使价格水平提高,促进卡特尔化。反对囤积的法律是由地方市场的特许所有者游说支持的,他们试图排除竞争者,从而提高其价格。

最重要的是,科克著名的对政府特许垄断权的反对意见,只是反对国王的特许权,而不反对国会的特许权。因此,在主要由科克起草、1623年通过的著名的《垄断法案》(Statute of Monopolies)中,国会废止了皇家特许垄断权,但明确地把授予这种特权的权利留给自己,并且很快就实施了。该法案也特别允许多种皇家垄断权的存在,包括印刷业、军火工业和硝石业,以及"公司"权(如在伦敦,禁止非伦敦居民在该市范围内从事商业活动或成立从事对外贸易的垄断公司)。此外,科克本人赞同垄断性的俄罗斯、弗吉尼亚和东印度公司。

科克的法律—经济哲学可以用1621年他在国会讲的一句话作为总结:"除了国会的法案,没有任何商品会被禁止。"[5]

10.4 "重金主义者"对外汇和与东印度贸易的攻击

经受了宗教改革之前无知的道德学者的攻击之后,在直到16世纪晚期的漫长时期内,外汇市场受到管制者以民族国家利益为名的攻击。那些被误称为"重金主义者"的著作家,接受了一种无知的观点,认为金银流出到国外是极不公正的,这种灾难是邪恶的外汇交易商的阴谋所造成的,他们故意使一国货币贬值,从而谋利。这里没有任何关于金银的流出具有经济功能或者是根本性的供求力量作用的结果的观点。尽管托马斯·史密斯和格莱欣对格莱欣法则和货币减值有一定的见解,但他们也应归入"重金主义者"。重金主义者的政策结论实在是简单:国家应当宣布金银块的出口为非法,严格管制外汇市场,甚至将其国有化。

外汇交易商进行了回击,提出了明智而有力的论点。例如,1576年,在"反对国家控制外汇交易"(Protest against the State Control of Exchange Business)一文中,他们指出,国家干预将引起商业萎缩。关于英镑的低价值,他们回应道,"我们只能够说,我们的外汇是由商人与商人之间达成相互一致所构成的,卖方与买方的多与少会使汇率上升或下降。"

17世纪早期著名的重金主义者是托马斯·米勒斯(Thomas Milles,约1550—约1627年)。从1601年到1611年,米勒斯发表一系列小册子,发展了传统的重金主义观点。米勒斯指出,外汇交易是邪恶的,这种交易是一种制度,民间商人和银行家等"贪婪的人(其目的在于私人利益)",可以用这种制度取代国王来进行统治。然而,他也增加了一些新的内容。因为1600年,强大的东印度公司被授予特权,垄断了与远东和印度的所有贸易。东印度贸易在欧洲独此一家,购买了大量昂贵的细棉布和香料,但除金银外,印度等国从欧洲购买量非常少。所以,欧洲国家对远东有"贸易逆差",对印度贸易迅速成为重商主义作家喜爱的靶子。不仅从远东进口商品多而出口少,而且硬币、金银块似乎永远向东流去。因此,米勒斯挥舞重金主义大棒,要求限制或禁止对印度的贸易,攻击东印度公司的活动。

米勒斯也强烈要求强化对于冒险商协会的管制,它本来是由政府授予特权的、对于荷兰的羊毛布料出口的垄断机构。相反,他却要求恢复原来的商站商人公司对原羊毛出口的特许垄断。事实上,米勒斯竟然把原先被管制的商站贸易称为"通往天堂的第一步"。

米勒斯之所以强烈要求管制和禁止对外贸易和金银流出,的确可能与其海关官员的身份有关。管制越严厉,托马斯·米勒斯的事务就越多,权力就越大。

由于被击中要害,1601年,冒险商协会的秘书约翰·惠勒(John Wheeler,约1553—1611年)在其《商业论》(*Treatise of Commerce*)中对米勒斯的指责进行了回应。惠勒支持这个由3,500名商人联合获得的特许垄断权形成的"有序的竞争",反对自由竞争的无组织的、分散的"乱象丛生的贸易"。他也玩弄语言游戏,宣称按照定义,垄断意味着只有"一个卖主"。数百名商人联合在一起组成一个特许出口公司,本质上毕竟可以像一个特许厂商一样行事。我们不能忘记,用惠勒自己的话说,这些商人"被他们的仁慈的政府以及他们的政治与商业秩序联合在一起",得到国家武装力量的支持。惠勒鄙视自由竞争的思想,自鸣得意地认为,任何略微损失一点自由的商人,"受到国家的限制,都要比完全服从自己贪婪的欲望要好"。十多年后,约翰·凯尔(John Kayll)在《贸易增长》(*The Trades Increase*)

(1615年)中,反对冒险商协会的垄断,认为这会"把其他人不公平地永远排除在外",他的小册子被坎特伯雷大主教所查禁,他自己也被判监禁。[6]

后来,在17世纪50年代,托马斯·维奥莱特(Thomas Violet)也有类似于米勒斯的动机,特别要求禁止金银的出口。维奥莱特曾是职业"调查员"和政府的告密者,以找出违反禁止金银出口法律的人。现在,在《对于英格兰百姓的真正发现》(*A True discoverie to the commons of England*)(1651年)中,他试图恢复原来良好的法律,在要求恢复禁止金银出口的同时,他要求应再次聘请他来查找违法者。令人尴尬的是,维奥莱特自己被证明违反了这些规定,并因此受到惩罚,他用现成的托词来进行回应,"老盗鹿贼是公园最好的看守"。

17世纪早期最著名的重金主义者是杰勒德·德·马林斯(Gerard de Malynes,卒于1641年)。马林斯是佛兰芒人,出生于安特卫普著名的范·米切林(van Mechelen)家族,可能在16世纪80年代移居到伦敦,改名为马林斯(也许是为了逃避当时西班牙在荷兰对新教徒的迫害)。马林斯名列当时的外侨档案,也是"荷兰"新教教会的一员。在该档案中,他被描述为一个"陌生的商人",即来自国外的商人。

马林斯被证明是一个投机家,一个不择手段甚至是欺诈的商人,盗用了其荷兰商业伙伴的资金。他经常濒临破产,他的岳父(同时也是其合伙人)、安特卫普出生的威廉·费尔默伊登(Willem Vermuyden),死于债务人的监禁。然而,马林斯是一个语言学家,也是受过良好教育的学者,对文学、拉丁语、数学和希腊古典哲学有浓厚的兴趣,也极为精通经院学派的理论。

1600年,马林斯成为皇家调查委员会的成员,开始研究经济问题,并于1601年开始其重金主义著述,其中以《论英国公共福利的损害》(A Treatise on the Canker of England's Commonwealth)特别著名,并于20年代后出版了多部小册子。像格莱欣和15世纪的重金主义者一样,马林斯严厉谴责外汇交易商,肤浅和错误地断言汇率由外汇交易商任意的阴谋所确定。与以前的重金主义者相比,马林斯更为严厉:他建议成立一个政府"银行",垄断所有的外汇交易,而不是成立一个机构控制外汇交易。

与时运不济的商业生涯相伴随的是其在政府部门的工作,马林斯多次担任皇家铸币厂的最高官员,以及国王的财政顾问。在恢复严厉的外汇控制中,马林斯也有个人的目的,因为他自己希望能够填补再次出现的皇家交易员的职位。对马林斯来说,有一种等于法定平价的"公平"的汇率,政府的任务就是执行这一平价。

在1601年发表的较早的小册子《圣乔治保卫英格兰,寓言式的叙述》(Saint George for England Allegorically Described)中,马林斯回到原来的主题,谴责外汇交易,称之为"高利贷",并且表达了通过严格控制这种高利贷来使其逐渐消亡的愿望。

为了提倡严厉控制外汇交易,马林斯当然必须否认外汇交易市场可以以任何方式实现均衡,或者可以自我管制,以及汇率由供给和需求的力量来确定。马林斯对虚假的、有害的"贸易条件"谬误的出现持有将信将疑的态度。这一学说认为,贸易逆差额与金银的出口不会自我调节。因为更高的汇率和更便宜的本国通货,将不会像人们所想象的那样,刺激出口阻碍进口。相反,"不利的"贸易条件,比如以外国货币度量的英镑,将导致更多的进口和更少的出口,因而会使更多的金银流出国外。即使英镑变得便宜导致外汇收入降低(这是极不可能发生的事情,它在纸上谈兵的投机活动中比实践中更常出现),人们也会怀疑英国人从哪里持续地获得外国通货或金银币来支付价格昂贵的外国产品。金银币的确最终会流出,仅仅由于这个原因,某种市场机制必定开始发挥作用,以限制外国商品的进口和硬币的出口。

因此,马林斯试图采取一种荒谬的立场,即无论外汇市场发生什么事情,金银币都会持续流出英格兰。如果英镑变得昂贵,将会出现流出,因为这将限制出口、鼓励进口(这是正确的看法),但如果情况相反,按照贸易条件理论的观点,也会出现流出。因此,铸币的流出就被归因于外汇交易商莫名其妙的恶意,它只能由严厉的政府控制来消除,包括禁止金银出口。马林斯也建议把汇率控制在法定铸币平价,这意味着英镑在当时的条件下将大幅升值或有较高的价值。然而,马林斯延续了错误的贸易条件模型,没有看到通货的这种显著升值导致的金银币流出的问题。事实上,他为较高的国内价格喝彩,认为这会使更多的铸币流入国内。

在一个与此类似的奇怪的混杂观点中,马林斯正确地注意到,来自新大陆的铸币的通货膨胀性流入,在进入英格兰之前,已经冲击了西欧其他国家,但断定这对英格兰来说是一种可怕的事件。马林斯没有认识到低价使英格兰的商品在国外更具竞争力,认为这些"不利的贸易条件"会使英格兰陷入缺乏竞争力的地位,并导致铸币的持久性流出。

如果考虑到马林斯提出了一系列异乎寻常的谬误,我们就会非常奇怪,他为什么会在经济思想史学家中有深远的影响,甚至在那些不同意其基本观点的人中也是如此。他们也许称赞他认识到货币的数量直接改变价格,从而一个国家流失黄金将会导致价格下降,而一个国家积累黄金将导致价格上升。但是,马林斯热衷于谴责国际价格和汇率的作用,而不是解释它们如何起作用,没有将其偶然的见解发展成完整的理论。此外,若考虑到这种"数量理论"早在数个世纪以来就已被西班牙经院学派、博丹以及其他学者所了解、发展和综合,那么马林斯的贡献似乎就很值得怀疑了。

10.5 东印度公司支持者的反击

17世纪20年代初,英格兰经历了严重的衰退,杰勒德·马林斯出版了一系列小册子,重又开始了他的攻击,他反复强调其众所周知的观点,要求采取严厉措施,遏制冒险商协会特别是东印度公司,以及任何其他敢于把金银出口到王国之外的贸易商。1621年,马林斯成为皇家外汇调查委员会的成员,表示其影响得到了有力的支持。

举起为冒险商辩护之火炬的是它的一个成员爱德华·米塞尔登(Edward Misselden,卒于1654年)。在任职于枢密院商业萧条调查委员会后,米塞尔登发表了题为《自由贸易或实现贸易繁荣的手段》(*Free Trade or the Means to Make Trade Flourish*)(1622年)的小册子,他提出了某些超越马林斯分析的思想。他承认金银从英格兰流出,但并不是把它归因于邪恶的外汇交易商的诡计,而是归因于进口超过出口,即后来所称的"贸易逆差"。因此,米塞尔登并不要求管制交易。但他确实希望国家通过补贴出口,限制或禁止进口,压低金银的出口,来强制实现贸易顺差。简言之,他要求采取通常的重商主义政策组合。米塞尔登极大地关注为自己的冒险商公司辩护,像先前一代的惠勒一样,他坚持自己的公司根本不是垄断者,完全是有序的、构成竞争的组织。此外,米塞尔登写道,他的冒险商协会把布匹出口到欧洲,因而符合英格兰的利益。真正邪恶的企业是具有特权的东印度公司,它在对印度等国家的贸易中产生了严重的贸易逆差,持续地把金银输出到国外。

这时,米塞尔登加入了与马林斯的一系列态度猛烈的小册子论战,后者在同一年发表《维护自由贸易》(*The Maintenance of Free Trade*)予以回应(当然,双方对现在所说的"自由贸易"都没有哪怕最低的一点点兴趣)。1623年,米塞尔登获得了位于荷兰的冒险商协会副总裁的职位,这也许是对他在公开出版物上不倦地捍卫公司利益的奖赏。但是,另一方面,东印度公司看到米塞尔登是一个勇猛的斗士和难缠的对手,也在同一年吸纳了他,并任命他为驻荷兰的专员。结果,1623年,其第二本小册子《商业圈》(*The Circle of Commerce*)出版,米塞尔登的核心思想发生了奇怪的转变,东印度公司突然从恶棍变成了英雄。米塞尔登非常大度地指出,虽然在与印度等地的产品交易中,东印度公司输出了金银币，但它能够而且确实再次出口这些商品以换回金银币。

17世纪早期东印度公司杰出的辩护者是该公司一位著名的董事托马斯·孟爵士（Sir Thomas Mun，1571—1641年）。孟早年是一位商人，从事地中海贸易，特别是与意大利和中东的贸易。1615年，孟被选为东印度公司的董事，此后"把毕生精力都投入到积极提高其利益的活动之中"。1621年，发表小册子《论英国与东印度的贸易》(A Treatise of Trade from England unto the East-Indies)，标志着他代表该公司参加论战。第二年，与米塞尔登一起成为枢密院调查委员会成员。孟的第二部作品，也是其代表作，《英国得自对外贸易的财富，或论对外贸易余额是衡量我们财富的尺度》(England's Treasure by Forraign Trade, or the Balance of Forraign Trade is the Rule of our Treasure)，大约写于1630年，对经济进行了更为全面的考察，在孟去世之后由其子约翰于1664年出版。在出版时，获得了复辟政府的国务秘书亨利·贝内特（Henry Bennett）的赞赏，他也是反对荷兰的英格兰重商主义政策的设计者。这本小册子影响深远，再版七次，最近一次出版是在1986年。

托马斯·孟阐明了重商主义的标准信条。他指出东印度公司的贸易并没有什么特别邪恶之处，该公司从印度等地进口昂贵的药品、香料、染料和布料，然后把这些产品的大部分再出口到其他国家。实际上，总体来看，东印度公司进口的硬币超过出口。无论如何，英国政策的核心不能是关注一个公司的特殊贸易，或与一个国家的特殊贸易，而应该关注全面或总的贸易余额。毫无疑问,如果一个国家的出口超过从国外的进口,该国的财富就一定会增加。正如孟在《英国得自对外贸易的财富》开篇简要地阐述的:"通常,增进我们财产和财富的手段是对外贸易,我们必须遵循如下规则:从价值上看,我们每年卖给外国人的东西要大于从他们那儿购买的"。为实现这个目标,孟建议通过法律来禁止消费进口品,采取保护性关税,补贴或引导对于本国产品的消费。另一方面,孟反对任何对于金银出口(如东印度公司所进行的活动)的直接限制。

孟非常睿智,驳斥了马林斯和米塞尔登的谬误。与马林斯相反,孟指出,汇率的变动并不是由于银行家与交易商的操纵,而是由于货币供求的变化:"通过交易而使得对货币的过低或过高估价的原因在于其丰裕或匮乏"。米塞尔登曾建议以货币贬值为手段提高价格水平,他以一种前凯恩斯主义的方式指出,这种提高"将全部反映到货币的丰富数量上,通过每个人之手,促进贸易"。作为冒险商团体的一个领导者,米塞尔登无疑对货币减值对出口的刺激作用有极大的兴趣。但是,孟对货币减值进行了抨击:首先,由于改变了价值尺度,货币减值导致了混乱;其次,提高了所有商品的价格,"如果一般价值尺度被改变了,我们的土地、租约、商品(无论是本国的还是外国的)都会同比例改变"。

孟并没有把他的全部精力关注于出超,因为他关注的是在英格兰积累硬币的思想。孟支持货币数量论,认识到这种积累会直接提高价格,这不仅没有任何利益,而且会阻碍出口。孟既不是为积累硬币而积累硬币,也不是希望提高国内价格水平,而是希望"促进贸易",希望进一步增加对外贸易。对外贸易的扩展本身似乎是托马斯·孟的主要目的。从著名的东印度公司一位领导人的角度看,这个高于一切的目标并不难于理解。

此外,托马斯·孟认为对外贸易在损害别国的情况下,能够提高本国的实力,也会提高英国商人的实力,这与蒙田看法完全一致。在损害外国人利益的情况下,英格兰及其住民会增进自己的利益。孟直截了当地指出,在贸易中,"一个人的需要就是另一个人的机会",而"一个人的损失就是另一个人的收益"。孟认为本国持有的国债是无关紧要的,因为"我们只是欠我们自己",这是仿佛预示着凯恩斯主义的观点。孟以及追随他的重商主义者认为国内贸易是不重要的,因为这只是财富在我们自己人之间的转移。因此,对外贸易中的出口余额是至关重要的,出口商是目前经济中最具生产性的职业。

孟根本不是原始的通货膨胀论者,这一点从他对当时那种普遍的诉求——和人们所喜好的重商主义者的抱怨——商业和经济正承受着"货币匮乏"的危害(从此种分析中总是得出如下的结论:政府应责无旁贷地采取某种措施,迅速增加货币存量)——所进行的正确而辛辣的嘲讽中可以看出来。孟在《论英国与东印度的贸易》中对此做出机智的回应:

> 关于白银带来的罪恶或欲望,我想这是所有国家的通病,而且会一直持续到世界末日;穷人和富人都抱怨钱永远不够;但在我们这里,这种疾病似乎变得致命了,所以迫切需要治愈它。当然,如果我们所有的部位都是健全和强壮的,我真希望侵害我们

的疾病只是一种幻象……

托马斯·孟或许是17世纪早期英格兰最杰出、最善辩的重商主义者。然而,正如熊彼特所指出的,所有的小册子作者对经济分析都没有特别的兴趣,他们是特殊利益的辩护者,而不是有追求的科学家。[7]

也许这一时期最好的经济分析家是赖斯·沃恩(Rice Vaughn),其《论硬币与硬币铸造》(*A Treatise of Coin and Coinage*)尽管出版于1675年,但撰写于17世纪20年代中期。沃恩首先主张当时白银的消失是我们现在所说的"格莱欣法则"作用的结果:在复本位制下,英国政府对白银的估值低于黄金。由于白银而不是黄金,是大多数交易中使用的货币,这种低估具有某种通货紧缩效应。在他的小册子中,沃恩指出,如果英格兰金镑或银镑的价值用购买力来衡量过低,那么出口余额将不会有人们所希望的把贵金属带回英格兰王国的结果;因为那样的话将会是进口商品而不是进口金属货币,出口余额将会消失。[8]沃恩也非常机敏,他认识到如果货币价值改变,所有价格并不会同时变动:例如,国内价格通常落后于货币标准的降低或减值。

最为重要的是,在商品的价值和价格决定问题上,赖斯·沃恩回到欧洲大陆经院学派的主观效用和稀缺性传统。沃恩简要地指出,商品的价值取决于其主观效用,因而取决于消费者的需求("使用和快乐,或者他们的态度,是为什么所有物品都具有价值和价格的真正原因"),而实际价格是由这种主观效用与该商品的相对稀缺性之间的相互作用所决定("价值与价格的比例完全由商品稀缺还是丰裕所支配")。[9]

10.6 "经验主义"的先知:弗朗西斯·培根爵士

弗朗西斯·培根爵士(Sir Francis Bacon,1561—1626 年)的地位与名声是社会思想史中的一个大难题。一方面,培根被称作当时最伟大的人,到处受到崇拜。一个多世纪以后,在伟大的法国启蒙运动宣言《百科全书》中,培根被过誉为"最伟大、最博学、最善辩的哲学家"。然而,他实际所为与如此盛名相符吗?

这位多产的政治家和作家,从 17 世纪初到 20 年代,在一系列的著作中提出了一系列关于研究世界的正确的科学方法的训诫,包括社会科学和自然科学,同时极力自我吹嘘。从本质上看,培根为详细研究人类所有生活、全部世界、全部人类历史的每一个人撰写了大量忠告。弗朗西斯·培根是原始的、朴素的经验主义先知,也是事实挖掘方法的领袖。他认为,只要观察"事实"(全部的"事实")足够长的时间,自洽与自足的知识包括理论知识就会像凤凰一样出现在数据之山巅。

虽然培根令人难忘地谈论详细研究人类知识的所有事实,但他自己从未接近完成这一艰巨的任务。从本质上看,培根是超经验主义者(Meta-empiricist),是事实挖掘方法的主教练和啦啦队队长,他劝导别人要收集所有的事实,严词批判获取知识的其他方法。培根宣称发明了一种新逻辑,即关于材料性知识的唯一正确形式——"归纳",通过这种方法,大量的详细资料可以用某种方式形成普遍真理。

这种"成就"是最值得怀疑的。它不仅只是知识的前奏,而不是知识本身，而且在科学如何发挥作用方面，它完全是错误的。科学真理从来不是通过初级的事实挖掘方法发现的。科学家首先必须具有设计好的假说，简言之，在收集和比较事实之前，科学家必须有一个关于寻找什么、为什么寻找等等的非常好的思想。社会科学家有时被培根的学说所误导，以为他们的知识"完全符合实际"，没有假设，因而是"科学的"，而这实际上意味着其假设和假定隐藏在其观点的背后。

然而，令人奇怪的是，弗朗西斯·培根爵士值得怀疑的成就却赢得了如此多的赞美。原因之一是，他成功地把握住了时代精神：他是在恰当的时间宣传其学说的恰当人选。在对经院学说攻击了 200 年之后，培根赶上了公开全力完成最后一击的时候。培根把全部知识分为两个部分，神的知识与自然的知识，这反映了过去数代思想家的观点，不过它更为坦率和直接。人类关于超自然和精神世界的知识来源于神的启示，如此而已。而另一方面，关于物质世界的知识，包括人及其周遭的世界，则完全是经验主义的、归纳的，通过感觉来获得。在任何一种知识中，都无需人类理性，而理性则是从希腊到经院学派的古典哲学所赞美的伟大的知识渠道。关于精神与神的知识完全属于信仰，是信仰神的启示而获得的。俗世的知识完全是可感觉的，是经验主义的，因而都没有理性存在的位置。

因而培根发现在伦理和政治哲学中，没有那种认为人类的理性通过研究自然法而获得伦理知识的古典学说的作用空间。反之，伦理知识完全是相对的，是未经筛选的一堆历史数据的实验性累积。如果不存在关于伦理或自然法的理性知识，那么就不存在对于国家的权力与行动的来自自然权利的限制。极为奇怪的是，培根宣称事实的无尽排列不仅是获得知识的渠道，而且使人们能够获得改善自己生活的伦理，这可谓两全其美。进行事实挖掘的最终目的是功利主义的。然而，他所期望的有效的伦理法律如何从复杂的经验主义中产生，培根对此并未予以解释。

然而，当代的研究者已经解决了培根方法论观点中存在的问题。现已证明，培根所吹嘘的"经验主义"中的大部分东西，并不是通常意义上的科学，而是所谓的经验主义神秘咒语，文艺复兴时期的许多思想家都曾修补这种"古代的智慧"。文艺复兴时期的神秘主义是一种伪科学，由神秘文学中的神魔传统与犹太神秘哲学的基督教变种混合而成。在培根去世一年后，论述他设想的专制乌托邦的《新大西岛》(New Atlantis)(1627年)出版。按照文艺复兴时期的神秘主义传统，培根设想了一个由开明君主统治的乌托邦，在这个乌托邦里，所有的人都是快乐和满足的。按照标准的基督教传统，快乐是可以实现的，因为亚当的原罪不是试图了解过多的东西，并且在某种意义上成为神。与此相反，神秘主义的观点认为，亚当的原罪使他背弃了曾经启示过他的古代智慧。与此不同，人可以获得快乐，因为睿智的统治者占有了神的这种知识，指导人通过服务其真正的神一般的自然而获得完美与快乐。在培根的乌托邦故事中，他频繁使用的符号如"玫瑰"和"玫瑰蔷薇"十字，表明他与刚刚建立的神秘主义的玫瑰十字会(Rosicrucian Order)有着密切关系。[10]

如果我们知道弗朗西斯·培根对于科学的看法，接近于玫瑰十字会中以巫术为导向的神秘学者,那么他傲慢地宣称作为唯一正确的科学方法的先知,就只是一个天大的笑话。而且自文艺复兴之后,神秘的"知识"明确成为新时代精神的一部分,甚至后来所谓的"理性"启蒙运动也是如此,弗朗西斯·培根对当时时代精神的把握,远甚于现在的培根主义者敢于承认的。

弗朗西斯·培根也以另一种方式与时代精神相契合。对英格兰国王的绝对权力与荣耀的头脑简单的颂扬,已经不再能够像16世纪的英国国教理论家所认为的那样,或甚至像17世纪早期与培根同一时代的专制主义者所认为的那样得以维持了。"对应论"的天真观点——将英国国王的绝对权力比作上帝的统治,比作支配人身体的脑袋,将国王比作大政治体的头领——不再被当作不证自明的真理。新的发现、经济的扩张以及欧洲国家进入新大陆,都使得那种关于任何改变都只会损害上帝的静态自然秩序的陈旧观点越来越站不住脚。每一个人或团体在一生中都天生属于神圣的固定秩序和位置的思想,被西方世界日益增加的流动性与社会和经济的进步所驳斥。因此,由物质与神混合而成的原来毫无疑问的专制主义不再令人敬重。对国家和君主来说,需要做出新的妥协,以便更多地与新式的"科学"和科学发展相合拍。

因此,弗朗西斯·培根爵士的"科学实在论"完全适应这种全新的任务。国王是拟神的或者得到神的绝对授权的思想,不再成立。为国家服务的弗朗西斯·培根爵士远不是马基雅弗利所预示的"现实的政治科学家"。实际上,培根有意识地按照马基雅弗利的教导塑造自己。像新异教徒马基雅弗利一样,培根要求其君主实现伟大的功绩,获得荣耀。他特别要求国王创建帝国,扩张并征服海外领地。就国内而言,培根应被称为温和的专制主义者。国王的特权仍占统治地位,但这种特权应只限于从古代传承下来的历史制度,应遵循法律,对于皇家的命令,至少应在法庭和国会中予以讨论或辩论。

培根超越了大多数帝国的辩护者,认为扩张并维护"帝国的团结"是国王崇高的道德责任。这种征服的责任甚至超越了马基雅弗利,后者对过快地实现征服表示担忧。为了实现扩张帝国的崇高责任,不列颠国民必须受训学习使用武器,特别要提高海军的威力,必须具备坚忍不拔的美德,"坚毅而好战"。

由此,我们可以给出为什么说培根的巨大影响与其有价值的成就并不相符的最后、但并非最不重要的理由。因为弗朗西斯·培根爵士或维鲁兰男爵(Baron Verulam)或圣奥尔本斯子爵(Viscount St Albans),是大不列颠的主要政治家之一,也是权力精英集团的成员。首先,他是尼古拉斯·培根爵士(Nicholas Bacon,1509—1579年)的幼子,尼古拉斯是伊丽莎白女王的主要助手、伯利勋爵威廉·塞西尔爵士的亲密朋友。因此,尼古拉斯·培根成为枢密院官员、大法官和掌玺大臣。

因此,弗朗西斯·培根是叼着银勺子出生的。1591年,培根以年轻律师的身份成为下院议员,也是深受女王喜爱的艾塞克斯伯爵的机要顾问。由于艾塞克斯开始失去女王的宠幸,永远机敏的培根察觉到了风向变化,转而反对其以前的资助人,带头对他进行指责,导致艾塞克斯被判死刑。为了辩解这种肮脏的行为,女王指派培根撰写了对艾塞克斯的官方公开的罪状。

后来，为了平息不断迸发的批评意见，培根开始撰写《自白》(*Apology*)，为他在艾塞克斯事件中的背信弃义行为辩解。

尽管培根做出这样的辩解，但女王一直不太信任他，理由很明显，政治上的升迁不再属于高位的谄媚者。然而，在新国王詹姆斯一世继位后，培根得到了自己想要的，他的职位得到了其表兄、第二位伯利勋爵托马斯·塞西尔(Thomas Cecil)的提携。1608年，培根成为国王的法律顾问，之后就任首席检察官。最后，在1617年，沿着其父的足迹，培根担任掌玺大臣，第二年就任大法官。

然而，在担任国家最高政治职位三年之后，弗朗西斯·培根爵士被打倒了。他被指控有系统地受贿和腐败，并被证明确有其事，他自己也认罪，之后退休回归私人生活，并继续从事写作事业。富有特点的是，虽然培根承认受贿，但他声称这没有影响对他的审判，他的"意图"永远是"清白的"。然而，若用他自己的经验主义方法来审判他，人们可能要对这种"形而上学"的主张持怀疑态度。

在纯粹经济学领域，培根的成果很少，除了少数被看作是现代科学发展前沿的东西以外，其观点不值得注意。关于贸易余额，他采纳了标准的、广义的重商主义观点。例如，在写于1616年、但到1661年才发表的"向乔治·维利尔斯先生建言"(Advice to Sir George Villiers)一文中，培根拥护"英格兰向外国的商品出口贸易"。贸易的关键问题是，"出口在价值上要超过进口，因为贸易余额必然要被硬币或金银来补偿。"关于高利贷这一古老问题，培根令人惊讶地采取了保守的道学立场，要求按照道德和宗教原则予以禁止。更为有趣的是,他也宣称,如果允许高利率,将限制以高风险项目(被假定价值较低)为代表的有益的农业改良,这说明,某些要求压制高利贷的叫嚷,来自于某些蓝筹投资者,他们要回避那些愿意支付高利率的更具投机性的借款人的竞争。按照同样的思路,培根攻击了获取利息的要求,因为它使人偏离其约定的要求,获取并非由他们实际"挣得"的收入。

10.7 培根主义者:威廉·配第爵士与"政治算术"

由于培根的思想与时代精神非常吻合,所以毫不奇怪他有很多狂热的追随者。一个很少被人了解的追随者是托马斯·霍布斯,他是君主专制主义的哲学辩护者,在内战前夕,寻求对君主专制主义的"现代"辩护。这种辩护既不依赖于陈旧的秩序对应理论,也不依赖于格劳秀斯对自然法的变形(像他的大图派(Tew circle)友人所做的那样)。格劳秀斯对那种赞同理论的保守的解释是,主权确实源自人民,但在过去某个昏暗遥远的时候,人民把他们的主权以不可撤回的方式交给了国王。对皇权专制主义的这种辩护在英格兰由大图派来继续,在最后的分析中,霍布斯的唯一不同意见是,每个个人都拥有"自我保护的权利",因而拥有不服从国王下达的相当于谋杀特定个人的命令的权利。[11]但更为重要的是,霍布斯的政治理论背弃了经院学派的自然法方法论,采取了与弗朗西斯·培根更为吻合的"现代"机械论的科学方法论。如果我们知道霍布斯是以培根秘书的身份开始学习哲学的,那么这种转变并不令人奇怪。后来,除了服务于属于皇室的卡文迪什家族外,霍布斯还曾担任未来的国王查理二世的数学教师。

政治经济学领域的主要培根主义者,是富有魅力的机会主义者和冒险家威廉·配第爵士(Sir William Petty,1623—1687年),他也确实是统计学和所谓的"政治算术"科学的开拓者。配第来自汉普郡的农村,其父是一个穷裁缝。他曾在乡村学校学习拉丁语,13岁时到船上做侍者并随船出海。在航行中他的腿摔断了,船长把他丢在法国岸上。配第用拉丁语向卡昂大学的耶稣会士陈词,顺利进入这所大学。在这里,他受到了良好的语言和数学教育,并通过做家庭教师和买卖定制珠宝来养活自己。不久以后,配第去了荷兰学习医学,在那里与阿姆斯特丹的数学教授约翰·佩尔(John Pell)博士成为好友。在去巴黎学习解剖学的时候,配第就带着佩尔给霍布斯的推荐信。他很快就成为霍布斯的秘书和研究助手,从霍布斯那里,配第吸收了培根和霍布斯的经验主义、机械论和专制主义。通过霍布斯,配第也进入了先进的学术圈子,包括新派科学家以及科学家的哲学家朋友。我们必须记住,20世纪的专业化分工对科学并无好处,新的科学发现经常是在科学家与业余爱好的哲学啦啦队混为一体的氛围中做出的。通过霍布斯,配第参加了马林·梅尼森(Marin Mersenne)神父的巴黎学术圈,其中有科学家如费马(Fermat)和伽桑狄(Gassendi),也有哲学家和数学家如帕斯卡(Pascal)和笛卡尔(Descartes)。

在巴黎生活一年以后,配第于1646年回到英格兰,继续在牛津大学学习医学。配第再次携带着佩尔教授的推荐信,以此叩开了一扇至关重要的大门，被一位重要人物所接纳，他就是被称为"新知识的报幕人"、狂热的培根主义者、一半英格兰一半普鲁士血统的波兰移民以及天主教统治时期的流放者塞缪尔·哈特利伯（Samuel Hartlib，1599—1670年）。佩尔曾是哈特利伯最早的门生，其第一份工作是担任家境富有并有广泛社会关系的哈特利伯管理的一所学校的校长，哈特利伯的父亲是波兰国王的"皇家商人"。在哈特利伯的支持下，配第在牛津大学的职位以不可思议的速度上升。配第被邀请加入由数学家、科学家和医生组成的学术圈子，这些人聚集在牛津大学，以逃避内战，并且从事多流派、跨宗教的培根主义科学研究活动。这个团体自称为"隐形大学"，不仅友好地接纳了配第，而且在其宿舍定期聚会，配第的宿舍就在药剂师的办公室，便于用药品进行科学和炼金术的实验。配第在没有成为牛津大学布拉斯诺斯学院的教师时就当上了副院长，而他刚一成为医生就当上了解剖学教授。最后，在1651年，哈特利伯让他的朋友和被保护人配第当上了伦敦格莱欣学院的音乐教授，这是一所新建的学院，主要从事实验与机械艺术教学。配第显然在讲授音乐中的应用数学。年仅28岁的时候，威廉·配第就爬到了学术职业的顶峰。毫无疑问，配第爬升速度之快，得益于新的共和党体制清洗了以前公开的保皇党人，"隐形大学"的培根主义者，能够在没有价值观色彩的培根主义科学的保护下前进。

哈特利伯也撰写了大量归纳性的贸易史著作，特别是农业方面的著作，这有助于进一步推进培根的研究计划。哈特利伯本人是他的培根主义同事、神秘的千禧年主义者、捷克神学家和教育家约翰·阿摩司·夸美纽斯（Johann Amos Comenius, 1592—1670年）的弟子。夸美纽斯是虔敬派胡斯运动的摩拉维亚教堂主教，和天主教统治时期的流放者，后受雇于瑞典政府，为瑞典组建了教育系统。他超越培根，创立了全新的神秘宗教体系——泛智主义（pansophism），宣称把所有的科学都整合到一条通往所有知识的神秘之路。哈特利伯赞同这种认知原则，他也仿照培根描述了自己的新乌托邦，称之为《玛卡里亚》(Macaria)(1641年)。

哈特利伯和夸美纽斯是最受清教徒的乡村贵族、皮姆派（Pyms）与克伦威尔家族形成的党派所欢迎的哲学家和理论家。实际上，在1641年夏，乡村清教徒认为他们已成功地延续了国王的统治，国会热切地把夸美纽斯请到英格兰，在当年秋天，哈特利伯出版了《玛卡里亚》，这是他希望在英格兰建立的一个福利国家乌托邦。到达英格兰以后，夸美纽斯起草了对英格兰教育体系实行泛智主义"改革"或改造的计划，由一个"泛智大学"所领导。夸美纽斯宣称："世界的最后时代正在临近，在这个时代，基督与他的教会将获得胜利，……这是启蒙的时代，在这个时代，上帝的知识将充满地球，就像水把大海充满一样。"[12]

重新爆发的内战终止了这些计划，平复了社会与教育的重建，所以夸美纽斯在第二年即1642年返回欧洲大陆。但哈特利伯与其他人留了下来，继续接受慷慨的清教徒的资助，在克伦威尔护国时期，克伦威尔任命佩尔与其他哈特利伯的门生为外交使节，出使欧洲各个清教徒国家，这些培根主义者春风得意。

哈特利伯最喜欢的一项连续性计划，是试图建立新的大学和机构,以推动新科学。一个预期的捐赠者是富有的、贵族化的、非常年轻的朋友、杰出的物理学家罗伯特·波义耳(Robert Boyle,1627—1691年)。有一次,哈特利伯曾试图让波义耳资助威廉·配第编撰"[完整的]贸易史";还有一次,配第在他25岁的时候,在他出版的第一本书中,恳惠哈特利伯资助一家新的学院,以发展"真正的知识",这将是一所"医学高级中学或商人学院"。配第写道,这个学院将"在贸易史的写作方面提供最好和最有效的机会与手段,尽善尽美,严密精确……"。[13]这些特别的计划没有一个获得成功。

然而,1651年,威廉·配第刚达到学术职业的顶峰,还没有开始授课,就彻底离开了大学世界。他到外面赚大钱去了,在克伦威尔破坏性地征服和屠杀爱尔兰的时候,他觉得机会到了。他在牛津"隐形大学"的同事乔纳森·戈达德(Jonathan Goddard),离开牛津后成为克伦威尔在爱尔兰的驻军中的首席医生,两年后回来,成为有很高声望的默顿学院的院长。配第赴爱尔兰接替了戈达德,也要离开牛津两年。配第到了爱尔兰后,发现有一个天赐良机能使之暴富。克伦威尔夺取了爱尔兰的土地后,决定用征服和没收的爱尔兰土地,赏赐其士兵以及军事行动的财政支持者。但要分配土地,首先必须要进行测量,这一任务由配第和哈特利伯的朋友、测绘局长本杰明·沃斯利(Benjamin Worsley)博士来承担,他也是医生,曾出版一些有影响的小册子,导致1652年《航海条例》(Navigation Act)的通过,该法案对英格兰海运业采取了重商主义的补贴和特权等措施。然而,配第并没有顾忌与沃斯利的友谊。在1652年秋到达爱尔兰之后,配第迅速估计了当时的形势,发动了宣传攻势,指责沃斯利的测量工作进展得太慢了,要是由他自己来做的话,只用 13 个月就可以完成。1653 年 2 月,配第得到了这份工作,尽管沃斯利多方面掣肘,配第还是按时完成。

由于从这份工作中赚了大量的钱,配第开始兼并被没收的爱尔兰土地的所有权:有些土地通过现金购买来获得,另外一些则通过赎买贫穷的英格兰士兵的权利而获得。到 1660 年之前,威廉·配第总共拥有爱尔兰土地 10 万英亩,是爱尔兰最大的地主之一。事实上,他拥有的爱尔兰土地仍在增加,在 1687 年去世前,配第仅在南部的克立就拥有 27 万英亩土地。到了 17 世纪 50 年代后期,配第回到伦敦,在国会工作了一段时间,并且重新恢复了与科学圈子的友谊。

回到英格兰后,配第加入了由另一个德国流亡者西奥多·哈克(Theodore Haak)领导的培根—哈特利伯派的学术圈子,哈克是夸美纽斯的英国学生的组织秘书。其他成员有乔纳森·戈达德博士,他现在担任护国公克伦威尔的私人医生;著名建筑师克里斯托弗·雷恩(Christopher Wren),其第一份建筑作品是为哈特利伯建造的三层蜂窝式透明建筑。这个团体在克伦威尔的内弟约翰·威尔金斯(John Wilkins)在牛津的家中频繁聚会,威尔金斯是克伦威尔任命的牛津大学校长。

需要知道的是,在克伦威尔统治之下,培根主义者虽然飞黄腾达,但从未真正地忠于任何特定的政府形式。像培根自己一样,他们可以在专制君主制下飞黄腾达。君主制、共和制、国会、国王、教会等等所有政府形式,对于这些"科学的"、"价值中立"

的想要成为国家管理者的人来说,都没什么特别的区别,只要体制完全是国家主义的,至少名义上是新教徒体制,政治体制就能够为这些培根主义哲学家和实务家所秉持的权力与"科学"梦想提供足够的发展空间。

因此,无论是什么政府,配第及其同道们总是能够把握有利的机会,在1660年斯图亚特王朝复辟后获得很好的职位。[14]配第自己被查理二世朝廷所接纳,授予他骑士称号。1662年,为促进自然知识的研究,特许成立了伦敦皇家学会,配第成为其创始人,配第与其同道的培根主义的梦想达到了顶峰。皇家学会特别致力于培根的经验观察和实验计划,主要研究自然界与技术,其次研究社会问题。[15]终其一生,配第始终是皇家学会的积极成员,特别致力于研究贸易史与技术。配第把自己的贡献——"政治算术"或统计学,看作是培根的经验主义研究计划在社会领域的应用。

关于配第的"经验"科学的真实目的,可以说其每一项研究都是为了他自身经济或政治的发展。他的主要作品《赋税论》(*Treatise of Taxes and Contributions*)出版于1662年,在其在世时就再版三次。然而,配第仍感到非常失望,因为这本小册子没有使他获得期望的公职或政治影响。配第后来也写作了一些小册子,但他在世时并没有出版,其他小册子在他去世后,出版于1690年或更晚。用一位广受称赞的历史学家的话说,这是因为"它们不是为出版而写,而是为在权力中心活动或获得影响与职位而写,可这些是他永远没办法获得的"。[16]即使在数年后,配第的女儿结婚,高攀上谢尔本(Shelburne)和兰德斯顿(Landsdowne）家族，配第在他那爱尔兰广袤却来路不正的土地上也不是很高兴，因为他必须把他半数时间花在这个国家，应对由保皇党人的指控而引发的诉讼，为他的土地财产进行辩护，或者保护他的土地不落入那些认为他掠夺了其土地的"强盗"手中。

作为一名所谓合格的经验主义科学家，配第宣称自己做出了一些重要的发明，但其中只有一项双龙骨船曾付诸实施。他花费巨资建筑了几艘这样的船，但都面临着同样的问题：虽然非常快，但"一遇风暴，都令人尴尬地散架了"，对于我们谈论的这个毛病，"查理二世多次不怀好意地大笑"。[17]

那么，除了他的天赋，他善于把握最大的获利机会，他有权势的朋友，使他迅速蹿升至"玻璃天花板"以外，究竟是什么限制了他的政治影响力和在宫廷中的权力，甚至让英格兰国王对他的挫败都"不怀好意地大笑"呢？除了他对本杰明·沃斯利的破坏行为以外，配第的问题在于，无论他在派对上顽劣地模仿贵族做派，还是在为博得国王欢心的小册子中责备陛下的政策，他都不能自我抵制这种不正当的钻营。威廉·配第爵士生来就不是绅士，他即使做得再好，其行为也达不到一个绅士的程度。

在出版其《赋税论》的时候，配第把其中几篇文章在皇家学会分发，主要是关于布匹染色、航运的文章，这些推动了培根学派的贸易史研究计划。他的主要著作《政治算术》（*Political Arithmetic*），写于17世纪70年代，在他去世后，于1690年出版。该书的主旨在于，说明英格兰远不是像通常人们所认为的那样正在衰落，实际上比以前更加富有。在《政治算术》中，配第宣称避免只使用"词语"和"单纯做思维的论证"，而只进行"能诉诸人们的感官的论证"，即从自然的可感觉到的事实中获得的论证，它可以归结为"数字、重量和尺度"，这是他喜爱的可以在任何场合重复的口号。因此，在关于代数的一篇论文的结尾，配第夸大其辞地宣称，他已经把代数应用到了"纯粹数学之外的领域，即政策领域，通过政治算术，把事物的许多术语，简化为数字、重量和尺度的术语，以便它们可以用数学方法来处理"。[18]

其实，在配第的文章中根本没有数学，有的只是统计学，松散地凑在一起，任意地断言，使用了许多隐含的假设，以获得预设的意识形态结论。

正如威廉·莱特温在其对配第的很有价值的研究中所言：

配第使用数字的方法总是而且完全是随意的。无论事实如何，总是会以适当的方式支持配第的结论。不过更确切地说，配第事实性的命题也是如此，因为在他需要帮助的时候，他并不是不愿意引用那些神秘、未知甚至根本不存在的权威。

莱特温接下来引用了现代统计史学家梅杰·格林伍德(Major Greenwood)的话："我想，说配第所做的计算结果是，战争造成的伤亡在60万人左右，这并不算太大的讽刺"。[19]有一次，配第曾为他任意的数据和假设进行辩解，认为它们其实没有什么差别，因为数据并未全错，所以可以用来说明获得知识的方法。当然，捏造的例证不会用来宣传这种政治算术方法。因此，配第利用虚假的数据精确性和科学的威信，试图得到取悦于国王的结论，即英格兰的财富正在增加而不是减少。有时他的结论乐观得惊人，以至于没有任何意义，例如他曾宣称，"对英格兰国王的臣民而言，获取整个商业世界的普遍贸易的利益，是完全可行的。"[20]

在他的讨论过程中，配第自己提出了一些经济理论——我们可以称之为定性的而不是定量的理论——这违背了他所宣称的研究计划。这些理论既不值得注意——它们要求国王不要过高地征税，因为这会导致产出与就业剧烈下降——也是不正确的，因为它们没有把商品的价值归因于需求，而是归因于生产成本。

事实上，配第的经济推理通常被认为属于幼稚的重商主义。像所有早期现代作家一样（博特罗除外），配第是朴素的人口扩张论者：人口越多，"收入"和产出增加得越多。像通常的重商主义者一样，配第为贵族精英而不是劳动者出谋划策，并对前者表示认同。他对增加就业或"充分"就业的渴望，源自增加由国家掌握并由精英控制的国民产出的愿望。像大多数重商主义者一样，配第几乎不关心劳动阶级，而是对他们进行谴责，认为无论什么时候提高他们的工资，只会使他们更加懒惰和酗酒。事实上，配第比他的重商主义同道更富于想象力，建议政府实施价格支持计划，维持谷物价格，特别是为了防止实际工资率不断上升，让工人一直认真工作，防止他们变得更加懒惰（或享受更多闲暇）。配第确实把这些劳工蔑称为"粗鄙野蛮的人"。有时配第的想象力不受自己控制，他要增加英格兰劳动人口的热望，使他在《政治算术》中建议，强制性地把苏格兰和爱尔兰的大多数人口迁移到英格兰，名义上是"为了他们自己的利益"，这样能够提高英格兰的生产力,并且提高英格兰的租金水平。[21]

建立在具有炼金术和奥秘教义传统的半地下的古老数字命理学(numerological)的神秘主义基础之上,17世纪的科学热潮导致了科学家特别是其中为此喝彩的人,狂热而且自负地对社会生活进行数量和数学研究。哈佛大学著名社会学家皮季里姆·索罗金,曾富有洞察力地把从那时到现在的这种狂热称作"数量狂"和"计量痴"。例如,索罗金写道:

对社会心理现象的数学研究,特别播种于17和18世纪。斯宾诺莎、笛卡尔、莱布尼茨、牛顿等人,开始建立一般的数量科学:万能计量学(Pantometrika)或数学万能论(Mathesis universae),其分支学科有计量心理学(Psychometrika)、计量伦理学(Ethicometrika)和计量社会学(Sociometrika),以几何和物理方法来研究社会心理现象。"所有真理只有通过度量才能够发现",以及"没有数学,人类只能像动物和野兽一样生活",成为本世纪社会物理学者的座右铭。[22]

对于斯图亚特复辟时期英格兰培根主义者的这种痴迷于计量的现象,威廉·莱特温拥有富有洞察力的论述,他写道,这个时期的"科学革命,其活力在很大程度上应归功于信仰,……简单的信条是,自然界中的许多事物,虽然神秘,但可以也应当被精确地度量"。但令人遗憾的是,"与这一革命理想伴随而来的是虔诚但错误的观念,即度量与理解完全是一回事。复辟时期的科学家相信,把数学的斗篷覆盖在问题之上,就相当于把问题

解决了"。因此,莱特温继续写道:

> 科学家们团结在皇家学会旗号下,开始完全纵情于度量的狂欢,……各路名家不断地、无穷尽地、无意义地记录、分类、计算。英格兰的这些顶尖思想家,把他们的才智一小时一小时地浪费在详细记录这个土地的每一个角落的温度、风和天空的样子上。除了无用的记录之外,他们的努力一无所成。

这种狂热的能量也被转移到对各种经济和社会方面的问题的度量上。对数字、重量和尺度的收集源自乐观的信念,即好的数字必然会带来好的政策。[23]

令人遗憾的是,这种数量狂和计量痴似乎已经控制了现代经济学专业。然而,幸运的是,由于经济思想的发展,在17世纪90年代培根主义作家逐渐淡出之后,社会科学中的这种数量狂般的热情,也逐渐消退。18世纪20年代,伟大的托利党人、自由意志主义者、盎格鲁—爱尔兰混血的讽刺作家乔纳森·斯威夫特(Jonathan Swift,1667—1745年),直接对培根主义者进行了睿智而犀利的嘲讽,加速了这种数量狂热的衰退,一想到这就令人愉快。在斯威夫特的经典小说《格列佛游记》中,辛辣地讥讽了勒普泰岛上的疯狂的科学家,也讥讽了其他地方努力实现现在所说的培根式"研究计划"的科学家。最后,在1729年,斯威夫特在其著名的《一个谦卑的建议》(*Modest Proposal*)中,继续进行这种讥讽,莱特温把该书称为"对于作为社会政策工具的政治算术所说的最后一句话"。斯威夫特紧随配第,把配第的主张放到自己的文章中,如配第关于人口越多越好的主张,特别是配第在《赋税论》中的严肃建议:为根除作为爱尔兰贫穷的根源的人口稀少,政府应对未婚爱尔兰妇女的生育进行补贴。这种补贴由针对爱尔兰全国特别是爱尔兰男子的一种税收来筹措资金。只有当妇女连续地记录每个孩子爸爸的同居时间,并签署协议由孩子爸爸来处置孩子时,这项补贴才会发放。

斯威夫特的《一个谦卑的建议》讥讽了配第文风的每一个方面,从严肃地提出荒谬的政策建议,到数字命理式地伪造精确数据。例如,《一个谦卑的建议》坚持声称:

在这个王国,总人数通常估计有150万,其中,我计算大约有20万对夫妻生育,这一数字减去3万对能够抚养得起自己子女的夫妻,……这是大家认可的,将还有17万人生育。

在对误差项进行合理扣除,并减去每年死亡的儿童后,斯威夫特得出结论,"贫穷的父母每年生育12万孩子"。在说明没有办法抚养和雇用这些儿童后,斯威夫特提出了著名的"谦卑"的建议,说这不会"引起哪怕最小的反对意见"。据伦敦的一个知识渊博的美洲人所言,受到良好看护的一岁健康小孩,"无论煎炒烹炸,都是最美味、最有营养、最有益健康的食物",斯威夫特然后按照配第的那种最好的价值中立的、数字命理的、经验主义的方法,说明每年把10万小孩卖掉并且吃掉,是符合经济利益的。

那个时代的经济学作家,在小册子的结尾,会表明其绝大多数特殊的要求并不是出于个人利益,而是出于公共福利。所以斯威夫特也是这样结束其《一个谦卑的建议》的：

> 我以诚挚之心声明，本人努力推进这一必要的事务，绝无半点个人私利，除了通过发展贸易、抚养婴儿、救助穷人、愉悦富人，增进吾国之公共福利，再无其他目的。本人没有能用来赚一分钱的孩子，最小幼子已9岁，而且拙荆已过生育年龄。[24]

10.8 注释

1. W. H. 格林利夫，《秩序、经验主义与政治学：英国政治思想中的两种传统》(Order, Empiricism and Politics: Two Traditions of English Political Thought)（伦敦：牛津大学出版社，1864年），第52页。
2. 见注释1所引格林利夫教授文献的解释，第92页。
3. 见注释1所引格林利夫的文献，第93页。
4. 见彼得·拉斯莱特（Peter Laslett）编，《罗伯特·菲尔默爵士的父权论与其他政治著作》(Patriarcha and Other Political Works of Sir Robert Filmer)（牛津：巴兹尔·布莱克韦尔出版社（Basil Blackwell），1949年），第286页。引自卡尔·沃特纳（Karl Watner），"'噢，你们是无政府主义！'：激进自由意志主义传统中的赞同理论"（"Oh, Ye are for Anarchy!": Consent Theory in the Radical Libertarian Tradition），载于《自由意志论研究杂志》(Journal of Libertarian Studies)，第Ⅷ卷（1986年冬季号），第119页。
5. 1621年以前，科克并没有完全与国王断交而采取国会至上的立场。1616年，他被撤销在枢密院的官职，但马上通过其女儿与白金汉公爵的兄长约翰·维利尔斯（John Villiers）爵士的联姻，获得了詹姆斯国王的青睐。1621年，重任枢密院官员，并且被认为会一直留在王党内，但国王没有把他提升为首席大法官，这使得科克最终与王室断交。
6. 见乔伊斯·奥尔德姆·阿普尔比（Joyce Oldham Appleby），《17世纪英格兰的经济思想与意识形态》(Economic Thought and Ideology in Seven-

teenth-Century)(新泽西州,普林斯顿:普林斯顿大学出版社,1978年),第106页。

7 正如熊彼特指出的,这些人是"支持或反对某种个体利益如冒险商协会或东印度公司的特定辩护者,支持或反对一项特定的政策措施。……所有这些人的盛名……都归因于印刷和出版机会的迅速增加。此外,在16世纪非常少见的作为风险投资的报业,在17世纪变得非常之多……"。J. A. 熊彼特《经济分析史》(纽约:牛津大学出版社,1954年),第160—161页。

8 巴里·E. 萨普里(Barry E. Supple),《英格兰的商业危机与变革:1600—1642年》(Commercial Crisis and Change in England, 1600 - 1642)(剑桥:剑桥大学出版社,1964年),第219—220页。

9 见注释6所引阿普尔比的文献,第49、179页;另见特伦斯·W. 哈奇森,《亚当·斯密之前:政治经济学的诞生,1662—1776年》(Before Adam Smith: The Emergence of Political Economy, 1662 - 1776)(牛津:巴兹尔·布莱克韦尔出版社,1988年),第386页。

10 关于培根在以古代智慧中的伪科学形式把宗教圣典内在化中起的重要作用的有趣讨论,见史蒂芬·A. 麦克奈特(Stephen A. McKnight),《神化的世俗:现代性的文艺复兴渊源》(Sacralizing the Secular: the Renaissance Origins of Modernity)(路易斯安那州,巴吞鲁日:路易斯安那州立大学出版社(L. S. U. Press),1989年),第92—97页。另见弗朗西斯·叶茨(Frances Yates),"弗朗西斯·培根:在耶和华翅膀的阴影下"(Francis Bacon, Under the Shadow of Jehova's Wings),载于《玫瑰十字会的启蒙》(The Rosicrucian Enlightenment)(伦敦:劳特利奇与基根·保罗出版社(Routledge and Kegan Paul),1972年);保罗·罗西(Paolo Rossi),《弗朗西斯·培根:从魔法到科学》(Francis Bacon, From Magic to Science)(芝加哥:芝加哥大学出版社,1968年)。

11 关于霍布斯和大图派,见理查德·图克(Richard Tuck)富有启示性的著作:《自然权利理论》(Natural Rights Theories)(剑桥:剑桥大学出版社,1979年)。

12 见H. R. 特雷弗—罗珀(H. R. Trevor-Roper)的引人入胜的文章,"三

个外国人与英国革命的哲学"(Three Foreigners and the Philosophy of the English Revolution),载于《遭遇》(*Encounter*),第14卷(1960年2月),第3—20页,特别参见第15页。关于夸美纽斯及其新玫瑰十字团体,见注释10所引叶茨文献,第156—192页。另见威廉·莱特温的解释性讨论,《科学经济学的起源》(*The Origins of Scientific Economics*)(纽约花园城:道布尔迪图书公司(Doubleday),1965年),第125—126页,第134—135页。

13 引自配第"关于某些特殊知识的发展,威廉·配第向塞缪尔·哈特利伯先生的建议"(The Advice of W. P. to Mr. Samuel Hartlib,for the advancement of some particular parts of learning)。见注释12所引莱特温的文献,第136—137页。

14 可怜的哈特利伯是一个例外,他失去了克伦威尔给的年金,在为躲债而逃往荷兰后,于1670年去世。

15 皇家学会由约翰·威尔金斯博士领导,他是牛津大学校长,后任切斯特主教。威尔金斯不仅是克伦威尔的内弟,而且是《数学魔法》(*Mathematical Magick*)(1648年)的作者,是神秘主义和魔法浸淫的玫瑰十字运动的重要人物,与伊丽莎白的主要占星家约翰·迪伊博士(John Dee)及其神秘主义炼金术弟子罗伯特·弗拉德(Robert Fludd)齐名。见注释10所引叶茨的文献,第182页及以后部分。

16 见注释9所引哈奇森的文献,第29页。

17 见注释12所引莱特温的文献,第131页。

18 见注释12所引莱特温的文献,第140页。

19 见注释12所引莱特温的文献,第144—145页。

20 见注释9所引哈奇森的文献,第39页。

21 见注释9所引哈奇森的文献,第38—39页。另外特别参见埃德加·S.弗尼斯(Edgar S. Furniss),《民族主义体系中劳动者的地位:英国晚期重商主义劳动理论研究》(*The Position of the Laborer in a System of Nationalism:A Study of the Labor Theories of the Later English Mercantilists*)(1920年,纽约:凯莱—密尔曼图书公司(Kelley & Millman),1957年),第128、134页。

22 皮特里姆·A. 索罗金,《现代社会学的怪癖与缺陷》(Fads and Foibles in Modern Sociology)(芝加哥:亨利·勒涅里图书公司(Henry Regnery),1956年),第103页、第110页和全文。
23 见注释12所引莱特温的文献,第106—107页。
24 见注释12所引莱特温的文献,第149—151页。关于自由意志主义对斯威夫特写作的影响,见卡罗琳·罗宾斯(Caroline Robbins),《18世纪的共和人士》(The Eighteenth-Century Commonwealthman)(马萨诸塞州,剑桥:哈佛大学出版社,1959年),第152—153页;以及詹姆斯·A. 普鲁(James A. Preu),《牧师与无政府主义者》(The Dean and the Anarchist)(佛罗里达州,塔拉哈西:佛罗里达州立大学出版社,1959年)。关于《一个谦卑的建议》,见路易斯·A. 兰达(Louis A. Landa),"一个谦卑的建议与人口众多"(A Modest Proposal and Populousness),载于《18世纪英国文学论文集》(Essays in Eighteenth-Century English Literature)(1942年,新泽西州,普林斯顿:普林斯顿大学出版社,1980年),第39—48页。

第11章 从内战到1750年间英格兰的重商主义与自由运动

- 11.1 配第的追随者:达维南特、金与"需求规律"
- 11.2 自由与财产:平等派与洛克
- 11.3 蔡尔德、洛克、利息率与铸币
- 11.4 诺思兄弟,从公理开始演绎,以及托利党的自由放任
- 11.5 通货膨胀论者
- 11.6 硬货币论的回应
- 11.7 18世纪中叶前的自由放任思想:图克与汤森
- 11.8 注释

11.1 配第的追随者:达维南特、金与"需求规律"

乔纳森·斯威夫特所著《一个谦卑的建议》,为政治算术写下了最后的篇章,而其结束语是由现代经济思想史学家中那些愚蠢的数量狂和计量痴所撰写的,这些人复兴了培根和配第在17世纪90年代所阐述的"数量定律",仿佛这是预见到现代经济计量学的一个真正的奇迹。

查尔斯·达维南特(Charles Davenant,1656—1714年)是一个律师,一生钻营,以获得牟利的大好机会,其父是桂冠诗人和剧作家。为了弥补从法律活动中得到的微薄收入,1678年,达维南特设法取得了消费税专员的职位。17世纪80年代中期之前,作为消费税专员,达维南特一直赚取不菲的薪水,他也是下院议员。然而,这种舒适、平静的生活不幸被1688年的革命所打断,这场革命使达维南特失去了高贵的过去,不仅如此,他对查理二世皇室的贷款也未得到偿还。

作为一个托利党人,在辉格党的政体下,达维南特开始就当时的问题撰写经济短文,所有文章的核心都围绕着他自己的特殊政治利益诉求,要求补贴或者要求恢复他在政府中的高职位。在对荷战争五年之后,也是达维南特试图重返消费税专员旧职的努力失败五年之后的1694年,他出版了第一本小册子《论战争供给的方式与手段》(*An Essay upon the Ways and Means of*

Supplying the War）。这本小册子的重点在于谴责政府通过公债来为战争融资，呼吁应该主要用税收来取而代之，而税收恰好是达维南特自己的专业领域。在再一次地谴责了政府顽固地忽视了他的个人美德之后，达维南特转向另一个自利的领域。

达维南特在自由贸易问题上存在矛盾和混淆，有时热衷于自由贸易，有时热衷于保护。但是，如果我们认识到达维南特正试图赶上东印度公司的浪头，恢复了17世纪以来讨论东印度贸易得失的重要传统，这些矛盾就会奇迹般地消失。达维南特自然而然地采用了标准的托马斯·孟的思想，支持全面或普遍的"顺差"贸易，但是他指出每个国家都试图平衡贸易是荒谬的，并且为东印度公司与远东的贸易赤字辩护。在1696年出版的小册子《论东印度贸易》（Essay on the East India Trade）中，达维南特表述了支持东印度贸易的立场。第二年，达维南特要求东印度公司把他派到印度，但没有获准，就开始持续地向该公司献媚，于1697—1698年出版了两部《论财政收入与英国的贸易》（Discourses on the Publick Revenues and on the Trade of England），1699年又出版了《论贸易差额》（Essay upon ... the Balance of Trade），继续进行其托马斯·孟式的贸易分析。

到了1698年，达维南特的运气实际上就变好了，他现在是托利党的下院议员，东印度公司同意派他去印度。从那时起，达维南特的作品严格来说主要是政治性的。1703年，他终于实现了恢复政府高位的夙愿，成为进出口的总监察官。然而，达维南特总是处于困扰之中，伴随着政治风向的每一次变化，其作品也从"中庸主义"迅速转向"极端主义"，或者从托利党转向辉格党,直到他那无人轻视也无人信赖的职业生涯结束,由于财务困难,他不得不依靠老朋友钱多斯公爵詹姆斯·布里奇斯(James Brydges)的慷慨相赠度日。总之,其传记作者沃德尔(Waddell)教授做出的以下结论,似乎并不苛刻:

就此而言,达维南特的职业生涯并不太成功,他缺乏人格的力量,也缺乏对……其……试图扮演的角色来说是明显必需的正直品德,对思想坚定的小册子作者而言,首先是一个有独立判断的人,而不仅仅是一个雇佣文人。在他参与的每一次争论中,都属于失利的一方。……他也缺乏管理个人事务的能力,最后成为朋友们的负担。……他既不是原创性的思想家,也不是实践家,只是一个合格的时事评论员。其作品与个人品质之间的关系表明,他的敌人有理由认为他绝对是一个自私、唯利是图、趋炎附势的人。[1]

作为政治算术的忠实追随者,达维南特试图用政治算术来进行成本—收益分析,为其自私的见风使舵行为辩护,在其分析中,政治家具有"会计算的头脑","通过加总各方所面临的困难,并且计算总量",能够获得各种利益的平衡,"以这种方式,他能够形成合理的判断,给出正确的建议,这就是政治算术对于我们的含义"。[2]

达维南特本是一个将被人遗忘的、无关紧要的二流重商主义作家,只是崇尚数量分析的现代思想史学家给予了他过分的溢美之词,这些赞美是基于从前无人知晓的所谓"经济规律",

据说达维南特及其政治算术和政治盟友——会计师格里高利·金(Gregory King, 1648—1712年)发现了这一规律。这种"需求规律"被捧为经济计量学的渊源,要早于伯努利(Bernoulli)在1738年提出的所谓货币边际效用递减规律(见下文)。现代经济学家狂热地寻找经济计量"科学"的先声,把令人尴尬的阿谀之词堆积在这种荒谬的"规律"之上。这种所谓规律的作者到底是谁,如何在金和达维南特之间区分各自的贡献,甚至严肃地说,这种规律应被称为"达维南特—金规律"还是"金—达维南特规律"等问题,都是含糊不清的,就像很多时候所出现的无价值的学术讨论一样。在达维南特 1699 年出版的《论贸易差额》中,第一次表述了这一规律,而达维南特引用了金于 1696 年撰写的未出版的手稿《自然与政治观察》(*Natural and Political Observations*……)。[3] "规律"的表述很突兀,没有证据,当谷物(小麦)产量减少,供给低于通常的数量时,会发生如下情况:正如从经院学者以来人们就已经明了的,一种产品供给的减少将不只是简单地提高价格,而且这种效应具有一种明确的数量关系,如下所示:

谷物产量减少	谷物价格上升
1/10	3/10
2/10	8/10
3/10	16/10
4/10	28/10
5/10	45/10

现代经济学家如阿尔弗雷德·马歇尔(恕我无礼),普遍把这种数量关系的表述令人遗憾地错误理解为"需求表",或者是

需求曲线的表列基础,把它当作对需求曲线弹性"度量"的开创性尝试。但是,这是绝对错误的,这种数量关系与现代经济学中发挥重要作用的消费者需求表没有任何联系。真正的需求表是假设的、主观的、瞬时发生的:其全部内涵是,在一个给定的时点,以某个价格如 x,消费者将购买一定量的产品,如 y。需求表的要义恰恰在于,我们不知道也不会知道这种主观关系,没有办法找出这种关系,需求表唯一的重要之处在于说明,在任何给定的时间,需求曲线是"向下的",即随着价格的下降,需求量将会增加,反之亦然。严格说来,这一规律是定性的,根本不是定量的,也根本没有建立这种数量关系的方法。

因此,那些支持达维南特"规律"的经济学家没有认识到,即使达维南特表是以历史事实为基础的,那么它所构建的既不是需求表也不是需求曲线,只能是每年的实际"均衡"点,即每年的价格与产量,这与真正的需求表或"需求规律"没有任何关系,因为消费者的心智是严格定性的和主观的。

其次,即使这些历史数据是正确的,也只能建立所考察的特定年份、特定市场的数量关系,若要建立其他年份或地点供给与价格之间同样的连续数量关系,即任意一种"规律",这些数据是没有意义的。

最后,根本就没有证据表明,该表是以实际证据为基础的。因此,尽管在 19 世纪之后,这一表列广为流传,尽管它被称为所谓经济计量科学的先驱,但达维南特—金的表无论对于实际数据,对于统计学,对于经济计量学还是经济理论,都没有任何价值。它只是现代经济学中崇尚数量分析的愚蠢理论的证据。[4]

然而经济学家拼命坚持达维南特—金"规律"一定成立,他们在两种相互矛盾的研究方向上推断这一规律的重要性,有时兼具二者的特点。例如,杰文斯(1871年)在完全没有证据的情况下,直接假设达维南特—金需求表是"正确的",宣称经济学家和统计学家不能精确地验证这些数据是令人汗颜的。另一方面,兼具数学家、科学哲学中的主要经验主义者、经济学家三种身份(这种组合有些怪异)的剑桥学者威廉·休厄尔(William Whewell),在此前20年(1850年),意识到达维南特的表的确是纯粹根据一种数学公式得出的,但他仍认为它必须以经验观察为基础。同样,克里迪(Creedy)教授最近的详尽研究令人信服地表明,金—达维南特数据是从数学公式"多项式的因子扩展"得出的,这种方法首先由英国数学家詹姆斯·格里高利(James Gregory)发现,后来由艾萨克·牛顿(Isaac Newton)应用到其伟大的物理学研究之中。但是,在指出金如何能够迅速地发现和使用新格里高利—牛顿方法之后,克里迪并没有明智地指出达维南特—金"规律"的统计和经济计量学的正当性并不可靠,而是轻率地保全这一理论,简单地断言多项式公式"适合实际观察"是"完全有可能的"。"完全有可能",但是却没有任何证据,而且由于这一"规律"从未被重复证明,甚至金也把它修改了。更可能的情况是,正如克里迪自己所承认的,由于陶醉于新的数学,"为了获得基本的'数据',假想的系数值将被用在任意选择的多项式中";换言之,作为其"新科学"的一部分,金和(或者)达维南特完全是虚构了这些数据。[5]

11.2 自由与财产：平等派与洛克

17世纪40年代和50年代英国内战产生的混乱导致了政治和制度的巨变，激发了政治学中的激进思想。由于内战是为宗教和政治而战，所以很多新思想都是植根于宗教原则与观点，或受到后者的启发。因此，正如我们在"马克思主义的根源"（第2卷，第9章）将进一步考察的，千禧年共产主义流派再度突然出现，这是自16世纪早期德国和荷兰再浸教礼派的狂热运动之后第一次出现的情况。内战中特别著名的左派狂热运动是掘地派（the Diggers）、浮嚣派（the Ranters）和第五君主国派（Fifth Monarchists）运动。[6]

与内战所产生的新思想相对立的另一极，是世界上第一个自觉的自由意志主义大众运动即平等派（the Levellers），他们处于主流共和主义左派力量之中。在一系列共和军内的著名争论中，特别是克伦威尔主义者与平等派的争论，由约翰·利尔伯恩（John Lilburne）、理查德·欧文顿（Richard Overton）和威廉·沃尔温（William Walwyn）领导的平等派设计出一套惊人地一致的自由意志主义原则，赞成个人的"自我所有"、私人财产、宗教自由等权力，认为社会活动中政府干预应最小化。此外，每个个人对自身及财产的权力都是"自然"的，即源自人与宇宙的自然属性，所以这些权力既不依赖于政府，也不能被政府取消。虽然经济并不是平等派的焦点问题，但他们对自由市场经济的忠诚直接来自于其对自由及私人财产权的强调。

在内战中有段时间平等派似乎要取得胜利了，但克伦威尔决定使用武力解决军队的争论，把平等派领导人投入监狱，建立了其专制独裁和激进的清教徒神权政体。克伦威尔及其清教徒对平等派的胜利对英国历史的进程产生了致命的影响,因为这意味着在英国人看来,"共和主义"永远与克伦威尔圣徒的铁血统治、宗教狂热主义的支配盛行以及对大英国教教堂的劫掠相联系。因此,克伦威尔死后,斯图亚特王朝很快复辟,并且产生了对共和主义运动的持久怀疑。另一方面,平等派的自由原则、宗教宽容和最小政府则似乎证明可以大致为英国民众所接受,这可能确保了一种比在复辟王朝(Restoration)和辉格党和解(Whig Settlement)之后实际形成的政体更加自由的英国政体。[7]

内战之后,特别是在 17 世纪 80 年代,伟大的自由意志主义政治理论家约翰·洛克(John Locke,1632—1704 年)脱颖而出,但关于洛克的史学讨论纠缠于相互矛盾的解释。洛克是激进的个人主义政治思想家,还是保守的新教主义的经院学者?是个人主义者,还是多数主义者?是纯粹的哲学家,还是革命的阴谋家?是激进的现代性预言家,还是回归中世纪或古典美德的倡导者?

说来也怪,这些解释中的大多数并不是完全矛盾的。按照这种观点,我们可以看到,经院学派决定着中世纪及其之后的传统,但尽管如此,他们仍是自然法和自然权力传统的拓荒者和阐释者。"传统"与"现代"的差别很大程度上是人造的。"现代思想家"如洛克,也许甚至包括霍布斯,可能是个人主义者和"权利—思想家",但他们也浸淫于经院主义学说和自然法。洛克实际上是一个虔诚的新教徒,但他也是一个新教的经院学者,深受新教经院主义的奠基人荷兰学者雨果·格劳秀斯的影响,而后者又深受晚近西班牙的天主教经院主义学说的影响。正如我们已经看到的，16世纪晚期伟大的西班牙耶稣会经院学者如苏亚雷斯和马里亚纳都是契约论自然权利思想家，马里亚纳主张，先前被授予国王的君主权利应恢复为民众的权利，在这一点上他肯定是"前洛克主义者"。虽然与其前辈相比，洛克使得自由意志主义的自然权利思想更为完整，但它仍深深地植根于经院主义学说的自然法传统。[8]

约翰·波科克（John Pocock）及其追随者试图在洛克或其追随者对于自由意志主义观念的美德与他们对"古典美德"的热衷二者之间设置一种人为的区别与冲突的企图，也是不能令人信服的。按照这种观点，18世纪洛克学派的自由意志主义者，从"加图"（Cato）到杰斐逊（Jefferson）都神奇地从激进的个人主义者和自由市场主义者转变为怀旧的保守分子，要回归到古代或文艺复兴时期的"古典美德"。在某种意义上，这种品德的追随者变成了过时的共产主义者而不是现代个人主义者。可是，为什么自由意志论者和政府干预的反对者不能同时反对政府的"腐败"和奢靡？实际上，二者通常是并存的。只要我们认识到，一般而言——至少直到边沁（Bentham）为止肯定是这样——自由、财产和自由市场的信徒通常都是道德主义者，也是自由市场经济的信徒，那么波科克的分类就开始土崩瓦解了。对17世纪和18世纪的自由意志论者来说（实际上绝大多数的自由意志论者都是如此），对政府干预的攻击与对政府道德败坏的攻击是令人愉快地结合在一起的。[9]

关于洛克的职业和思想，仍有一些不寻常之处，但理查德·

阿什克拉夫特(Richard Ashcraft)引人注目的著作对此进行了直接的讨论和说明,厘清了这些问题。[10]阿什克拉夫特从根本上证明,洛克的职业生涯可以分为两个部分。洛克的父亲是一个清教徒的乡村小绅士的儿子,职业是乡村律师,曾参加克伦威尔的军队,他可以利用其导师下院议员亚历山大·波帕姆(Alexander Popham)上校的政治影响力,把约翰·洛克送到著名的威斯敏斯特学校读书,在威斯敏斯特、后来又在基督教会和牛津大学学习,获得学士学位,之后在1658年获得硕士学位。1662年,任希腊一所大学的修辞学讲师。之后,由于未获得神职,为了留在牛津,开始学习医学,并且成为内科医生。

也许由于洛克的清教徒背景和身份,他明显受到了牛津的培根主义科学家特别是罗伯特·波义耳的影响,因而倾向于接受其朋友与老师的"科学的"、经验主义者的、低调专制主义的观点。在牛津期间,洛克与其同事热切地欢迎查理二世的复辟,实际上,在洛克没有获得神职的情况下,正是国王本人命令牛津大学接纳洛克为医科生。在牛津期间,洛克接受了经验主义方法论以及培根的认知哲学,促使其后来撰写了《人类理解论》(*Essay Concerning Human Understanding*)。此外,1661年,洛克——这位后来倡导宗教宽容思想的斗士——撰写了两本谴责宗教宽容的小册子,赞同专制国家强制推行宗教正统。1668年,洛克当选皇家学会成员,与培根主义科学家一起共事。

然而,在1666年约翰·洛克成为内科医生,第二年又成为伟大的阿什利勋爵(安东尼·阿什利·库珀,Anthony Ashley Cooper,1672年被授予沙夫茨伯里伯爵一世称号)的私人秘书、顾问、文书、理论家和亲密朋友之后,他的思想发生了变化。正是由于沙夫茨伯里,从那时起,洛克投身于政治和经济哲学,也投身于公共服务和革命密谋。从沙夫茨伯里那里,洛克吸收了辉格党完整的古典自由主义观点,正是沙夫茨伯里把洛克改变成一个坚定的、为宗教宽容奋斗终生的斗士,也成为自我所有、财产权利和自由市场经济等概念的自由意志主义倡导者。正是沙夫茨伯里把洛克改造成为一个自由意志主义者,他激励了洛克的自由意志主义体系的发展。

简言之,约翰·洛克迅速变成沙夫茨伯里的追随者,因而也就成为一名古典自由主义和自由意志主义者。洛克终生只对其朋友和导师沙夫茨伯里有过赞美之词,即使在 1683 年沙夫茨伯里去世之后也是如此。洛克在为沙夫茨伯里撰写的墓志铭中宣称,后者是为"市民和教会的自由进行有力的、不屈不挠斗争的战士"。洛克《政府论两篇》(*Two Treatises of Government*)选定版的编者准确地指出:"没有沙夫茨伯里,洛克绝对不会成为洛克"。这些事实过于频繁地被历史学家所隐藏,因为他们关于政治理论与哲学如何发展,持有一种荒谬的修道士的恐怖观点,即这种发展出现在政治与意识形态斗争的核心。与此不同,许多人觉得他们不得不隐藏这种关系,以便树立洛克纯粹而超然的哲学家形象,使其与真实世界卑微而世俗的政治利益相区隔。[11]

阿什克拉夫特教授也说明了洛克和沙夫茨伯里如何通过详细阐释与平等派非常类似的学说,开始(甚至是有意识地)确立一种新平等派运动。在《政府论两篇》中,洛克完整表述了其思想结构,该书写作于 1681—1682 年,是为即将来临的辉格党反对斯图亚特王朝的革命进行辩护的纲领性文件,是对平等派学说的详细阐释和创造性发展:从自我所有或自我专有(self-propriety)开始,推导出财产权和自由交换权,阐明政府只是保护这些权利的机构,最后,当政府侵害这些权利,或者具有破坏性时,人民有推翻政府的权利。前平等派领导人之一梅杰·约翰·怀尔德曼(Major John Wildman)在 17 世纪 80 年代甚至与洛克—沙夫茨伯里的组合联系非常亲密。

洛克与经院学派思想之间的密切关系被一些不可否认的事实所蒙蔽,即对洛克、沙夫茨伯里和辉格党人来说,在 17 世纪晚期直至 18 世纪公民自由与宗教自由的真正敌人,君主专制主义的主要鼓吹者,是天主教会。因为在 17 世纪中叶之前,天主教或"天主教会"(popery)并不认同自然权利,也不认同以往对皇权专制的监督,但认同法国路易十四的专制主义——这个欧洲主要的专制主义国家——它早于西班牙的专制主义。一个世纪后,像新教国家一样,宗教改革成功地去除了天主教国家中对君主专制的约束。实际上,从 17 世纪初起,法国的天主教会(詹森派教徒和保皇主义者),已经是皇室专制的傀儡,而不是对其暴行的监督者。事实上,到了 17 世纪,欧洲最繁荣同时也是最自由(在经济、公民自由、分权政体以及对帝国冒险的克制等方面)的国家是新教的荷兰。[12]

因此,对英国的辉格党人和古典自由主义者来说,容易把专制主义、任意的税收、控制以及斯图亚特王朝无休止的战争等同于天主教,也等同于路易十四的邪恶属性,而斯图亚特王朝正不太秘密地向天主教靠拢,也向路易十四靠拢。结果,英国和美国的殖民传统,甚至自由意志主义传统,都受到狂热的反天主教思想的渗透,把邪恶的天主教包含进宗教宽容主题的思想很少被接受。

通常对于洛克系统的财产理论有一种误解,需要厘清,即洛克的劳动理论。洛克的自然财产权利理论以每个个人的自我所有权为基础,这是他自身的"专有权"。如果不拥有自身,怎么能够确立一个人对物质、土地和自然资源等财产的初始权利呢?在洛克睿智而又极富见地的理论中,财产是从公共属物或者非财产中剥离出来,进入私人所有的,个人也以同样的方式把未使用的财产投入使用:通过把"其自身所有的劳动"(其个人的能力)与以前未使用和未拥有的自然资源相混合,从而把资源投入生产性用途,进而获得其私人财产。物质资源的私人财产权是通过第一次使用建立起来的。每个人的自我所有与自然资源的首次使用或"占有"(homesteading),这两个公理确立了整个自由市场经济的基础,即"自然性"(naturalness)、道德和财产权利。因为如果一个人正当地拥有其居住和使用的物质财产,就可以推断其拥有用这些财产与其他人居住和以其劳动来使用的财产相交换的权利。因为如果某人拥有财产,他就有权用它与其他人的财产相互交换,或者有权把它赠予愿意接受的人。这一演绎链条建立了自由交换与自由契约的权利、赠予的权利,因而建立了市场经济完整的财产权利结构。

因此许多历史学家,特别是马克思主义者,乐于声称约翰·洛克是马克思主义"劳动价值理论"的奠基人(该理论来源于斯密特别是李嘉图)。但是,洛克的理论是关于财产的劳动理论,即物质财产如何通过劳动手段使用或"混合"而获得所有权。这种理论与市场中商品与服务的价值或价格决定绝对无关,因而与后来的"劳动价值论"无关。

11.3 蔡尔德、洛克、利息率与铸币

乔赛亚·蔡尔德爵士(Sir Josiah Child,1630—1699 年)是17 世纪后半叶英国最杰出的经济著作家之一。他是一个富有的商人,通常挂靠在有权势的东印度公司,后来实际上成为其管理者,其经济作品的核心问题是当时为东印度公司利益所作的传统辩护。即无须担忧一个特定国家与另一个国家的贸易差额;应以更宽广的视野来看待一国的贸易差额。所以,如果我们考虑到公司的再出口,从而与其他国家的贸易盈余,那么东印度公司声名狼藉的金银出口或者与远东的赤字就是正当的。由于蔡尔德特别强调全面的贸易差额,后来的经济学家经常把他与自由贸易和自由放任思想联系在一起。

蔡尔德经常严厉谴责垄断以及国家授予城市、行会或贸易公司的垄断性特权,粗心的历史学家也会被此所迷惑。此外,他们假设蔡尔德是自由放任的倡导者,但没有看到一个特别的例外,即蔡尔德总是谨慎地为东印度公司获得的垄断权辩护。[13]

蔡尔德从来没有真正的自由放任观点,甚至全面贸易差额也是不重要的,恰恰相反,他坚持认为,只有当金银出口的总的效应是这种出口可以产生硬币的净进口时,换言之,即带来总体的贸易顺差时,金银才可以被允许自由出口。[14]

令人遗憾的是,蔡尔德的思想在18世纪被认为是坚定的自由放任学说,特别是在18世纪中叶,自由放任思想的信徒德·古尔奈(de Gournay)侯爵将蔡尔德的作品译成法文,并且作为在法国传播自由放任学说的计划的一部分。结果,蔡尔德的作品在下一个世纪中获得了名不符实的声誉。

乔赛亚·蔡尔德对自由市场和自由放任学说的主要背离在于,他煽动了重商主义者喜爱的一项计划:推行较低的法定最高利息率。这样,先前声名狼藉的"高利贷法"就在错误的经济基础上而不是自然法或神学的基础上,重又恢复了。

从17世纪的前10年开始,英国重商主义者苦于看到荷兰享受出众的繁荣与经济增长。他们发现荷兰的利息率低于英国,就跳过因果分析,认为荷兰超级繁荣的原因在于低利息率,因而英国政府的任务就是迫使最高利息率降低,直到低于荷兰。第一本著名的要求降低利息率的重商主义小册子,是乡绅托马斯·卡尔佩珀(Thomas Culpeper)撰写的,在其简短的《反对高利贷的小册子》(1621年)中,卡尔佩珀宣称荷兰繁荣的原因在于低利息率,英国的高利息率削弱了贸易,因此政府应当强制降低最高利息率,从而超过荷兰。卡尔佩珀的小册子发挥了作用,国会决定把最高高利贷率从10%降低到8%。卡尔佩珀的小册子多次重印,国会后来也适时地把最高利息率从8%降低到6%。

然而,反对的力量每一次都在上升,特别是当政府频繁地通过干预强制降低最高利息率时,更是如此。最后,在1668年,重商主义者试图获得最重要的成果:把最高利息率从6%降低到4%,这被认为将低于荷兰的利息率。为了宣传这一法案,卡尔佩珀的儿子托马斯·卡尔佩珀(Thomas Culpeper)爵士,重印了其父的小册子,并且与他自己的小册子印在一起,其标题说明了一切:《论降低高利贷为王国带来的诸多益处,以及把货币利息降低到别国的最低水平是绝对必需的》。

老卡尔佩珀的小册子与乔赛亚·蔡尔德的有影响的文章一起出版,这就是他的第一本小册子《贸易与货币利息简论》,这时的蔡尔德已成为杰出商人并担任重要职务。蔡尔德是国王贸易委员会的重要成员,该委员会成立于 1668 年,就经济事务向国王提供建议。蔡尔德认为,把最高利息率降低到 4% 是治疗所有经济问题的万能药。低利息率将使贸易恢复活力,提高土地价格,甚至能消除酗酒。

乔赛亚·蔡尔德的小册子及其在国会的陈述,是关于这一论题所进行的争论的中心内容。蔡尔德的批评者有力地指出,一国的低利息是繁荣和大量储蓄的结果,而不是其原因。例如,爱德华·沃勒(Edward Waller)在国会下议院辩论时,指出"货币同其他商品一样,只有在数量最多时才会变得最便宜,所以提高货币(储蓄)的数量,利息才会降低"。希利乌斯·泰特斯(Silius Titus)上校进一步证明,由于低利息是财富的结果而不是其原因,所以任何拥有最高限额的高利贷法都将起反作用:因为若将当前合法的贷款宣布为非法,"结果将会使高利贷者收回其贷款。商人将会破产,抵押物将被取消赎回权,需要借款的绅士们将被迫违背这一法律……"[15]

蔡尔德对这些批评意见的回应微弱乏力,他认为高利贷者绝不会不放贷,他们将被迫接受或勉强忍受法定最高利息。关于低利息是结果而不是原因的观点,蔡尔德仅仅指出,以前英国政府曾经迫使利息降低,从 10% 降低到 8%,又降低到 6%,那么为什么不能向前再迈一步呢？当然,蔡尔德并没有屈尊去进一步考虑这个问题,回答为什么政府没有权力把利息率降低到零。

蔡尔德的批评者提出了另一个有力的论点:为什么荷兰可以完全通过经济手段来降低其利息率,为什么荷兰不需要高利贷法令？蔡尔德荒谬的反驳是,如果市场利息率自己不降低的话,荷兰应该会用法令来降低其利息率。

值得注意的是,这种偏离自由放任的低利息是与蔡尔德个人的经济利益相一致的。作为重要的东印度商人,蔡尔德与其同事是大借款人,而不是贷款人,所以对廉价的信贷感兴趣。《被误解的货币利息》的作者指责蔡尔德正试图"让拥有足够资金的少数富裕商人独占全部生意,以便排除所有想从事这一行的年轻人",蔡尔德对这种精准攻击的回应更显示出他的本来面目,他指出,恰恰相反,他的东印度公司并不需要低利率,因为它在 4% 的利息率上能够想借多少就借到多少。但是,这正是问题所在。乔赛亚·蔡尔德爵士及其同侪热衷于把利息率降低到自由市场水平之下,目的在于制造信贷短缺,这样主要的借款人(可以支付得起 4% 或更低利息率的大厂商)就会获得信贷配给,那些投机性更强的借款人则不会获得贷款。正是由于蔡尔德完全知道强行降低利息率,实际上"会让少数富裕商人独占全部生意",所以蔡尔德及其同事渴望把这种重商主义政策付诸实施。[16]

1668—1669年,上议院的委员会听取降低利息法案,决定支持国王贸易委员会成员的证词,而乔赛亚·蔡尔德正是该委员会的核心成员。但是,贸易委员会的另一位重要成员(他同时也是国会委员会的成员和约翰·洛克的新的、有力的资助人),伟大的阿什利爵士,则与蔡尔德大相径庭。作为古典自由主义者,阿什利反对该法案,按照他的要求,洛克撰写了其第一本论经济问题的著作,《把利息降低到4%的法案可能产生的某些后果》(1668年),以未出版的手稿流传,但产生了很大的影响,在这一早期作品中,洛克阐释了他对自由市场经济的深刻洞察与彻底支持,也阐释了他后来的财产权理论的结构。

洛克直接展示了其辩论技巧,文章基本上是对蔡尔德有影响的著作的批评。首先,洛克拆穿了所有花言巧语,当然,他指出,借款的商人确实愿意只支付4%的利息,但借款人的获利并不是国家利益或一般利益的增加,因为贷方损失了相同的数量。强制降低利息充其量只是一种再分配,而且,洛克补充到,这种手段将会限制储蓄与信贷的供给,因而将会使经济恶化。他推断,如果合法利息率确定在"自然率"水平,也就是"当前[资金的]短缺所自然地导致的……"自由市场利率,结果将更好。简言之,最好的利息率就是自由市场或"自然"利息率,这是由自然法支配下的自由人的行为所决定的,即在任何时候,该利率都是由货币贷款的供给与需求所决定的。

不知道是不是由于洛克和阿什利起了决定性的作用,上议院于1669年否决了4%利息法案。三年以后,阿什利以沙夫茨伯里伯爵的身份就任财政大臣,第二年,洛克就任贸易与种植委员会秘书,该委员会取代了原来的贸易委员会。然而,1674年末,沙夫茨伯里被解职了,贸易与种植委员会被解散,洛克跟随其导师成为政治反对派、革命阴谋家,流亡到荷兰。

1688年革命,推翻了斯图亚特王朝,约翰·洛克终于返回伦敦,与玛丽女王在同一艘船上胜利回归。洛克回来后发现这个年迈的东印度公司大量使用他们陈旧的把戏。英国此时已陷入严重的财政困境。查理二世由于他的停止偿付国债(Stop of the Exchequer)的政策,摧毁了公共信用,东印度公司1690年再次提交法案,要求把利率强制地限定在4%。与此同时,乔赛亚·蔡尔德爵士把他的小册子扩展为《贸易论》(1690年),三年以后以《贸易新论》为题匿名重印,该书的扉页以蔡尔德的名字为纹饰。《贸易新论》对18世纪的思想家产生深刻的影响。除了重新讨论低利息,《贸易论》与《贸易新论》对于东印度公司的贸易和垄断路线,增添了更多的辩护内容。

为了做出回应,约翰·洛克的新政治资助人下院议员约翰·萨默斯(John Somers)爵士(此时沙夫茨伯里已经去世),明确要求洛克把他的1668年的论文进行扩充,以反驳蔡尔德以及其他"4%法案"的支持者的观点。第二年,洛克扩充了他的著作,发表《关于降低利息和提高货币价值的后果的若干思考》(1692年),把洛克以前未公开的观点带到公共讨论之中。洛克的作品大概产生了影响,4%利息法案再次被上议院否决。

洛克的《思考》的后半部分关注重新铸造货币的争论,从1690年起,英国就陷入这一争论。在那一年,英国银币的基本货币存量出现恶化,原因在于磨损和边缘缺口,这些残次的、

"锤子敲打出来的"银币与较新的、没有磨损和缺口并且"边缘轧花"的银币相比,数量如此之大,以至于格莱欣法则开始强烈地发挥作用。人民把估值过高的磨损货币花出去,而把比较好的货币窖藏起来,或者,对于劣质的铸币是按照它们较低的重量而不是其面值来进行使用。到了1690年,与面值相比,那种以往的用锤子敲打出来的硬币大约损失了它们面值的1/3的价值。

情况日益清楚,造币厂必须重铸货币,以获得新的良币。但按何种比率?重商主义者,倾向于通货膨胀论,叫嚷要降低铸币成色,即以较轻的重量重新铸币,使银币贬值,增加货币供给。同时,新的英格兰银行(成立于1694年,主要是为了增加货币供给和为政府赤字融资)制造了银行信贷的骤然膨胀,货币问题更加严重。同一年,铸币问题到了严重关头,财政部秘书和政府的主要货币专家威廉·朗兹(William Lowndes,1652—1724年),于1695年发表"改善银币报告",要求大家同意大幅降低成色,由官方正式地降低25%,即各类货币中银的重量都减少25%。在《思考》中,洛克对降低货币成色的观点进行了抨击,认为这是欺诈和幻觉,洛克宣称,决定铸币真正价值的是,铸币中银的含量,而不是当局给予它的名称。洛克在其讨论硬货币的雄文中,警告降低成色是幻想论和通货膨胀论的主张:例如,如果铸币贬值1/20,"当人们用新的但却更轻的货币去市场购买商品时,他们会发现,现在20单位新币所能买到的东西,不过就是以前19单位旧币所买到的那么多"。降低成色只不过减少了每个货币单位的真正价值和购买力。

由于受到朗兹报告的威胁,洛克的政治资助人约翰·萨默斯(1694年担任新辉格党内阁的掌玺大臣),要求洛克在枢密院开会之前,反驳朗兹的观点。洛克后来于1695年出版了他的驳文:《对提高货币价值问题的进一步思考》(Further Considerations Concerning Raising the Value of Money)。这本书广受好评,一年内再版三次。洛克极好地揭示了造币厂应有的功能:保证通货具有一种纯的成色,或标准的银重量;成色的任何降低,标准的任何改变,都是专横的、欺诈的,也是不公平的,就像政府改变英尺和码的定义一样。洛克生动地写道:"把1英尺分为15份而不是12份,人们可能有理由希望以此来延长1英尺的长度……"。

此外,作为契约担保人的政府,这样做将会引导违约行为:

> 货币成色不能被改变的原因在于:公共当局是所有合法契约能够执行的担保人。但如果在确定的、合法的名目下,银的数量被改变了,人们就会不再执行其合法契约……,地主和债权人将被骗走约定数额和预付款的20%……[17]

洛克在铸币与利息方面的一位对手是著名建筑商、火灾保险巨头和地产银行发起人尼古拉斯·巴尔本(Nicholas Barbon, 1637—1698年)。巴尔本是狂热的伦敦再浸礼派传教士、皮革商人、下院议员普雷斯哥特·巴尔本(Praisegod Barbon)之子[18],他学习医学,在荷兰获得医学博士学位,在17世纪60年代早期来到伦敦,并开始经商。在蔡尔德发表《贸易论》那一年,巴尔本刚刚当选议员,出版了相同标题的小册子《论贸易》(1690年),同样是为了在国会推动4%利息法案。作为一个惯于借款的债务人和公司发起人,巴尔本当然愿意降低他的利息成本。

1696年,巴尔本再次加入对洛克关于铸币问题的《进一步思考》的猛烈攻击。巴尔本反对洛克的货币是市场商品或"金属论"的货币观点,强烈要求白银贬值,反对[*]唯名论和统制主义的观点,即货币不是市场商品,政府说它是什么就是什么。巴尔本写道:"货币是一种工具,是商品的尺度,但不是白银。政府铸币的权威使之成为商业工具……"[19]

幸运的是,洛克获得了胜利,1696年,按照洛克的方式,决定并开始重铸货币:货币面额的银重量完全得到保证。同一年,洛克成为新成立的贸易委员会的主任委员。洛克是其支持者约翰·萨默斯爵士任命的,他从1697年到1700年任首席大臣。1700年,萨默斯政府倒台,洛克被逐出贸易委员会并退休,四年后去世。洛克的重铸货币观点得到了他的老朋友、伟大的物理学家艾萨克·牛顿(Isaac Newton,1642—1727年)的支持,牛顿从1669年起是剑桥大学的数学教授,并在1696年成为造币厂监事,三年后升任总管,之后一直担任这一职务,直到于1727年去世。牛顿赞同洛克关于重铸货币的硬通货观点。

巴尔本和洛克发出了18世纪两种相互对立的货币思想的先声:新教哲学家洛克本质上属于经院学说中的硬通货论、金属

---

[*] 原文如此,疑为笔误。巴尔本是唯名论的支持者,所以应为"支持"。——译者注

论和反通货膨胀传统;与此相反,巴尔本确定了下一个世纪通货膨胀论的鼓吹者和推动者的基本音调。[20]

11.4 诺思兄弟,从公理开始演绎,以及托利党的自由放任

与约翰·洛克相比,达德利·诺思和罗杰·诺思兄弟(Dudley and Roger North),不仅在利息率方面,而且在对自由放任的一般和全面的理解方面,都超过洛克,他们出身于著名的托利党家庭。他们的思想是激进的辉格党、高贵的托利党以及查理和詹姆斯二世的狂热观点的令人炫目的混合物。从1715年到1750年,当帝制主义者——辉格党人——重商主义各自的一党统治集团,一方面从左的一侧受到激进的自由意志主义联邦党人的反对,另一方面从右的一侧又受到反帝制主义者、天主教或原始天主教反对派反对的时候,这种混合预示了后来的18世纪"极左"与"极右"思想的交汇。所有人都赞同对重商主义的政策、诸如高税收、高公债与中央银行国家的谴责。[21]

达德利·诺思和罗杰·诺思是第四位诺思男爵的两个儿子。由于对求学不感兴趣,达德利(1641—1691年)去了土耳其,成为一个杰出的商人,同时兼任黎凡特公司和非洲公司的董事,前者获得了英国与中东贸易的垄断权,而后者也享有对非洲大陆贸易的垄断权。1681年,达德利·诺思从土耳其返回伦敦,及时协助查理国王及其兄长吉尔福特勋爵弗朗西斯(Francis, Lord Guilford, 1637—1685年),以爱国的名义指控约翰·洛克的资助人沙夫茨伯里勋爵犯有叛国罪。弗朗西斯是位杰出的

法理学家，迅速从副检察长升任首席检察官，进而升任高等民事诉讼法院首席法官，1682 年，在他 45 岁的时候，担任掌玺大臣，这是英国的最高法律官员。叛国罪的指控必须由伦敦郡长指定的大陪审团来宣判，所以达德利·诺思在一场著名的非正式选举中，参选并当选郡长，此后，他和他的陪审团就成为辉格党苦难的根源。

这一年末，达德利·诺思由于他的政绩而被国王授予爵位，不久被任命为海关专员、下院议员和詹姆斯二世国王在国会的所有岁入事务的管理人。

达德利爵士在其短暂但辉煌的政府工作的末期，获得灵感，开始深入思考国会热烈讨论的两个主要货币和金融问题：1692 年降低利息率的法律和重新铸币问题。1691 年，达德利撰写了两本《贸易论》，一本研究利息，另一本研究铸币，还有后记，当达德利·诺思突然于 12 月 31 日去世以后，它们就被计划以一本小册子的形式出版。他的弟弟罗杰(1653—1734 年)，一直在帮助达德利编辑小册子，修订了草稿，增加了前言，于 1692 年早些时候匿名将其出版。尽管这本小册子才华横溢，系统论述了自由放任和硬通货观点，但这本小册子后来消失得无影无踪，对 18 世纪经济思想和货币与金融政策的发展完全没有产生影响。

罗杰·诺思不仅是最小的兄弟，而且比哥哥们长寿数十年。他本人是女王的首席检察官，用其生命中的大部分时间来捍卫其兄长的声誉。他一生著述颇丰，涉及音乐、会计、法律、英国宪法以及哲学与科学的许多问题，但由于天性沉默寡言，这些著作都没有出版。在罗杰去世十年以后，他关于其三位杰出兄长的传记《生平集》，分为两卷，分别于1742年和1744年出版。[22]

然而，这两卷文笔优美的著作，却对经济思想史没有产生什么影响，直到19世纪早期，它们才被詹姆斯·穆勒（James Mill）和约翰·拉姆齐·麦克库洛赫（John Ramsay McCulloch）重新发现并大加赞赏。[23]

罗杰·诺思在前言中解释了其兄长的理论基础和方法论，使其结论更具有一致性，并指出了达德利在经济分析方法上的创新。因为至少在英语世界的思想史上，达德利开创了后来坎替隆、萨伊和西尼尔所采用的分析方法，20世纪的路德维希·冯·米塞斯将其称为"人类行为学"。人类行为学是建立在少数几个植根于理解现实的广泛而又不证自明的公理的基础之上的经济理论，进而从逻辑上演绎出这些强有力的正确公理的含义。如果A隐含着B、C等等，而且A是正确的，那么其推论也就被视为正确的。

罗杰在前言中阐述了达德利的方法："我觉得这本著作是从另一个角度来讨论贸易的，与通常的情况不同。这话，我是从哲学上说的，理由是……他就在有血有肉的地方，从分明是正确的原则出发……。"[24]关于旧的推理方法，罗杰·诺思写道："它更多地讨论的是抽象的观念而不是真实"，用来"形成种种假设，以适应大量论据不充足的、难以理解的原理"。与此相反，诺思得自笛卡尔的新方法，把知识建立"在清楚和明了的真实情况"之上。

为了分析贸易及其问题，达德利·诺思在他的第一篇论文中确立了清楚简单的一般公理或原理："贸易不外是多余物品的交换"。换言之,正如由比里当和经院学派所强调、然而却被世界所遗忘的那样:如果在交换("多余物品")时,人们从换来的物品中获得的收益,大于从放弃的物品中得到的收益,就一定会"交换"或交易商品与服务。因此,无论国内贸易还是国际贸易,都对交易双方有利;贸易并不是蒙田—重商主义者的战争形式,据说在这种战争中一方或一国剥削或从对方的损失中获益。因此,财产和财富是指人们能够生产和积累的物品,而不是货币,黄金或白银,货币只是让人们能够购买这些物品。达德利·诺思断言:"谁最勤劳,谁生产果实最多或制造产品最多,他取得别人制造和生产的东西就最多;因此他就不致感到匮乏,而能充分享受衣食住方面真正丰富、方便的东西,虽然他们中间并没有金银等等这类东西。"

因此,金银并没有魔力,它们只不过是由于具有特殊的品质而被市场选为货币的商品,正如达德利·诺思所说,与市场上的其他金属相比,金银"质地十分优良,又比其他金属稀少",而且"不易损耗,便于储藏……"。

自此,诺思重新发现了经院学派的货币分析。如果金银是商品,像市场中的所有商品一样,其价值就由供给和需求决定。

由于把理论基础建立在系统的和一般的分析之上,达德利·诺思开始探讨利息率的难题。诺思指出,在市场中,有些人由于努力工作和正确判断,能够积累起财产。如果财产是以土地的形式积累的,土地所有者就可以把某些地块出租给那些想要耕种的人。同样,那些以货币形式积累财富的人,可以"出租"其货币,以获取利息。像市场中土地的租金价格由土地的供求决定一样,贷款的价格即利息率也由信贷的供求所决定。

由于利息是一种市场价格,政府对其控制的结果是有害的,就像控制其他价格一样。利息之所以低,是因为资本供给多;低利息自身不会创造丰富的资本。正如莱特温对诺思的论述所解析的那样:"除了增加资本供给外,什么也不会降低利息率,没有一条法律可以通过命令来增加社会资本供给,因而所提议的法律是无用的、有害的。"[25]诺思进一步指出:高利贷法会降低储蓄和资本的供给,因而会提高而不是降低市场利息率,而且贸易量将会减少。此外,以干预来降低利息率是不公平的,因为所有的价格都应公平对待,都应是同等自由的。

在他对铸币的讨论中,诺思并没有真正解决重新铸币问题,但是他关于硬通货的敏锐的、带有原理性的分析,实际上预见了斯密、李嘉图等古典经济学家的思想。诺思指出,每一个都叫嚷"货币短缺",但是他们真正想要的不过是更多的商品,或者,对于商人来说,他们的真实意图是对其商品价格不满意。通过分析货币供求的构成因素,诺思描述了交易的和紧急的需求,也描述了货币供给的不同类别。令人遗憾的是,在讨论一国真正需要多少货币时,诺思闪烁其词,未能认识到任何的市场供给都是最优的,他认为贸易量的增加要求货币供给增加,不理解货币需求的增加只会提高货币的市场价值(即降低商品价格),因而会提高每个通货单位的价值。

然而,尽管有这些不足,诺思的分析最终停留在正确的自由放任的地方,因为他开创性地把货币的供给分为铸币和金银块。他指出,由于铸币更适合交易,就要获得一个高于金银块的市场升水。然而,铸币升水受到铸币与金银块的相关供求所调整。例如,如果铸币存量增加,对金银块的升水就会下降,人们就会把铸币熔化成金银块。另一方面,如果铸币短缺,铸币升水就会上升,人们就会把金银块铸成硬币。这样,铸币与金银块将会保持均衡。诺思把这种过程比作两个"吊桶":"因此,两个吊桶就这样交替调节,货币少了,金银块就被铸造成货币;金银块少了,货币就被熔化"。

所以,尽管达德利·诺思没有说出与贸易相比较的货币供给总是最优的观点,但他却具有了类似的自由放任或市场均衡的观点,他得出结论说,人们不必担忧铸币的供给,因为在市场中它总是保持最优的。

达德利·诺思的系统的人类行为学分析,使他获得了坚定而全面的自由放任结论。他反对任何高利贷法:"我们会发现,对国家来说,最好是让借贷双方按他们的实际情况自行订立契约"。他反对任何禁止奢侈的法律,抨击任何试图把金银留在一个国家的法律都注定将会失败。政府的法律与法令决不会提高人的能力,只会损害节俭的美德与创造力。

但达德利的弟弟罗杰迈出了最后的一步,他不仅解释了其兄的方法论,而且阐释了一致的自由放任观点。为了全面攻击政府干预,罗杰·诺思指出:

没有不会给公众带来好处的贸易,因为,如果有什么贸易证明对公众无益,人们就会抛开那种贸易;不论哪里,只要作为公众的一部分的商人兴旺了,公众也就兴旺起来。任何法律都不能规定贸易的价格,因为贸易的行情必然而且将会自行确定下来。但是,当这类法律确实碰巧抓得很紧的时候,这就对贸易是个非常大的障碍。……总之,一味赞成一种贸易或利益,而反对另一种贸易或利益,是一种错误的做法……。

因此,罗杰得出以下结论:"阻碍贸易的法律,不论是关于对外贸易或是国内贸易,不论是关于货币或其他商品,都不是使人富裕的因素……。"

为使经济繁荣,政府能做些什么?"如果获得了和平,如果公正的司法制度得到了维系,航行不被阻挠,勤勉得到鼓励……"简言之,诺思写道:"能够促进贸易和财富的,是和平、勤劳和自由,而不是其他别的东西。"[26]

11.5 通货膨胀论者

由于重商主义者高度关注国家的更大利益和权力,所以毫不奇怪,他们除了恪守创造政府纸币以外,还要牢固地推行创造银行券和信贷的通货膨胀计划。然而,这些建议和计划,必需要等到15世纪发明印刷术后以及16世纪的意大利发展出银行券和部分准备金制度以后,最后,还要等到17世纪90年代英国发明了政府纸币和中央银行制度(二者都是值得怀疑的发明)之后,才能付诸实施。

英国第一位通货膨胀论者是威廉·波特(William Potter),他最著名的小册子是《财富的关键》(*The Key of Wealth*)(1650年)。波特的理论与政策建议为后来著名的通货膨胀论追随者如斯科特斯曼·约翰·劳（Scotsman John Law）奠定了基础。波特任职于政府土地署，他的论述开始于一个通常被认可的公理，即大量的货币有益于社会。但是，波特以一种无可辩驳的逻辑问道：如果货币越多越好，为什么货币的持久、大量增加不会更好呢？为什么货币供给的增加不能趋于无限？

波特提出了一个过剩货币创造计划，按照该计划，纸币不是由铸币、而是由"国家的土地"来保证的，因为铸币稀少。当然，更准确地说，纸币实际上可以兑换为真实的金币或银币，而兑换为"土地"则是一种狂想。你能想象在进行交易的时候带上几亩地吗？当然，这是"土地银行"的想法：在被愚弄的公众看来，货币似乎是由国家的土地来保证的，但实际上完全没有保证。

威廉·波特从土地银行中看到了其他一些奇迹。例如，增加货币供给将会提高土地价值，进而会提高货币的"保证物的价值"：真是一架神奇的永动机啊！当然，土地价值的上升，实际上只反映了创造更多货币所引起的价格和价值的上升。

由于波特渴望货币和土地价值的膨胀，他近乎疯狂地反对"窖藏"，因为他知道，如果新货币被"窖藏"了，就将累积在现金余额上而不花费，假想的通货膨胀收益将不会产生。实际上，波特愿意用纸币而不愿用金属币的原因之一，是纸币"被窖藏"的可能性非常小；当然，这意味着纸币大幅贬值的可能性非常大，因为人们总是想着花掉它，而不是作为现金持有。

然而，对于他建议的通货膨胀所带来的价格上升，威廉·波特则往往含糊其辞。他更倾向于相信货币供给的增加会大大提高"贸易量"，提高商品的生产数量，因而财富将会积累起来。

波特愿意相信增加的全部货币供给会被增加的生产所吸收,这样价格根本不会上升;但即使价格上升,每个人的处境也会更好。当然,价格上升是通货膨胀论者计划的阿喀琉斯之踵(Achilles heel),所以他们都竭力贬低后来出现的价格膨胀和通货贬值的程度。他们肯定没有认识到,按货币计算的"贸易量"可能会上升,但就像所谓的土地价值上升一样,这种增加只是反映了全部货币单位与价值的上升,因为更多的货币被创造出来,并在整个体系中流通。

这种所谓贸易与生产增加的观点,在很大程度上是建立在与自然科学的肤浅类比基础上的。在大致同一个时期的1628年,英国人威廉·哈维(William Harvey)发现了人体内部的血液循环。波特提出了一个非常流行的类比,即人体内的血液与经济体内的货币相似,所以经济需要货币流通。但是,这一牵强的类比,并不能支持通货膨胀论者货币越多越好的观点;毕竟,谁会宣称人体内血液越多越好,循环得越快越好呢?[27]

在其无畏的时候,威廉·波特实际上认为通货膨胀会引起价格下降!贸易将一派繁荣,生产将大幅上升,这样供给将大幅增加,价格就会下降。

然而,历史证明威廉·波特只是劳里斯顿的约翰·劳(Law, John of Lauriston)(1671—1729年)这位重商主义的主角、原初的凯恩斯主义的货币狂想巨头、同时身兼理论家与实际活动家的一个预演。约翰·劳的父亲詹姆斯·劳,是一个富有的苏格兰金匠和银行家。约翰生长于爱丁堡,把他父亲的巨额遗产浪费在赌博和放荡的生活上。1694年,因在伦敦的一次决斗中杀死了情敌,而被判有罪,劳靠行贿逃出了监狱,逃亡到欧洲大陆。在欧洲思考货币问题10年之后,劳于1703年回到苏格兰,在那里他不会遭到逮捕。在苏格兰,劳专心于发展和出版其货币理论及其计划,并于1705年提交给苏格兰议会,同年出版了备忘录,就是其声名远扬或声名狼藉的小册子《货币与贸易研究:国家货币供给的建议》(*Money and Trade Considered, with a Proposal for Supplying the Nation with Money*)(爱丁堡,1705年)。苏格兰议会考虑但拒绝了他的计划;第二年,苏格兰与英格兰的合并使他再次逃往欧洲大陆,因为按照英格兰法律他仍是被通缉的谋杀犯。

在某种意义上,卡尔·马克思赞赏约翰·劳在他的建议中"将理论与实践统一起来"的方式。一方面,劳是赞成中央土地银行发行不可兑换纸币的理论家,而纸币奇怪地以国家的土地来"担保"。其建议的至关重要的部分是,国家(这里指苏格兰)为表示感谢,应当任命身为行家与理论家的劳自己,全面负责将通货膨胀的中央银行计划付诸实施。

正如其副标题所表示的,约翰·劳建议用充足的货币"供给整个国家"。货币的增加被认为会使贸易活跃,增加就业与生产——"就业"主题很好地显示了原初凯恩斯主义的痕迹。与经院学派的硬货币传统不同,劳强调货币只是政府的创造物,不像金属一样有内在价值,它的唯一功能是充当交换媒介,对于未来不具有任何储藏价值。

甚至比威廉·波特走得更远,约翰·劳向国家保证,货币供给和银行信贷增加不会提高价格,特别是在劳自己睿智的庇护之下。另一方面,劳先于欧文·费希尔(Irving Fisher)和货币主义者,断言他的纸币通货膨胀将导致"价值的稳定"(这可能是指劳动价格或货币购买力的稳定)。

亚当·斯密在18世纪后半叶对实行部分准备的银行业进行了荒谬的辩解,认为这将产生一个没有成本的"空中高速公路":提供货币供给而不需要在开采金银方面花费资源,劳对此的认识要先于斯密。按照同理,自然也可以说,如果我们提供了我们自己的、不被自由市场上的人们所认可的假定,那么,资源的任何支出都将被认为是一种"浪费"。正如沃尔特·布洛克(Walter Block)教授所指出,如果没有犯罪,那么所有在锁、篱笆、保安、报警系统等方面的支出都可以被抨击这些支出的外部观察者斥为"资源浪费"。同样,如果不存在像政府的通货膨胀这类问题,那么在金银上的市场支出也可以被观察者看作是"浪费"。

如果国内价格的上升构成了通货膨胀的阿喀琉斯之踵,那么由此产生的另一个问题就是金银向国外流出,即"贸易逆差"或"国际收支逆差"。但约翰·劳也没有考虑这一问题。相反,他认为货币供给的增加会提高就业和产出,"所以"会增加出口,由此会产生国际收支顺差,金银会流向本国。请注意,这里没有分析为什么货币供给的增加会提高产出和就业,更不用说它是怎样在这种看似普遍扩张的形势中拉动出口的了。

更有意思的是,劳关于需要更多货币的论据之一,是对荷兰繁荣的原因的明显误解(17世纪的国家都对荷兰充满嫉妒),就像在低利息的场合一样。我们已经知道,每个人都看到荷兰的利息率低,这导致英国重商主义者本末倒置,把荷兰的繁荣归因于低利息,而没有认识到正是高储蓄和高生活水平导致了低利息。因此,重商主义者建议英国强制降低高利贷利息率。

同样,约翰·劳看到繁荣的荷兰享有大量的金属货币,就把繁荣归因于货币的充裕,建议以纸币供给取而代之。他还是没有认识到,正是由于荷兰繁荣,高生产和高出口,把大量铸币带进国内。出超和丰富的铸币是荷兰繁荣的表现,而不是其原因。[28]

约翰·劳倒不是忽略了有关荷兰繁荣的低利息的争论。但是,劳没有诉诸直接的高利贷法,而是采取标准的通货膨胀论者的方法,来实现低利息率:通过扩张银行信贷和银行券来压低利息率。实际上,劳设计了原初凯恩斯主义式的机制:货币数量的增加将降低利息率,进而会扩大投资和资本积累,实现普遍的繁荣。

对于劳而言,就像对于他之前的波特和之后的凯恩斯一样,他的计划的主要障碍是"窖藏"的危险,这种活动将威胁到大规模支出计划的效果,而较低的支出将减少贸易,导致失业。像19世纪后期德国货币狂人西尔维奥·格塞尔(Silvio Gesell)一样,劳建议通过法律来禁止货币窖藏。[29]

约翰·劳又花了十年,才找到一个极度愚蠢的对其计划十分崇拜的国家的统治者。劳在法国的摄政王身上发现了他的"痕迹",这个国家在1715年当其所谓的永远的统治者路易十四去世时,变成了一个无序、骚乱的国度。1716年,摄政王奥尔良公爵任命劳为综合银行(Banque Générale)的负责人,该银行是法国的中央银行,获得发行银行券的垄断权。之后不久,改名为皇家银行。起先,银行券可以支付法国税款,可以兑换白银,然而,白银兑换很快被终止了。到了1717年,约翰·劳迅速地把该领域的所有货币和金融权力都握于手中。在其原先的计划中,又加上了为巨额的政府债务融资。他成为新密西西比公司的负责人,同时出任法国财政部长。密西西比公司的票据,据说是以法国政府在北美所拥有的路易斯安那地区广袤而未开发的土地来"担保"的。劳的银行制造了臭名昭著的超级通货膨胀——"密西西比泡沫"。1717年到1720年,票据、银行信贷、价格和货币价值迅猛上涨。巴黎的一个贵族观察家注意到,"百万富翁"一词在世界上第一次成为流行语,许多人似乎突然拥有百万资产。最后,在1720年,泡沫破灭,劳成为一个负债累累的乞丐,再一次被迫逃往国外。像以前一样,他在欧洲游荡,像赌鬼一样过着动荡的生活,试图找到另一个能够采纳其计划的国家。1729年,劳在那不勒斯去世,当时,仍在试图说服那不勒斯政府任命他为通货膨胀的中央银行管理人。[30]

约翰·劳的实验及其密西西比泡沫所造成的灾难,为整个18世纪勤于思考的作家和理论家提供了一个反面教材。正如我们下面将看到的,在这个世纪中,从劳的先前搭档和更胜一筹者坎替隆,到美利坚合众国的开国者,硬货币学说都轻易获胜。但是也有人拒绝从劳的失败中吸取任何教训,其观点深受约翰·劳的影响。[31]

也许在劳之后18世纪最杰出的通货膨胀论者,是著名的盎格鲁—爱尔兰唯心主义哲学家,乔治·贝克莱主教(Bishop

George Berkeley，1685—1753年）。贝克莱曾在都柏林的三一学院学习，那里是盎格鲁—爱尔兰派的知识中心，他的重要哲学著作，都是在20多岁在三一学院任教的时候完成的。18世纪20年代晚期，贝克莱用了几年时间，想在罗德岛的纽波特建一所基督教大学，但徒劳无功。之后，贝克莱被任命为德里（Derry）的主持牧师，后来任克罗茵（Cloyne）的主教。

贝克莱关于经济问题的主要观点，体现在他的小册子《问难》（*The Querist*）（1735—1737年），该书分三次出齐。《问难》影响深远，贝克莱在世的时候就有十个版本。该书由900个意味深长的问题组成，贝克莱希望完全通过雄辩来影响舆论，而不使用推理。贝克莱对于货币的观点深受约翰·劳的影响。一个明显的例子是，贝克莱的一个别有用意的问题："公众从流通的一先令中得到的收益，是否比从不流通的一英镑得到的收益多?"对贝克莱而言，货币只是一种票证，《问难》的核心部分是支持劳的中央银行制度，以扩张货币和信贷，降低利息率（如贝克莱所说，终结高利贷），从而扩大就业、实现繁荣。

贝克莱非常明智，认识到必须回答由约翰·劳的惊天失败所产生的异议，所以立即把他自己的计划与"法国的疯狂"相区别。像他之前的劳一样，贝克莱承诺他所建议的银行券只会以"舒缓的节奏"注入经济中，他或他的代理人将忍痛保持银行信贷的扩张与"贸易和商业的倍增成比例"。这样，价格将不会上升。当然，贝克莱也犯有通货膨胀论者常有的错误，未能看到以货币度量的"贸易与商业的倍增"，不过是货币膨胀和由此而来的所有价格与货币价值膨胀的结果。（关于这个计划，贝克莱精巧的问题是:"究竟是应该无论在任何时候都增加发行银行券,还是只有当贸易和商业活动增加时才增加发行银行券?")

11.6 硬货币论的回应

然而,在18世纪,对约翰·劳的学说和失败的主要反应,是以令人理解的方式回归到、并且在更大的程度上强调欧洲大陆原来的硬货币传统,该传统现在受到了新的中央银行和部分准备银行制度的挑战。最早并且最为睿智的反应之一,是约翰·劳的前搭档、同时也是密西西比泡沫的怀疑者理查德·坎替隆做出的,大约在1730年,他撰写了非凡的《商业性质概论》,实际上创立了现代经济学。(关于坎替隆,见第12章)

在英格兰从硬货币论的角度对劳进行得最早也是最值得关注的回应,是由艾萨克·热尔韦(Isaac Gervaise,卒于1739年)做出的,他生于巴黎,其父为法国新教徒,拥有一家丝绸生产和贸易的企业。老热尔韦后来移居伦敦,其子艾萨克在家族企业就职。1720年,热尔韦出版了一本不到30页的简短但非凡的小册子,《世界贸易体系与理论》(*The System or Theory of the Trade of the World*),[32]攻击劳的银行信贷和货币扩张的学说。在坎替隆和休谟之前,热尔韦认识到国际货币均衡过程,或铸币—流动—价格"机制"。热尔韦指出,如果没有人为的银行信贷扩张,每个国家的货币供给都会倾向于与其生产与贸易量成比例。每个国家的消费与生产、进口与出口,都会倾向于平衡。如果这种均衡被打破了,例如,"超额"金银流入一个特定国家,那么超额的金银将用于进口,贸易平衡将会发生变化,进口超过出口,这种差额将通过铸币的流出来支付。进而,这种流出将减少超额货币,使该国又回到货币与对外贸易的平衡。

但是,热尔韦指出,约翰·劳等人的计划会打乱这种平衡:银行信贷就像货币的替代品一样发挥作用,人为地、非自然地增加货币供给,会扩大消费和进口,提高国内价格,降低出口,因此,增加银行信贷会导致铸币流出。人为的信贷不会带来持久的收益。这也是热尔韦的明确暗示,即信贷扩张只会把投资和生产从那些能够有效服务消费者的"自然"领域,转向那些被证明是浪费和不经济的领域。[33]

热尔韦对货币扩张的后果的分析,强调货币扩张导致人们支出增加,这一点与坎替隆更接近,而与休谟有所差别,休谟把分析仅限于货币供给会导致价格上升,忽视了在进口以及国内产品方面的货币支出的增加所引起的铸币流出。[34]

从对市场中的自然法、贸易和自我均衡以及政府对此的破坏的分析入手,艾萨克·热尔韦开始强烈建议完全的自由贸易,不要政府的任何干扰和限制。热尔韦不妥协的自由贸易观点更加值得关注,因为他自己的企业享有英格兰议会授予的垄断特权。但热尔韦勇敢地指出:"贸易绝不会有比自然和自由更好的条件;通过法律或税收实施的强制总是危险的;因为虽然预期收益或利益是能够看到的,但很难看到它的危害,这种危害至少与收益是等比例的"。这里,热尔韦已经预见到了19世纪法国自由放任经济学家弗雷德里克·巴师夏(Frédéric Bastiat)的深刻的见解,后者强调政府干预的原因在于补贴与特权的好处经常是直接而即时的,而其更大的不利结果则是远期和间接的,前者是"能看到的",而后者是"看不到的",所以人们只会注意表面利益。热尔韦也早于杜尔阁和本世纪的其他法国自由放任思想家,以自由和自然法为理由,得出以下结论:"人会本能地寻找和发现最容易和最自然的手段,以实现其目的,不能违背其意愿,强迫他放弃这些手段。"[35]

关于经济问题,艾萨克·热尔韦并没有论述太多,但他却成为杰出的盎格鲁牧师,而更令人费解的是,其非同寻常的、创造性的小册子竟然对英国人的观点没有产生任何影响,后来湮没无闻,直到被20世纪的历史学家重新发现。

另一个硬货币论的倡导者是具有荷兰血统的木材商雅各布·范德林特(Jacob Vanderlint, 卒于1740年),在其小册子《货币万能》(*Money Answers All Things*)(1734年)中,他发展了国际货币均衡理论。虽然冠以这个标题,但范德林特的主题是货币应适当地、最优地在市场中分配。市场有使所有国家的价格均等的趋势,如果一国能够获得较多的货币,其较高的价格水平很快就会使货币流到国外,直到价格回到均衡。因此,一国拥有多少铸币并不重要,因为价格将会调整。例如,如果一国铸币数量较少,其价格将会下降,它将比其他国家更有竞争力,金银随之流入该国。实际上,范德林特对于保持低价以及对其他国家形成竞争优势特别地关注,以至于无意中复制了坎替隆的建议,即统治者或其他大人物应储藏他们的黄金白银,以使国内价格降低。[36]

范德林特自然而然地把硬货币分析延伸到银行信贷的扩张问题。范德林特指出,银行信贷会增加货币供给,所以,"物品的价格将会上升,市场就一定会使我们接受其他国家的商品,他们的价格比我们的低,……(因此)会使我们的贸易差额变得不利"。[37]

像热尔韦一样,范德林特是通货膨胀和部分准备银行制的严厉批评者,也是自由市场中货币、价格和贸易差额的国际协调的分析家。像热尔韦一样,范德林特也是没有限制的自由贸易的倡导者,他认为:"一般而言,对于贸易,不应有任何一种限制,除了必不可少的税收之外,也不应有任何较高的税收"。试图固定金银的价格,或者禁止出口铸币也是徒劳的:"政府要固定被买来用以铸币的金、银的价格,就如同要通过法律来固定和确定其他商品的价格一样,这是荒谬的"。范德林特也对18世纪好战的国家的出现,以及战争带来的高税收、高公债痛心疾首。实际上,对范德林特来说,自由贸易、自由市场与国际和平是密切相关的,而战争是自由的敌人。范德林特警告说,战争是"人类遭受的最大灾难之一,其结果没有人可以预知,其负担(如公债和税收)一代人都偿还不完……"。范德林特意味深长地指出:"难以置信,造物主会创造出必然导致人们相互厮杀和毁灭的东西。"[38]

18世纪英格兰最后一位硬货币论理论家是约瑟夫·哈里斯(Joseph Harris,1702—1764年),他出版了两卷本巨著《论货币与铸币》(1757—1758年)。哈里斯早年是一个乡村铁匠,但移居到伦敦后,成为杰出的航海、数学和天文学方面的作家。他也是铸币厂的职员,在1748年成为铸币厂的化验师。

哈里斯是降低货币成色或部分准备金银行制度以及扩张银

行信贷的硬货币论批评者。他明确追随坎替隆的货币流分析。因此,与坎替隆一样,他看到了国际货币倾向于均衡,不过他像坎替隆一样,也看到货币供给的流入或增加不仅仅提高价格,而且必然会影响货币分配,使某些人受益,另外一些人受损。因此,货币流虽然会自行调整,也会引起经济危害,特别是在调整过程中。哈奇森总结了哈里斯的观点:"货币的流入使某些人富裕,但会损害另外一些人,这一过程可能会暂时引起灾难。"因此,货币的突然波动,无论流入还是流出,"在其进行过程及其以后的一段时间内,都将是有害的"。[39]

根据他的分析,哈里斯坚决反对一国单本位货币标准的任何改变(哈里斯喜欢白银而不喜欢黄金,因为白银更稳定)。正如哈里斯有力地警告的那样:"无论以任何借口,既定的货币标准都不能被违背或改变。"[40]

11.7 18世纪中叶前的自由放任思想:图克与汤森

如果说在18世纪中叶之前,硬货币论的立场在英格兰思想中已经完好地确立了,那么就会有与之相应的(尽管还不能说是完全一致的)对自由市场和国际贸易自由的认可。范德林特—坎替隆—哈里斯对国际贸易和货币流的分析,有力地把争论引向贸易自由。此外,我们在后面其他章节将会看到,在大不列颠北部的苏格兰,卡迈克尔(Carmichael)、哈奇森和休谟也都是同一研究方向的主要代表。

乔赛亚·图克(Josiah Tucker,1713—1799年),是英国国教牧师,1758年后任格洛斯特的地方主教,[41]18世纪宗教、政治学和经济学方面的著名作家。他在他那个时代,被伟大的自由放任主义政治家和经济学家 A. R. J. 杜尔阁这样一些人物盛赞为自由贸易论者,后者曾把图克的两本书翻译为法语。[42]但是,图克对贸易自由的态度是温和的,夹杂着一些悖论与矛盾。例如,图克赞成完全禁止出口原材料,对制成品课以关税,对幼稚产业实施保护性关税,政府(在严厉的处罚下)强制地主每400英亩土地要留出20英亩用于植树,对运动、娱乐和奢侈品消费征收重税。一般而言,即使他比亚当·斯密更早地赞美自利或"自爱"的结果,他也相信政府对以自利为基础的活动加以引导与指导的重要性。他也是强烈要求政府鼓励生育的代表性重商主义者。不过,图克的确抨击航海条例和高利贷法的限制措施,在这些领域中,与长期被过高赞美的亚当·斯密相比,他更接近于自由贸易的立场。

此外,关于自由市场观点,图克是一致和坚定的:反对战争和掠夺。在与法国的七年战争期间,在写给凯姆斯(Kames)勋爵的信中,图克写道:"战争、掠夺与殖民是我们当前的秩序,我就是这种秩序的反对者。"然而,非常有意思的是,图克对美国的运动没有一点同情;相反,他认为不列颠拥有对殖民地征税的所有权利。但是图克反对战争的思想获得了胜利,包括维持殖民地的战争。对图克而言,美洲"是国家脖子上挂着的磨石,压得它直不起腰来;我们自己不知道砍断绳索,卸下负担,所以美国人好心地为我们做了这些"。[43]

实际上,乔赛亚·图克的主要历史贡献,是凸显了极端自由放任经济学家的观点,这些经济学家事实上被所有经济思想史学家可耻地忽视了。查尔斯，这个第三位汤森子爵（Charles, the third Viscount Townshend,1700—1764年），完全是默默无闻的，人们经常把他和与其同名的儿子相混淆，后者声名狼藉，设立了向美洲殖民地进口的茶叶与其他商品征收具有致命后果的汤森税。

我们的汤森勋爵，是英格兰一个大农庄的继承人，其父是知名外交官、科学农场主"芜菁·汤森"，其妻是美丽的社交名媛奥德丽（Audrey）。汤森勋爵出版的第一本小册子，观点与其个人的经济利益相反，抨击对谷物出口给予巨额补贴的政策。这本小册子名为《国家的思想》（*National Thoughts*）（1751年），署名为"一个地主"，以强调即使他自己获得补贴，也对此持反对立场。[44]

图克主教与汤森进行通信交流，为谷物出口补贴辩护，但图克很快改变了观点。例如，汤森曾指出，英国政府实际上是在补贴外国人，让他们能够以比英国人还低的价格，购买英国产品，这是荒唐的。图克特别欣赏汤森在讨论具体问题时，能够根据一般原理来保持观点的一致性，而不是采用与此相反的方法，特别是在赞成自由竞争反对政府赋予的垄断方面，坚持一般的利益。例如，图克在写给汤森的信中说：

"阁下说明了在商业事务中人们常有的、明显的错误，……把特殊利益与一般利益相区别，对此，鄙人极为赞赏。在这些问题中，人们应当从商业属性获得一般方案，然后转到细节与个体，研究他们是否与一般利益一致。若非如此，他就仍在以垄断者的身份研究贸易,对社会来说,弊大于利。"[45]

图克指出,他自己深信:"在制造业度过幼稚期之后,政府就不应再提供补贴。"

在这次通信之后不久,汤森勋爵批评了马修·德克尔(Matthew Decker)爵士的矛盾观点,以表明自己坚持自由市场原则的立场。德克尔(1679—1749年)是东印度公司董事,一位荷兰移民,然而他也抨击谷物补贴,但是汤森对他进行了尖锐的批评,因为"[德克尔]建议在每个郡都建立[垄断]公司和[政府的]谷物仓库,尽管这个观点听起来很好,……但它却包含了最令人惊讶的荒谬与矛盾"。[46]当然,如果我们知道德克尔是当时最大的垄断公司的董事,对这种矛盾也就不会感到惊讶了。汤森继续指出,(如同他所提倡的)如果"贸易与工业以及我们所有的港口突然开放,所有的关税、禁令、补贴和垄断都被取消和打破",那么"这里的私营商人将建起谷物仓库,就像他们建起其他商品仓库一样,我们就使他们有一个正规的和自然的立足之处,那么像荷兰一样,不列颠岛也会成为欧洲的谷物大市场。但只要补贴保留,就没有这种可能……"。

在《国家的思想》中,汤森勋爵也关注穷人,温情地建议取消法庭对小额债务的强制执行,以改善穷人的处境。然而,在后来的信件中,汤森建议国会通过法案,消除对于穷人的"某些资格限制与其他限制",以提高穷人的劳动流动性。拉希德教授推测,汤森态度转变的原因可能是因为"承认了自由放任思想的正确性,开始相信穷人不需要过多帮助,只是让他们获得自由,能够自己帮助自己就可以了"。[47]

汤森勋爵对于传播自由市场和自由贸易原理非常热心,1756年,他在剑桥大学设立了经济论文奖。第一届论文大赛之后,该奖项停办了,因为汤森和剑桥大学无法就论文题目达成一致意见。因此,剑桥大学拒绝了汤森建议的论题:"贸易对一国的道德有何影响?"汤森勋爵对剑桥大学含蓄地否定贸易与道德之间的联系非常愤怒,他的回应具有敏锐的洞察力:"没有哪一个道德责任不具有商业性质。贸易的自由只不过是成为有道德的代理人的自由。"后面的话表达了重要的自由意志主义观点,即自由的道德代理与自由地行动、生产和交换财产是一致的。

汤森勋爵提出的其他问题,也用犀利的言辞,有效地为自由意志主义进行了辩护:

● "在提高一国的财富与实力方面,究竟是自由贸易还是自由政府的作用更大?"

● "有没有对贸易和工业实行限制而又不降低它们的优势的方法?如果有,是什么?"

● "有没有一种方法能够提高税收而不损害贸易?如果有,是什么?"[48]

尽管被历史学家所忽视,但在他那个年代,汤森勋爵的观点似乎具有重要的影响。在《国家的思想》出版之后,著名杂志《每月评论》立即猜测其作者"一个地主"的真实身份,第二年,本书的观点被另一本讨论谷物补贴的小册子所引用。汤森勋爵与重要的期刊《地方志》(*The Gazetteer*)保持着紧密的联系。

1768年,汤森勋爵去世四年以后,匿名小册子《论东印度贸易的利益与公平性》(Considerations on the Utility and Equity of the East India Trade),再次讨论了打破东印度公司的垄断问题,并且对汤森勋爵的去世表示哀悼,说他在商业问题上是如此的头脑稳健与博学多识。

很明显,汤森勋爵在18世纪中叶的英格兰的影响,远比后世历史学家所理解的要大。不仅如此,他也是那个时代英国自由放任思想蒸蒸日上的例证与化身。

11.8 注释

1　D. A. G. 沃德尔,"查尔斯·达维南特传略(1656—1714年)"(Charles Davenant(1656—1714)—A Biographical Sketch),《经济史评论》(Economic History Review),第11卷,第2期(1958年),第288页。

2　W. 莱特温,《科学经济学的起源》(纽约,花园城:道布尔迪出版社,1965年),第122页。另见T. W. 哈奇森,《亚当·斯密之前:政治经济学的产生,1662—1776年》(牛津:巴兹尔·布莱克韦尔出版社,1988年),第51页。然而哈奇森教授把达维南特的科学姿态太当回事了。

3　一个世纪以后,金的手稿仍未出版,直到1802年才由乔治·查默斯(George Chalmers)出版。金是一位古董店员和会计师,写下了几部关于统计学和政治算术的未出版的小册子。《自然与政治观察》(The Natural and Political Observations)与另一部先前未出版的金的小册子,收录于乔治·E. 巴尼特(George E. Barnett)编辑的《格里高利·金的两部小册子》(Two Tracts by Gregory King)(巴尔的摩:约翰·霍普金斯大学出版社,1936年)。

4　我们可以看到,实际数据与"规律"都是不稳定的,因为在稍后的一本小册子中,金给出了完全不同的数量"规律",总结如下:

供给减少　　　　　　价格上升
2/10　　　　　　　　30/10

见前面注释2所引哈奇森的文献,第387页。

5 约翰·克里迪,"论金—达维南特需求规律",《苏格兰政治经济学杂志》(Scottish Journal of Political Economy),第33卷(1986年8月),第208—210页。同上,第193—212页。另见约翰·克里迪《经济分析中的需求与交换》(Demand and Exchange in Economic Analysis)中的说明(汉斯郡奥尔德肖特(Hants, Ardershot):爱德华·埃尔加出版有限公司(Edward Elgar),1992年),第7—23页,与前面的说明类似,只是措辞略有不同。

6 托马斯·闵采尔和共产主义再浸礼教派的思想进入英国后,被直接过滤。闵采尔原来的一个同事,亨利·尼克莱斯(Henry Niclaes),幸免于再浸礼派的毁灭性打击,创立了家庭主义(familism),这是一种泛神论的教义,宣称人就是上帝,要在世上建立上帝(人)的王国,因为只有这样的王国才会永久存在。家庭主义思想是由尼克莱斯的弟子克里斯托弗·维特尔斯(Christopher Vittels)传入英国的,他是一个荷兰工匠,16世纪晚期,家庭主义思想在英国广为传播。17世纪早期,英国家庭主义的中心在约克郡的格林德莱顿。在1615年之后的10年中,"格林德莱顿人"(the Grindletonians)由格林德莱顿的圣公会助理牧师、罗杰·布雷尔利神父所领导。家庭主义之所以吸引人部分原因在于唯信仰论(antinomianism),这种观点认为,真正神圣的人(如他们自己)就其本身而言从不会犯罪,所以唯信仰论者总是藐视通常被认为有罪的行为,以显示他们完全神圣和"无罪"的地位。

7 由于平等派的特征,也由于他们为马克思主义历史学家所赞赏(这些历史学家热衷于他们的激进主义),作为17世纪及以后世纪中的"资产阶级革命"中立场最一致的人物,他们具有了左翼色彩。然而,除了在自由放任的自由意志主义意义上反对国家赋予的特权外,平等派绝不是平等主义者。关于平等派,需要特别参见唐·M.沃尔夫(Don M. Wolfe)主编的《清教徒革命中的平等派宣言》(Leveller Manifestoes of the Puritan Revolution)(1944,纽约:人文出版社(Humanities Press),1967年),其中有编者所写的长篇导言;关于平等派小册子的最新文集见

A. L. 默顿主编《武装的自由:平等派文献选辑》(Freedom in Arms: A Selection of Leveller Writings)(伦敦:劳伦斯—威夏尔特出版公司(Lawrence & Wishart),1975 年)。另见 H. N. 布雷尔斯福特(H. N. Brailsford)的经典著作《平等派与英国革命》(The Levellers and the English Revolution)(加利福尼亚州,斯坦福:斯坦福大学出版社,1961 年)。

对平等派原则的最好的综述之一,见 C. B. 麦克弗森(C. B. Macpherson)著《强调所有权的个人主义政治理论:从霍布斯到洛克》(The Political Theory of Possessive Individualism: Hobbes to Locke)(牛津:克拉伦顿出版社,1962 年),第 137—159 页。

8 对洛克的许多混乱解释源自里奥·斯特劳斯(Leo Strauss)及其追随者,他们认为洛克是一个自然权利主义者,他(遵循霍布斯的思想)与睿智的古代自然法传统决裂了。实际上,作为自然权利主义者的洛克发展了经院学派的自然法传统,与霍布斯的右翼格劳秀斯主义对国家专制主义的辩护相对立。关于霍布斯、洛克和大图派,参见理查德·图克(Richard Tuck)著《自然权利:渊源与发展》(Natural Rights: Their Origin and Development)(剑桥:剑桥大学出版社,1979 年)。里奥·斯特劳斯的阐释见其著作《自然权利与历史》(Natural Right and History)(芝加哥:芝加哥大学出版社,1953 年)。关于对斯特劳斯的一种批评,以及认为洛克不是霍布斯主义者,而是坚持了自然法传统的观点,见拉格沃·辛格"约翰·洛克与自然法理论"(John Locke and the Theory of Natural Law),《政治学研究》(Political Studies),第 9 卷(1961 年 6 月),第 105—118 页。

9 经常被引用的波科克式的论文为 J. G. A. 波科克著《马基雅弗利的运动》(新泽西州,普林斯顿:普林斯顿大学出版社,1975 年)。另外,与艾萨克·克拉姆尼克(Isaac Kramnick)和乔伊斯·阿普尔比(Joyce Appleby)的著作相比照,可特别参见罗纳德·哈默威(Ronald Hamowy)("加图信件集:约翰·洛克与共和主义范式"(Cato's Letters: John Locke and the Republican Paradigm),《政治思想史》(History of Political Thought),第 11 卷(1990 年),第 273—294 页)对波科克核心范例的精彩驳斥,该范例强调激进的洛克式的著作《加图信件集》中所谓的"古典美德"。《加图信件集》对美国革命产生了最大的单一自由意志论者的影响。

10 理查德·阿什克拉夫特(Richard Ashcraft),《革命的政治学与洛克的政府论两篇》(*Revolutionary Politics and Locke's Two Treatises on Government*)(新泽西州,普林斯顿:普林斯顿大学出版社,1986年)。

11 同上,第75—82、370—371页。

12 然而,对17世纪荷兰政治学的详细分析表明,倡导自由市场、分权制与赞成和平的团体是共和党人或阿米纽斯派教徒(Arminians),他们是新教神学家雅各布斯·阿米纽斯(Jacobus Arminius)的追随者,后者在神学观点上更接近自由意志救赎的天主教徒。与此相反,荷兰的"加尔文"教派热衷于奥兰治君主政体、统制主义、控制市场和好战的外交政策。

13 正如莱特温所指出的:"[蔡尔德]强烈要求对外贸易(除东印度之外)应对任何愿意从事的人开放,其观点点缀着自由放任的口号。毋庸置疑,与其他重商主义者一样,蔡尔德也反对某些重商主义限制,但并不反对重商主义的原则。他只反对那些使与他有关的行业产生麻烦的限制措施,而始终提倡能够促进这些行业的限制措施。其立场完全与纺织品制造商相似,例如纺织制造商反对对其购买的纤维实施进口限制或保护性关税,但坚持对与其销售的产品构成竞争的外国制品实行重税……。"见注释2中所引莱特温的文献,第46—47页。

14 熊彼特假设蔡尔德是署名"腓罗帕底(Philopatris)"的小册子的作者,该书持自由放任的观点,认为货币不过是另一种商品,因而无论进口还是出口都不重要,他对蔡尔德做出了正面的评价。但有令人信服的证据表明蔡尔德并不是"腓罗帕底"。见注释2中所引莱特温的文献,第50页,第253—255页。

15 见注释2中所引莱特温的文献,第8页。另见托马斯·曼利(Thomas Manley)的批评性小册子,《考察百分之六的高利贷》(*Usury at Six Percent Examined*)(1669年),以及具有十足的显示意义的标题的匿名小册子:《误解的货币利息,或论利息降低是一国富裕的结果而不是原因……》(1668年)。

16 见亨利·W. 斯皮格尔《经济思想的发展》(第3版,北卡罗来纳州,达勒姆:杜克大学出版社,1991年),第154—155页。

17 见注释2中所引哈奇森的文献,第67页。特别参考莱特温的讨论,见注释2中所引文献,第66—81页、第182—184页、第260—270页。

18 实际上,尽管比较虔诚,普雷斯哥特真正的教名也相当冗长。其全名是"你—是—有罪的—除非—耶稣—基督—为—你—而亡"·巴尔本('Unless-Jesus-Christ-Had-Died-For-Thee-Thou-Hadst-Been-Damned' Barbon.)。

19 巴尔本,《论铸造新的更轻的货币,对洛克先生的〈思考〉的答复……》(1696年)。见注释2所引莱特温的文献,第78—79页。

20 尽管现代通货膨胀论者和凯恩斯主义历史学家反对洛克的观点,然而在莱特温的说明中却清楚地表明(见注释2所引文献,第69—77、260—270页),通货膨胀论者所预期的因洛克重铸硬币的货币紧缩而可能带来的灾难性价格收缩并没有发生。

关于洛克认为公平价格就是市场价格这一明显地受到经院学者影响的观点,在其论著《售卖论》(Venditio)(1695年)中有明确表述。见卡伦·I. 沃恩(Karen I. Vaughn):《约翰·洛克:经济学家与社会科学家》(John Locke:Economist and Social Scientist)(芝加哥:芝加哥大学出版社,1980年),第123—131页。

21 复杂之处在于,辉格党在高层是由罗伯特·沃波尔(Robert Walpole)和佩勒姆(Pelham)家族控制的,他们是真正自由放任、赞成和平的自由主义者,试图按照完全相反的原则来管理辉格党。从18世纪20年代到40年代,沃波尔控制这一政党,之后几年是佩勒姆家族在控制,他们主要依靠精妙的政治操纵和高明的管理手腕,左派和右派都认为这是"腐败"。沃波尔安抚辉格党巨头的主要措施是在国会通过重商主义政策(如限制美国殖民地的贸易和生产),随后则简单地将其搁置一旁,不予实施。见默瑞·N. 罗斯巴德,《感受自由》(Conceived in Liberty)第Ⅱ卷:"有益的忽略"(Salutary Neglect)(纽约州,新罗谢尔:阿灵顿出版社(Arlington House),1975年),第Ⅲ部分。

22 1742年的《生平》是吉尔福特男爵弗朗西斯的传记,1744年的《生平集》是达德利·达德利的弟弟约翰(1645—1683年)的传记,约翰在短暂的一生中,当上了希腊语教授和剑桥大学三一学院院长。老大哥查尔斯·诺思(1630—1690年)过着退隐的生活,关于他知之不多。

23 关于达德利·诺思和罗杰·诺思所做贡献的精彩讨论,见注释2中所引莱特温的文献,第196—220页,第271—294页。

24 见注释2所引莱特温,第204页,着重点为莱特温所加。

25 见注释2所引莱特温,第209页。

26 见注释2所引莱特温,第215—216页。

27 第二年,权威主义的政治哲学家托马斯·霍布斯在其名著《利维坦》中(1651年),也使用了货币—血液的比喻:在描述了货币如何"循环周转,并在(传渡过程中)营养(国家的)各部分"之后,霍布斯补充说:"天然的血液也同样是由土地的产物构成的,而且在流通中一路营养人体的各部分"。见雅各布·瓦伊纳,《国际贸易理论研究》(纽约:哈珀兄弟出版公司,1937年),第37页注。

28 查尔斯·李斯特(Charles Rist)对约翰·劳进行了公正的批评:"从富国金属货币充裕,推断出穷国要发展工业,增加其匮乏的自然资源,只需要'创造'纸币就足够了,这种观点是对常识的亵渎。苏格兰是牧羊人和渔民的国家,多山并且原材料匮乏,可以增加它的通货,但这既不会给这个国家带来工业,也不会带来贸易、农业和繁荣的航运业。这些只能靠其国民的劳动与节俭才能获得。"查尔斯·李斯特,《约翰·劳以来的货币和信贷理论史》(History of Monetary and Credit Theory from John Law to the Present Day)(纽约:凯利出版公司(A. M. Kelley),1940年),第47—48页。

29 见约瑟夫·T. 萨莱诺(Joseph T. Salerno),"现代货币理论的两种传统:约翰·劳与A. R. J. 杜尔阁"(Two Traditions in Modern Monetary Theory:John Law and A. R. J. Turgot),《经济学与人类研究杂志》(*Journal des Économistes et des Études Humaines*),第2卷,第2—3期(1991年6—9月),第340—341页。

30 关于在这一戏剧性时期里劳与坎替隆之间的关系,见本书论坎替隆的第12章。关于劳、坎替隆以及同一时期的密西西比泡沫、南海泡沫之间的相互关系,见安东·E. 墨菲(Antoin Murphy),《理查德·坎替隆:企业家与经济学家》(牛津:克拉伦顿出版社,1986);关于劳的学说的演变,见安东·E. 墨菲,"约翰·劳的理论与政策的演变:1707—1715年"(The Evolution of John Law's Theories and Policies, 1707—1715),《欧洲经济评论》(European Economic Review),第34卷(1991年7月),第1109—1125页。对约翰·劳学说及其对现代经济学出乎意料的影响的一种分析,参见前面注释29中所引萨莱诺的文献,第337—379页。关于劳对亚当·斯密的影响,另见罗伊·格林(Roy Green),《古典的货币、产出与通货膨胀理论》(Classical Theories of Money, Output and Inflation)(纽约:圣马丁出版社(St Martin's Press),1992年),第110—127页。

31 例如,汉弗莱·麦克沃斯(Humphrey Mackworth)先生在他的小册子《关于公共债务支付的建议》(A Proposal for Payment of the Publick Debts)(1720年,第2版)中所"剽窃的"规律及他的通货膨胀论的观点。见注释27中所引瓦伊纳的文献,第44—45页。

32 热尔韦的小册子的完整题目表明,其立论基础是对像劳一样的货币与信贷扩张理论的抨击:《世界贸易体系与理论:对不同种类的价值、贸易差额、交易、制造业、公司的研究,对信贷的有害后果的说明,这种后果会破坏国家贸易的宗旨》(The System or Theory of the Trade of the World, Treating of the Different Kinds of Value, of the Balances of Trade, of Exchange, of Manufactures, of Companies, and Shewing the Pernicious Consequences of Credit, and That it Destroys the Purpose of National Trade.)。

33 热尔韦写道:"一国通过非自然地扩大其面额[即货币供给]而获得的全部收益仅仅体现在,在一段时间内其居民的生活水平与这种膨胀成比例,从而显示出比世界其他国家更大的总量,但它总是以他们的铸币或他们的真实、可出口的劳动储备为代价的。……世界上没有什么东西具有稳定、持久的价值,只有劳动的产品除外。无论其名义价值是什么,如果没有实物的话,就只是一个假象,或只有遁于无形"。见注释2所引哈奇森的文献,第127—128页。

34 塞尔肯把热尔韦—坎替隆的分析称为"现金余额效应",而不是凯恩斯的"收入效应",这是正确的。见托马斯·T. 塞尔肯(Thomas T. Sekine),"范德林特、坎替隆、热尔韦与休谟对国际货币均衡的发现"(The Discovery of International Monetary Equilibrium by Vanderlint, Cantillon, Gervaise, and Hume),《国际经济学》(*Economia Internazionale*),第26卷,第2期(1973年5月),第270—274页。

35 见注释2所引哈奇森的文献,第128页。

36 范德林特建议,通过窖藏铸币,"可以使大量贵金属退出贸易,……这就使……市场行情不至于上升得过高,以至于阻碍出口我们的商品或者给进口外国商品过多的刺激。"见吴志远(Chi-Yuen Wu),《国际价格理论概述》(伦敦:乔治·劳特利奇—森斯出版公司(George Routledge & Sons), 1939年),第64页。

37 同上,第64—65页。

38 见注释2所引哈奇森的文献,第132—133页。

39 后面的引文出自哈里斯。见注释2所引哈奇森的文献,第244页。

40 关于大约同一时期大卫·休谟在苏格兰进行的有关百分之百准备的银行制的类似分析,见本书论苏格兰启蒙运动的第15章。

41 图克的父亲是威尔士农场主和盐政官,毕业于牛津大学,之后成为英国国教牧师。图克的崇拜者喜欢重复讲一个故事,图克在每学期开始和结束的时候,都在威尔士和牛津之间往返步行,而让他的父亲骑家中唯一的马,这个故事显然是真实的。不用怀疑,乔赛亚令人赞赏,尽管这个故事并不能提高他的经济成就。

42 图克的第一本经济学著作是《贸易论》(*Essay on Trade*)(1749年),销量极好,到1764年,再版4次。所以,图克想写一本系统的经济学论著,但只完成了前两卷,且只在友人中私下交流,并未公开出版:《商业原理与税收理论》(1755年)和《旅行者指南》(1757年)。

在当代,哈奇森为对图克的过度崇拜所困扰,他对雅各布·瓦伊纳把图克称为"重商主义者"进行了不客气的评论,说这是对"这个有问题的术语的一种反证",纯属多此一举。但瓦伊纳对图克的评价是审慎的、公平的。见注释2所引哈奇森的文献:第238页;注释27所引瓦伊纳的文献:第27、71—72、87、98—100页。

43 图克的观点在其他愤怒的英国托利党人中得到回应。因此,循道公会(Methodism)的创始人、伟大的约翰·韦斯利(John Wesley)指出:"像图克主教一样,我也会说,'让他们去吧'……在安妮女王1715年去世以后,为支持他们,已经花费了我们四百到三千万英镑,别再让他们花我们的钱了。"著名的约翰逊博士(Dr Johnson),在《没有暴政的税收》(Taxation No Tyranny)(1775年)中评论道:"格洛斯特主教建议,并且似乎是严肃地建议,我们应当立即放弃我们的要求,宣布他们是自己的主人,放弃他们吧。……虽然这有点儿困难,因为为了他们的安全,我们近来进行了战斗和讨伐,但我们不应再统治他们了。"约翰逊以他自己的一个"怪异的建议"对此进行回应:"让我们归还给法国人民我们从他们那里拿来的东西吧。[之后]我们将会看到我们的殖民地就在我们的支配之下"。然而,图克无疑以严肃认真的态度同意约翰逊所试图进行的反证。参见乔治·谢尔顿(George Shelton),《图克主教与18世纪经济政治思想》(Dean Tucker and Eighteenth-Century Economic and Political Thought)(纽约:圣马丁出版社,1981年),第214—215页。

44 完整的标题是:《国家的思想,严重关切公共事务备忘录;包括附录,以说明谷物补贴产生的危害》(National Thoughts, Recommended to the Serious Attention of the Public. With an Appendix, Shewing the Damages Arising from a Bounty on Corn.)。见萨利姆·拉希德(Salim Rashid),"汤森勋爵与道德哲学对自由放任思想的影响"(Lord Townshend and the Influence of Moral Philosophy on Laissez Faire),《自由意志论研究杂志》,第Ⅷ卷、第1期(1986年冬季号),第19—74页。拉希德实际上是唯一一位重新发现汤森,并说明其重要性的历史学家。见注释43中所引谢尔顿的文献,第79、88页。

拉希德指出,一些重要的自由主义学者错误地把这本小册子的作者当成汤森的儿子。见前引拉希德的文献,第73页。

45 1752年4月22日,图克致汤森。见注释44中所引拉希德的文献,第

第 11 章 从内战到 1750 年间英格兰的重商主义与自由运动 537

73 页。
46 把汤森对德克尔的批评意见与 T. W. 哈奇森的赞赏性评价进行对比,是很有意思的。哈奇森实际上发现德克尔是一个自由贸易的英雄,他要求"取消所有关税",反对航海条例,也反对报复性关税,见注释 44 中所引拉希德的文献,第 71 页;注释 2 中所引哈奇森的文献,第 393—394 页。
47 1753 年,汤森的提案被提交,但并没有被表决。见注释 44 中所引拉希德的文献,第 71、73 页。
48 见注释 44 中所引拉希德的文献,第 72 页。对于被认为是由汤森勋爵提出的问题,自由意志主义者的回答分别是:自由贸易,没有,没有。

第12章 现代经济学的奠基人：
理查德·坎替隆

- 343　12.1　坎替隆其人
- 　　　12.2　方法论
- 　　　12.3　价值与价格
- 　　　12.4　不确定性与企业家
- 　　　12.5　人口理论
- 　　　12.6　区位经济学
- 　　　12.7　货币与过程分析
- 　　　12.8　国际货币关系
- 　　　12.9　市场的自我调节
- 　　　12.10　坎替隆的影响
- 　　　12.11　注释

大多数人,包括经济学家与外行,认为经济学是18世纪后期突然从亚当·斯密的脑袋里蹦出来的。因而,众所周知的现代经济思想的第一个或"古典"时期,是从斯密经由李嘉图发展起来的,包括总量分析方法、生产成本理论,甚至劳动价值论。然而,我们现在知道,这种分类明显是错误的。因为现代经济思想,即对市场经济的集中分析,在亚当·斯密的《国富论》之前半个世纪就发展出来了,但不是在英国,而是在法国。更有意义的是,法国的经济学家(尽管他们之间存在着很大差别)不应被称为前李嘉图学派,而应被称为原初的"奥地利学派",也就是说,他们是19世纪70年代从维也纳开始的个人主义的、微观的、演绎的与主观价值分析方法的先驱。

12.1 坎替隆其人

"现代经济学之父"的荣誉,并不属于通常所说的亚当·斯密,而是属于一个法国化的爱尔兰商人、银行家、冒险家,他写作了第一部关于经济学的论著,比《国富论》的出版早40年。理查德·坎替隆(约17世纪80年代早期—1734年),是社会或经济思想史中最令人着迷的人物之一。对于坎替隆的生平我们知之甚少,尽管他去世的时候是一位千万富翁。最新的研究表明,他出生在爱尔兰克里郡的一个爱尔兰土地贵族的家庭,后来被英格兰清教徒侵略者奥利弗·克伦威尔所驱逐。坎替隆的一个远房堂兄(也叫理查德),移民到巴黎,成为一个成功的银行家。那时有一个长久的始于16世纪的传统,由于宗教或政治的驱逐,人们从英国向法国移民。[1] 坎替隆家族的移民是17世纪末期以前天主教移民潮的一部分,集中于斯图亚特觊觎大不列颠王位时期。

1714年,理查德·坎替隆移民到巴黎,很快在其堂兄的银行中出任首席助理。后来,理查德母亲的叔叔丹尼尔·阿瑟爵士,一位伦敦和巴黎的著名银行家,任命理查德的堂兄为伦敦银行的巴黎联络人。[2] 不到两年,理查德就买下了其堂兄对银行的所有权。

当时,对被驱逐的斯图亚特王室,以及在巴黎的英国和爱尔兰移民来说,理查德·坎替隆是有重要地位的银行家。但他最重要的活动是与苏格兰冒险家、主要通货膨胀论者约翰·劳(1571—1729年)结盟,后者抓住了法国主政者的空想与贪欲。1715年,年迈的路易十四去世后,产生了一个更加宽松和乐观的体制,控制者是摄政王奥尔良公爵。约翰·劳使摄政王相信,法国可以获得永久的繁荣,而不必再为公债担心。法国政府只是需要为巨额赤字融资,发行巨量的相对较新的政府纸币。约翰·劳后来成为法国政府的主要融资者,甚至成为法国财政部总监,他带来了猛烈的通货膨胀,导致了疯狂的投机性密西西比泡沫(1717—1720年)。在泡沫破灭之前,制造了许多短暂的百万富翁,实际上,"百万富翁"一词,就是在密西西比泡沫最狂热的时候出现的。[3]

但是，当泡沫散尽，精明的理查德·坎替隆出现了，之前他是约翰·劳密西西比投机活动的高级合伙人，拥有数百万家财。传说在约翰·劳开始其短暂却辉煌的管理法国财政的职业生涯前，他去见了坎替隆，对其进行警告："如果在英格兰，我们可以达成协议，解决这些问题。但在法国，如果你不保证24小时之内离开法国的话，我今晚就可以把你送到巴士底狱。"人们猜测坎替隆的回答是："别说了，我不会离开，但我会让你的制度获得成功。"不管怎样，我们知道，1718年11月，劳、坎替隆和英格兰投机家约瑟夫·爱德华（"花花公子"）·盖奇（Joseph Edward ("Beau") Gage）组建了一家私人公司。盖奇从劳的政府支持的纸币发行银行密西西比公司的投机活动中赚了非常多的钱，以至于在那个时候，他认真地尝试从奥古斯都国王手中购买波兰王国。

在密西西比泡沫还在发展的时候，聪明的货币事务分析家坎替隆，敏锐地认识到泡沫很快就会破灭，设法利用其合伙人和客户的愚蠢赚到了数百万元。坎替隆借钱给盖奇等人，他们要购买已膨胀的密西西比公司股票，同时他又悄悄地出售了自己的股份，其借款人所拥有的膨胀的股份等于把他的纸币放到一个间接的、上锁的保险箱，他积累了数百万元，离开法国去了意大利，在那里安全地等待"他预见到的金融风暴"。1720年泡沫破灭后，盖奇以及坎替隆的其他客户破产，坎替隆要求他们偿还贷款，他们也乐于接受高于55%的利息率，其中包含有巨额的通货膨胀升水。

理查德·坎替隆以千万富翁的身份回到巴黎，虽然他的前同事和债务人并不欢迎他。不久之后,他与爱尔兰将军丹尼尔·奥马霍尼(Daniel O'Mahony)伯爵的女儿玛丽·安妮结婚。他的岳母夏洛特·巴尔克利(Charlotte Barkeley),是贝里克公爵詹姆斯·菲茨詹姆斯(James Fitzjames)的妻妹,而菲茨詹姆斯公爵任法国元帅,是英格兰国王詹姆斯二世的私生子,因而是斯图亚特僭君詹姆斯三世。这样,坎替隆就同与斯图亚特王朝和法国王室有密切联系的爱尔兰军人家庭结成姻亲。

18世纪30年代早期的某个时候,也许是在1730年左右,这位成功的银行家和投机家用法语撰写了他的伟大著作:《商业性质概论》(*Essai sur la nature du commerce en général*)。由于当时的审查制度,该书并没有正式出版,而是以当时流行的方式,以手稿的形式在文学和知识分子圈子中广泛流传,直到20年之后的1755年,才正式出版。

同他的整个生平一样,理查德·坎替隆的离世也是不可思议和充满危险的。坎替隆在欧洲主要城市有许多豪宅,1734年5月,在伦敦居住期间,一场大火把他的房子夷为平地,他也丧生。后来的调查发现,他是在房内被谋杀的,纵火也许是为了掩盖这场谋杀。他的三位仆人因此受审,但被判无罪,而他的法国厨师三周前就消失了,带着大量的贵重物品逃往海外。逃跑的厨师再也没有找到。埃格蒙特(Egmont)伯爵(他的兄弟是坎替隆的邻居)在其日记中写道,坎替隆"是一个放荡的人,其仆人也名声不佳"。就这样,在极为神秘的气氛中,这位历史上最重要的经济学家,因被谋杀而丧命。[4]

12.2 方法论

理查德·坎替隆的《概论》被 W. 斯坦利·杰文斯公正地称为"第一部经济学论著",经济思想史学家查尔斯·吉德(Charles Gide)认为该书是对政治经济学的第一次系统研究。奥地利经济学家 F. A. 哈耶克,对经济思想史做出了重要的研究,对此给予了最高的评价:"这位天才的独立研究者,天生具有理论研究视野,在研究过程中,尽情地达到无人超越的优势地位,是成功进行深入研究的第一人,为我们提供了现在称之为经济学的完整研究领域。"[5]

经院学派几乎就所有人类知识撰写了概括的论文,其中对经济学或市场的讨论处于从属的地位,在重商主义时代,重商主义者及其批评者最好地表达了对于特殊经济问题(通常是经济政策)富有才智的看法。但是理查德·坎替隆是第一位划分独立研究领域——经济学——的理论家,撰写了关于其所有方面的一般论著。

坎替隆是"第一位现代经济学家"的一个理由是,他使经济分析摆脱了先前伦理与政治问题的纠缠。在此前一个或两个世纪经济思想中最有影响的重商主义者,是特殊利益的辩护者,其经济分析的少许火花,是用来为政治目的服务的,无论是为特殊利益进行补贴还是增进国家的权力,都是如此。中世纪和文艺复兴时期的经院学者,虽然在思想性和系统性方面是不可比拟的,但他们的经济分析却被嵌入道德和神学框架之中。为了摆脱重商主义的束缚,必须集中分析人类行动的经济特征,而要做到这一点,就需要撇开其他方面的因素,不论它们有多么的重要。把经济分析与伦理学、政治学甚至具体经济数据相分离,并不意味着这些问题是不重要的或者以后不会再研究它们。因为如果不揭示市场如何运行,或者政府干预的后果是什么,我们就不可能判定经济生活的伦理问题,以及政府应当做什么和不应当做什么。坎替隆大概(至少是隐约地)看到了这种至少是暂时地将经济分析释放出来的必要性。

此外,坎替隆也是最早使用那种独一无二的经济学抽象工具的人之一,路德维希·冯·米塞斯后来把这种工具称为经济推理必不可少的方法:想象实验(或思想实验)。人类生活并不是处在其中所有变量都被实验者控制的实验室,以至于实验者可以改变某个变量以决定其效果。在人类生活中,所有因素(包括人的行动)都是可变的,没有什么保持不变。但是理论家可以用智力的抽象取代实验室实验,来分析因果关系。他可以在头脑中保持某些变量固定不变(即"所有其他变量保持不变"的假设方法),然后推论一个变量变化所产生的后果。从简单的"模型"开始,在较简单的模型分析之后,逐渐使之复杂化,经济学家最后可以发现真实世界中市场经济运行与本质。因此,经济学家可以通过分析正确地断定,"在其他条件保持不变的情况下,需求增加将导致价格上升"。

正如我们在第9章中看到的,17世纪90年代,新兴的古典自由主义反对路易十四的国家统制主义与重商主义的一位重要领导人,省法官布阿吉尔贝尔爵士,把抽象法和逐次近似法引入到经济学,从最简单的模型开始,逐渐增加其复杂性。在说明专业化与贸易的本质与优势时,布阿吉尔贝尔从假设的最简单的交易开始:两个工人,一个生产羊毛,另一个生产小麦,然后把分析扩展到一个小镇,最后扩展到整个世界。

理查德·坎替隆极大地发展了这种系统的抽象法和逐次近似法。他经常使用假设其他条件不变的方法。通过这种分析方法,他揭示了市场经济中存在的"自然的"因果关系。坎替隆时代的法国是大封建庄园的国度,这是前几个世纪不断征伐的产物。因此,在《概论》中,坎替隆假设整个世界是由一个大庄园组成,然后开始其才华横溢的经济分析。其中的确"非现实"但有说明意义的构造是,所有生产都依赖于垄断的土地所有者的愿望与欲望,他直接告诉每个人去做什么。换句话说,生产依赖于需求,唯一的例外是,这里实际上只有一个需求者,即垄断的土地所有者。

然后,坎替隆在其模型中给出一个简单的现实变动。土地所有者把土地出租给所有产品的各类生产者。但是,这种情况一旦发生,经济就不能继续由一个人来发号施令了。为了让其持续运转,单个的生产者必须交换各自的产品,自由市场经济就出现了,与之伴生的是贸易与价格体系。此外,当一种商品充当被广泛需要的交换媒介和价值"尺度"时,货币就从这种交换中产生了。

12.3 价值与价格

对于市场价格的形成,坎替隆第一次进行了精巧的现代分析,详细说明了需求与现有存量如何相互作用以形成价格。与后来的斯密—李嘉图古典主义不同,坎替隆的兴趣主要在于真实世界中的价格形成问题,即实际市场价格,而不是长期"正常"价格的狂想,这预示着后来的奥地利学派思想。在近来关于坎替隆所做的一次交流中,文森特·塔拉西奥(Vincent Tarascio)教授认为他是古典或新古典经济学家,至少就其认为市场价格在长期内会趋向于商品的"内在价值",即用土地和劳动投入表示的产品的生产成本而言,是如此。这是斯密—李嘉图的"均衡"价格理论,后来基本上被扩展为瓦尔拉斯"一般均衡"理论。

然而,虽然坎替隆有为这种分析方法正面辩护的论述,"内在价值"一词肯定是一种令人遗憾的用法。戴维·奥马霍尼(David O'Mahony)教授在一个对塔拉西奥教授的文章富有见地的评论中,指出坎替隆的方法实际上是前奥地利的。首先,奥马霍尼表明,坎替隆的市场价格分析是一种奥地利式的分析,即对由消费者估价和需求的一种物品的给定存量进行研究。

坎替隆指出:"显然,待售产品或商品的数量同买者的数量或需求量之间的比例是市场实际价格依以固定或总是假设被依以固定的基础"。而需求是主观的,依赖于"心情、爱好和生活方式"等等。正是这些主观评价赋予待售商品以价值。坎替隆说,正是"人类的约定赋予花边、亚麻、绸布、铜和其他金属以价值"。对坎替隆而言,实际市场价格由需求决定:"经常发生这样的事情,即许多物品虽然确实具有内在价值,但却不能按这个价值在市场上出售。这时,这些物品的售价将取决于人们的兴致和想象,取决于他们的消费量。"因此产品的价值是消费者的评价赋予的,这是从中世纪和后来的西班牙经院学者那里得到的一个重要的原初奥地利的见解。实际上，数个世纪以来，经院学派与后经院学派的观点是，商品的价值由"效用"或"稀缺性"所决定，由对既定供给的主观估价决定。对于市场中任何商品，效用越高，价值越高；供给越充分，价值和价格就越低。坎替隆精妙地发展了经院学派的方法。

虽然坎替隆也考虑"物品的内在价值"，即"衡量生产该物品所使用的土地和劳动的尺度"，但他立即承认，是消费者的主观估价而不是"内在价值"决定了价格。[6]

坎替隆在详细阐述内在价值时，提到一个假想的事例，一个美国人前往欧洲销售用来做帽子的海狸皮，"当然会惊异地发现：用羊毛做的帽子与用海狸皮做的帽子同样经久耐用，而造成如此长途海运的一切相异之处仅仅在于一些人的爱好，即他们认为海狸皮帽子更为轻便，观之更为悦目，摸之更为舒服。"简言之：生产的全部成本，生产和运输海狸皮所投入的劳动与努力，是没有意义的，除非该产品能够让消费者感到足够满意以愿意支付成本，并使该产品能够与本地生产的其他廉价商品相竞争。消费者的需求决定销售，也决定价格。

奥马霍尼进一步指出，坎替隆的垄断庄园模型清楚地表明，需求（这里指垄断世界的土地所有者）而不是生产的成本决定价格。然而，坎替隆并没有预见到古典均衡理论，即生产成本构成了长期的、因而被假定为最重要的市场价格决定因素。与此相反，对坎替隆来说，生产成本具有非常不同的功能：决定一个生意是赚钱还是赔钱歇业。如果消费者的价值从而产品的销售价格足够高，能够补偿成本而有余，厂商就会获得利润；如果不够高,就要遭受损失,最终不得不闭门歇业。这是奥地利学派关于成本作用的理论的重要部分。进而,坎替隆讨论了布鲁塞尔花边制品的成本与价格:

> 如果贵妇人偿付精细网织品的价格不能包括全部成本和利润,这种制造业就得不到鼓励,业主就会停业或破产。但是鉴于我们已经假设这种制造业将继续存在,那么巴黎贵妇人偿付的价格一定要包括一切开支……

因此,趋向于长期均衡的运动并不是市场价格向长期内在生产成本调整的过程,而是劳动者与企业家不断进入与退出各种生产过程,直到生产成本与销售价格相等的过程。正如奥马霍尼恰当地指出的:

> 对坎替隆而言,与其说内在价值自动和自发地存在,市场价格将向其趋近,不如说市场的出价决定是否值得生产这些物品。换句话说,是价格决定何种生产成本可以承受,而不是生产成本决定价格应是多少。

当然,坎替隆的方法与后来的斯密—李嘉图古典经济学家,以及与现代李嘉图主义的新古典经济学家的方法,存在很大的差距:"生产成本"从何而来?与坎替隆和古典方法不同,它们既不是内在的,也不是由经济体系之外的某些神秘力量赋予的。正如奥地利经济学派最终指出的,生产成本本身是由消费者对商品和服务的预期需求决定的。

12.4 不确定性与企业家

坎替隆对经济思想的另一个值得关注的贡献,是第一次强调和分析了企业家。[7]对这位真实世界的商人、银行家和投机家来说,难以想象会掉进李嘉图、瓦尔拉斯和新古典的陷阱,即假设市场具有完全知识和确定的静态世界的特征。真实世界的市场,弥漫着不确定性,通过投资、支出费用来面对和承受不确定性,以期获得有利的收益,这正是实业家、"承担者"、企业家的职能。因此,利润是在生产过程中对于成功地预测、成功地承受不确定性的奖励。斯密—李嘉图和瓦尔拉斯(古典和新古典)至关重要的假设,即经济持久地处于长期均衡状态的假设,致命地排除了真实世界的不确定性。相反,它聚焦于想象中的不变之地,因而也是现在和未来具有完全确定、完全知识的地方。

坎替隆因而把市场经济中的生产者分为两类:"被雇佣者",他们获得固定工资或固定地租;企业家,他们获得非固定的、不确定收益。农场主—企业家承受固定的生产成本和不确定的销售价格的风险,而商人和制造业者支付类似的固定的成本,获得不确定的收益。除了那些只能出售"自己的劳动"的人之外,企业家必须将货币投出去,而这些钱在投出去之后从他们的视角来看也就"固定"或给定了。由于销售与销售价格是不确定的和不固定的,所以他们的营业收入也就变成一种不确定的剩余。

坎替隆也看到企业家所承受的普遍的不确定性,部分是分散的市场的结果。在只有一个垄断所有者的世界中,所有者自己决定价格和生产,几乎没有企业家的不确定性。但是在真实的世界中,分散的企业家必须面对大量的不确定性,必须承受其风险。对坎替隆来说,竞争和企业家精神是密不可分的。

像弗兰克·奈特与现代奥地利经济学家一样,坎替隆的企业家理论,关注作为风险承担者的企业家在市场中的功能与作用,而不是像约瑟夫·熊彼特那样,关注其个人特征。

坎替隆的概念在其他方面,也预见到了冯·米塞斯和现代奥地利经济学派:他的企业家并不是执行破坏性功能(如熊彼特的企业家),而是实现均衡的功能,即通过成功地预测未来和投资于未来,企业家将帮助调整和平衡在不同市场上的供求。

塔拉西奥教授指出,坎替隆对于市场中普遍存在不确定性的开创性见解,在很大程度上被人遗忘,不久以后就从经济思想中消失了,直到20世纪,被奈特与现代奥地利经济学家如路德维希·冯·米塞斯和哈耶克分别再次复兴。但是,正如奥马霍尼教授的讽刺性评论那样:"当我们像塔拉西奥教授一样用现代观点看待坎替隆时,承认他(坎替隆)对于不确定性的认识的功绩,更主要的意义是在于对许多现代经济学家(他们无视不确定性的能力是异乎寻常的)的行为进行一种反思,而不是称颂坎替隆的预知能力。"

这可能确实是异乎寻常的,但有一种方法导致了这种狂乱。奥马霍尼教授自己也非常清楚,现代经济学是一组正规的模型和方程式,声称能够完全决定人类行为(至少在经济领域)。在确定的数学模型中,没办法加入不确定性。正如奥马霍尼指出的,人们可能会问,"企业家行为是否可以在实质上完全成为正式地表达或模型的主题？如果可以,就不确定性的本来意义而言,这里还会有不确定性的位置吗？进而还会有企业家自己的位置吗？"简言之,经济理论必须在形式优雅但错误、扭曲的数学模型,与对真实人类生活本身的"文字"分析之间做出选择。

12.5 人口理论

理查德·坎替隆的工资理论以其人口理论为基础,而它从某种方式上几乎为亚当·斯密的《国富论》逐字逐句地复制,这后来又激发了马尔萨斯著名的反对人口增长的歇斯底里。坎替隆的长期工资理论以劳动供给理论为基础,后者又依赖于人口水平与人口增长。然而,与后来的马尔萨斯相反,在人口增长的决定因素方面,坎替隆采用了更为精致的分析方法。他认为自然资源、文化因素以及技术水平是特别重要的。他预见到,北美的殖民并不仅仅是一些人把另一些人取代,新的农业技术将使每英亩土地养活更多的人口。因此,现有资源、土地和劳动被利用的程度,取决于现有的技术水平。所以,殖民以前的北美,并不像某些人所说的,印第安人是"人口过剩的",而是印第安的人口水平适应给定的资源和可以利用的技术。简言之,坎替隆预见到现代"最优"人口理论,按照这种理论,给定可以利用的资源与技术所决定的最大生产水平,人口规模将趋向于适应这一水平。

虽然坎替隆描述了前马尔萨斯的所谓人类发展趋势,即人口的增加就像"仓廪中的老鼠"一样没有极限,但他也认识到宗教与文化价值观可以改变这种趋势。对土地密集型的农产品需求的增加,将会降低对农业劳动的需求,最终引起这种劳动供给减少,也会引起人口总量下降。(大家一定要记得,在坎替隆写作的年代,绝大多数的人口都从事农业。)另一方面,对劳动密集型农产品需求的增加,将增加劳动需求,因而会增加人口。坎替隆再一次发现,在大封建庄园主的国家以及那个时代,有产阶级的爱好决定消费者的爱好,也决定产品的需求。

值得注意的是,坎替隆以一种非常精巧的方式指出,有大量贫穷人口好,还是有少量享有较高生活水准的人口好,这个问题已经超出了经济分析的范围:它必须由公民的价值观来决定。

塔拉西奥教授指出,坎替隆的人口分析比斯密、李嘉图或马尔萨斯的理论更精致、更现代。坎替隆并不担心未来会出现不可抑制的人口爆炸,其理论框架可以说明工业化国家当前出现的家庭小型化的文化变迁,也可以说明人口自我向下调整,以应对未来资源衰竭的可能性。例如,坎替隆指出,由于古代文明的衰落,其人口规模也随之下降。比如,在 17 世纪的一段时间,意大利居民的数量,从 2,500 万降低到 600 万。

12.6 区位经济学

理查德·坎替隆也是区位经济学的奠基人,这种理论分析与地理空间有关的经济活动。当然,在某种意义上,重商主义者倡导一种地理贸易的顺差,在他们可以到达的国家边界范围内,分析经济活动(虽然分析得比较差)。正如赫伯特(Hebert)教授指出的,区位经济学研究距离(运输成本及其与价格和经济活动的区位选择问题之间的关系)和区域(地理发展与市场边界)问题。坎替隆不仅发展了区位选择理论,而且把它融入一般微观经济分析之中。特别是,他看到即使货币与货币价格是均衡的,城市中的产品价格也总是高于其产地,高出的数量要能够弥补运输的成本和风险。因此,体积巨大和/或容易腐烂的产品要想运到城市,不是成本太高,就是根本不可能,故而在产地就非常便宜。所以,这些产品通常在城市周边较近的地方生产,运往城市的成本就不会高得惊人。此外,坎替隆看到,需要使用体积大但单位重量的价值较低的原材料的制造业,通常在这些原料的产地附近选址。因为在这种情况下,把体积小、价值高的制成品运往城市,要比运输原材料成本低。

关于城内市场的区位选择,坎替隆极富启发性地指出,买者和卖者聚集在一个地方,比在周围四处游荡寻找对方,发现买者愿意支付、卖者愿意接受的各种价格,成本要低得多。用现代术语来说,坎替隆说的是,中心市场可以自然而然地发展起来,因为它可以极大地降低贸易的交易、运输、信息和其他成本。

虽然坎替隆看到市场和经济活动的区位选择能够和谐地自我调节,但他本质上并不是一致的国内自由贸易者,就像他在对外贸易的场合一样。就国内来说,他矛盾地认为,制造业者需要"更多的鼓励与资本",以发现最优区位并投资。

12.7 货币与过程分析

坎替隆货币理论的最重要之处,是他把货币的价值当作通常市场商品价值的一种特例。像别的产品一样,黄金的所谓

"内在价值"是其生产成本。与其他商品一样,金银的价值由市场中的使用者的评价即需求也就是"人类的约定"所决定。同样,与其他商品一样,坎替隆没有关于金银价值的生产成本理论,他只是认为只有当价值能够弥补成本时,这些产品才能被生产出来。

然而,黄金的成本与价值的调整过程,需要相对较长的时间,因为其年产量在现有总存量中只占很小的比例。如果黄金的名义价值低于其生产成本,就会停止开采;如果成本大幅下降,黄金产量就会增加,这样就会调整其成本和名义价值。坎替隆认识到,政府的纸币和银行券实际上没有生产成本,所以(用他的术语来说)没有"内在价值",但是他指出,市场力量会保持这种以信用发行的货币的价值,使面值与金银的价值相符,以此来保证纸币可以兑换。因此,"人造或想象的货币供给的增加,与流通中真实货币的增加,具有相同的效果"。但是,坎替隆注意到,如果对货币的信心被摧毁了,货币混乱就会出现,人造的货币就会崩溃。他也指出,政府特别容易被诱惑,发行人造货币,这肯定是他从约翰·劳的经历中所获得的教训,或者至少看到后者的经验体现了这一点。对于市场如何决定金银的价值比率,坎替隆也给出了完美的分析。

坎替隆《概论》的重要特征之一是,在前奥地利经济学式的分析中,他第一次知晓货币进入经济是一种逐步的过程,因而不会在总量上均匀地增加或提高价格。[8] 因此,他批评了约翰·洛克天真的货币数量论,该理论基本为重商主义者和新古典经济学家所遵循,认为货币总供给量的变动会引起所有价格统一的、按比例的变动。简言之,假设货币供给增加,不会引起各种商品相对价格的变化。

例如,坎替隆问道:"货币的增加会以何种方式、何种比例提高价格?"他以精彩的过程分析给予了回答:

一般而言,一国中真实货币的增加将导致消费的相应增加,而后者又将逐渐地造成价格的上涨。如果增加的真实货币来自该国的金矿或银矿,这些矿的使用者、投资者、熔炼者和其他所有个人都将根据他们的收益,按一定比例增加开支。他们将消费……更多的……商品。结果,他们将使一些以前无事可做的技工找到工作。这些工匠基于同样的原因也将增加开支。在肉类、酒、羊毛等等商品上所增加的这些开支必然会降低最初并未参与分享上述矿藏财富的那部分居民在国家开支中的比重。同以前相比,市场上的争吵更激烈了,或者对肉类、葡萄酒、羊毛等等的需求更强烈了,这不能不导致上述商品价格的上涨。较高的价格又将促使租地农场主在来年使用更多的土地去生产这些商品。这些租地农场主将因这种价格上涨而受益,他们也将像其他人那样增加其家庭开支。这种物价上涨和消费增加的受害者,首先是其出租契约仍然有效的土地所有者,其次是家庭仆役和一切工人、或靠工资维持家庭生活的固定工资收入者。所有这些人必须与新消费量成比例地减少开支。……情况大致就是如此:由于金、银矿的开发而大量增加的货币导致了消费的增加……

简言之,较早获得新货币的人将会根据其偏好增加开支,以降低后来获得新货币或以固定收入为生而根本得不到新货币的人的生活水平为代价,提高了这些商品的价格。此外,随着一般价格水平的上升,相对价格将会改变,因为"根据得到货币的那些人的想法",增加的开支"将或多或少地被导向某些特定的产品和商品,某些东西的市场价格将比另一些东西上涨得更多"。再者,所有价格的上升并不必然与货币供给的增加成比例。特别是,那些获得新货币的人,并不按照先前的货币余额以相同的比例行事,因而需求以及价格,将不会等量提高。例如,"在英格兰,当谷物价格只上涨1/4时,肉类价格可能上涨三倍。"坎替隆精彩地总结了他的见解,暗示了一条重要的真理,即经济规律是定性的而不是定量的:

在一国流通的货币量的增加总要引起消费的增加,总要使支出达到较高的水平。但是,这一新增货币所导致的价格上涨并不会与货币数量成比例地,对所有的产品和商品发生同等的影响,除非新增加的货币补充到了货币原来所在的同一流通渠道中;这就是说,除非当流通中的货币量加倍的时候,那些向市场提供两盎司白银的人恰好是(而且仅仅是)过去向该市场提供一盎司白银的人。这种情况是难得发生的。我认为,当大量剩余的货币流入某国之后,这笔货币将使该国的消费发生新的变化,甚至使流通速度发生新的变化。但要确切地说明这种新变化的程度则是不可能的。[9]

不仅如此,正如赫伯特教授所指出的,坎替隆还就货币进入消费或投资所产生的不同后果,进行了精彩的原初奥地利式的分析。如果新货币被用在消费品上,那么商品将"根据得到货币的那些人的爱好"被购买,其价格将提高,相对价格必然改变。相反,如果新增加的货币被贷款人获得,将会增加信贷供给,暂时地降低利息率,因而会增加投资。坎替隆批判了常见的肤浅观点,即利息是一种纯粹的货币现象(约翰·梅纳德·凯恩斯把这种观点又带回到20世纪),他认为利息率由借款人和贷款人的数量以及相互作用决定,就像特定商品的价格由买者与卖者的相互作用所决定一样。例如,坎替隆指出:

如果该国充裕的货币被贷款人获得,增加贷款人的数目无疑将使现行利息率下降。但如果被挥霍者获得,它就会产生刚好相反的结果。由于企业家的数目增加了,他们由于这种增加的支出将会找到事情做,将需要借款去扩张他们的企业以满足各类消费者,这将提高利息率。

因此,货币供给的增加,既可能会暂时降低也可能会暂时提高利息率,这取决于谁获得新货币:是贷款人,还是那些受到他们新发现的财富的鼓舞而借款办新企业的人。此外,在对信用扩张降低利息率的分析中,坎替隆也第一次显示了后来奥地利经济周期理论的线索。

另外,坎替隆第一次详尽地分析了货币需求,或者毋宁说它的倒数,即流通速度是如何影响货币冲击进而影响价格变化的。

他指出："在交换中,货币流通的加速或更大的速度,等于把真实货币增加到了某一点。"价格不会完全按照货币数量变动的比例来变动,原因之一就在于流通速度的变化："一条沿着河床辗转奔流的河流当水量增加一倍的时候,它的流速并不会随之增加一倍。"坎替隆也看到,对现金余额的需求依赖于社会中支付发生的频率。门罗（Monroe）总结了坎替隆的观点："支付的间隔越长,在付款人手中积累的数额就越大,这个国家所需要的货币就越多"。[10]此外,如果人们的储蓄量大,他们可能会"在一段相当长的时间内把货币锁起来"。另一方面,更有效的债务清偿系统的发展,包括纸币,将会节约现金："商人之间使用抵消账户,以及银行家和金匠的银行券的使用,将提高流通速度,因为这些人手中不需要持有等量的货币。"坎替隆总结了他对数量与速度之间的相互关系："按照我们已经确立的原则,在我们所考察的国家,流通中的货币数量根据其流通速度的快慢,确定或决定每一种东西的价格。"

对于金银之间的关系,坎替隆也进行了精彩的分析,他提倡金银交换比率自由波动,攻击任何想要固定这种比率的尝试,而这些尝试可谓历史悠久。因为这种比率必然是与市场比率相偏离的。因此,坎替隆看到了在两种贵金属之间,试图以固定平价保持复本位制所存在的问题。

总而言之,我们可以理解哈耶克在总结坎替隆的货币理论时所表现出的兴奋之情："无疑,坎替隆的货币理论取得了极大的成就,他至少在这个领域是前古典时期最伟大的经济学家,那些古典作家在许多方面,不仅没有超越,甚至未能赶上他。"[11]

12.8 国际货币关系

坎替隆博大精深的货币理论中最值得关注的部分(肯定也是最受历史学家关注的部分),是他对国际货币均衡趋势的开创性分析,也就是硬币—流动—价格机制,该理论通常被归于大卫·休谟后来所发表的著作。

坎替隆把他对国内货币供给变动的"微观分析",应用到国际间货币分配。两个多世纪以来,欧洲的重商主义作家和政治家鼓吹,增加一国的硬币供给是提高国家实力的手段,他们越来越明白,如果缺乏金矿银矿,一国只能通过贸易顺差来增加其货币存量。对重商主义者来说,并不是每个国家都可以成功实行这一政策,因为某些国家的贸易"顺差"必然会被其他国家的贸易"逆差"所抵消。在这种不平衡的情况下,一国只有通过限制主义与好战政策,使其他国家受损,才能使自己获得利益。然而,在这样的背景下又产生了一个问题:由于大多数作家至少大致了解"数量论",或货币价值的供求分析,一种内在矛盾便出现了。因为如果 A 国设法获得贸易顺差以积累硬币,硬币的增加将提高 A 国的价格,使该国产品在世界市场缺乏竞争力,最终会产生贸易逆差。

没有人比坎替隆更清楚货币与国际收支问题的了。他指出一国可以通过采矿也可以通过补贴、战争、"无形"支付、借款或与他国的贸易顺差来获得硬币。但是,在坎替隆的过程分析中,矿山使用者和出口商将花掉或贷出货币。新货币的部分支出必定会流向国外,而且货币存量的增加将提高本国的价格,使国内商品缺乏竞争力,出口将下降,对廉价外国产品的进口将增加,黄金将流出本国,使贸易的顺差发生逆转。

这样,坎替隆就发展出了一种与其国内分析有机整合的国际货币理论,并成为最早提出国际货币均衡理论的人之一。至少在长期中,世界市场会挫败政府试图干预并确保贸易顺差的努力。此外,应当看到,坎替隆的分析包含了均衡化的硬币—流动—价格机制的两个主要构成部分的基础:新现金余额的支出将增加进口;货币供给提高会引起国内价格上升,价格上升将引起出口减少、进口增加。

理查德·坎替隆完全了解重商主义的严重内在矛盾:增加硬币将提高价格,进而会损害导致硬币增加的国际收支顺差。但他建议国王储藏大部分新增货币以防止提高价格,则是不能解决问题的,原因在于货币最终要被支出,一旦支出,不管愿意不愿意,可怕的价格上涨就一定会发生。

然而,萨莱诺教授在对坎替隆大加赞美之时,也措辞谨慎地指出,坎替隆只能被称为"半个均衡"理论家,因为关于均衡状态是什么样子,他并没有一个令人满意的描述,也没有世界经济稳定地趋向于均衡的思想。结果,坎替隆并没有提出一个关于国际金银均衡分配的理论。[12]相反,他认为经济总是处于无休止的非均衡循环之中,而不是趋向于均衡。

12.9 市场的自我调节

把时间浪费在坎替隆是不是"重商主义者"这样一个没有结果的问题上,是没有意义的。18世纪的著作家自己并不这样分类。虽然坎替隆前后矛盾地建议,国王应当聚集得自贸易顺差的财富,这与当时建设国家的思想是一致的,但坎替隆著作的核心本质是自由贸易和自由放任导向,因为重商主义的措施最终会自我挫败。更为重要的是,坎替隆第一次详细说明,市场经济的所有部分,以一种"自然"、自我调节和均衡的方式组合在一起,现有的供给和需求决定价格和工资,最终决定生产方式。此外,消费者的评价决定需求,人口根据文化和经济因素进行调整。保持经济均衡的人是企业家,他们适应并应对市场中普遍存在的不确定性。如果市场经济的确是和谐地自动调节的(尽管对某些浅薄的观察家来说是"混沌的"),那么政府干预本身就或者是事与愿违的,或者是不必要的。

特别有启发意义的是坎替隆对高利贷法的态度,这一难题最终给中世纪复兴的天主教经院学者的全部经济分析带来了无法辩解的坏名声。这位精明的商人和银行家看到,市场中的特定利息率,与债权人所面临的违约风险是成比例的。高利息是高风险的结果,而不是剥削或压迫的结果。坎替隆指出:"一国的所有商人都习惯于把商品和产品在一段时间内赊给零售商,并使他们的利润率或利息率同他们所承担的风险成比例。"高利息率只能带来低利润,因为风险性贷款中的违约比例也高。坎替隆也看到,晚期的天主教经院学者后来最终(虽然是不情愿)允许风险性贷款索取高利息率。此外,不能强行规定最高利息,因为只有放债人和借债人才能决定他们自己的担心与需要:"因为这种交易实际上依赖于放债人的担心程度和借债人的需要程度,他们很难找到某个确定的限度。"

最后，坎替隆认识到高利贷法只会限制信贷，因而会提高利息率，在黑市中甚至更高。因此，高利贷法不会降低反而会提高利息率："因为契约双方只服从竞争的力量，或由放款人和借款人之间的比例所决定的现行价格，他们将会做秘密交易；而法律的限制只能增加交易的困难，从而提高而不是压低利息率"。

12.10 坎替隆的影响

在18世纪，理查德·坎替隆的开创性著作《概论》被广泛阅读，并产生了巨大的影响。按当时的习惯，以"地下"手稿的形式，被文学、科学和知识分子中关心思想前沿发展与当时现实问题的人士广泛阅读。对此类手稿的普遍信任源自当时法国严厉的审查制度。

从18世纪30年代早期写作完成后，《概论》就被广泛阅读，1755年正式出版之后更是如此。第一个经济学派重农主义者，以及他们伟大的合作者或同路人A. R. J. 杜尔阁，都迫切而全面地研究这本著作。在18世纪那个没有国家偏见的社会，英国与法国的知识分子是不分彼此的，伟大的苏格兰哲学家大卫·休谟也确实阅读了《概论》，并做出了回应。而且它还是休谟的亲密朋友亚当·斯密所引用的少数几本书之一，斯密对自己的独创性的超级感觉，使他不引用或承认许多前辈的著作。因此，在1776年《国富论》出版之前，坎替隆在欧洲大陆和英国经济学家中有极大的影响。然而《国富论》出版之后，坎替隆的知识与影响跌入低谷，在斯密之后，人们通常习惯于忽视亚当·斯密之前的每一位经济学家。19世纪，人们一般习惯于忽略亚当·斯密之前的经济学家的知识,对早期经济学家的看法极为不公,并且产生了错误的幻觉(现在仍普遍有这种幻觉),以为经济科学是完整地从一位伟大人物的头脑中蹦出来的,就像人们想象体态婀娜、披坚执锐的雅典娜从宙斯的脑袋里蹦出来一样。但是,这种斯密崇拜最糟糕的地方在于,这些不为人知的经济学家在许多方面比亚当·斯密更深刻,由于遗忘了他们,许多深刻的经济学失传至少一个世纪。正如我们即将看到的,在许多方面,亚当·斯密偏离了经济学,即偏离了开始于中世纪及后来的经院学派,并由18世纪法国和意大利的著作家传承的欧洲大陆传统的经济学,从正确的路径转向了一条非常不同、非常荒谬的道路。斯密的"古典经济学"(正如我们将要称呼它的那样)陷入了以下泥潭:总量分析、价值的生产成本理论、静态均衡状态、"微观"与"宏观"的人为划分、整体的和静态分析的所有包袱。

对斯密之前的经济学令人遗憾的抹煞,使斯密的古典经济学占领并统治了经济思想一百多年。19世纪70年代的"边际革命"特别是那时出现的奥地利学派的理论,在许多方面使经济学重新回到斯密之前欧洲大陆的个人主义、微观分析和主观价值的正确道路。所以,1881年坎替隆本人被英国的"准"奥地利边际革命者W.斯坦利·杰文斯所重新发现绝不是偶然的,杰文斯以令人赞赏的热情重新发现那些被占支配地位的斯密—李嘉图的正统理论所遮蔽的、被遗忘的经济学家。

但令人遗憾的是,经济学还远没有摆脱斯密—李嘉图的包袱。当代奥地利理论的复兴,许多主流经济学家进行的偏离当代正统理论的研究不断增加,对于完成"边际革命"(这个名称有问题,实际上应是个人主义—主观主义革命)的目标,彻底摆脱古典的英国范式来说,都是一种有益的尝试。

12.11 注释

1 在坎替隆研究中存在着非常严重的混乱,因为理查德的堂兄、父亲、曾祖父、高祖父都叫理查德。
2 理查德的母亲布里奇特(Bridget),也姓坎替隆,来自利默里克郡,这使得家族谱系更加混乱。在坎替隆家族中,理查德的父亲与母亲是远房表兄妹。理查德的祖父与布里奇特的曾祖父都是第一位理查德·坎替隆爵士的儿子。
3 在泡沫达到顶峰的时候,奥尔良公爵夫人感到惊愕,她写道:"难以想象法国现在拥有的财富。每个人张嘴就是数百万。我完全不明白,但我清楚地看到了在巴黎实行绝对君主专制的财神爷。"引自约翰·卡斯韦尔(John Carswell):《南海泡沫》(*The South Sea Bubble*)(斯坦福:斯坦福大学出版社,1960年),第101页。
4 埃格蒙特的日记引自安东尼·E. 墨菲:"理查德·坎替隆:银行家与经济学家"(Richard Cantillon-Banker and Economist),《自由意志论研究杂志》,第VII卷(1985年秋季号),第185页。
5 F. A. 冯·哈耶克:"坎替隆《概论》德文本导言",(耶拿:古斯塔夫·费舍尔出版公司(Gustav Fischer),1931年);引自迈克尔·奥苏立勃海恩翻译的哈耶克的导言,《自由意志论研究杂志》,第VII卷(1985年秋季号),第227页。
6 在亚里士多德思想盛行的时候,坎替隆就断言,"土地是所有财富由以产生的源泉或材料",而"人的劳动是生产它的形式",然而财富不是商品的内在属性,"只是维持生活,方便生活和使生活舒适的资料"。
7 在仅有165页的《概论》中,坎替隆不下110次单独提到企业家。
8 维克斯恰当地写道:"在坎替隆那里,与[18世纪]前半叶的其他学者正好相反,在理论与解释中是趋向于一种动态,而反对基于细小的、微观经济的形式对货币问题给以明确和静态的描述。他的经济分析总是始于单个的经济数量。"此外,"市场价格、货币价格和经济活动与就业的水平不能看作是均质的变量。《概论》的兴趣在于经济中市场价格的结构、市场供给条件的结构以及活动的结构。"道格拉斯·维克斯(Douglas Vickers):《货币理论研究:1690—1776 年》(*Studies in the Theories of Money,1690—1776*)(费城:奇尔顿出版公司(Chilton Co.),1959年),第 187—188 页。

9 引用与讨论见吴志远,《国际价格理论概述》(伦敦:乔治·劳特利奇—森斯出版公司,1939 年),第 66—67 页。

10 阿瑟·伊莱·门罗(Arthur Eli Monroe):《亚当·斯密之前的货币理论》(*Monetary Theory Before Adam Smith*)(1923 年,重印版,马萨诸塞州,格洛斯特:彼得·史密斯出版公司(Peter Smith),1965 年),第 255—256 页。

11 见注释 5 所引冯·哈耶克的文献,第 226 页。

12 萨莱诺指出,至少在这个方面,坎替隆的研究要逊于不知名的英格兰作家艾萨克·热尔韦的《世界贸易体系与理论》(1720 年)。热尔韦分析了确立均衡的过程,相信趋向于均衡状态的稳定过程,他是第一位指出这种均衡的人,贵金属的分配将与其国际需求相一致,而这种需求存在于每个特定国家的生产活动之中。在 20 世纪中期被雅各布·瓦伊纳重新发现之前,一直无人读过热尔韦的小册子。艾萨克·热尔韦,《世界贸易体系与理论》,J. M. 莱蒂奇(J. M. Letiche)编(巴尔的摩:约翰·霍普金斯大学出版社,1954 年)。

然而,与坎替隆的开创性微观经济过程分析相比,热尔韦的总量、宏观经济的方法,要略逊一筹。

第 13 章　18 世纪中叶法国的重农学派

- 13.1　宗派
- 13.2　自由放任与自由贸易
- 13.3　自由放任思想的先驱：阿戎松侯爵
- 13.4　自然法与财产权
- 13.5　对土地的单一税
- 13.6　"客观"价值与生产成本
- 13.7　经济表
- 13.8　策略与影响
- 13.9　丹尼尔·伯努利与数理经济学的创立
- 13.10　注释

13.1 宗派

在坎替隆的《概论》出版后不久,第一个自觉的经济思想流派在法国发展起来。他们称自己为"经济学家",但在提出了他们主要的政治经济原则——重农主义(自然原则)之后,又称为"重农主义者"。重农学派拥有一位权威的领导人——重农学派范式的创始人——一位优秀的宣传家,以及几位位居高官的门徒和杂志编辑。重农主义者互相提携,用热情洋溢的词语评价彼此高产的作品,频繁聚会,定期在沙龙中散发论文,讨论各自的论著,其行为通常就像一场自觉的运动一样。他们以核心重农主义者为基础,波及到有影响的同路人与同情者。令人遗憾的是,重农主义者很快就采取了学派加教派的方法,对其领导人毫无批评地滥加赞美,使其不仅是经济思想中一个重要范式的创始人,而且也成为一个宗师。

重农学派的奠基人、领导人和教主是弗朗索瓦·魁奈(François Quesnay,1694—1774年)医生,他精力充沛、魅力超凡,并且富有求知欲,是18世纪启蒙运动知识分子的典型。由于受到自然科学的冲击,许多知识分子都受到伟大的艾萨克·牛顿的影响。魁奈作为一个富裕农场主的儿子,在他所选择的医学职业领域,博览群书。作为外科医生和内科医生,魁奈声誉日隆,撰写了一些医学著作,后来又成为农业科学专家,写书讨论农业技术。1749年,在55岁的时候,魁奈成为路易十五国王的情妇蓬巴杜夫人(Madame de Pompadour)的私人医生,数年后又成为国王本人的侍医。

18世纪50年代后期,在他60多岁的时候,魁奈医生开始涉猎经济问题。重农主义运动形成的时间,可以精确到1757年7月的某一天,那一天教主遇到了他的首席专家和宣传员。正是那个时候,魁奈医生见到了精力充沛、好战而热情、略微古怪的米拉波侯爵维克多·里凯蒂(Victor Riqueti, the Marquis de Mirabeau, 1715—1789年)。米拉波是一个不满现状的贵族,有大把的闲暇时间,刚刚出版了一本多章节著作的前几部分,标题辞藻浮华,叫做《人类之友》(L'Ami des hommes),极为畅销。这本书迷住了许多法国人,虽然辞藻华丽但缺乏体系,同时奇怪地采用了17世纪陈旧的行文方式。在写作《人类之友》期间,米拉波曾是已故的坎替隆的准门徒,后者因出版了《概论》而名声大噪,但与魁奈的会面很快使他改变观点,成为魁奈医生的优秀示范者和传播者。这位有点小怪癖的医生的思索,现在成为一个思想流派,成为一种值得认真对待的力量。

重农学派的两位奠基人都有很高的地位,这有力地推动了他们的事业。魁奈是宫中重臣,米拉波的声望和贵族地位,使重农主义运动具有很大的力量和影响。但在专制主义和审查制度的时代,政治经济学仍然是危险的,魁奈以笔名或通过其学生小心地出版了其作品。实际上,米拉波因写作《赋税原理》(Théorie de l'impôt),特别是因其激烈攻击沉重的税收和"包税制"的财政体制(在这种体制下,国王把征税权出售给私人企业或"农场主"),于 1760 年被投入监狱两周。当然,在蓬巴杜夫人的大力帮助下,他被释放了。

重农主义者通过连续出版杂志和定期举办沙龙来活动,有些沙龙在魁奈医生的家中举行,最有名的是每星期二晚上在米拉波侯爵府上举办的研讨会。主要的重农主义者有:皮埃尔·弗朗索瓦·梅西埃·德·拉·里维埃(Pierre François Mercier de la Riviere,1720—1793 年),其《政治社会的自然与本质秩序》(*L'Ordre natural et essentiel des societes politiques*,1767 年)是该学派论述政治哲学的主要著作;尼古拉斯·博多神父(Abbé Nicolas Baudeau,1730—1792 年),重农学派的编辑和记者;纪尧姆·弗朗索瓦·勒·特龙(Guillaume François Le Trosne,1728—1780 年),法理学家和经济学家;这个团体最年轻的成员是皮埃尔·萨谬尔·杜邦·德·内穆尔(Pierre Samuel Du Pont de Nemours,1739—1817 年),他是秘书、编辑和政府官员,后来移民美国,创建了著名的火药制造家族企业。

重农主义团体的教派性质本身,绝不比他们在自己导师身上使用的形容词更为露骨。魁奈的追随者宣称魁奈看起来像苏格拉底,他们习惯把他称作"欧洲的孔夫子"。实际上,尽管亚当·斯密和其他人都曾经谈及他的伟大"谦逊",但魁奈医生把自己看作拥有与中国圣人同样的所谓智慧与荣耀。米拉波走得更远,他宣称人类历史上最伟大的三种发明是:书写、货币和魁奈的著名图表《经济表》。

这一宗派持续了不到 20 年,18 世纪 70 年代后迅速瓦解。有几个因素可以说明这种突然的衰落。其一是魁奈在 1774 年去世,实际上在生命的后期,医生已经对学派不感兴趣,他的兴趣转移到数学研究上,声称已经解决了古老的求解与圆面积相同的正方形面积的问题。此外,两年后,其同路人财政大臣 A. R. J. 杜尔阁失宠,以及米拉波夫人和孩子挑起的公共诽谤活动,使得米拉波名誉扫地,重农学派因此失去影响。而且同年斯密的《国富论》出版,很快就出现了忽视斯密以前的所有思想的不好习惯,好像新的"政治经济学"这门科学是亚当·斯密一手创造、无中生有的。

13.2 自由放任与自由贸易

重农学派主要研究两个领域:政治经济学和技术经济分析,但他们在这两个方面所做贡献的质量差距如此之大,几乎令人愕然。在一般意义的政治经济学方面,他们通常富有洞察力,做出了重要的贡献,而在技术经济学方面,他们引入了很多惊人的、常常是非常奇怪的谬误,这些谬误后来折磨了经济学很长时间。

在政治经济学中,重农主义者是最早的自由放任思想家,轻蔑地卸下重商主义的所有包袱。他们提倡国内外完全的自由企业和自由贸易,取消补贴、垄断权或限制。通过取消这些限制和勒索,商业、农业以及整个经济都会繁荣起来。关于国际贸易,虽然重农学派没有坎替隆那样睿智、精巧的硬币—流动—价格机制,但在挑战重商主义的全部谬误与限制方面,他们比坎替隆更大胆。他们指出,一国试图多向外国销售、少从外国购买是荒谬的、自相矛盾的,销售和购买是同一硬币的两个侧面。此外,重农学派早于古典经济学认识到,货币不是至关重要的,在长期中,商品(真实物品)相互交换,货币仅仅是媒介。所以,关键目标不是积聚金块,或遵循永久的贸易顺差的狂想,而是拥有一种用实际产品来表示的较高的生活水平。谋求积聚硬币,意味着一国人民仅仅为了获得货币而放弃实际商品,因此在实际意义上,他们失去的财富大于获得的财富。实际上,货币的全部意义在于与实际财富相交换,如果人们只是把货币堆积在一起,储藏起来,而不使用,他们将会永久地失去财富。

1774年,杜尔阁就任法国财政大臣,他的第一个法案就是判令谷物进出口自由。由其助手杜邦·德·内穆尔撰写的法令导言,以优美简洁的文字总结了重农学派(也是杜尔阁)的自由放任政策:它宣布,设计新的自由贸易政策的目的在于

> 鼓励和扩展对土地的耕种,土地的产品是一国最真实和最明确的财富;保持谷仓的丰裕,促进外国谷物的进口;阻止谷物价格下降到抑制其生产者的程度;通过取消私人特许,促进自由和完全竞争,保持不同国家之间超过必需限度以上的剩余物品的相互交换,来消除垄断,这是符合神圣的上帝所确立的秩序的。[1]

虽然重农学派在正式场合支持完全的贸易自由,但他们不断攻击的热情(这反映了他们通常很古怪的经济学)是要取消谷物自由出口的所有限制。他们着重要取消一项长期存在的限制,但似乎对谷物进口自由和制成品出口自由没有太大热情,这

是可以理解的。所有这些都被包裹在重农学派对高的农产品价格的持久热情之中，这种高价格本身几乎被视为一种利益。实际上，重农学派不赞成制成品的出口，因为这会与农产品出口产生竞争，降低农产品的价格。魁奈医生竟然写道："享受没有制成品出口的国度吧，因为农产品出口会使农产品价格保持在较高水平，以至于不生产阶级不能把其产品销往国外"。正如我们下面将要看到的，"不生产阶级"是指农业之外的所有人。

13.3 自由放任思想的先驱：阿戎松侯爵

重农学派是最早强调和发展自由放任思想的经济学家，然而他们在法国的政治家和商人中也有一些著名的思想先驱。正如我们已经看到的，17世纪后期，自由放任概念在法国专制主义的古典自由主义反对派中发展出来。他们包括商人如托马斯·勒让德尔（Thomas Le Gendre），和功利主义的官员如贝莱巴和布阿吉尔贝尔。

连接17世纪末18世纪初自由放任作家与18世纪60、70年代重农学派的人，是杰出的政治家阿戎松侯爵雷内—路易斯·德·沃伊尔·德·帕尔米（Rene-Louis de Voyer de Paulmy, Marquis d'Argenson, 1694—1757年）。阿戎松侯爵出生官宦世家，祖上曾出任大臣、地方官、总督等，阿戎松看到了迫在眉睫的自由放任革命，其雄心壮志是当上首相，为法国服务。阿戎松终生博览群书，笔耕不辍，但只是在18世纪50年代早期，在自己的《经济杂志》上发表了几篇文章，这些文章没有正式刊印，但以手稿的形式广为流传。很长时间以来，历史学家错误地认为，阿戎松在1751年《经济杂志》中的一篇文章中,创造了自由放任一词。

虽然阿戎松并没有首创自由放任一词,但自由放任是他反复向法国当局呼吁的,即使由于这种观点,他被政府中的所有同事当作古怪的人而被辞退。在早年就任佛兰芒边区总督的时候,阿戎松看到佛兰德边境地区自由人和自由市场的经济与社会的优越性,大受启发。之后,受到了费奈龙、贝莱巴和布阿吉尔贝尔作品的极大影响。

阿戎松把自爱自利当作人类活动的重要原因,每个人都为追求快乐而投入精力与生产力。对阿戎松来说,人类社会生活具有"内在协调的自然趋势,如果取消人为限制、人为协调和人为激励的话。"阿戎松希望开明的君主能够取消这些人为的补贴与限制,他指出在理想社会,君主几乎没什么事情要做。"一个人管事太多,就会把每件事都搞砸。……最好的政府管事最少。"因此,阿戎松侯爵比托马斯·杰斐逊更早地做出了这一著名论断。

阿戎松断定:"每个个人都[应]为自己的利益努力,而无须忍受限制和计划不周的防范措施。每一件事都会完美地运转……"。然后他延续了贝莱巴提出的原初的哈耶克式的观点:

> 正是这种完美的自由使得商业科学变得不可能了,在这个意义上,我们的那些投机思想家都清楚这点。他们想要用命令与管制指导商业,但要做到这一点,他需要完全知晓与商业有关的利益,……从一个人到另一个人。由于缺乏这些知识,在其恶

果方面,它[商业科学]比无知更加糟糕。……所以,自由放任!(*Eh, qu'on laisse-faire*!)

13.4 自然法与财产权

重农学派不仅一贯坚持倡导自由放任,而且支持自由市场和个人与财产的自然权利运动。英格兰的约翰·洛克和平等派,把相当含混、整体的自然法观念转化为清晰、坚定的个人主义概念,即每一个单个的人都拥有这样的自然权利。但是重农学派最早把自然权利与财产权利概念应用到自由市场经济。在某种意义上,他们完成了洛克的工作,把完整的洛克主义带到经济学之中。魁奈和其他重农主义者,也受到典型的18世纪启蒙运动关于自然法的思想的启发:单个人的人权与财产权深深嵌入一套由造物主设计、并且为人类理性之光所发现的自然法之中。因而,在更为深远的意义上,18世纪的自然权利理论,不过是中世纪与后中世纪的经院学派的自然法思想的精致变体。现在,所谓权利,显然是个人主义的,而不是社会的或附属于国家的;这组自然法是可以被人类理性所发现的。17世纪荷兰的新教徒、真正的新教经院学者胡戈·格劳秀斯,深受晚期西班牙经院学派的影响,发展出了一种自然法理论,大胆地宣布这种理论完全与究竟自然法是否由上帝所创造的问题无关。这种思想的种子也存在于圣托马斯·阿奎那和后来的天主教经院学说中,但从未像格劳秀斯那样清楚、完整地阐明。或者用自柏拉图以来就一直迷惑政治哲学家们的词语来说:究竟是由于某物事实上是好的,上帝才爱它,还是由于上帝爱它,某物才是好的?前者总是那些信仰客观真理和客观伦理者的回答,即某物是好的还是坏的,与自然和实在的客观法则相一致。后者则是唯信仰论者的回答,他们相信不存在客观的权利或伦理,只有纯粹上帝专断的意志(如启示所言),可以决定事物对人类是好还是坏。格劳秀斯的观点是客观主义、理性主义立场的权威表达,因为对他而言,自然法是人类的理性所发现的,18世纪的启蒙运动本质上是格劳秀斯分析框架的延伸。启蒙运动在格劳秀斯之外又加上了牛顿,他把世界看作是一套和谐、精确(如果不是机械的话)的相互作用的自然法。虽然像他们那个时代(18世纪)的几乎每个人一样,格劳秀斯和牛顿都是狂热的基督徒,但从他们的前提开始,容易陷入自然神论,按照这种理论,上帝是伟大的"钟表匠",或者是万物的自然法的创造者,然后从舞台消失,让他的创造物自己运行。

然而,从政治哲学的立场看,魁奈和其他重农主义者是天主教徒还是自然神论者(杜邦具有胡格诺教派背景),这一点也不重要:因为给定他们的世界观,他们对于自然法和自然权利的态度在这两种情况下都是一样的。

梅西埃·德·拉·里维埃在《自然秩序》(*L'Ordre naturel*)中指出,上帝的造物的一般计划为统治万物提供了自然法,对于这一法则,人不能有任何例外。人只需要通过推理来了解将会导致他有最大幸福的条件,然后遵循这一路线。人类的所有罪恶都来自于忽视和违背这些法律。按照人的本性,自卫权意味着财产权,对于任何个人得自土地的产品的财产权,都要求对于土地自身的财产权。但如果没有使用的自由,财产权就根本不存在,所以自由来自于财产权。人像社会动物一样活动,通过财产的贸易与交换,可以使所有人的幸福最大化。此外,由于人的能力生来不同,是不平等的,每个人相同的自由权利自然产生了社会地位的不平等。这样,梅西埃认为,财产权和自由市场是一种社会秩序,这种秩序是自然的、明确的、简单的、不可改变的,有益于所有人的幸福。

或者,如魁奈在其《自然法》(Le Droit naturel)中所言:"每一个拥有自然权利的人,都可以自由使用其才能,只要不伤害他自己或其他人。这种自由权必然会导出财产权",政府的唯一功能就是保护这一权利。[2]

重农学派时髦的新理论引起了欧洲许多统治者的兴趣,他们为之痴迷,竭力想从其主要理论家那里获得真知。法国皇太子曾经向魁奈诉说当国王的难处,魁奈医生的回答相当简单。皇太子问道:"如果您当国王,将会怎么做?"魁奈医生直接、断然、庄重地回答:"什么也不做。""但谁来统治呢?"皇太子嘟哝道。"法律",也就是自然法,这是魁奈明确但无疑令人不快的回答。

类似的回答也令俄国女沙皇凯瑟琳大帝(Catherine the Great)不悦,她请来梅西埃·德·拉·里维埃(法理学家,曾担任马提尼克总督),教导她如何统治。关于法律应以什么为基础,梅西埃这样回答女皇:"只能以一种东西为基础,夫人,即事物与人的本性。"女皇继续道:"但是,国王怎么知道赐予臣民何种法律?"对这一问题,梅西埃尖锐地答道:"夫人,关于赐予或制定法律的任务,上帝从未给予任何人。噢!人怎么能认为自己有能力为他完全不了解的人制定法律呢？……"梅西埃接着说，统治的学问在于研究和认识"上帝明确地铭刻在每一个人类组织中的法律，是上帝让它存在"。梅西埃补充了中肯的警告："若超越这一点，必将带来巨大的灾难和毁灭性的行为"。

女皇很客气，但明显不悦，"先生，"她敷衍道，"很高兴与您谈话。祝您愉快。"

13.5 对土地的单一税

强调自然权利、自由放任的自由意志主义者在其理论中经常面对一些问题或缺陷。其一为课税。如果每个个体都拥有不受侵犯的财产权利，而且这些权利受政府保护，那么课税本身就是对财产权的侵犯，这立即给自由放任理论家带来一个问题：税收应多高？谁来缴税？

17世纪最后几十年和18世纪早期，古典自由主义（尽管尚未成熟）诞生于法国，反对路易十四的国家专制主义。这些自由主义者热衷的方案，是马歇尔·沃邦和德·布阿吉尔贝尔先生等人设立的单一税，对所有收入或财产征收一个比利税。其想法是，用这种简单、直接、统一的税收取代在17世纪发展起来的法国怪异、残缺的税收体系。

为了解决征税问题，魁奈医生和重农学派提出了自己设想的单一税（*l'impot uique*）——对于土地的单一税。其设想是税收应降低，应为比例税，而且仅对土地和土地所有者征税。

单一税的基本原理源自重农学派的独特观点，只有土地是生产性的。土地是生产性的，这是因为它创造了物质，而其他的所有活动,如贸易、商业、制造、服务等等虽然确实是有用的,但都是"不生产的",因为它们只是改变或改造物质,而不是创造。由于只有土地是生产的,所有其他活动都是不生产的,按照重农学派的看法,任何别的税收都会通过价格体系,转移到土地之上。所以,间接或迂回地向土地征税,将削弱或扭曲经济活动;而以单一税公开、一致地向土地征税,则会把经济活动从沉重的税负中解放出来。

从经济理论的观点来看,只有土地是生产性的这一重农学派的著名信条,是怪异和荒谬的。与坎替隆相比,它在洞察力方面极为逊色,坎替隆把土地和劳动都看作是原始的生产要素,而企业家是市场经济的发动机,他们根据消费者的需求和市场的不确定性调节资源。在那个时代,农业的确是主要行业,大多数商业是在运输和销售农产品,但这不能成为"只有土地具有生产性"的荒谬学说的理由。

应用罗杰·加里森(Roger Garrison)教授关于亚当·斯密的基本世界观的见解,才可能对这种古怪理论给出一种解释。斯密比重农学派的怪异程度要差一些,他认为只有物质产出——与无形服务相反——才是"生产性的",而非物质的服务是非生产性的。加里森指出,这里真正的差别不在于物质与非物质的商品和服务,而在于资本品与消费品,它们在本质上或者提供直接的服务,或者提供可在未来使用的服务流。因此,对斯密来说,"生产性"劳动只是指进入资本品、建立未来生产能力的活动。而为消费者直接提供服务的劳动则是"非生产的"。简言之,虽然斯密拥有自由市场倡导者的声誉,但与资本品相对比,他拒绝接受对消费品生产的自由市场配置,他对投资和增长的喜爱程度超过了市场。

同样,重农主义者具有类似的世界观,难道不是吗?重农主义者也强调物质产品,农产品是主要的物质产品。重农主义者也极为关注经济增长,关注增加投资和国民产出,特别是关注加大农业的资本投资。实际上,重农学派对自由市场的选择并不满意,特别希望加强消费者对农产品的需求。按照重农学派的看法,对农产品的高消费是有益的,而对制成品的高消费将会增加"非生产性"开支,挤占对农产品合意的购买。

有些经济学家竟然猜测重农主义者会特别赞赏农产品价格支持政策。斯皮格尔教授相信,如果重农主义者

面临着在自由放任与旨在支持农产品价格的干预政策二者之间进行选择的话,他们将会选择干预。这意味着,解决他们心目中的首要经济问题的手段,就是发展本国的农业,而不是对竞争框架内的私人开创精神的无条件信赖。[3]

也许应用加里森的见解可以得到的秘密,是斯密和重农学派关于高利贷立法的共同态度。虽然他们一贯宣传绝对的、不受侵犯的财产权,以及在国内外贸易的自由,但魁奈与重农主义者拥护高利贷法,否定借贷自由。亚当·斯密也有类似的失常现象。正如我们在后面将要看到的(第16章),也如加里森所指出的,斯密持有这种立场是有意识地要把信贷从"非生产性"、高风险、高利息支付的投机者和消费者那里,转移到"生产

性"、低风险的投资者那里。同样,魁奈抨击由高利息率和非生产性借款人挤占信贷而引起的对于投资和资本增长的限制,否则这种信贷会进入资本化的农业。传统道德思想以所谓货币的"不生产性"为基础,支持高利贷法。但对重农学派而言,除农业外的所有活动都是"非生产的",所以问题不如说是这种借款对"生产部门"构成了竞争压力。正如伊丽莎白·福克斯—热那亚所说:"魁奈……认为,高利息率恰好构成了对于一国生产活动的税收:对没借款的人征的税,与借了款的人一样多。"[4]

的确,重农学派在这里关注的问题是政府债务,政府债务确实提高了利息率,把资本从生产部门转移到非生产部门。但在这种分析中有两个缺陷。第一,并不是所有的非农业债务都是政府债务,所以并不是所有的高利息都是对生产者的"税收"。这使我们又回到重农学派的古怪观点:只有土地是生产性的。高利贷法不仅会损害政府债务,而且会损害其他形式的借款。第二,允许政府债务存在,而又试图通过对高利贷实施严厉的限制,来抵消其不良后果,这似乎是荒唐的。确实,从根本上处理这一问题,要求消除政府债务,将是更为简单、直接且更少具有扭曲性的方法。高利贷法只会使情况更糟糕,损害自由的、生产性的信贷。

所以,与终止政府债务相比,魁奈(他是富裕农场主的儿子)对给予农场主的信贷补贴和排除有竞争的借款人的兴趣要大得多。

还有另外一种方法可以解释重农学派将土地视为单一生产要素的看法。它集中于重农学派建议的单一税。更明确地说,重农学派认为生产阶级是农场主,他们从土地所有者手中租用土地,并且耕种。土地所有者只是部分生产性的,这种"部分"生产性是来自于他们对农场主的资本预付。但是重农学派确信通过租地竞争,农场主的收益因叫价而消失,所以,实际上所有的"纯产品"(produit net)——社会中唯一的纯产品——都被该国的土地所有者获得了。故而,单一税应是只针对土地所有者的比例税。

诺曼·J. 韦尔(Norman J. Ware)教授把重农学派及其对土地的唯一生产性的强调,解释为不过是土地所有者阶级利益的理性化。许多经济思想史学家郑重地接受了这种假说。但是让我们问自己一个问题:"哪种自洽的学说会说,请向我征收所有的税吧?"重农学派政策的受益人其实是每一个经济阶级,除了土地所有者还有魁奈医生自己的农场主阶级。[5]

13.6 "客观"价值与生产成本

虽然重农学派对于政治经济学和自由市场的重要性拥有有用的见解,但他们对于技术经济分析富有特色的贡献不仅是错误的,而且在某种意义上给经济学科的未来带来了灾难。

数个世纪以来,通常包含在经院学者论述中的主流经济思想认为,商品的价值以及价格,在市场中由效用和稀缺性决定,即由消费者对给定产品供给的评价决定。经院学派和后经院学派的经济学从根本上解决了古老的钻石与面包或钻石与水的"价值悖论"问题:面包对人如此有用,可为什么在市场中价格如此之低;而钻石几乎没什么用,却如此昂贵?答案是如果考虑到供给量,"使用价值"与"交换价值"表面上的矛盾就消失了。因为面包的供给非常充裕,以至于任何一块给定的面包的价值都微不足道,无论是使用价值还是交换价值;而钻石极为稀缺,所以可以在市场中享有一个相当高的价值。因此,"价值"并非抽象地属于某一类商品,而是消费者赋予给特定的、实际的商品单位的,因而价值将与商品的供给反方向变化。要完成这种解释,所需的唯一剩余因素就是19世纪70年代奥地利学派和其他新古典经济学家所提出的"边际"见解。经院学者看到,任何商品的效用随着存量的增加而递减,他们所差的唯一一件事就是边际分析,即真实世界里购买和评价是集中于商品的下一个单位("边际"单位)。效用递减是指边际效用在递减。不过,虽然效用和主观价值理论的顶峰仍未达到,但也足以为价值和价格提供一个满意的解释了。

虽然坎替隆难以把生产中使用的土地和劳动的数量加入"内在价值",但他延续了晚期经院学派的、原初奥地利的传统,并且实际上做出了很多贡献,特别是在货币与企业家精神的研究方面。正是重农学派打破了数世纪以来健全的经济推理,并且经由斯密和李嘉图之手,导致对有关价值的正确分析的一种极端保守主义的、蒙昧主义的破坏。

魁奈医生忽视了数世纪以来的价值理论,可悲地将"使用价值"和"交换价值"两个概念相分离,然后开始其价值分析。使用价值反映了消费者个人的需要和欲望,但是按照魁奈的观点,不同商品的这些使用价值与其他商品没有或几乎没有关系,因而与价格也没有关系。另一方面,交换价值或相对价格与人的需要或交易者和订约者之间的协议也没有关系。相反,魁奈这位想要成为"科学家"的人,拒绝了主观价值,坚持认为物品的价值是"客观的",并且神秘地嵌入各种物品之中,而与消费者主观估价无关。根据魁奈的观点,这种客观化身就是生产成本,它以某种方式决定了每种商品的"基础价格"。这种"客观"的生产成本似乎莫名其妙地由来自体系之外的因素决定,这甚至与在坎替隆的场合近乎一致了。

13.7 经济表

魁奈不仅用生产成本或"生产性劳动"的谬误,给经济学的发展带来破坏,现在更使人气愤的是其《经济表》,米拉波称颂它是有史以来人类最伟大的三项发明之一。《经济表》于1758年第一次出版,是一个难以理解、充满行话的图表,声称要描述从一个经济阶级到另一个阶级的支出流。在当时,该书由于浮夸和不相关的内容总体上是不被重视的,后来被20世纪的经济学家重新发现,他们因为其极度难以理解而着迷。能就此发表期刊文章总是好事情!

魁奈医生的《经济表》因为预见到了20世纪经济学最值得珍视的许多发展而被称颂:总量概念、投入—产出分析、计量经济学、对均衡"循环流"的描述、凯恩斯对支出和消费者需求的强调以及凯恩斯的"乘数"。近年来,人们忠实地用成千上万的词语,试图拼凑起《经济表》要说的内容,使这一表格与真实世界的经济相一致。

虽然在某种意义上,魁奈的《经济表》早于所有这些发展,但先驱与后来的理论一样糟糕!《经济表》的确表明,从根本上说,是实际商品与实际商品相交换,货币只是媒介,每个人在市场中既是消费者也是生产者。但这些简单的事实,人们几百年前就知道了,而且表格、线条(魁奈喜爱的"之字形")和数字只能使它们的重要性变得含混,而不是凸显出来。图表至多不过是徒劳地阐明了支出与收入的模式而已。[6] 此外,《经济表》是整体的、总量的、宏观经济分析,没有可靠的微观经济学个人主义方法论的坚实基础。

《经济表》不仅把缺乏坚实基础的、不可靠的宏观思想引入经济学,而且比凯恩斯主义更早地给未来的经济学带来危害。因为它赞美支出,也赞美消费,担忧储蓄,趋向于认为储蓄是稳定的支出循环流的漏出,会损害经济。这种对保持支出的至关重要性的强调,是错误的,也是肤浅的,它忽略了两种基本因素:储蓄用于投资品;协调与均衡的关键是价格,在市场中,通过降低价格,低支出总是容易再次恢复均衡的。可以明确断言,对经济体系的任何描述或分析,如果不考虑价格,只能是不切实际的狂想,而《经济表》正是第一个(但不是最后一个)这样做的经济模型。

当然,魁奈医生给他的循环流模型加上了自己的重农主义扭曲:保证支出用于"生产性"的农业生产,避免其流向"不生产"和"非生产"的产品,也就是农业之外的任何东西,这被认为具有特别的重要性。当然,凯恩斯在复兴类似的分析时,避免了重农主义的这种偏见。

宏观概念、投入—产出分析和计量经济学的分析价值至多也是高度不可靠的,而如果数据是不正确的,那么它们确实比什么都不做还要糟糕。但对于魁奈那个时代的法国或者任何时期,他的图表是伪造的。在其心爱的《经济表》的描述中,这位想要成为伟大数学家的人,在算术方面犯了许多低级错误。往好里说,《经济表》是一种精致的矫饰;往差里说,是富有欺骗性的恶搞。除了否弃真正的经济分析与洞察,《经济表》没做任何事情。

在长期思考这种惊人的愚蠢之后,反对重农学派的保守的国家主义者西蒙·尼古拉·昂利·兰盖(Simon Nicolas Henri Linguet,1736—1794年)律师,对《经济表》进行了猛烈的讽刺和挖苦。在其《答复现代医生》(*Réponse Aux Docteurs modernes*)(1771年)中,兰盖以奚落重农学派不是一个教派或宗派的观念开始:

> 有证据表明:你们神秘的词汇——重农主义、纯产品,你们玄妙的术语——秩序、科学、导师,你们致敬的标题献给你们的[创始人],你们的花环撒向各省,撒向不引人注目但优秀的人……不是一个教派吗?你们有战斗口号、旗帜、军队和号兵(杜邦),你们的书籍统一装帧,有类似于共济会的标志。不是一个教派吗?人们不能接触到你们中的某个人,但都渴求他的帮助。你们都互相吹拍,以不可想象的方法攻击和威胁你们的反对者。

兰盖进一步表明了对《经济表》的轻蔑态度:

你们用动听的语言,严肃地讨论哪一天是标志着你们的教义和杰作——《经济表》——诞生的特殊日子,这个标志如此神秘,即便是鸿篇巨制也无法解释清楚。它就像穆罕默德的《古兰经》。你们为之狂热,为你们的教义甘愿放弃自己的生活,并且炫耀你们的使徒身份。你们攻击加利亚尼[神父]和我,因为我们对你们视为神圣福音的荒谬绝伦的图表符号没有敬意。孔子在《易经》中,曾画一个表,包括六十四卦,也用线相连,以说明阴阳变化,你们的《经济表》足以与之比肩,但整整晚了三百年*。二者的相似之处在于它们都难以理解。《经济表》是对常识、理性和哲学的侮辱,表中各栏的再生产净值总是以零结束,任何人的研究成果若有这样的标志,足以表明要理解它是徒劳的。[7]

13.8　策略与影响

任何自由放任的自由主义思想家必须要面对的一个问题是:如果承认政府干预应该是最小的,那么政府应采取什么形式?谁来统治?

对17世纪末或18世纪的法国自由主义者而言,似乎只有一个答案:政府是而且总是由专制君主来统治。在17世纪早期和中期,反对派的起义已经被镇压,从那时起能想到的只有一个答案:国王必须皈依自由放任的真理与智慧。任何鼓励和发起

---

* 此处关于《易经》的作者与成书时间明显有误,可能当时的法国作家对此并不清楚。——译者注

反对国王的社会运动的思想,都是不可能的,它被排除在任何可以想象的空间之外。

像18世纪早期的古典自由主义者一样,重农主义者并不仅仅是理论家。国家已经出现问题,他们提出并且努力宣传一个不同的政治方案。但是,如果专制君主是法国可以想到的唯一政府形式,自由主义者的唯一策略(至少在名义上)就是使国王转变想法。所以,从17世纪后期克劳德·弗勒里神父和其富有才能的学生费奈龙大主教的努力,到18世纪后期的重农主义者和杜尔阁,古典自由主义者的策略都在试图使统治者信仰其理论。

自由主义者对他们的策略寄予厚望,这也被称为他们设想的"自上而下的革命",因为他们都是宫廷里的高官。费奈龙大主教寄希望于皇太子,要把勃艮第公爵培养为激进的古典自由主义者。但是,我们已经看到,路易去世后仅仅5年,在公爵于1711年病逝后,这些精心策划的计划就烟消云散了。

半个世纪以后,魁奈医生通过国王的情妇,再次活动,这次蓬巴杜夫人利用其社会地位,试图使统治者转向自由主义。法国的成功只是部分的。杜尔阁赞同重农学派的自由放任理论,在成为财政大臣后,开始把声势浩大的自由主义改革付诸实施,他很快就撞到了坚定反对派的铁壁,两年后就被迫下台。他的改革也被愤怒地取消了。主要的重农主义者被路易十六国王驱逐,其杂志很快被查禁,米拉波也被命令取消其著名的星期二晚间讨论会。

事实证明重农学派的策略是失败的,与某个特定君主反复无常的行为相比,导致失败的因素还有很多。因为即使能够说服国王相信自由有益于其国民的幸福与繁荣,其自身利益也会常常使国家苛捐杂税最大化,从而使其权力和财富最大化。此外,国王不是一个人在统治,而是作为官僚阶层、贵族、特权垄断者和封建领主等统治阶级的头儿。简言之,他作为权力精英或"统治阶级"的领袖来进行统治。让国王与部分统治阶级会信奉一种终结其权力、使其丧失管理权的哲学或政治经济学,不过是理论上的设想而已,它在实际上几乎不可能。在法国,这种情况也的确没有出现,所以,在重农学派与杜尔阁的失败之后,出现了法国大革命。

无论如何,重农学派的确也设法改变了某些统治者的思想,尽管不是法国国王。他们在统治者中的主要信徒是德国巴登公国边疆伯爵卡尔·弗里德里希(Carl Friedrich,1728—1811年),他也是最为狂热和可爱的信徒之一。由于受米拉波作品的影响,伯爵改变了思想,写作了重农主义大纲,要在他的王国内努力实施这一体系。伯爵在德国议会建议谷物自由贸易,1770年,提议在巴登的三个村庄,对农业"纯产品"征收20%的单一税。实施这一实验的是伯爵的主要助手、狂热的德国重农主义者、吉森大学经济学教授约翰·奥古斯都·施勒特魏因(Johann August Schlettwein,1731—1802年)。然而,过了几年,有两个村庄就终止了这一实验,而迪特林根村则继续实施单一税,直到1792年。有那么几年,伯爵也聘请了杜邦·德·内穆尔为其顾问和其儿子的私人教师。

在一次有名的会面中,热情的巴登伯爵求教其导师米拉波,重农学派的理想是否会使君主统治者变得无足轻重,也许他们都会因改革而消失。伯爵预见到了隐藏在自由放任的自由意志主义和自然权利学说背后的无政府主义(至少是共和主义)内核。但是米拉波像所有的重农主义者一样醉心于绝对的君主制,坚定地提醒其年轻的学生,虽然理想上君主应受到限制,但他仍是公有土地的所有者和社会秩序的保护者。

欧洲的其他一些统治者至少对重农主义有所涉猎,其中最狂热的是奥地利末代皇帝、托斯卡纳大公利奥波德二世(Leopold II),他命令其大臣与米拉波协商,实行了某些重农主义的改革。奥地利皇帝约瑟夫二世(Joseph II)也持同样立场。另一位重农主义的狂热信徒是瑞典国王古斯塔夫三世(Gustavus III),为向农业致敬,他授予米拉波新设立的瓦萨制度中的大十字爵士称号。更有实际意义的是,在重农学派的杂志由于杜尔阁下台而被查禁的时候,古斯塔夫国王与巴登伯爵联合授权杜邦继续编辑杂志,在其王国出版。

但是,在法国大革命爆发之后,重农主义者对君主的诉求失去了最后一点影响。实际上,在大革命之后,重农主义由于偏向农业和热爱君主专制,在法国和欧洲的其他地方都无人相信了。

13.9 丹尼尔·伯努利与数理经济学的创立

我们不应只谈论《经济表》,而不提及与坎替隆同时代的一位法国—瑞士学者,在一种、并且是唯一的意义上,他预示着《经济表》的出现:他在较宽泛的意义上可以说是数理经济学的奠基人。由此,其著作也存在这种分析方法的某些典型缺陷和谬误。

丹尼尔·伯努利(Daniel Bernoulli,1700—1782年)出身于一个杰出的数学家家族。其伯父为雅克·伯努利(Jacques Bernoulli,1654—1705年),首次阐明了概率论(这体现在他1713年的拉丁语著作《猜度术》(*Ars conjectandi*)中);其父为让·伯努利(Jean,1667—1748年),是微积分的早期开拓者之一,这种方法是在17世纪后期发现的。1738年,丹尼尔尝试用微积分方法,解决一个概率论和博弈论问题,无意中发现货币的边效用递减规律。伯努利的论文以拉丁文发表,是一篇富有学术造诣的文章。[8]

伯努利大概并不知道,西班牙的萨拉曼卡经院学者托马斯·德·梅卡多(Thomas de Mercado)和弗朗西斯科·加西亚(Francisco Garcia)在近200年前,就提出了类似的定律,虽然是非数学形式的。他也确实并不知道他们的货币理论以及他们关于这一问题的其他论述。作为一个数学家,他甚至错误地得出自己的特殊观点,引入边际效用递减规律,该规律在未来岁月里转而折磨经济思想,因为数学的使用必然会导致经济学家采用便于使用数学符号和进行数学处理的理论,从而扭曲事实。一旦采用数学,就无法阐明人类活动的真相。

伯努利公式的一个基本缺陷是,把其符号采取了比率或分数的形式。如果有人坚持要把每个人的货币的边际效用递减的概念,用符号的形式予以表达,那么他会说,如果一个人在某一时刻的财富或货币资产为 x,效用或满足为 u,如果 $\triangle$ 为表示变化的通用符号,则

$\frac{\Delta u}{\Delta x}$ 随 x 的增加而递减。

但即使这种相对无害的公式也是错误的,因为效用不是一种物品,并不是一种可以度量的实体,不能被分解,所以用比率的形式说明效用是不合理的,因为分子并不存在。效用不是可以度量的实体,即使是,也与分母中的货币单位不相称。

假如我们不考虑这一基本缺陷,接受这一比率,把它当作真实规律的虚幻形式。但这只是其问题的开始。从这以后,伯努利(以及从那时起的数理经济学家)开始错误地增加数学上的便利,把他的符号转化成新的微积分形式。因为如果收入或效用的这种增加趋向于无穷小,人们就可以使用既符号化又有效的微积分方法。在任何给定的点上,无穷小的增量是数量的一阶导数,前面的那些 Δ 变成一阶导数 d。那么,不连续的人类活动可以神奇地转化为现代经济理论中常见的以几何法描绘的平滑弧线和曲线。

但伯努利并不就此停步。错误的假设和方法相互叠加,就像奥萨山上撂着皮利翁山一样。他进而得到了一个戏剧性的、表面上精确的结论,即每个人的边际效用不仅随着财富的增加而递减,而且以财富的固定反比例递减。因此,如果 b 是常量,效用为 y 而不是 u 表示(可能是为方便而把效用放在 y 轴,把财富放在 x 轴),则

$$\frac{dy}{dx} = \frac{b}{x}$$

对于这一荒谬的假设,对他所说的效用的增加与"现有财

富的数量成反比",伯努利有什么证据?什么也没有,因为这位所谓严谨的科学家只是给出了一种纯粹的断言。[9]事实上,没有理由可以假设这种固定的比例。人们从未发现这种证据,因为有关一个不存在的事物的固定比例的所有概念,都是荒谬的、没有意义的。效用是一种个人的主观评价和排序,不能度量,没有大小,所以自身也没有办法成比例变化。

在讨论了这种惊人的谬误之后,伯努利对此进行总结,轻率地假设每一个人的货币边际效用都以相同的固定比例 b 变化。现代经济学家同样面临着在不同人之间度量效用的困难,不,是不可能性。但对于这种不可能性,他们并没有给出足够的重视。因为对每一个人来说,效用都是主观的,不能度量,甚至也不能相互比较。但是问题不仅限于此。"效用"不是一个物品或实体,只是对于每个人头脑中的主观评价的一种名称。因此,它甚至在每个人的头脑中也不能度量,就更不用说在各个人之间的计算或度量了。即使每个人能够按照顺序比较价值或效用,"度量"价值或效用的想法也是荒谬和无意义的。

按照这种多方面不合逻辑的理论,伯努利得出错误的结论:"毋庸置疑,一个乞丐获得一千达克特,比一个富翁得到相同数量的钱更有意义。"当然,这依赖于特定的富翁或乞丐的价值和主观效用,这种依存关系是谁也不能度量的,甚至也不能相互比较,无论是外界的研究者还是这两个人。[10]

伯努利值得怀疑的贡献在数学中取得了成功,并被19世纪早期法国伟大的概率论理论家、拉普拉斯侯爵皮埃尔·西蒙(Pierre Simon,1749—1827年)在其名著《关于概率的理论分析》中所采纳。但幸运的是,它被经济思想完全忽视了[11],直到杰文斯把它挖掘出来,在数学上为19世纪后期的边际效用理论家助了一臂之力。毋庸置疑,它之所以被忽视是由于它是用拉丁文撰写的,直到1896年才有了德文译本,而到1954年才有英文译本。

13.10 注释

1 引自亨利·希格斯,《重农学派》(*The Physiocrats*)(1897年,纽约:朗兰出版社(The Langland Press),1952年),第62页。

2 见希格斯的解释。同上,第45页。

3 亨利·威廉姆·斯皮格尔《经济思想的发展》(第2版,北卡罗来纳州达勒姆:杜克大学出版社,1983年),第241页。

4 伊丽莎白·福克斯—热那亚,《重农学派的起源》(*The Origins of Physiocracy*)(伊萨卡:康奈尔大学出版社,1976年),第241页。

5 从约瑟夫·道夫曼教授在哥伦比亚大学举办的经济思想史讲座中,我学习到了这种观点。当然我知道,这一观点从未出版。

6 福里有一个很有意思的猜测,他认为魁奈医生的《经济表》深受其错误的人体血液循环概念的影响。V. 福里(V. Foley),"《经济表》的起源"(The Origin of the Tableau Economique),《政治经济学史》,第5卷(1973年春季号),第121—150页。

7 见注释1所引希格斯的文献,第149—150页。

8 即"对风险度量的一种新理论的说明"(Specimen Theoriae Novae de Mensura Sortis),发表于《圣彼得堡科学院汇刊》(*Commentarii Academiae Scientiarum Imperialis Petropolitanae*),1738年卷,第175—192页。这篇文章由路易丝·萨默(Louise Sommer)译为英语,标题为"对风险度量的一种新理论的说明"(Exposition of a New Theory on the Measurement of Risk),《计量经济学》(*Econometrica*),第22卷(1954年1月),23页及其后。

9 熊彼特指出,伯努利注意到在他之前10年,数学家克拉默(Cramer)就提出了这种假设,只不过他假设边际效用不是以 x 的固定比例递减,而是以 x 的平方根的固定比例递减。我们不知道如何在这些荒谬的断言之间进行选择。其教训就是,如果真正的科学被武断的假设所取代,就开始胡乱推理,与其他假设相比,任何假设都一样好,也一样坏。J. A. 熊彼特,《经济分析史》(纽约:牛津大学出版社,1954年),第303页。

10 埃米尔·考德注意到奥斯卡·摩根斯坦(Oskar Mogenstern)的观点,虽然"效用在个人之间的比较是不正确的",但我们"其实生活在连续不断地进行这种比较之中……"。的确如此,但这一过程与科学无关,所以无论采用文字还是数学的形式,在经济理论中都没有其位置。埃米尔·考德,《边际效用理论的历史》(*A History of Marginal Utility*)(新泽西州,普林斯顿:普林斯顿大学出版社,1965年),第34页。

11 唯一一个单独的例外是,19世纪德国重要的经济学家弗里德里希·本尼迪克特·威廉·赫尔曼(Friedrich Benedikt Wilhelm von Herrmann,1795—1868年),《政治经济研究》(*Staatswirtschaftliche Untersuchungen*,1832年。)

第14章 杜尔阁的辉煌成就

14.1 杜尔阁其人
14.2 自由放任和自由贸易
14.3 价值、交换和价格
14.4 生产与分配理论
14.5 资本、企业家、储蓄与利息理论
14.6 货币理论
14.7 杜尔阁的影响
14.8 18世纪的其他法国与意大利效用理论家
14.9 注释

14.1 杜尔阁其人

国际象棋锦标赛中有一个惯例,就是对特别出色的优胜者授予"辉煌"奖。"辉煌奖"比赛是简单、易行和扣人心弦的,在比赛中,象棋大师能够创造性地发现认识新的棋理和新的运棋规则组合的路径。如果我们要对经济思想史中的"辉煌成就者"颁奖,那么获奖者肯定非阿内·罗贝尔·雅克·杜尔阁(Anne Robert Jacques Turgot)(1727—1781年)——这位劳恩男爵(baron de l'Aulne)莫属。他在经济学中的生涯短暂而辉煌,并且在每一个方面都是引人瞩目的。首先,他逝世得相当早;其次,他贡献于经济学的时间和精力是相对较少的。他是一个整天忙于事务的人,出生于巴黎一个知名的诺曼人家庭,其祖上长期担任重要的王室官员。他们曾任王室的"大法官"、地方法官和执政官。杜尔阁的父亲,米歇尔—艾蒂安,曾任国务顾问(councillor of state),国王参议会主席——巴黎最高法院的一个上诉法庭——的大法官,以及巴黎市最高行政长官。他的母亲马格德莱娜—弗朗索瓦丝·马蒂诺,是一位知识女性和贵族夫人。

杜尔阁在学生时代就拥有了魅力四射的经历,他在圣絮尔皮斯神学院赢得了荣誉,随后又在巴黎大学的最高神学学府,索邦神学院取得优异成绩。作为一个知名的但是却不富裕的家庭里的男孩,杜尔阁被寄希望于从事神职工作,这也是在18世纪的法国处于这种地位的某些人所偏好的人生发展道路。但是,尽管杜尔阁成为了一位神父,可是他还是决定继承家庭的传统,进入王室的官僚机构工作。在这里,他成为地方法官、大法官、地方执政官,最后,正如我们所看到的那样,成为一位短命的、富有争议的财政大臣("财政总监"(controller—general)),试图通过一场自上而下的虚拟革命来实现一种虽说勇气可嘉、但却注定难逃厄运的旨在扫除统制主义对市场经济的各种限制的计划。

杜尔阁不仅是一位繁忙的管理者,而且具有广泛的知识兴趣,他的大多数闲暇时间都用在了读书和写作上,不过不是在经济学方面,而是在历史、文学、哲学以及自然科学方面。他对于经济学的贡献由简单、零散和匆忙写就的12件作品构成,总共也只有188页。他的最长和最著名的著述,"关于财富形成与分配的思考"(Reflection on the Formation and Distribution of Wealth)(1766年),只有53页的篇幅。这种简洁性恰恰凸显了这个非同寻常之人对于经济学做出的伟大贡献。

历史学家往往把杜尔阁归类于重农学派,将他仅仅视为一位重农学派在政府里的信徒,不过,由于具有避免染上学术宗派的色彩这样一种审美愿望,他又只是被视为重农学派的同路人。这些看法对于杜尔阁都是不公正的。他作为重农学派的同路人,在很大程度上是因为他与重农学派都忠诚于自由贸易和自由放任。他不属于一个学术宗派,则是因为他是一位独一无二的天才,而重农学派的学者几乎不具备这样的素质。他对经济理论的驾驭远远胜过他们,至于他对于资本与利息这类问题的论述甚至在今天也几乎无人能够出其右。

在思想史中,常常是文如其人,杜尔阁的清晰与透彻反映了他的思想的优秀品格,这与重农学派长篇大论的、夸夸其谈的散文式的作品形成了鲜明对比。

14.2 自由放任和自由贸易

杜尔阁在经济学与管理方面的老师,是他的重要朋友雅克·克洛德·马里耶·文森特,古尔奈侯爵(Jacques Claude Marie Vincent, Marquis de Cournay)(1712—1759年)。古尔奈是一位成功的商人,他那时已经成为王室的制造业视察官和商业大臣。虽然古尔奈几乎没有留下什么作品,他却是一位在最严格的意义上而言的伟大的经济学教育家,他通过与杜尔阁以及重农学派和其他人的无数次的谈话传播着经济思想。正是古尔奈,把坎替隆的成就以法语形式传播开来。此外,古尔奈还将诸如乔赛亚·蔡尔德爵士这样的英国经济学家的著述翻译成法文,而他对这些译本所做的大量的注释则以手抄本的形式在法国知识分子当中广为流传。正是从古尔奈那里,杜尔阁得到了他忠诚于自由放任的思想的启迪,并且实际上,"自由放任,自由贸易"(laissez-faire, laissez-passer)这个短语的起源,还常常不准确地被归于他的名下。

因而,杜尔阁在他的早期著述之一——"悼古尔奈"(1759年)一文中,最充分地发挥了他的自由放任的观点,并以此作为对于这位久病之后的侯爵的英年早逝的纪念,[1] 也就是十分恰当的了。

杜尔阁清楚地说明,对古尔奈来说,对于工业的具体的重商主义管制网络,并不简单地是知识上的错误,而是一种名副其实的强制的卡特尔体系和由国家所授予的特权。杜尔阁说道:

> 根据垄断精神所颁布的无数的法规,其全部目的都是旨在抑制工业,通过增加管理手续和费用,通过在那些可能只需要10天就学会操作的行业强制规定学徒制和10年的学徒期,通过排除那些不是师傅的儿子的人,或那些出生在某个等级以外的人,以及通过禁止妇女在服装加工业中的就业……,就把行业和生意都集中到了少数人手中。

在杜尔阁看来,国内与国际贸易的自由同样地都是基于自由贸易所具有的广泛的互利结果。所有的限制措施都"忘记了这一点:商业交易除了互利之外不可能再有别的东西",企图向外国人出售所有的东西而又不从人家那里购买任何东西以作为回报,是很荒谬的。接着,杜尔阁在他的"悼古尔奈"中就单个人和企业家在自由市场中对于不可或缺的特定知识的运用问题,提出了一个至关重要的前—哈耶克的观点。这些践约的、现实市场过程的参与者对于他们的情况,要远比那些游离于这种纷争之外的知识分子知道得更多。

> 无须证明,每个人都是他的土地和劳动是否达于最佳使用状态的最好评判者。只有他拥有特定的知识,而若没有这些知

识即使是最开明的人也只能是盲目地争吵。他通过重复试验、通过他的成功和他的失败来学习,他获得一种对于经济活动的感觉,这种感觉比无关痛痒的旁观者提供的理论知识要更为精巧得多,因为它是由欲望所激发出来的。

在对市场过程进行更为详细的分析中,杜尔阁指出,自利是这一过程的主要推动力,并且正如古尔奈曾指出的那样,在自由市场上的个人利益必然总是与普遍利益相吻合的。买者将选择能够以最优惠的价格提供给他最适合的产品的卖者,而卖者将以最低的竞争性价格出售他的最好的商品。然而,政府的限制和特权将迫使消费者以高价购买更为低劣的产品。杜尔阁总结道,"因而,买和卖的普遍的自由……是唯一的手段,藉此既可以保证卖者得到一个足以鼓励其生产的价格,也可以保证消费者以最低的价格买到最好的商品"。杜尔阁还总结说,政府活动应该被严格地限制于保护个人免受"严重不公正"的伤害以及保卫国家免遭侵略上面。"政府应该总是保护买者购买和卖者出售这样一种自然的自由"。

杜尔阁承认,在自由市场上,有时可能会出现一个"欺骗的商人以及一个受愚弄的消费者"的情况。但是,届时市场本身会提供它的补救办法:"被欺骗的消费者将会从经验中学习,从而不再与欺骗的商人打交道,这个商人将会陷入信任危机并且最终会因为他的欺诈行为而受到惩罚"。

杜尔阁实际上嘲笑了由政府来保护消费者免遭欺诈或伤害的各种企图。在一个对于所有时代的拉尔夫·纳德(Ralph

Naders)*都有预见性的驳斥中,杜尔阁用一段著名的文字精辟地阐明了所谓的国家保护所具有的一系列谬误:

> 期望政府来防止这类欺诈行为的发生,就如同想要政府为所有可能摔倒的儿童都提供床垫一样。若假定通过管制就能够成功地防止所有可能的此类不法行为的发生,就等于是为了追求一种幻想中的整个工业进步的完美性而做出牺牲;它是要将技工的想象力限制在所熟悉的完全狭窄的范围内;它是要禁止他们取得所有新的经验……
>
> 它将意味着忽视这样一个事实:这些管制措施的实施总是委托一些人来做,而他们更有利益动机去进行欺诈或者默许欺诈行为,因为他们所可能从事的欺诈活动将会以某种方式掩盖在公共权威机关的图章之下,以及被这种图章所唤起的消费者的信赖所遮蔽。

杜尔阁补充道,所有的这些限制和视察"总是要涉及经费支出的,而这些支出又总是通过对商品征税来补偿的,其结果,便是加重了国内消费者的负担,并抑制了外国的购买者"。

杜尔阁以一种极其精彩的方式总结道:

> 因此,通过明显的不公正的方式,为了使少数懒惰之人免除

---

* 拉尔夫·纳德是当代美国政治活动家,曾经四次参加竞选美国总统,其重要主张之一是保护消费者权益。——译者注

通过自我学习和调查来避免被欺骗的麻烦,就给商业、进而整个国家强加了沉重的负担。如果假定所有的消费者都将被愚弄,所有的商人和制造业主都将欺骗,那么实际的后果就等于是授权他们这样做,并且将导致社会全体劳动者的退化。

杜尔阁在继续论述的过程中,再一次地接触到"哈耶克"命题,即在市场中的特定活动者拥有更大量的知识。他指出,古尔奈的全部自由放任的学说,就是建立在这样一种思想基础之上的:"企图通过不变的规则和连续地考察来指导一种大量的交易活动,是完全不可能的,这种交易单是由于它们庞大的数量就不能被完全地了解,不仅如此,它们还将不断地依大量的始终处于变动中的环境条件为转移,而这种环境条件的变化不仅不能控制,甚至也无法预测"。

杜尔阁通过特别地提及古尔奈的信念来总结他对自己的朋友和老师的悼念。这个信念就是:虽然大多数人都是"十分倾向于商业自由这个美好原则"的,但是偏见和对于某种特权的追求常常成为绊脚石。杜尔阁指出,每一个人都想要获得对于普遍的自由原则的例外,并且"这种例外一般来说总是基于他们的个人利益"。

这篇悼文的一个有趣的方面是,杜尔阁提到了荷兰人对古尔奈的自由放任观点的影响。古尔奈曾经拥有在荷兰的广泛的商业经验,荷兰在17世纪和18世纪,特别是在共和时期的相对自由的贸易和相对自由的市场的模式,为整个欧洲提供了启示。此外,杜尔阁还提到对古尔奈产生最大影响的书之一,即约翰·

德·威特(Johan de Witt)(1623—1672年)——荷兰古典自由主义的共和党的伟大的殉道者和领导人——所写的《政治原理》(*Political Maxims*)。实际上,在他两年以前为大《百科全书》所写的一篇文章"集市与市场"(Fairs and Markets)中,杜尔阁就提到了古尔奈对荷兰的自由的国内市场的赞扬。虽然其他国家都把贸易限定在具有明确时间和地点限制的集市内,但是在"荷兰却完全没有集市,而是在全国范围内和在全年的任何时候都可以进行贸易,可以说那里存在着一个连续不断的集市,因为在那个国家商业在每一个地方都是同样地繁荣"。

杜尔阁关于经济学的最后的著述是在任利摩日(Limoges)地区的行政长官时所写的,这正是他于1774年就任财政大臣之前的几年。这些著述反映了他已经卷入一场在王室的官僚机构内部争取自由贸易的斗争。在他的最后著作,"就铁的关税问题致泰雷神父[财政大臣]的信"(1773年)中,杜尔阁尖锐地抨击了保护关税制度,指出这是一种所有的人都以国家的垄断特权为武器来反对所有的人的战争,受害的是消费者:

我相信,实际上,铁匠师傅只知道他们自己的铁,并且认为如果他们的竞争者越少,他们就会挣得越多。没有哪一个商人不希望成为他的商品的唯一的卖主。也没有哪一种职业,其从业人员不试图去寻求如何防止别人的竞争,从而不试图去寻找某种诡辩,以便使人们相信:至少防止来自外国的竞争——他们可以轻易地把它说成是本国商业的敌人——符合国家的利益。如果我们去听他们的谈话,我们就总是听到他们在说,所有的商业领域都将被这种垄断所传染。这些愚蠢的家伙看不到,他们所实施的同一垄断并不是像他们令政府所相信的那样,仅仅是反对外国人,而且也反对他们自己的同胞,即商品的消费者,而通过这些同胞最后又会使他们自己品尝到垄断的恶果,因为这些同胞最初是在所有的其他行业里以买者身份存在的,现在他们则变成了卖者。

实际上,杜尔阁已经预见到了 75 年以后的巴斯夏,他称这种体制是一种"相互压迫的战争,在这种战争中,政府让渡它的权威去让所有人反对所有人",简而言之,得到一种"在所有的行业都出现同样的烦恼与不公"而每个人都受损的局面。他总结道,"无论少数自利的商人收集了什么样的诡辩论,真理只能是:所有的商业领域都应当获得自由,同等的自由,完全的自由……"。[2]

杜尔阁与重农学派关系密切,不仅表现在他倡导贸易自由,而且也体现在要求实行对土地的"纯产品"征收单一税上面。他甚至超过了重农学派的立场,因为人们会感觉到杜尔阁所真正渴望的是要使人们摆脱所有其他行业的沉重的税赋,而不只是把它们转移到农业土地上。杜尔阁关于税收的观点最充分(虽然也是简单)地反映在他所写的"税收总论大纲"(Plan for Paper on Taxation in General)(1763 年)中,这是他在利摩日任行政长官期间为了引起财政大臣的注意而开始写作的一篇未完成的论文。杜尔阁断言城镇的税收被向后转移到了农业,同时表明税收是如何摧残了商业的,以及城市税收是如何导致城镇布局的扭曲和非法避税行为的发生的。不仅如此,拥有特权的垄断者还严重哄抬物价,鼓励走私。对资本征税摧毁了人们进行积累的节俭欲望,掣肘了产业发展。杜尔阁的雄辩的论述是要将坏的税收展示给公众,而并不是要阐明所谓的土地税的好处。杜尔阁对现存税收体制的总结是十分尖刻而又富有冲击力的:"看起来,公共财政就像一个贪婪的怪兽,潜伏着伺机吞噬人民的全部财富"。

在政治上的一个方面,杜尔阁在表面上与重农学派保持着一定的距离。但是很明显,杜尔阁的策略是与重农学派一样的:他们都企图令国王相信自由放任的好处。不过,杜尔阁的最简洁的一首诗是这样写的:"我不是一个百科全书派,因为我相信上帝;我不是一个经济学家,因为我没有国王"。然而,这后一句显然与杜尔阁公开发表的观点不符,它也从未实际地成为他的公共活动的指导思想。

14.3 价值、交换和价格

杜尔阁最著名的贡献之一,是他在1769年前后所写的未发表、同时也未完成的文章,"价值与货币"(Value and Money)。[3]在这篇文章中,杜尔阁用一种连续地逼近和抽象的方法,沿着先是克鲁索经济、继而孤立的两人交换经济的考察顺序,开创了一种奥地利类型的理论,最后又将这一理论扩展到四人经济、进而一种完整的市场经济上。通过首先集中分析孤立的克鲁索经济,杜尔阁能够发现那些超越交换并且适用于所有单个人活动的经济规律。简言之,人类行为学的理论要超越于市场交换理论之上并且比它更为深入，这一理论是适合于所有人类行为的。

杜尔阁首先考察了一个孤立的个人，对于他的价值和效用尺度给予了系统深入的分析。通过对不同的客体进行估价并形成偏好尺度，克鲁索对各种经济物品赋予价值，并且基于它们对他的相对价值大小来在它们中间进行比较和选择。因此，这些物品便获得了不同的价值。克鲁索不仅在各种现在使用的物品之间进行选择，而且也在究竟是现在消费它们还是为了"未来需要"而积累它们之间进行选择。他还清楚地认识到，一种物品越丰裕就会导致其价值越低，反之则相反。因而，像他的法国以及其他欧洲大陆上的前辈一样，杜尔阁也认识到一种物品的主观效用将随着它对于一个人的供给的增加而递减；同时，像他们一样，他也只欠边际效用的概念来完成这一理论。但是，就其分析的精确性与明晰性而言他又远远超过了他的前辈。他还认识到物品的主观价值（即它们被消费者"评估的价值"）在市场上会快速地变化，并且在他的讨论中至少还存在着这样一种暗示：即他已经认识到这种主观价值严格说来是一种排序的概念，是不能够加以计量的（因而不能够应用大多数的数学方法来处理）。

杜尔阁是从一种非常原初的状态开始他的分析的：一个孤立的人，一种估价的客体：

让我们考虑，这个人将他的能力仅仅应用于单一物体上；他或者追求它，或者远离它，或者对它感到无所谓。在第一种场合，他毫无疑问地具有一种追求这个物体的动力；他将判断它适合于他的享用,他将发现它是好的(good),这种相对的好可以一般地被称之为价值,它将不能被计量……

接着,杜尔阁引入其他物品:

如果这同一个人能够在几种适合于他使用的客体之间进行选择,他将会偏好一种东西而不喜欢另一种东西。他会发现橘子比栗子更适合其口味,皮毛比棉布衣更有利于防止感冒;他将视一种东西比另一种东西更有价值;他因此将决定选择那些他偏好的东西,而放弃其他的东西。

这种"价值的比较",这种对不同客体的估价,将会不断地变化:"这些评价不是一成不变的,它们将随着人的需要的变化而不断地变化"。杜尔阁进而不仅谈到了效用递减,甚至强烈地预见到了边际效用的递减,因为他的分析是集中于特定物品的单位上:"当野蛮人饥饿时,他对一块猎物的估价要超过对最好的熊皮的估价;但是假设他的胃肠已经填饱了,然而却面临着寒冷,那么对他来说更有价值的东西就变成熊皮了"。

在将关于未来需要的预期引入他的讨论之后,杜尔阁分析了效用作为丰裕程度的一个减函数的问题。借助于这种分析工具,他帮助解决了那种价值悖论:

水尽管是生活必需品,并且给人带来巨大满足,但是在一个水源充裕的国家它却不被视为一种珍贵的东西;人并不寻求去占有它,因为这种要素的丰裕性使得人可以随处得到它。

杜尔阁接着进入一种真正值得注意的讨论,他预见到了现代人对于作为研究稀缺资源配置的经济学的集中关注,即稀缺资源如何在大量并且是无数的可供选择的不同用途中配置的问题:

要获得这些欲望的满足,人仅仅拥有极为有限的人力和资源。每一个带来享受的特定客体都会令他产生麻烦、付出艰辛和劳动,至少也要耗费时间。他为了获取每一种客体而对于他的资源的使用抵消了他从客体那里获得的享受,这可以说构成了这种东西的成本。

虽然杜尔阁关于成本的论述令人遗憾地含有"真实成本"的味道,并且他把一个产品的成本称之为"基本的价值",但是他总体说来还是初步地得出了后来的"奥地利学派"关于所有的成本实际上都是"机会成本"的观点,即成本是因为放弃了本可以在其他地方生产出来的某种资源量而做出的牺牲。比如,杜尔阁的行为人(在这个场合就是一个孤立的个人)就是基于这些客体对于他的重要性来评价和估计它们的。首先,杜尔阁说这种重要性或效用是他所付出的"时间和辛劳"的重要程度。但是,接着他又把这个概念视为与所放弃的生产机会是等价的:即把它视为"他的资源中的这样一部分,他在假如不放弃追求具有同样或者更大重要性的其他客体的条件下运用它可以获得一个等价的客体"。

在分析了孤立的克鲁索的行为之后,杜尔阁又引入了星期五,也就是说,他现在是假设有两个人,并且要观察交换是如何发展的。在这里,他以一种富有洞察力的分析创立了关于单独两个人交换的"奥地利的"理论,它绝对与卡尔·门格尔在一个世纪以后所发展的理论相一致。首先,他假设荒岛上存在两个野蛮人,每个人都拥有有价值的物品,不过这些物品适于满足不同的欲望。一个人拥有过剩的鱼,另一个人拥有过剩的兽皮,结果将是每个人用他的剩余的东西与另外的人相交换,从而双方的交换将带来好处。商业,或者交换,就此发展起来。杜尔阁进而改变他的例子的条件,假定两种物品是谷物和木材,进而,每一种商品都能够被储藏以应付未来需要,从而每个人将不会自然而然地去急于处置他的剩余物品。这时,每个人将要权衡这两种物品对于他的相对"重要性",相应地选择可能的交换。每个人将调整他的供给和需求,直到双方都同意一个价格为止,在这个价格上每个人对于他在交换中得到的东西的估价都要高于他从交换中所放弃的。双方因而都从交换中获利。正如杜尔阁清澈地指出的那样:

> 获得者对于他所获得的东西的估价优于对于他所放弃的东西的估价,是交换的要义,因为这是交换的唯一动机。对于每个人来说,如果他发现不能在交换中获得利益,得到个人的好处,或者,如果在他自己的头脑中认为从交换中得到的价值并不大于在交换中放弃的价值,那么他就将保持其原来的状态。

杜尔阁接着令人遗憾地离开了主观价值的思想路线,他不必要地补充道,通过这种讨价还价过程所达成的交换条件将具有"相等的交换价值",因为如若不然,对于交换更不太在意的一方"将会通过提出一个更好的条件来迫使对方接受他的价格"。在这里,杜尔阁所说的"每个人放弃与他得到的价值相同的价值"这句话,究竟是什么含义并不清楚;它也许是指的这样一种不成熟的见解,即通过讨价还价达成的价格将是每一方所估计的价值等级的一种折中。

不过,杜尔阁完全正确地指出了,交换活动将会增加交换各方的财富。他进而引入了两个卖者为各自的产品而展开的竞争,表明这种竞争是如何影响当事人所估计的价值等级的。

正如杜尔阁早几年在他的最重要的著作"关于财富形成与分配的思考"中所指出的那样,[4] 交换中的每一方都想要尽可能多地获得和尽可能少地放弃,这种讨价还价的过程产生了一种向统一价格————种产品用另外一种产品来表示的价格——逼近的趋势。任何产品的价格都将随着当事人之间需要的紧迫程度的变化而变化。并不存在市场向其逼近、或者将要向其逼近、与其保持一致的"真正价格"。

最后,在其关于人类行为是作为预期的结果、而不是处于均衡状态或者作为拥有完全知识的结果的重复分析中,杜尔阁预见到了奥地利学派强调预期作为市场中活动的关键影响因素的思想。杜尔阁对于预期的突出强调,当然意在表明这些预期可能、并且经常会在市场中落空。

14.4 生产与分配理论

在某种意义上,杜尔阁的生产理论沿袭了重农学派:即那种令人遗憾的认为只有农业才具有生产性的观点,以及相应地,应当对土地产品征收单一税的主张。但是,他的生产理论的主旨却是与重农学派完全不同的。从而,在亚当·斯密提出制针厂的著名例子以及强调劳动分工之前,杜尔阁就在他的"思考"中对这种分工给出了敏锐的分析:

一个人在他自己的土地上种植各种物品,并且用它们来满足他自己的需要。如果这同一个人被迫去由自己来完成所有的中间操作,结果将会极其糟糕。这些操作的大部分都需要细心、专注和长期的经验,它们只有通过不断地工作和借助于大量的材料才能够取得。

不仅如此,尽管一个人

成功地鞣了一张皮革,可是他仅仅需要一双鞋;他将拿剩余的皮革做什么?难道他会为了一双鞋而杀死一头牛吗?……类似的问题也可以出现在有关人的所有其他需要上。一个人当他被限制于只能利用他自己的土地和他自己的劳动时,为了得到在每一方面都极差的物质条件他也需要付出大量的时间和耗费大量精力,同时也将使他的土地耕作情况极其糟糕。

尽管只有土地具有生产性,杜尔阁却也欣然承认自然资源必须要经由人类劳动来转换,劳动必须要进入生产过程的每一个阶段。在这里,杜尔阁提出了至关重要的奥地利理论的雏形,即生产是需要耗费时间的,生产需要经过各种阶段,每一个阶段都要耗费时间,所以基本的生产要素的分类是劳动、土地、时间。

杜尔阁对经济学的最卓越的贡献之一——这个贡献的重要意义直到20世纪才被人们所重新认识——是他关于收益递减规律,或者像他所描述的那样,关于可变比例原理的精彩的、几乎是轻车熟路式的发展。这个难能可贵的发展源自他所鼓动的由利摩日的王室农业协会举办的关于间接税的有奖论文竞赛。由于对于获奖的由盖里诺·德·圣—佩拉维撰写的体现重农学派观点的论文不满,导致他在"对圣—佩拉维论文的评论"(Observation on a Paper by Saint-Peravy)(1767年)一文中阐述了他自己的观点。在这里,杜尔阁深入到了重农学派错误的核心,即经济表,该表假定人们不同类的各种支出保持一种固定的比例。然而,杜尔阁指出,这些比例是可变的,就像生产中物质要素的比例是可变的一样。例如,在农业中就没有不变的要素比例,因为各种要素的比例要根据农民的知识、土壤的价值、生产中使用的技术以及土壤的性质和气候条件等因素而变化。

在进一步发展这一命题的过程中,杜尔阁宣称,"即使是应用于同一领域,它[即产品]也不是[与对这些预付的要素]成比例的,决不能够设想预付增加一倍将导致产品增加一倍"。不仅要素对产品的比例是可变的,而且在达到某一点之后,"所有进一步的支出都将是毫无用处的,并且这种增加甚至可能变成有害的。在这种情况下,预付的增加将不会带来产品的增加。所以,这里存在着一个不可能逾越的生产的最大点……"。不仅如此,在过了这个最大点之后,"更可能的情况是,当预付过了这个点逐渐地增加到它们的收益将变成零的那一点时,每一次增加就将具有越来越少的生产力"。另一方面,如果农民从最大生产点处减少要素投入,也可以发现同样的比例变化。

简言之,杜尔阁在完全成熟的形式上发展了一种关于收益递减规律的分析,直到20世纪之前没有任何人能够超过甚至达到这种分析的水平。

(根据熊彼特的判断,是直到1911年埃奇沃斯发表的那篇期刊文章之前,没有任何人能够超过甚至达到这种分析的水平!)我们可以用现代经济学中所熟悉的图形来表示杜尔阁用文字阐述的思想:

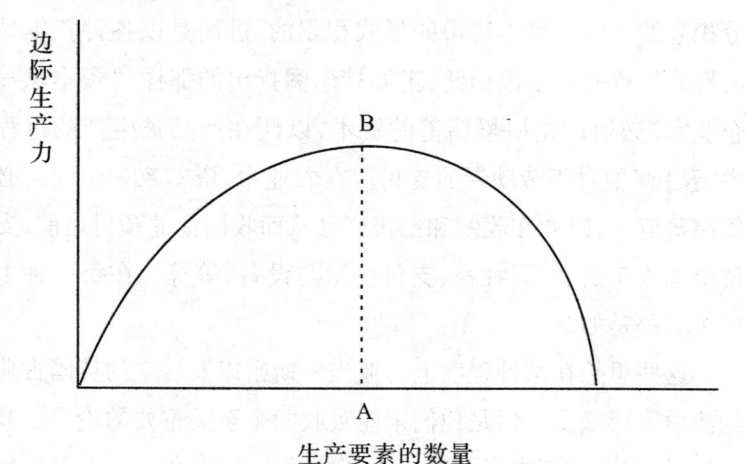

简言之,在达到最大点 A、B 之前,增加要素量将提高边际

生产力(即要素的每一次增加所生产的产品量),过了这一点之后,边际生产力将下降,最终将等于零,进而会成为负数。

14.5 资本、企业家、储蓄与利息理论

在 A.R.J. 杜尔阁对经济理论作出的杰出贡献的列表中,最引人瞩目的要属他的资本与利息理论。这一贡献与他在诸如效用等领域里的贡献不同,它是在没有借鉴先前的理论贡献的情况下迅速地发育成熟的。并且不仅如此:在欧根·冯·庞巴维克以明确的形式将其建立起来的一个世纪之前,杜尔阁就几乎完整地提出了奥地利的资本与利息理论。

杜尔阁的严格意义上的资本理论,在英国古典经济学家以及奥地利学派那里都产生了共鸣。比如,在他的卓越论文"思考"中,杜尔阁指出,财富是通过年产品中的未消费和储蓄的部分积累的。储蓄是以货币的形式积累的,进而是以各种资本品的形式投资的。不仅如此,正如杜尔阁指出的那样,"资本家—企业家"必须首先积累储蓄的资本,以便在产品被生产的过程中"预付"他对于劳动者的支付。在农业中,资本家—企业家必须储蓄资金,以便在收割和销售产品从而收回他的预付之前,支付给工人工资、购买牲畜、支付房屋与设备,等等。在每一种生产领域都是如此。

这些思想在某种程度上为亚当·斯密以及后来的英国古典经济学家所接受。但是他们未能吸收两个至关重要的论点。其一是,杜尔阁的资本家同时也是资本家—企业家。他不仅要预先向工人和其他生产要素提供储蓄,而且还要像坎替隆最先指

出的那样,承担市场中不确定性的风险。坎替隆的企业家理论将企业家视为一种面临不确定性条件下的普遍的风险承担者,凭借他可以实现市场的均衡;但是这一理论缺少一个关键要素:它没有资本分析,从而未能理解市场经济的主要驱动力不是任何简单意义上的企业家,而是同时发挥两种职能的资本家——企业家。[5]可是,正如赫斯里茨(Hoselitz)教授指出的那样,杜尔阁在发展资本家——企业家理论中所取得的值得纪念的成就直到20世纪之前却"完全被人们所忽视了"。[6]

如果说英国古典经济学家完全忽视了企业家,那么他们也未能吸收杜尔阁的另一个重要思想,这就是他对于时间在生产中的关键作用,以及对于产业在完成生产和销售之前可能需要经历许多个具有较长预先支付期的生产阶段这一事实的原初—奥地利式的强调。杜尔阁富有远见地指出,正是资本的所有者

他将等待销售他的皮革,以便不仅收回他的全部预付,而且还要获取利润。这种利润应足以补偿他所投入的货币对于他具有的经济价值(即如果他用这些货币获得一项不动产所可能得到的收益),此外,它还要包括对于他付出的劳动和操心的工资报酬,对于他承担的风险的报酬,甚至对于他的技能的报酬。

在这段话中,杜尔阁预见到了奥地利学派的机会成本的概念,并且指出资本家将要挣得他的归与的工资和补偿他因为没有把货币投在别处而牺牲的机会成本。简言之,资本家的会计利润往往要等于一种长期均衡值再加上他自己劳动和技能所应

得的归与的工资。在农业、制造业或者任何其他的生产领域，存在这两类基本的社会生产者阶级：企业家或资本所有者，"他们为了让人们工作而事先将资本进行赢利性的投资"；以及工人或"简单的工匠，他们除了自己的双手没有其他财产，他们只能每日从事劳动，得到他们的工资，而不是利润"。

在这里，杜尔阁从重农学派的经济表中吸收了一个颇具真知灼见的思想萌芽，即所投入的资本必须通过连续不断的支出的流通过程带回来一个稳定的利润，否则的话，生产和支付就要发生紊乱。通过将他的货币分析与资本分析相整合，杜尔阁进而指出，在金和银作为货币发展起来以前，企业、制造以及商业的活动范围一直是相当狭窄的。因为为了发展劳动分工和生产的不同阶段，必须要积累大量的资本，进行广泛的交换，没有货币这些是决然不可能的。

在认识到对生产要素进行储蓄的"预付"是投资的一个关键因素以及这一过程只能在一种货币经济中发展起来之后，杜尔阁又进一步接触到一个关键的"奥地利学派的"观点：由于货币与资本预付是所有的企业都不可缺少的，劳动者因而将愿意向资本家支付一种所生产产品的折扣，以作为对他们在未来收入实现之前以货币向他们支付工资的回报。简言之：对投资的利息回报（这也是瑞典的"奥地利学派"克努特·威克塞尔在大约一个世纪以后称之为"自然利息率"的东西）是劳动者因为资本家履行了向工人预付的职能、从而使他们不必等待数年来拿到他们的收入而向资本家的支付。正如杜尔阁在他的"思考"中所指出的那样：

由于资本是任何获利的企业都不可或缺的基础……,所以那些没有资本、或者对于他们想要从事的买卖没有足够的资本、然而却勤勉和热爱劳动的人们,是会欣然同意将资本或货币所有者(他们愿意把资本和货币委托给这些人使用)期望获得的超过他们的预付之上的利润的一部分让给这些所有者的。

在接下来的一年,在他那篇才华横溢的评论圣—佩拉维论文的文章中,杜尔阁扩展了他的储蓄与资本分析,提出了一种对于萨伊定律的精彩的预见。杜尔阁驳斥了重农学派那种认为货币如果不用于消费就会从流通中"漏出"、从而将会毁灭经济的前—凯恩斯主义式的担心。由于这种担心,重农学派总是倾向于反对储蓄本身。然而杜尔阁则指出,资本的预付在所有的企业中都是至关重要的,如果不是来自储蓄,资本的预付将从何而来呢?他还指出,此种储蓄不论是由土地所有者提供的,还是由企业家提供的,结果并没有差别。要想使企业家的储蓄大到足以积累资本和扩大生产,利润就必须要高于为了补偿企业家的当前支出(即重置存货、资本品等等,因为它们会被消耗和磨损)所需要的数量。

杜尔阁继续指出,重农学派未加证明地假定储蓄将简单地从流通中漏出,并且导致价格降低。实际上相反,货币将返回到流通领域,储蓄将立刻被利用来或者购买土地,或者作为预付投资到工人和其他要素上,或者被贷放出去以获得利息。储蓄的所有这些使用都会使货币返回到循环流转中。例如,资本的预付在购买设备、房屋建筑、原材料或支付工资的过程中会返回到流通中。土地的购买会将货币转移到土地的卖者手中,他反过来又会用货币购买某些东西,或者支付他的债务,或者再贷放出去,无论哪一种情况,货币都将迅速地回到流通之中。

杜尔阁进而在假设储蓄为了获取利息而被贷放的条件下,展开了一种相似的支出流量分析。如果消费者借入货币,他们借入货币是为了花费,那么这种被支出的货币将要返回到流通。如果他们借入货币是为了支付债务或者购买土地,也会发生同样的事情。如果企业家借了这笔货币,它将被注入进预付和投资中,这笔货币将再一次地返回到流通当中。

所以,储蓄起来的货币并没有丢失掉;它又返回到流通之中。不仅如此,投入于资本的储蓄的价值,要比窖藏起来的值大得多,从而货币往往将会迅速地返回流通。此外,杜尔阁还指出,尽管增加的储蓄实际上在相当长的时间内从流通中撤出了少量的货币,然而通过增加的预付和由此产生的更大的产量和生产成本的降低,较低的生产品价格将会对企业家补偿而有余。在这里,杜尔阁已经有了在相当长的时期以后才出现的冯·米塞斯—冯·哈耶克关于储蓄使生产的结构变窄、但却延长的分析的萌芽。

杜尔阁对经济理论贡献的顶点是他关于利息的成熟老道的分析。我们已经看到,杜尔阁在将投资的利息视为劳动者因为资本家—企业家进行了储蓄的预付而以现时货币的形式向其支付的一种价格这一过程中所显示出来的卓越见识。杜尔阁还阐明了——以远远领先于他的时代的形式——这种自然利息率与货币贷款利息率之间的关系。例如,他表明,这两者在市场上必然会趋于相等,因为不论是它们成为贷放货币还是直接进入生产投资,资本的所有者都将要不断地权衡它们在不同的使用渠道中的预期收益。贷款者在现时卖出了他的货币的使用权,借款者则购买了这种使用权,这些贷款的"价格",即贷款利息率,将像任何商品的场合一样,是由这种市场上的供给和需求的变化来决定的。对于贷款需求的增加("即有很多的借款人")将会提高利息率;贷款供给的增加("即有很多贷款人")将会降低利息率。正如我们所看到的那样,人们借款有很多原因:试图获取企业的利润,购买土地,偿还债务,或者用于消费;然而贷款者仅仅关心两件事:利息收益和他们的资本的安全性。

虽然存在一种使贷款利息率与投资的利息收益相等同的市场趋势,但是贷款一般来说是一种无风险的储蓄利用形式。因而,只有当企业家预期他们的利润将比贷款的利息率更高时,他们才能愿意进行有风险的企业投资。杜尔阁还指出,政府债券往往属于风险最小的投资,从而他们将获得最低的利息收益。他继续声称,政府债务的"真正有害"之处在于,它为公共债权人提供了好处,却把他们的储蓄运用于"无效果的"和非生产性的领域,同时在与生产性的储蓄使用的竞争中维持了一种高利息率(或者用我们今天的说法,公共债务"挤出了"私人对于储蓄的生产性使用)。

通过坚持一种对于放贷取利的性质和有用性的分析,杜尔阁展开了一种对于禁止高利贷的立法的单刀直入和尖刻有力的批评,而重农学派则始终试图捍卫这种立法。

杜尔阁指出，一项贷款是"两个当事人之间自由达成的相互的合约，他们之所以要达成这个合约完全是因为它对于他们都有利"。然而一种已经通过合约达成的贷款其本身就表明对借贷双方都是有利的。杜尔阁使用了决定性的言辞："那么，在一个对双方都有利、并且双方都满意、同时又不会损害任何第三者的合约中，根据什么原则可以发现一种犯罪呢？"收取利息不是剥削，就像销售任何商品中不存在剥削一样。如果指责贷款者索取利息是"在利用"借款者对货币的需求，那么这就如同"说一个面包师为他所出售的面包收取货币是在利用买者对面包的需求一样荒谬"。

并且，如果花费在面包上面的货币可以被认为是等价的，那么，按照同样的方式也可以说，"借款者今天收到的货币同样也是他保证在某一特定时间后归还的本金和利息的一个等价物。"简言之：一个贷款合约为一笔未来的本金和利息确立了现在值。借款者在贷款期限内获得货币的使用权；贷款者则被剥夺了这种使用权；这种有利性或不利性的价格，就是"利息"。

杜尔阁说道，在经院学者中反对高利贷的阵营看来，确实，货币作为"一堆金属"是无生育能力的，不会生产任何东西；但是成功地运用于企业中的货币将会产生一种利润，或者，成功地投资于土地的货币将会产生收入。贷款者在贷款期间所放弃的，不仅是对于这种金属的占有，而且还有他通过投资所可能获得的利润："他通过它所能够获取的这种利润或收入，以及补偿他的这种损失的利息，不能被视为不公正"。由此，杜尔阁就将他对于利息的分析和辩护与一种一般的关于贷放货币将会放弃收入的机会成本观点,整合起来了。进而,杜尔阁宣称,最重要的问题,是存在着贷款人的财产权,这是一个绝对不能忽视的关键之点。一个贷款者拥有

> 对于他的贷款索取一个利息的权利,这简单地因为这个货币是他的财产。由于它是财产,所以他可以任意地持有它……;如果随后他要放贷,他可以对这笔贷款附加上他认为合适的条件。他这样做并没有伤害借款者,因为后者同意这个条件,并且对于这笔贷款额不拥有任何权利。

至于对那个在几个世纪里被用来谴责利息的《圣经》中路加福音里的一段话——它敦促人们放贷不要获利——杜尔阁指出,这种劝告只是一种简单的博爱箴言,一种"值得赞美的慷慨行为",而不是一种来自正义的要求。杜尔阁解释道,高利贷的反对者从未始终一贯地坚持努力迫使每个人都以零利息将其储蓄贷放出去的立场。

在他最后的贡献之一、影响颇大的"论放贷取利"(Paper on Lending at Interest)(1770 年),A. R. J. 杜尔阁阐述了他对高利贷立法的批评,同时又进一步发展了他的极有价值的利息理论。[7] 他指出,禁止高利贷的法律并没有被严格地执行过,这导致了广泛的信贷黑市。但是高利贷的瑕疵依然存在,伴随着普遍的诚信缺失和对法律的漠视。不过,偶尔地,禁止高利贷法也被零星地以严厉惩罚的措施实行过。

最重要的是,杜尔阁在"论放贷取利"一文中集中于利息的

关键问题:为什么借款人愿意对于使用货币支付这个利息升水呢?他指出,高利贷的反对者坚持认为,贷款者要求返还额要大于本金就是在接受一种超过贷款价值的价值,而这种超过额在某种程度上说是极为不道德的。但是由此杜尔阁接触到这个关键之点:"确实,在归还本金时,借款者精确地还回了贷款者贷给他的贵金属数量"。然而他补充道,为什么我们就必须严格地死盯着这种金属货币的重量、而不去关注"它对于贷款者和借款者的价值和用处呢"?在这里,杜尔阁十分明确地得出了庞巴维克—奥地利学派的关键的时间偏好概念,他要求我们去比较:"一笔当前所有的货币在借款日所具有的用处,与一笔在未来的某个时日收到的相同的货币数额的用处,二者有什么差别"。这里的关键是时间偏好——对于未来的贴现以及与此相伴的对于现在的溢价。杜尔阁指出了那个著名的格言,"一鸟在手等于二鸟在林"。由于现在实际所有的货币数额"要优越于在一年或几年后保证能够得到的同量货币额",所以,付出和收回的同量货币额在价值上绝不能是等价的,因为贷款者"让与了货币,同时却只得到了货币额的保证"。但是,难道这种价值上的损失不能够"通过令所保证的货币数额比例于时间的滞延而增加来进行补偿吗?"杜尔阁得出结论说,"这种补偿恰恰就是利息率"。他补充道,在一种贷款交易中进行比较的,不是贷出的货币的价值与收回的货币的数额,而是"一种货币数额预期保证具有的价值与它在现在使用所具有的价值"。因为,一项贷款活动恰恰也就是一种货币数额在交换中被转移为当前对于未来的某个货币数额的预期保证。因而,法律所强加的最大利息率限制将会完全消灭所有有风险的信贷企业。

除了发展出一种奥地利学派的时间偏好理论,杜尔阁在他的"思考"中还有史以来第一次地指出了与此相对应的资本化的概念,即土地或其他资本品的价值在市场上将倾向于等于它们的预期的未来年租金或年收益按照时间偏好的市场率或利息率加以贴现后的数值。[8]

似乎这些还不足以构成对经济学的贡献,故杜尔阁又开创了一种关于利息率与货币的"数量理论"之间相互关系的成熟老道的分析。他指出,在以价格表示的通货价值和利息率之间,不存在什么联系。货币的供给可能是充裕的,从而用商品来表示的货币的价值将比较低,但是利息率却可以同时处于很高的水平。也许是沿袭了大卫·休谟的相似模型,杜尔阁发问道,如果一个国家银币的数量突然地增加一倍,并且这种增加奇迹般地在每个人中间都是等比例地分布,那么将会发生什么呢?具体来说,杜尔阁让我们假定,一个国家现有100万盎司的银币,同时,"通过这种或那种方式,又有100万盎司的银币被带入这个国家,并且这新增的银币与先前的100万银币在每个人钱包中的分配比例是一样的,从而一个先前拥有2盎司银币的人现在将拥有4盎司"。杜尔阁进而解释道,价格将要提高,可能会提高一倍,从而用商品来表示的银币的价值将要降低。但是,他补充道,如果人们的支出比例保持与以前一样,"如果所有这些货币都被它的所有者带到市场上并且用于当前的花费上……",[9]这绝不意味着随后将会出现利息率的降低。新的货币将不会被贷放出去,因为只有储蓄的货币才能被贷放或投资。

实际上,杜尔阁指出,货币量的一种增加究竟能不能提高利息率,将要依支出—储蓄比例究竟受到怎样的影响为转移。他论述说,假设所有富裕的人都决定把他们的收入和年利润用于消费支出,把他们的资本用于愚蠢的支出。那么更大的消费支出将提高消费品的价格,远没有多少货币能够用于贷放或者用于投资支出,从而利息率将与价格一起提高。简言之,支出将增大,价格将提高,而与此同时时间偏好率将提高,人们支出更多而储蓄更少,利息率将提高。由此,杜尔阁便在他那个时代先于奥地利学派一个多世纪提出了一种成熟老道的奥地利学派式的关系分析:即对于冯·米塞斯所称的"货币关系"——货币供给与需求之间的关系(它决定了价格或价格水平)——和时间偏好率(它决定了支出—储蓄的比例和利息率)——二者之间关系的分析。这里实际上也孕育了奥地利学派的经济周期理论的萌芽,该理论分析了货币供给的扩张与利息率之间的关系。

至于时间偏好率或利息率的变动,节俭精神的增强将会降低利息率和提高储蓄与资本积累的量;奢侈倾向的增长则会导致相反的结果。杜尔阁指出,节俭精神过去几个世纪以来在欧洲一直稳步地增强,由此导致利息率倾向于下降。各种利息率和贷款、投资、土地等的收益率在整个市场上将趋于相等,并且都趋向于一种单一的收益率。杜尔阁指出,资本将从利润较低的产业和地区转移出来,转入利润更高的产业。

14.6 货币理论

虽然杜尔阁并没有在严格意义的货币理论方面注入较大的

精力,但是他也做出了某些重要的贡献。除了继承休谟的模型并且将它与其关于利息的分析相整合以外,杜尔阁还明确地表示了他反对现时里那种将货币单纯视为一种约定俗成的象征符号的占有支配地位的观念的立场。在他对于 J. J. 格拉斯兰(Graslin)的一篇获奖论文(1767 年)的批评中,杜尔阁宣称格拉斯兰在"将货币单纯视为一种约定俗成的财富符号"中,完全搞错了。相反,杜尔阁宣称,"货币与所有其他价值相交换完全不是由于它的约定俗成性:它本身就是一种商品客体,一种财富形式,因为它具有一种价值,还因为在贸易中任何价值都要交换一个相同的价值"。

在他未完成的辞典条目"价值与货币"中,杜尔阁进一步发展了他的货币理论。通过利用他的语言学知识,他宣称货币是一类语言,将各种形式的习惯性的东西都转换成为一种"共同语言或标准"。所有通货的共同语言是它们所试图去计量的那些客体的实际价值,或者价格。不过,杜尔阁承认,由于金和银的价值总是相对于商品的价值以及相对于彼此的价值变化而变化,这些"计量"是很难做到完美无缺的。所有的货币都是由同样的金属,主要是黄金和白银铸造的,其差别仅仅表现在通货单位的不同上。所有这些单位都是彼此可以相互归约的,就像有关长度与体积的计量标准一样,它们以每一种标准通货的重量来表示。杜尔阁指出,存在着两类货币,真实货币—硬币,即雕刻着标志的金属小物件,和虚拟货币,它起着记账单位或计价标准的作用。当真实货币单位用记账单位来规定时,各种单位就被相互联系起来,并且都与特定的黄金与白银重量挂钩。

杜尔阁表明，由于在现实世界中真实货币不是由一种金属、而是由两种金属——黄金和白银——构成，便产生了一些问题。市场上黄金和白银的相对价值，将要依各个国家金和银的丰裕程度和相对稀缺程度而发生变化。

14.7 杜尔阁的影响

在经济思想史的编史工作中令人震惊的不公正例子之一，是伟大的奥地利学派的资本与利息理论创立者欧根·冯·庞巴维克对待杜尔阁关于资本与利息的卓越分析所采取的态度。在19世纪80年代，庞巴维克在他的《资本与利息》的第一卷，通过研究和摧毁先前的、各种相互竞争的理论，开始为他自己的利息理论扫清道路。令人遗憾的是，庞巴维克并没有承认杜尔阁是他在开创奥地利理论过程中的先驱，相反却草率地抛弃了法国学者，将他们仅仅视为一群重农主义的、天真的强调土地的生产力（或"果实"）的理论家。这种对于杜尔阁的不公正态度由最近发现的有关庞巴维克的资料可以更为明显地显现出来。庞巴维克在他的一篇未发表的于1876年提交给研讨会的论文中，第一次对杜尔阁的利息理论进行了评价，揭示了杜尔阁的观点对于他后来所发展的思想的重大影响。也许我们不能不得出这样的结论：在这个场合也像在其他场合下一样，庞巴维克需要宣称自己的原创性，而摧毁所有他的前辈享有的发现真理与正义的优先权。[10]

相比庞巴维克的虐待而言，熊彼特对于杜尔阁对经济学的伟大贡献的赞赏性总结则是令人感到欣慰的。几乎只是关注于杜尔阁的"思考"这篇文章,熊彼特就断言他的价格形成理论是"几乎完美无缺的,明确地排除了边际原理的公式,与庞巴维克的理论保持了明显的距离"。他的储蓄理论、投资与资本理论是"有关这类问题的第一个严肃的分析",并且"被证明具有几乎是难以想象的严谨性。不好说阿尔弗雷德·马歇尔是否超越了他,但是可以肯定 J. S. 穆勒显然没有超过他,庞巴维克无疑只是对它增添了新的标签而已,其理论的实质内容则完全从属于杜尔阁的观点"。杜尔阁的利息理论"不仅是到 18 世纪为止所产生的最重大的成就……,而且显然也预示了 19 世纪最后几十年许多最优秀的思想"。总而言之,

可以毫不夸张地说,在杜尔阁的论著发表以后的 20 年,由于它的内容被敏锐的经济学界所理解和吸收,分析的经济学在经过了一个世纪之后终于达到了它曾经达到的水平。[11]

杜尔阁对后来的经济学思想的影响是严重受限的,这也许主要是因为由于他与重农学派的联系而使得他的著述遭到随后几代人不公正地怀疑,此外还因为那种到处弥漫的关于亚当·斯密创立了经济学的神话。那些曾经读过杜尔阁著述的 19 世纪的经济学家,未能抓住他的资本、利息以及生产理论。虽然亚当·斯密在个人关系上与杜尔阁熟悉,并且读过他的"思考"这篇文章,但是除了广泛的自由放任的分析方法以外,斯密的结论与杜尔阁的差别极大,因此他对于斯密的影响看起来是微乎其微的。李嘉图严格说来既不尊重也没有全面理解杜尔阁,只是

因为他作为自由改革者的劳而无功的政治作用而尊敬他。詹姆斯·穆勒做出了相似的反应。马尔萨斯赞赏杜尔阁关于价值的观点,然而杜尔阁的思想唯一对英格兰产生真正影响的例子,还得说是主观效用价值理论的重要领军人物萨缪尔·贝利(Samuel Bailey)。虽然杜尔阁对贝利的这种影响是明摆着的,可是令人遗憾的是,他在他的著作中却并不提及杜尔阁,从而不列颠的效用理论传统未能重新发现它的领军人物。

在法国方面,杜尔阁对自喻为斯密主义者的 J. B. 萨伊影响最大,特别是在主观的效用价值理论,资本与利息理论方面也有某种程度的影响。萨伊堪称法国自由放任思想、原初奥地利的思想以及 18 世纪传统的真正继承人。然而令人遗憾的是,他对杜尔阁著述的引证却淡化了杜尔阁的影响,而他对斯密的敬意却扩大了斯密的影响,这两者也许都反映了萨伊具有的后一法国革命时期人们所具有的特征,即不愿意将他们自己与赞成专制君主制和赞成农业的重农学派联系在一起,而杜尔阁则不幸地被大多数法国知识界人士视为与这些人属于一类。由此,欢迎礼仪便送给了亚当·斯密。

14.8 18 世纪的其他法国与意大利效用理论家

与杜尔阁同时代的另外两位知名的法国学者,由于他们对经济思想做出了重大贡献也必须受到关注。费迪南多·加利亚尼神父(Abbé Ferdinando Galiani)(1728—1787 年)是一个迷人的人物,他虽然属于那不勒斯人,却可以在很大程度上算作法国人。加利亚尼由他的曾经担任国王的总施赈官的伯父抚养长大，很早就接触到那不勒斯思想与文化界的著名人士。在16岁时，加利亚尼将洛克论货币的著作的若干部分翻译成意大利语，并开始了历时8年的对货币的研究。在这同一时期，加利亚尼还取得了宗教教阶。在23岁那年，他出版了令人瞩目的重要著作《论货币》(*Della Moneta*)(1751年)，该书提出了一种关于物品和货币价值的主观—稀缺理论。然而令人遗憾的是，《论货币》从未能从意大利语完全地翻译过来。

在1759年，加利亚尼神父成为那不勒斯驻巴黎大使馆的秘书，随后又成为总负责人，他在这里待了十年之久，在此期间，这位飘忽不定、睿智和博学、身高只有四点五英尺的加利亚尼竟成为巴黎社交场所中的社会名流。在他回到意大利以后，尽管他又写作了几本有关语言学和政治学方面的小薄册子，并且担任几个重要的政府官员职务，可是他仍然怀念他所热爱的巴黎，总有一种被从其所热爱的巴黎驱逐出来的感觉。

加利亚尼按照晚期经院学者—法兰西—意大利的传统，阐明了物品的价值是作为消费者的一种主观估价。他指出，价值不是内在固有的，而是"在人类头脑中形成的关于占有一种物品与占有另外一种物品之间的关系"。人总是要比较对一种物品的估价与对另一种物品的估价，为了提高他的总满足水平而用一种物品交换另一种物品。对一种物品的需求量与它的价格反方向变动，每一种物品的效用与它的供给成反方向变动关系。加利亚尼也机敏地意识到相对于递增的供给出现的效用递减规律，只是像他的前辈一样，由于缺少边际效用的概念而就此止步了，不过无论怎么说他也能够解决那种"价值悖论"：即使用价值与价格或交换价值相分离这样一种观点,因为,面包、水等物品对人极为有用,但是却非常便宜,而那些像钻石之类的俗艳无用的物品,却极其昂贵。

例如,加利亚尼以极大的敏感性和洞察力以及他通常具有的才华写道:

> 很明显,空气和水对于人类生活极其有用,但是因为它们并不稀缺所以没有任何价值。另一方面,从日本海岸带回来的一袋沙子却是极端稀罕的东西——然而,除非它拥有某种效用,否则它将不具有价值。

加利亚尼进而还论述了从17世纪意大利著作家贝尔纳多·达万扎蒂(Bernardo Davanzati)那里所引证的所谓价值悖论。达万扎蒂曾经哀叹道,"一只活生生的小牛犊要比金制的牛犊高贵,可是它却具有低得多的价格!"而"别的人也说,'一磅面包比一磅黄金更有用'"。加利亚尼进而精彩绝伦地推翻了这种说教:

> 这是错误和愚蠢的结论。它是基于对下述事实的忽视:即"有用"和"较少有用"都是相对的概念,它们将要依赖于特定的环境。如果某人缺少面包而不缺少黄金,那么面包肯定对于他更有用。这与生活中的事实是相吻合的,因为没有人在面临要饿死的场合会舍弃面包而要黄金。开采金矿的人也从不忘记吃饭和睡觉。但是如果某个人吃饱了,他就会把面包视为最没有

用处的东西。他进而将需要满足其他方面的需求。这进一步表明贵金属是奢侈的陪伴品,就是说,是在人们关心基本需要的状态下的一种伴随品。达万扎蒂坚持认为,一个标价为二分之一格令的鸡蛋,将具有保护饥饿的乌格利诺伯爵在囚禁的第十天不被饿死的价值,这个价值将超过世界上所有黄金的价值。但是,这个叙述可怕地混淆了由一个并不担心没有鸡蛋就会饿死的人所支付的价格和乌格利诺伯爵的需要这两个不同的问题。达万扎蒂怎么能够保证这位伯爵不会对这只鸡蛋支付 1,000 格令的黄金呢?达万扎蒂在这里显然犯了一个错误,尽管他并没有意识到这一点,而他进一步阐述的意见则表明他知道得更多。他说道:一只老鼠是令人可怕的事情。但是当卡西利诺被围困时,价格上涨到如此的程度,以至于一只老鼠竟达到 200 盾——这个价格并不算贵,因为售卖者会因饥饿而死,而购买者则能够挽救他自己的生命。

埃诺迪教授在 1945 年告诉我们,"这是一段经典的论述,在意大利的研讨会上,当人们要对效用递减原理给予一个生动的说明时,人们总会把它复述一遍"。除了说明这个关键的原理之外,上面这段话还表明人们在对面包的消费达到饱和之后,将转而去消费或使用曾经被舍弃的其他物品。[12]

加利亚尼除了采取一种主观主义的、"前奥地利学派式的"研究效用和物品价值的方法以外,还在有关贷款利息的研究上也采用了同样的方法,他在那段对杜尔阁产生过影响的文字中至少勾勒出关于利息的时间偏好理论的轮廓。加利亚尼这样写道：

> 从这里产生了交换率和利息率——它们是一对兄弟和姐妹。前者使目前的货币与不同地点上的另一个货币相均等。它是借助于一个表面上的贴水来实现的，这个贴水是由于更少的便利和更多的风险而被减少的量，它……将保证一个货币的真实价值与另一个货币的真实价值相等。利息则是使目前的货币与未来的货币保持相等。在这里，时间的影响与在交换率场合下的空间的影响是一样的。每一个合约的基础都是真实价值的相等。

加利亚尼将一笔贷款定义为"对一个物品的让渡，并附加归还一个等价物而不是更多东西的条款"。不过，与流行几个世纪的反"高利贷"学者们——他们从同一命题出发却走到了将贷款的所有利息都斥责为非法的地步——相反，加利亚尼指出了后来将成为奥地利学派的基本思想的一个重要见解：在这里，一个物品，一个"等价物"，不是用其物理性质或者相似性来描述的，而是用它在单个行为人头脑中的主观价值来描述的。例如，加利亚尼写道，那些总是惯于用"重量、或者形式上的相似"来定义物品的等价性的人，集中关注于每一次交换中的物质的客体（比如，货币单位）。然而，他进一步说道，采用这种定义的那些人"基本不理解人类的活动"。他重申道，正好相反，价值并不是物品本身固有的一个客观特征，而是"物品对我们的需要的一种关系"。但是因而，"各种物品当它们向人们提供了在他们看来是相等的便利时,它们便是等价的"。

对于奥地利学派方法的另一个预示,是加利亚尼暗示了一种分配理论,这种理论直到庞巴维克之前无人接受,从而它也许是独立地在一个半世纪之后达到了一种相似的并且更为充分得多的分析。因为加利亚尼在他的《论货币》一书中暗示,并不是劳动的成本决定了价值,而是恰好相反:是价值决定了劳动成本。或者,更具体地说,产品的效用和各种劳动的稀缺程度决定了市场上劳动的价格。虽然他在开始其讨论时曾经说道,在人类能量的意义上劳动"是价值的唯一源泉",但是他立刻又转而指出人类的才能是极其不同的,从而劳动的价格也将极其不同。例如:

> 我相信,人类的才能是与按照无生命的东西完全相同的方式决定的,它也受着稀缺与效用相结合的同一原则的支配。人被上天赐予从事不同职业的才能,但是各种才能的稀缺程度是不同的……所以,支配价格的不仅仅是效用本身:因为上帝令可以从事带来最大效用的职业的人大量地出生,从而他们的价值不可能有多大,这些人可以说就是人群中的面包与葡萄酒;但是学者和哲学家则不然,他们可以被称之为天才中的精华,理当获得一种极高的价格。

加利亚尼在谈到学者与哲学家在市场上应当获得"极高的价格"时无疑是过于乐观了,因为他忽略了他自己的关于稀缺物品的闪烁才智的例子,比如"从日本海岸带回来的一袋沙子",它虽然稀缺,但是在消费者的心目中却可能只有很少的效用和价值,或者干脆没有任何效用和价值。

在严格意义上的货币理论方面,加利亚尼神父通过指出货币——交换媒介——必须在市场上作为一种有用的金属而产生,并且它不能作为一种由某种社会契约所形成的惯例而重新被选择,为奥地利学派的门格尔—冯·米塞斯关于货币起源的分析铺平了道路。对于那种认为货币是一种惯例,它可以被应用于任何有关国家起源的社会契约解释的论点,加利亚尼给予了生动的批判,他嘲笑道:

> 那些人坚持认为,全体人民曾经达成一种协议,签订了一个合约,同意将本身毫无用处的金属当作货币来使用,从而赋予它以价值。然而,全人类的这些惯例究竟是在哪里发生的,这种协议又是在哪里达成的?发生在哪一个国家?在什么地方?究竟是谁作为代理人,帮助西班牙人和中国人以及哥特人和非洲人达成了这种持续了许多世纪、已经赢得了人们的认可而从未发生变化的协议的呢?

加利亚尼指出,在市场上被选择的这类金属将是人们普遍乐于接受的,因此它作为一种非货币的商品需要具有极高的价值,便于携带,具有耐久性,质地均匀,便于识别和计算,以及难以造假。加利亚尼比他以后的斯密和李嘉图更聪明,他警告道,货币不应被理想化地视为一种不变的价值计量尺度,因为一个会计单位的价值必然要随着货币购买力的变化而变化,因此这样一个不变的标准是不存在的。正如加利亚尼用他特有的尖刻语调所说的那样:"最终,这种稳定的货币的概念是一种梦想,一种狂躁症。每当发现一个新的、含量更丰富的金、银矿,就会立刻使所有的计量都发生改变,这虽然在它们身上显示不出来,但是却使它们所计量的物品的价格发生了变化"。

加利亚尼在《论货币》的整部书中清楚地表明,他的全部分析都是嵌入在自然法的概念框架中。他解释说,自然法,像重力法则或流体法则一样,在经济事务中具有普遍的有效性。像物理规律一样,违反经济规律必然要面临着极大危险:任何对抗自然秩序的行为都将必然要失败。

这位神父通过引证一种假想的情况来证明他的论点:假定一个信奉穆罕默德的国家突然改信基督教。这样,先前被禁止的饮酒现在便成为合法的了,从而它的价格就会因为该国可供利用的酒数量较少而上升。商人将会把酒带入这个国家,新的酒生产者将会进入这一行业,直到酿酒业的利润下降到它们的正常的均衡水平,"因为当在一个水容器中掀起波浪时,经过混乱和不规则的运动之后,水将恢复到它的初始水平"。

进一步地说,市场的这种均衡运动——加利亚尼认为它适用于货币——是由自利、贪婪和对利润的追求所极其不可思议地推动的:

这种均衡奇迹般地满足了增加人类生活的商品的适当丰裕性和地球上的财富的需要,尽管它不是源自人类的严谨或美德,而是来自于对于肮脏的利润的极其卑鄙的追求。上天为所有的一切设计了这种秩序,因为她无限地热爱她的子民,从而我们的卑鄙的热情经常不顾我们的主观愿望,去促进全体人的利益。

加利亚尼总结道,经济过程是受着一只"超级的手"指导的(这为在整整一代人之后的亚当·斯密的"看不见的手"的概念埋下了伏笔!)。

实际上,货币制度使得所有的人都能够"生活在一起",彼此相互依赖,同时仍然能够极大地有利于他们去追求他们个人的目标。正如加利亚尼雄辩地指出的那样:

> 我看到,并且每一个人现在也都看到,贸易以及推动贸易的货币,把我们从每个人都只想着他们自己的那种可悲的自然状态带到这种人们一起生活的非常幸福的状态,在这里每个人都为其他人着想和做事:并且在这种状态还不是单纯地出于美德和虔诚的原则(当涉及到所有民族时,它们是不够的),而是出于我们个人利益和福利的目的为我们自己谋生的结果。

加利亚尼的分析由于一种创造性的、知识渊博的对于不同社会体系中所出现的思想观点的比较分析而增色不少。例如他指出,为了避免物物交换的不便,人们可以试图在社会共同体中在严格的意义上"生活在一起",就像修道院和女修道院一样,但是这在整个国家的范围内几乎是不可行的。在一个较大的社会中,可以存在这样一种体制,在其中每个人生产他所想望的物品,然后将它们存储到一个公共仓库中,而每个人都可以使用这里的公共储存物。(加利亚尼也许可以把它表述为"各尽所能,按需分配"。)但是这个体制是要崩溃的,因为懒惰的人会竭力去利用剥削勤劳的人来过活,而勤劳的人反过来也将越来越不愿意工作。另一方面,公共仓库也可以向生产者开出"收据",凭借此收据可以按照由君主规定的相对价格来交换别的物品;不过这产生了一个问题,这就是君主也许会通过印刷过多的此类收据来引发通货膨胀。从而,只有金属货币才是唯一有生命力的货币。

加利亚尼青年时代的著作《论货币》,是他对经济学的重大贡献。在他的早期年间,作为一位狂热的天主教徒、神父和主教,加利亚尼在巴黎成为了一个自由的思想家、放荡不羁之人以及具有伏尔泰学术风格的智者。在他在官僚机构的职位不断提升的过程中,他完全改变了他的经济观点,在1770年出版了著名的《关于谷物贸易的对话》(*Dialogues on the Grain Trade*)一书,该书讥讽了自由放任和自由贸易,以及自然权利和关于超越时间与空间条件而存在的经济规律的思想。因此,加利亚尼不仅是一位杰出的效用理论家,他在其后来的一些年间也成为19世纪出现的历史主义学派的一位先驱。

在他的私人信件中,加利亚尼相当坦率地展示了他后来转向保守主义、支持现存的愤世嫉俗的马基亚弗利主义以及批评对国家事务的任何自由主义或自由放任式的瓦解的根本原因。通过对那种只关心其他任何人的福利而唯独不关心自己的福利的观念进行抨击,加利亚尼指出:"让邻居见鬼去吧!""所有的胡说和骚乱都是产生于这样一个事实:每个人正在忙于为其他某些人的事业做祈祷,却没有人为他自己祈祷"。他写道,他对于现存的法国政府相当满意,因为这样做对于他来说是明显有好处的;尤其是,他不愿意失去他那 15,000 里弗尔的奢侈的收入。

加利亚尼当然知道,他在私人信件中使自己置身于马基亚弗利主义,而在公开出版的著述中却又伪装成道德主义者,这样做是属于随机善变的权谋之术。[13] 比如,在他的《论货币》的初版和1780年的第2版中,加利亚尼严厉谴责了奴隶制度:"对于我来说,没有什么能够比看到像我们自身这样的人类被如同动物般地辱骂、奴役和使唤更为可恶的事情了"。但是,在1772年的一封信中他却采取了完全不同的态度:

我相信,只要他们还在被出卖,我们就应该继续地购买奴隶,除非我们能够成功地让他们生活在非洲……。唯一可赢利的贸易就是通过斗殴来获取卢比。这是胜者为侯、败者为寇的贸易。[14]

简言之,任何事情,只要成功了就是正当合理的。

另一位意大利的效用理论家(就他而言实际上是交换的分析家),是产生了广泛影响的那不勒斯人安东尼奥·杰诺韦西神父(Abate Antonio Genovesi)(1712—1769 年)。杰诺韦西出生在萨莱诺附近,在1739年成为一名神父。杰诺韦西最初在那不勒斯大学任伦理学和道德哲学教授,后来他的兴趣又发生了转移,成为一位经济学和商业学教授,并由此成为一名知名的教师。在他的相当松散的著作《国民经济教程》(*Lezione de economia civile*)(1765)中,博学的杰诺韦西采取了一种温和的自由贸易立场。更为重要的是,他指出了在任何贸易中都存在着的本质上相似的价值不相等这个事实。他说道,在任何贸易中,每一方都希望他所得到的东西多于他所放弃的东西。为了必需的东西而放弃多余的东西。因此,在任何贸易中必然体现出互利。

主观效用理论在18世纪的最后一次展示,是由法国哲学家艾蒂安·博诺·德·孔狄亚克这位德·米罗克斯神父(Étienne Bonnot de Condillac, abbé de Mureanx)(1715—1780年)所精彩奉献的。孔狄亚克是一位知名的经验主义—感觉论的哲学家,他是共产主义的作家加布里埃尔·博诺·德·马布利的弟弟,和维孔特·德·马布利(他曾经担任过格勒诺布尔议会的秘书)的儿子。在巴黎的神学院接受教育之后,孔狄亚克转而致力于哲学研究,在18世纪40和50年代出版了好几种哲学著作。

1758年,孔狄亚克来到意大利,担当了帕尔马的费迪南公爵的儿子的家庭教师。在那里,他通过结识赞成自由贸易的政策制定者,即这位公爵的秘书蒂洛特,而激发了经济学研究的兴趣。与此同时,孔狄亚克还研读了加利亚尼和其他意大利主观主义的价值理论家的著作。在为那位未来的公爵当了10年的家庭教师之后,孔狄亚克出版了他为他的学生教学而撰写的16卷本的《学习教程》(*Course of Studies*)。

当孔狄亚克在18世纪60年代后期返回巴黎时,人们关于贸易、政治经济学和重农学派的兴趣达到了最高点,而孔狄亚克又一直是从他自己的完全不同于重农学派的主观主义立场来赞赏自由贸易的，故而这刺激他写出了他最后的著作《论商业与政府》(*Le commerce et le gouvernement considérés relativement l'un a l'àutre*)，该书出版于1776年，仅仅比《国富论》早一个月。

在《论商业与政府》这部不幸地被斯密的压倒一切的影响所遮蔽的书中，孔狄亚克提出并捍卫了一种成熟而老道的主观效用价值理论。作为在英国古典经济学问世之前的最后一位主张效用—稀缺思想的理论家，孔狄亚克宣称，一种物品的价值的源泉是它具有的由单个人根据他们的需要和愿望而估计的效用。物品的效用随着稀缺程度增加而增加，随着丰裕程度增加而降低。交换之所以发生是因为，所交换的两种物品的效用和价值对参与交换的两个人是不同的——实际上对两个人来说是颠倒的。

像在加利亚尼的场合下一样，在交换中多余的物品被用来换取供给不足的东西。但是，孔狄亚克谨慎地指出，交换并不意味着我们放弃了完全无用的东西。一个交换仅仅意味着——正如一位后来的评论者所总结的那样——"我们获得的价值大于我们放弃的价值"。[15]

如同孔狄亚克指出的那样："确实，我可以出卖一种我所缺少的东西；但是如果我不能够获得一种我更加缺少的东西，我是不会出卖它的。所以，很明显，我认为第一种东西相对于我后来获得的东西而言，是没有用处的"。这里的关键之点是相对的过多，而不是绝对的过多。并且，这种过多对于稀缺的交换极大地增加了市场经济的综合生产力。孔狄亚克指出：

耕作者的剩余构成了商业的基础……耕作者获得了对他们有价值的东西,而他们放弃了对别人有价值的东西。如果他们不进行交换,那么他们的剩余就将保持在他们的手里,而对他们没有任何价值。事实上,我保留在谷仓里的剩余的谷物,如果不用于交换,那么它们与那些我所不能从土地上生产的谷物相比,就不再构成我的任何财富了。因为下一年我将会种得更少了……。

进一步说,孔狄亚克坚持并且推广了加利亚尼关于成本和分配的效用理论,他宣称"一件东西并不是因为它花费了成本才具有价值的,就像人们所假定的那样;它花费成本是因为它有价值"。[16]而这种价值是由市场上单个人的主观评价决定的。[17]

不仅如此,孔狄亚克还拒绝了那种自亚里士多德以来一直占支配地位的、典型的古典与前古典的学说,即认为一个物品交换另一个物品这一事实意味着两个物品是"具有同等价值"的。孔狄亚克干净利索地驳斥了这个论点,而这种驳斥竟然很快就被遗忘,并且达100年之久:"认为在交换中人们是为同等的价值而换取同等的价值,是一种虚假的认识。恰恰相反,每一个交换者总是让渡更少的价值来换取更多的价值"。

由于消费者的效用和需求决定了价值,人们将总是倾向于从他们在生产过程中为满足消费者而生产的任何产品中得到收入。因此,正如哈奇森所总结的那样,"人们能够期望得到他们所预期的从他们所支配的生产物的销售中可能获得的任何收入……支付在市场上是由卖者和买者所左右的,它将依生产力和所生产的产品的预期效用为转移"。[18]由于更高的智力与技能的供给是短缺的,所以它在市场上将往往获得一个更高的价格或工资。

孔狄亚克的企业家理论沿袭了加利亚尼的传统,认为企业家的利润将依他面对不确定性的方式为转移,并且可以用来预测未来的市场。像加利亚尼一样,孔狄亚克也否认货币的价值是任意确定的,或者仅仅是由习惯或政府决定的。金属货币的价值将依赖于作为货币的金属的效用和它们在市场上的供给情况,从而货币的价值像其他物品的价值一样,也是由供给和需求决定的。在分析国际货币流动和国际收支中的均衡以及自我调节过程时,孔狄亚克也沿袭了加利亚尼的分析方法。

因而,在将近一个世纪后,当英国经济学家亨利·邓宁·麦克劳德(Henry Dunning Macleod)重新发现那时已经被遗忘的孔狄亚克时表现出欣喜若狂的神态,是并不过分的。麦克劳德指出,孔狄亚克从他的洞见之中产生了一种对于完全的自由贸易的热诚拥护,并且对于所有形式的政府对经济的干预提出了一种远比与他同时代的亚当·斯密更为严谨一致的抨击。麦克劳德提到了孔狄亚克对于"由于完全违背和对抗"自由市场原则"所导致的有害后果"的讨论:

> 这些就是战争,海关专署对产业征税,拥有特权和排他性的公司对消费者征税,干预通货,政府贷款,纸币,关于谷物进出口的法律,关于粮食在国内流通的法律,垄断者的把戏……

麦克劳德继续说道,

　　就我们目前所知道的而言,孔狄亚克第一个宣布了这样的学说:在商业中总是双方获利;那种为蒙田、培根以及其他许多人所接受的旧有的学说,是认为一方受益而另一方受损。这种有害的愚蠢想法是很多流血的战争的根源。重农学派因而坚持认为,在交换中价值是相等的。但是,孔狄亚克却奠定了这种真正的学说,它表明在商业中双方都受益。他正确地指出,全部商业的动态学都是源自这些价值的不相等。

　　麦克劳德自己也加入到了预见归与理论或关于工资或其他要素定价的边际生产力理论的行列。他强调了孔狄亚克关于成本是由一种物品对消费者的价值所决定、而不是相反这样一种真知灼见所具有的重要意义。通过这种方式,麦克劳德不经意地帮助否决了斯密的劳动价值理论的全部构成要素,而斯密的这一理论正是在孔狄亚克发表他的著作的同一年问世的。如同麦克劳德指出的那样:

　　由此,他也击中了以劳动为基础的那些流行的价值理论的诸多根基;他说道,人们对某些东西支付是他们认为它们有价值,并且,他们并不是因为对它们进行了支付才认为它们有价值的,就像人们通常所假定的那样。这恰恰就是惠特利博士[理查德大主教]的学说,他曾指出,人们潜水去捞珍珠是因为它们可以卖高价,而它们之所以能卖高价不是因为人们为了捕捞它们而潜水……,这就是说劳动并不是价值的原因,相反是价值吸引了劳动。

麦克劳德以一种华丽的辞藻来结束他的讨论。通过指出孔狄亚克与斯密的经典著作都是在同一年出版,他把斯密的"大名鼎鼎"与孔狄亚克的被忽视做了鲜明的对比,进而他又指出世界重新发现了孔狄亚克,了解到他关于经济学的概念远远超过斯密的思想。此外,麦克劳德还并非不公正地写道,孔狄亚克的"优美的清晰性和简洁性"与"亚当·斯密的难以置信的混乱和矛盾",也形成了鲜明对比。因而,"最终他将赢得公正的对待……"。[19]不过,如果我们将斯密的两百周年纪念的过度喧嚣与孔狄亚克的依然默默无闻情况比较一下,我们也许还不能过早地得出历史已经做出了正确的判断的结论。

14.9 注释

1 这篇悼文是由杜尔阁为了给古尔奈的正式的赞美辞的写作者、作家让·弗朗索瓦丝·马蒙泰尔提供材料,而在几天之内写就的。马蒙泰尔直接把杜尔阁所写的论文拿过来,作为正式的悼文发表。
2 在这封信中,杜尔阁在为铁的自由贸易进行论辩的过程中,预见到了伟大的"李嘉图的"比较利益学说,即每一个地区集中生产它相对于其他地区能够更为有效地生产的商品。
3 虽然这篇未完成的文章在数十年间一直没有发表,但它是为杜尔阁的一个终生朋友所编辑的一部夭折的商业辞典而撰写的,这位朋友就是古尔奈的弟子安德列·莫雷莱神父(Abbé André Morellet)(1727—1819年)。莫雷莱在同一年公布了关于新辞典写作的计划章程,它重复了杜尔阁的极为严密的孤立交换的模型。不仅如此,据说,这个写作章程也为亚当·斯密所拥有。

4 这篇"思考"(1766年)的令人震惊之处在于,它是杜尔阁为了解释他准备向两个在巴黎的中国留学生询问有关中国经济的问题而匆忙"草写"的。如此重要的著作竟然产生于这样一件微不足道的事情,简直太罕见了。

5 在一部最新的有关企业家理论史的富有启示性的著作中,赫伯特和林克教授考察了一个企业家是否仅仅是资本家的问题,或者是否包括没有资本的工人在内的每一个人都是企业家的问题。杜尔阁则被认为从坎替隆的广泛的企业家概念退步了。但是,这里的重要问题是,资本家—企业家是市场经济的推动力,通过有史以来第一次将分析焦点集中于这个具有关键作用的重要角色,杜尔阁实现了一种向前的大跨越。所以,即使杜尔阁真的忽视了更广泛的也具有较少重要性的企业家领域,我们仍然要为他的成就而喝彩。参见罗伯特 F. 赫伯特(Robert F. Hebert)与阿尔伯特 N. 林克(Albert N. Link),《企业家:主流观点与激进派的批评》(*The Entrepreneur: Mainstream Views and Radical Critiques*)(纽约:普雷格出版社(Praeger),1982年),第14—29页,及全书其他地方。

6 参见伯特·赫斯利兹(Bert F. Hoselitz),"企业家理论的早期历史"(The Early History of Entrepreneurial Theory)(载于斯彭格勒和艾伦主编的《经济思想论文集》(*Essays in Economic Thought*))(芝加哥:兰德—麦克纳利出版公司(Rand McNally and Co.),1960年),第257页。

7 杜尔阁的论文在边沁著名的《为高利贷辩护》一书中博得了好评,并且与边沁的论文的法文和西班牙文译本一起在19世纪20年代重新印刷。

8 正如杜尔阁指出的那样:"按照一个或高或低的利息率,一笔资本是与等于那个资本的一个固定部分的租金相等价的,反过来,一笔年租金则代表了等于在某段时间内重复获得的租金量的那个资本"。

9 虽然休谟—杜尔阁模型在分离和澄清价格水平与利息之间的区别方面是有用处的,并且它还强调了货币数量变化所带来的影响;但是它仍然体现了一种从坎替隆那种成熟老道的过程分析的倒退。
10 这篇文章是为卡尔·克尼斯(Karl Knies)在海德堡的研讨班而写作的,它由庞巴维克的遗孀在1922年到1923年之间交给奥地利学派的F. A. 冯·哈耶克。参见,格勒内沃根(P. D. Groenewegen)主编的《A. R. J. 杜尔阁的经济学》(*The Economics of A. R. J. Turgot*)(海牙:马蒂努斯·尼约夫出版社,1977年),第 XXIX—XXX 页。关于庞巴维克对杜尔阁的漠视,参见,欧根·冯·庞巴维克的《资本与利息》(伊利诺伊,南荷兰:自由意志出版社,1959年),第 I 卷,第39—45页。关于美国的奥地利学派学者弗兰克·费特(Frank Fetter)为了捍卫杜尔阁而对庞巴维克的反驳,参见由默瑞·N. 罗斯巴德编辑的弗兰克 A. 费特的著作,《资本、利息与地租:分配理论论文集》(*Capital*, *Interest*, *and Rent*: *Essays in the Theory of Distribution*)(堪萨斯城:希德·安德鲁斯—麦克米尔出版公司(Sheed Andrews and McMeel),1977年),第24—26页。关于经济学家对于杜尔阁的利息理论的更多的讨论,参见格勒内沃根的文章,"对杜尔阁资本与利息理论的重新解释"(A Reinterpretation of Turgot's Theory of Capital and Interest)(载于《经济杂志》(*Economic Journal*),第81卷(1971年6月),第327—328页,333页,第339—340页)。关于熊彼特论庞巴维克对杜尔阁的不正确态度,参见 J. A. 熊彼特的《经济分析史》(纽约:牛津大学出版社,1954年),第320页小注。关于马歇尔—威克塞尔—卡塞尔就庞巴维克对待杜尔阁的利息理论的态度所展开的争论,参见皮特 D. 格勒内沃根的文章,"杜尔阁在经济思想史中的地位:一个历时200年的估价"(Turgot's Place in the History of Economic Thought: A Bicentenary Estimate),载于《政治经济学史》(*History of Political Economy*),第15卷(1983年冬季号),第611—615页。
11 参见注释10中所引熊彼特的文献,第249页和第325页。
12 引自"埃诺迪论加利亚尼"(Einaudi on Galiani),载于 H. W. 斯皮格尔主编的《经济思想的发展》(纽约:约翰·威利父子出版公司(John Wiley & Sons),1952年),第77—78页。
13 实际上,公开地自我宣称的马基亚弗利主义或者非道德主义,几乎总是自相矛盾的,因为它很难实现马基亚弗利主义的目的。

14 参见约瑟夫·罗西(Joseph Rossi),《加利亚尼神父在法国》(*The Abbé Galiani in France*)(纽约:法国研究所出版物(Publications of the Institute of French Studies),1930年),第47—48页。

15 见奥斯瓦尔德·圣克莱尔(Oswald St Clair),《理解李嘉图的关键》(*A Key to Ricardo*)(纽约:凯利出版公司,1965年),第293页。

16 这是本书作者的翻译。参见埃米尔·考德的文章,"边际效用理论的起源",载于《经济杂志》,1953年9月,第647页。

17 见T.哈奇森的著作,《亚当·斯密以前:政治经济学的兴起(1662—1776年)》(*Before Adam Smith*:*The Emergence of Political Economy*,*1662—1776*)(牛津:巴兹尔·布莱克韦尔出版社,1988年),第326页。

18 参见注释17中所引哈奇森的文献,第327页。

19 参见亨利·邓宁·麦克劳德,《政治经济学辞典》(*A Dictionary of Political Economy*)(伦敦,1863年),第Ⅰ卷,第534—535页。

第 15 章 苏格兰的启蒙运动

15.1 奠基人:格肖姆·卡迈克尔
15.2 弗朗西斯·哈奇森:亚当·斯密的老师
15.3 苏格兰启蒙运动和长老会
15.4 大卫·休谟与货币理论
15.5 注释

如果将本章的标题定名为"亚当·斯密的先驱者"将是特别诱人的:因为他本身就是苏格兰启蒙运动的主要产儿。然而,问题在于,斯密在经济学的大多数领域不是比他的那些著名的前辈进步了,而是从他们那里退步和蜕化了。

在 17 世纪晚期和整个 18 世纪,先前曾经在思想和学术的前沿领域占有重要地位的牛津大学和剑桥大学,蜕变为货真价实的富有的年轻人的游乐场。相反,在一个多世纪的时间里,大不列颠的知识领导地位在苏格兰的两所著名大学形成和发展起来了:这就是格拉斯哥大学和爱丁堡大学,尤其是后者。

15.1 奠基人:格肖姆·卡迈克尔

苏格兰的学院经济学传统的奠基人是格肖姆·卡迈克尔(Gershom Carmichael,约 1672—1729 年)。卡迈克尔的父亲是一位长老会的牧师,他曾因为信奉异端邪说而遭到长老会控制下的苏格兰政府的驱逐。卡迈克尔出生于英格兰,毕业于爱丁堡大学。他随后成为圣安德鲁斯大学和格拉斯哥大学的"学监"(regent),在这两所大学里,各门课程都是由主要从年轻的毕业生中遴选的"学监"来授课的。在那以后,卡迈克尔成为法夫地区的长老会牧师。当这种学监体制于 1727 年被废除以后,卡迈克尔被任命为格拉斯哥大学的第一任道德哲学教授,两年以后他在那里去世。

经济学,或者叫政治经济学,是作为道德哲学课程的一个子课题来讲授的,因而,关于贸易和经济的分析都被嵌入自然法的基本原理和讨论之中。18世纪的苏格兰教授在许多方面都效仿了后中世纪时期以及晚期西班牙经院学者的方法,即把经济分析作为包括伦理学、自然法、法学、本体论、神学以及本来意义上的经济学在内的大一统的体系的一个分支。

"新教的经院学者"(Protestant scholastic)这个短语,是专门为含指像约翰·洛克这样的著作家而创造出来的,实际上,这个短语确实具有逻辑上的严谨性,因为使用推理的经院学派的方法或者得出经院学派的结论的人,并不一定都是天主教徒。在这方面的一个引人入胜的例子,当属也许是第一个新教的经院学者的荷兰法学家,胡戈·格劳秀斯(1583—1645年)。格劳秀斯在莱顿大学(University of Leyden)学习法律,后来成为鹿特丹的首席地方法官。他是一位成就非凡的自然法理论家,把自然法和自然权利的概念带到了北欧信奉新教的国家。格劳秀斯在他的使其成为国际法的奠基人的杰出著作《论战争与和平的法律》(De jure belli ac pacis)(1625年)中,清晰地将自然法推进到它的逻辑的与理性主义的结论:即使上帝并不存在,自然法也将是永恒的和绝对的;这种法是可以为独立的人类理性所发现的;对于像2+2=4这样的自然法的洞见,甚至连上帝也不能否定它——如果他想那样做的话。自然法要求财产权利得到保障,以便享有社会合作,在格劳秀斯的影响下,产权的观念扩展到了经济生活的各个领域。格劳秀斯的自然权利理论是一种对于

18世纪自然法思想的预兆,他相信在自由行动与产权的基础上,人类的互动行为将产生和谐。格劳秀斯之所以能够按照理性主义和自然法的传统从事研究工作,是因为他的导师雅各布斯·阿米纽斯(Jacobus Arminius)先前为了强调每个人意志的自由而与正统的加尔文主义决裂的缘故。在这些社会哲学的重要问题上,阿米纽斯派的学者拥有一种也许可以被称之为"新—天主教"(neo-Catholic)的立场。在政治学方面,格劳秀斯是一位古典自由主义、自由贸易以及荷兰的共和党的领导人,他们从那时起进行了长达一个世纪之久的与拥护君主制的加尔文主义者的斗争。

对北欧的理论家产生了特别重要影响的,是16世纪晚期的西班牙耶稣会的经院学者弗朗西斯科·苏亚雷斯。苏亚雷斯和他的学派极大地影响了一般认为是"现代"哲学的创立者的两个人:一位是17世纪早期的法国人勒内·笛卡尔,另一位是17世纪晚期的德国人格特弗里德·莱布尼茨。苏亚雷斯的《形而上学的争论》(*Disputationes Metaphysicae*)是他最有影响的著作,该书于1597年出版于萨拉曼卡。特别重要的是该书的第二版,它于1600年在德国的美因兹出版。该书在一个多世纪的时间里成为大多数欧洲大学中最有影响的哲学教科书,不论是信奉天主教还是新教的国家,都是如此。莱布尼茨实际上已经把《形而上学的争论》视为"公认的哲学"(*philosophia recepta*)了。

苏亚雷斯的著作在信奉新教的欧洲中部地区、波希米亚、德国以及荷兰产生了重大影响。莱顿大学作为整个17世纪荷兰的学术领导中心,尤其成为了苏亚雷斯学派控制的主要学术领地。而正是在莱顿大学,胡戈·格劳秀斯完成了他的学业。

虽然是格肖姆·卡迈克尔在苏格兰开创了经济学教学的先河,并首开了阅读和研究格劳秀斯著作的传统——这一传统也为在18世纪沿袭了苏格兰知识血脉的亚当·斯密所继承,但是对于卡迈克尔具有更为直接的重要影响的,却是格劳秀斯的最著名的追随者,萨缪尔·冯·普芬多夫男爵(Samuel, Baron von Pufendorf)(1632—1694年)。普芬多夫出生于萨克森,是一位路德教牧师的儿子。他最初研究神学,随后转向数学、法律和自然法。从耶拿大学(University of Jena)毕业以后,普芬多夫去了莱顿,在那里他于1661年出版了他的第一部论法律的著作。正是基于这一学术成就,卡尔·路德维希,这位选帝侯—巴拉丁伯爵,为年轻的普芬多夫在海德堡大学设立了一个自然法与国际法讲座教授的职位。1672年,在瑞典的隆德大学讲学期间,普芬多夫出版了他的伟大著作《自然法与人类法》(*De jure naturae et gentium*);次年,他又发表了《论人与公民的责任》(*De officio hominis et civis*),该书实际上是前一部著作的提要或缩写本。不出所料,这个更为简洁洗练的《责任》在实践中被证明更适合于教学,因而成为普芬多夫一生中产生最大的实际影响(虽然它也可能是他较差)的作品。

格肖姆·卡迈克尔教授不仅把格劳秀斯和普芬多夫的新的自然法与国际法教程带到了不列颠岛上,而且他本人还是《论人与公民的责任》一书的英文翻译者。卡迈克尔于1718年出版了该书的英文本,并附之以详尽的注释和一个补充性的评论。这部著作后来证明是卡迈克尔在经济学或者社会科学方面毫无疑问的最重要的成就。[1] 六年以后,卡迈克尔出版了经过修订的《论人与公民的责任》一书的第二版,该版本在 1769 年又重新印刷。卡迈克尔确保他的学生沉浸在普芬多夫的著述中以及他所写的评论中。

卡迈克尔是第一位详尽地阐述洛克、莱布尼茨、笛卡尔以及普芬多夫的思想的苏格兰教师。一位有见识的观察家称格肖姆·卡迈克尔是"哲学中的苏格兰学派的真正创立者"。一位同时代的人士也指出,他拥有"极高的声望,并且在国内外受到极高的评价"。事实上,人们对他的评价如此之高,以至于另一位观察家曾经这样指出,"当卡迈克尔先生逝世时,所有的英国学生都离开了这所大学,实际上,它是这个冬天极其暗淡的时刻,他的名字和声望吸引了众多的人为他送行"。由此,卡迈克尔引导了一种新兴的风尚:有才华的英国学生开始抛弃牛津和剑桥,而前往苏格兰的大学去追求知识成就。

关于卡迈克尔对《论人与公民的责任》的评论,卡迈克尔的最出色的学生弗朗西斯·哈奇森(Francis Hutcheson)提供了如下的证言:"……对于普芬多夫的那本部头较小的书,《论人与公民的责任》,这位值得尊敬的、天才的人,已故的格拉斯哥大学的教授格肖姆·卡迈克尔,提供了迄今为止最好的评论。该书的出版和修订方式表明,它的注释与评论的价值要远远高出其正文本身"。

萨缪尔·冯·普芬多夫像 18 世纪的法国与西班牙经院学者一样,也是一个前—奥地利学派的主观效用—稀缺理论家。也就是说,他相信市场上物品的价值是由消费者对于它们的共

同评价决定的,并且物品越充裕其价值越低。例如,普芬多夫写道:

> 作为共同价值的基础的,是物品或服务具有的能够直接或间接地帮助满足人类需要的能力……然而,某些对人类生活最有用的东西,却没有被赋予明确的价值……。所以物品的必需性或它的极大有用性非但并不总是价值的首要决定因素,反而,我们能够观察到人们对于那些人类生活必不可少的东西却赋予极低的价值。这是因为自然……供给我们的此类物品是过于充裕的缘故。事实上,一种高价值是源自于稀缺的结果……。

在他对于普芬多夫的注释中,卡迈克尔补充了具有某种见地、但是又不那么特别深刻的见解。他强调效用的主观性质,指出物品的有用性——它对于其价值是基本的因素——既可以是真实的,也可以是想象的。然而遗憾的是,他由于补充了稀缺这个价值决定的附加因素,又把水搅浑了:他提出了"获得物品的困难程度"——这显然是一种试图用生产物品中付出的努力来计量物品价值的"真实成本"的方法。

15.2　弗朗西斯·哈奇森:亚当·斯密的老师

卡迈克尔最出色的学生和追随者是他在格拉斯哥大学的道德哲学讲座教授的继任人,弗朗西斯·哈奇森(1694—1746年)。哈奇森也是一位长老会牧师(具有爱尔兰—苏格兰血统)的儿子,他出生在爱尔兰。哈奇森先在格拉斯哥接受教育,随后又去都柏林求学，1730年卡迈克尔去世，他继任格拉斯哥大学的道德哲学讲座教授职务，在这里他从教16年直至去世。哈奇森将苏格兰哲学建立在对自然权利以及自然的恩惠的坚定信念基础上。因此，哈奇森为苏格兰思想带来了基本的古典自由主义世界观。

弗朗西斯·哈奇森是一位富有激情、充满活力的教师，他在他的课堂中开创了教师在讲台前自由走动的风格。这位"永远难以令人忘怀的哈奇森博士"，正如亚当·斯密在半个世纪以后的一封信里所称道的那样，是格拉斯哥大学第一位不用拉丁语而用英语讲课的教授。同时，他也是教师中第一个成为学生们的朋友、监护人甚至金融理财家的人。他讲授的哲学、政治学、法律、伦理学以及政治经济学吸引了不列颠各地的学生，其中最著名的当属亚当·斯密，他从1737年到1740年间，一直在哈奇森的指导下学习。哈奇森的主要著作《道德哲学体系》(*System of Moral Philosophy*)（1755年）是在他去世后由其儿子出版的。[2]

哈奇森在他的《道德哲学体系》中对价值的讨论与普芬多夫的论述是完全一致的。在这里，同样也是把效用和稀缺作为价值的决定因素。他开始是这样论述的，"如果没有需求，也就没有价格"。哈奇森另外又指出，某些高度有用的东西，诸如空气和水，具有极低的价值或者完全不具有价值，这是因为它们由自然提供的供给十分的充裕。供给的日益稀缺将会提高一种物品的价值或价格；而更丰裕的供给将会减低价值或价格。不仅如此，哈奇森还敏锐地将"有用性"定义为某种高度主观性的东西,即物品之有用并不是简单地由于它自然地给人们带来快乐,而是由于它具有"可以满足由流行的习惯与偏好所决定的任何欲望的任何倾向"。

然而,令人遗憾的是,哈奇森也因袭了卡迈克尔在真实成本问题上的混淆,并且还把它进一步扩大了。因为哈奇森不仅把"劳动的困难"作为价值决定的一个因素,而且他甚至认为"在对两种物品的需求相等的场合","劳动的困难"将是更主要的价值决定因素。

弗朗西斯·哈奇森强调在经济增长中一种不断发展的分工所具有的重要性,这实际上为亚当·斯密的著名分析埋下了伏笔。市场上的自由包含了通过互利的交换而实现的相互帮助,这是自然的恩惠的一个主要例证。分工是保持人类生活的关键,哈奇森阐明了专业化、技能与交换相对于孤岛上的克鲁索的低微的生产力所具有的巨大优势。发达的分工还意味着更广泛的知识交流,从而会促进机器在生产中的更大程度的利用。

在他的货币分析中,哈奇森提出,商品可能被人们选来作为市场上的货币。直到20世纪30年代各国政府废除金本位制以前,这个分析始终被作为货币与银行学教科书的标准理论。哈奇森指出,货币是在某一国家被普遍接受的一种商品,它被作为一种一般的交换媒介、一种共同的价值标准和经济计算的尺度。在市场上被选取作为货币的商品,都是那些具有最适合充当货币的属性的商品:诸如在交换中容易被普遍地想往和接受;分割成更小块以后仍然能够等比例地保持其价值;具有较长的耐久性;便于携带,即具有每单位重量含有较高价值的属性。他指出,一般来说,银和金是迄今为止被选取来作为货币的两种最适合于充当货币的商品,铸币之所以成为最流行的货币形式,就是因为它可以分割并且易于保证纯度。

铸币的成色降低会成比例地增加它们的供给,并提高以货币单位来表示的物品的价格。哈奇森指出,像在所有其他物品的场合一样,金或银供给的增加,将会降低以其他商品来表示的它们的价值,即提高它们的以铸币来表示的价格。

哈奇森给人印象最深的成就,是他严厉地驳斥了贝尔纳·德·孟德维尔(Bernard de Mandeville)(1670—1733年)的讽刺性作品,即他的极为流行的《蜜蜂的寓言,或私人的恶习,公共的利益》(Fable of the Bees, or, Private Vices, Public Benefits),该书出版于1714年,在随后的15年中屡次扩充和再版。[3] 作为一种前—重农学派的、原初—凯恩斯主义式的恶作剧,《寓言》认为,奢侈消费的恶习,不论多么糟糕,都可以起到保持经济繁荣的重要经济作用。很多史学家,尤其是F. A. 冯·哈耶克,坚持认为孟德维尔是斯密的自由放任思想的先驱之一,因为斯密坚持认为个人的自我利益通过竞争与自由市场的作用会与所有其他人的利益相和谐。但是,他们的目的与分析是完全不同的,因为孟德维尔强调的是他所谓的"私人恶习与公共利益之间的"悖论,而这种"利益"是需要通过前—凯恩斯主义的消费支出机制来实现的。不仅如此,无论从何种意义上说,孟德维尔都没有从这种分析中引申出自由放任的结论;相反,在他临死前不久发表的《致迪翁的信》(Letter to Dion)(1732年)中,孟德维尔坚持认为,为了将私人恶习转变为公共的利益,所需要的并不是自由市场,而是"一位熟练的政治家"的"聪明才智"和"灵巧管理"。

更进一步地说,孟德维尔的著作实际上不过是19世纪法国自由放任的经济学家弗雷德里克·巴斯夏所称的"破窗谬误"(broken window fallacy)的活生生的体现。孟德维尔不仅为奢侈消费的重要性做辩护,而且也为欺诈的重要性做辩护,因为这会为律师提供工作机会;以及为盗贼做辩护,因为这的确会为锁匠提供就业机会。于是,在他的《蜜蜂的寓言》中,便有了对于那场伦敦大火*的愚蠢的辩解:

> 伦敦的这场火虽然是一个大灾难,但是如果木匠、泥瓦匠、铁匠以及所有的人,不仅在建筑业中被雇佣,而且同时也在那些制造和经营被焚毁的制造品和商品的行业中就业,以及在当它们达到了充分就业时又由它们所引发的其他行业中就业,那么他们将要投票反对那些在火灾中遭受损失的人的要求;这场大火带给人们的喜悦即使不超过人们的怨恨,也肯定与之不相上下。[4]

"凯恩斯主义"已经发疯了;或者,我们毋宁说,凯恩斯主义得出了与此一致的结论。

孟德维尔对于奢侈消费"恶习"的辩护,足以引起同时作为理性经济学家和长老会信徒的弗朗西斯·哈奇森的愤怒。在对孟德维尔的驳斥中,哈奇森预示了萨伊定律。他指出,"在一种

---

* 指发生于1666年的那场伦敦大火灾。——译者注

用途上不被花费的收入将要用在另一种用途上,它如果不被浪费在奢侈消费中,就必然会用于有用的、明智的目的"。因而,奢侈性消费支出对于经济的繁荣很难说是必需的。他继续说道,事实上,是节俭与勤劳之人通过向公众提供物品而创造了繁荣。哈奇森宣称:"提供给公众的物品无论如何也不能归功于奢侈者、挥霍无度者和傲慢自大之人,而是源自于勤劳的人们,是他们注定要向所有的顾客供给物品"。通常保持头脑冷静的哈奇森以嘲讽孟德维尔的语调写道:"在甚至连盗贼和劫匪都被这同一作者[孟德维尔]假定为有助于锁匠就业的情况下,谁还会对那种认为奢侈或骄奢是公共利益的必要条件的观点感到惊奇呢?"在奢侈品(或锁)上面节省下来的支出将会以有利的方式用在别处,除非所有其他的需要都达到完全饱和了,即"除非所有的人都已经达到了如此好的境况,他们对各种便捷的器具应有尽有……故不再需要任何东西……"。

作为一个普遍性论点,哈奇森主张自由和自然的财产权利。正如他在他的《道德哲学体系》中指出的那样:

> 每一个人都有一种自然的权利,根据他自己的判断和偏好,为着这些目的,在劳动或娱乐等所有这些并不伤害其他人的身体或利益的活动中,去行使他的能力,而并没有更多的公共利益必然地需要他的劳动……对这种权利我们称之为自然的自由。

这是一个极其完美的表述,唯一的遗憾是它在"需要"一个人的劳动的公共利益这个概念中埋伏了不祥的含混之处。

然而,哈奇森对自由放任的热心是有限制和有保留的。于是,在他的《道德哲学引论》(Introduction to Moral Philosophy)中,他认为"人民大众经常也需要被教化,并需要法律的介入,以此来使他们掌握管理他们自己的事务同时发挥他们的机械工艺的最好的方法……"。例如,在国际贸易中,哈奇森就深陷早期时髦的重商主义的泥潭,拥护国家管制以确保"贸易顺差",赞成为发展工业而实行高额保护关税,以及政府对船运的补贴。

哈奇森对于自然权利的热衷由于他最先勾勒出那个奇异的和灾难性的功利主义公式而进一步被打了折扣,即"为了最大多数人的最大幸福",这可能是在从格肖姆·卡迈克尔那里获得这一表述或它的类似表述之后提出来的。

哈奇森对于亚当·斯密的特殊影响将在下面进一步详尽阐述。这里仅指出下面一点就足够了:哈奇森的讲义的标题顺序,就像在公开出版的《道德哲学体系》中所显示的以及年轻的斯密在格拉斯哥大学所听到的那样,几乎与《国富论》中的各章顺序一模一样。

15.3 苏格兰启蒙运动和长老会

苏格兰启蒙运动是18世纪欧洲思想界的一场普遍性运动,它旨在强调人类理性识别真理的能力。一般地说,它是致力于自然法与自然权利,尽管在该世纪的随后一些年间它开始被罩上功利主义的外衣。虽然经院学派与强调自然法和自然权利是相容的,但是它一般地却被当作无知的"迷信",连同天启的宗教一起遭到抛弃和痛斥。所以,在宗教界,启蒙运动的思想家往往抛弃基督教,攻击基督教教堂,并接受怀疑论、自然神论,甚至是无神论。

在这样一种有害于基督教信仰和价值的氛围中,苏格兰的启蒙运动居然能够密切地与基督教长老会联系在一起,确实是非同寻常的。为什么会有这种情况?为什么16世纪在约翰·诺克斯(John Knox)保护之下、一直具有激烈和好斗色彩的苏格兰教会变成了一个如此温和的教派,以至于欢迎启蒙运动,即自然法、理性以及宗教自由主义(如果不是主张怀疑论的基督教的话)?

答案在于,在从约翰·诺克斯以后的两个世纪中,讲究实际的基督教徒们的信仰在苏格兰淡化了。尤其是在1752年以后,一个由温和的长老会牧师组成的强有力的团体得以接管和控制了苏格兰教堂。这个成为国教的教堂,自从1707年苏格兰和英格兰结成联盟以后一直由不列颠的王朝所支持,尽管它是长老会,而不是像英格兰教堂那样属于英国圣公会。[5]激烈地反对温和派的是福音教派,即真正地具有基本的加尔文主义信仰的牧师。这些出身名门并且受过良好教育的温和派,在爱丁堡的低地地区和格拉斯哥以及直到阿伯丁(Aberdeen)的东部海岸地带十分强大,他们在18世纪50年代以后能够在苏格兰的教堂中形成占支配地位的精英集团,尽管此时他们仍然代表着当地教会中的少数派。

这个体现了柔和的、宗教自由主义的神学世界观的温和派,与爱丁堡和格拉斯哥的知识分子过往甚密,而后者构成了苏格兰启蒙运动主体。他们的大部分活动策略都是在爱丁堡的酒馆里计划安排的。在这个温和派中占支配地位的人物是威廉·罗伯特逊神父(Rev. William Robertson)(1721—1793年),他是一位口若悬河的演说家和不知疲倦的组织者,自从温和派在1752年形成以后一直成为他们的领导者,并且在1766年到1780年间成为苏格兰教堂宗教裁决会议的主持人或领导人。不仅如此,在1762年,罗伯特逊还成为爱丁堡大学的校长,而正是在他的领导和管理下,使爱丁堡大学挤进欧洲顶尖大学的行列。罗伯特逊还是各种学术性协会的创立者和重要人物,这些协会每周聚会,将包括大学教授、律师以及温和派牧师的主要代表人物在内的苏格兰启蒙运动的重要人物聚集在一起,发表文章、进行讨论并开展社交活动。

例如,罗伯特逊于1750年创建了爱丁堡被选择者协会(Select Society of Edinburgh)。被选择者协会在18世纪50年代成就斐然,它每周开会,其成员包括有像罗伯特逊、大卫·休谟、亚当·福格森和亚当·斯密这样的大学里的人物,以及像亨利·霍姆(凯姆斯伯爵)和亚历山大·韦德伯恩(后来的大不列颠的大法官)这样的古典自由主义的律师,以及像罗伯特逊、亚历山大("朱庇特")·卡莱尔、罗伯特·华莱士、休·布莱尔、约翰·霍姆还有约翰·贾丁这样的虽然年轻却十分卓越的温和派牧师。卡莱尔是一位被认为具有神赐的超凡能力的人,同时他也像那个时代的许多温和派牧师一样,是一个大量饮酒的人。华莱士负责经管苏格兰教堂的赞助事宜,同时还是皇家的教堂牧师。华莱士在他的私人文章中曾赞赏非法的性生活,几乎达到容忍滥交的程度,不过他立刻又警告说,这种活动应该处于隐蔽状态。布莱尔除了他的牧师职责之外,还是爱丁堡大学的修辞学教授。贾丁是一位机敏的政治家,他的女儿嫁给了凯姆斯伯爵的儿子,而凯姆斯又是大卫·休谟的一位表兄弟。约翰·霍姆是一位温和的牧师和比特伯爵的秘书,同时也是大卫·休谟的亲密朋友。此外,他还是一位剧作家——这个行当本身是深受严厉的、信奉正统基督教的福音派牧师怀疑的事情。比如,在1756年,霍姆创作了一个剧本《道格拉斯》,在它的上演中有好多重量级的温和派启蒙运动领导者参加了演出,其中包括罗伯特逊神父、亚历山大·卡莱尔、大卫·休谟、休·布莱尔,以及亚当·福格森神父,这位爱丁堡大学的道德哲学教授。

温和派的这种放纵的观点一直遭到了福音派信徒们的抨击。具体的靶子就是凯姆斯伯爵,尤其是哲学家休谟,他由于其异端思想几乎被苏格兰教堂的宗教裁决会议革除教门,只是因为得到了他的强有力的温和派朋友的保护才免遭此劫。不过,甚至他在大学里的温和派的人际关系,也不能使休谟在一所爱丁堡的大学里谋到任何一个职位,足见长老会中的福音派敌对力量是何等的强大。

需要注意的是,温和派的关键领导人之一是弗朗西斯·哈奇森,而不是别的什么人。因而,18世纪苏格兰启蒙运动的知识分子、哲学家以及经济学家,是与苏格兰教堂中已经确立稳固地位的温和派的命运和组织紧密联系在一起的。

哈奇森、休谟与斯密,尽管在那时基本上不属于正统的加尔文主义者,却是按照他们自己的眼光来加入长老会的,因此他们的理性主义和在神学上面的涣散,不过是不时地被灌输了讲究实际的长老会教徒的价值观的结果。

15.4 大卫·休谟与货币理论

大卫·休谟(1711—1776年),著名的苏格兰哲学家,也是亚当·斯密的亲密朋友,并被指定为斯密的遗嘱执行人,同时也是杜尔阁和法国自由放任拥护者们的老相识,是苏格兰启蒙运动中温和派精英的成员。休谟出生于爱丁堡,是一位苏格兰伯爵的儿子,他在欧洲大陆求学,在那里,他在28岁的时候出版了他的划时代的哲学著作《人性论》(*A Treatise of Human Nature*)(1739—1740年)。休谟的《人性论》在他走向有害的和破坏性的怀疑论的过程中具有关键的作用,他刻意去不公正地怀疑自然法哲学,去在事实与价值之间制造一种人为的分裂,从而为了功利主义而严重毁坏了自然权利的概念,实际上是颠覆了古典的实在论关于原因与结果的全部分析。在这种对古典的自然法实在论哲学传统——这是一个至少从柏拉图和亚里士多德以来、经过阿奎那和晚期经院学派所流传下来的传统——的不幸的怀疑中,没有谁比休谟所起的作用更重要了。在某种意义上可以说,休谟完成了17世纪法国哲学家勒内·笛卡尔的有影响的观点所带来的有害结果,这种观点就是:只有精确的数学和分析才能提供确定的知识。休谟的怀疑论和摇摆不定的经验主义与笛卡尔的学说不过是一枚硬币的正反面而已。

休谟的《人性论》尽管在随后的数十年中具有广泛的影响,可是在当时却没有引起人们的注意。在写作这部书以后,他开始转向撰写关于政治和经济主题的简论,最终,完成了他那时著名的多卷本著作,《英格兰史》(History of England),这是一部从托利党的观点来阐述的历史。

由于因为其怀疑论和所谓的无宗教立场而遭到学术界的排斥,休谟进入了外交界,担任了英国驻法国大使赫特福德伯爵的秘书。1765年,休谟成为英国驻巴黎的临时代办,两年以后,他又升任副国务大臣。最后,到了1769年,休谟退休回到爱丁堡。

休谟对经济学的贡献是零散的,它由发表于他的《政治论文集》(Political Discourses)(1752年)中的大约100页的论文构成。这些论文由于其清晰明了甚至经常是思想火花迸发的风格而闻名。与他同时代的那些饱学然而却单调乏味的人们相比,这显然是一种出类拔萃的风格。

休谟最重要的贡献是他对于货币理论的阐述,特别是他清晰地解释了使一国的国际收支和国际价格水平保持均等的价格—硬币—流动机制。在本来意义上的货币理论方面,休谟以一种非凡的例证赋予了洛克的货币数量论以新的生气,阐明了这样的事实:在任何既定国家里无论拥有多少数量的货币都无关紧要,因为任何数量的货币,不论是较多或者较少,都足以担当得起便利流通的货币职能。休谟是通过假设如果每个人一夜之间突然都出乎意料地在自己的财产中发现货币存量增加了一倍,来揭示这一重要真理的:

假定由于奇迹的存在,使得大不列颠的每一个人在一夜之间口袋里都增加了5英镑;这将比当前在这个王国中的全部货币扩增一倍还要多得多;然而在第二天,或未来的某个时候,绝不会有更多的放贷者,利息也不会有任何改变。

进而,根据洛克的货币数量理论,价格水平将等比例地上涨。

价格—硬币—流动机制是一种延伸至很多国家的场合的数量理论。A 国货币供给的增加将引起它的价格的提高;但是随后,A 国的物品相对于其他国家来说就不再具有竞争力了。出口因此将下降,从其他国家对于更廉价物品的进口将增加。由此,A 国的贸易余额将出现逆差,为了支付逆差额硬币将要流出 A 国。但是,硬币的这种流出最终又会引起 A 国货币供给的急剧下降,和价格水平的成比例下降,及至达到一种逆差局面的实际逆转而终结。当 A 国的价格水平回落到先前的水平时,硬币将回流,直至达到贸易余额的平衡,以及用硬币表示的价格在每一个国家都相等时为止。因此,在自由的市场上,有一种迅速的自我矫正的力量在起作用,它将保证国际收支的平衡和价格水平的均等,防止在任何一个给定国家里的通货膨胀无限地蔓延。

尽管休谟的讨论是清晰、迷人的,但是它却代表着从理查德·坎替隆那里的一个大倒退。首先,坎替隆并不相信货币和价格水平的变化会完全成比例,而是进行了一种更为深入细致的有关货币从一个人向另一个人流动的微观过程分析。结果表明,货币和价格甚至在最终的新均衡状态也不是等比例地增加。其次,坎替隆得出了在一个国家里更多的货币所具有的"收入效应",而休谟仅仅使他自己的分析限于总的价格效应。简言之,如果 A 国的货币供给增加,那么它实现平衡的途径将不仅是通过 A 国的价格提高,而且也是由于这样一个事实,即 A 国的货币资产和收入更高了,从而将会有更多的货币用于支付进口。这个收入效应,或者,更精确地说,是现金余额效应,一般将比价格效应作用得更加迅速。

除了忽视先前已经发现的真理以外,休谟的分析中还存在着更多的其他问题。例如,虽然休谟承认无论货币供给的水平如何,对生产或经济的繁荣都无关宏旨,但是他也确实赋予货币供给的变化以极大的重要性。的确,这种变化真的具有重要的后果,其中的一些后果坎替隆已经分析过了。但是关键的问题是,所有这些变化都是破坏性的,它们扰乱了市场活动和资源配置。可是大卫·休谟却相反,他以一种原初—凯恩斯主义的方式来赞扬增加货币供给量对于经济繁荣具有的所谓的生机焕发的作用,并要求政府确保货币的供给至少总是能够实现适度的增长。休谟在两个前后连续的句子中对于货币供给实际上给出了两个相互矛盾的政策处方:

> 从这个推理的全部过程我们可以得出结论,无论货币量更大还是更小,对于一个国家的国内福利都不会产生任何的结果。政府官员的好的政策仅仅在于,如果可能的话,要保持它的平稳增长;因为,这样做他将能够使国家的工业精神保持一种活力……

休谟以原初—凯恩斯主义的方式继续宣称,货币供给量增长之所以产生生气勃勃的效应,是因为在价格水平开始上升之前很久劳动和其他资源的就业增加了。但是,休谟(像凯恩斯一样)恰恰在更值得研究的问题面前止步了:因为人们一定会进一步追问,为什么这些资源在以前是失业的,而货币供给的增加究竟对于它们的就业增添了什么？正如赫特(W. H. Hutt)曾经在20世纪30年代指出的那样,更深入的反思将表明,对于资源的过多失业的唯一可能的理由将是这些资源的所有者对于它们的使用要求了一种过高的价格(或工资)。只有当销售价格先于工资或者资源的价格而提高,从而工人或其他的资源所有者受到愚弄,为一种较低的实际工资——尽管不是较低的货币工资——而工作时,更多的货币才能够减少这种失业。

进一步说,正如休谟所隐含地假设的那样,为什么当新货币的效应以更高的价格水平的形式被经济完全消化了之后,闲置的资源重又出现？答案只能在于,当价格上升完成以后,一个新的均衡便达到了,工资和其他资源的价格追赶了上来,从而"货币幻觉"消失了。实际的资源价格重又回复到相对于资源的充分就业来说过高的水平。[6]

休谟在货币数量与通货膨胀问题上的内在矛盾,渗透到了他关于经济学的浅薄的著述之中。一方面,连续的通货膨胀被描述为带来了经济增长;另一方面,休谟又严肃地赞成在银行体系实行超-硬货币。由此,休谟对于当时极为流行的部分准备金的银行体制所具有的非生产性和通货膨胀性质,给予了有力的抨击。他写道:

> 我们在王国中为这些银行机构、基金和票据信用严重地冲昏了头脑。这些东西使票据等同于货币,使它在整个国家中流

通，使它的供给取代了金和银的位置，导致了劳动和商品的价格等比例地提高，并且，凭借着这些，不是将贵金属的大部分驱逐出去，就是制止了它们的供给的进一步增加。还有什么能够比我们仅仅盯着纸票据的面额来思考更为短视的呢？我们陷入了幻想，因为如果一个人的货币存量增加了一倍他就会变得更加富有，就推测当每个人的货币都增加时会产生同样的美好结果；却没有考虑到，这将会同样多地提高每一种商品的价格，从而或迟或早将会使每个人回复到从前的状态。

休谟在其他地方也提到了由增加真正的货币（硬币）所产生的不便利性，不过他认为，这种不便至少可以"被我们从拥有这些贵金属中获得的好处所抵消"，其中包括可以增加与其他国家进行谈判时的讨价还价能力。但是，他又补充道，"似乎没有理由用一种伪造的货币来增加这种不便利性，外国人在任何支付中都不会接受这种货币，并且，国家中的任何重大混乱都会使它变得一文不值"。因而，"人为地""冒险增加"票据信用，只能使货币提高到"超出它与劳动和商品的自然的比例之上"，从而提高它们的价格。

休谟用一种关于超-硬货币政策的主张——100%硬币准备的银行业——来总括他的具有洞察力的分析："必须承认，任何银行除了单纯地将它所接受的货币全部锁起来，不增加任何流通中的硬币以外……，没有其他更多的好处"。休谟补充道，这就是著名的阿姆斯特丹100%硬币准备银行的做法。

休谟关于货币的分析中的另一个重要缺点，是他总是倾向于从一个长期均衡状态向另一个长期均衡状态的跳跃,而不愿费心思地考虑现实世界在时间中实际地从一种状态向另一种状态移动的动态过程。这个倾向被斯密、李嘉图以及古典学派所继承并且强化了。正是这种草率地忽视(或者说"比较静态分析"),导致休谟遗漏了坎替隆关于现金余额和收入方面的微观变化的分析,从而使得他在关于国际货币调节的价格—硬币—流动机制分析中忽略了收入效应。[7]而具有讽刺意味的是,由于这个疏忽以及进而导致的对于这个过程中资产与收入变化所具有的"分配效应"的忽视,休谟——以及追随他的无数其他经济学家——又扭曲了在均衡状态本身所真正发生的事情。因为,他们未能看到新的均衡将是与旧的均衡完全不同的。比如,当货币供给变化时,并不是所有的价格都全面地等比例提高。

萨莱诺教授极好地说明了这一点:

……凯恩斯的下列陈述应该说是正确的……"休谟在经济学家中间开创了强调均衡位置的重要性、而不是与之相比较而言的向均衡位置连续地转移的重要性的先例"。因为,从阅读休谟的著述中,人们能够感觉到一种虽然并非到处充斥、但是也确实隐约存在着的观念,即在大多数时间里经济实际上是处在长期均衡的状态。至于对在这些均衡状态之间的转移,休谟则想象为快速进行的过程,并且这个过程将在另一种经济数据的变化有可能介入以及驱使经济向一种新的均衡前进之前终结。这种观念时常导致休谟删减对于一个给定的经济数据变化的详细的按部就班的分析,从而使他忽视或跳过了这种变化所具有的全部短期效应，以便聚焦于对其最终后果的比较静态分析。[8]

正如奥地利学派所强调的那样，在现实中，情况完全与休谟—英国古典经济学的假定相反。长期均衡状态不仅不是基本的经济现实，它也从来没有存在过。长期均衡提供了一种趋向，市场在不断地向着它运动，但是却永远也达不到它那里，因为供给与需求的基本数据——从而最终的均衡点——总是在变化。因此，对于一种给定的经济数据变化进行详细的按部就班的分析是绝对必需的，只有这样才能解释那些总是向均衡逼近、但是又永远达不到均衡状态的连续的短期状态的过程。在现实世界中，所谓"长期"全然不是均衡的，而是由这些短期状态构成的一个系列，当基本的数据改变时它们将变化其方向。

休谟的货币观点具有的最后一个问题是，与法国自由放任学派相反，他认为货币不必一定是一种有用的可交易的商品，而仅仅是一种便利交换的工具。在写给安德列·莫雷莱神父（1727—1819年）——他是古尔奈的一位弟子，杜尔阁的终生朋友——的信中，休谟认为货币本身之所以具有职能是因为人们相信别人愿意接受它。绝对没错：但是这并不意味着货币最初仅仅是作为便利工具而出现的。并且休谟也承认，货币应当由那些"具有内在价值"的材料构成，因为"否则的话，它将会被无限地扩增，从而将陷入一文不值的地步"。

休谟关于利息的思想是富有启发性的，尽管它与杜尔阁20年以后的深刻而又充满才智的阐述仍然形成反差。由于货币的影响最终是仅仅反映在价格上，因此休谟表明利息只能属于一种真实资本现象,而不是货币现象。他讨论了利息率与利润率(即投资的基本收益率)之间的关系。在这里,他正确地指出了,"当他能够获得高利息时,没有人愿意接受低利润;而当他能够获得高利润时,没有人愿意接受低利息"。简言之,利息率和利润率在市场上趋向于相等。这绝对正确:但是,是什么导致了这种结果,或者说,决定二者的基本原因是什么?休谟富有特征地放弃了对原因的探讨,而是说"二者都来自一种广泛的商业活动,并且互相促进"。当庞巴维克指出这种观点"有些肤浅"时,[9]他肯定是正确的。但是问题不止于此:说"广泛的商业活动,通过产生大量的存量(资本),降低了利息率和利润率",实际上是不正确的,并且颠倒了因果关系。因为,没有任何理由可以说明更大的资本品存量将会降低利息率或利润率;它们所实际降低的是资本品和消费品的价格。因果关系是沿着另外的线索展开的:较低的时间偏好率——它通常并不总是与较高的生活水平和较高的繁荣程度相伴——将引起资本积累并且导致利润率和利息率的下降。这二者,正如后来的奥地利学派指出的那样,不过是一枚硬币的正反面而已。[10]

至于在经济学的其他领域,亚当·斯密的价值理论的某些深刻缺陷,可能也是受到了大卫·休谟影响的结果。因为休谟没有系统的价值理论,也没有任何关于效用是价值的一个决定因素的想法。如果说他还有什么想法的话,那就是他始终强调劳动是所有价值的源泉。

关于政治经济学,大卫·休谟也许可以被视为一个自由贸易论者和重商主义的反对者。休谟从 1752 年第一次与亚当·

斯密见面时起就成为了他的朋友和指导老师,他在法国的那些年又使他了解了法国的自由放任学者以及杜尔阁,后者曾把休谟的《政治论文集》翻译成法文。

15.5 注释

1 在同一年,1718年,卡迈克尔出版了《自然神学体系》(*System of Natural Theology*),两年以后又发表了一本逻辑学导论。在他去世的那一年,写作了《自然神学大纲》(*Synopsis of Natural Theology*)。

2 一个更为简洁然而却更少有影响力的版本,是《道德哲学引论》,在他于1747年死后很快就出版了。

3 孟德维尔是一位荷兰的医生,他在英格兰度过了他的大部分人生。《蜜蜂的寓言》本身只是一篇讽刺性的论文《抱怨的蜂巢,或无赖变成诚实人》(*The Grumbling Hive, or Knaves Turned Honest*)(1705年)的扩展的版本。

4 参见《蜜蜂的寓言》(1924年),第359页。由萨利姆·拉希德(Salim Rashid)在他的出色文章"孟德维尔的《寓言》:自由放任还是放荡不羁?"(Mandeville's *Fable*: Laissez-faire or Libertinism?)中引用。载于《18世纪研究》(*Eighteenth-Century Studies*),第18卷(1985年春季号),第322页。

5 苏格兰的英国圣公会的牧师们在政府支持的长老会中立场是如此的坚定,以至于除了罗马天主教以外,他们也成了詹姆斯党人起义的支柱,这场起义旨在恢复大不列颠的斯图尔特专制王朝。

6 萨莱诺教授企图运用阿尔钦—艾伦(Alchian-Allen)的信息成本分析来为休谟关于存在着一种资源失业的永久趋势的奇怪假设做辩护。但是这种方法只能解释任何企业的存货水平的维持,而存货,正如萨莱诺所表明的那样,并不是真正"闲置的",而是在企业家应对不确定方面起着一种重要的职能。不过,这种存货也很难解释劳动和其他资源的失业,这些失业被断定为人们所不希望有的(因为通货膨胀被假定可以消除这种闲置),因而是非自愿的。当然,如同我们将要强调的那样,如果失业是源于对资源的使用索要了过高的价格,那么这种失业就是由资源所有者自己的行为所造成的,尽管它是一种不理想的结果。因此,在一种更深的意义上,这种失业真正地属于"自愿的"。参见约瑟夫·T.萨莱诺,"国际收支理论货币分析方法的学术前辈"(The Doctrinal Antecedents of Monetary Approach to the Balance of Payments)(博士论文,罗格斯大学,1980 年),第 160—162 页,以及 W. H. 赫特的著作,《闲置资源的理论》(The Theory of Idle Resources)(第 2 版,印地安那波利斯:自由出版社(Liberty Press),1977 年)。

7 对于英国古典学派和经济学本身的发展来说不幸的是,休谟未能注意到他的朋友以及亚当·斯密的童年时代的朋友——邓尼基尔(Dunnikier)的詹姆斯·奥斯瓦尔德(James Oswald)(1715—1769 年)的批评。奥斯瓦尔德是一位重要的国会议员,还可能担任过财政大臣,休谟和斯密曾经向他征求过关于经济学的建议。他在写给休谟的信中说道,"增加货币量并不必然导致所有的劳动和商品的价格都提高;因为所增加的货币量并不限于用在国内的劳动和商品上,它们也许并且肯定会被用来购买外国的劳动和商品……"。尽管休谟在回复中承认在国际收支调节机制中存在着这种现金余额效应,但是他却并没有把它纳入到他关于价格—硬币—流动过程的更完整的表述之中。参见,注释 6 中所给出的萨莱诺的文献,第 252—253 页。

8 参见注释 6 中所给出的萨莱诺的文献,第 165—166 页。

9 参见欧根·冯·庞巴维克,《资本与利息》(伊利诺伊州,南荷兰:自由意志出版社:1959 年),第 I 卷,第 30 页。

10 斯皮格尔赞扬休谟的分析"通过用他的职能分析方法"取代以往流行的因果分析方法,"预示了现代经济理论"。他说道,休谟为"后来的经济科学更加关注于职能而不是因果关系"埋下了伏笔,"而这种关注……在 20 世纪以前并不普遍"。实际上,休谟与 20 世纪的经济理论都变得更加地糟糕!因为,无因果的数学关系基本不适合于人类行为分析,在这里人类的偏好和选择是原因,同时有可以明确追踪的结果。不仅如此,具有讽刺意味的是,这位因果分析的伟大破坏者也并不缺少关于利息的因果理论;相反,他选择了错误的因果链条,即宣称低利息和利润二者都是由资本品的积累引起的。具体参见,亨利·W. 斯皮格尔的著作,《经济思想的发展》(新泽西州,恩格尔伍德,克利夫斯(Englewood Cliffs):普伦蒂斯—霍尔出版机构(Prentice-Hall),1971年),第211—212页。

第 16 章　大名鼎鼎的亚当·斯密

16.1　亚当·斯密的神秘性
16.2　斯密的生平
16.3　劳动分工
16.4　生产劳动与非生产劳动
16.5　价值理论
16.6　分配理论
16.7　货币理论
16.8　自由放任的神话
16.9　论税收
16.10　注释

16.1 亚当·斯密的神秘性

亚当·斯密(1723—1790年)是一位令人困惑的、不可思议的神秘人物。这种神秘性就在于：在斯密享有的崇高声望与他对经济思想所做出的值得怀疑的贡献的现实之间，存在着巨大的、史无前例的差距。

斯密的声望几乎遮蔽了阳光。从他自己所处的年代过后不久直到晚近时期，他始终被认为是几乎在全新的意义上创建了经济科学。他被普遍地尊称为创立者。各种论经济思想史的著作，在简要地对重商主义给予应有的斥责和对重农学派给予适当的赞许之后，都往往要从作为经济学科创始人的亚当·斯密开始。他的任何错误都被说成是任何伟大的先驱者所难以避免的问题。关于他的论述无计其数。在他的经典之作《国民财富性质与原因的研究》(1776年)发表200年之际，关于这个早已静卧地下的苏格兰教授的各种书籍、论文以及回忆形成了一股真正的洪流。他的头像被塔西(Tassie)雕刻在一个大奖章上，举世皆知。在自由市场制度建立200年的时候，甚至专门拍了一部关于他的圣徒传记式的电影，记录了200年来商界人士与自由市场的拥护者是怎样长时间地将亚当·斯密尊崇为他们的守护神的。"亚当·斯密领结"也作为一种荣誉徽章而为里根政府的高层班底人员所佩戴。另一方面，马克思主义者在某种程度上更公正地将斯密尊崇为他们自己的创始人卡尔·马克思的终极启灵人。实际上,如果随便向普通人询问他们所听说过的经济思想史上的两个人是谁,那么一般来说肯定是非斯密和马克思莫属。

正如我们已经看到的,斯密很难说是经济科学的创立者,这是一门自中世纪的经院学者以来就存在的科学,在其现代的形式上,它则是从理查德·坎替隆以来就存在的科学。不过,德国的经济学家通常在一种更狭义的视角下所称的"斯密问题"(*Das Adam Smith Problem*),[1]则是比上面所述要更为严重得多的问题。因为问题并不简单地在于斯密不是经济学的创立者。问题在于:他没有提出任何正确的原创性的东西,他所提出的原创性的东西都是错误的;甚至在那样一个并不像我们今天这样经常引证或做注解的年代,亚当·斯密也称得上是一位厚脸皮的剽窃者,在基本不致谢或说明出处的情况下大段地抄袭(例如)坎替隆的东西。更糟糕的是,斯密完全没有提到或者是对他心爱的导师致谢,他从导师那里得到了他的大多数想法以及他的经济学和道德哲学讲义的组织结构。确实,斯密在一封给格拉斯哥大学的私人信函中曾经写道"永远不能忘怀的哈奇森博士",可是当亚当·斯密撰写《国富论》并面向一般公众发表的时候,他显然是害了健忘症。[2]

尽管是一个剽窃成瘾的人,斯密却拥有一种哥伦布情结(Columbus complex)*,谴责其亲密朋友不正确地剽窃了他。而

---

* 所谓哥伦布情结,大致指的是一种争强好胜的情绪和狂热的占有欲望。——译者注

即使是作为一个剽窃者,他的剽窃也是拙劣的,对于他所挑出来的真理性论述添加了新的谬误。所以,当我们严厉地批评亚当·斯密的错误时,我们并没有犯年代误植的(anachronistic)毛病,即荒谬地指责那些过去的思想家不如我们这些后来者聪明。因为斯密不仅没有对经济思想贡献出任何有价值的东西,而且他的经济学还从他的前辈那里发生了致命的蜕变,这些前辈包括坎替隆、杜尔阁、他的老师哈奇森以及西班牙经院学者。奇怪至极的是,他甚至从他自己先前的著作诸如《法学讲义》(*Lectures on Jurisprudence*,1762—1763 年,1766 年,未公开发表)和《道德情操论》(*Theory of Moral Sentiments*,1759 年)那里严重地倒退了。

因此,所谓亚当·斯密的神秘性,就是指在一种离谱的过度夸张的名声与蹩脚的现实之间存在着的巨大的反差。然而,问题要比此更加糟糕;因为并不仅仅是斯密的《国富论》从他那个时代至今被人们吹得天花乱坠。重要的问题是,《国富论》不知为什么能够蒙蔽所有的人,包括经济学家和平民百姓,使他们看不到其他经济学家的真正知识贡献,就更不用提那些在 1776 年以前生活和写作的比斯密更杰出的人物的贡献了。《国富论》对世界产生了如此巨大的影响,以至于所有先前的经济学家都被淹没了,故而确立了斯密经济学之父的声望。因此,我们要研究的历史问题是这样一个问题:由一本如此多地模仿他人、具有如此深刻的缺陷、并且远远不如其前辈著述更有价值的书,怎么能够带来这样的现象呢?

对于这个问题,肯定不可能有任何不论在风格上还是在思想上都清晰、透彻的答案。因为备受尊崇的《国富论》是一部巨大的、内容繁杂的、未完成的、混乱的著作,充满了含混不清、语焉不详以及深刻的内在矛盾。在社会思想史上,一部著作部头巨大、内容繁杂、前后矛盾与混乱,肯定是一个优点。含混不清和语焉不详是一种社会学的优势。那位不知所措的德国的斯密主义者,克里斯蒂安·J. 克劳斯(Christian J. Kraus),曾经把《国富论》视为政治经济学的"圣经"。在某种意义上,克劳斯教授所说的要比他所知道的更明智。因为,《国富论》在某种程度上确实像《圣经》;从这本书的各个部分——甚至是同一地方——我们是能够推引出各种不同的、相互矛盾的解释的。不仅如此,一部书的含混和语焉不详还能为知识分子、学生以及追随者提供令人愉悦的想象空间。努力发现摆脱含混和困难线索的出路,将一本书中没有头绪的论述片断整理成一种内在一致的模式——这些对于知识分子来说本身就是有价值的工作。另外,这样一部书也提供了一种内在固有的排他过程,从而只有少数精于此道的行家能够从他们对于一部书或思想体系的专业研究中获得乐趣。通过这种方式,他们增加了他们的相关收入和威望,而其他的崇拜者则被甩在了后面,他们形成了一个对于大师的知名弟子们的欢呼乐章。

亚当·斯密并没有发现经济科学,不过他确实创造了英国古典经济学的范式,并且对于一个范式的创造者来说言犹未尽和充满混乱常常是有利的,藉此他可以为那些企图澄清和系统化大师的贡献的弟子们留下发展空间。直到20世纪50年代,经济学家——至少是信奉英美传统的那些人——始终将斯密尊崇为创立者,并且将其后的经济学发展视为一种直线的上升运动,即从斯密之后是李嘉图和穆勒,然后,经过奥地利学派在19世纪70年代制造了一个小插曲之后,阿尔弗雷德·马歇尔建立了新古典经济学,作为一种新李嘉图学派从而新斯密学派。在某种意义上,约翰·梅纳德·凯恩斯——马歇尔在剑桥大学的学生——他只是填补了在李嘉图学说与马歇尔学说遗产之间的空白而已。

在这种斯密崇拜的乌烟瘴气中,熊彼特的《经济分析史》(1954年)堪称是投下了一枚真正的炸弹。由于源自欧洲大陆的瓦尔拉学说和奥地利的传统,而不是英国古典主义的传统,熊比特能够真正第一次地以冷静和现实的目光来观察这位大名鼎鼎的苏格兰人。熊彼特以几乎毫不掩饰的轻蔑态度基本否定了斯密对经济学的贡献,他本质上认为斯密把经济学引向了一条错误的道路,一条令人遗憾地与他的欧洲大陆前辈们不同的道路。[3]

从熊彼特以来,经济思想史学者在很大程度上退回到一种保守的立场。人们承认,斯密没有创造什么新东西,但是他却是伟大的综合者和体系建构者,是第一个将其前辈所有的思想线索和片断都继承下来并且把它们组织成一个严谨系统的理论框架的人。然而,斯密的著作既不严谨也不系统,他的两个大弟子,李嘉图和萨伊,每个人都为自己确定了如何从斯密的杂乱无章的论述中整理出一个严谨体系的任务。不仅如此,在斯密以前的那些著作的论述确实是深刻的,尽管过于零散(杜尔阁)或者嵌入道德哲学当中(哈奇森),而且在《国富论》出现之前也确实出现过两部专论经济学的总论性著作。一个是坎替隆的巨作《商业性质概论》，它在斯密以后令人遗憾地被忽视了，只是在一个世纪之后才被杰文斯挽救回来；另一个是第一次使用政治经济学作为书名的著作，即詹姆斯·斯图尔特爵士(Sir James Steuart,1712—1780 年)的过时的两卷本著作《政治经济学原理》(*Principles of Political Economy*)(1767 年)。斯图尔特是一个詹姆斯二世的追随者，他卷入了波尼王子查理的起义，从而其一生的大部分是在被流放德国中度过的，在那里他逐渐热衷于德国"重商主义"(Cameralism)*的方法论和思想观念。德国重商主义是在 17 世纪和 18 世纪风行于德国的具有专制主义色彩的重商主义学说的一种最恶毒的形式。德国的重商主义者甚至比西欧的重商主义者在更大的程度上全然不是经济学家——即他们并不分析市场过程——而只是作为技术顾问向统治者建议如何以及用什么方法来建立国家对经济的控制权力。斯图尔特的《原理》就是沿袭这种传统，它几乎没有论述经济学，相反是号召实行政府的强有力干预和集权的计划，从具体的贸易管制到一种强制的卡特尔体系再到膨胀性的货币政策。他的唯一的"贡献"是精炼和扩展了先前一闪即逝、初露端倪的劳动价值理论，阐述了一种原初马克思主义的关于社会中固有的阶级冲突的理论。不仅如此，就在古典的自由主义和自由放任的思想正在流行并且至少在英国和法国开始占据支配地位的时候，斯图尔特还撰写了一部具有极端重商主义色彩的大部头著作。

---

* 又译为"官房主义"。——译者注

尽管斯图尔特的《原理》已经跟不上了正在兴起的古典自由主义的时代潮流,但是我们也不能必然得出结论说这部著作没有产生什么影响。这本书受到了高度尊崇,销量极好,在它出版 5 年之后,1772 年,斯图尔特在竞聘东印度公司的一个货币顾问的职位时,战胜了亚当·斯密而胜出。

熊彼特对斯密的看法之所以令经济学界震惊,一个原因是经济思想史学者像其他学科的思想史学者一样,习惯于将科学的发展视为一种向着真理的直线式前进运动。每一位科学家都潜在地形成、检验、抛弃假说,因而每个人都站在了前人的肩膀之上。这种也许被称为"关于科学史的辉格理论"的东西由于更为现实得多的库恩的范式理论的出现,现在已经在很大程度上被抛弃了。对于我们的目的来说,库恩理论的重要之点在于,很少有人能够耐心地检验任何事情,特别是他们的理论的基础性的假定,或基本"范式":甚至当新理论比旧理论更糟糕时也可能发生范式的转移。简言之,知识是既可能获得也可能丢失的,实际情况也确是如此,科学常常是按照一种之字形而不是直线形方式发展的。我们也许可以补充道,这在社会科学或人文科学中尤其真实。结果,范式和基本真理丢失了,经济学家(以及其他学科领域的人)随着时间的推移可能得到更糟的、而不是更好的东西。在数年之间既可能出现进步,也可能出现退步。熊彼特向辉格式的经济思想史学者——特别是斯密—李嘉图—马歇尔传统的坚定支持者的庙宇,投掷了一颗炸弹。[4]

我们因此要给出我们自己关于所谓"斯密问题"的看法:像《国富论》这样一部具有严重缺陷的书,是怎样迅速地压倒了所有其他的不同论述而占据支配地位的？但是在考虑这个问题之前，我们必须比较详细地考察斯密思想的各个方面。

16.2 斯密的生平

亚当·斯密 1723 年出生在爱丁堡附近的小镇柯科迪（Kirkcaldy）。他的父亲也叫亚当·斯密（1679—1723 年），在他出生前不久就去世了。斯密的父亲是一位知名的为苏格兰辩护的法官，后来又成为柯科迪的海关审计官，他与当地一个富裕的地主家庭女儿结了婚。所以，年幼的斯密就不得不由他的母亲来抚养长大。柯科迪镇是好斗的长老会成员的聚集地，在这个城镇的市立学校，他结识了很多年轻的苏格兰长老会成员，其中之一是约翰·德赖斯代尔，他曾两度作为苏格兰教堂的宗教裁决会议的主持人。

实际上，斯密出身于一个海关官员家庭。除了他的父亲以外，他的表兄斯科特·斯密也是柯科迪海关的征税官，而他的监护人（也叫亚当·斯密）则成为柯科迪的海关征税官和苏格兰外港的海关视察员。最后，他还有另一个也叫亚当·斯密的表兄后来在阿洛厄任海关征税官。

从 1737 年到 1740 年，亚当·斯密在格拉斯哥学院学习，在那里他在一段时间里归入弗朗西斯·哈奇森的门下，感受着古典自由主义、自然法以及政治经济学思想的强烈躁动。到了 1740 年，斯密以出色的成绩在格拉斯哥大学获得了硕士学位。他的母亲让亚当接受了圣公会教派的洗礼，因为她渴望自己的儿子成为一个圣公会教派的牧师。凭借一笔旨在培养未来的圣公会传教士的奖学金,斯密被送到牛津的巴利奥尔学院,可是在牛津的日子是令他感到不快活的,6年以后,在他23岁的时候,斯密又返回了,没有取得圣职。尽管他接受了洗礼并且有母亲的压力,斯密仍然是一位热烈的长老会教派,并且于1746年返回爱丁堡,在那里两年内没有找到工作。

最终,在1748年,凯姆斯勋爵,亨利·休谟(Henry Home, Lord Kames),一位法官和自由的苏格兰启蒙运动的领导人以及大卫·休谟的表兄弟,决定在爱丁堡发起一系列公共讲座以便培育律师。凯姆斯与作为斯密童年时代好友的邓尼克尔地区的詹姆斯·奥斯瓦尔德(James Oswald of Dunnikier)一起,说服爱丁堡的哲学协会赞助斯密,在好几年的时间里从事自然法、文学、自由以及商业自由的讲座。到1750年,亚当·斯密在他母校格拉斯哥大学取得了逻辑学教授的职位,他在格拉斯哥长老会殿堂前履行所必需的威斯敏斯特信条(Westminster Confession)签字的时候,没有感到任何不便。最后,在1752年,斯密获得了令他满意的晋升,接替了他敬爱的老师哈奇森在格拉斯哥的道德哲学教授职位,并且在这一岗位上一直工作了12年。

斯密在爱丁堡和格拉斯哥的讲座极受欢迎,他所强调的重点是"自然的自由体系",即自然法以及自由放任的体系,他对于这种体系进行的辩护比起后来更为谨慎的《国富论》来,所施加的限制要少得多。他还设法使格拉斯哥商界的头面人物们也皈依这种令人兴奋的新信条。斯密又投身于社会与教育协会,这两个协会最初是由格拉斯哥和爱丁堡的温和的长老会教士、大学教授、知识界人士以及律师所建立的。此外,大卫·休谟在

1752年可能参加了斯密在爱丁堡的讲座,因为在那以后不久两人结成了牢固的友谊。

接下来的一年,斯密成为格拉斯哥文学协会的创建者之一;该协会展开了高水平的讨论和争论,从11月到来年的5月每个周四的晚上都持之以恒地坚持开会。休谟和斯密两人都是会员,又都参加了第一次会议。斯密朗读了关于休谟不久前付梓的《政治论文集》(Political Discourses)的某些内容的一个说明。然而,奇怪至极的是,这两个朋友——他们显然也是该协会里最耀眼的成员——却极端地缺乏自信,在讨论中没有做任何发言。

尽管缺乏自信,斯密却是一个忙碌的、热衷于俱乐部活动的人,他成为爱丁堡哲学协会和(爱丁堡)被选择者协会的领导人物,后一个协会活跃于18世纪50年代,每周都开会,聚拢了一批来自神职人员、大学教师以及法律界的属于稳健派的权力精英。斯密还是格拉斯哥政治经济学俱乐部和(爱丁堡)牡蛎俱乐部(Oyster Club)的活跃人物;以及格拉斯哥的斯姆逊俱乐部和(爱丁堡)纸牌俱乐部的积极分子,后一个俱乐部是由他的朋友亚当·弗格森——爱丁堡大学的道德哲学教授,他特别崇尚"战争精神"——创立的。似乎这些活动还不够,亚当·斯密还是一个后来夭折的《爱丁堡评论》(Edinburgh Review)(1755—1756年)的知名撰稿人和编辑,尽心竭力地维护他们的朋友休谟和凯姆斯反对苏格兰的死硬派的、福音主义的加尔文教教士的立场。《爱丁堡评论》由才华横溢的年轻的律师亚历山大·韦德伯恩(Alexander Wedderburn,1733—1805年)所创办,他后来成为一位法官,英格兰的议会议员,最后成为大法官(在1793

至1801年间)。韦德伯恩是如此崇尚自由,以至于他赞成给妓女发放许可证。在《爱丁堡评论》的其他杰出人物还包括一些顶尖的稳健领导人:政治家约翰·贾丁(John Jardine,1715—1760年),他的女儿与凯姆斯勋爵的儿子结了婚;极有影响力的威廉·罗伯特逊(William Robertson)神父,和休·布莱尔(Hugh Blair,1718—1800年)神父,他也是爱丁堡大学的一位修辞学教授。

尽管不是一位狂热的原教旨主义者,但是对于亚当·斯密笃信长老会教义的强烈程度从他与休·布莱尔的关系中也可以觉察出来。布莱尔这位在长老会的高教会派(High Kirk)任职的牧师,一位灰衣修士,一直在向正统的加尔文教神职人员招惹是非,所以他们反复地向格拉斯哥和爱丁堡的长老会谴责他。在《国富论》中,亚当·斯密向长老会的神职人员发送了这样的赞美词:"也许走遍欧洲各地,也难以发现比在荷兰、瑞士和苏格兰的大部分长老会神职人员更博学、更正派、更具有独立性以及更受人尊敬的人群了"。对于这一段话,他的老朋友布莱尔——尽管他本身是一个知名的(也许还是受到攻击的)长老会神职人员——在给斯密的一封信中评论道:"我认为,你是最受长老会喜爱的人"。

在斯密在他的《道德情操论》(1759年)中公布了他的道德哲学之后,其与日俱增的声望为他赢得了一个极为受益的职位,他在1764年成为年轻的布克莱公爵的私人教师。在他陪同年轻的公爵在法国度过的三年指导教师生活中,斯密获得了终生年俸300镑的奖赏,这个数额是他在格拉斯哥年薪的两倍。在法国的愉快的三年中,他结识了杜尔阁和重农学派。在他的私人指导教师的任务完成了以后,斯密返回到他的家乡柯科迪镇,在那里由于有了终生生活费的保证,他埋头工作10年,以便完成他刚到法国时就开始构想的《国富论》。《国富论》的出名使得他值得骄傲的先前的学生布克莱公爵为斯密提供了进一步的帮助,他在1778年确保斯密在爱丁堡的苏格兰海关获得了一个高收入的专员职位。他的政府官员职务使他每年收入600镑,这一职位他一直保持到1790年逝世。如果再加上他可观的终生年金,亚当·斯密接近于每年收入1000镑,这相当于"一个王子的收入"了,正如他的传记作者所描述的那样。甚至斯密自己在这一时期也写道,他已经"想多么富有就有多么富有了"。他唯一感到遗憾的是,他不得不履行海关官员的职能,这将占用他"做学问"的时间。

然而,他的抱怨是很难令人信服的。大多数历史学者都把斯密的海关职位看成是为了奖励其知识成就而为他提供的令人难堪的、完全是挂名的差事,可是最近的研究显示,斯密在他的岗位上是全职工作的,经常主持海关专员委员会的每日会议。不仅如此,斯密还寻求被任命新职务,而他显然找到了更为称心和轻松的工作。确实,斯密在被任命职务之后用在学术和写作上的时间和精力很少很少了;不过他也有休假时间,而在这时斯密并没有显示出学术追求的兴趣。进一步地说,导致斯密被任命的基本原因主要的并不是他的知识成就,而是对于他从18世纪60年代中期以来作为英国政府的税收和预算顾问所提建议的奖赏。[5]

16.3 劳动分工

从劳动分工开始来讨论斯密的《国富论》是适当的,因为斯密自己就是从这里开始论述的,并且对斯密来说这种分工具有关键性的、决定性的重要意义。他的老师哈奇森也分析了在发展中的经济体里分工的重要性,就像休谟、杜尔阁、孟德维尔、詹姆斯·哈里斯以及其他经济学家那样。不过,对斯密来说,分工具有压倒一切的重要性,对于像资本积累和技术知识增长这样的至关重要的事情都将产生影响。正如熊彼特指出的那样,此前从没有任何经济学家对分工赋予这样的具有决定重要性的支配地位。

然而,与他对分工的重要性过分夸大相比,斯密对分工的论述中存在着更多的问题。关于专业化和交换的动机,以往的、更正确的观点简单地将其归结为交换的每一方(交换必然涉及两个当事人和两种商品)都会从交换中获益(或至少期望从中获益);否则的话,交换就不会发生。但是斯密却令人遗憾地将主要焦点从互利转移到了一种他所称的非理性的、与生俱来的"易货和交换倾向",仿佛人类事务是像受外在于他们自己的选择目的的力量决定的旅鼠一样。正如埃德温·坎南指出的那样,斯密采取这种思维路线是因为他排斥关于人的天生才能和能力具有先天差别的思想,而这种差别自然会促使人们寻求不同的职业。相反,斯密采取了在今天的新古典经济学中仍然占支配地位的利他主义—环境主义的立场,即所有的劳动者都是一样的,因而他们之间的差别只能是劳动分工体系的结果,而不是分工体系的原因。

此外,斯密未能将他关于分工的分析应用于国际贸易,而这是可以为他自己的自由贸易政策提供强有力的武器的。这个工作留给了詹姆斯·穆勒,他在其出色的比较优势理论中进行了这种应用研究。不仅如此,就国内而言,斯密对一个工厂或产业内部的分工赋予了更大的重要性,而忽视了产业之间分工的更重大意义。

但是,如果说斯密过分地强调了分工的重要性,那么他通过引入现代社会学家对于专业化的长期的抱怨,却令人迷惑地引发了未来将出现的一个重大问题。这个抱怨迅速地被卡尔·马克思所抓住,并且被爱发牢骚的社会主义者用关于"异化"的概念提升到纯艺术的高度。一个无可置疑的事实是,斯密在《国富论》的第一篇和第五篇之间使自己完全陷入矛盾之中。在第一篇,劳动分工仅仅用来解释文明社会的丰裕,并且实际上,分工在整本书中被反复地等同于"文明"。然而,虽然在第一篇分工被赞扬为增强了人民的技巧和智能,第五篇却谴责分工导致了他们知识和道德的退化,导致了他们"知识的、社会的、军事的美德的沦丧"。没有任何办法可以协调这种矛盾。[6]

亚当·斯密虽然自己是一个大量抄袭别人东西的剽窃者,却也拥有一种哥伦布情结,经常谴责别人不公正地剽窃了他。1755年,他实际上已经宣布发明了自由放任的概念,或自然的自由体系,断言他自从在1749年从事爱丁堡讲座时就开始讲授这些原则了。情况也许是这样,不过这种宣称无视了先前由他自己的老师以及格劳秀斯和普芬多夫对此所做的论述,就更不用说布阿吉尔贝尔和 18 世纪后期其他的法国自由放任的思想家了。

1769 年,威廉·罗伯特逊校长出版了他的《查理五世王国史》(*History of the Reign of Charles V*),在这时候,争强好胜的斯密对他提出了剽窃的指控。人们并不知道他所说的文字剽窃的主题是什么,而且也很难猜测出来,因为罗伯特逊的著作的主题与斯密的书的主题相距甚远。

斯密所高声谴责的最著名的剽窃,是针对他的朋友亚当·弗格森在分工问题上的论述展开的。哈莫维(Hamowy)教授表明,就像先前人们所想到的那样,斯密并没有与他的老朋友决裂,因为弗格森是在他 1767 年的著作《论市民社会史》(*Essay on the History of Civil Society*)中使用分工的概念的。考虑到所有后来的作者都可能利用先前的作者的概念,这种谴责行为是荒唐可笑的,甚至对于亚当·斯密也不例外。哈莫维教授猜测,决裂是在 18 世纪 80 年代初开始的,因为弗格森在他们的俱乐部的讨论中谈到了他后来在 1792 年出版的《道德与政治科学原理》(*Principles of Moral and Political Science*)的部分内容。在《原理》中,弗格森总结了制针厂的例子,而这个例子构成了《国富论》中唯一的最为著名的一段。斯密曾指出,在一个拥有 10 个工人的小制针工厂,每个人专业化于一个不同的工作环节,一天可以生产 48,000 多根针。而如果这 10 个人每一个都自己完成整个工序,他们也许一天生产不出一根针,至多也不会超过 20 根针。通过这种方式,分工极大地倍增了每个工人的生产力。在他的《原理》中,弗格森写道:"通过对人员的一种合适分配，使他们每个人仅仅完成一根针制造过程的一部分，在既定的时间内生产的产量，要比也许是双倍数的工人完全由自己完成整个产品制造或者履行该产品生产过程的每一个环节操作，所生产的产量高得多"。

当斯密斥责弗格森没有承认斯密在制针厂的例子上具有优先权时，弗格森回应道，他没有从斯密那里借鉴任何东西，实际上，他们二人都是从一个法国来源提取这个例子的，"只不过斯密要比他早"。有足够的证据表明，这两位作者所援引的"法国来源"就是在《百科全书》（Encyclopédie）（1755年）中论针（Epingles）的一篇文章。因为这篇文章提到了制造一根针有18个不同的工序，它与斯密在《国富论》中所反复论述的工序数相同，尽管在英国的制针工厂制造一根针通常需要数目更多的25道工序。

这样，亚当·斯密由于不公正地指责亚当·弗格森剽窃了他的例子，而中断了他们之间长期牢固的友谊，而实际上，这个例子是他们二人在没有做出任何说明的情况下从法国的《百科全书》借用来的。卡莱尔神父曾对斯密评论道，"他的脾气秉性有点儿好妒忌"，这似乎是估计得太低了。从1790年《每月评论》公布的关于斯密逝世的讣闻中我们得知，"斯密一直生活在担心他的思想被别人窃取的状态，以至于如果他看到他的任何一个学生对他的讲座做笔记，他都会立刻制止，并且说，'我憎恶乱涂乱写的人'"。[7] 虽然也有证据表明斯密允许学生做笔记，但是关于他的坏脾气和哥伦布情结这一事实，则肯定是确凿无疑的了。

斯密采用小的法国制针厂的例子,而不用更大规模的英国工厂的例子,这向人们展示了关于他的广受赞誉的《国富论》的一个令人感到奇怪的事实:这位著名的经济学家似乎对于在他身边正在发生的工业革命无动于衷。尽管他曾是约翰·罗巴克博士的一位朋友,后者是卡伦钢铁厂的厂主,该工厂在1760年的建立标志着苏格兰工业革命的开始。而斯密却没有向我们提供任何证据表明他知道这个工厂的存在。此外,虽然他至少与大发明家詹姆斯·瓦特相识,可是斯密却向人们展示他对于瓦特的著名发明的一些情况毫不知晓。在他著名的书中他也没有提及在18世纪60年代早期的运河繁荣,蓬勃发展的棉纺工业的现实,制陶工业的发展和啤酒酿造的新方法。他的书中也没有涉及新的高速公路所带来的旅行成本的大幅度下降。

所以,与那些历史学家赞扬斯密抓住了当时的经济和工业事务经验的说法相反,亚当·斯密对于发生在他周围的重要经济事件是毫无察觉的。他的分析的绝大部分是错误的,而他在《国富论》中所列举的事实大部分也都是陈旧过时的,是从30多年以前的书籍中收集来的。

16.4 生产劳动与非生产劳动

重农学派对于经济思想令人将信将疑的贡献之一,是他们认为只有农业才是生产的观点,即只有农业才能向经济贡献一种剩余,一种纯产品。斯密受到重农学派的强烈影响,保留了这种令人遗憾的关于"生产的"劳动的概念,并且将它从农业扩展到一般的物质产品生产领域。对斯密来说,在物质客体上的劳动是"生产的";但是在非物质客体上的劳动,比方说对消费者的服务,则是"非生产的"。

斯密偏好于物质客体的这种偏见导致他偏好于资本品投资的偏见,因为根据定义资本品是包含在具体的物体当中的。另一方面,消费品,则或者是由非物体的服务构成,或者是由将要在消费中被使用或消费掉的物品构成。由于斯密认可物质的生产,所以,他便以间接的方式赞成投资以积累资本品,而反对本来属于生产资本品的目的的东西:增加消费。在讨论进出口时,斯密相当清楚地认识到,除非它们最终被消费,否则大量的中间产品毫无意义——这意味着生产的唯一目的就是消费。但是正如罗杰·加里森(Roger Garrison)教授所指出的那样,也如同我们在关于高利贷法的问题上将要看到的那样,亚当·斯密的长老会教派的意识使他将劳动支出本身视为目的,并且导致他在自由市场的时间偏好决定人们的消费与储蓄行为这个立场前止步不进了。很显然,斯密所要求的偏向未来生产和减少当前消费的投资量,要远远大于市场将要选择的数量。当然,这个立场所包含着的一个矛盾是,以当前的消费减少为代价来积累更多的资本品最终将要导致一种更高的生活水平——除非斯密准备建议实行一种持久地、加速地向越来越多的、绝对不被消费的生产资料的转移。

在《国富论》的第二篇,斯密认为投在物质客体上的劳动是生产的,而其他劳动则不是生产劳动,因为它没有"使自己固定在或体现在任何具体的实体上……这个实体在劳动投入之后将持久地存在,并且用它可以在以后购买相等数量的劳动"。体现在非物质实体上、因而属于非生产的劳动,包括仆人、"教会牧师、律师、医生、各色文人;演员、小丑、音乐家、歌唱家、舞蹈家等等。"在斯密看来,重要之点在于,非生产劳动者的"所有工作"都"立刻消失在他们的生产过程中"。或者,正如他表述的那样,"像演员的朗诵,演说家的演讲,或音乐家的曲调,所有他们的工作在其生产过程中迅即消失掉"。斯密还写道,"生产的"劳动"对于其所投入其中的实体增加了价值",而"非生产的劳动则没有"——这是以另一种方法来表述这样的事实:投入于服务中的劳动是没有物化在"任何具体的实体"中的。不仅如此,"生产的"劳动还被断言创造了制造业中作为利润的一种"剩余"。亚当·斯密头脑中挥之不去的重农主义偏见,还体现在他关于农业与制造业相比是具有更为明显得多的生产性的行业这一荒谬的断言中,因为他认为在农业中自然也和人一道工作,从而不仅为资本家提供利润,还为土地所有者提供超额地租。撇开其他谬误不说,斯密在这里未能认识到,自然以土地的形式与人类合作是体现在人的所有活动中的,而不仅仅是农业,因此包括制造业在内的所有活动都将为土地所有者带来地租。

埃德温·坎南在其对于亚当·斯密的深入犀利的批评中曾经推测道,斯密如果更牵强一点儿的话,他"也许将承认……这些朗诵、讲演以及曲调具有价值"。斯密奇怪地将物质资本品的建立和一年的生产挂起钩来。如同坎南指出的那样,到后来,"劳动所生产的东西的耐久性实际上已经没有任何意义了。朗诵、讲演以及曲调就像香槟酒和长筒靴一样仅仅是年生产产品的一部分了……"。然而,斯密在第二篇中却从年产品中把所有不具有实体的服务的生产都排除了出去,他断言年产品是完全由"生产劳动者"创造的,他们不仅"维持了"他们自己,而且还养活了所有的非生产劳动的阶级。

进而,在一段睿智而又精彩的话中,坎南评论道:

> 人们总是强烈地倾向于把他们在不经意中认为是最重要的阶级想象成为"维持"所有其他阶级的人,该阶级与所有其他阶级交换商品。例如,土地所有者就把(并且通常总是把)他的佃户视为"依靠"他生活的人。所有的消费者都轻易地相信这样的观念,即他们正在从事一件能够维持大量的商店店主生活的慈善活动。各地的各类雇主相信,被雇佣者应该因为得到工资而感谢他们,可是被雇佣者家庭却坚持认为雇主是完全靠他们付出的代价来维持其生活的。所以,重农学派断言农夫维持了他自己以及其他所有阶级;亚当·斯密则断言农夫、制造业者和商人维持了他们自己和其他阶级。重农学派没有看到农夫也是由打谷、磨面、烤面包等制造业来维持的,就像面粉厂主或裁缝是由耕种和收割的农业活动来维持一样。亚当·斯密则没有看到制造业者和商人是由烹饪和洗衣的卑贱劳动服务所维持,就像厨师和洗衣匠是由无沿帽的制造者和茶叶的进口所维持一样。[8]

然而,亚当·斯密所感兴趣的不仅仅是耐久物品;他感兴趣的是耐久的资本品。耐久的消费品,例如住房,在斯密看来仍然属于"非生产的",尽管他勉强地承认住房对于生活在里面的人来说"无疑是极端有用的"。但是它却不是"生产的",正如斯密所写道的那样,因为"如果它被出租给房客以收取租金,由于住房本身不能生产任何东西,房客必须依靠某些其他的收入来支付租金,这些其他的收入将来自于劳动、[资本]存量或土地"。坎南在这里再一次给出了机敏的回答:"亚当·斯密从未去好好想过,如果耕种必须缴租的话,那么由于一种耕种活动本身并没有生产任何东西,所以佃户必定总是从某种其他的收入来支付租金的"。[9]

亚当·斯密对于消费的偏见和对于储蓄与投资的偏好在利马(Rima)教授的分析中是这样被总结的:

> 从他的第二篇的第3章"论资本积累或生产劳动与非生产劳动"可以清楚地看到,他关心的是储蓄如果由挥霍之人用于满足其奢侈的欲望而不是将其用来增加固定资本或流动资本的供给,所可能带来的后果。实际上,他坚持认为储蓄应当按照这样一种方式来使用:创造新的收入流量和新的设备。如果不能按照这种方式来使用储蓄,将会对经济增长造成障碍。[10]

也许是这样——不过,这也意味着斯密并不满足于完全由自由市场来在增长与消费两者之间做出选择。

埃德温·韦斯特(Edwin West)教授——一位现代的斯密崇拜者,他曾经在总体上把这个苏格兰人描述成为自由放任的倡导者——也承认斯密的这种偏见:"然而,斯密就像是一位苏格兰贵族的遗产的谨慎的管家一样,从国家未来积累的利益出发,他几乎不能掩饰他个人强烈的对于实现更为节俭的私人生活的偏好,从而对于'生产劳动'的偏好"。他进而隐含地同意加里森教授的深刻见识,即斯密劝说人们保持负的或者至少是零时间偏好。通过引证斯密的《道德情操论》,韦斯特描述道,节俭的美德"支配着"斯密对另一种自我,即人的天生的道德感,"一个不偏不倚的旁观者"的"尊敬"。他从斯密那里引证道:"这个旁观者感觉不到我们当前的欲望的诱惑。对于他来说,我们在随后一个星期或者随后一年享受的快乐与在当下享受的快乐完全是一样的"。[11]

我们也许可以说,以高傲的态度拒绝沉溺于当前的偏好、而并不轻视未来的满足,亦即拒绝正的时间偏好率,对于所有的"不偏不倚的旁观者"来说都是轻而易举的事情。可是,这种不偏不倚的旁观者是真正的人吗?或者,他仅仅是一种飘忽不定的幽灵,并不存在于人类的实际环境中,从而他的观念立刻能够被抛弃?

亚当·斯密对于消费的加尔文主义式的轻蔑态度从他把舞蹈斥责为"原始的和野蛮的"也可以看出来。正如我们将要看到的那样,在他的"价值悖论"中,斯密以过分的方式否定钻石的价值,说它"几乎没有什么使用价值"。他还以清教徒式的态度谴责奢侈生活方式,说它在生理上是有害的,会减低上层社会的出生率:"女性的奢侈,虽然它或许激发享乐的热情,却似乎总是减弱、并且常常是完全摧毁一代人的能力"。

不仅如此,斯密还赞成低利润,批评高利润,因为高利润会引致资本家去从事过度的消费。而由于大资本家将为社会中的

其他人树立有影响力的样板,所以对于他们来说保持节俭和勤勉的传统是更为重要的事情。例如:

除了我们已经提到的作为高利润率的必然产物,将会给一个国家总体上带来的所有不良后果以外,还有一个比也许把所有这些不良后果加在一起都更为严重得多的问题,而如果我们根据经验来判断,这个问题又是与那些不良后果不可分离地联系在一起的。高利润率似乎在每一个地方都要把节俭毁掉,而在其他环境下节俭天然地是商人的特性。当利润很高时,节制的美德似乎成为多余的了,进行昂贵的奢侈消费将更适宜他的丰裕状态。

因为较高阶层还具有样板式的影响作用,所以斯密补充道,

如果他的雇主是勤勉的和节俭的,工人很可能也是这样;但是如果师傅们行为放荡而无节制,那些按照其师傅的指令完成他们的工作的帮仆们,也将按照其师傅的生活方式来形成他们自己的生活方式。这样一来,积累就被断送在这些人的手里,而他们本是最适合从事积累的人……国家的资本非但不能增加,反而将逐渐凋零……[12]

不过,即使说斯密赞赏资本投资而反对消费做得有些过分,他至少是清楚地认识到资本投资对于经济发展是重要的,亦即储蓄是这种投资的充分和必要的条件。增加资本的唯一途径只

能是私人储蓄或节俭。例如,斯密写道,"无论谁储蓄货币,正如这个词语本身的含义那样,都会按比例地增加总的资本量……世界只能通过一种方式来增加其资本量,这就是节俭"。储蓄,而不是劳动,成为资本积累的原因,这种储蓄能够迅速地"使追加的勤劳[劳动]量运动起来"。然后,储蓄者除了这样一来增加了资本并且最终给所有的人的消费带来好处以外,他也能够大手大脚地花费;因此,"每一个节俭之人都是公共慈善家"。所有这些论述都隐约显示了杜尔阁的闪耀智慧光芒的、创造性著作的影响,后者特别强调时间、生产结构以及时间偏好。这也许又是对于杜尔阁的一种剽窃。不过,至少它是健全的观点,并且它在古典经济学中留下了不可磨灭的印记。正如熊彼特在讨论他所称之为"杜尔阁—斯密的储蓄和投资理论"时所指出的:"因而,杜尔阁必须被视为最先对于这些事情给予了严肃分析的人,(至少)他像亚当·斯密一样将这些思想灌输给经济学家"。[13]

最后,撇开马克思主义者不说,甚至当今的那些拙劣的斯密主义者也都拒绝或者至少是放弃了其祖师爷的生产劳动与非生产劳动的区分。然而,从其特征上说,斯密对于他的谬误甚至是不清楚的和前后矛盾的。他在《国富论》的第一篇中的论述与第二篇是相矛盾的。在第一篇里,他正确地陈述道"每一个人,不论富裕或者贫穷,都能够根据他的支付能力享有一种必需的、方便的、快乐的人类生活",这是一段几乎直接从坎替隆那里抄下来的话。然而既然这样,在物质实体和非物质的服务之间当然也就没有任何生产力方面的差别了,所有这些东西都会对这种"必需的、方便的、快乐的人类生活"做出贡献。实际上,斯密在第一篇中进行的关于工资的讨论表明,似乎并不存在生产性的工作与非生产性的工作之间的区别。

16.5 价值理论

亚当·斯密的价值学说绝对是一种灾难,它加深了我们在理解斯密过程中面临的神秘性。因为在这种场合,不仅斯密的价值理论从他的老师哈奇森那里、并且实际上是从几个世纪以来所发展的经济思想退化了,而且它也从斯密自己先前的未发表的讲义中的立场退化了。在哈奇森那里以及自晚期经院学派以来的几个世纪中,一种产品的价值和价格首先由它在消费者主观上感觉的效用来决定,其次由被估价的物品的相对稀缺或者丰裕程度决定。任何给定的物品,越丰裕价值越低;越稀缺价值越高。这一思想传统所需要进一步完善的唯一一点,就是在19世纪70年代出现的边际原理,它将焦点集中于物品的给定单位,这种单位既可以是也可以不是在市场上实际选择的单位。不过,理论解释的其他部分已经都完成了。

进一步地说,斯密在他的讲义中已经干净利落地解决了所谓价值悖论,其采用的方法与哈奇森和几个世纪以来的其他经济学家们极其相似。为什么水如此地有用却又如此地便宜,而像钻石这样花哨但不实用的东西却如此的昂贵?斯密在他的讲义中回答道,差别在于它们的相对稀缺性:"仅仅是由于水的大量存在才导致它如此的便宜,以至于被用来喷洒,而正是由于钻石的稀缺……它们才如此地昂贵"。不仅如此,供给条件不同,一种产品的价值与价格也将截然不同。例如,斯密在他的讲义中指出,一个在阿拉伯沙漠中迷路的富商将对水给予极高的估价,从而它的价格将极高。同样,如果钻石的数量能够"通过勤劳……来增加",市场上钻石的价格将会急剧地下降。

可是在《国富论》中,由于某些怪诞的原因,所有这些论述都消失不见了。也就是在他进行讲座的仅仅十多年之后,斯密突然发现他自己不再能够解决价值悖论了。在《国富论》第一篇第5章的一段有名的论述中,斯密严格地将效用与价值和价格隔离开来,使它们成为水火不相容的两类东西:

> 价值一词……有两个不同的含义,有时它表示某种具体物体的效用,有时它又表示该物体在转让所有权时具有的购买其他物品的能力。前者可以叫做"使用价值";后者可以叫做"交换价值"。拥有最大使用价值的东西常常具有很小或零交换价值;相反,那些拥有最大交换价值的东西常常具有很小或零使用价值。没有什么东西比水更有用;但是用它很难买到任何东西;没有什么东西能够让人愿意用来和水交换。相反,钻石没有什么使用价值;但是却经常有数量极多的其他物品等待与它相交换。

他的论述就是这样。就不必提及他通过强调相对稀缺性来解决价值悖论了。实际上,"稀缺"——这个对于经济理论如此基本而又至关重要的概念——在《国富论》中全然没有发挥任何作用。而如果不用稀缺来解决价值悖论,主观效用就完全从消费和消费者需求以及经济学中消失了。效用不再能够用来解释价值和价格,当左翼分子和社会主义者兴高采烈地念叨"为利润的生产"和"为使用的生产"之间的关键区别时,将效用与价值或价格二者分离开来的观念又重新出现在后代人当中,斯密学说的这些后继者们强调他们所称的在"使用价值"与"交换价值"之间存在的鸿沟。[14]

自从经济科学在斯密以后再生,自从所有先前的经济学家都被流行的时髦思想搁在了一边,主观效用的全部传统——稀缺作为价值与价格的决定因素,一个从亚里士多德和中世纪以及西班牙经院学派以来占支配地位的传统,一个在18世纪法国和意大利的著述中仍然延续的传统——这个伟大的传统由于亚当·斯密做出甚至连他自己先前的概念都要加以抛弃这样一种致命的决策,而被倾倒进了奥威尔的记忆漏洞(Orwellian memory hole)。* 尽管萨谬尔·贝利已经接近于把它恢复过来,可是直到奥地利学派和其他边际主义者在19世纪70年代把它独立地重新发现之后,这个伟大的传统才真正地得以复兴。亚当·斯密要对历史的这种停滞负主要的责任。

保罗·道格拉斯(Paul Douglas)在一本纪念亚当·斯密诞辰150周年的著作中曾经令人信服地写道:"斯密帮助把英国古典学派的著作家引入了一种死胡同,就价值理论而言,他们在将近一个世纪的时间里没有走出这个死胡同……"。[15]我们能够

---

* 所谓奥威尔的记忆漏洞是指这样一种隐喻:那些令人不快或难堪的文件、图片等等资料完全彻底地消失掉了,就像它们从来没有发生过一样。——译者注

理解埃米尔·考德教授当他叹惜伟大的 18 世纪的法国和意大利经济学家长久地被人遗忘时内心所具有的痛楚,他写道:

> 然而,对这些著作家来说,他们劳而无功地写作是一个悲剧,他们很快就被遗忘了。没有任何学者看起来想要根据这些思想来建立新的政治经济学。相反,我们的经济科学之父却写道,水拥有很大的效用和很小的价值。利用这几个字,亚当·斯密就把 2000 多年的思想变成了垃圾。本应在 1776 年(而不是在 1870 年)开始的构建一种更正确的有关价值原理的知识的机会,就这样被错过了。[16]

斯密怎么能够犯这么巨大的错误呢?事实上,他从他在讲座中几乎唯一强调对于市场价格的解释的立场转移到了他赋予多重重要性的另外一个概念上:即"自然价格",或者可以称之为"长期正常"价格的东西。这个概念相似于坎替隆的"内在价值"或哈奇森的"基本价值"概念,它出现在斯密的讲义中,不过却像在其他经济学家的著作中一样只占有很小的地位。但是,突然地,"自然价格"以及它的被认定的决定因素现在变成更重要的东西了,它成为比一直作为经济学家主要焦点的现实世界的市场价格更为真正"真实"的东西了。由于亚当·斯密在《国富论》中发生了这种令人遗憾的和灾难性的研究焦点的转移,价值和价格理论便从对现实世界的价格研究,转移到了对一种神秘的、并不存在的从来也没有过的长期"均衡"世界里的价格研究上。

然而,这种所谓的自然价格并不比当前的市场价格更现实,甚至不如市场价格更现实。实际上,它全然不具有现实性。只有市场价格是现实的价格。至多,这种长期价格也只能是为现实世界中的价格和生产的变化方向提供一种关键线索。但是,长期价格从未被实现,也永远不能实现,因为它要随着基本的供给和需求力量的不断变化而不断地转移。长期正常价格的重要性仅仅在于解释这个经济的方向性趋势和基础的建筑结构,以及分析不确定性是如何影响现实世界的收入和经济活动的。古典经济学和新古典经济学这种独有的专注于非现实的"长期"以及无视和妨害对于现实世界的价格和经济活动分析的做法,使经济思想走了一段漫长的、荒谬的甚至是可悲的冤枉路,而且至今仍未得以完全恢复。

亚当·斯密令经济思想蒙受的另一个可怕的损失,是他丢掉了企业家的概念,而这个概念对于坎替隆和杜尔阁的理论贡献来说是极其重要的。企业家从英国古典思想中消失了,直到欧洲大陆的思想家特别是奥地利学派出世为止,始终未能复活。不过问题的要害在于,如果理论的焦点集中于不变的、确定性的长期均衡的世界,就没有企业家存在的空间。

在《国富论》之前,经济学家一直集中于市场价格,毫不费力地认识到它是由供、求力量决定的,因而是由效用和稀缺性决定的。实际上,虽然大卫·休谟并不知道效用的概念,并把劳动说成是价值的源泉,但是在价值理论上他却远比他的亲密朋友亚当·斯密更稳健。休谟在逝世前收到了一本新出版的《国富论》,并且能够对他的朋友写一个重要的批评意见:"我不认为农场的地租可以构成生产价格的任何组成部分,但是价格是由产品数量与需求一起决定的"。简言之,与斯密相比,休谟属于欧洲大陆的传统,并且几乎堪称原初的奥地利主义者。

不过,如果说斯密强调长期的话,那么对于这种作为非现实概念的"自然的"或"长期正常的"价格,他假定它是由什么决定的呢?由于遵循了他的18世纪前辈们的令人遗憾的暗示,斯密得出结论说,这种自然价格将等于并且也由生产成本来决定。这个概念自从中世纪的经院学派以来在经济思想中只是偶尔地占有一种次要的地位。

当然,长期正常价格,或者像我们现在所称呼的那样,"均衡"价格,也并不是毫无意义的。均衡价格是市场价格的长期趋势。正如亚当·斯密实际上看到的那样,如果市场价格高于长期均衡价格,那么就会获得超额收益,资源就会流入这个特定行业,直到市场价格下降到均衡价格水平。反之,如果市场价格低于均衡价格,由此产生的损失将导致资源离开这个行业,直到价格提高到均衡水平。均衡的概念在指出市场将要运动的方向方面是极其有用的。但是,除非市场中的"数据"被魔术般地冻结,也就是说,令价值、资源以及关于市场的技术知识始终保持完全不变的状态,否则均衡将决不会在现实中实现。在这种被冻结的情况下,均衡将会在经过某个时段后实现。但是由于在现实世界中这些数据总是变化的,所以均衡永远无法达到。

"生产成本"被斯密定义为支付给生产要素的总费用,即工资、利润和地租。尤其是,斯密采用后来著名的古典的三位一体模式进行推理:有三类生产要素,劳动、土地与资本。劳动接受工资,土地挣得地租,资本挣得"利润"——实际上是长期的而不是短期的收益率,或也许可以叫做"自然"利率的东西。在均衡时——斯密似乎相信它比实际的市场价格更具有现实性,因而具有更大得多的重要性——工资率等于"平均的"或"自然的"比率;其他两种收入同样等于"自然的"地租和长期平均利润率。

在他的成本分析中,亚当·斯密像较早的著作家一样犯了一个显著的错误——只不过他比那些人更为严重。尽管市场价格是易变的、短暂的,"成本"在某种程度上却是客观地、外生地决定的,即它决定于市场经济活动的范围以外。但是成本又不是内在固有的或给定的;相反,正如奥地利学派后来所指出的那样,它本身是由生产中因使用资源所放弃的价值决定的。这个价值,反过来又是由消费者对于这些产品的主观估价决定的。简言之,并不是成本在某种"基本的"意义上决定价值,而是成本本身在任何情况下和所有的时候都是由消费者对各种物品的主观估价或预期估价决定的。从而,尽管我们也许可以说在长期均衡条件下价格将等于生产成本,却没有理由假定这种成本决定了价格;恰恰相反,是预期的消费者的估价决定了市场上的成本价值将是多少。无论在短期还是长期,成本都严格地依赖于效用,而绝不是相反。

全部生产成本理论的另一个致命问题是,它必然意味着放弃对于那些没有成本的物品或者服务的定价问题的解释。因为它们不是被生产出来的,这些物品简单来说是自生的,或者是在过去生产的、但是却独一无二不能被再生产的,像艺术品、珠宝、考古发现,等等。与此类似,非物质的消费者服务,像娱乐、音乐会、医生、家政服务等等的价格,都难以用一种产品的生产中所包含的成本来说明。在所有这些场合,只有主观需求才能够解释这些价格的决定或者波动。

但是,这种分析还远没有穷尽斯密在讨论经济学的中心概念——价值理论时所犯下的全部错误。因为与这种标准的与工资+地租+利润相均等的生产成本分析相并行的,还有另一个新的、更为荒诞得多的理论被提出。按照这另一种观点,决定均衡价格的相关生产成本简单来说就是包含在产品生产中的劳动量。实际上,正是亚当·斯密,应该对劳动价值理论进入经济学负几乎完全的责任。[17]进而,斯密也许应当对马克思主义的出现和它所带来的重大后果承担责任。

与斯密关于自然价格决定的生产成本理论相并行并且毫无有机联系的,是他的新的辛劳程度(quantity-of-labour-pain)理论。例如:

> 每一种东西的实际价格,每一种东西令想要得到它们的人实际发生的成本,就是在获取它们的过程中所承受的辛劳和麻烦。每一种东西对于已经得到它们的人以及想要利用它们或用它们来交换另外的东西的人来说,其真实的价值就是它使持有者本人可以免除的辛劳与麻烦,以及其他人必需付出的辛劳与麻烦。用货币或者物品所购买到的就是用劳动所购买到的,其数量与用我们自己的体力付出的辛劳所得到的是一样的……它们包含了某一特定劳动量的价值,我们用它来交换被认为是包

含了等量价值的东西。

这样,在市场上物品的等量交换就是指它们"包含了"等量的劳动时间,至少就它们的"真实的"、长期的价格而言是如此。

但是斯密立刻就承认他面临着一个深刻的困难。如果劳动量是所有价值的源泉和计量尺度,那么怎么能够令单纯的劳动时间量来等同于劳动痛苦或辛劳程度的大小?它们肯定不会自动地等同。正如斯密自己所承认的那样,除了劳动时间以外,"所持续的辛苦程度或付出的聪明才智的不同,也必须同样地被考虑进去"。然而,这种均等化却是"不容易的",因为实际上"一小时艰苦的劳动也许比两小时轻松的工作具有更大的劳动量;或者,在一个需要花费十年的劳动来学习的行业里的一小时的劳动,将要比在一个普通和最平常的就业岗位中投入的一个月的劳动,包含更大的劳动量"。

这种极为困难的均等是怎样实现的呢?根据斯密的解释,"通过市场上的讨价还价"将会使它们达到一种"大致的均等"。然而在这里,斯密掉进了循环推理的大陷坑。因为,像他以后的李嘉图和马克思一样,他企图用劳动量来解释价格和价值,进而又诉诸在市场上确定的价值去决定"劳动量"的大小,并按照其艰苦和辛劳程度的不同来进行加权。[18]

斯密竭力通过他的平等主义的假定——它在正统的新古典经济学中仍然存在着——来试图逃脱这种循环论证,即假定所有的劳动者都是等同的,因而工资,至少在自然的长期意义上,将是均等的,或者毋宁说所有的工人的工资都等于同样的辛劳付出量。根据斯密,市场上的竞争将倾向于使工资等于平均的单位牺牲或辛劳。正如道格拉斯指出的,"斯密相信他已经确立了这样的事实,即在负效用意义上的相等的劳动单位在任何时点上都被相等的货币工资量所补偿"。

例如,斯密以一种 18 世纪平等派的方式,认为"那种在最难以相容的特征之间存在的差别,即在哲学家和普通街头搬运工之间存在的差别,看起来与其说来自于天性,倒不如说源于习惯、风俗和教育"。在人民之间并不存在独特的个人和无法规约的差别;按照这种现在重又活跃于 20 世纪的还原论的观点,人类的大脑仅仅是一张白纸,其内容完全取决于外部环境。因此,按照斯密的观点,熟练的劳动比不熟练的劳动挣得更高的收入,仅仅意味着对于在学徒和培训期间所存在的较低收入的补偿;所以,他们的劳动时间和辛劳程度从而工资就终生来看是均等化了的。在一年中只有部分时间涉及频繁劳动投入的职业的工资,要比较少工作日的工作报酬更高——由此,从整年来看收入将是相等的。不仅如此,假设其他条件相同,在令人不快或危险的职业上的工人将要得到更高的工资,以便补偿他们所做出的更大的牺牲,而更有尊严和体面的职业将得到较低的工资,因为他们的牺牲或者不快程度较低。

尽管所有这些区别具有某些意义,并且被吸收进各种工资理论之中,可是它们的创立者却是基于一种先验的假定,即每一个人的头脑都是一张整齐划一的白纸。一旦进入现实的假定,承认人们先天存在的才能上的差别,那么这种按照平等派的方法将工资率与牺牲单位(当然假定它是可以计量的)拉平的理论就彻底失败了。

这样一来,斯密在解释现实世界中为什么更为体面的职业与普通的职业相比,不是挣得更低的收入、而是挣得更高的收入这个现象时,便面临着极大的困难。例如,当讨论高收入的医生或律师时,他不确定地隐含假定它们属于具有极高信任度的岗位,因而必定要对他们的客户承担难以承载的、痛苦的责任,从而需要对此给予补偿。他试图把律师的高收入均等化的另一种努力是做出这样一种靠不住的假定,即在这一职业中的平均收入要比其他职业的更低,因为在这一职业中只有少数顶尖人物能够获得令人眼花缭乱的高额收入的奖赏,而被这种高额奖赏所吸引来的大多数从业者则不能获得如此高的收入。

不仅如此,亚当·斯密还进一步和稀泥,他与劳动成本价值理论相并列,又提出了一个完全不同的"支配劳动"理论。这种支配劳动理论表明,一种物品的价值不是由它所包含的劳动单位的数量决定的(这是劳动价值理论的观点),而是由这个物品所能购买的劳动量决定的。例如:"任何商品对于其持有者的价值……等于它使他能够购买到或支配到的劳动量"。

如果在现实世界中,每一种商品的价格精确地等于它的生产中所"包含的"劳动单位量,那么这两个量——劳动成本和一种物品所支配的劳动——实际上就是同一的。但是如果地租和利润(即利息)被包括在成本之中,那么每一种物品的价格或相对购买力,将不等于劳动成本,从而每种物品的劳动成本和支配劳动将不相同。

按照他那典型的愚钝方式,亚当·斯密并没有认识到在一个存在地租和利润的世界中,这两种劳动理论之间存在着矛盾(因为他实际上好像没有看到在劳动与生产成本价值理论之间存在着差别)。李嘉图后来觉察到这个问题并且对之付出了无效的努力,而马克思试图通过他的以地租和利润形式表现并且不归工人所有的"剩余价值"的理论来解决它,这个理论建立的动因是基于马克思想要协调这样两个矛盾的命题:劳动成本或"劳动量"决定价值的理论,和公认的市场上利润率趋于均等化的趋势。因为,正如我们在本书第二卷第9—13章对于马克思的讨论中将要看到的那样,来自劳动的利润这个"剩余价值"在劳动密集型的行业要比资本密集型的行业更高,而利润将倾向于在所有行业均等化。保罗·道格拉斯正确地、并且以少有的真知灼见指出,马克思在这个问题上简单来说就是一个斯密—李嘉图主义者,他试图要发展其导师的理论:

  马克思由于他的价值理论而遭到了两代正统经济学家的斥责。最宽容的批评称他为愚人,而最尖刻的批评则称他为无赖,因为它们被认为与他的理论明显地相矛盾。令人奇怪至极的是,这些毫不留情的批评总体上却对李嘉图和斯密评价甚高。然而严肃的现实却是,马克思比任何英国经济学家都更清楚地看到了劳动成本理论与支配劳动理论之间的差别,并且比其他任何人都更加热切地去解决这个矛盾,这使他最终不可避免地采用了劳动成本理论。当然,他失败了:但是与他一起,李嘉图和斯密也失败了……这种失败不是一个人的失败,而是一种价值哲学的失败,其在《资本论》第三卷中明确地显示出来的最终矛盾的根源,已经深嵌在《国富论》的第一册中。[19]

通过他反复地陈述的地租和利润是对于劳动创造的产品的一种扣除的观点,亚当·斯密还为后来社会主义的兴起提供了口实。他认为,在原始的世界,"劳动的全部产品归劳动者所有"。但是,一旦"存量"(资本)被积累起来,一些人就将雇佣勤劳的人,以便通过物品的销售赚取利润。斯密表明,资本家("从事积累者")获取利润是作为对风险的回报,并对于在产品出售前为了维持工人生活所投入的资本收取利息——从而资本家挣得利润是因为履行了重要的职能。不过,他补充道,"在这种事务状态下,劳动的全部产品不再总是属于劳动者。在大多数情况下,他必须将产品与雇佣他的资本存量所有者分享"。斯密只是用这段话来述说这个问题,而没有清楚地阐明为什么劳动者可以高兴地向资本家付出他们的劳务,这就为后来的社会主义者要求制度改革以便使工人能够获得他们的"全部产品"大开了方便之门。这个为社会主义者留下的口实,由于下面的事实又进一步地加强了:斯密不像后来的奥地利学派,他没有从逻辑上阐明并且细致地解释勤劳和节俭的人们是怎样通过储蓄来积累资本的。他简单地满足于从一个据说是拥有少数富裕资本家的社会现实开始,而对此后来的社会主义者当然是不能接受的。

斯密甚至对于地主的作用采取较少宽厚的态度,他认为无论他们的作用是什么都不具有经济意义。他用一段辛辣的文字写道,"一旦任何一个国家的土地都变成了私有财产,地主就可能收获他们从未播种的东西,并且甚至对土地的自然产品收取地租"。他又说道:"一旦土地变成私有财产,地主就将对劳动者从土地上生产出来或者收集到的几乎所有产品要求一个份额"。这里并没有向我们提供任何暗示,说地主在把土地配置到最有生产效率的使用用途上面发挥了关键作用。相反,这些话却变成了号召实行土地国有化的社会主义者以及亨利·乔治主义者(Henry Georgists)特别愿意接受的金玉良言。

正如我们在下面将会进一步看到的,斯密的劳动价值理论确实鼓舞了在马克思以前的英国社会主义者,他们一般被称为"李嘉图学派"的社会主义者,但是实际上是"斯密学派"的社会主义者。他们认定,既然劳动生产了全部的产品,而地租和利润不过是对劳动产品的扣除,那么产品的全部价值就应当理所当然地归于它们的创造者,即劳动者。道格拉斯正确地总结道:

> 正是从《国富论》的这些辉格党主义式的论述中,迸发出了英国社会主义者的学说以及卡尔·马克思的理论阐述。社会思想史提供了很多这样的例子,其中一个作者阐述的理论被另一个学者拿来为那些与该理论的发布者曾经信奉的学说相对抗的社会学说做辩护。但是,即使这种预先提供的礼物被让与给了那些人,他们对于亚当·斯密能够成为19世纪社会主义学说的理论奠基人所感到的惊奇程度,也将远远小于如果斯密亲眼见到自己成为这一学说的理论奠基人所可能有的吃惊程度。[20]

现代著作家试图努力挽救亚当·斯密的无可救药的劳动价

值理论,他们断言,在某种意义上,他并不是真正看重他所说的话,而是要寻求发现一种不变的标准,借助于这个标准他将能够计量处在时间过程中的价值与财富。然而,假设这种情况是真实的,斯密简直又在所有其他人的头上追加了另一个谬误。因为价值对于每个人来说都是主观的,没有任何不变的价值标准或计量尺度,任何试图发现这种标准或尺度的努力,轻者说来将会使经济理论研究活动发生扭曲,使它去追求一种不可能实现的幻想。重者说来,经济理论的全部结构都将要渗透荒谬与错误。实际上,罗伯特逊(Robertson)和泰勒(Taylor)教授甚至把所公认的亚当·斯密的失败称之为一种宏大而高贵的失败,他们认为这种失败作为一种基本的理论破产给人们带来的鼓舞,远比倘若亚当·斯密继续发展他的前辈们的主观价值理论传统更大。在一段稀奇古怪的论述中,罗伯特逊和泰勒承认了考德教授对于斯密的一种备感痛苦的批评的正确性,后者指责斯密把经济理论引入了一个长达一个世纪之久的死胡同。可是,他们却仍然因为斯密的货真价实的失败而赞扬他:

如果说对于亚当·斯密从"稀缺和效用"转到一种劳动价值理论的原因,在这里已经给出了一种真正的解释的话,那么,通过在实现一种不可能的、但却是根本性的任务的过程中出现重大失败,而不是像他可能做到的那样,即满足于对主观价值理论增加第七级阶梯,甚或是对于主观价值理论这个快要散架的梯子(就像考德博士所形容的它在1776年的样子)采取一些现实的加固措施,他难道不是在实际上对经济学的进步做了更有意义的事情吗?[21]

难道反对认为在推进一种科学学科的过程中真理总是战胜基本的错误这样一种观点,就是毫无希望的平庸吗?

亚当·斯密之所以抛弃几个世纪以来的健康的经济分析,以及放弃效用和稀缺并转向错误和有害的劳动价值理论,是有其更为基本和更令人信服的理由的。这与斯密沉溺于生产劳动与非生产劳动对比的荒谬学说的原因是一样的。它就是由埃米尔·考德所着重解释过的,同时由保罗·道格拉斯特别强调过的:亚当·斯密的严酷的加尔文主义立场。正是加尔文主义蔑视人的消费和享乐,强调劳动完全应该就其本身被赋予重要意义。正是这个严酷的加尔文主义者,耸人听闻地宣称钻石"几乎没有任何使用价值"。也许还是因为这种严酷的加尔文主义的立场,使他蔑视——用罗伯特逊和泰勒的话说——真实世界中的"依赖于货币的无常特性和市场时尚的市场价值",而将他的注意力转向长期价格,在长期状态下,这些低俗的东西不再起任何作用,而关于辛劳付出的严酷而永恒的真理似乎发挥着决定性的经济作用。可以肯定,亚当·斯密的这种观点与那种以堂吉诃德式的罗曼蒂克方式做着寻找一种不变的价值尺度的不可能的梦想相比,当然要现实得多。虽然斯密的最著名的后继者大卫·李嘉图并不是一个加尔文主义者,可是他当时的知名弟子杜格尔·斯图尔特(Dugald Stewart)却是一位苏格兰的长老会成员,而著名的李嘉图学派的成员——约翰·R.麦克库洛赫和詹姆斯·穆勒——二人都是苏格兰人,并且在杜格尔·斯图尔特所在的爱丁堡大学接受的教育。这种加尔文主义的情结持续地支配着不列颠——从而古典的——经济学。

16.6　分配理论

亚当·斯密的分配理论像他的价值理论一样地糟糕。虽然他意识到了资本家所发挥的作用,可是他在解释长期利润率的过程中唯一敢作的断言却是认为"资本存量"越大,利润率越低。他是从他的完全可靠的观察中得出这个令人高度怀疑的结论的,因为他观察到,资本家倾向于离开低利润的行业而进入高利润的行业,他们的竞争将倾向于使整个经济的利润率均等化。但是,导致在一种特定行业中销售价格降低和成本提高的更大量的生产,很难说与导致整个经济中利润率下降的更多的资本,是由同样的原因引起的。实际上,利息率,或者说长期利润率,并非与积累的资本量相联系,而是和每年的储蓄量联系在一起的,并且利润率的下降也不是由储蓄的增加引起的。恰恰相反,正如奥地利学派所指出的那样,这二者都是社会中较低的时间偏好率的结果。对于一个高度资本化的经济来说,完全可能会出现时间偏好率不断提高的情况,而它反过来将导致利息率的提高。

斯密正确地认识到资本的增加意味着对劳动需求的增加,因而意味着更高的工资,从而一个进步的社会必然意味着一种工资率的长期提高。然而令人遗憾的是,斯密认为利润率始终反比例于资本总量的机械式观点,使他相信工资和利润总是彼此成反方向变化——这预示了那种被李嘉图在很大程度上加以夸大的所谓内在固有的阶级斗争。

不仅如此,如果劳动供给的增加吸收了需求的增加的话,工资率随后将要下降的。在这里,亚当·斯密提供了马尔萨斯的鱼钩,因为正如我们下面将要看到的,那位马尔萨斯牧师是一个忠诚的亚当·斯密的追随者。实际上,斯密在这里正在拾起一个18世纪流行的命题:一种物种的数量倾向于压低它的生活资料水平。正如斯密所表述的那样:"每一类动物都会自然地繁殖到与其生活资料成比例的水平"。因而斯密看到了当资本增加、工资提高以及工资提高导致人口增长时,那种经济发展的长期趋势:

对劳动报酬的优厚,由于能够使他们更好地养育其子女,并且增加孩子的数量,自然要倾向于拓宽和扩展这些[生活资料]的限制……如果这种[对劳动]的需求持续地增加,劳动的报酬必然要以这样一种方式鼓励结婚和劳动力的倍增,以至于使他们能够通过持续不断的人口增加来满足不断增长的劳动需求。

通过这种方式,工资便倾向于确定在使现存的人口处于最低生活水平的位置上。一种低于生存水平的工资,将会强制地迫使人口减少从而劳动供给的减少,使工资回升到生存费用的工资率;如果工资提高到生存水平以上,工人的"过度倍增"将"很快地使它降低到必需生活资料的水平"。

这种"马尔萨斯"的分析方法有很多问题,其中之一是,它假定人类不能够自觉地限制人口增长以便保持一种新近取得的生活水平。[22]

斯密除了坚持认为长期工资率将维持在生存资料水平上这种错误的马尔萨斯式的观点以外,他还在经济学中引入了一种可悲的谬误,即:至少在短期,工资是由雇主与工人的相对"谈判力量"决定的。由这一立场可以轻易地引申出雇主比工人拥有更强大的谈判力量的观点,从而就为后世的倡导工会运动的宣传家提供了理论舞台,他们错误地宣称工会能够提高整个经济的总体工资水平。

在他有关地租的观点中,斯密以他惯有的特点同时持有几种互不协调的理论。一方面,正如我们已经看到的那样,地租源于"未曾播种但却有收获"的地主的要求。为什么他们能够收取这样一种地租?因为,既然土地已经变成私有财产,劳动者就"必须"对于耕种土地的"许可权支付货币",并且"必须向地主支付他的劳动所收集的或者生产的产品的一部分"。斯密得出结论说,"因而,土地的租金……天然地是一种垄断价格",因为他把土地的私有产权视为与垄断化完全一样的范畴。毫无疑问,社会主义者和亨利·乔治的追随者要求实行土地国有化的主张是从这里受到基本的精神启迪的。斯密也敏感地指出,地租将随着土地的肥沃程度和地理位置的不同而不相同。进一步地说,正如我们已经指出的那样,他又把地租归因于"自然的力量",它使得农业与其他行业相比会挣得一种超额的收益。

斯密在地租究竟是否应该包括在成本之中的问题上,也表现得不一致。在诸多场合,他把地租包括进成本,从而使地租成为所断言的长期价格的一个决定因素。可是另一方面,他又声称地租的或高或低乃是产品价格或高或低变动的结果,并且由于土地的供给是固定的,对地租征税所产生的完全负担都将落在土地上,而无法被转移。如果我们将所有的成本都视为由预期的未来销售价格决定的,并且将单个成本视为为了实现另外的某种预期收入而放弃的机会,那么所有这些不一致就都可以得到澄清了。更明确地说,虽然成本并不直接决定价格,它们确实限制了供给,而在这种意义上,每一种支出,不论是支付在地租上还是其他方面,都明确地构成成本的一部分。

但是正如我们已经看到的,斯密理论当中的诸多缺陷中最为严重的一个,就是他完全抛弃了坎替隆和杜尔阁关于企业家的卓越分析。好像这些伟大的18世纪的法国人从没有著书立说似的。斯密的分析唯一地依赖于那个进行"存量资本"投资的资本家以及他的管理和监督劳动;关于作为风险承担者和预测者的企业家的真正概念被抛至九霄云外,从而,古典经济学又再一次地被推上了另一条漫长的绝望之路。当然,如果人们始终将目光盯在那种永远也无法实现的长期均衡状态,在那里所有的利润都是较低的、相等的,并且也没有亏损,那么谈论企业家确实将毫无任何意义。

这种删除的政治含义也没有被19世纪的社会主义者所忽略。因为,如果在一个市场经济中企业家的利润不起任何作用,那么任何现存的利润(它们要比长期均衡状态下存在的低的、一致的利润率高得多)就必定是"剥削的"。

富有洞察力的苏格兰经济学史学者亚利山大·格雷(Alexander Gray)关于斯密的工资理论写道:他提供了几种"彼此并

不完全一致的理论,[它们]以某种不协调的方式并存着"。格雷进而诡秘地补充道,"所有的思想学派都可以从斯密那里追索到他们的起源与精神启迪",这正是"对于他的伟大地位的尊崇"。关于这种幼稚的混淆的其他话语,例如格雷所巧妙地称谓的"大混沌",就更容易想到了。

16.7 货币理论

我们已经看到,休谟关于国际货币关系中的价格—硬币—流动机制的著名阐述虽然是引人入胜的,但其本身相对于理查德·坎替隆的开创性的、高度成熟的分析来说,却是一种严重的退化。不过,有总比没有要好。然而,正如雅各布·瓦伊纳所指出的,"经济思想史上诸多神秘的事情之一"是,作为休谟的多年好友,亚当·斯密在他的《国富论》里居然对休谟的分析只字未提。[23]相反,斯密却提出了原始的、错误的观点,即每一个国家将拥有它认为维持贸易运转所需要的硬币数量,而溢出"流通渠道"的剩余货币"……将去寻找在国内所不能够找到的盈利用途"。至于有关货币数量、价格水平与贸易差额之间的因果联系的问题,丝毫也没有提及。当我们认识到《国富论》甚至相对于十多年前斯密自己的讲座也发生了一种严重的倒退后,这种神秘性又进一步地加深了。因为在这些斯密生前没有发表的讲座讲义中,我们发现了一个关于休谟的分析的清晰的陈述和总结。

例如,在他的讲义中,斯密写道,休谟证明

在任何国家中,当每一种货币积累到超过了与商品的比例时,物品的价格就必然会提高;那么这个国家的产品价格就会高于国际市场上的价格,因此货币必须要流进其他国家;但是在相反的情况下,无论什么时候货币的数量低于物品的比例,物品的价格就将下降,这个国家产品的价格就会低于国家市场上的价格,从而货币就会大量地返回。由此,在每一个国家,货币和物品将保持一种近乎确定的水平。[24]

甚至斯密的现代崇拜者,也对他的货币理论和国际货币关系理论中的混乱的、松散的以及令人绝望的不充分,感到失望。[25]彼得雷利(Petrella)教授竭力想把斯密后来拒绝休谟的硬币—价格—流动机制说,解释成对于休谟的做法的一种反对:因为休谟的机制为重商主义关于货币数量增加将会带来所谓就业上的好处这种论断提供了口实,而对于这种就业上的好处斯密是急于要否定的。为了支持自己的解释,彼得雷利引证了斯密讲义中紧接着上面所引的那段话以后的对休谟进行批评的一句话:"休谟先生的推理极其巧妙。然而,他似乎陷入到这样一种见解,即公共的富裕体现在货币上……"。然而,彼得雷利在这里试图要证明的未免太过分了,我们要问:为什么斯密不能简单地继续采纳硬币—价格—流动机制,然后再重复或者阐明他对于休谟观点的批评,并说明后者的不一致呢?[26]

看来很清楚,情况正好相反,如果我们认识到在他的经济分析中的这个具体的退化并不是唯一的,那么斯密放弃价格—硬币—流动机制说的神秘性也就解开了。实际上,我们已经提到了,他的价值理论就发生了从讲义的时代到《国富论》的致命的大倒退。看起来可以这样说,在每一种场合所发生的退化的原因都是相同的:即斯密将分析的重心从市场价格的现实世界转移到长期的、"自然的"均衡的唯一视角。从市场过程的现实世界转向集中考察均衡状态,使斯密没有耐心去对待过程分析,而过程分析正是硬币—流动分析方法的标志与核心价值。与此正相反,斯密所考察的只是一个纯硬货币的世界,并且假定所有的国家总是处于均衡状态。不仅如此,任何对于世界范围的货币均衡的偏离都将迅速地被消除,所剩下的就是处于一种绝对永久均衡状态的世界。[27]

事实上,斯密集中于长期导致他将他的一般劳动成本价值理论应用到货币价值问题上。货币的价值,即金属商品黄金和白银的价值,就变成生产它们所包含的劳动成本了。运用这种方式,斯密企图将货币价值与其他物品的价值都统一整合进一种劳动成本理论。例如,斯密在《国富论》中写道:

> 然而,黄金和白银像每一种其他商品一样,价值也在变化,有时便宜,有时昂贵……任何既定量黄金和白银所能购买或支配的劳动量,或者说它们将能交换的其他物品的数量,总是依赖于金矿和银矿的富裕与贫瘠程度……16世纪美洲丰裕的金矿的发现,导致欧洲黄金与白银的价值降到了它原来价值的大约三分之一。因为这时将这些贵金属从矿场提炼并运到市场上需要更少的劳动,所以当它们被带到市场以后,它们所能购买或者说支配的劳动也较少……

甚至那些赞扬亚当·斯密实际采纳了休谟的价格—硬币—流动机制说的少数经济学家也不得不承认,当他考虑一种包括银行券或纸币的混合货币体系时实际上还是放弃了这种方法。[28]确实,即使斯密偶尔地坚持硬币数量对价格水平产生影响的数量理论,他这时也完全把它抛开了,此时他断言可兑换的银行券在价值上总是等于金的价值,从而它们的数量将总是保持不变。银行券超过硬币总量以上的任何增加都将"溢出""流通渠道",因而将要以随后被称为"回流"的形式返回到银行,以交换马上将流出该国的硬币。所以,斯密明确地否认银行券的增加能够提高商品的价格。可是,为什么斯密在这里完全放弃了数量理论,而换之以这样的胡说呢?可能的解释是,因为斯密需要把所有的价值理论都统一整合到生产的劳动成本的基础之上。如果他要承认纸币数量的增加能够影响价值,哪怕只是暂时的影响,那么斯密就将不得不承认在他的劳动—成本理论中存在着一个巨大的漏洞。因为在印刷纸币中所包含的"劳动成本"显然与该货币的交换价值没有任何关系。所以,纸币,包括银行券,必须紧紧地与硬币价值融合在一起。

亚当·斯密是在18世纪的英国进行著述的,在那里所有他的前辈们都谴责部分准备金银行业这种新的制度安排,把它说成是通货膨胀的和非法的。他的朋友大卫·休谟曾号召(1752年)彻底拒绝这种制度,捍卫百分之百硬币准备的银行业。其他的重要著作家也持有相同的立场,他们当中包括雅各布·范德林特(卒于1740年)在《货币万能》(1734年)中的论述,和约瑟夫·哈里斯(Joseph Harris, 1702—1764年,皇家铸币厂的师傅)在他的《论货币与铸币》(*An Essay Upon Money and Coins*)(1757—1758年)中的论述。哈里斯论述道,只要银行"不发行没有真实财富做基础的票据",它就是"便利的",但是如果它们的信贷增加超过了这一限度,就变成膨胀性的了,最终将威胁到银行自身的信用。

如果斯密沿着他的前辈的脚印继续走下去,他的占统治地位的权威和威望也许能够带来一种对部分准备金银行业体系的根本性改革。然而,不幸的是,斯密出于他将所有的货币理论都融入一种长期的生产劳动成本方法的需要,竟然在他对于纸币的讨论中放弃了数量理论和硬币—价格—流动机制。由此,他通过欣然接受部分准备金信贷的制度安排,把经济理论再一次地置于一种错误的、致命的道路上。由于不再认为这样的信贷将是膨胀性的,斯密进一步预示了一种直到今天仍然存在着的对于纸币的主要辩护论点:金和银仅仅是"死存量"(dead stock),不能完成任何事情。银行通过用它们的纸票据替代硬币,"使国家能够把这些大量的死存量转变成活的、具有生产性的存量……"。

实际上,斯密是如此狂热地鼓吹纸货币,以至于他把它的成就喻为某种空中高速公路:

在任何国家中流通的黄金和白银货币可以极其恰当地与一条高速公路相比较。高速公路当它满足所有牧草和谷物的流通并将它们承载到市场上时,它本身并不生产一摞牧草和谷物。银行业的明智而审慎的操作,通过提供……某种空中的货车道,将使国家能够把它的大部分高速路转换成优良草场和农田,进而极大地增加它的土地和劳动的年产品。

亚当·斯密未能认识到,黄金和白银的存量远不是"死的";恰恰相反,它履行着作为一种货币商品的关键职能,此外,它还为社会中的每一个成员提供了防止由纸币(不论是由政府还是由银行发行的)引发的通货膨胀的风险。简言之,黄金存量履行了一种被斯密完全忽视的"价值储藏"的职能。斯密将硬币贬斥为"死存量",也源自于他关于货币不是一种作为交换媒介的商品,而是一种购买权、购买力的信号与"购买凭证"这样一种信念。法国经济学家查尔斯·李斯特(Charles Rist)极其公正地批评了这种死存量的说法以及它对后世人们的影响:

> 这个观念被人们以超乎寻常的欣然态度所接受,并受到高度赞许……它支配着19世纪英国著作家们的思想。那种认为使用金属货币是一种倒退的和成本高昂的体系、从而将要被所有可能的措施来取代的观念,在英国关于通货和银行业的思想中形成了牢固的基础。支票与银行券在长期中的使用完全是从这一视角来对待的。这两个工具仅仅被看作是节省货币的手段;这个观念被作为国家通货政策的指导原则,由此带来了最具灾难性的后果。[29]

16.8 自由放任的神话

那么,如果说亚当·斯密没有为经济思想贡献任何有价值的东西;如果说在事实上他引入了包括劳动价值理论在内的诸多的谬误,从而引起了经济思想从18世纪法国和英国经济学家向后的重大倒退;他是否也做出过任何对于经济学的积极的贡献?一个共同的回答是,《国富论》的重要意义是政治上的,而不是分析上的:即他的巨大成就是发起并实际领导了倡导自由贸易、自由市场以及自由放任的运动。确实,斯密清楚地表达了他那个时代人民的政治—经济情绪。正如约瑟夫·熊彼特所写道的:"那些赞美亚当·斯密的著作是一种划时代的创作和原创性的成就的人,当然主要是考虑他所倡导的政策……"。熊彼特补充说道,"斯密的观点并不是不受欢迎的。它们是很时髦的"。此外,熊彼特还敏锐地评论道,斯密以他那18世纪的平等派的立场,极像是一个"经过明智地淡化处理过的"卢梭主义者:"人类的存在在他看来天然地极其相似,他们都以同样简单的方式对极简单的刺激做出反应,差别主要是由于不同的培训和不同的环境造成的"。[30]

但是,虽然熊彼特对斯密具有的广泛声望的解释[31]——他是和着时代的节拍辛勤工作的人——具有部分的道理,它仍然未能说明斯密是用什么方法将所有先前的和同时代的经济学家的总体知识扫除并毁灭掉的。对于这一困惑我们在下一章将要进一步考察。因为当我们认识到他那自由放任的思想基本上不是原创的时候——正如我们已经看到的那样,他仅仅是坚持了一种在18世纪的苏格兰、特别是在法国时兴的传统而已——那么我们对于斯密的总体胜利所具有的神秘性就会进一步加深。为什么这些先前的经济学家——他们在分析上远远地胜过斯密,并且也坚持自由放任的框架——却如此轻易地被遗忘了?[32]

斯密最伟大的成就通常被认为是确切地阐明了,自由市场如何引导它的参与者在追求他们自己的利益的过程中实现消费者的利益。正如斯密在他那也许是最著名的一段话里所写道的:一个人

如果能够以有利于他人的方式来刺激他们的利己心,告诉他们满足他要求他们所做的事是对他们自己有利的,那么他要达到目的就容易得多了……我们餐桌上的食品,不是得自屠户、酿酒师或面包师的恩惠,而是出自他们对自我利益的考虑。我们不着眼于他们的仁爱心,而是关注他们的利己心。我们不对他们说我们自己有需要,而是谈论对他们的好处。

在另一段同样著名的话中,则给出了关于这个问题的一般原理:

所以,由于每一个人都努力把他的资本尽可能用来支持……产业,并努力指导那种产业,使其产出能达到最大值;每一个人就必然竭力使社会的年收入尽可能地增大。确实,他通常既不打算增进公共利益,也不知道他对于它究竟增进了多少……通过以使其产出尽可能达到最大值这样一种方式来指导那种产业,他只盘算他自己的利得。在这里,像在其他许多场合一样,他受着一只看不见的手的引导,去实现一种并非他本意要达到的目标。

斯密继续明智地告诫人们不要采取那种刻意地直接去促进"公共利益"的做法：

即使并非出于他的本意，也并不一定对社会更糟。通过追求他自己的利益，他往往能够比在真正打算去促进社会利益的情况下更有效地实现这种结果。我从来没有听说过那些假装为了公众幸福而从事贸易的人做过多少好事。

对自由放任富有敌意的批评主要纠缠于斯密使用的"看不见的手"这个术语，批评者谴责他明显地以一种神秘的并且因而也是极端反科学的先验的假定——上天"用一只看不见的手"控制人民去追求各自的利益——来开始他的分析。实际上，斯密是简单地从他的科学的分析中，从关于自由市场的一般分析中，得出一个后验的结论的，即在市场上追求自利的行为将导致所有人利益的改善。政府类似的追逐利益的行为则绝不会导致同样的和谐与幸福结果，斯密已经注意到了政府创造垄断以及对特定利益集团让与特权所带来的恶果。作为一个宗教人士，斯密简单地表达了他对于自由市场的和谐化的后果的相当合理的惊奇，他的"凭借一只看不见的手"的作用就是一种隐喻，它在他使用这一词语之前包含了一种"仿佛"的意思。

然而，尽管这些论述具有毫无疑问的重要性，亚当·斯密对自由放任的倡导也很难被认为是前后一致的。首先，斯密从他在他的伦理学著作《道德情操论》（1757年）中所坚持的关于专制主义和自然法的立场后退了。在这本书中,单个人的自由互动创造了一种和谐的自然秩序,而政府的干预只能毁坏和扭曲这种秩序。可是另一方面,在《国富论》中,自由放任变成了仅仅是一种有限制的假定,而不再是一个严格的规则,自然秩序变成不完全的了,并且只是"在大多数场合"得到遵守。实际上,正是针对这种关于自由放任思想的退化的情况,德国学者才给它贴上了"斯密问题"的标签。

实际上,斯密对自由放任开出的例外情况的清单是惊人的长。例如,他对于民族国家军事主义的效忠,导致他为那种也许可以用"国防"的名义来为所有的政府干预进行辩护的恶劣的现代观点,开创了先河。正是基于这一思想,斯密支持作为英国重商主义堡垒的航海条例,以及对英国船队的系统补贴。斯密实际上还对于劳动分工有一个保留,即它将导致"士气"(martial spirit)的衰落,并且斯密进一步详细地论述了在现代社会中所发生的士气的衰落,以及恢复和维持它的重要性。"每一个社会的安全必定总是或多或少地依靠大多数人民的士气。"而由于渴望政府来培养这样一种士气,又导致斯密对于自由放任原理发生了另一个更为严重的偏离:他号召政府经办和管理教育。斯密认为,由政府兴办教育以便教导人民服从它,也是十分重要的——这很难说成是一种自由主义的或自由放任的学说。斯密写道:

而且,有教养和有知识的国民总是比无知和愚蠢的国民更正派和守纪律。他们每个人都感觉到自己更受尊敬,更容易得到他们的法定的上级的尊重,而他们也更乐于尊敬这些上级。他们……不容易被误导去对政府的措施进行任何恶意的、毫无必要的反对。

除了航海条例和公共教育,亚当·斯密还倡导政府以下列形式对经济实行干预:

• 管制银行券,包括在允许部分准备金制度的银行业务以后,禁止小面额银行券的发行。
• 举办公共工程,包括高速公路、桥梁和港口,理由是私人企业将没有以适当方式从事这些活动的"动机"(!?)。
• 政府铸造货币。
• 建立邮政局,其理由简单地在于:它是有利可图的!——这一点真是让现代的读者有点哭笑不得。
• 强制建设防火隔墙。
• 对抵押贷款实行强制登记。
• 对"谷物"(小麦)出口实行某些限制。
• 禁止对雇员支付实物工资的做法,强迫所有的支付都必须是货币工资。

亚当·斯密所倡导的税收名目也是特别的多,每一种都是对于自由市场的干预。首先,斯密通过敦促政府对未耕作的土地实施更高的税收,为亨利·乔治所提出的"单一税"主张铺平了道路,这也显示了他对于地主的敌视态度。他还赞成对外国制造品的进口课征一种适度的税率,对原羊毛的出口征税——这就极大地削弱了他所宣称的忠于国际贸易自由的立场。

亚当·斯密对于奢侈品所持有的加尔文主义式的厌恶,在他主张对奢侈品消费课以重税的建议中也可以反映出来。例如,他要求在高速公路对奢侈品的运输要征收比普通货运更高的费用,特别是要对"富人的懒惰与虚荣"征税。他对于酒精饮料的清教徒式的敌视也反映在他要求对酿酒厂课以重税上,以便抑制烈性酒的消费,引导人们去饮用"有益于健康和保持充沛精力的啤酒和麦芽酒"。不过,虽然他赞成麦芽酒,也仅仅限于最低程度,因为斯密也主张对所有含酒精的饮料的零售都要征税,以便控制小酒馆的过多发展。

最后,亚当·斯密还呼吁旨在对富人敲竹杠的累进所得税政策。

也许斯密对于自由放任的最恶名昭彰的背叛表现在他强烈地拥护严厉的反高利贷法,这与坎替隆和杜尔阁反对此一法律的立场形成了尖锐的反差。实际上,斯密并不想坚持中世纪那种禁止所有信贷的做法。相反,他大力主张实行一种稍微高于对初始借款者收取的利率的5%的利息率上限:这是"由能够以最保险可靠的方式使用货币的人对货币的使用所通常支付的价格"。他的推理遵循着他的偏好,正如我们已经提到的那样,因为他反对在消费和储蓄之间由自由市场决定的时间偏好。受到加尔文主义对奢侈品消费的敌视态度的驱使,斯密竭力使经济转向有利于更多的"生产劳动"的资本投资,和更少的消费。通过强制地使利率低于自由市场的利率水平,斯密希望使信贷都能到达那些朴素的初始借款人手里,而远离那些投机者和"铺张浪费的"消费者。正如韦斯特教授所承认的那样,亚当·斯密谴责"铺张浪费之人和投机分子"对贷款的需求,因为"铺张浪费之人将运用这种贷款来维持其懒惰状态,而贷款的目的本是要对勤劳提供支持的"。按照这种方式,正如韦斯特所指出的,对利率实行上限规定"将重新把信贷配置到最有生产力的人手里"。

然而,韦斯特这个自由市场的支持者(他一般来说也是斯密的毫无保留的崇拜者),也坚持认为斯密在这个问题上出现了令人迷惑的不一致,即他未能理解价格控制将会产生更大的信贷短缺。在这里,韦斯特附和了作为斯密学说信奉者的杰里米·边沁在其精彩的论文《为高利贷辩护》(*The Defense of Usury*)中,对于其信奉的大师在对于自由市场的一贯坚持中所表现出来的不一致的谴责。但是,正如加里森教授在他对韦斯特的评论中所指出的那样,斯密清楚地知道他自己在做什么。通过大力敦促政府来重新将信贷配置到"最有生产力的人的手里",亚当·斯密就是要努力造成对消费者和投机者的信贷短缺,从而使信贷流入朴素的、低风险的企业家手中。正如加里森指出的那样,

斯密并不是想要通过他的信贷控制来减低借款成本。他竭力想要削减对于某些种类贷款的借款量。他的反对高利贷的计划是完全与此相符合的。斯密曾说过,货币要以百分之三的利率贷给政府,以百分之四、或百分之四点五的利率贷给稳健的企

业家。只有"挥霍无度之人和投机分子"——他们是最有可能"浪费和毁灭"资本的人——才能愿意以百分之八或百分之十的利率来借款。因此,斯密才推荐一个百分之五的利率上限。这个政策并不是要使挥霍无度之人和投机分子能够更便宜地得到资金,相反,完全是为了防止他们得到任何资金。进而,这些资金将被转到那些更具有未来长远眼光的人们之手。

简言之,斯密完全明白一个低利率上限将不会由于使信贷便宜而给边际的借款人带来任何好处。他知道高利贷法将会完全榨干对于边际借款人的信贷,而他所追求的就是这种结果。因为斯密绝对信奉零的时间偏好率是理想的这样一种观念——他的神秘的"不偏不倚的旁观者"就是无时间偏好率的人。加里森得出结论道,"至于斯密的零时间偏好率标准与他显然知道的极高的正时间偏好率的结合,是如何导致他提出了那种特别令韦斯特感到吃惊的政策建议的,我们并不难看出来。他追求的是一种资源从现在转向未来的再配置……"[33]

不过,也许最重要的一件事情是,我们如何能够把斯密作为自由贸易和自由放任运动鼓吹者的作用,与他在其人生中12年的时间里担任苏格兰海关的专员这一事实联系起来?他在这一任上打击违反英国十足的重商主义法律和规避进口税的走私行为。是他仅仅把这份工作当做一种报酬优厚的差事吗?否:因为最近的研究表明,他作为重商主义法律和关税的最高执行官,所起的作用是积极的和严格认真的。或者是他为生活窘迫所促使?这也不能成立,因为凭他的巨大声望,他也许能够在一个高级学术职位上得到同样的高收入。[34]那么,他是否感受到良心的不安？显然也没有,因为他不仅对他的工作倾注着热情,而且还特别细致和严格地努力把各种困难的限制措施和关税实施到极致的程度。

埃德温·韦斯特这位铁杆的斯密的崇拜者,总是把斯密说成是一位自由放任的忠诚战士,他猜测斯密进入这个高级的海关公署,不过是要以一个实践的自由贸易者的身份努力消除或者减轻苏格兰经济的关税负担而已。但是正如安德森等人所回应的那样,"如果斯密真的关心由关税降低所带来的经济成本的下降,那么在他力所能及的范围内最有效的办法将是弱化各种措施的执行力度。但是斯密实际所做的并不是这样"。[35]斯密似乎并没有认识到地下经济或者说大不列颠的走私贸易所具有的任何社会与经济价值。与此相反,他竭尽全力地实施重商主义的法律,从而尽可能地增加它们对于经济的负担。他也没有利用他的高级职位去推动旨在促进自由贸易的改革。相反,他作为海关专员所提出的一项重大"改革"建议却是对所有的进口实行强制性的自动仓储,这将使海关官员的检察和履行其他手续变得更加方便,同时使走私变得更加困难,最终以国际贸易和国家经济受损为代价。正如安德森等人所指出的那样,"斯密正在建议一种改革,它可能由于关税的增加将为经济带来更高的成本"。最后,斯密作为海关专员的信函,也没有显示出他有任何削减关税和其他限制的具体愿望。相反,他的占支配地位的精神情感似乎是,为能够有效地遏制走私活动并因而增加政府的财政收入而感到自豪。在1785年12月,他在给海关公

署里的一位同事的信中写道:

> 如果这位绅士被告知,苏格兰海关的净收入至少比7、8年以前提高了四倍,他也许会感到十分高兴的。在过去的4、5年中收入急剧地增长;今年的收入至少要比以往收入最高的年份超出一半。我自己认为可能还要增加得更多一些。[36]

很好,快乐的日子! 这难道是出自一位所谓的自由放任的拥护者之手吗?

16.9 论税收

在若干个世纪当中,经济学家对于税收的主题显示了很小的兴趣,或贡献甚少。除了描述税收的形式,他们一般是从国家作为慈善的(或者不那么慈善的)君主总是追求财政收入最大化同时又尽量不给经济带来伤害的角度,来研究这一主题的。尽管在不同的学派之间存在着各种差别,但是其总的主旨却是相同的。例如,德国的重商主义学派(参见第17章)直白地宣称只对使国家财政收入最大化感兴趣,就像法国的专制主义者一样;更自由的经济学家则告诫政府,不能使税率高于通常的水平。

这些更自由的经济学家竭力去严格区分,政府应该干什么和不应该干什么。通过排除各种类型的政府干预,他们的主旨是要在给定其他条件下,尽可能地减少政府的税收与支出。但是,他们能够提供给我们的仅此而已。例如,就像在斯密这里的情况,如果政府被假定要承担公共工程,那么它应该提供多少,并且花费多少?在这里,无论是对于总支出,还是对于总税收水平,都几乎没有所偏好的标准。

关于税收的分配的讨论则更多一些。即假定根据某种任意的、外在的规定,税收总水平被确定为一个固定的量,以 T 表示,那么大量的讨论集中于 T 如何来分派的问题。简言之,有关税收的两个主要问题是:应当征收多少税,以及谁应当付税?对于后一个问题人们贡献了更多的思想。

但是,没有一种思想是令人满意的。不仅如此,基本的视角似乎都遵循着一种拦路抢劫者或者说奴隶主的逻辑,关注如何能够凭借他的权力实行最大限度的榨取,而同时又使被榨取者的抱怨尽可能地降低。在 18 世纪法国的讨论中,有两个被推崇的税收建议:比例的所得税或财产税,或者如在沃邦元帅以及后来的重农学派那里提出的对土地的单一税,即对一种固定的和可见的、看起来是固定不变的从而容易为国家所征收的收入来源征税。

像他的著作中的其他部分一样,亚当·斯密在《国富论》中对于税收的讨论,在随后也为经济思想确立了经典的研究中心。并且,像他的著作中的其他部分一样,它也是平庸与谬误的大混淆。[37]例如,斯密提出了税收中的四个"明显的公正与效益""原则",它们后来逐渐闻名遐迩。在这四个原则中,有三个是平庸乏味的:税收的支付必须尽可能地方便支付者;征收成本应该保持最小,因为国家甚至从这些纳税人的付出中也没有得到任何好处;税收应当具有确定性,而不能具有随意性。[38]

具有实质内容的原则是斯密所列名目表中的第一项：即税收要与收入成比例。例如：

> 每一个国家的臣民都应当尽可能地根据他们各自的能力为支持国家做贡献；也就是说，按照他们在国家的保护下各自所享有的收入的比例来为国家做贡献。一个庞大国家的政府对于其国内每个人支出的费用，就像一个大型庄园支出的费用一样，他们都有义务按照各自获得的利益成比例地为总财产做供奉。

首先，这段话令人失望地被人们所误解和混淆，好像它说的与税收中关于公正或正当的两个完全不同的标准，即"支付能力"原则和"获益"原则，是一回事。斯密坚持认为人民的赋税能力是与收入成比例的，而他们从国家获得的好处也是以同样方式成比例的。可是，他对于这两个令人怀疑的命题并没有提供任何有效的论证。

关于能力，决不能毫不含糊地说，人民的支付能力——无论它如何被定义——就是比例于收入的。例如，一个人的相对财富（它与其收入不同）、他的医疗或其他方面的支出等等，会产生什么影响？有一点是完全可以肯定的，亚当·斯密对于这种空泛的论断没有给出任何论证。

关于人民从国家获得的好处是与人们的收入成比例的思想，甚至更不可靠。富裕的人怎么就能够精确地比例于他们的财富，而从国家那里获得与穷人相对而言不同的好处呢？只有当国家通过补贴、垄断、让与或者其他形式的特殊权利来造就富人,这种情况才是真实的。如果不是来自于特殊权利,富人怎么能够获得与他们的收入成比例的好处呢?肯定不会通过再分配的手段来实现,通过再分配国家将把货币从富人手里拿来交给官员或穷人;在这种情况下,后一种集团将从再分配中获益,而富人则从再分配中受到损害。从而,谁愿意为此种好处而付出呢?是官员,还是穷人?同时,好处是来自于警察保护,还是来自于公立学校?然而,可以肯定的是,富人将要为这些给个人提供的服务承受更大份额的负担,从而富人从此种支出中得到的好处要少于中产阶级,或者肯定要少于穷人。

如果说,由于 A 赚得相当于 B 的 5 倍的货币,从而 A 就从"社会"获得了相当于 B 的 5 倍的好处,因此就应当支付 5 倍的税收,这显然也不能够站得住脚。A 赚得相当于 B 的 5 倍的货币表明,A 所提供的劳务就其个人的价值而言在市场上相当于他的伙伴 B 的 5 倍。所以,由于 A 和 B 从现存社会中实际得到的好处是相似的,我们倒可以更合理地给出一个完全相反的论点:即 A 与 B 的收入的差别是由于 A 比 B 具有更高的生产力,至于"社会",如果它实际上能够保持对于所有的个体都同样地负责,那么它就只能够保证他们都有一种位于这种差别之下的同等的核心收入。这个论点的含义是,两个人,从而所有的人,应当支付同样的税赋,即支付同样的绝对税赋额。

最后,无论社会对于人民的收入进行课税的部分是多少,社会——劳动分工、知识与文化载体等等——绝不是国家政府本身。国家政府并没有对生产过程的分工做出任何贡献,也没有转移知识或传播文明。所以,无论我们多么得益于"社会",国家政府都很难声称,有超出任何现有团体的其他团体可以作为这个国家中的所有社会关系的代表。

16.10 注释

1 斯密问题仅仅是指亚当·斯密的一长串的诸多矛盾与混淆中的一个问题:即在他的《道德情操论》中的自然权利—自由放任观点与在他后来的具有决定性影响力的《国富论》中的更为严格地受到限制的观点之间,存在着巨大的鸿沟。

2 在其"论亚当·斯密对他人成果的承认"(Adam Smith's Acknowledgements)这篇富有启示意义的文章中,萨利姆·拉希德(Salim Rashid)教授写道:"熊彼特曾说过,这种情况[指对于引用的成果不予以说明]是那个时代的通常做法。然而这是不正确的。如果我们回到《国富论》所引证的一些著作那里,比如像查尔斯·史密斯(Charles Smith)的论谷物贸易的《小册子》(Tracts),或者约翰·史密斯(John Smith)的论羊毛的《回忆录》(Memoirs),我们将会发现他们在承认他们的知识借鉴方面所具有的一丝不苟的态度。在斯密的同时代人当中,吉班(Gibbon)在仔细地编排索引方面是相当出名的,而在斯密时代最著名的农业方面的著作家亚瑟·扬(Author Young)也是如此"。见萨利姆·拉希德,"论亚当·斯密对他人成果的承认:新—剽窃行为与《国富论》"(Adam Smith's Acknowledgements: Neo-Plagiarism and the *Wealth of Nations*),《自由意志论研究杂志》,第 IX 卷(1990 年秋季号),第 11 页。

3 第一个也是最一致的对于斯密的现代修正主义是在此前一年出现的埃米尔·考德的两篇杰出的、富有启示意义的文章:"边际效用理论的起源:从亚里士多德到 18 世纪末"(Genesis of the Marginal Utility Theory: From Aristote to the End of Eighteenth Century),载于斯彭格勒(J. Spengler)和艾伦(W. Allen)主编的《经济思想论文集》(*Essays in Economic Thought*),(芝加哥:兰德—麦克纳利出版公司,1960 年),第 277—287 页;以及"对边际效用理论的缓慢接受"(The Retarded Acceptance of the Marginal Utility Theory),载于《经济学季刊》(*Quarterly*

Journal of Economics）（1953 年 11 月），第 564—575 页。不过,熊彼特的修正具有更为广泛的影响。

4 遗憾的是,自从 20 世纪 70 年代中期庆祝斯密 200 年诞辰以来,形成了一种反—修正主义的趋势,它竭力要恢复到 20 世纪 50 年代以前占支配地位的圣徒传记作者式的态度。请参见我们在后面的文献注释部分。

5 关于斯密在海关任职的问题,基于对 1778—1790 年间海关专员委员会的手写记录以及斯密写给外港的关税征收员的许多信件的研究,形成了一种新观点,对此可以参见加里·安德森（Gary M. Anderson）、威廉 F. 舒戈哈特二世（William F. Shughart II）以及罗伯特·托利森（Robert D. Tollison）的重要文章,"海关公署中的亚当·斯密"（Adam Smith in the Customhouse）,载于《政治经济学杂志》（Journal of Political Economy）,第 93 卷（1985 年 8 月）,第 740—759 页。

6 对于异化的抱怨开始于斯密的朋友亚当·弗格森所写的一篇有影响的论文,"论文明社会的历史"（Essay on the History of Civil Society, 1767 年）。然而,一个同样的主题也出现在斯密未发表的他 1763 年在格拉斯哥的讲义。关于弗格森的影响,参见艾布拉姆斯（M. H. Abrams）,《自然的超自然主义》（Natural Supernaturalism）（纽约：诺顿出版公司（W. W. Norton）,1971 年）,第 220—221 页,第 508 页。

7 引自罗纳尔德·哈莫维（Ronald Hamowy）,"亚当·斯密、亚当·弗格森以及劳动分工"（Adam Smith, Adam ferguson, and the Division of Labour）,载于《经济学》（Economica）（1968 年 8 月）,第 253 页。

8 埃德温·坎南,《1776 至 1848 年英国政治经济学的生产与分配理论史》（A History of Production and Distribution in English Political Economy From 1776 to 1848）（第二版,伦敦：金父子出版有限公司（P. S. King & Son）,1903 年）,第 23—24 页。

9 参见注释 8 中所引坎南的文献,第 24 页。

10 英格利德·哈恩·利马（Ingrid Hahne Rima）,《经济分析的发展》（Development of Economic Analysis）（第 3 版,伊利诺伊州,霍梅伍德：理查德 D. 欧文出版社（Richard D. Irwin）,1978 年）第 79 页。

11 埃德温 G. 韦斯特,《亚当·斯密》(纽约,新罗谢尔:阿灵顿出版公司(Arlington House),1969 年),第 173 页。

12 另见,纳坦·罗森伯格(Nathan Rosenberg),"亚当·斯密论利润——悖论的丧失与重新找回"(Adam Smith on Profits-Paradox Lost and Regained),载于《政治经济学杂志》,第 82 卷(1974 年 11 月/12 月),第 1187—1189 页。

13 熊彼特,《经济分析史》(纽约:牛津大学出版社,1954 年),第 324—325 页。

14 我们不能接受这样一种解释:似乎斯密已经在他的讲义中发展了效用—稀缺分析,从而就没有必要在《国富论》中再重复它了。因为讲义是未发表的,并且一直保持这种状态几乎达两个世纪之久。

15 保罗 H. 道格拉斯,"斯密的价值与分配理论"(Smith's Theory of Value and Distribution),载于,J. B. 克拉克等,《亚当·斯密,1776—1926 年》(Adam Smith, 1776—1926)(芝加哥:芝加哥大学出版社,1928 年),第 80 页。

16 埃米尔·考德,"边际效用理论的起源:从亚里士多德到 18 世纪末",载于斯彭格勒和艾伦主编的《经济思想论文集》,第 282 页。另见,H. M. 罗伯特逊和 W. L. 泰勒,"亚当·斯密的价值理论研究方法"(Adam Smith's Approach to the Theory of Value),同上书,第 293—294 页。

17 约翰·洛克(1632—1704 年),是 17 世纪晚期英国伟大的自由意志论的政治理论家,他经常被错误地认为最先提出了劳动价值理论。实际上,洛克所讨论的是一个与价格的决定完全不同的问题。首先,他倡导对于那些"用他们的劳动"来开垦公共土地中的闲置土地的自耕农,应该赋予他们的土地以私有产权的思想。这是一种关于私有产权适当起源的劳动理论,而不是一种关于价值的劳动理论。其次,洛克试图阐明,相对于人的能力以及生产在决定产品和资源价值过程中所具有的重要性而言,土地——被假定原来属于公社的——是不重要的。洛克要求我们将一块闲置的公共土地,与投入于土壤并且将其转化成消费者物品的劳动所带来的差别进行比较。这里,洛克肯定是正确地估价了人类能力的投入,这种投入包括创造和使用资本品,以及从事狭义的现代意义上的"劳动"。人类能力,或者在最广泛的意义上说,"劳动",在从荒蛮向现代文明前进的过程中,肯定发挥着至关重要的作用。但是,这并不是在决定价格意义上的"劳动价值理论"。

18 例如,李嘉图在追随并且进一步澄清斯密论点的过程中指出,"对于不同质的劳动的估计,会迅速地在市场上根据所有的实际目的来足够精确地加以调整"。马克思则声称,"不同种类劳动被归约为作为它们的计量标准的简单的无技能劳动的不同比例,是由位于生产者背后的一种社会过程确立的"。引自注释 15 中所引道格拉斯的文献,第 82 页小注。

19 参见注释 15 中所引道格拉斯的文献,第 95 页。类似地,机敏的亚历山大·格雷也写道,"通过李嘉图,他[斯密]的生产成本理论以及他对作为所有价值的源泉的劳动的强调,变成了马克思主义结构中的基石之一。实际上,科学社会主义就是通过贯彻古典的英国政治经济学直至达到它的逻辑结论而形成的,这成为一种司空见惯的现象"。亚历山大·格雷,《亚当·斯密》(伦敦:历史学会,1948 年)第 24 页。

20 参见注释 15 中所引道格拉斯的文献,第 102—103 页。

21 H. M. 罗伯特逊与 W. L. 泰勒,"亚当·斯密的价值理论方法",载于斯彭格勒和艾伦主编的《经济思想论文集》(见注释 3),第 301 页。

22 关于一种更深入的批评,可以参见我们在下面的第 17 章对马尔萨斯和马尔萨斯主义的讨论。

23 雅各布·瓦伊纳,《国际贸易理论研究》(纽约:哈珀兄弟出版公司,1937 年),第 87 页。

24 亚当·斯密,《关于正义、警察、岁入与军队的讲义》(*Lectures on Justice, Police, Revenue and Arms*)(1896 年,纽约:凯莱—密尔曼出版公司,1956 年),第 197 页。

25 例如,道格拉斯·维克斯(Douglas Vickers)在一卷总体说来是致力于为斯密学说辩护的书中写道,"……就货币理论而言,《国富论》没有什么值得高度赞赏的东西。在《国富论》中,货币理论跌至它的长期历史发展过程中的谷底。1776年是一个分界线,不论在此前还是在以后,关于货币理论都有更深入的分析和更广泛的论证"。道格拉斯·维克斯,"亚当·斯密与货币理论的地位"(Adam Smith and the Status of the Theory of Money),载于 A. 斯金纳和 T. 威尔逊主编,《论亚当·斯密》(Essays on Adam Smith)(牛津:克拉伦顿出版社,1975年),第484页。另见,W. L. 泰勒,《作为亚当·斯密前辈的弗朗西斯·哈奇森与大卫·休谟》(Francis Hutcheson and David Hume as Predecessors of Adam Smith)(北卡罗来纳州,达勒姆:杜克大学出版社,1965年),第132页。

26 参见弗兰克·彼得雷利(Frank Petrella),"亚当·斯密对于休谟的价格—硬币—流动机制的拒绝:揭示一种小秘密"(Adam Smith's Rejection of Hume's Price-Specie-Flow Mechanism: A Minor Mystery Revealed),载于《南部经济杂志》(Southern Economic Journal),第34卷(1968年1月),第365—374页。

27 奇怪至极的是,伊格利(Eagly)教授在他所谓要重塑斯密作为休谟的价格—硬币—流动理论支持者形象的文章中,显示了完全相反的情况:"一开始,斯密假定存在着一种对于金属货币的国际购买力平价……无论何时何地,只要用商品表示的硬币的当地价格偏离了国际购买力平价,硬币流动就会立刻发生。由于相对于用商品表示的硬币的价格是弹性无限大的,所以世界对硬币的需求便涌向一个国家。以国内商品表示的硬币价格与国际平价的任何微小偏离都将导致即刻发生的硬币出口(或进口)"。简言之,斯密完全集中于长期均衡,而对于过程则整个忽略了。罗伯特 V. 伊格利,"亚当·斯密与硬币流动学说"(Adam Smith and the Specie-Flow Doctrine),载于《苏格兰政治经济学杂志》(The Scottish Journal of Political Economy),第17卷(1970年2月),第64页。布卢姆菲尔德(Bloomfield)对斯密的辩护紧随伊格利其后,他追加了对斯密的赞美,称他预见到了现代的芒德尔的、新货币主义的均衡经济学。亚瑟 I. 布卢姆菲尔德,"亚当·斯密与国际贸易理论"(Adam Smith and the Theory of International Trade),载于上面注释25中所引斯金纳与威尔逊主编的书,第478—

480页。萨莱诺在其"国际收支理论货币方法的学术前辈"(The Doctrinal Antecedents of the Monetary Approach to the Balance of Payments)(博士学位论文,罗格斯大学,1980年)中的第196—208页,也追随了伊格利对斯密的辩护,不过他承认斯密在其讨论的过程中除了强调长期均衡以外,也存在着前后不一致。吴(Wu)在他的总体来说相当杰出的著作中则承认,"斯密关于中间机制没有提供任何东西",但是他随后又奇怪地宣称,由于斯密在其讲义中赞成休谟的分析,所以"他几乎不可能从他的精彩的论文中完全忽略休谟的学说"。这是由于过分地对一个人的主体表示尊敬而导致一个作者去"先验地构造历史"的可悲例子。见吴志远,《国际价格理论概述》(伦敦:乔治·劳特利奇—森斯出版公司,1939年),第82—83页。

28 参见注释27中所引伊格利的文献,第62页,66—68页;注释27中所引萨莱诺的文献,第208—211页。

29 查尔斯·李斯特,《货币与信贷理论史:从约翰·劳到当代》(History of Monetary and Credit Theory: From John Law to the Present Day)(1940年,纽约:凯利出版公司,1966年),第85页。

30 参见注释13中所引熊彼特的书,第184—186页。

31 同上,第181页。

32 正如熊彼特指出的那样:自由市场原则与那种认为"单个人的自由互动将不会产生混乱、相反只能带来一种由内在逻辑决定的有序模式的自然法观点……以往曾经被(例如)格劳秀斯和普芬多夫清晰地阐述过"。同上,第185页。

33 在他对斯密的批评中,加里逊指出,"斯密拥有的增加财富的蓝图是……不攻自破的,尽管并没有证据表明这个蓝图曾经为斯密所认可……在现实中,信贷控制具有的唯一作用就是减少跨时交换的收益。单个人也许对于(比方说)现在的一单位消费品比对于下一年的2个单位甚或5个单位的物品更偏好。如果这种偏好不能够在市场上得到表现,那么用现在值来计算的国民收入,亦即用和个人真实的时间偏好率相一致的贴现率来折现的国民收入,就将减少"。罗杰W. 加里逊,"评韦斯特的'坎替隆与亚当·斯密'一文"(West's "Can-

tillon and Adam Smith":A Comment),载于《自由意志论研究杂志》,第Ⅶ卷(1985年秋季号),第291—292页。另见埃德温G.韦斯特,"理查德·坎替隆与亚当·斯密:一个重新评价"(Richard Cantillon and Adam Smith:A Reappraisal)(未发表的手稿),第22—23页。

34 参见,G.M.安德森等,"海关公署中的亚当·斯密",载于《政治经济学杂志》,第93卷(1985年8月)第751页小注。

35 安德森等,同上文献,第752—753页。

36 1785年12月22日斯密写给乔治·查默(George Chalmer)的信,载于恩斯特C.莫斯纳(Ernest C. Mossner)和伊恩S.罗斯(Ian S. Ross)编,《亚当·斯密通信集》(*The Correspondence of Adam Smith*)(牛津:克拉伦顿出版社,1977年),第251封信,第289—290页。转引自注释34中所引安德森等人的文献,第754页。

37 就其税收原则而言,斯密受到了他的老师哈奇森的影响,同时也受到他的朋友亨利·霍姆(Henry Home)、凯姆斯勋爵的影响。斯密还明显地受到卡罗·安东尼奥·布罗吉亚(Carlo Antonio Broggia)(1683—1763年)的《税收概要》(*Tratto de' tributi*……)(1743年)和彼得罗·韦里伯爵(Count Pietro Verri)(1728—1797年)的《关于政治经济学的思考》(*Meditazione sull'economia politica*)(1771年)的影响。布罗吉亚是一个拿破仑主义者,可能还是一位退休的企业家;而韦里是米兰人,他曾供职于奥地利政府以及在米兰的法国行政当局。

38 尽管这些原则是平庸的,它们本身却并非是不言自明的。例如,可以参见默瑞·N.罗斯巴德的批评,《权力与市场:政府与经济》(*Power and Market:Government and the Economy*)(加利福尼亚州,门洛帕克:人类研究所(Institute for Humane Studies),1970年),第102—103页。

第 17 章　斯密学术思想的传播

17.1　《国富论》与杰里米·边沁
17.2　杜格尔·斯图尔特的影响
17.3　马尔萨斯与对人口的攻击
17.4　在德国遭遇的抵制与胜利
17.5　俄国的斯密主义学说
17.6　斯密学派对经济思想的征服
17.7　注释

17.1 《国富论》与杰里米·边沁

与人们既往的看法相反,《国富论》并没有立刻就取得了成功。在当时著名的杂志中,《年鉴》(Annual Register)只给了它一个简短的、不冷不热的评论,《绅士杂志》(Gentleman's Magazine)则完全对其置之不理。最有影响的杂志,《每月评论》(Monthly Review),对这本书显示出了矛盾的态度。实际上,在《国富论》出版以后的 10 年里,有关经济学的文章中并没有对于它的引用,并且直到 1783 年为止也没有任何人在议会中提起它。只是到了 18 世纪 80 年代,这本书才开始火起来。

到了 1789 年,《国富论》已经出了第 5 版。在 1783 年至 1800 年间,英国的国会议员们有 37 次诉诸斯密的权威来做论证。著名的英国哲学家杰里米·边沁(1748—1832 年)——一位富有的律师的儿子,正式宣称自己是斯密的狂热信徒。不过,他的第一部经济著作却是过于冒进了,以至于使他的老师面临不得不解释他自己关于自由市场的观点与其支持反高利贷法之间的不一致性的难题。在《为高利贷辩护》(1787 年)中,边沁指出,反高利贷法引发了信贷的短缺。他还强调,高利贷就是现在通常将被称之为无牺牲的犯罪一类的东西,所以绝不是真正意义上的犯罪。他在其他地方,例如关于道德与立法的一本书中还提到,"高利贷,如果它一定要被说成是犯罪的话,那么它也是被认可的犯罪,即是说得到了被假定受到伤害的一方的同意,除非这种同意是以不公平的方式取得的,或者是不自愿的结果,否则是没有理由将它纳入到犯罪范畴的;在前一种情况下,它等同于欺诈;在后一种情况下,它等同于勒索"。简言之,在后一种情况下,除了共同的对于强迫与欺诈的法律限制以外,将不需要任何的针对高利贷的特别法律。

在边沁的《为高利贷辩护》一书中,在英国第一次隐约暗示了利息的基本原因是时间偏好。例如,边沁将放贷视为"用现在的货币交换未来的货币",他还将储蓄者定义为这样的人,他们"决定牺牲现在以便为了将来"。此外他还认识到,对于纯利息的追加是一种风险升水,该风险升水将与贷款人预期一笔特定贷款可能发生的风险成比例。

某些斯密的传记作者接受了这样的说法,即边沁的《为高利贷辩护》一书将斯密转变到了有关放贷的自由市场观点,不过对于这一点并没有真实的证据。不仅如此,这与我们所知道的斯密的一贯的令人难以驾驭的风格也是相矛盾的。一位苏格兰朋友写信给边沁,认为斯密可能告诉了某个第三者,说他尊重《为高利贷辩护》这本书,并且他不抱怨边沁对待斯密观点的做法。这个朋友最后说道,斯密"似乎承认你是正确的"。读到这封信以后,热情的边沁立刻写信给斯密,询问他是否真正地转变到反对禁止高利贷法的立场。然而,斯密收到这封信已然到了临终之时,他所能做的只是送给边沁一册他的《国富论》。所有这些都远不足以作为斯密观点有任何改变的证据。

17.2 杜格尔·斯图尔特的影响

亚当·斯密的讲座使格拉斯哥的商人转向了一种自由贸易的立场,不过他的影响大多数还是通过《国富论》传播的。斯密学派的胜利"大进军"是由杜格尔·斯图尔特(1753—1828年)真正引发的。斯图尔特是爱丁堡大学的数学教授马修·斯图尔特的儿子。斯图尔特在1785年接替他的老师亚当·弗格森,成为爱丁堡大学的道德哲学教授。斯图尔特使他自己成为斯密弟子中的领导者,在其老师逝世以后,斯图尔特成为他的第一个传记作者,于1793年向爱丁堡的皇家学会宣读了他的《亚当·斯密的生平与著述》(Account of the Life and Writings of Adam Smith)。但是,在这个时候,英国正处于一种歇斯底里般的反革命———一种真正的白色恐怖——反对法国革命以及它带来的所有自由主义观点——的剧痛之中。因此,斯图尔特在他写的回忆录中极其谨慎小心,避开了任何有争议的主题,诸如自由市场的必然性等。

斯图尔特是一位高产作家和杰出的、知名的演说家,但是他力图使他的讲座以及著述具有温和色彩,能够为当权者所接受。例如,在1794年,斯图尔特放弃了他早些时候对于伟大的法国自由放任的自由主义者、杜尔阁的亲密朋友和他的传记作者马里耶·让·安东尼·尼古拉斯·德·卡里塔特,即孔多塞侯爵(Marie Jean Antoine Nicolas de Caritat, the marquis of Condorcet, 1743—1794年)的赞誉。这位吉伦特党的革命者太过于激进了,以至于成为敏感的话题,故斯图尔特决定在他的讲座中去赞美英国的宪法。

然而，到了世纪之交，最严重的反革命的狂热已经过去，斯图尔特感到现在可以安全地在他的书中和讲座中深入地阐述他真实的古典自由主义观点了。因此，在1799年至1800年间，斯图尔特在讲授他的一般道德哲学课程以外，开始开设政治经济学讲座。直到他1810年从爱丁堡退休为止，他一直不断地开设这些讲座。他的1800多份讲义始终没有出版，直到1855年，以斯图尔特的《政治经济学讲义》(*Lectures of Political Economy*)为名印刷。

自从哲学中的"常识学派"("common sense" school)的创始人、著名的托马斯·雷德(Thomas Reid)在1780年代从格拉斯哥大学的道德哲学教授岗位上退休，并且在10年以后去世，杜格尔·斯图尔特就成为整个大不列颠唯一的知名哲学家。牛津和剑桥仍然处于严重的衰退之中。由于欧洲战争阻塞了英国与欧洲之间的旅行，使得整个大不列颠有才华的青年学子前往爱丁堡就学于斯图尔特门下成为一种时髦。

通过这种方式，以及热烈地趋附于斯密的思想路线，杜格尔·斯图尔特在19世纪的第一个十年里深刻地影响和改变了一大群未来的经济学家、作家和政治家。这些人中包括詹姆斯·穆勒、约翰·拉姆齐·麦克库洛赫、劳德戴尔伯爵、卡农·西德尼·史密斯、亨利·布鲁厄姆、弗朗西斯·霍纳、弗朗西斯·杰弗里以及帕默斯顿子爵。经济学因此而发展成为一门学科，由斯图尔特向教科书作者、政论家、编辑、评论家以及杂志记者来讲授。这个杰出的团体中最有代表性的一位是弗朗西斯·霍纳(Francis Horner,1778—1817年)，他出生于爱丁堡，是一位商人的儿子，后来在大学里在斯图尔特指导下学习。从英格兰返回以后，霍纳在1799年注册了斯图尔特新开设的政治经济学"专门课程"，在这里他研究了《国富论》，并如饥似渴地阅读孔多塞和杜尔阁的著述。霍纳实际上强烈地为杜尔阁所吸引，以至于想要将杜尔阁的著述翻译成英文。不久以后霍纳成为一名律师，他去了伦敦，并且在1806年成为国会议员。

受到斯图尔特教学的鼓舞，他的学生西德尼·史密斯、亨利·布鲁厄姆、弗朗西斯·杰弗里与弗朗西斯·霍纳于1802年创办了《爱丁堡评论》(*Edinburgh Review*)，作为一个新的学术性的辉格党派的期刊，旨在以自由和自由放任的思想来对富有理解力的公众进行教育。这个辉格党的杂志是大不列颠唯一的经济杂志，因而产生了巨大的影响。[1]

不过，杜格尔·斯图尔特教学的最后10年则显示了苏格兰知识界在大不列颠的权威地位的即将崩溃。因为夜幕正在急剧地遮蔽苏格兰的启蒙运动。首先，在与法国战争的年代托利党对于自由派和辉格党人士的压制，在苏格兰比在英格兰得到了更大程度的继续。而对于长期来说更重要的，是好战的信奉福音主义的新教主义的巨大复苏，这个教派在19世纪早期年间席卷了西欧和美国。在18世纪下半叶扩散于西方世界的自由主义观点，不论是温和的观点抑或是自然神论的观点，都被复活的基督教教义抛到一边去了。在苏格兰，其结果便是一种知识的反革命，反对对长老会教堂的适度控制，驱除温和的、持怀疑态度的、主张宗教与教育分离的世俗主义观点的苏格兰的道德哲学与神学教职员。斯密与哈奇森这时受到了谴责，他们被认为犯了一种"经过改良的异教"(refined paganism)的罪过,而随着对道德哲学的教师队伍再度实行严格的神学控制,苏格兰大学也就失去了它在不列颠的杰出地位,开始急剧地滑坡,即使不是在神学方面,也肯定在知识领域出现了严重衰退。在这样一种学术氛围中,无论是古典的自由主义的社会哲学还是政治经济学,都不可能复活。

结果,知识领导地位从苏格兰转移到了英格兰,并且在一个相当长的时期内完全脱离了学术界。由于英国的大学对于新的政治经济学学科仍然不抱有好感,经济思想的核心这时已经开始从苏格兰的学术界转向英格兰的工商人士、时事评论家与政府官员。体现这种转移的一个象征性事实是,虽然《爱丁堡评论》在这个十年中继续出版发行,并且它在名义上仍然留在爱丁堡,但是在它开始发行没有几个月,它的四个编辑中就有三个转到了英格兰。他们当中的一位,就是弗朗西斯·霍纳,他到伦敦当了律师,年纪轻轻就去世了。霍纳很快就成为辉格党的国会议员,他在货币问题方面的专长使他在1810年成为著名的金块委员会的主席,该委员会试图给硬货币主张以猛烈一击。在该委员会,他与大卫·李嘉图密切合作。在《爱丁堡评论》的第一期,霍纳对于亨利·桑顿(Henry Thornton)著名的论货币的著作给予了评论,在随后的一期中又对金勋爵(Lord King)的一篇极为重要的论文进行了评论。霍纳是伦敦著名的辉格党派俱乐部——俱乐部之王和布鲁克斯俱乐部(the King of Clubs and Brooks)——的成员,在这两个组织中李嘉图都是他的伙伴。霍纳还与李嘉图共同享有科学上的兴趣,他们都是伦敦地质学会的理事会成员。

知识从苏格兰向英格兰转移的另一个例证,是发生在两个年轻的有才华的苏格兰学生身上的事,他们都曾在斯图尔特的指导下学习,并且后来都成为不列颠经济学中的主要领导人物。詹姆斯·穆勒(1773—1836年)是一位苏格兰鞋匠的儿子,他在斯图尔特的指导下学习,后来获准以长老会神职人员身份进行布道。由于未能在日益弥漫着好战的加尔文主义气息的苏格兰找到一个牧师职位,穆勒被迫去了伦敦,在那里他成为《文学期刊》(*Literary Journal*)的编辑。最终,穆勒在东印度公司的伦敦办事处找到了工作,这为他在闲暇时间从事他所特别热衷的经济学与哲学研究工作提供了基础。另一位是更年轻的约翰·拉姆齐·麦克库洛赫(1789—1864年),他在斯图尔特生命的最后几年跟随他学习,为《苏格兰人》(*The Scotsman*)和《爱丁堡评论》撰写经济文章,并且组织了一个系列经济讲座。但是,尽管他有明显的才能,麦克库洛赫却不能在苏格兰找到一个学术职位,因此他最终也去了伦敦,在新成立的伦敦大学讲授政治经济学。但是四年以后,他又把其生命中的全部时间都耗费在了作为英格兰的一位财政总监的工作岗位上,除了他的常规工作以外,他又开始著书立说,成为经济学界的活跃分子。

斯图尔特所领导的斯密主义学说在大不列颠的大扫荡所产生的一个有意义的后果是,它淹没了与"政治经济学"相竞争的一个派系,即所谓"政治算术派"(political arithmeticians)。如同斯图尔特以蔑视的口吻称呼的那样,这些"政治算术派,或统计收藏家",自从威廉·配第爵士(1623—1687年)及其追随者在

17世纪晚期发表著述以后,形成了经济学中一个竞争性的派别。这些算术学者一般都看不起根据对于人类行动和经济的广泛洞见进行推理以得出经济规律的古典方法。相反,采用一种培根的方式,他们徒劳无益地试图从统计事件的大杂烩集合中得出普遍的理论。由于根本不了解自由市场的规律或政府干预总是产生事与愿违后果这一点,这些政治算术学者们倾向于成为重商主义者和英国的沙文主义者,他们宣称他们祖国的经济具有优越性。但是,这个学派却被斯密主义学说摧毁了。首先是斯密本身,他在《国富论》中宣布,"我对于政治算术没有多大信心";其次是斯图尔特,他对于这种被认为是"科学的"思想学派进行了研究方法论上的批判。斯图尔特写道:"统计收藏家所积累的事实仅仅是具体的结果,对于它们其他人很少有机会去证实或反驳;并且它们……也决不能提供任何重要的信息"。简言之,与可复制的自然科学中的数量发现相反,关于人类活动的统计仅仅是特定的、不可重复的事件的罗列,而并不包含持久的自然规律。斯图尔特总结道,"不应该诉诸政治算术来检验政治经济学的结论,相反,更合理的做法常常是,用政治经济学来检验政治算术的滥用性"。

到了1790年代以后,亚当·斯密已经完全支配了不列颠的经济思想。正如我们在下面将要看到的那样,在日益繁盛的众多观点当中,英格兰所有重要的人物,从边沁到马尔萨斯,再到李嘉图,都自认为是斯密主义者,并且经常努力去使他们的老师的学说系统化,澄清其被公认的混淆和不一致性。

17.3 马尔萨斯与对人口的攻击

第一代斯密主义的经济学家之一——并且他实际上也是20年的时间里英格兰唯一的政治经济学教授,是牧师托马斯·罗伯特·马尔萨斯(1766—1834年)。马尔萨斯出生在萨里,是一位受人尊敬的富有的律师和乡绅的儿子。1788年,马尔萨斯以数学学位毕业于剑桥的耶稣学院,5年以后成为该学院一名教师。就在同一年,马尔萨斯成为萨里的一位英国圣公会的教区牧师,这也是他所出生的教区。

马尔萨斯似乎注定要过一辈子寂寞的独身的牧师生活。可是,1804年,在他将近40岁的时候,他结婚了,并很快生了三个孩子。在他结婚以后的那一年,马尔萨斯在位于黑利伯里(Haileybury)的新建的东印度学院,成为英格兰的第一位历史与政治经济学教授,他一直保持这个职位到去世。在其整个一生中,马尔萨斯始终是一个斯密主义者,并且后来又成为李嘉图的亲密朋友,尽管两人在学术上观点不同。如同我们将要看到的那样,他的唯一一处对斯密学说的明显偏离,就是他对于在拿破仑战争结束以后的经济危机时期人们所称的消费不足问题表现出了原初凯恩斯主义式的担忧。

当然,马尔萨斯远不仅仅是一位斯密学说的信徒,在他仍然保持独身状态的时候,他既赢得了广泛的声望,同时又臭名昭彰。在"人口"问题上,马尔萨斯由于他对于人类人口的著名攻击而闻名全世界。

在先前的一些世纪中,就讨论过这一问题的所有著作家和经济学家而言,他们几乎无一例外地都是人口拥护论者(Propopulationists）。数量庞大并日益增长的人口被认为是繁荣的标志和进步的推动力。唯一的一个例外，正如我们已经看到的，是16世纪晚期意大利的专制主义理论家乔万尼·博特罗（Giovanni Botero），他是第一个警告人口增长是一种始终存在着的危险的人，认为人口倾向于无限制地增长，而生活资料只能缓慢地增加。不过，博特罗是生活在巨大的经济增长的初始年代，总人口的增长与生活标准的提高并肩而行，因而他的悲观论点遭到了当时和以后的思想家们的冷遇。实际上，专制主义者和重商主义者都倾向于赞美日益增长的人口，认为他们为生产提供了更多的人力，这不仅对国家机器有好处，而且也可以为它的军队提供更多的兵源。

尽管这些18世纪的著作家都相信人口倾向于无限制地增长，然而奇怪至极的是，他们都赞成这种增长。在美国的本杰明·富兰克林(1706—1790年)的著作《对于人类增长与各国人口问题的考察》(*Observations Concerning the Increases of Mankind and the Peopling of Counties*)(1751年)中，就是如此。同样，重农学派的领导者米拉伯在他著名的《人的朋友或论人口》(*L'Ami des Hommes ou traite de la population*)(1756年)中，比较了人类再生产与老鼠的再生产，指出，他们将像"谷仓里的老鼠"那样繁殖，直到生存资料达到极为有限的水平。不过，他却赞成这种绝对无限制的再生产。米拉伯写道，庞大的人口是一种天赐恩惠，一种财富的源泉，恰恰是因为人们将要像谷仓里面的老鼠一样繁殖到生活资料的极限水平，才使得农业从而食品生产受到刺激。米拉伯是从坎替隆那里挑选出这个"谷仓里面的老鼠"的隐喻的,但是令人遗憾的是,他没有继承坎替隆极为明智和深思熟虑的"最优人口"思想,这一思想认识到人类将根据生活水平来灵活地调整其人口,并且他们的非经济的价值将帮助他们做出如何在较多的人口与较少的人口但是却拥有较高生活水平之间进行权衡的决定。

然而,作为与米拉伯共同的重农学派的领导人,弗朗索瓦·魁奈却使自己转向一种悲观观点,认为人们所断言的无限制的人口增长的趋势对于生活水平的影响是未可乐观的。亚当·斯密,这位马尔萨斯心目中的经济学旗手,以典型地混淆和矛盾的方式同时向马尔萨斯提供了他的悲观与乐观的全部思想养料,而他自己则对庞大的和日益增长的人口保持一种热情拥护的立场。因为一方面,斯密认为人民确实将要繁殖到最低生存资料的水平——这本质上就是马尔萨斯的学说。然而另一方面,斯密又乐观地断言,"任何国家繁荣的最有决定性的标志乃是它的居民数量的增长"。

就在斯密陷入混乱并且为罗伯特·马尔萨斯的令人遗憾的反人口的歇斯底里铺平道路的时候,一个完全出乎人们预料的人安东尼奥·杰诺韦西神父(Abate Antonio Genovesi)——欧洲大陆的第一位经济学教授(在那不勒斯大学),却指出了一条解决人口问题的非常不同的道路。在他的《国民经济教程》(1765年)中,这位杰出的效用价值理论家重新提起坎替隆关于"最优"人口的真知灼见。他指出,在任何给定的条件下,人口都能够出现相对于最优的"幸福"或生活标准而言的过多或者过少的状态。

罗伯特·马尔萨斯是在与其心爱的父亲丹尼尔——一位萨里地区的乡绅——进行的友好的争辩以及不厌其烦的论证的推动下,来思考人口问题的。丹尼尔有一点儿激进,曾经受到乌托邦思想乃至当时的共产主义观点的影响。他是法国激进的让·雅克·卢梭(Jean Jacques Rousseau)的一位朋友和重要敬仰者。

18世纪90年代是法国大革命爆发的年代,这10年是自由、平等、乌托邦以及革命等等思想极为流行的10年。在英格兰最流行和有影响力的激进著作之一,是威廉·古德文(William Godwin,1756—1836年)的《对政治正义的考察》(*Enquiry Concerning Political Justice*)(1793年),该书在一段时间里成为了英格兰人谈论的话题。古德文的父亲与祖父都是持不同政见的部长,而当他自己转向世俗主义的时候他也成为了一位持不同政见的部长,并且成为一位激进的理论家和作家。在他关于人的完美性的乌托邦信仰方面,古德文总是被与著名的法国哲学家和数学家孔多塞相提并论。后者对于乐观主义和进步的伟大赞美诗,《关于人类思想进步的历史画卷的描述》(*Esquisse d'un tableau historique des progrès de l'esprit humain*)(1794年),显然是在躲避雅各宾专政的恐怖以及处于被逮捕和处死的阴影之下写成的。但是,这两个乐观主义者是完全不同的。对于孔多塞——这位杜尔阁的亲密朋友和亚当·斯密的崇拜者——来说,他是一位个人主义者和自由主义者,一位自由市场和私人产权的坚定信仰者。然而对于威廉·古德文,情况则不然,他是世界上第一个无政府主义的共产主义者,或者毋宁说,是自愿的无政府的共产主义者。因为古德文虽然尖刻地批评专制国家,他也以同样敌视的态度批评私有产权。不过与19世纪晚期的无政府主义的共产主义者像巴枯宁、克鲁鲍特金(Kropotkin)等人不同,古德文并不相信由一个专制的公社或集体在无政府主义的"无统治"名义下所施加的统治。古德文相信,不是私有产权将要被强力所剥夺,而是个人通过完全地运用他们的理性,将自愿地、以利他的方式将他们所有的私人财产丢弃给任何路人。这种自愿地自我贬损的体系,是由人类理性的完美性所带来的,将会导致没有私人财产的完全均等的结果。这样,通过他的自愿主义,古德文就同时成为专制的共产主义和19世纪无政府主义思想中的个人主义支脉的鼻祖。

然而,按照他的方式,古德文像孔多塞一样(甚至比他更强烈地)高度评价个人自由和一个自由社会的益处。他确信人口绝不会增长到超过食品供给的极限,因为他坚信"在人类社会的本性中存在着一个原则,根据这一原则,在管制模式干预最少的时候,每一种东西似乎都倾向于达到它的平稳状态,并且按照最有利的方式运行"。

极其明智的孔多塞侯爵,也不担心过度的人口增长会损害他的未来的自由意志论的和自由市场的"乌托邦",这个乌托邦是他对于人类未来的展望。他不担心是因为他相信,一方面科学、技术和自由市场将极大地扩展可资利用的生活资料,而同时理性将劝导人们将人口限制在能够保持可持续发展的数目上。然而,威廉·古德文却不同意对这一问题的这种睿智的讨论。相反,古德文首先以原初—马尔萨斯主义的形式担忧,人口增长总是倾向于对资源造成压力,以至于使生活水平下降至仅能维持最低生存费用的水平。不过他相信,现实中会出现某种飞跃,即出现某种古德文主义的新人以及各种机构,在那里"理性"将重又流行。事实上,它将要流行,因为理性使人将他的热情控制到了这样一种程度,使得两性的情欲逐渐地变成一种本能,而健康水平的提升将使人长生不老。那时,我们将拥有一个由长生不老的、年龄永远增长的成年人构成的未来人类种族,一个似乎不可能包含瑕疵的乌托邦:

所以,人类……也许将停止繁衍。全部人类将变成一个成人群体,没有孩子。当代人将没有后代,并且在某种程度上同样不真实的是,他们将每隔30年再重新开始他们的生涯……那里将没有战争,没有犯罪,没有司法管理,正如它被称之为的那样,没有政府。每个人都以难以言表的激情去追求所有人的幸福。

威廉·古德文是从罗伯特·华莱士(Robert Walace,1697—1771年)那里学到了人们所称的人口对于生活资料的永恒压力的,后者是一位苏格兰长老会的牧师,他曾经在他《关于人类的各种展望》(*Various Prospects of Mankind*)(1761年)一书中提出他所认定的乌托邦政府。华莱士的理想的乌托邦是一个世界政府,这个政府通过实行集权的共产主义强制实施均等化,根除私有财产。国家将抚养所有的儿童,所有的人都将得到关怀。然而,美中不足,那只伊甸园中的蛇,就是人口的增长。世界共产主义的绝妙条件将导致人口如此快速地增长,以至于大众的贫困和饥饿将普遍流行。正如华莱士悲哀地述说的那样:

在一个完美政府的治理下,操持一个家庭的各种负担都没有了,孩子可以得到如此好的照料,并且每一件事情都在鼓励人口增长,也就是说,将使人口以如此惊人的速度增长,以至于到最后地球将人满为患,难以承载它的众多居民……甚至在地球表面连容纳人们躯体的空间都不够了。

因此,乌托邦的共产主义将不得不被放弃。

威廉·古德文本来准备接受华莱士关于人口增长的机械论式的担忧,可是他相当怪诞地设想,性欲的枯萎将能够解决华莱士的问题,并保证平均主义的、无政府的共产主义流行下去。

丹尼尔·马尔萨斯正是深深地受到古德文式的乌托邦影响的一类人,他和他的儿子罗伯特经常就古德文的《政治正义》的第2版(1796年)以及他的后续的论文集《探询者》(*Enquirer*)(1797年)展开争论,在这个过程中他们度过了许多美好的时光。罗伯特决定写一本书,一劳永逸地彻底击毁这些乌托邦的幻想,他要揭示人口增长这个怪物必然会成为一种暗礁,那些幻想是建立在这个暗礁之上并且必然要崩溃。因此,1798年,马尔萨斯的颇富声望同时也颇有争议的《论人口对于社会未来改善的影响的原理》(*Essay on the Principle of Population as It Affects the Future Improvement of Society*)第1版便问世了。这个《论人口》在马尔萨斯生前共发行了6版,使他赢得了"人口马尔萨斯"的绰号,并由此引发了数以百万文字的激烈争论。

马尔萨斯在《论人口》中所谈论的东西绝对没有超出两个

世纪以前的乔万尼·博特罗所论述的内容——或者就此而言，没有超出罗伯特·华莱士所论述的内容。就像博特罗所论述的那样，生活水平上的所有改善都是徒劳无益的，因为人口增长将给生活资料施加直接的、致命的压力。同样，这种机械式的人口繁衍也只能通过战争、饥荒以及瘟疫等"积极的抑制"来加以限制；并辅助以相当微弱的"谨慎的"抑制，诸如由于连续的饥饿所导致的出生率的降低（"谨慎的或消极的"抑制）。马尔萨斯对于博特罗的模型只增添了一样东西，这就是他那个著名的关于人口倾向于"每25年就增加一倍、或按照一种几何级数增长"，而"生活资料按照一种算术级数增长"的伪造的数学精确性。

很难理解为什么博特罗的反人口的歇斯底里在一个人口和生活水平联合增长的时代被人们理所当然地忽视，而马尔萨斯在一个相似的增长时期所写出的东西却迅速传遍西方世界。其中的一个理由无疑是这样一个事实，即马尔萨斯自己心气极高，对于颇有名望和影响力的古德文的著述以及法国大革命的思想采取傲视的态度。另一个原因是，在他的《论人口》发表的时代，英国知识界和公众正在急剧地从法国大革命的潮流转向一种针对法国的反动、压迫和连续的战争。马尔萨斯极其幸运地符合了时代潮流的这种最后转折。此外还有第三个因素解释他的迅速成名：这就是那种伪造的"科学"氛围，即他所称的比率在一个人们正在日益渴望对人类行为加以模型化并且运用数学和"硬的"物理科学进行人类行为研究的时代，给出了这样一种学说。

对于伪造的马尔萨斯比率,无疑是这样。无论对这些比率的哪一个,都不能提供任何证明。那种荒谬的机械式观点,即不受限制的人口将像果蝇一样繁衍,是不能够简单地由所谓"每25年增加一倍"的含义来明确表达的。例如:

给定在任何时刻的世界人口,例如10亿,人类将按照1、2、4、8、16、32、64、128、256、512等等的比率增长,生活资料则按照1、2、3、4、5、6、7、8、9、10等等的比率增长。经过两又四分之一世纪之后,人口对生活资料的比率将变成512对10。

用不了几个世纪,按照同样的速度,人口对生活资料的"比率"就将趋于无穷大。这在任何意义上几乎都是说不通的,肯定在人类人口发展的实际历史方面解释不通。就欧洲大部分地区而言,在工业革命以前的数个世纪中,人口的增长大体上是保持不变的。

而就马尔萨斯所宣称的"算术比率"而言,也缺少证明,他只是简单地假定食品的供给每隔10年只增长同样的数量。

马尔萨斯试图证明他的比率的一个努力是异常软弱的。通过自鸣得意地依靠"经验",马尔萨斯指出北美殖民地的人口在很长一段时期中是按照每25年增加一倍的"几何比率"增长的。但是,这个例子很难说明人口会令人恐惧地超过按照"算术比率增长的"食品供给的。因为,正如埃德温·坎南所指出的那样,"这个人口一定是有给养的,所以每年的食品生产一定也是按照一种几何比率增长的"。他的例子并没有证明任何东西。坎南又补充道,在他的《论人口》的第 6 章,马尔萨斯"似乎有某种迹象意识到对他的论点的这种反对",他试图在一个脚注里来回答。他指出,"在这类例子中,地球的能力似乎能够完全同样地满足人类对于食品的所有需求。可是,如果我们由此就假设人口和食品永远实际地按照同一比率增长,我们就将陷入一种错误"。然而,这恰恰就是实际所发生的,所以马尔萨斯显然完全丧失了理智,因为这里的第二句话显然是和第一句话相矛盾的。[2]

马尔萨斯关于人口的悲观结论因而与他所热爱的亚当·斯密以及古德文的乐观主义形成了鲜明对照。因为,如果人口增长的残酷无情的压力总是并且在任何地方都会摧毁人类将生活水平提高到最低生活标准以上的希望的话,那么其结果就不仅仅是任何共产主义或平均主义乌托邦的悲哀。它同样也为斯密(或者更一致地为孔多塞)所展望的自由市场社会提供了一种悲观预期。然而令人遗憾的是,马尔萨斯在以他令人可以理解的热情去摧毁平均主义的共产主义的时候,把婴儿和洗澡水一起泼了出去,即他同时也为由斯密、特别是孔多塞所提出的关于自由社会和私有财产的更为富有理性的"乌托邦"预期敲起了不必要的丧钟。

对于马尔萨斯来说,轻率地抛弃古德文荒谬地依靠性欲衰退来解决人口过多问题的立场,是容易的事情。但是,他对待孔多塞的立场的态度却远不是具有说服力的。因为这位精于世故的法国贵族强烈地暗示,生育率控制在他关于自由意志主义者未来的乐观预期中发挥了重大作用。虽然现代的新马尔萨斯主义者不仅对于生育率控制怀有热情,而且也对作为家庭生育计划手段的绝育和流产持支持态度,但是保守的马尔萨斯却缩手缩脚地对于这些措施感到恐怖,他简直将这些措施视为"邪恶"。马尔萨斯将孔多塞的解决办法斥之为

> 或者是一种杂乱的非法同居——它将能够防止人口繁衍,或者……是另外的某种违反人性的现象。要用这种方式来克服困难,在大多数人看来,将肯定要毁灭美德和行为举止的纯洁性,而美德和行为举止的纯洁性正是那些拥护平等和人的完美性的人们所坦承的他们所要追求的目标。

这个俏皮的批评也许特别适合于古德文,但是却并不适合于孔多塞,因为后者很少忽略过"纯洁性"问题。

实际上,马尔萨斯对人类不抱有什么希望。他的一个实际建议是逐步地取消济贫法,特别是放弃那种穷人拥有由国家来供养的权利的理念。这将会抑制贫困人口的过度繁殖。

总起来说,熊彼特对于1798年的《论人口》的尖刻的评论是特别值得一读的。他写道,马尔萨斯坚持认为:

> 人口在实际上总是不可避免地比生活资料增长得更快,这就是我们所观察到的贫困现象的原因。这些增长的几何以及算术的比率——对于它们马尔萨斯……特别地看重——以及他力图达到数学上的精确性的其他企图,都只不过是这一观点的有缺陷的表述而已。这里我们可以不必去考虑它,只是需要指

出,试图形成有关这两个相互独立的变量行为的独立"规律"的任何努力肯定都是毫无任何意义的。马尔萨斯的整个论证在技术上是糟糕的,在内容上是愚蠢的。[3]

然而,可怜的古德文却令人遗憾地并没有给出相似的评价,至少没有立刻给出。他毕竟不是一位人口理论学者,因而没有立刻做出有效的回应。古德文几乎耗费了整整 20 年的时间来深入地研究这个问题之后,才对他的论敌给予了有力的驳斥。在《论人口》(On Population)(1820 年)中,古德文得出了令人信服的、明智的结论,即人口增长不是怪物,因为在数十年中食品的供给将要增长,而生育率将要下降。科学和技术,连同对于生育的理性限制,将会解决这个问题。

不幸的是,古德文的这些论述是太生不逢时了。到了 1820 年,年长的古德文——连同他的乌托邦主义,甚至还有法国大革命——在大不列颠已经被人遗忘了。他的出色的反驳没有人去阅读,也没有得到人们的承认,相反,马尔萨斯继续作为颇富声望的人口问题最高权威凌驾于所有人之上。

他的《论人口》已经闻名全世界,而古德文和孔多塞,正如他所相信的那样,已经被彻底驳倒了。马尔萨斯现在开始决定,要用一些年的时间来实际地研究人口问题。引人瞩目的是,马尔萨斯于 1803 年出版的《论人口》的第 2 版(所有后来的 5 个版本都是以此为基础的)是一本完全不同的书。事实上,马尔萨斯的《论人口》在经济思想史上也是比较罕见的著作之一,它的第 2 版实际上完全与其第 1 版相矛盾。

第2版包含了马尔萨斯通过他在欧洲旅行进行人口研究所取得的成果。由于充满了丰富的统计资料,新的版本比第1版篇幅增加了两倍。不过,这还只是微不足道的变化。因为,虽然在第1版"谨慎的抑制"是不足道的和毫无希望的,并且一般被视为"邪恶的"解决办法,马尔萨斯现在却承认另一种消极的、或谨慎的抑制,这种抑制既不会产生邪恶,也不会产生贫困,它是改善乃至终止人口对食品压力的一种真正可行的办法。这就是"道德抑制",即保持贞洁和限制早婚。它是道德的而不是"邪恶的",是因为它既不包含生育控制也不涉及其他形式的"不合规范的满足"或"不适当的行为"。实际上,对于马尔萨斯,"道德抑制"现在已经成为对于人口的所有抑制措施中"最强有力的"抑制手段了,它甚至比先前占支配地位的邪恶或贫困与饥荒等"积极的抑制"更为有力。

结果,人类事情不再被视为冷酷无情的木偶和悲观的力量,它现在可以由道德约束和道德教化来加以克服。实际上,在第1版中,马尔萨斯的立场是反对社会中闲散与奢侈的任何增加的,因为这种增加的舒适将会减弱为了唤醒天生懒散的人去努力工作并保持最大量生产所需要的极大压力。但是现在,他的观点转变了。现在,马尔萨斯认识到,如果穷人想要取得中产阶级的生活质量,从而"偏好生活的方便与舒适",他们将更可能实行为保持那种生活方式所需要的道德抑制。正如马尔萨斯现在写道的那样:"所以,在人民大众当中……奢侈的扩散看来是最有利的"。

马尔萨斯现在强调另一种所建议的道德改革,以便与他的新观点保持一致:即人们通过推迟结婚来减少孩子的数目。他现在确信,此种道德抑制既不会产生对于邪恶的两种恐惧,也不会带来贫困。亚利山大·格雷以他特有的洞见和睿智对这一命题进行了讨论,这一讨论是引人注目的:

> 与关于究竟什么是马尔萨斯主义学说的通常观点相反,他自己仅限于告诉我们不要太急于结婚,尤其是向他的著作的女读者进行呼吁,"如果她们能够怀着坚定的信念预期在 27 岁或 28 岁结婚",她们应该(并且将会)乐于等到那个时候,"如果过于急躁,生活必需品的贫乏也许会落在人类的头上"。这是一位亲切可爱的老伯伯的声音,而不是马尔萨斯这个如此经常地被误解的怪物;但它是无效的,就像一位伯伯在此类事情上的劝告通常总是无效一样。因为,即使人们在 28 岁结婚,也总会有一天要出现令人惊慌失措并带有毁灭性的婴儿潮。[4]

然而,奇怪至极的是,马尔萨斯的新观点与他的论敌古德文在限制人口增长方面乞求"美德、谨慎或自傲"的立场并不相去甚远。如果撇开关于性欲衰退的胡言乱语,古德文思想现在可以得到澄清了,马尔萨斯通过在第 2 版的标题页中排除古德文和孔多塞似乎默认了这一点——他们现在已经退出了公众视线。

可是,令人遗憾的是,马尔萨斯从不承认发生了任何转变。古德文正确地抱怨马尔萨斯新增了他自己的主要批评意见却没有说明出处,甚至不承认放弃了他自己的观点。马尔萨斯从

1803年以后一直坚持认为他的命题全然没有改变,只是得到了完善和改进。他的变化被写进了教科书,尽管他继续极大地看重他那随意构想的比率。他的变化是隐蔽的,而不是公开的。例如,在他的书的第2版,马尔萨斯悄悄地删掉了自相矛盾的注释,在其中他曾否认食品曾经能够按照"几何的方式"增长,或按照与人口同样的速度增长。事实上,他绝对承认在"新殖民地"即北美,食品有时会按照几何比率增长。相反,现在他仅限于对于预期的自信断言——即这样一种预期:在他自己的有生年间,预期英格兰生活水平的提高将被证明是错误的。不过,马尔萨斯继续写道,他的那些比率是不言自明的,尽管他也承认要想发现"未受抑制的"人口究竟按照什么样的比率增长是不可能的。最终,还是如坎南所公正地宣称的那样,"《论人口原理》作为一种论断被驳倒了,所剩下的仅仅是用来说明那些本不存在的规律的作用的事实的混沌组合"。[5]

实际上,马尔萨斯采取了一种狡猾而又成功的战术技巧:他对于他的论点引入足够多的限制条件和妥协,以模糊人们的视线。他和他继承者能够维持其书第1版的全部傲慢与错误,如果遇到挑战,就诉诸限制条件来实行聪明的退却,并且断言马尔萨斯已经预见到了、并且回应了所有这些对于他的指责。他能够坚持他的书的第1版的强硬立场,同时也能够转而依靠他的书的第2版的含蓄的让步。正如熊彼特写道的:"这种新的表述实际上使得当时的支持者能够坚定地认为,马尔萨斯已经预见到了反对派实际上可能提出的各种问题,并且给予了说明"。他补充道,"这并没有改变这样的事实,即由此获得的所有理论成果都随着主力武器的丢失而逐一消失了"。然而,令人遗憾的是,无论是马尔萨斯的继承者,还是他的众多的机敏的批评者,都没有认识到这一点。因此,马尔萨斯和他的继承者便使自己处于一种理论保险的安然状态,不论事实怎样,它都不能被驳倒。或者,它们也可能依赖熊彼特所称的"令人恐怖的无稽之谈"(horrible triviality),即如果实际的人口永远按照几何比率增长而食品则全然没有什么增长,那么将会出现巨大的人口过剩和贫困。[6]

不幸的是,马尔萨斯自己关于他的书的第 2 版的变化的自圆其说的解释,几乎为所有他同时代的人——朋友或批评者——以及直到晚近的历史学家所采用。首先,马尔萨斯书的读者的大部分都被他的书的第 1 版所具有的狂热与自负所赶跑了,他们简直不愿意再自寻烦恼去阅读更长和更为乏味的第 2 版。相反,他们简单而又方便地把新材料解释为马尔萨斯原始命题的单纯的经验证据。即使是他的更有思想的读者,也是把道德抑制解释成对于人口的另一种消极抑制,所以只是对于基本理论的进一步精炼。

因此,经过这样的保护和解释,马尔萨斯的虚假的、不成熟的人口原理就占了上风,并为李嘉图和他的弟子们所热情地接受,后来成为英国古典经济学的一部分。正如我们在本书第 2 卷将要看到的那样,虽然纳索·W. 西尼尔实际上已经毁灭性地驳斥了马尔萨斯,可是他自己对于马尔萨斯的虔诚态度以及他的想象又使得他允许将马尔萨斯主义至少是在形式上仍然保留在经济思想中。这是一个令人遗憾的故事。因此,诚如熊彼特所说：

> 马尔萨斯的《论人口》中的教条在当时正统经济学的体系中已经完全根深蒂固了，尽管到 1803 年它应当被认为（并且在某种意义上已经被认为）是基本上靠不住的，或者毫无价值的……它变成了关于人口问题的"正确"观点……对于它只有无知和偏见的人未能接受——它是一套已经被一劳永逸地观察到的永恒真理的重要部分。反对者也许被训斥道，即使他们的努力是值得的，它们也不能被严肃地对待。难怪某些人绝对厌恶这种令人无法忍受的专横（它的根基极其脆弱），他们开始厌恶这种"经济学科学"（这完全不是出于阶级和党派的考虑）——这种情感在随后这一科学的发展命运中成为一个重要因素。[7]

可以肯定，马尔萨斯谬论赢得了胜利，它对于人们形成那种流行的观点，即经济科学是冷酷的、无情感的、过度理性化的以及与人民的生活和福利相对立的学科，产生了重要的影响。这种被置于与人类对立地位的经济学概念在狄更斯的吝啬鬼那里得到了最突出和令人难忘的展现，它就是一幅马尔萨斯主义者的漫画，而这个马尔萨斯主义者在喋喋不休地唠叨贫穷和饥饿将有助于"减少过剩人口"。

在 19 世纪下半叶，正如熊彼特写道的那样，"经济学家对于人口问题的兴趣减弱了，但是他们几乎都没有放弃他们对于这一教条的尊敬"。随后，在 20 世纪的最初几十年，也恰恰就是西方世界出生率开始急剧地下降的时候,经济学家又恢复了他们对于马尔萨斯学说的兴趣。熊彼特的讽刺是恰如其分的:"一个普通的道德家也许认为这种出生率的下降……以及向一种静态人口目标的快速逼近,将使一直处于烦恼状态的经济学家终于可以歇息了。但是道德家因此将证明,他们根本不了解经济学家"。正好相反,与此同时,有更多的经济学家强调马尔萨斯主义,而另外一些人则强调完全相反的学说:

虽然他们中的一些人仍然爱抚马尔萨斯的玩具,另外一些人则热烈地拥戴一种新学说。他们收敛了对于曾经困扰他们并且也令其他人颤抖的预期(和当前)的人口过剩恐怖的消失的喜悦,又开始令他们自己和其他人担忧一个未来空荡荡的世界的问题。[8]

事实上,到了20世纪30年代,经济学家和政治家已经在大声疾呼所谓"种族自杀"日益逼近的问题,这时出现了生育率的过度下降。正如我们将要看到的那样,大萧条被一些经济学家归责为数十年前开始下降的生育率。一些政府,例如法国,也注意到他们对于炮灰的需要,对于大家庭给予关照。然而,到了20世纪60年代和70年代,反人口的狂热重又抬头,提出了甚至更尖锐的主张,要求实行自愿的甚至是强制的零人口增长,而像印度和中国这样一些国家则实行了强制性绝育或强制性流产。具有特征性的事件是,在70年代早期,这种狂热的顶点在1970年美国人口普查之后出现了,这个普查显示了出生率的一个显著下降,并且人口增长开始逼近一种静止状态。人们也观察到,在由于西方先进的医疗和公共卫生技术的扩散导致死亡率下降几十年之后,各个第三世界国家正在开始显现一种出生率的明显下降。这里看起来又好像是,在经历了享受较低死亡率的成果的一代人之后,人民追求更高的生活水平的习惯将导致他们去进一步降低出生率。人口水平将要、并且实际上也是倾向于调整到维持幸福生活水平的程度。因此看起来古德文是正确的,他认为给定社会中的自由与个人,市场将倾向于做出正确的生育决策。

17.4 在德国遭遇的抵制与胜利

与大不列颠相反,说德语的国家出现了意料之中的对于斯密观点的强烈抵制。自从16世纪晚期以来,他们就受着官房学与官房学派(Cameralists)*的统治。德国的重商主义者提出了一种极端形式的重商主义,甚至比他们的西方同行更加强调集中建立国家的权力,使经济和政治组织的所有部分都隶属于国家和它的权威之下。虽然以往重商主义的作家一般都是小册子的作者,他们勉强地拼凑起关于国家优势的各种具体形式,可是德语国家的重商主义者或者是360个专制的德国邦之一的官员,或者是向皇族和他们的官员提出如何实现财政收入和权力最大化的建议的大学教授。正如阿尔比恩·斯迈尔(Albion

---

* 即重商主义在德国的体现,它由德国皇家财政部的会计室名字 *Kammer* 而得名。——译者注

Small)所指出的那样:对于德国的重商主义者来说,"所有社会理论的目的都在于表明如何确保国家的福利。他们视国家的福利为所有其他一切福利的源泉。他们认为实现国家福利的关键是满足国家需要的财政收入。全部的社会理论都是从以充足的手段来满足国家需要这个中心任务引申出来的。"[9]

作为教授,这些重商主义者撰写了大部头的关于经济的各个组成部分的目录,以及政府应该对每一部分实施的计划。这些重商主义者绝对地赞美所有形式的政府干预,有时甚至达到了集体主义的福利—战争国家(Welfare-warfare State)的程度。他们很难被称为"经济学家",因为他们没有任何关于通常的经济规律的观念,而我们知道这些规律能够超出国家权力计划或者使之破产。

第一位重要的德语国家里的重商主义者是格奥尔格·冯·奥布雷赫特(Geore von Obrecht,1547—1612年),他是斯特拉斯堡市长的儿子,后来成为那个城市的大学里一个著名的法学教授。他的讲义是在死后由其儿子出版的(1617年)。在随后的一代人中,有一位重要的重商主义者是克里斯托弗·贝佐尔德(Christoph Besold,1577—1638年),出生在图宾根,随后成为图宾根大学极有影响的法学教授。贝佐尔德撰写了90多本书,全部是用拉丁文写的,其中《政治学说纲要》(*Synopsis politicae doctrinae*)(1623年)对于经济学来说最重要。在17世纪初期另一位有影响的重商主义者是雅各布·博尔尼兹(Jacob Bornitz,1570—1630年),一个撒克逊人,他是第一个对财政政策进行系统分类的人,敦促国家对产业实行严密的监管。另一个同时代人——尽管从事写作较晚,实际上到了 17 世纪中叶才开始——是卡斯珀·克勒克(Kasper Klock,1584—1655 年),他在马尔堡和科隆研究法律,随后成为不来梅和明登市的官员,最后又成为斯托尔伯格的官员。1651 年,克勒克发表了那个时代最著名的重商主义著作,《关于国库的法律、政治论战的历史》(*Tractus juridico-politico-polemico-historicus de aerario*)。

德国最有影响的重商主义人物随后很快出现了。他就是法伊特·路德维希·冯·泽肯道夫(Veit Ludwig von Seckendorf,1626—1692 年),他被称为德国重商主义之父,出生在埃朗根,在斯特拉斯堡大学接受的教育。后来从哥达开始,他陆续成为德国几个州的高级行政长官。在这期间,他写出了《日耳曼公国》(*Der Teutscher Furstenstaat*)(1656 年)。这本书为当时德国的专制主义提供了成熟老道的辩护,一共出了 8 版,在一个多世纪的时间里一直成为德国大学的读本。泽肯道夫最后是在哈雷大学校长的职位上终其一生的。

在 17 世纪晚期,重商主义在奥地利已经占据统治地位。约翰·约阿希姆·贝克尔(1635—1682 年)出生在斯派尔,是美因茨的一位炼金术士和宫廷医生,他很快就成为奥地利皇帝利奥波德一世的顾问,和各个国家所有的企业的管理者。贝克尔强烈地影响了奥地利的经济政策,他要求由国家管制贸易公司的对外贸易,建立一个国家商业理事会来监管所有国内经济事务。作为一个前—凯恩斯主义者,他深受"收入流量"洞见的影响,根据这种洞见,一个人的支出根据定义就是另外一个人的收入。因此他号召采用通货膨胀的措施来刺激消费者需求。他的著名著作是《政治争辩》(*Politischer Discurs*)(1668年)。熊彼特将贝克尔描述为"满脑子的计划与项目",但是这些计划中的某一些并没有成功,因为贝克尔最终面对债权人的愤怒而逃跑了。[10]贝克尔的堂弟,菲利普·威廉·冯·霍尔尼希克(Philipp Wilhelm von Hornigk, 1638—1712年)是后来在奥地利具有影响力的另一位美因茨人。他在因戈尔斯塔特完成的学业,到维也纳从事法律工作,然后进入政府。他的奥地利的沙文主义小册子《只要愿意,奥地利将支配所有国家》(*Osterreich uber Alles, wann es nur will*)(1684年)获得了极高声望。冯·霍尔尼希克的中心命题,是强调使奥地利成为自给自足国家、切断所有贸易所具有的重要性。同一时代的第三位在奥地利的德国重商主义者是威廉·冯·施罗德男爵(Wilhelm Freiherr von Schröder, 1640—1688年)。出生在柯尼希山,并且是耶拿大学的法学专业的学生,施罗德也成为了奥地利皇帝利奥波德一世的顾问,并由此成为有影响力的人物。施罗德负责管理一家国有工厂,又是匈牙利的宫廷财政委员会成员,他在他的《国王的财富与官房》(*Furstliche Schatz und Rentkammer*)(1686年)中提出了他的观点。施罗德是君权神授观点的极端拥护者。他的重商主义强调货币快速流通的重要性,并主张建立一个银行体系以便扩张银行券和存款的供给。

这种重商主义体系通过18世纪中叶约翰·海因里希·戈特利布·冯·尤斯蒂(Johann Heinrich Gottlieb von Justi, 1717—1771年)的著作,在德国确立起具体形式。尤斯蒂是一个图林根人,他在几所大学学习法律,然后在维也纳以及哥廷根大学教书。他后来去了普鲁士，成为一个矿藏的负责人，工厂的管理者，最后成为柏林煤矿的负责人。

尤斯蒂的著作达到了德国重商主义的顶峰，将它的全部以往传统都包括和整合进来了，并且特别强调系统综合的计划对于一个福利国家的重要性。富有特征的是，尤斯蒂强调了"自由"所具有的至关重要性，不过他所谓的自由后来显示出只是遵守官僚颁布的法令的机会。尤斯蒂也强调在一个工厂体系和先进的劳动分工中出现的所谓工人的"异化"。在他的众多著作中，最重要的是《国民经济》(*Staatswirthschaft*)(1755年)，《金融体系》(*System des Finanzwesens*)(1766年)，以及他的两卷本的《国家权力与福利的基础》(*Die Grundfeste zu der Macht und Glückseeligkeit der Staaten*)(1760—1761年)。然而，强调国家福利的尤斯蒂却在他自己的福利上面栽了大跟头，他自己不愿意遵守王国的法律。由于他作为普鲁士煤矿管理者其账目出现了混乱，尤斯蒂被投进监狱，并死在狱中。

另一位18世纪德国重商主义的重量级人物，是尤斯蒂的追随者巴龙·约瑟夫·冯·索南费尔特(Baron Josoph von Sonnenfels, 1732—1817年)。出生在摩拉维亚，作为一位犹太法学家的儿子，索南费尔特移民到维也纳，在那里他成为第一位金融学和重商主义经济学的教授，同时又成为连续三任奥匈帝国皇帝的首要顾问。作为一位专制主义者，重商主义者，以及福利国家的鼓吹者，索南费尔特的观点在他的著作《政策、干预活动与金融学原理》(*Grundsatze der Polizei, Handlung, und Finanzwissenschaft*)(1765—1767年)中得到系统阐述。他的书内容极其丰富,直到1848年仍然被作为奥匈帝国的官方教科书。

在这种深深地浸透着重商主义的环境之中,毫无疑问,亚当·斯密的《国富论》最初在德国几乎没有什么市场。不过,不列颠人在德国也有一个重要的立足点,因为汉诺威的选民区属于不列颠王朝设在普鲁士心脏地带的欧洲大陆的一个领地,因此这个地方是处于英国文化的强烈影响之下的。正因此,对《国富论》的第一个德国评论是出现在汉诺威的哥廷根大学的官方杂志上。哥廷根大学在德国建立了最受人尊敬的哲学系、历史系以及社会科学系,到18世纪90年代,它在德国其他地方充满敌视的氛围中已经成为一个日益活跃的斯密主义的核心区了。[11]

在将亚当·斯密介绍给德国思想界的过程中起到领导作用的是弗里德里希·格奥尔格·萨托里乌斯,冯·瓦尔特斯豪森男爵(Friedrich Georg Sartorius, Freiherr von Waltershausen, 1765—1828年)。萨托里乌斯出生在卡塞尔,在哥廷根大学学习神学和历史。萨托里乌斯不久就在哥廷根大学讲授历史,到了18世纪90年代,又将他的课程扩展到政治科学和经济学。萨托里乌斯出版了斯密著作的选集,并且出版了他的《国民经济手册》(*Handbuch der Staatswirthschft*)(柏林,1796年)一书,这显然是一本总结了他对于亚当·斯密评论的经济学教科书。对斯密著作的一种更详细的总结,出现在他10年以后的著作《论亚当·斯密关于国民财富的要素以及国民经济的思想》(*Von den Elementen des National-Reichthums, und von der Staatswirthschft, nach Adam Smith*)(1806年)当中。

然而在同一年,他又出了另一卷书:《论国民财富与国民经济》(*Abhandlungen die Elemente des Nationalreichthums und die Staatswirthschft*)(1806年),该书确立了萨托里乌斯自己的观点,并阐明了他与其老师的分歧所在。萨托里乌斯不同意斯密的古怪的价值理论,他坚持认为价值的主要源泉是它在消费中的有用性。劳动的价值也是由它的用处决定的,因而它不能作为不变的价值尺度,货币也不能作为不变的价值尺度,因为货币的价格也是易于受到供求的相互作用而变化的。因而,萨托里乌斯发现斯密的劳动价值理论是"一个奇怪的、骗人的结论"。令人遗憾的是,萨托里乌斯对于斯密的其他重要叛离却极大地削弱了斯密原本已经脆弱的对于自由放任的信仰。萨托里乌斯建议国家要实行经常性的干预。

萨托里乌斯是在德国鼓吹斯密学说的四位重要教授之一。另一位是克里斯蒂安·雅各布·克劳斯(Christian Jakob Kraus,1753—1807年),他是一位知名的哲学家,出生在东普鲁士,并在柯尼希山大学在伊曼纽尔·康德(Immanuel Kant)的指导下学习,他后来成为康德的一位亲密朋友。克劳斯是在海勒大学取得他的博士学位的,不过他在哥廷根大学度过了对他产生实质影响的一年,在那里他对于经济学产生了持久的兴趣。在于1780年取得其博士学位之后,克劳斯成为柯尼希山大学的实践哲学和重商主义经济学的教授,在这里他不仅讲授哲学,而且也讲授希腊古典文学、历史、英文和数学。不过,到了18世纪90年代初,克劳斯的兴趣完全集中到了经济学上。实际上,克劳斯是在德国最先承认《国富论》的一批人当中的一位,他将其赞美为"唯一真正的、伟大的、美妙的、公正的、有益的体系"。克劳斯对亚当·斯密的崇敬不带有任何在萨托里乌斯那里所经常充满着的偏离和踌躇；事实上，他高声宣称《国富论》"肯定是有史以来最重要和最有益的书籍之一"。克劳斯甚至大胆地将斯密的书与《新约全书》联系在一起："可以肯定地说，自从《新约全书》问世以来，还没有哪一种文献能够像这本书那样产生如此有益的结果……"。

奇怪至极的是，作为这样一位德国学者，克劳斯在其有生之年发表的东西却很少很少。不过，他却是一位极富有影响力的教师；他在柯尼希山大学的讲座总是听众爆满，并且他在那里被视为除了康德以外的最重要的教授。在其逝世以后，克劳斯的朋友发表了他的全部手稿，其中最重要的是《论国民经济》(*Die Staatswirthschaft*)(5卷本，柯尼希山，1808—1811年)。这部著作的前四卷本质上是对于斯密的《国富论》的释义，只不过是把英国的例子换成了普鲁士的。

《论国民经济》的第5卷是最重要的，因为在这一卷克劳斯给出了他自己对斯密的经济学的贡献。克劳斯以讲义的形式阐明了他关于普鲁士的经济政策。第5卷以尖锐的口吻要求个人主义，自由市场，自由贸易，以及极大地减少政府的干预。克劳斯从每个人都想要极大地改善其状况这个基本的洞见开始。("每个人想要极大地改善其状况的愿望和努力是全部国民经济的基础，就像宇宙中的万有引力一样。")但是，如果人们想要极大地改善他们自己，那么政府强制地要求某些人行动或者迫使另外一些人行动，就必然会损害或者干扰这种旨在寻求改善的努力。因为如果不然的话,为什么在没有强制的情况下,单个人不会自愿地去做政府要求他们做的事呢?因为他们不愿意这样做,所以他们将寻求逃避政府强制和禁止的方法。在所有这些情况下,与重商主义形成鲜明的对照,克劳斯自己是从社会中受制于政府的法令的单个人的视角,而不是从颁布法令的官员的视角,来考虑问题的。[12]

一篇关于克劳斯的引人入胜的怀念文章是由伟大的改革政治家巴龙·卡尔·冯·施泰因(Baron Karl vom Stein,1757—1831年)写给他的一位朋友的。施泰因对他的朋友和顾问说道:

> 整个邦[普鲁士]由于他而得到了启蒙并获得了文明,他的观点促使他们终生致力于政府事务和立法。如果说他没有提出辉煌的新思想,那么他至少不是一位追求虚荣的诡辩家;他以清晰、简洁并且准确地表述的方式给出质朴的真理,成功地与数千个大学旁听生交流,这比通过喋喋不休的闲聊和似非而是的说法来唤醒人们的注意力要更为有效……克劳斯拥有一种谦逊而又和蔼的性格,它强烈地受到其环境的影响,他闪现着新的洞见,给予巨大的教益,经常以他出人意料的结论令我们感到惊奇……从阅读他的著述中可以看出,那里每一句话都是清晰简洁的,在当前你简直不再需要别的什么。

德国的斯密学派的教授四组合中的第三位,是奥古斯特·费迪南德·吕德尔(August Ferdinand Lueder,1760—1819年)。

吕德尔也是哥廷根大学培养出来的人才,他在那里学习,随后成为哲学教授。他还是一位历史学教授和不伦瑞克的地方政务会委员。吕德尔在历史与地理统计方面做了大量的工作,发表了一本统计概论的书,《历史卷宗》(*Historische Portfeuille*)(1787—1788年),和《历史、政治学与政策百科全书》(*Repositorium fur geschichte, Staatskunde und Politik*)(1802—1805年)。但是,与此同时,吕德尔也阅读了亚当·斯密的著作,并且成为一个热心的宣传者,在1800至1802年发表了一部斯密主义的著作《论民族工业与国民经济》(*Über Nationalindustire und Staatswirthschaft*)。除了对斯密的观点的一个概要的介绍以外,吕德尔从社会和政治的所有方面,尤其是从严格的经济视角,对自由给予了热情洋溢的捍卫。正如吕德尔在另一部著作中所写道的那样,"我可以为了自由、真理和正义而不顾一切;为了产业的自由以及舆论的自由,为了行动的自由和精神的自由,为了个人和财产的自由"。[13]

奥古斯特·吕德尔的一个迷人之处在于,他同时为斯密的方法论和他对于自由的虔诚所驱使,放弃了他终生心爱的工作,即国民统计调查。因为统计不仅仅是将会误导政府的政策制定者,而且政府的计划者几乎从来也没想在不掌握翔实的统计资料的情况下做出计划。因此,统计绝不仅仅起误导的作用;它恰恰成为政府干预所赖以存在的必要条件,而这种干预是必须要被抛弃的。吕德尔在两卷本的论统计的著作中(《对统计学与国家政策的批评》(*Kritik der Statitik und Politik*)(1812年)和《统计史批判》(*Kritische Geschichte der Statistik*))对统计学提出了批评。在他的《对统计学与国家政策的批评》一书的序言中，吕德尔以动听的笔调写道：

> 在我看来，统计学的结构和政策似乎建立在强大的柱石和坚固的基础之上。我曾经一直将我生命中的幸福时光和人生的绝大部分精力贡献给统计学和政策……任何事情都不能动摇我对于它的信念。但是，时间飞快地流逝。那些植入我的头脑深处的观念一个接着一个地被反思和发生改变；一个接着一个地被承认是偏见；一个接着一个的腐败论据越来越站不住脚了，接二连三地被放弃；最终，令我产生非同小可恐惧的是，整个统计学结构连同政策一起崩溃了，这种政策如果没有统计学将一事无成。随着我的见识的增长和眼界的清晰，统计学的成果和政策在我看来越来越可怕；它们被置于产业发展的道路上，成为一种障碍物，不仅阻碍了福利增长，而且也影响到文化和人性本身；所有这些都是对于事务发展的自然过程的妨碍；所有这些牺牲导致了一种被称为国家或共同体福利的莫名其妙的偶像，以道义和美德的损失为代价换来了对于全部哲学、宗教原理以及正常的常识的嘲弄。[14]

以他这种对于统计学和"政策"的害处的敏锐洞察力，人们不能不对于吕德尔对当时的世界的反对感到震撼，那时统计学和政策都还处于幼年时期，就已经扩散并且绝对地征服了我们这个世界。

第四位有影响的德国斯密学派的学者是路德维希·海因里

希·冯·雅各布(Ludwig Heinrich von Jakob,1759—1827年)。雅各布在哈雷大学学习,后来在乌克兰的哈尔科夫大学任教。结果,雅各布成为圣彼得堡的几个委员会的顾问,帮助在俄国推广斯密的经济学说。不过,雅各布一生的大部分时间是在哈雷大学讲授政治经济学和哲学,在那里,像克里斯蒂安·克劳斯一样,他把康德和斯密的个人主义结合进一种经济与哲学的完整体系。雅各布也像克劳斯一样,在施泰因—哈登贝格在普鲁士实行的自由主义改革中发挥了重要的参谋作用。他的最重要的著作是《国民经济学原理》(Grundsätze der Nationalökonomie)(1805年)。

无论如何,在萨托里乌斯、克劳斯、吕德尔和雅各布的四人组合的影响下,斯密的学说迅速地从一个经济系到另一个经济系地战胜了旧有的重商主义,这些重商主义者被驱赶到了他们更适合栖身的法律与公共管理院系。斯密的观点也渗透到了公务员制度,并且引发了19世纪早期施泰因—哈登贝格在普鲁士实行的重要的流产的自由主义改革。应当补充一点,施泰因和哈登贝格二人都曾是哥廷根大学的学生。经过10年多一点儿时间,斯密的学说在德国战胜了重商主义。

17.5 俄国的斯密主义学说

斯密的学说也渗入到了俄国的政治文化之中。19世纪中叶,文化与知识生活刚刚开始在这个落后和专制的帝国中出现萌芽。莫斯科大学,作为俄国的第一所大学,始创于1755年的较晚时期。启蒙的思想遍布俄国,正如我们已经看到的那样,凯瑟琳大帝至少青睐过重农学派。法语是俄罗斯宫廷的语言,所以,任何在法国这个启蒙运动的大本营流行的观念,都注定要被莫斯科和圣彼得堡严肃地对待。此外,18世纪苏格兰的启蒙运动在某种意义上也被传到了俄国,这主要是由于这样的事实,即众多的苏格兰专业人士——医生、士兵、工程师——居住和工作在这个国家。苏格兰启蒙运动的书籍一般是被翻译成法语,在俄国出版。

在18世纪60年代,按照俄国彼得大帝的女儿——伊丽莎白皇帝的惯例,将选择杰出的学生到海外去完成他们的学业。结果,女皇做出了至关重要的选择,在1761年送两个人去了苏格兰,他们将对斯密的思想在俄国的传播起到特别的作用。两个人当中更重要的一位是谢苗·叶菲莫维奇·杰斯尼茨基(Semyon Efimovich Desnitsky),他是乌克兰的一个小资产阶级分子的儿子,而他的终生朋友和大学同窗则是伊万·安德烈耶维奇·特烈季亚科夫(Ivan Andreyevich Tretyakov,1735—1776年),他是一位军官的儿子。这两个人在格拉斯哥大学学习了六年,在亚当·斯密的指导下如饥似渴地学习,直到斯密后来于1764年离开他在格拉斯哥大学的讲座教授职位。在格拉斯哥,杰斯尼茨基和特烈季亚科夫聆听了斯密关于《国富论》的讲座,同时也在斯密的同事和先前的学生约翰·米勒(John Millar)的指导下学习。当这两位俄国留学生遇到经济困难的时候,亚当·斯密还借给他们钱以帮助他们渡过难关。这两位俄国学生带着满脑子的斯密学说于1768年返回莫斯科,并很快就成为莫斯科大学的第一批俄国的法学教授。在莫斯科,这两个年轻的斯密主义者受到了教师们的强烈敌视。莫斯科大学的大多数教授都是德国人,而德国人强烈地反对由年轻的俄国教师成功地推行了的用俄语授课而不用拉丁语授课的改革,更有甚者,德国人甚至敌视两位斯密主义者的自由的、改革主义的以及反教权主义(anti-clerical)的观点。

杰斯尼茨基和特烈季亚科夫在他们回到俄国的第一年,每人都出版了一本论斯密学说的书。这两本书在很大程度上是对于斯密讲义的一种复述,而特烈季亚科夫的那一本实际上是由杰斯尼茨基代写的。从那时开始,在这两个人当中,特烈季亚科夫日益变成一个忠诚的斯密主义者,杰斯尼茨基则日益成为一个独立的思想家。两个人在莫斯科大学的政治和法律教师当中占有支配地位。杰斯尼茨基后来作为18世纪下半叶俄罗斯杰出的社会与政治理论家以及"俄罗斯法学之父"而闻名。特烈季亚科夫则把伟大的布莱克斯通(Blackstone)*的著作翻译成俄文。

凯瑟琳大帝日益对最新流行的知识时尚以及苏格兰启蒙运动感兴趣,当杰斯尼茨基返回俄国之际,就委任他撰写一个以斯密学说为指导的俄国改革计划。这是一个大部头的计划,名为《报告》(*Predstavlenie*),杰斯尼茨基于1768年完成了这个计划构想,并把它送给了凯瑟琳。它的基本要旨是实行温和的政治改革;杰斯尼茨基提出了一套两院议会体制,伴随一个独立的、终身任命的法官,旨在实现对行政和立法的监督与权力平衡。

---

* 威廉·布莱克斯通是英国18世纪的一位法官与法学家。——译者注

凯瑟琳大帝阅读了《报告》,并将各种政治上微不足道的建议一起纳入到她的著名的 1768 年改革法令中,该法令即是《训令》(Nakaz),它被翻译成英文、法文和德文。

然而,《报告》本身是太过于激进了,以至于难以公开问世,所以直到 1905 年以前一直没有发表。在革命的 1905 年,它鼓舞了自由主义改革者的精神,迅速地接连印刷了两次。

斯密的学说在俄罗斯的影响由于下面这一事实而得到了倍增的效果:即在 18 世纪 70 年代后期,当她的儿子在爱丁堡大学读书时,叶卡捷琳娜·达什科娃王妃居住在苏格兰。达什科娃曾自豪地写道,她与亚当·斯密、威廉·罗伯特逊神父(Rev. William Robertson)、亚当·弗格森(Adam Ferguson)以及休·布莱尔(Hugh Blair)这样一些"名垂青史的"人物具有亲密的关系。

不过,尽管他们成就卓著,由于首先是来自俄罗斯国家和教会,其次是来自莫斯科学术界大多数人的敌视态度,这两位法理学家的自由主义观点还是使他们离开了他们的大学职位。他们两人中的每一个都被强迫从大学退休,特烈季亚科夫是在 1773 年,杰斯尼茨基是在 1787 年。二人都在他们被免职后的不几年内死去。

接过斯密主义的火炬继续照亮下一代俄国人的,是一位通常被史学家称为俄国人的德国的斯密主义者。他就是波罗的海的德国贵族海因里希·弗里德里希·冯·施托希男爵(Heinrich Fridrich Freiherr von Storch,1766—1835 年)。施托希出生在里加,在耶拿和海德堡接受的教育,他将其毕生贡献于俄罗斯的政府公职人员的高贵职业,成为圣彼得堡的帝国学生军训队(Imperial Cadet Corp)的教授,并且用斯密的政治经济学教育未来的恺撒·尼古拉斯一世和他的弟弟。通过帮助把斯密的学说带到俄国,冯·施托希于18世纪末(1797—1803年)在德国写下了9卷本的关于俄国的历史和统计的著作,随后又用法语撰写了一部论经济学的专著,《政治经济学教程》(*Cours d'economie politique*)(1815年)。这部书在圣彼得堡出版,为了对未来的恺撒进行教育。作为一位温和的斯密主义者,冯·施托希明智地拒绝关于某些劳动属于"非生产"劳动的观念,并在他1824年最后的著作中以前凯恩斯主义的方式尝试进行了收入分析。

17.6 斯密学派对经济思想的征服

到了19世纪初,亚当·斯密的观点和学说已经征服了欧洲的思想界,尽管它们在政治机构中的渗入程度并不深。甚至在法国,正如我们在本书的第2卷将要看到的那样,斯密以前的关于价值的主观效用—稀缺研究方法以及对于市场中企业家职能的强调,仍然占有显著地位,只不过它们这时是在对于作为经济理论和自由市场政策奠基人的亚当·斯密展示崇高敬意的花环下出现的。经过英国的詹姆斯·穆勒和李嘉图,法国的J.B.萨伊,以及欧洲大陆的其他人之手,亚当·斯密将要被视为"政治经济学"新学派的化身。

斯密学说在18世纪90年代以后对于经济思想的这种支配地位,既是好事,但是在更大的程度上也许是坏事。一方面,它至少意味着对于国内外自由贸易的一种适中肯定和归宗。甚至更明确地说,它意味着一种对于储蓄和投资美德的精明理解和严格坚守,以及对于原初凯恩斯主义经常陷入对"窖藏"和消费不足的担忧的做法的抛弃。不仅如此,这种对于熊彼特所称的杜尔阁—斯密的储蓄与投资观点的坚持,还意味着一种对于野蛮地扩张货币与信贷的通货膨胀计划的决定性反对。

另一方面,斯密学说的这种盛行也使经济思想蒙受了巨大成本。甚至在货币理论方面,斯密也与他的18世纪同伴们不同,他采纳了约翰·劳的通货膨胀学说的实质内容,尤其赞赏在铸币本位制度下银行信贷和货币的扩张。这样,斯密就为后来对英格兰银行及其普遍的信用扩张的辩护铺平了道路。

更为严重的是,斯密总体上使价格与价值理论发生了倒退,使它陷入了死胡同,而走出这个死胡同花费了一个世纪的时间;实际上,在某种意义上说,价格与价值理论并没有完全得到恢复。在斯密带来的理论巨变的根底处,无疑是他对于消费者支出的加尔文主义的轻蔑态度。所以,只有在物质产品(即物质的资本品)上的工作才是生产劳动。也因此,才有斯密对于高利贷法的干预主义的呼唤,藉此来降低利率以便限制储蓄供给,使它们从奢侈品的消费者和投机的"设计者"那里转移到清淡朴素的高品质借款人那里。斯密对于消费者的轻蔑态度还导致他抛弃了确立已久的基于主观效用—稀缺的价值理论,他不是从人微言轻的消费者那里寻找价值的原因,而是用真实成本,或包含在产品中的劳动的痛苦来解释价值。因此,斯密便使经济理论的重心发生了巨变,即从消费者需求和实际的市场价格转向不现实的、长期均衡。因为只有在长期均衡当中,关于定价的劳动的痛苦或成本理论才能够具有平均的、表面的可能性。可是，单纯拘泥于长期均衡令斯密丢弃了早已由坎替隆和杜尔阁所深入地阐述的全部有关企业家——不确定性问题的理论；因为在一个无时间的最终均衡的世界里，显然是不存在任何变化或不确定问题的。

斯密的劳动价值理论导致了马克思主义，和由这一信条所带来的所有可怕后果；他对于长期均衡的唯一强调导致了在今天支配着经济理论的形式主义化的新古典主义学说，并且导致它根本不去考虑企业家职能与不确定问题。

斯密对于处于永恒均衡之中的经济的重视也导致他抛弃了他的老朋友大卫·休谟关于国际硬币——流动—价格机制的真知灼见（尽管它比起坎替隆的要逊色一些），以及这种学说中所明确地包含着的关于商业周期的重要分析。道理很简单，如果世界经济总是处于均衡状态，那么就既没有任何必要去考虑或担忧货币供给增加会引起价格上涨和金银流向国外的问题，也没有必要去考虑随后的货币和价格收缩问题。

因而，在本质上，斯密以后的经济思想的一般面貌需要被扭转。按照以往通常的观点，亚当·斯密这位杰出的奠基人，凭借他天才的理论创造和他对于制度现实的渊博知识，独立创造了政治经济学以及关于自由市场的公共政策，藉此摆脱了重商主义的谬误与更早的经院学者关于"公平价格"的荒谬观点的大杂烩。然而实际的情况几乎正好相反。在斯密之前，几个世纪的经院学者分析已经发展出了极为出色的价值理论与货币理论，与之同时还有相应的自由市场和硬货币理论结论。最初包含在经院学者中间的基于自然法理论、经济理论和政策的一种系统的产权与合约理论框架,由 18 世纪的坎替隆和杜尔阁所进一步地阐发成为一种名副其实的科学。所以,亚当·斯密远不是经济学科的独立创立者,他不仅依靠了经院学派和法国传统,而且甚至还吸收了他的一些指导教师们——格肖姆·卡迈克尔以及他自己的导师弗朗西斯·哈奇森——的相当薄弱的关于苏格兰启蒙运动的自然法思想。

斯密学说对于经济学的总体垄断的最不幸的方面,还不是在于他自己的一套完备的错误体系,它更主要地是表现在他毁灭了在斯密以前所发展起来的丰富的经济思想传统的知识。结果,奥地利学派以及他们的 19 世纪的继承者们在很大程度上被剥夺了了解斯密以前的思想传统的机会,他们被迫通过多种方式来白费力气地工作,痛苦地挣扎着返回到很多斯密以前的学者所长期以来分享的知识传统。亚当·斯密以及斯密学说的后果是科学史上的库恩式案例的一个突出例子:有太多太多的案例表明,一种学科中的知识的发展,并不是稳步的、连续的走向光明的向上运动,即耐心地抛弃被拒绝的假说,同时连续地追加积累的知识存量。相反,每个学科发展的历史轨迹是一种包含了重大收获和损失的锯齿形路线,紧随知识进步而来的是衰退和反常的行为,随后,到了试图重新找回失去的知识的时期(常常是朦胧的,并且会遇到激烈的反对),再次取得已经丢失的范式。

17.7 注释

1. 《爱丁堡评论》的一个前身杂志由一组卓越的持温和态度的长老会领导人在1755年创办,他们当中包括亚当·斯密。不过,它只出了两期。也许值得注意,杜格尔·斯图尔特是主要的温和派长老会领导人和最初的《爱丁堡评论》的创始人、大学校长威廉·罗伯特逊(1721—1793年)的第一位传记作者。
2. 见埃德温·坎南,《1776年至1848年英国政治经济学中的生产与分配理论史》(*A History of the Theories of Production and Distribution in English Political Economy from 1776 to 1848*),第3版,伦敦:史泰博出版社(Staples Press,1917年),第110—111页。
3. 见J. A. 熊彼特,《经济分析史》(纽约:牛津大学出版社,1954年),第579页。
4. 见亚历山大·格雷,《经济学说的发展》(*The Development of Economic Doctrine*)(伦敦:朗曼斯—格林出版公司(Langmans, Green and Co.),1931年),第163—164页。
5. 参见注释2中所引坎南的文献,第113页。
6. 参见注释3中所引熊彼特的文献,第580页。
7. 参见注释3中所引熊彼特的文献,第581—582页。
8. 参见注释3中所引熊彼特的文献,第584页。
9. 见阿尔比恩·W. 斯迈尔,《重商主义》(*The Cameralists*)(1909年;纽约:伯特·富兰克林出版公司(Burt Franklin),日期不详),第viii页。
10. 奇怪至极的是,虽然呼吁要有更多的货币,贝克尔还写了不为人知的著作,《道德论辩》(*Moral Discurs*,1669年)和《重农主义》(*Psychosophia*,1678年),在其中他变成最早的共产主义者之一,要求取消货币。在贝克尔看来,货币是头等的邪恶;如果没有货币,我们都将被迫努力工作,都将享有平等的收入,从而都将幸福。
11. 当时德国最有名的三所大学是靠近普鲁士的哥廷根大学、海勒大学和莱比锡大学。
12. 例如,克里斯蒂安·克劳斯写道:"无论什么时候,通过一种法律或者一种安排来让人们去做他们先前没有做的事情,或者不让人们去做他们先前做过的事情,这都是有问题的。在第二种场合,所产生的第一个问题就是,为什么人们不会根据他们自己的意愿来终止行为?……由此又产生了第二个问题:人们为了规避与他们的利益有冲突的法律将企图做什么?接着是第三个问题:为了成功地规避法律他们将走多远?在第二个问题和第三个问题的场合,将会产生许多惊人的观点,而如果我们将自己完全置身于这些人的地位并且完全站在他们的角度来考虑问题,那么我们就会完全避免这些问题。人们关于不去做某些事的场合所说的话甚至要比关于去做某些事的场合——也就是说,当人们被法律或者某种安排(诱使或者强制地)要求去做他们先前不愿意做的事情——所说的话更可信"。援引自,卡尔·威廉·哈塞克(Carl William Hasek)《亚当·斯密学说在德国的引入》(*The Introduction of Adam Smith's Doctrines Into Germany*)(纽约:哥伦比亚大学,1925年),第89页小注。
13. 援引自同上文献,第93页。
14. 引自同上文献,第83页。

文 献 注 释

综合文献　　　　　　　　　　　　　　　　　　505
古代思想
中世纪思想
晚期经院学者
路德与加尔文
再浸礼教派的共产主义
非经院学者的天主教徒
反对君主:胡格诺教徒与天主教徒
专制主义与意大利的人文主义
法国的专制主义
重商主义
17世纪法国的重商主义思想
法国反对重商主义的自由运动
英格兰的重商主义者:16世纪与17世纪早期
洛克与平等派
英国的重商主义者:17世纪晚期与18世纪
现代经济学:理查德·坎替隆:奠基人
早期数理经济学家

重农学派与自由放任
A. R. J. 杜尔阁
费迪南多·加利亚尼
苏格兰启蒙运动
大名鼎鼎的亚当·斯密
斯密思想的传播
马尔萨斯与人口

对于一部全面系统的经济思想史来说,一个文献注释显然不可能罗列所有的文献,更不用说对这一历史的每一个来源都给以注释了。至于对社会、政治、宗教思想史以及正规的经济史等辅助领域的文献(在我看来,所有这些文献必然会影响到经济思想的发展以及这一领域里的纷争),就更不可能一一注释了。因此,我所能够尽力做到的,就是对那些我在从事这项研究工作中感到最有帮助的文献,主要是第二手的文献,给以描述和注释。通过这种方式,这个文献附录可以对那些想要深入探究这个广泛而复杂的领域里的各种主题和不同方面——它们通过诸多方式触及到了全部西方文明史——的读者提供一种指南。

综合文献

截至目前,经济思想史中最全面系统的文献综述当属亨利·斯皮格尔(Henry W. Spiegel)在《经济思想的发展》(*The Growth of Economic Thought*)(3rd ed., Durham, NC: Duke University Press, 1991)一书中所给出的令人瞩目的详尽阐述,这个文献综述目前至少有161页之多,是全书最有价值的部分。四卷本的《新帕尔格雷夫:经济学大辞典》(*New Palgrave: A Dictionary of Economics*)(London: Macmillan and New York: Stockton Press, 1987),包含了许多论述具体经济学家的杰出论文。

而在这个图书系列的另一极,路德维希·迈(Ludwig H. Mai)的朴实无华的平装本《经济学中的人与思想:世界经济学家辞典》(*Men and Ideas in Economics: A Dictionary of World Economists, Past and Present*)(Lanham,MD: Rowman and Littlefield,1977)的简要描述,也是极其有用的。

古代思想

唯一的一部涵盖了包括美索不达米亚、印度以及中国在内的所有古代经济思想的书,是约瑟夫·斯彭格勒(Joseph J. Spengler)的《经济思想与正义的起源》(*Origins of Economic Thought and Justice*)(Carbondale, Ill. Southern Illinois University Press,1980)。斯彭格勒教授的书实际上表明这些古代文明中的经济思想没有产生任何有意义的东西,尽管他也许不同意这个评价。中国的政治哲学(尤其是老子学说)是一个例外,对此,萧公权(Kung-chuan Hsiao)的决定性的著作《中国政治思想史,第一卷:从开初到公元16世纪》(*A History of Chinese Political Thought, Vol. One: From the Beginnings to the Sixth Century A. D.*)(Princeton, NJ: Princeton University Press,1979)提供了富有启发意义的论述。关于一位中国的自由放任的鼓吹者,可以参见约瑟夫·斯彭格勒,"司马迁:不成功的自由放任的鼓吹者"(Ssu-ma Ch'ien, Unsuccessful Exponent of Laissez Faire),载于《南部经济杂志》(*Southern Economic Journal*)(Jan. 1964),第223—243页。

唯一对希腊的贡献持有公正态度的经济思想史,是斯皮格尔的《经济思想的发展》以及巴利·戈登(Barry Gordon)的《亚当·斯密以前的经济分析》(Economic Analysis Before Adam Smith)(New York: Barnes & Noble,1975)。斯皮格尔对于德谟克利特的论述特别中肯,戈登对赫西俄德的论述也是中肯的,并且他深入地研究了希腊的经济思想。戈登对于犹太人经济思想的详尽阐述也是独一无二的。不过,他的题目有些误导读者,因为该书的内容止于晚期经院学者,而这比亚当·斯密的时代早很多年呢。

托德·劳里(S. Todd Lowry)的"关于古希腊经济思想的最新文献"(Recent Literature on Greek Economic Thought)《经济文献杂志》(Journal of Economic Literature),第17卷(March,1979,第65—86页),对于希腊经济思想提供了一个全面系统的文献注释。另见,劳里,《经济思想的探源:古典的希腊传统》(The Archaeology of Economic Ideas: The Classical Greek Tradition)(Durham, NC: Duke University Press, 1987)。罗斯(W. D. Ross)编辑的亚里士多德著作的牛津版是一个标准版本。关于亚里士多德的交换等式含义的引人入胜的争论,约瑟夫·绍德克(Josef Soudek)有一篇冗长的学术论文,这篇论文曾经完全误导了杰文斯对于亚里士多德的理解,它就是载于《美国哲学学会文集》(Proceedings of the American Philosophical Society)中的"亚里士多德的交换理论:对于经济分析起源的一个考察"(Aristotle's Theory of Exchange: An Inquiry into the Origin of Economic Analysis)(第96卷,Feb. 1952,第45—75页);而巴里·戈登则把亚里士多德当成一个原初的马歇尔主义者,详见他的文章"亚里士多德与价值理论的发展"(Aristotle and the Development of Value Theory),载于《经济学季刊》(*Quarterly Journal of Economics*),第 78 卷(Feb. 1964),第 115—128 页。更妙的是,有两位学者勇敢地将这个交换方程视为一种无稽之谈:一位是亚里士多德的权威解释家乔基姆(H. H. Joachim),另一位是古代史学者摩西·芬利(Moses I. Finley)。前者的论述体现在他的著作《亚里士多德:尼各马可伦理学》(*Aristotle: The Nichomachean Ethics*)(Oxford: The Clarendon Press, 1951)中,特别是该书的第 148—151 页;后者的论述体现在他的文章"亚里士多德与经济分析"(Aristotle and Economic Analysis),载于《过去与现在》(*Past and Present*)(May, 1970),第 3—25,重印于芬利主编的《古代社会研究》(*Studies in Ancient Society*)(London: Routledge & Kegan Paul, 1974),第 26—52 页。

对于亚里士多德关于经济价值问题讨论的各种拉丁语翻译版本的一个详尽的批评,参见奥德·朗霍尔姆(Odd Langholm)的《亚里士多德传统中的价格与价值》(*Price and Value in the Aristotelian Tradition*)(Bergen: Universitetsforlaget, 1979)。

约瑟夫·斯彭格勒在他杰出的文章"亚里士多德论经济归与及相关问题"(Aristotle on Economic Imputation and Related Matters)(《南部经济杂志》,第 21 卷,April, 1955,第 371—389 页)中表明,亚里士多德的归与理论是 19 世纪和 20 世纪出现的人类行为学以及奥地利学派的归与理论的先驱。不过,斯彭格勒本人却低估了他自己的研究结果的价值,因为他并不理解,尽管亚里士多德的归与理论在当时并不是针对严格的经济问题提出来的,但却是对于活动分析与人类行为学的重大贡献。

关于将亚里士多德视为奥地利学派的一个先驱,还可以参见埃米尔·考德(Emil Kauder)的文章,"边际效用理论的起源:从亚里士多德到18世纪末"(Genesis of the Marginal Utility Theory: From Aristotle to the end of the Eighteenth Century)《经济杂志》(Economic Journal),第43卷(Sept. 1953),第638—650页。

关于将柏拉图视为极权主义者,可以参见由当代知名的哲学家卡尔·波普尔(Karl R. Popper)所撰写的具有广泛影响的力作,《开放社会及其敌人》(The Open Society and Its Enemies)(3rd rev. ed. ,2 vols, Princeton, NJ: Princeton University Press, 1957)。然而,令人遗憾的是,波普尔将柏拉图的政治上的极权主义与虚假的暴政混为一谈了,后者据说是从柏拉图信仰绝对真理和理性的伦理学这一事实中引申出来的。对于像波普尔这样一个现代的、本身特别空洞无聊的形而上学论者来说,对于是非分明的真理的任何坚定的信仰都带有"教条主义"和"专制主义"的色彩。作为回应,约翰·怀尔德(John Wild)在其著作《柏拉图的现代敌人与自然法理论》(Plato's Modern Enemies and the Theory of Natural Law)(Chicago: University of Chicago Press, 1953)中通过直接地列举哲学史上的事实捍卫了柏拉图;而罗纳德·莱文森(Ronald B. Levinson)的《捍卫柏拉图》(In Defense of Plato)(Cambridge: Harvard University Press, 1953)也是这种回应之一。关于对柏拉图的极权主义的一个攻击,以及对于作为苏格拉底哲学反对派的诡辩论者的一个解释(这种解释将其视为古典的政治自由主义者),参见埃里克·哈夫洛克(Eric A.

Havelock)的《希腊政治学中的自由主义心境》(*The Liberal Temper in Greek Politics*)(New Haven：Yale University Press,1957)。另一方面,最新的一篇文章确认了这样的观点：希腊的城邦本质上是统制主义的,不存在任何古典自由主义或个人自由的概念,并且基本上是以奴隶劳动为基础的。该文即是保罗·拉厄(Paul A. Rahe)的"古典希腊的政治学要旨"(The Primacy of Politics in Classical Greece),载于《美国历史评论》(*American Historical Review*)(April,1984),第265—293页。

关于柏拉图和劳动分工,参见威廉姆森·埃弗斯(Williamson M. Evers)的"柏拉图与卢梭的社会思想中的专业化与分工"(Specialization and the division of Labor in the Social Thought of Plato and Rousseau)(《自由意志论研究杂志》(*The Journal of Libertarian Studies*),第Ⅳ卷,Winter,1980,第45—64页);贝尔纳多·福莱(Vernard Foley)的"柏拉图与斯密论分工"(The Division of Labor in Plato and Smith)(《政治经济学史》(*History of Political Economy*),第6卷,Summer,1974,第220—242页);保罗·麦克纳尔蒂(Paul J. McNulty)的"评柏拉图与斯密关于分工的论述"(A Note on the Division of Labor in Plato and Smith)(《政治经济学史》,第7卷,Autumn,1975,第372—378页);以及福莱的"斯密与希腊人：对麦克纳尔蒂教授评论的答复"(Smith and the Greeks：A Reply to Professor McNulty's Comments)(同上,第378—389页)。

关于柏拉图主义的影响以及人们据称是固有的需要通过历史来克服的异化倾向,参见莱谢克·科拉科夫斯基(Leszek Kolakowski)的著作中富于启发意义的讨论,《马克思主义的主要潮流(Ⅰ):奠基者》(Main Currents of Marxism, I: The Founders)(Oxford: Oxford University Press, 1981),第11—23页。

关于西塞罗有关自然法定义的雄辩的引语,除了其他地方之外,还可以在迈克尔·伯特伦·克罗(Michael Bertram Crowe)的《不断变化着的自然法面貌》(The Changing Profile of the Natural Law)(The Hague: Martinus Nijhoff, 1977,第37—38页)中找到,该书包括了希腊与罗马的自然法理论家;至于他关于亚历山大和海盗的寓言故事,可以在西塞罗的《论共同体》(On the Commonwealth)(Columbus: Ohio State University Press, 1929,第Ⅲ编,第Ⅳ部分,第210页)中找到。

中世纪思想

关于中世纪经济思想、包括早期教父们思想的一个极有价值的全面研究,是戈登的《亚当·斯密以前的经济分析》。两篇不可缺少的论公平价格理论的文章是:肯尼思·卡恩(Kenneth S. Cahn)的"中世纪教会法中公平价格思想的罗马与法兰克人根源"(The Roman and Frankish Roots of the Just Price of Medieval canon Law)(《中世纪与文艺复兴历史研究》(Studies in Medieval and Renaissance History),第6卷,1969,第3—52页),该文论述了早期的罗马法与教会法;以及约翰·鲍德温(John W. Baldwin)的相当于一本书篇幅的论文,"中世纪的公平价格理论:12世纪和13世纪的罗马法学者、教会法学者以及神学家"(The Medieval Theories of the Just Price: Romanists, Canonists, and Theologians in the Twelfth and Thirteenth Centuries)(《美国哲学学会学报》(*Transactions of the American Philosophical Society*),第 49 卷,1959)。关于中世纪及以后的高利贷理论的更明确的研究,可见小约翰·努南(John T. Noonan, Jr.)的《经院学者对高利贷的分析》(*The Scholastic Analysis of Usury*)(Cambridge, Mass: Harvard University Press,1957)。

对于中世纪以及晚期经院学者经济思想的习惯性忽视和总体上的误解,在约瑟夫·熊彼特的巨著《经济分析史》(*History of Economic Analysis*)(New York: Oxford University Press, 1954)中开始得到了纠正,特别是在该书第 Ⅱ 编第 Ⅱ 章的前半部分。然而,对于这种修正的更充分的研究,在雷蒙德·德·罗弗(Raymond de Roover)教授的内容广泛的著作中展现给了我们。德·罗弗的最重要和最精心选编的文章,是他的"公平价格的概念:理论与经济政策"(The Concept of the Just Price: Theory and Economic Policy)(《经济史杂志》(*Journal of Economic History*),第 18 卷, Dec. 1958,第 418—434 页)。在这里,德·罗弗摧毁了对于海因里希·冯·朗根施泰因的历史性误解。另见德·罗弗的文章,"约瑟夫 A. 熊彼特与经院学者的经济学"(Joseph A. Schumpeter and Scholastic Economics)(《周期》杂志(*kyklos*),第 10 卷,1957—1962,第 115—146 页)。以及他的文章"经院学者、高利贷以及外汇"(The Scholastics, Usury and Foreign Exchange)(《企业史评论》(*Business History Review*), Autumn, 1967,第 257—271 页),和雷蒙德·德·罗弗的论文集,《企业、银行业与经济思想:中世纪晚期和现代欧洲的早期》

(*Business, Banking, and Economic Thought：In Late Medieval and Early Modern Europe*)(ed, J. Kirshner, Chicago：University of Chicago Press,1974)。

皮埃尔·德·让·奥利维对于经济思想的关键贡献,最终也由德·罗弗呈现到我们的面前,这具体体现在他的著作《锡耶纳的圣贝尔纳迪诺和佛罗伦萨的圣安东尼诺:中世纪两个伟大的思想家》(*San Bernardino of Siena and Sant' Antonino of Florence：The Two Great Economic Thinkers of the Middle Ages*)(Boston：Baker Library, 1967,第 19—20 页,第 41—42 页)中。此外,也可参见尤利乌斯·柯什纳(Julius Kirshner)的文章,"雷蒙德·德·罗弗论经院学者的经济思想"(Raymond de Roover on Scholastic Economic Thought)(德·罗弗,《企业、银行业与经济思想》(*Business, Banking, and Economic Thought*),第 28—30 页)。关于奥利维作为约阿基姆派的成员以及作为属灵派方济各会修士的领导人,参见马尔科姆·兰伯特(Malcolm D. Lambert)的《中世纪的异端》(*Medieval Heresy*)(New York：Holmes & Meier,1977, 第 182—206 页)。关于约阿基姆派的异端,另见诺曼·科恩(Norman Cohn)的文笔生动的作品,《千禧年的追求》(*The Pursuit of the Millnennium*)(3rd, ed., New York：Harper & Bros,1970, 第 99 页及以后部分)。

迈克尔·克罗的《不断变化着的自然法面貌》,是关于中世纪自然法理论家的一个详尽的研究。而理查德·图克(Richard Tuck)的《自然权利:它们的起源与发展》(*Natural Rights：Their Origin and Development*)(Cambridge：Cambridge University Press,

1979)则阐明了积极的,或者说占支配地位的权利理论(rights theories)与消极的,或者说索取理论(claim theories)之间的一个关键区别。

关于欧洲经济史的一个学术性较强,但仍然具有可读性的综合研究,是克洛·奇波拉(Carlo M. Cipolla)主编的平装本著作《丰塔纳欧洲经济史(I):中世纪时代》(*The Fontana Economic History of Europe, I: The Middle Ages*)(London: Collins/Fontana, 1972),该书覆盖了中世纪时期。关于那一时期的人口变化,可以参见该书中由鲁塞尔(J. G. Russell)所写的文章,"欧洲人口:500—1500 年"(Population in Europe, 500—1500)。关于 14 世纪和 15 世纪前半期的大萧条,可以参见由罗伯特·洛佩斯(Robert S. Lopez)和哈里·米斯基明(Harry A. Miskimin)合写的文章,"文艺复兴时期的经济萧条"(The Economic Depression of the Renaissance)(《经济史评论》(*Economic History Review*),第 14 卷,1962),以及爱德华·佩鲁瓦(Edouard Perroy)的文章"合约经济的源头:14 世纪的危机"(At the Origin of a Contracted Economy: the Crises of the 14th Century),载于龙多·卡梅龙(Rondo E. Cameron)主编的《法国经济史论文集》(*Essays in French Economic History*)(Homewood, Ill.: Richard D. Irwin, 1970,第 91—105 页)。关于中世纪晚期和文艺复兴初期欧洲经济的一个精湛研究,可以参见哈里·米斯基明的《1300—1460 年间欧洲文艺复兴早期的经济》(*The Economy of Early Renaissance Europe, 1300—1460*)(Englewood Cliffs, NJ: Prentice-Hall, 1969)。关于将常规的税收引入法国所带来的致命问题,

参见马丁·沃尔夫(Martin Wolfe)的"从中世纪时代到旧王朝时期法国人对财富与税收的看法"(French Views on Wealth and Taxes from the Middle Ages to the Old Régime),载于科尔曼(D. C. Coleman)主编的《重商主义的修正》(Revisions in Mercantilism)(London: Methuen & Co.,1969,第190页及以后部分)。

晚期经院学者

关于晚期经院学者,即在14世纪到16世纪的那些经院学者的思想,上面提到的克罗的著作(关于自然法)、图克的著作(关于自然权利)、戈登和德·罗弗的著作(关于经济思想)以及努南的著作(关于高利贷),仍然是必不可少的(见上面)。克罗对于奥卡姆主义者(Ockhamite)——里米尼的格里高利(Gregory of Rimini)持有修正主义的观点,即把他解释为实际上赞成一种客观的自然法,对于克罗的这种观点的经常被引证的章句,可以在达马苏斯·特拉普(Damasus Trapp)的文章"14世纪的奥古斯丁的神学:对于各种版本、旁注、意见以及书本知识的注释"(Augustinian Theology of the 14th Century: Notes on Editions, Marginalia, Opinions and Book-Lore)(载于《奥古斯丁研究》(Augustiniana),第6卷,1956,第146—274页)中找到;也可以在他的"里米尼的格里高利,各种手稿版本与补充材料"(Gregory of Rimini, Manuscripts Editions and Additions)(载于《奥古斯丁研究》,第8卷,1958,第425—443页)一文中找到。有关加布里埃尔·比尔(Gabriel Biel)研究的最重要的修正主义的著作,是海科·奥伯曼(Heiko A. Oberman)的《中世纪神学的繁盛:加布里埃尔·比尔与中世纪晚期的唯名论》(*The Harvest of Medieval Theology: Gabriel Biel and Late Medieval Nominalism*)(Cambridge, Mass: Harvard University Press, 1963)。最新的关于这种修正主义的确认,体现在勒斯科姆(D. E. Luscombe)的文章"自然道德与自然法"(Natural Morality and Natural Law)(载于克雷茨曼(N. Kretzmann)等主编的《剑桥晚期中世纪哲学史》(*The Cambridge History of Later Medieval Philosophy*))(Cambridge: Cambridge University Press, 1982, 第 705—720 页)中。另见麦格雷德(A. S. McGrade)的"权利、自然权利与法哲学"(Rights, Natural Rights, and the Philosophy of Law)(同上书,第 738—756 页)。

萨拉曼卡学派最初之所以能引起经济学家的注意,要归功于玛乔利·格赖斯—哈钦森(Marjorie Grice-Hutchinson)的一本篇幅不长的杰出著作,《萨拉曼卡学派:1544—1605 年间西班牙货币理论文献选读》(*The School of Salamanca: Readings in Spanish Monetary Theory, 1544—1605*)(Oxford: The Clarendon Press, 1952)。该书的论述范围远远超出了它的副标题所暗示的内容,并且,除了简明易懂的正文以外,它还把很多重要的萨拉曼卡学者的经济著述都翻译成了英文。关于萨拉曼卡学派以及这一时期其他西班牙经济学家的更多论述,可以在格赖斯—哈钦森的著作《1177—1740 年间西班牙的早期经济思想》(*Early Economic Thought in Spain, 1177—1740*)(London: George Allen & Unwin, 1978)中找到。此外,也可以参见德·罗弗的"经院学者的经济学"(Scholastic Economics)(载于《企业、银行业与经济思想》,第306—335页)。弗兰克·巴塞洛提·卡斯特罗(Frank Bartholomew Costello, S. J.)的《路易斯·德·莫利纳的政治哲学》(*The Political Philosophy of Luis de Molina*)(Spokane：Gonzaga University Press, 1974)是一部简明易读、结构严谨的著作,伯尼斯·汉米尔顿(Bernice Hamilton)的《16世纪西班牙的政治思想》(*Political Thought in Sixteenth-Century Spain*)(Oxford：The Clarendon Press, 1963)则研究了四位萨拉曼卡的经院学者的法律与政治思想:维多利亚、德·索托、莫利纳和苏亚雷斯。关于苏亚雷斯及其他人的政治哲学的深刻见解,也可以在弗雷德里克·科普尔斯顿(Frederick Copleston, S. J.)的巨著的相关卷中找到:《哲学史,第Ⅲ卷,从奥卡姆到苏亚雷斯》(*A History of Philosophy, Volume III, Ockham to Suarez*)(Westminster, MD：The Newman Press, 1959)。关于萨拉曼卡学派的政治理论,参见昆廷·斯金纳(Quentin Skinner)的杰出著作,《现代政治思想的基础,第Ⅱ卷：改革的年代》(*The Foundations of Modern Political Thought, Vol. II: The Age of Reformation*)(Cambridge：Cambridge University Press, 1978)。

关于自第二次世界大战以来有关西班牙和本书涉及的其他经院学者的"修正主义"观点的发展,参见本书作者的文章,"关于奥地利学派前史的新观点"(New Light on the Pre-history of the Austrian School)载于多兰(E. Dolan)主编的《现代奥地利经济学的基础》(*The Foundations of Modern Austrian Economics*)(Kansas City：Sheed & Ward, 1976),第52—74页。

关于西班牙经院学者研究的最新的丰硕成果,见亚历杭德罗·查夫恩(Alejandro Chafuen)的《追求自由的基督教徒：晚期经院学者的经济学》(*Christians for Freedom: Late-Scholastic Economics*)(San Francisco: Ignatius Press, 1986)。关于萨拉曼卡的经院学者与后来的 17 世纪西班牙重商主义者之间的一个鲜明对比，参见路易斯·贝克(Louis Baeck)的"西班牙经济思想：萨拉曼卡学派与计划学派"(Spanish Economic Thought: the School of Salamanca and the Arbitristas)(载于《政治经济学史》(*History of Political Economy*)，第 20 卷，Autumn, 1988)第 381—408 页。

要想了解胡安·德·马里亚纳的迷人的特征，不可不读约翰·洛雷斯(John Laures, S.J.)的《胡安·德·马里亚纳的政治经济学》(*The Political Economy of Juan de Mariana*)(New York: Fordham University Press, 1928)。另外可以参见京特·莱维(Guenter Lewy)的《西班牙黄金时代的宪政主义和治国之术：胡安·德·马里亚纳的政治哲学思想研究》(*Constitutionalism and statecraft During the Golden Age of Spain: A Study of the Political Philosophy of Juan de Mariana, S.J.*)(Geneva: Librairie E. Droz, 1960)。关于马里亚纳的诛杀暴君思想和 16 世纪及以后的其他此类学者的论述，参见奥斯卡·贾西(Oscar Jaszi)和约翰·刘易斯(John D. Lewis)的《反对暴政：诛杀暴君的传统与理论》(*Against the Tyrant: The Tradition and Theory of Tyrannicide*)(Glencoe, Ill.: The Free Press, 1957)。

关于让森运动的拥护者就诡辩术与高利贷问题和耶稣会展开的斗争，布罗德里克(J. Brodrick, S.J.)的《耶稣会的经济道德》(*The Economic Morals of the Jesuits*)(London: Oxford University Press,1934),给予了引人入胜的描述。另一个论述耶稣会和他们的新教敌人的有帮助的文献,是赫克托·罗伯特逊(Hector M. Robertson)的包含大量信息、尽管有时显得有些粗糙的研究成果,《经济个人主义兴起的若干问题》(*Aspects of the Rise of Economic Individualism*)(Cambridge：Cambridge University Press,1933)。有趣的是,布罗德里克的书是专门为了驳斥罗伯特逊关于天主教的思想家、特别是耶稣会的思想家都倾向于赞成自由市场的命题而写的,然而这两本书却相互为对方提供了明确的肯定。布罗德里克似乎相信罗伯特逊在攻击耶稣会的不道德,可是在我们看来,他只是在简单地阐明他们的经济洞见和良好直觉。

关于天主教反宗教改革运动的一个全面研究,参见马丁·科内尔(Martin R. O'Connell)的《反改革运动：1559—1610》(*The Counter Reformation：1559—1610*)(New York：Harper & Row,1974)。

关于15世纪晚期和16世纪的商业扩张,特别需要参见哈里·米斯基明的《晚期文艺复兴时期欧洲的经济：1460—1600年》(*The Economy of Later Renaissance Europe, 1460—1600*)(Cambridge：Cambridge University Press,1977);以及由奇波拉主编的《丰塔纳欧洲经济史,第Ⅱ卷,16与17世纪》(*The Fontana Economic History of Europe, Vol. II. The Sixteenth and Seventeenth Centuries*)(London：Collins/Fontana,1974)。

路德与加尔文

一个杰出而又简明的分析体现在加里·诺斯(Gary North)的文章,"路德与加尔文的经济思想"(The Economic Thought of Luther and Calvin)(载于《基督教重建杂志》(*The Journal of Christian Reconstruction*),Ⅱ卷,Summer,1975,第76—108页)中。斯金纳的《现代政治思想的基础,第Ⅱ卷》也是关于路德和加尔文(特别是前者)的社会的、政治的哲学以及他们的追随者思想的优秀研究成果。关于这些,还可以参见约翰·菲吉斯(John N. Figgis)的更早的著作,《从杰森到格劳秀斯的政治思想》(*Political Thought from Gerson to Grotius*)(1916,New York: Harper & Bros,1960),特别是其中论"路德和马基雅弗利"的第Ⅲ章。所谓的韦伯命题在下列著述中被反复地论证:马克斯·韦伯的《新教伦理与资本主义精神》(*The Protestant Ethic and the Spirit of capitalism*)(New York: Charles Scribner's, 1930);韦伯的追随者恩斯特·特勒尔奇(Ernst Troeltsch)的著作,《基督教教会的社会训导》(第Ⅱ卷)(*The Social Teaching of the Christian Church, Vol. II*)(New York: Macmillan, 1931);理查德·托尼(Richard H. Tawney)的《宗教与资本主义的勃兴》(*Religion and the Rise of Capitalism*)(1937,New York: New American Library, 1954);以及前面提到的罗伯特逊和布罗德里克的书。另见库尔特·萨缪尔森(Kurt Samuelsson)的批判性研究,《宗教与经济活动》(*Religion and Economic Action*)(New York: Basic Books, 1961)。关于韦伯命题在中国和日本的一个有效的应用,参见诺曼·雅各布斯(Norman Jacobs)的《现代资本主义的起源与东

亚》(*The Origin of Modern Capitalism and Eastern Asia*)(Hong Kong: Hong Kong University Press, 1958)。德·罗弗关于13世纪的佛罗伦萨座右铭——即"以上帝和利润的名义"——的发现,体现在他的文章"经院学者对待贸易和企业家的态度"(The Scholastic Attitude Toward Trade and Entrepreneurship)(载于《企业、银行业与经济思想》,第345页)中。关于加尔文及其追随者对待高利贷的态度,参见前面已经讨论过的努南的巨著。

由考德提出的精辟的命题指出,加尔文主义导致了不列颠的劳动价值理论,而亚里士多德的托马斯主义则使法兰西和意大利保持一种主观主义的、消费者导向的价值理论。这一命题可以在埃米尔·考德的著作《边际效用理论的历史》(*A History of Marginal Utility Theory*)(Princeton, NJ: Princeton University Press, 1965),以及考德的文章"对边际效用理论的缓慢接受"(The Retarded Acceptance of the Marginal Utility Theory)(载于《经济学季刊》(*Quarterly Journal of Economics*), *Nov.* 1953, 第564—569页)中找到。关于像英国玛丽流放者那样的死硬的加尔文主义者和清教徒的工作狂热,参见迈克尔·沃尔泽(Michael Walzer)的《圣徒的革命:对激进政治学起源的研究》(*The Revolution of the Saints: A Study in the Origins of Radical Politics*)(Cambridge: Harvard University Press, 1965)。

也许在经济思想史上曾经出现过的最伟大的著作,要属欧根·冯·庞巴维克的《资本与利息:第Ⅰ卷,利息理论的历史与批判》(*Capital and Interest: Vol. I, History and Critique of Interest Theories*)(1921, South Holland, Ill.: Libertarian Press, 1959)了。

庞巴维克是19世纪80年代奥地利经济学派的第一个伟大的体系建立者,他在其杰作《资本与利息》的以后各卷中建立自己的理论之前,撰写了他对于先前的利息理论的系统考察和批判。虽然庞巴维克有关萨尔马修斯的论述是出色的和有鉴赏力的,可是他对于先前的著作家的讨论由于他对于经院学派思想家的知识的缺乏而大打折扣,他过于简单地把他们都作为"教会法学者"而加以排斥。这些晚期经院学者只是到了第二次世界大战时才重新引起经济学家的关注。

再浸礼教派的共产主义

有关再浸礼教派中主张强制主义的阵营的集权的、救世的共产主义的杰出的著作,是诺曼·科恩的精彩的、讽刺性的、严厉批判的作品,《千禧年的追求》(3rd, ed., New York: Harper & Row, 1970)。作为对此的一个补充,有伊戈尔·沙法列维奇(Igor Shafarevich)的更晚近的著作,《社会主义现象》(*The Socialist Phenomenon*)(New York: Harper & Row, 1980),该书的内容虽然属于片断式的,但是也探究了在其他时代和其他区域条件下的社会主义。所有这些就其总体框架而言,都应当被视为已经在罗纳尔德·诺克斯神父(Msgr Ronald A. Knox)的有价值的经典之作中提出来了:《狂热:宗教史上的一页》(*Enthusiasm*)(1950, New York: Oxford University Press, 1961)。关于再浸礼教派的神学的一个充分的、尽管有些概略式的说明,参见詹姆斯·斯特耶(James M. Stayer)的《再浸礼教派与刀剑》(*Anabaptists and the Sword*)(2nd, ed., Lawrence, Kan.: Coronado Press,

1976)。威廉·巴尔克(Willem Balke)的《加尔文与再浸礼教的激进派》(*Calvin and the Anabaptist Radicals*)(Grand Rapid, Mich.: William B. Eerdmans, 1981)是一个杰出的研究成果。乔治·亨特斯顿·威廉姆斯(George Huntston Williams)的《激进的改革》(*The Radical Reformation*)(Philadelphia: The Westminster Press, 1962)则绝对属于经典之作,只不过由于更新的学术成果的出现它显得多少有点过时了。

非经院学者的天主教徒

一篇论哥白尼的货币理论的精彩文章出自蒂莫西·赖斯(Timothy J. Reiss)和罗格·欣德里特(Roger H. Hinderliter)之手,"16世纪的货币与价值:尼古拉·哥白尼的论铸币一文"(Money and Value in Sixteenth Century: the Monetae Cudendae Ratio of Nicholas Copernicus)(《思想史杂志》(*Journal of the History of Ideas*),第40卷,April-June, 1979,第293—303页)。关于哥白尼、奥雷姆以及阿里斯托芬派(Aristophanes)论格莱欣法则的论点,参见劳伦斯·劳克林(J. Laurence Laughlin)的《货币原理》(*The Principles of Money*)(New York: Charles Scribner's Sons, 1903,第420页及以后部分)。关于洛蒂尼的最好的论述,见埃米尔·考德的《边际效用理论的历史》。另见考德的"边际效用理论的起源:从亚里士多德到18世纪末"(《经济杂志》(*The Economic Journal*), Sept. 1953,第638—650页)。关于洛蒂尼的令人讨厌的活动,见塞西莉·布思(Cecily Booth)的《科西姆一世:佛罗伦萨公爵》(*Cosimo I: Duke of Florence*)(Cambridge：Cambridge University Press，1921，第131—132页）。关于达万扎蒂，见考德的论述，《边际效用理论的历史》；以及格赖斯—哈钦森的《早期经济思想》(*Early Economic Thought*)；阿瑟·伊莱·门罗(Arthur Eli Monroe)的《亚当·斯密以前的货币理论》(*Monetary Theory Before Adam Smith*) (1923, Gloucester, Mass.：Peter Smith，1965)；此外还有约瑟夫 A.熊彼特的《经济分析史》(New York：Oxford University Press，1954)。

反对君主：胡格诺教徒与天主教徒

贾西与刘易斯(Jászi and Lewis)的《反对暴君》(*Against The Tyrant*)，以及艾伦(J. W. Allen)的《16世纪政治思想史》(*A History of Political Thought in the Sixteenth Century*)(1928，2nd ed., London：Methuen & Co.，1957)，可以对有关这一主题的浩瀚文献起到一个有用的导论作用。斯金纳的《现代政治思想的基础，第Ⅱ卷》是研究胡格诺教派和布坎南的杰出成果。任何人都不应忽略论天主教联盟的唯一的英文著作：即弗雷德里克·J.鲍姆加特纳(Frederic J. Baumgartner)的《激进的反动派：法国天主教联盟的政治思想》(*Radical Reactionaries：The Political Thought of the French Catholic League*)(Geneva：Librairie Droz，1976)。

专制主义与意大利的人文主义

关于意大利的人文主义及其与专制主义的关系，有一个最好的讨论，即昆廷·斯金纳的《现代政治思想的基础，第一卷：

文艺复兴》(*The Foundations of Modern Political Thought, Volume One: The Renaissance*)(Cambridge: Cambridge University Press, 1968)。关于狄俄墨德·卡拉法(Diomede Carafa),参见熊彼特的《经济分析史》(第162—164页)。关于莱昂·巴蒂斯塔·德利·阿尔贝蒂(Leon Battista degli Alberti)以及阿尔贝蒂家族,参见雷蒙德·德·罗弗的"佛罗伦萨的阿尔贝蒂公司,1302—1348年:账簿揭示的某些故事"(The Story of the Alberti Company of Florence, 1302—1348, As Revealed in Its Account Books)(载于《企业、银行业与经济思想》,第39—84页)。

关于马基雅弗利的最清晰和最富有启发意义的讨论,当属斯金纳的《现代政治思想的基础,第一卷》。另外,也可参见赛亚·柏林(Isaiah Berlin)的"马基雅弗利的创造性"(The Originality of Machiavelli)(载于 M. P. 吉尔摩(M. P. Gilmore)主编的《马基雅弗利研究》(*Studies on Machiavelli*)(Florence: G. C. Sansoni, 1972),第147—206页)。

法国的专制主义

一个关于16世纪法国专制主义思想的极为简洁洗练的研究,是威廉·法尔·丘奇(William Farr Church)的《16世纪法国的宪政思想:关于思想演进的研究》(*Constitutional Thought in Sixteenth-Century France: A Study in the Evolution of Ideas*)(1941, New York: Octagon Books, 1969)。丘奇关于博丹以后的专制主义的论述极其精辟。关于人文主义在法国的影响以及对于法国专制主义的总体论述,也可参见斯金纳的杰出著作《现代政治思想的基础》,第Ⅰ卷和第Ⅱ卷。作为对于这些文献的补充,还可以阅读南尼尔·吉奥恩(Nannerl O. Keohane)的关于法国政治思想的更广泛的研究,《法兰西的哲学与国家:从文艺复兴到启蒙运动》(Philosophy and the State in France: The Renaissance to the Enlightenment)(Princeton, NJ: Princeton University Press, 1980)。吉奥恩关于博丹的分析尤其富有见地。

关于蒙田(Montaigne),另见唐纳德·弗雷姆(Donald Frame)的《蒙田:一个传记》(Montaigne: A Biograghy)(New York: Harcourt Brace & World, 1965)。关于奥克语,参见梅克·斯蒂芬斯(Meic Stephens)的《西欧的语言学上的少数民族》(Linguistic Minorities in Western Europe)(Llandysul, Dyfed, Wales: Gomer Press, 1976,第297—308页)。令人吃惊的是,关于蒙田谬误(Montaigne fallacy)以及重商主义的文献,竟然是完全空白的。一个虽然简单、但却经典的论述是赫克歇尔(Heckscher)的《重商主义(第一卷)》(Mercantilism)(Ⅰ,第26页)。其含义在路德维希·冯·米塞斯的《人类的行为:论经济学》(Human Action: A Treatise on Economics)(3rd, rev. ed., Chicago: Henry Regnery, 1966,第664页,第687页)中,得到了发展。另见奥德·朗霍尔姆(Odd Langholm)的《亚里士多德传统中的价格与价值:关于经院学者经济思想渊源的研究》(Price and Value in the Aristotelian Tradition: A Study in Scholastic Economic Sources)(Bergen: Universitetsforlaget, 1979),第30页,第38页小注。

重商主义

对这一主题最好的介绍是一本优秀的著作，它奇迹般地浓缩了重商主义思想：哈里·米斯基明的《晚期文艺复兴时期欧洲的经济：1460—1600 年》(Cambridge：Cambridge University Press，1977)。当之无愧的伟大经典著作当属埃利·赫克歇尔 (Eli F. Heckscher) 的《重商主义》(二卷本，1935，2nd rev. ed.，New York：Macmillan，1955)。赫克歇尔看重重商主义建立民族国家的思想，在近年来受到了不公正的批评。赫克歇尔对于重商主义在建立民族国家方面的作用和重商主义意识形态的强调，仅仅需要再补充下面这样的关于重商主义的见解，即：它是一种为了获得国家赋予的垄断和卡特尔特权以及补贴，而向国王提供政治支持和货币支持的游说体系。在我的"重商主义：我们时代的教训？"(Mercantilism：A Lesson for Our Time？) 一文中，我试图开创这样一种综合，参见《自由人》(*Freeman*)，第 13 卷 (Nov. 1963)，第 16—27 页，重印于《自由思想》第 VI 卷 (*Ideas on Liberty*，Vol. XI) (Irvington-on-Hudson：Foundation for Economic Education，1964)。小罗伯特·埃克伦德 (Robert B. Ekelund，Jr) 和罗伯特·托利森 (Robert D. Tollison) 的《作为寻租协会的重商主义：对经济规制的历史考察》(*Mercantilism as a Rent-Seeking Society：Economic Regulation in Historical Perspective*) (College Station，Texas：Texas A&M University Press，1981)，试图填补赫克歇尔遗留下的空白。不过，虽然他们对赫克歇尔的评论在某种程度上是有用的，但埃克伦德和托利森在公共选择传统方面却过于粗略，低估了思想在历史中的作用，特别是自由市场和古典自由意识形态的作用。

约翰·乌尔里克·内夫(John Ulric Nef)的《法兰西与英格兰的工业与政府：1540—1640 年》(Industry and Government in France and England, 1540—1640) (1940, New York: Russell and Russell, 1968)，对重商主义政策对于英格兰和法兰西的工业发展的效果进行了精彩的比较研究。关于英格兰，S. T. 宾多夫(S. T. Bindoff)的《都铎王朝时期的英格兰》(Tudor England) (Baltimore: Penguin Books, 1950)的分析是敏锐的，具有令人惊讶的冲击力。关于法国，查尔斯·伍尔西·科尔(Charles Woolsey Cole)的《柯尔贝尔与法国重商主义的一个世纪》(Colbert and a Century of French Mercantilism) (二卷本，1939, Hamden, Conn: Archon Books, 1964)是关于柯尔贝尔和法国重商主义的经典著作，虽然他对二者都赞赏有加。关于柯尔贝尔之后的 17 世纪的法国，见科尔的《法国重商主义：1683—1700 年》(French Mercantilism, 1683—1700) (1943, New York: Octagon Press, 1965)。沃伦·斯科维尔(Warren C. Scoville)的《对胡格诺教徒的迫害与法国的经济发展：1680—1720 年》(The Persecution of Huguenots and French Economic Development, 1680—1720) (Berkeley: University of California Press, 1960)，对于因路易十四废除南特敕令所带来的对经济的大范围的损害，进行了有趣的修正式的批判。

关于伊丽莎白女王时期英格兰的外贸垄断公司，见默瑞·N. 罗斯巴德的《感受自由，第 I 卷：17 世纪美国的殖民地》(Conceived in Liberty, Vol. I: The American Colonies in the 17th Century)(New Rochelle, NY: Arlington House, 1975)。

关于16世纪波兰和东欧的专制主义和再次农奴化,见米斯基明(Miskimin)的《晚期文艺复兴时期欧洲的经济》,第56—64页;以及罗伯特·米尔沃德(Robert Millward)的"对于东欧农奴制起源的经济分析"(An Economic Analysis of the Origin of Serfdom in Eastern Europe),载于《经济史杂志》(Journal of Economic History),第42卷(Sept. 1982),第513—548页。关于俄罗斯在16世纪50年代到70年代出现的类似的进程,见亚历山大·亚诺夫(Alexander Yanov)的《独裁政治的起源:俄罗斯历史上的伊凡雷帝》(The Origins of Autocracy: Ivan the Terrible in Russian History)(Berkeley: University of California Press, 1981);以及艾琳·凯利(Aileen Kelly)的"俄罗斯的老式新右派:评亚诺夫的《独裁政治的起源》"(Russia's Old New Right: Review of Yanov, Origins of Autocracy),载于《纽约图书评论》(New York Review of Books),第30卷(17 Feb. 1983),第34页及以后。

关于法国税收体制的发展,见马丁·乌尔夫(Martin Wolfe)的"从中世纪到旧制度时期法国人对于财富和税收的观点"(French Views on Wealth and Taxes from the Middle Ages to the Old Regime),载于D. C. 科尔曼主编的《重商主义的修正》(London: Methuen & Co. , 1969),第190—209页。对"美男子"腓力时期税收发展的经典研究,见约瑟夫·斯特雷耶(Joseph R. Strayer)的"美男子腓力统治下对税收的赞同"(Consent to Taxation Under Philip the Fair),载于J. R. 斯特雷耶与C. H. 泰勒(C. H. Taylor)著《法国早期税收研究》(Studies in Early

French Taxation)(Cambridge, Mass.: Harvard University Press, 1939),第3—108页。关于法国15和16世纪税收的讨论,见马丁·乌尔夫的《法国文艺复兴时期的财政体制》(The Fiscal System of Renaissance France)(New Haven: Yale University Press, 1972),他采取了并不令人信服的修正观点,认为早期的皇家财政主义与后来的重商主义存在着巨大差别。关于14世纪第二个25年中法国税收的更多研究,见约翰·贝尔·赫尼曼(John Bell Henneman)的《14世纪法国的皇家税收:1322年到1356年战时财政的发展》(Royal Taxation in Fourteenth Century France: The Development of War Financing 1322—1356)(Princeton, NJ: Princeton University Press, 1971)。

关于这一时期欧洲银行业发展历史的概述,见默瑞·N. 罗斯巴德的《银行业的神话》(The Mystery of Banking)(New York: Richardson & Snyder/Dutton, 1983)。关于停止偿付国债,见J. 凯斯·霍斯菲尔德(J. Keith Horsefield)富有启发意义的文章,"'停止偿付国债'再探"(The Stop of the Exchequer Revisited),载于《经济史评论》(Economic History Review)第35卷,2期(Nov. 1982),第511—528页。

关于英格兰国家公债的发展,见P. G. M. 迪克森(P. G. M. Dickson)的《英格兰的财政革命:1688—1756年公共信用发展研究》(The Financial Revolution in England: A Study in the Development of Public Credit, 1688—1756)(New York: St Martin's Press, 1967)。另见约翰·布鲁尔(John Brewer)值得关注的带有修正主义色彩的著作,《权利的源泉:战争、货币与英格兰国

家,1688—1783年》(*The Sinews of Power: War, Money, and the English State, 1688—1783*)(New York: Knopf, 1989)。布鲁尔指出,公债国家的发展必然是与高税收国家的发展结伴而行的,在英格兰,特别的税收是被用来支付特别的长期公债的。具体来说,税收是间接的,专门针对消费品的消费税。关于不列颠税收的重要文章,另见帕特里克·奥布瑞恩(Patrick K. O'Brien)的"英国税收的政治经济学:1660—1815"(The Political Economy of British Taxation, 1660—1815),载于《经济史评论》,第41卷,2期(Feb. 1988),第1—32页。另见关于这一时期英国与法国税收的修正主义式的比较研究,这种研究表明法国受到谴责的税收水平其实显著地低于英格兰。彼得·马西亚斯(Peter Mathias)与帕特里克·奥布瑞恩:"英国与法国的税收:1715—1810年。对中央政府征税的社会与经济负担的比较研究"(Taxation in Britain and France, 1715—1810. A Comparison of the Social and Economic Incidence of Taxes Collected for the Central Governments),载于《欧洲经济史杂志》(*Journal of European Economic History*),第5卷(1976),第601—650页。

关于1690年国会认为其权威应高于国王岁入的重要主张,见克雷顿·罗伯茨(Clayton Roberts),"1690年财政方案的宪法意义"(The Constitutional Significance of the Financial Settlement of 1690),载于《历史杂志》(*The Historical Journal*),第20卷(1977),第59—76页。有一篇有趣的持马克思主义观点的文章,其中有对英格兰银行的讨论,见马文·罗森(Marvin Rosen),"英格兰的资产阶级专政:1688—1721年"(The Dictatorship of the Bourgeoisie: England 1688—1721),载于《科学与社会》(*Science and Society*)第 45 卷(Spring 1981),第 24—51 页。

17 世纪法国的重商主义思想

关于早期法国重商主义者的观点,特别是拉斐玛(Laffemas)和孟克列钦(Montchretien),见查尔斯·伍尔西·科尔的《柯尔贝尔之前法国的重商主义学说》(*French Mercantilist Doctrines Before Colbert*)(New York: Richard R. Smith, 1931)。此外,关于孟克列钦,亚历山大·格雷(Alexander Gray)有特别深刻并富有才气的讨论,见《经济学说的发展》(*The Development of Economic Doctrine*)(London: Longmans, Green and Co., 1933),第 80—85 页。关于苏利(Sully),见戴维·布伊瑟瑞特(David Buisseret),《苏利与法国中央集权政府的发展:1598—1610 年》(*Sully: and the Growth of Centralized Government in France, 1598—1610*)(London: Eyre & Spottiswoode, 1968)。关于黎塞留(Richelieu)、马萨林(Mazarin)与柯尔贝尔时期的重商主义思想,见科尔,《柯尔贝尔与法国重商主义的一个世纪》。关于路易十四的政治思想,见弗朗索瓦·杜蒙(François Dumont),"17 世纪的法国王权与专制君主政体"(French Kingship and Absolute Monarchy in the Seventeenth Century);以及安德鲁·罗斯基(Andrew Lossky),"从 1661 年到 1715 年路易十四时期知识的发展"(The Intellectual Development of Louis XIV from 1661 to 1775),见莱格尼尔德·哈顿(Raghnild Hatton)主编,《路易十四与专制主义》(*Louis XIV and Absolutism*)(London:

Macmillan, 1976)。

法国反对重商主义的自由运动

关于17世纪法国的乡巴佬起义和其他农民起义,见罗兰·莫斯涅(Roland Mousnier),《17世纪法国、俄罗斯和中国的农民起义》(*Peasant Uprisings in Seventeenth Century France, Russia, and China*)(New York: Harper & Row, 1970)。莱昂内尔·罗斯克鲁格(Lionel Rothkrug)的《反对路易十四:法国启蒙运动的政治和社会起因》(*Opposition to Louis XIV: The Political and Social Origins of the French Enlightenment*)(Princeton, NJ: Princeton University Press, 1965),在研究反对重商主义的日益增长的自由和自由放任思想方面,是必读书目。南尼尔·吉奥恩的《法兰西的哲学与国家》也是非常有用的,特别是它关于乔利(Joly)、沃邦(Vanban)、费奈龙(Fenelon)、勃艮第集团(the Burgundy circle)与布阿吉尔贝尔(Boisguilbert)的论述。关于后者,特别需要参见黑兹尔·范·戴克·罗伯茨(Hazel Van Dyke Roberts),《布阿吉尔贝尔:路易十四王朝的经济学家》(*Boisguilbert: Economist of the Reign of Louis XIV*)(New York: Columbia University Press, 1935);以及约瑟夫·斯彭格勒的文章,"布阿吉尔贝尔与当代改革家的经济观点的比较研究"(Boisguilbert's Economic Views Vis-a-Vis those of Contemporary Reformateurs),载于《政治经济学史》,第16卷(Spring 1984),第69—88页。查尔斯·伍尔西·科尔的《法国重商主义:1638—1700年》(1943, New York: Octagon Press, 1965),对研究商人与商业委员会是

很有帮助的。

英格兰的重商主义者:16 世纪与 17 世纪早期

关于英格兰重商主义研究的不可或缺的必读文献,是雅各布·瓦伊纳(Jacob Viner)的经典著作《国际贸易理论研究》(*Studies In The Theory of International Trade*)(New York: Harper & Bros, 1937),第1—118页。令人遗憾的是,瓦伊纳只是研究的出发点,因为他的研究特别概括,也因为他没有区分不同的个人或群体,也没有按不同时期或不同的个人或群体间的相互作用来进行叙述分析。

关于都铎王朝和斯图亚特王朝时期的专制主义,见 W. H. 格林利夫(W. H. Greenleaf),《秩序、经验主义与政治学:英国政治思想的两种传统》(*Order Empiricism, and Politics: Two Traditions of English Political Thought*)(London: Oxford University Press, 1964)。关于罗伯特·菲尔默爵士(Sir Robert Filmer),见彼得·拉斯莱特(Peter Laslett)编,《罗伯特·菲尔默爵士的父权论与其他政治著作》(*Patriarcha and Other Political Works of Sir Robert Filmer*)(Oxford: Basil Blackwell, 1949);以及卡尔·瓦特纳(Karl Watner)的文章,"'噢,为了无政府主义!':激进自由意志主义传统中的同意理论"('"Oh, Ye are for Anarchy!": Consent Theory in the Radical Libertarian Tradition'),载于《自由意志论研究杂志》(*Journal of Libertarian Studies*),第8卷(Winter 1986),第111—137页。

关于托马斯·史密斯爵士而不是约翰·黑尔斯,是《论英格兰王国的公共福利》(Discourse of the Commonweal of this Realm of England)的作者的权威性说明,见玛丽·迪沃(Mary Dewar)的文章,"《论公共福利》的作者"(The Authorship of the "Discourse of the Commonweal"),载于《经济史评论》,第19卷,2期(August 1966),第388—400页。史密斯的传记见玛丽·迪沃,《托马斯·史密斯爵士:都铎王朝官场中的知识分子》(Sir Thomas Smith: A Tudor Intellectual in Office)(London: Athlone Press, 1964)。关于是史密斯而不是格莱欣(Gresham)写作了著名的《理解交易之备忘录》(Memorandum for the Understanding of the Exchange)的修正性观点,见玛丽·迪沃的文章"'理解交易'的备忘录:作者与写作时间"(The Memorandum "For the Understanding of the Exchange": Its Authorship and Dating),载于《经济史评论》,第17卷,2期(April 1965),第476—487页。雷蒙德·德·罗弗虽然表面上坚持其原来认为格莱欣是作者的观点,但在"论《理解交易》的作者与写作时间"(On the Authorship and Dating of "For the Understanding of the Exchange")中(《经济史评论》,第20卷,2期(April 1967)),委婉地认输了。丹尼尔·福斯费尔德(Daniel R. Fusfeld)浅薄的论文认为理查德·马丁爵士(Sir Richard Martin)是该文的作者,见丹尼尔·福斯费尔德,"论《理解交易》的作者与写作时间"(On the Authorship and Dating for "For the Understanding of the Exchange"),《经济史评论》,第20卷,2期(April 1967),第145—152页。

关于重商主义者和议会集权论者爱德华·科克爵士(Sir Edward Coke)的系统性描述,见巴巴拉·马拉蒙特(Barbara

Malament),"爱德华·科克爵士的'经济自由主义'"(The "Economic Liberalism" of Sir Edward Coke),载于《耶鲁法律杂志》(*Yale Law Journal*),第 76 卷(June 1967),第 1321—1358 页。关于早期的习惯法并不反对垄断,见威廉·莱特温(William L. Letwin),"关于垄断的英国习惯法"(The English Common Law Concerning Monopolies),载于《芝加哥大学法律评论》(*University of Chicago Law Review*),第 21 卷(Spring 1954),第 355—385 页。

关于 17 世纪上半叶米勒斯(Milles)、马林斯(Malynes)、米塞尔登(Misselden)、孟(Mun)以及东印度公司的争论,见巴里·萨普利(Barry E. Supple),《英格兰的商业危机与变革:1600—1642 年》(*Commercial Crisis and Change In England, 1600—1642*)(Cambridge: Cambridge University Press, 1964),第 197—224 页。另见乔伊斯·奥尔德姆·阿普尔比(Joyce Oldham Appleby)在《17 世纪英格兰的经济思想和意识形态》(*Economic Thought and Ideology in Seventeenth-Century England*)(Princeton, NJ: Princeton University Press, 1978)中富有洞察力的见解。在吴志远(Chi-Yuen Wu)的《国际价格理论概述》(*An Outline of International Price Theories*)(London: George Routledge & Sons, 1939)第 13—74 页中,可以看到某些作家具有一种令人耳目一新的方法,以及接近于奥地利学派的观点。吴志远的著作是在莱昂内尔·罗宾斯(Lionel Robbins)指导下完成的博士论文,而罗宾斯当时正受到奥地利学派的影响。

关于弗朗西斯·培根爵士(Sir Francis Bacon)向英国帝国主义的皈依,霍勒斯·怀特(Horace B. White)在其文章中进行了考察:"培根的帝国主义"(Bacon's Imperialism),载于《美国政治科学评论》(*American Political Science Review*),第52卷(June 1958),第470—489页。关于培根是具有玫瑰十字会倾向的神秘主义者和神秘古代智慧之伪科学的传播者,见史蒂芬·麦克奈特(Stephen A. McKnight),《神化的世俗:现代性的文艺复兴渊源》(*Sacralizing the Secular: The Renaissance Origins of Modernity*)(Baton Rouge, LA: L. S. U. Press, 1989),第92—97页;弗朗西斯·叶茨(Frances Yates):"弗朗西斯·培根:在耶和华翅膀的阴影下"(Francis Bacon "Under the Shadow of Jehova's Wings"),载于《玫瑰十字会的启蒙》(*The Rosicrucian Enlightenment*)(London: Routledge & Kegan Paul, 1972);弗朗西斯·叶茨,"文艺复兴科学中的神秘主义传统"(The Hermetic Tradition in Renaissance Science),载于C. 辛格尔顿(C. Singleton)主编,《文艺复兴时期的艺术、科学与历史》(*Art, Science and History in the Renaissance*)(Baltimore: Johns Hopkins University Press, 1976);以及保罗·罗西(Paolo Rossi):《弗朗西斯·培根:从魔法到科学》(*Francis Bacon: From Magic to Science*)(Chicago: University of Chicago Press, 1968)。

关于在英格兰内战开始时期,应清教徒国家贵族的邀请,欧洲几位重要的培根主义者向英格兰的思想输出,见H. R. 特雷弗-罗珀(H. R. Trevor-Roper)的引人入胜的文章,"三个外国人与英国革命的哲学"('Three Foreigners and the Philosophy of the English Revolution'),载于《遭遇》(*Encounter*),第14卷(Feb. 1960),第3—20页。

在威廉·莱特温(William Letwin)的《科学经济学的起源》(*The Origins of Scientific Economics*)(Garden City, NY: Doubleday, 1965)中,对培根主义者以及16世纪后期英格兰的重商主义思想进行了全面、精彩和生动的研究。目前全面研究17世纪晚期和18世纪经济思想的主要著作(虽然重点关注的是英格兰和苏格兰的思想)是特伦斯·哈奇森(Terence Hutchison)的《亚当·斯密之前:政治经济学的出现,1662—1776年》(*Before Adam Smith: The Emergence of Political Economy, 1662—1776*)(Oxford: Basil Blackwell, 1988)。有一部虽然较早、但是对于说明英格兰重商主义者及其"充分就业"观点的反工人阶级性质来说仍然极为重要的著作,即埃德加·弗尼斯(Edgar S. Furniss)的《民族主义体系中劳动者的地位:英国晚期重商主义劳动理论研究》(*The Position of the Laborer in a System of Nationalism: A Study of the Labor Theories of the Later English Mercantilists*)(1920, NY: Kelley & Millman, 1957)。

对"金—达维南特需求规律"的最全面的说明,见约翰·克里迪(John Creedy),《经济分析中的需求与交换》(*Demand and Exchange in Economic Analysis*)(Aldershot, Hants: Edward Elgar, 1992),第7—23页;另见克里迪,"论金—达维南特需求规律"(On the King-Davenant Law of Demand),载于《苏格兰政治经济学杂志》(*Scottish Journal of Political Economy*),第33卷(August 1986),第193—212页。沃德尔(D. A. G. Waddell)的文章,"查尔斯·达维南特传略(1656—1714)"(Charles Davenant (1656—1714) — A Biographical Sketch)(载于《经济史评论》

(*Economic History Review*),第 11 卷,2 期(1958),第 279—288 页),提供了一种令人信服的关于达维南特的修正主义式的观点。

洛克与平等派

关于 17 世纪晚期和 18 世纪英国自由意志主义共和派的开拓性的、不可忽略的著作,是卡罗琳·罗宾斯(Caroline Robbins)的《18 世纪的共和派》(*The Eighteenth-Century Commonwealthman*)(Cambridge, Mass.: Harvard University Press, 1959)。受到罗宾斯直接启发,关于英格兰的自由意志主义思想对美国革命的决定性影响的杰出作品,是伯纳德·贝林(Bernard Bailyn)的《美国革命的意识形态渊源》(*The Ideological Origins of the American Revolution*)(1967, Cambridge, Mass.: Belknap Press of Harvard University Press, 1992)。

令人遗憾的是,关于洛克对美国革命的影响的自由意志主义本质的强调,很快就被"波科克命题"(Pocock thesis)所转移了,该命题在所谓的"现代"激进个人主义者(指私人财产与自由市场的信徒)与"古典共和价值观"的支持者(主要是主张回归古代模式的统制主义者和共产主义者)之间设立了人为的区别。事实上,没有理由说明为什么激进自由意志主义者与自由市场论者不同时也是政府支出和"腐败"的反对者。实际上,这两种观点通常是相辅相成的。波科克主义的主要著作是波科克(J. G. A. Pocock)的《马基雅弗利的时代》(*The Machiavellian Moment*)(Princeton, NJ: Princeton University Press, 1975)。关于对波科克的批评,除了艾萨克·克拉姆尼克(Isaac Kramnick)和乔伊斯·阿普尔比(Joyce Appleby)的著作外,特别需要参见对波科克的主要案例(即是所谓"古典价值观"而不是自由意志主义在美国革命中产生了最重要的单一影响)的驳斥:约翰·特伦查德(John Trenchard)和托马斯·戈登(Thomas Gordon)于18世纪20年代在伦敦报纸上发表的一系列令人难忘的文章:《加图书信》(*Cato's Letters*)。关于《加图书信》属于自由意志主义而不是波科克主义,见罗纳德·哈默威(Ronald Hamowy),"《加图书信》:约翰·洛克与共和主义范式"(*Cato's Letters*: John Locke and the Republican Paradigm),载于《政治思想史》(*History of Political Thought*),第Ⅱ卷(1990),第273—294页。

平等派的思想在他们的小册子文集中得到体现,例如唐·沃尔夫(Don M. Wolfe)主编的《清教徒革命中的平等派宣言》(*Leveller Manifestoes of the Puritan Revolution*)(1944,New York:Humanities Press, 1967)。另外参见编者对这些小册子的长篇导言。对于平等派的全面研究,见布雷尔斯福特(H. N. Brailsford)的《平等派与英国革命》(*The Levellers and the English Revolution*)(Stanford, Calif.:Stanford University Press, 1961)。对于平等派学说的最好综述之一,见麦克弗森(C. B. Macpherson)的《强调所有权的个人主义政治理论:从霍布斯到洛克》(*The Political Theory of Possessive Individualism*:Hobbes to Locke)(Oxford:The Clarendon Press, 1962),第137—159页。

理查德·阿什克拉夫特(Richard Ashcraft)的《革命的政治学与洛克的政府论两篇》(*Revolutionary Politics and Locke's Two*

Treatises of Government)(Princeton, NJ: Princeton University Press, 1986)是关于洛克的激进主义及其与平等派思想之联系的优秀著作。阿什克拉夫特也提供了沙夫茨伯里(Shaftesbury)对两个洛克的解释:早期在《人类理解论》(Essay on Human Understanding)中的培根式的经验主义者和专制主义者,后期则是系统性的自由意志主义理论家。关于洛克早期的培根主义,见尼尔·伍德(Neal Wood)的《洛克哲学中的政治学:对于〈人类理解论〉的社会研究》(The Politics of Locke's Philosophy: A Social Study of 'An Essay Concerning Human Understanding)(Berkeley: University of California Press, 1983);关于洛克的自由市场观点,见卡伦·沃恩(Karen I. Vaughn),《约翰·洛克:经济学家和社会科学家》(John Locke: Economist and Social Scientist)(Chicago: University of Chicago Press, 1980)。洛克著名的《政府论两篇》(Two Treatises of Government)最权威的版本,是彼得·拉斯莱特(Peter Laslett)主编的版本(1960, Cambridge: Cambridge University Press, 2nd ed., 1968),另外参见拉斯莱特的导言。

关于作为私人财产起源的洛克的田产理论,及其与新教的经院学者之间的关系,见卡尔·奥利弗罗纳(Karl Olivecrona)的文章,"自然状态下的占有:洛克论财产的起源"(Appropriation in the State of Nature: Locke on the Origin of Property),载于《思想史杂志》(Journal of the History of Ideas)(April-June 1974),第211—230页。另见劳伦斯·贝克尔(Lawrence C. Becker),《财产权利:哲学基础》(Property Rights: Philosophic Foundations)(London: Routledge & Kegan Paul, 1977),第33—48页。关于

与自由市场资本主义相一致的洛克的财产理论的最近研究,见尼尔·米切尔(Neil J. Mitchell),"约翰·洛克与资本主义的兴起"(John Locke and the Rise of Capitalism),载于《政治经济学史》(History of Political Economy),第 18 卷(Summer 1986),第 291—305 页。

英国的重商主义者:17 世纪晚期与 18 世纪

关于艾萨克·牛顿爵士在铸币厂的作用的长篇讨论,见芬德利·希拉斯(G. Findlay Shirras)和克雷格(J. H. Craig)的文章,"艾萨克·牛顿爵士与通货"(Sir Isaac Newton and the Currency),载于《经济杂志》(Economic Journal),第 55 卷(June-Sept. 1945),第 217—241 页。

关于乔纳森·斯威夫特(Jonathan Swift)的讽刺文学所产生的自由意志主义影响,见詹姆斯·普鲁(James A. Preu),《牧师与无政府主义者》(The Dean and the Anarchist)(Tallahassee,Fl.: Florida State University Press, 1959)。关于斯威夫特的《一个谦卑的建议》(Modest Proposal)是对配第主义的讽刺,见路易斯·兰达(Louis A. Landa):"《一个谦卑的建议》与人口众多"(A Modest Proposal and Populousness),载于《18 世纪英国文学论文集》(Essays in Eighteenth-Century English Literature)(1942,Princeton, NJ: Princeton University Press,1980),第 39—48 页。

关于 17 世纪后期英格兰的劳动和就业理论,见西奥多·格雷戈里(Theodore E. Gregory),"英格兰的就业经济学:1680—1713 年"(The Economics of Employment in England, 1680—

1713），载于《黄金、失业与资本主义》(Gold, Unemployment, and Capitalism)(1921, London: P. S. King & Sons, 1933)，第225—244页。关于诺思兄弟(North brothers)，见莱特温，《科学经济学的起源》，第196—220页，第271—294页。

关于当代学者对于18世纪上半叶英格兰国家公债的增长的争论，见P. G. M. 迪克森(P. G. M. Dickson)的《英格兰的财政革命》，第15—33页；关于蔡尔德(Child)、巴尔本(Barbon)和诺思兄弟，见莱特温，《科学经济学的起源》，第3—81页，第196—220页，第271—294页。

关于约翰·劳(John Law)，我们可以看到一种比较早却非常精彩的批评，见查尔斯·李斯特(Charles Rist)，《约翰·劳以来的货币和信贷理论史》(History of Monetary and Credit Theory from John Law to the Present Day)(1940, New York: M. Kelley, 1966)，第43—67页。关于劳反对源于杜尔阁的硬通货传统的观点及其影响的一项富有启发意义的研究，见约瑟夫·萨莱诺(Joseph T. Salerno)，"现代货币理论的两种传统：约翰·劳与A. R. J. 杜尔阁"(Two Traditions in Modern Monetary Theory: John Law and A. R. J. Turgot)，载于《经济学与人类研究杂志》(Journal des Economistes et des Etudes Humaines)，第2卷，第2—3期(June-Sept. 1991)，第337—379页。关于约翰·劳从其巨著到密西西比计划改变了思想，有一个具有争议的观点，见安东·墨菲(Antoin E. Murphy)，"约翰·劳的理论与政策的演变：1707—1715年"(The Evolution of John Law's Theories and Policies, 1707—1715)，载于《欧洲经济评论》(European Econom-

ic Review),第 35 卷,第 5 期(July 1991),第 1109—1125 页。

在哈奇森(Hutchison)的《亚当·斯密之前》(*Before Adam Smith*)中(第 141—148 页),对贝克莱主教(Bishop Berkeley)的通货膨胀观点大加赞赏;另见萨利姆·拉希德(Salim Rashid),"贝克莱的《问难》及其影响"(Berkeley's *Querist* and Its Influence),载于《经济思想史杂志》,第 12 卷(Spring 1990),第 38—60 页。

哈奇森的《亚当·斯密之前》讨论了 18 世纪英格兰的硬通货作家,另见托马斯·关根(Thomas T. Sekine)的重要文章,"范德林特、坎替隆、热尔韦与休谟对国际货币均衡的发现"('The Discovery of International Monetary Equilibrium by Vanderlint, Cantillon, Gervaise, and Hume'),载于《国际经济学》(*Economia Internazionale*),第 26 卷,第 2 期(May 1973),第 262—282 页。关于范德林特和约瑟夫·哈里斯,参见吴志远,《国际价格理论概述》,第 64—65 页,第 70—71 页。

哈奇森的《亚当·斯密之前》,在第 229 页至 238 页用相当的篇幅讨论了乔赛亚·图克(Josiah Tucker)牧师,但对他评价过高;一个虽然篇幅较短但较为适中的分析,见瓦伊纳的《国际贸易理论研究》。唯一一本全文研究图克的著作,是乔治·谢尔顿(George Shelton)的《图克牧师与 18 世纪的经济和政治思想》(*Dean Tucker and Eighteenth-Century Economic and Political Thought*)(New York:St Martin's Press, 1981),然而令人遗憾的是,该书充斥着大量无关宏旨和不着边际的内容。

萨利姆·拉希德教授在恢复与强调第三代汤森子爵查尔斯

(Charles the Third Viscount Townshend)对于18世纪中期英格兰自由放任思想的重要意义方面,发挥了至关重要的作用,不能把他与其著名的、同名的儿子相混淆,后者是对于美国的进口征收汤森税(Townshend Taxes)的始作俑者。参见萨利姆·拉希德,"汤森勋爵与道德哲学对自由放任思想的影响"(Lord Townshend and the Influence of Moral Philosophy on *Laissez Faire*),《自由意志论研究杂志》,第Ⅷ卷,第1期(Winter 1986),第69—74页。

现代经济学:理查德·坎替隆:奠基人

对于坎替隆研究而言,1931年是一个里程碑式的年代,因为这一年,理查德·坎替隆的伟大著作《商业性质概论》(*Essai sur la nature du commerce en général*)的英译本出版(1931, New York: A. M. Kelley, 1964),由亨利·希格斯(Henry Higgs)编辑并翻译。希格斯版的坎替隆著作既有法文本,也有英文译本,还包括1881年斯坦利·杰文斯(W. Stanley Jevons)重新发现的坎替隆文章。在1931年,冯·哈耶克撰写了坎替隆著作德文版的一个全面系统的导言,这一导言包含了大量的欧洲大陆文献。

直到目前为止,英语文献中,对坎替隆的《概论》唯一全面而现代的纵览,见约瑟夫·斯彭格勒的文章,"理查德·坎替隆:第一位现代经济学家"(Richard Cantillon: First of the Moderns),载于《政治经济学杂志》(*Journal of Political Economy*),第62卷(August-Oct. 1954),第281—295页,第406—424页,重印于约瑟夫·斯彭格勒和威廉·艾伦主编,《经济思想论文集:从亚里士多德到马歇尔》(*Essays in Economic Thought: Aristotle to Marshall*)(Chicago: Rand, McNally Co., 1960),第 105—140 页。另见杰文斯的经典文章,"理查德·坎替隆与政治经济学的民族风格"(Richard Cantillon and the Nationality of Political Economy),载于《当代评论》(*Contemporary Review*)(January 1881),部分重印于亨利·斯皮格尔(Henry W. Spiegel)主编,《经济思想的发展:对伟大经济学家的全面考察》(*The Development of Economic Thought: Great Economists in Perspective*)(New York: Wiley, 1952),第 43—60 页。

坎替隆的第一本传记终于出现了:见安东·墨菲(Antoin E. Murphy),《理查德·坎替隆:企业家与经济学家》(*Richard Cantillon: Entrepreneur and Economist*)(Oxford: The Clarendon Press, 1986)。对于这位令人着迷的人物来说,这本书在长期内将保持权威的地位。墨菲引领我们直接进入坎替隆令人迷惑的、复杂的家谱、家族和出生日期,第一次给读者提供了坎替隆多姿多彩的生活的生动细节,描述了他与约翰·劳的关系,考察了被人们忽略的密西西比泡沫与南海泡沫之间的关系,最后讲述了坎替隆被暴力谋杀的颇有吸引力的神秘故事。

关于坎替隆的经济学,还可参见安东尼·布鲁尔(Anthony Brewer),《理查德·坎替隆:经济理论的开拓者》(*Richard Cantillon: Pioneer of Economic Theory*)(London: Routledge, 1992)。罗伯特·赫伯特(Robert Hébert)对于坎替隆被忽视的贡献提出了新的见解,见罗伯特·赫伯特,"理查德·坎替隆对于区位经济学的早期贡献"(Richard Cantillon's Early Contributions to Spatial Economics),《经济学》(*Economica*),第 48 卷 (February 1981),第 71—77 页。

至于其他,英语文献中对于坎替隆货币理论的集中分析,特别是他对于国际货币支付理论与价格—硬币—流动机制的开拓性贡献,需要特别参见托马斯·关根,"范德林特、坎替隆、热尔韦与休谟对国际货币均衡的发现",载于《国际经济学》,第 26 卷第 2 期(May 1973),第 262—282 页;以及吴志远的《国际价格理论概述》(London: George Routledge & Sons, 1939)。另外参见阿瑟·伊莱·门罗,《亚当·斯密以前的货币理论》(1923, Gloucester, Mass.: Peter Smith, 1965);查尔斯·李斯特,《约翰·劳以来的货币和信贷理论史》(1940, New York: M. Kelley, 1966);特别参见道格拉斯·维克斯(Douglas Vickers),《货币理论研究:1690—1776 年》(*Studies in the Theory of Money, 1690—1776*)(1959, New York: A. M. Kelley, 1968)。特别杰出的是约瑟夫·托马斯·萨莱诺(Joseph Thomas Salerno)未出版的著作,"国际收支理论货币方法的学术前辈"("The Doctrinal Antecedents of the Monetary Approach to the Balance of Payments")(博士论文,罗格斯大学(Rutgers university),1980 年)。

1980 年 8 月,坎替隆研讨会在加利福尼亚州的帕希菲克格罗夫(Pacific Grove)举行,此次会议产生了大量的坎替隆研究成果。其中大部分文章在《自由意志论研究杂志》第Ⅶ卷(1985 年秋季号)出版发行,包括以下论文:F. A. 哈耶克 1931 年发表的、由迈克尔·奥苏立勃海恩(Michael O'Suilleabhain)编辑的"理查德·坎替隆简介"的英译本;文森特·塔拉斯西奥(Vincent Tarascio)的"坎替隆的《概论》:现代观点"(Cantillon's Essay: A Current Perspective),该文强调了坎替隆对于市场自我调整的性质、货币理论、人口理论、不确定性等问题的富有洞察力的见解;戴维·奥马霍尼的"理查德·坎替隆——时代的伟人:对塔拉斯西奥论文的评论"(Richard Cantillon -A Man of His Time: A Comment on Tarascio),他指出了坎替隆的价格、价值和货币理论是前奥地利式的,而不是前新古典式的;罗伯特·赫伯特,"坎替隆是奥地利经济学家吗?"(Was Cantillon an Austrian Economist?),指出了坎替隆研究不确定性、企业家、货币和市场采用的是奥地利方法;以及罗杰·加里森(Roger W. Garrison),"对韦斯特论文的评论"(A Comment on West),精彩地说明了坎替隆对于市场经济在空间方面的作用的怀疑,比斯密对于市场在时间方面的选择能力的批评,要更为强烈;最后,安东·墨菲的"理查德·坎替隆:银行家与经济学家"(Richard Cantillon - Banker and Economist),对于这位引人注目的经济学家的生平提供了最新的史料。

对于坎替隆的前奥地利式的企业家理论,赫伯特进行了详尽的分析,见罗伯特·赫伯特和阿尔伯特·林克(Albert N. Link),《企业家:主流观点与激进派批评》(The Entrepreneur: Mainstream Views and Radical Critiques)(New York: Praeger Books, 1982),第14—22页。另见伯特·霍斯利茨(Bert F. Hoselitz),"企业家理论的早期历史"(The Early History of Entrepreneurial Theory),载于斯彭格勒与艾伦,《经济思想》(Economic Thought),第234—257页。

早期数理经济学家

丹尼尔·伯努利(Daniel Bernoulli)对于数理经济学的开拓性尝试已由路易丝·萨默译为英语,见"关于风险度量的新理论的说明"(Exposition of a New Theory on the Measurement of Risk),载于《计量经济学》(Econometrica),第22卷(Jan. 1954),第23—36页。熊彼特的《经济分析史》第303—305页,以及斯皮格尔的《经济思想的发展》第143—144页对此进行了很好的综述,但没有令人满意的批评;即使通常机敏的埃米尔·考德也有严重的局限性,他错误地赞赏数理经济学,见埃米尔·考德,《边际效用理论的历史》(Princeton, NJ: Princeton University Press, 1965),第31—35页。关于对数理边际效用理论的深入批评,见默瑞·N. 罗斯巴德,《重建效用和福利经济学》(Toward a Reconstruction of Utility and Welfare Economics)(1956, New York: Center for Libertarian Studies, Sept. 1977),第9—12页。另外参见哈罗·伯纳德利(Harro F. Bernardelli),"边际效用理论的终结?"(The End of the Marginal Utility Theory?),《经济学》(May 1938),第192—212页;伯纳德利,"对萨缪尔森先生的评论的回复"(A Reply to Mr. Samuelson's Note),《经济学》(Feb 1939),第88—89页;同一作者,"还原古典边际效用理论"(A Rehabilitation of The Classical Theory of Marginal Utility),《经济学》(August 1952),第254—268页。

重农学派与自由放任

对于重农学派及其学术运动的最好的全面性综述,仍是亨利·希格斯(Henry Higgs)的《重农学派》(*The Physiocrats*)(1897,New York: The Langland Press, 1952)。有价值的文献有:约瑟夫·斯彭格勒,"重农学派与市场的萨伊定律"(The Physiocrats and Say's Law of Market);以及阿瑟·布鲁姆菲尔德(Arthur I. Bloomfield),"重农学派的对外贸易学说"(The Foreign-Trade Doctrines of the Physiocrats),重印于斯彭格勒与艾伦主编的《经济思想论文集:从亚里士多德到马歇尔》(Chicago: Rand, McNally Co., 1960),第 161—214 页,第 215—233 页。伊丽莎白·福克斯—吉诺维斯(Elizabeth Fox-Genovese)的《重农学派的起源:18 世纪法国的经济革命与社会秩序》(*The Origins of Physiocracy: Economic Revolution and Social Order in Eighteenth-Century France*)(Ithaca, NY: Cornell University Press, 1976),虽然以马克思主义观点来研究,但仍提供了一些有用的见解。关于魁奈著作译文以及米克本人的论文,见罗纳德·米克(Ronald L. Meek),《重农学派的经济学:论文与译文》(*The Economics of Physiocracy: Essays and Translations*)(Cambridge, Mass.: Harvard University Press, 1963)。关于重农学派最后期的一项有益的研究,见詹姆斯·麦克莱恩(James J. McLain),《杜邦·德·内穆尔的经济著作》(*The Economic Writings of Du Pont de Nemours*)(Newark, Del.: University of Delaware Press, 1977)。

A. R. J. 杜尔阁

关于杜尔阁经济著作的一个完整全集的最新译本,由格勒内沃根(P. D. Groenewegen)编辑出版,并附以一个精彩的导言和注释:《A. R. J. 杜尔阁的经济学》(*The Economics of A. R. J. Turgot*)(The Hague:Martinus Nijhoff, 1977)。格勒内沃根是现代研究杜尔阁的最权威人士,他在其文章"杜尔阁在经济思想史中的地位:历时两百年的评价"(Turgot's Place in the History of Economic Thought: A Bicentenary Estimate)(载于《政治经济学史》(*History of Political Economy*),第 15 卷,Winter,1983,第 585—616 页)中,对于杜尔阁对经济思想的影响提供了一个富有启示意义的评价。关于杜尔阁未能对亚当·斯密产生影响这一点,是由格勒内沃根在他的文章"杜尔阁与亚当·斯密"(Turgot and Adam Smith)(载于《苏格兰政治经济学杂志》(*Scottish Journal of Political Economy*),第 16 卷,Nov.,1969,第 271—287 页)中加以说明的。

关于对杜尔阁的价值与价格理论的详细分析与评价,参见格勒内沃根的文章,"对杜尔阁价值、交换与价格决定理论的重新评价"(A Reappraisal of Turgot's Theory of Value, Exchange, and Price Determination)(载于《政治经济学史》,第 2 卷,Spring,1970,第 177—196 页)。关于杜尔阁的资本与利息理论,参见格勒内沃根的文章,"对杜尔阁的资本与利息理论的重新解释"(A Re-interpretation of Tugort's Theory of Capital and Interest)(载于《经济杂志》,第 81 卷,June,1971),第 327—340 页。关于庞巴维克对杜尔阁的评价以及他对于其理论的批评,参见欧根·冯·庞巴维克的《资本与利息》(South Holland, Ill.: Libertarian Press, 1959),第 I 卷,第 39—45 页;弗兰克·费特(Frank A. Fetter)的书,《资本、利息与地租:分配理论论文集》(Capital, Interest, and Rent: Essays in the Theory of Distribution)(ed, M. Rothbard, Kansas City: Sheed Andrews and Mc-Meel, 1977),第 264—266 页;格勒内沃根的文章,"对杜尔阁的资本与利息理论的重新解释",第 327 页,第 337—338 页。关于杜尔阁的企业家理论,参见道格拉斯·戴金(Douglas Dakin)的书,《企业家》(The Entrepreneur),第 27—29 页。关于杜尔阁的生平,参见道格拉斯·戴金的书,《杜尔阁与法兰西的古代王国》(Turgot and the Ancient Regime in France)(London: Methuen & Co., 1939)。

费迪南多·加利亚尼

关于加利亚尼和孔狄亚克,参见埃米尔·考德的著名文章,"边际效用理论的起源"(载于《经济杂志》,Sept. 1953),另载于斯彭格勒和艾伦主编的《经济思想论文集》,第 277—287 页。加利亚尼的任何著作都没有完整的英文翻译本。在阿瑟·伊莱·门罗主编的《早期经济思想》(Cambridge, Mass.: Harvard University Press,1924)中,有关于《论货币》(Della Moneta)中价值与利息理论的部分章节的翻译,具体见第 280—307 页。关于加利亚尼的价值理论的一个精彩的讨论,见路易吉·埃诺迪(Luigi Einaudi)的文章,"埃诺迪论加里亚尼"(Einaudi on Galiani),尽管它令人遗憾地忽略了他那被公认的不那么重要的货币分析,该文载于斯皮格尔主编的《经济思想的发展》(New York：Wiley,1952),第61—82页。这个缺口被菲利波·切萨拉诺(Filippo Cesarano)的文章所填补:"费迪南多·加利亚尼《论货币》中的货币理论"(Monetary Theory in Ferdinando Galiani's *Della moneta*)(载于《政治经济学史》(*History of Political Economy*),第81卷(Autumn 1976)),第380—399页。

关于加利亚尼在巴黎期间的生活经历,参见约瑟夫·罗西(Joseph Rossi),《加利亚尼神父在法国》(*The Abbé Galiani in France*)(New York：Publications of the Institute of French Studies, 1930)。另外,关于加利亚尼和杰诺韦西,参见弗兰克·文图里(Franco Venturi)的《意大利与启蒙运动》(*Italy and the Enlightenment*)(New York：New York University Press,1972)。关于杰诺韦西、孔狄亚克与交换的效用,参见奥斯瓦尔德·圣克莱尔(Oswald St Clair),《理解李嘉图的关键》(*A Key to Ricardo*)(1957,New York：A. M. Kelley,1965)。关于孔狄亚克,参见哈奇森的《亚当·斯密以前》(*Before Adam Smith*)(第324—331页),以及伊莎贝尔·奈特(Isabel F. Knight)的《几何学精神:孔狄亚克神父与法兰西启蒙运动》(*The Geometric Spirit：The Abbde Condillac and French Enlightenment*)(New Haven：Yale University Press,1968)。

苏格兰启蒙运动

关于苏格兰启蒙运动及其与温和的长老会神职人员的关系,有一部精彩的社会史著作,即阿南德·基蒂尼斯(Anand C.

Chitnis)的《苏格兰启蒙运动:社会史》(*The Scottish Enlightenment: A Social History*)(London: Croom Helm, 1976)。关于作为长老会国教的辩护士的温和派的一个睿智的讨论,见理查德·谢尔(Richard B. Sher)的著作,《苏格兰启蒙运动时期的教会与大学:爱丁堡温和的知识界》(*Church and University in the Scottish Enlightenment: The Moderate Literati of Edinburgh*)(Princeton, NJ: Princeton University Press, 1985)。

关于苏格兰启蒙运动中政治经济学家的学说及其个人相互关系,参见威廉·莱斯莉·泰勒(William Leslie Taylor)的书《作为亚当·斯密前辈的弗朗西斯·哈奇森与大卫·休谟》(*Francis Hutcheson and David Hume as Predecessors of Adam Smith*)(Durham, NC: Duke University Press, 1965)。另可参见罗伯特逊(H. M. Robertson)与泰勒对此的一个总结,"亚当·斯密对价值理论的认识"(Adam Smith's Approach to the Theory of Value),载于《经济杂志》(1957年)以及由约瑟夫·斯彭格勒和威廉·艾伦主编的《经济思想论文集》(Chicago: Rand McNally, 1960,第288页及以后部分)。这个团体的奠基人,在泰勒的下述文章中得到了探讨:"格肖姆·卡迈克尔:英国政治经济学中一位被忽视的人物"(Gershom Carmichael: A Neglected Figure in British Political Economy)载于《南非经济学杂志》(*South African Journal of Economics*),第23卷(Sept. 1955),第251—255页。

关于对哈耶克将贝尔纳·孟德维尔视为自由放任的拥护者的观点的驳斥,参见雅各布·瓦伊纳的《长期观点与短期》(*The Long View and The Short*)(1953, Glencoe, Ill.: The Free Press,

1958），第332—342页。冯·哈耶克试图对瓦伊纳进行的反驳，是建立在他未能深入理解"自然的"（即自愿的行为的过程与结果）与"人为的"（即政府对于这种过程的干预）二者之间的关键区别基础之上的；此外，这也是基于冯·哈耶克痴迷于所有那些被认定要产生"非预定的"（unintended）结果的行为的立场。参见冯·哈耶克的文章"孟德维尔医生"，载于《关于哲学、政治学、经济学与思想史的最新研究》（New Studies in Philosophy, Politics and the History of Ideas）(1967, Chicago: University of Chicago Press, 1978)，第249—266页。对于孟德维尔复杂深奥的重商主义和原初凯恩斯主义的思想，有一篇阐述精辟的文章，这就是哈里·兰德雷斯（Harry Landreth）的"贝尔纳·孟德维尔的经济思想"（The Economic Thought of Bernard Mandeville）（载于《政治经济学史》（History of Political Economy），第7卷（1975）），第193—208页。另见萨利姆·拉希德富有启发意义的文章，"孟德维尔的《寓言》：自由放任还是放荡不羁？"（Mandeville's Fable: Laissez-Faire or Libertinism?）（载于《18世纪研究》（Eighteenth-Century Studies），第18卷（Spring, 1985）），第313—330页。兰德雷斯表明，像在其他重商主义者的场合一样，孟德维尔也是致力于使大量的人口实现充分就业，因为他热衷于在低工资水平上实现产出最大化。就业成为"充分"的，是由于国家强迫的结果。

关于苏亚雷斯和西班牙经院学者对格劳秀斯的影响，参见若泽·费拉特尔·莫拉（José Ferrater Mora）的文章，"苏亚雷斯与现代哲学"（Suarez and Modern Philosophy），载于《思想史杂志》(*Journal of the History of Ideas*)(Oct. 1953),第 528—547 页。

由罗特维恩(E. Rotwein)主编的大卫·休谟的《经济学著述》(*Writing on Economics*)(Madison, Wisc.: University of Wisconsin Press, 1970),包含了休谟全部的经济学论文和一个简要的书信集。关于休谟对于国际收支机制中现金余额效应的忽视,有一个富有启发性的讨论,参见关根的文章"范德林特、坎替隆、热尔韦与休谟对国际货币均衡的发现",第 274—282 页。另见萨莱诺的论文,"国际收支理论货币方法的学术前辈",第 150—176 页。关于休谟作为通货膨胀论者,特别是在他后来的《英格兰史》(*History of England*)中体现出来的这种思想,参见康斯坦·诺布尔·斯托克顿(Constant Noble Stockton)的文章,"休谟的《英格兰史》中的经济学与历史进步机制"(Economics and the Mechanism of Historical Progress in Hume's *History*),载于利文斯顿(D. W. Livingston)和金(J. T. King)主编的《休谟:重新评价》(*Hume: A Re-Evaluation*)(New York: Fordham University Press, 1976),第 309—313 页。

休谟一般被认为是揭穿自然法的重要人物,但是肯尼思·赫塞尔伯格(A. Kenneth Hesselberg)则坚称,休谟最终从后门又滑入了自然法的分析,参见他的文章"休谟、自然法与正义"(Hume, Natural Law and Justice)(载于《杜克森评论》(*Duquesne Review*)(Spring, 1961)),第 45—63 页。

近年来日益时髦的一种观点是,声称詹姆斯·斯图尔特爵士(Sir James Steuart)是一位彻底的凯恩斯主义的、古典的自由主义者,只不过他被《国富论》的成功所不公正地淹没了。驳斥这种观点的一篇精彩文章,是加里·安德森(Gary M. Anderson)和罗伯特·托利森(Robert D. Tollison)合写的"作为重商主义顶峰的詹姆斯·斯图尔特爵士及其与亚当·斯密的关系"(Sir James Steuart as the Apotheosis of Mercantilism and His Relation to Adam Smith)(载于《南部经济杂志》(South Economic Journal),第51卷(1984),第456—468页)。安德森与托利森指出,斯图尔特是中央统制的计划经济的忠实信仰者,支持对全部经济活动实行政府管制和卡特尔化。斯图尔特对于马克思主义关于社会中内在固有的阶级斗争学说的起源也产生了促进作用,此外他还赞美并渴望一种建立在奴隶制基础上的、由精英来实行集权主义统治的斯巴达式的经济。斯图尔特的著作《政治经济学原理探讨》(An Inquiry into the Principles of Political Economy)由安德鲁·斯金纳(Andrew S. Skinner)重新编辑出版,并附有导言(Chicago: University of Chicago Press, 1966)。

大名鼎鼎的亚当·斯密

关于亚当·斯密的著作几乎呈无限蔓延的势头,所以我们在这里只能做一种简单而明智的选择。关于斯密著作的一个最完整的全集现在已经有了,这就是为纪念《国富论》二百周年而在格拉斯哥出版的精美的六卷本。《国富论》1976年的格拉斯哥版本是由坎贝尔(R. H. Campbell),斯金纳和托德(W. B. Todd)编辑,由牛津大学出版社出版的,后又由自由出版社(Liberty Press)以两卷本平装的形式重印(Indianapolis: Liberty Classics, 1981)。坎贝尔与斯金纳合写的总括性导言代表了关于斯密研究的最新成果。不过,先前坎南(Canan)编辑的版本所体现的研究成果也值得参考(Smith, *Wealth of Nations*, ed., E. Canan, New York: Modern Library,1937),即使只是就伟大的坎南敢于对亚当·斯密采取富有建设性的批判的方法而言,这本书也值得一读。

关于亚当·斯密混乱的价值与分配理论的最简洁和透彻的批判,仍然要属保罗·道格拉斯(Paul Douglas)的文章,"斯密的价值与分配理论"(Smith's Theory of Value and Distribution)(载于克拉克(J. B. Clark)主编的《亚当·斯密:1776—1926年》(*Adam Smith, 1776—1926*))(Chicago: University of Chicago Press,1928,第78—115页);该文重印于斯皮格尔主编的《经济思想的发展》(New York: John Wiley,1964,第73—102页)。关于斯密和李嘉图对于不变的价值计量尺度的研究,参见小理查德·廷伯莱克(Richard H. Timberlake, Jr.)的文章,"古典学派关于不变的价值计量尺度的寻找"(The Classical Search for an Invariable Measure of Value)(载于《经济学与商业评论季刊》(*Quarterly Review of Economics and Business*),第6卷(Spring, 1966),第37—44页)。埃德温·坎南对于斯密和李嘉图的古典经济学的批判是微妙的和重要的:见埃德温·坎南的《英国政治经济学中的生产与分配理论史》(*A History of the Theories of Production & Distribution in English Political Economy*)(3rd,1917, London:Staples Press,1953)。坎南机敏而又含蓄的批评,可以在他对斯密成就的150年总结的文章中看出来:"作为经济学家的亚当·斯密"(Adam Smith as an Economist)(载于《经济

学》(*Economica*)，第 6 卷(June,1926)，第 123—134 页)。另外，也可以参考苏格兰经济思想史学者亚历山大·格雷的同样是微妙而又聪明的批评：《亚当·斯密》(*Adam Smith*)(London：The Historical Association,1948)。

尽管存在着这些不满的声音，那种对于亚当·斯密采取的圣徒传记式的态度仍然普遍盛行着，直到熊彼特的里程碑式的《经济分析史》(New York：Oxford University Press,1954)问世才根本打破了这种局面，这尤其体现在该书的第 181—194 页、323—325 页以及 557—559 页。此外，也可参见埃米尔·考德的精彩文章"边际效用理论的起源"(载于《经济杂志》(Sept. 1953)，第 638—650 页)，重印于斯彭格勒和艾伦主编的《经济思想论文集》，第 277—287 页。罗伯特逊和泰勒在他们对考德的评论中，虽然更倾向于偏袒斯密，但是也基本承认了他的批评的合理性：见罗伯特逊和泰勒的文章，"亚当·斯密的价值理论研究方法"(Adam Smith's Approach to the Theory of Value)，载于斯彭格勒和艾伦主编的《经济思想论文集》，第 288—304 页。

令人遗憾的是，由熊彼特的修正主义所开创的对于斯密的头脑清晰的态度，到了 20 世纪 80 年代中期以后又在很大程度上消退了。这部分地是由于在纪念《国富论》200 周年的文集中充满了对于斯密的崇敬之意；部分地也是由于塞缪尔·霍兰德(Samuel Hollander)的有影响力的著作：《亚当·斯密的经济学》(*The Economics of Adam Smith*)(Toronto：University of Toronto Press,1973)。面对明显的事实，霍兰德荒谬地企图把斯密塑造成为一个始终如一的、形式主义的瓦尔拉式的现代一般均衡理论家的原初代表。在斯金纳和威尔逊(T. Wilson)主编的大部头的格拉斯哥版的论文集《论亚当·斯密》(*Essays on Adam Smith*)(Oxford: The Clarendon Press,1975)中,收录了许多按照这种新的霍兰德式的圣徒传记模式撰写的文章。

不过,令人欣慰的是,我们看到了哈奇森在他最新的著作中明确地承认斯密由于拒绝了他曾经继承过的全部主观效用/稀缺理论传统,以及将客观价值和劳动价值理论植入经济学,所带来的巨大损害。然而令人遗憾的是,哈奇森将这种导致致命后果的变化归因于斯密的"令人不快的、生厌的乃至可怕的"混淆,而不是归因于更深层次的分歧与问题。哈奇森还敏锐地指出,斯密令人遗憾地放弃了先前的经济学家关于分工是由人类的多样性引起的这一重要见解。哈奇森所理解的被否认的命题是指这样一种看法:"分工可以被预期……源自某个社会工程师或平等主义者",而不是像斯密所假定的那样来自个人主义和自由意志主义。参见托伦斯·哈奇森,《亚当·斯密以前》,第362—366页,第370—381页)。

对于亚当·斯密生平的标准描述仍然要属约翰·雷(John Rae)的《亚当·斯密的生平》(*Life of Adam Smith*),尤其是,该书的1965年版包含了雅各布·瓦伊纳(Jacob Viner)的一篇具有探索性质的导论文章,"约翰·雷的《亚当·斯密的生平》导读"(Guide to John Rae's *Life of Adam Smith*)(New York: A. M. Kelley,1965)。另外,可参见费伊(C. R. Fay)的《亚当·斯密与他那时的苏格兰》(*Adam Smith and the Scotland of His day*)(Cambridge: Cambridge University Press,1956);威廉·罗伯特·

斯科特(William Robert Scott)的《作为学生与教授的亚当·斯密》(*Adam Smith as Student and Professor*)(Glasgow：Jackson, Son & Co.,1937)。最新的一本关于斯密的言简意赅的生平,是坎贝尔和斯金纳的《亚当·斯密》(*Adam Smith*)(London：Croom Helm,1982)。关于斯密的知识环境,参见威廉·莱斯莉·泰勒的书《作为亚当·斯密前辈的弗朗西斯·哈奇森与大卫·休谟》(Durham, NC：Duke University Press,1965);以及阿南德·基蒂尼斯的《苏格兰启蒙运动:社会史》(London：Croom Helm, 1976)。

关于亚当·斯密是一种对于其思想的来源未能给予充分说明的人,可以参见萨利姆·拉希德的文章,"论亚当·斯密对他人成果的承认:新—剽窃行为与《国富论》"(Adam Smith's Acknowledges：Neo-Plagiarism and the Wealth of Nations)(《自由意志论研究杂志》,第9卷,1990,第1—24页)。关于斯密不公正地谴责他的朋友亚当·弗格森的剽窃行为,参见罗纳德·哈默威的文章,"亚当·斯密、亚当·弗格森与分工"(Adam Smith, Adam Ferguson, and the Division of Labour)(载于《经济学》杂志,第35卷,August,1968,第249—259页)。对于那些主张对亚当·斯密采取特别的偏爱标准的学者,有一个富有启发意义的批评,参见萨利姆·拉希德的文章,"对一位著名经济学家应当采取特殊标准吗? 关于亚当·斯密学术成就的一个评论"(Does a Famous Economist Deserve Special Standard? A Critical Note on Adam Smith Scholarship)(载于《经济学史学会公报》(*Bulletin of the History of Economics Society*),第11卷,Autumn,

1989,第 190—209 页)。至于《国富论》并没有迅速地赢得它的声望,可以参见萨利姆·拉希德的文章,"亚当·斯密的成名:一个再考察"(Adam Smith's Rise to Fame: A Reexamination)(载于《18 世纪》(The Eighteenth Century), Winter, 1982, 第 64—85 页)。

关于斯密作为一个富有工作热情的高级海关征税官,可以参见加里·安德森、威廉·舒戈哈特.Ⅱ以及罗伯特·托利森的富有启发意义的文章,"海关公署中的亚当·斯密"(Adam Smith in the Customhouse)(载于《政治经济学杂志》(Journal of political Economy),第 93 卷,August,1985,第 740—759 页)。

关于亚当·斯密以及他对于他身边正在发生的产业革命的无视,可以参见克布纳(R. Koebner)的文章,"亚当·斯密与产业革命"(Adam Smith and the Industrial Revolution)(载于《经济史评论》(Economic History Review),第 11 卷,第 2 期,August,1959);以及查尔斯·金德尔伯格(Charles P. Kindleberger)的文章,"历史背景:亚当·斯密与产业革命"(The Historical Background: Adam Smith and the Industrial Revolution)(载于威尔逊与斯金纳主编的《市场与国家:纪念亚当·斯密论文集》(The Market and the State: Essays in Honor Adam Smith))(Oxford: The Clarendon Press,1976,第 1—25 页)。在有关这个问题上对斯密的一个最新批评,见萨利姆·拉希德的文章,"《国富论》与历史事实"(The Wealth of Nations and Historical Facts)(载于《经济思想史杂志》,第 14 卷,Autumn,1992,第 225—243 页)。而一个不能令人信服的对亚当·斯密的辩护,见罗纳德·马克斯·哈

特韦尔(Ronald Max Hartwell)的文章,"亚当·斯密与产业革命"(Adam Smith and the Industrial Revolution)(载于格拉厄(F. Glahe)主编的《亚当·斯密与〈国富论〉》(*Adam Smith and the Wealth of Nations*))(Boulder, Col.: Colorado Associated University Press, 1978,第123—147页)。

在斯密关于分工的有利的观点与不利的观点之间(由这种不利的观点引发了马克思主义关于"异化"的抱怨),存在着一个致命的内在矛盾,这种矛盾在斯密的最坚定的现代崇拜者之一埃德温·韦斯特(Edwin G. West)的文章中得到了承认:"亚当·斯密关于分工的两种观点"(Adam Smith's Two Views on the Division of Labour)(载于《经济学》,第31卷,Feb. 1964);以及他的"异化的政治经济学"(Political Economy of Alienation)(载于《牛津经济学报》(*Oxford Economic Papers*),第21卷,March, 1969,第1—23页)。另见同一作者的"亚当·斯密与异化"(Adam Smith and Alienation)(载于斯金纳和威尔逊主编的《论亚当·斯密》(*Essays on Adam Smith*),第540—552页)。关于斯密预示了马克思主义关于"异化"的哀叹,除了其他作者的文献以外,可以参见纳坦·罗森伯格(Nathan Rosenberg)的文章,"亚当·斯密论分工:两种观点还是一种观点?"(Adam Smith on Division of Labour: Two Views or One?)(载于《经济学》,第32卷,May, 1965);以及雅各布·瓦伊纳对于约翰·雷的著作《亚当·斯密生平》的导论(第35页)。

关于斯密对消费的偏见,参见罗杰·加里森的文章,"韦斯特笔下的坎替隆与亚当·斯密:一个评论"(West's Cantillon and

Adam Smith：A Comment)(《自由意志论研究杂志》，第 7 卷，Autumn，1985，第 291—292 页）；坎南的《英国政治经济学中的生产与分配理论史》(第 23—24 页）；英格利德·哈恩·利马(Ingrid Hahne Rima)的《经济分析的发展》(*Development of Economic Analysis*)(3rd, ed., Homewood, Ⅲ.：Richard D. Irwin, 1978，第 79 页）；埃德温·韦斯特的《亚当·斯密》(*Adam Smith*)(New Rochelle, NY：Arlington House, 1969，第 173 页）；考德的文章，"边际效用理论的起源"；格哈德·迪茨(Gerhard W. Ditz)的文章，"亚当·斯密思想中的加尔文主义"(The Calvinism in Adam Smith)(未发表的手稿，1983）。纳坦·罗森伯格的文章"亚当·斯密论利润——悖论的丧失与重新找回"(Adam Smith on Profits-Paradox Lost and Regained)(载于《政治经济学杂志》，第 82 卷，Nov-Dec.，1977，第 1187—1188 页）的主要观点是，斯密坚持认为高利润是坏事，因为它们将引诱资本家沉溺于奢侈性消费。

关于斯密未能将休谟的硬币—流动—价格分析从他的讲座中带到他的《国富论》中来这一令人困惑的行为，参见雅各布·瓦伊纳的经典的批判，《国际贸易理论研究》(New York：Harper & Bros.，1937）。对斯密的难以令人满意的货币理论的一个现实的评价，见道格拉斯·维克斯的文章"亚当·斯密与货币理论的地位"(Adam Smith and the Status of the Theory of Money)，不过令人吃惊的是，该文竟发表在由斯金纳和威尔逊主编的圣徒传记式的《论文集》(*Essays*)中。至于以某种不能令人信服的方式来解释斯密的货币理论的退化，可以参见弗兰克·彼得雷利(Frank Petrella)的文章,"亚当·斯密对休谟的价格—硬币—流动机制的拒绝:对于一种小秘密的揭示"(Adam Smith's Rejection of Hume's Price-Specie-Flow Mechanism: A Minor Mystery Resolved)(载于《南部经济杂志》,第 34 卷,Jan. 1968,第 365—374 页)。罗伯特·伊格利(Robert V. Eagly)则试图以塞缪尔·霍兰德的方式声称,作为一位原初的瓦尔拉一般均衡的理论家,斯密实际上一贯地采纳了休谟的观点。见罗伯特·伊格利的"亚当·斯密与硬币—流动学说"(Adam Smith and the Specie-Flow Doctrine)(载于《苏格兰政治经济学杂志》(*The Scottish Journal of Political Economy*),第 17 卷,Feb. 1970,第 61—68 页)。此外,对斯密将硬币视为一种"死存量"(dead stock)的论点的批评,见查尔斯·李斯特的《货币与信贷理论史:从约翰·劳到当代》(*History of Monetary and Credit Theory: From John Law to the Present Day*)(1940,New York: A. M. Kelley,1966,第 85 页)。至于对这种论点的现代版本(它同样地为凯恩斯主义和货币主义所持有)的一个驳斥,参见罗杰·加里森的文章"金本位的'代价'"(The "Costs" of a Gold Standard)(载于小卢埃林·罗克韦尔(Llewellyn H. Rockwell, Jr.)主编的《金本位:奥地利学派的观点》)(*The Gold Standard: Perspectives in the Austrian School*)(1985,Auburn,Ala.: Ludwig von Mises Institute,1992,第 61—79 页)。

关于作为一种隐喻的"看不见的手",参见威廉·格兰普(William B. Grampp)的"亚当·斯密与经济人"(Adam Smith and the Economic Man)(载于《政治经济学杂志》,August,1948,

第 319—321 页)。关于"看不见的手"这一概念是由 17 世纪的著作家约瑟夫·格兰维尔(Joseph Glanville) 第一次使用,以及斯密在他的哲学论文中对于这一概念的类似使用,参见斯皮格尔的文章,"布阿吉尔贝尔的经济观点"(Boisguilbert's Economic Views),第 73 页。

关于亚当·斯密值得怀疑的作为自由放任的坚定鼓吹者的身份,参见雅各布·瓦伊纳的经典文章,"亚当·斯密与自由放任"(Adam Smith and Laissez-faire)(载于克拉克等主编的《亚当·斯密:1776—1926 年》,第 116—179 页)。另见约瑟夫·亚德罗(Joseph M. Jadlow)的文章"亚当·斯密论高利贷法"(Adam Smith on Usury Laws)(载于《金融杂志》(Journal of Finance),第 32 卷,Sept. 1977,第 1195—1200 页)。然而,奇怪的是,亚德罗看到的是应对"外部性"的明智办法,而不是对于消费与投机风险的一种加尔文主义式的恐惧。还可以参见埃伦·弗兰克尔·保罗(Ellen Frankel Paul)的明智的讨论:"亚当·斯密:伟大的奠基人"(Adam Smith: The Great Founder)(载于《道德革命与经济科学:19 世纪英国政治经济学中自由放任的失败》(Moral Revolution and Economic Science: The Demise of Laissez-Faire in Nineteenth Century British Political Economy))(Westport, Conn. : Greenwood Press, 1979,第 9—44 页)。关于对斯密所宣称的税收法则的一个批判,参见默瑞·N. 罗斯巴德的《权利与市场:政府和经济》(Power and Market: Government and the Economy)(1970, Kansas City, Mo. : Sheed Andrews and McMeel,1977,第 137—138 页,第 144—145 页)。

斯密思想的传播

关于斯密主义的思想在苏格兰的传播以及杜格尔·斯图尔特的影响,见雅各布·霍兰德(Jacob H. Hollander)的文章,"科学的黎明"(The Dawn of a Science),特别是"一个学派的创立者"(The Founder of a School)这篇文章,(载于克拉克等主编的《亚当·斯密:1776—1926年》(Chicago: University of Chicago Press,1928)。关于《爱丁堡评论》的创办情况,参见阿南德·基蒂尼斯的《苏格兰启蒙运动:社会史》;关于弗朗西斯·霍纳,参见弗兰克·费特的"导言"(Introduction),载于弗兰克·费特主编的《弗朗西斯·霍纳的经济学著述》(*The Economic Writings of Francis Horner*)(London: London School of Economics,1957)。关于斯密主义在欧洲大陆的扩散,参见梅尔基奥尔·帕伊(Melchior Palyi)的仍然是必不可少的文章,"亚当·斯密在欧洲大陆的引进"(The Introduction of Adam Smith on the Continent),载于克拉克等主编的《亚当·斯密:1776—1926年》(第180—233页)。关于斯密主义的观点在德国的扩散,参见卡尔·威廉·哈塞克(Carl William Hasek)的《亚当·斯密的学说在德国的引进》(*The Introduction of Adam Smith's Doctrines Into Germany*)(New York: Columbia University Press,1925)。关于路德维希·海因里希·冯·雅各布,参见唐纳德·罗尔(Donald G. Rohr)的《德国社会自由主义的起源》(*The Origins of Social Liberalism in Germany*)(Chicago: University of Chicago Press,1963)。关于施泰因·哈登伯格在普鲁士改革的故事以及这种改革所存在的问题,参见瓦尔特·西蒙(Walter M. Simon)的《1807 至 1819 年普鲁士改革运动的失败》(*The Failure of The Prussian Reform Movement, 1807—1819*)(Ithaca, NY: Cornell University Press, 1955)。关于对斯密主义学说持反对态度的德国的重商主义者,参见刘易斯·黑尼(Lewis H. Haney)的《经济思想史》(*History of Economic Thought*)(4th ed., New York: Macmillan, 1949, 第 148—165 页)。有关德国重商主义者的政治观点的详细描绘,见阿尔比恩·斯莫尔(Albion W. Small)的《重商主义》(*The Cameralists*)(1909; New York: Burt Franklin, 出版日期不详)。关于约翰·海因里希·戈特利布·冯·尤斯蒂论工厂中以及分工条件下的劳动异化的观点,以及这些观点通过詹姆斯·德纳姆·斯图尔特爵士(Sir James Denham Steuart)对黑格尔产生的影响,参见雷蒙德·普兰特(Raymond Plant)的《黑格尔》(*Hegel*)(Bloomington, Ind.: University of Indiana Press, 1973)。关于约翰·约阿希姆·贝克尔的共产主义,参见埃利·赫克歇尔(Eli E. Heckscher)的《重商主义》(*Mercantilism*)(2nd ed., New York: Macmillan, 1955)。关于海因里希·弗里德里克·冯·施托希男爵(Heinrich Friedrich Freiherr von Storch),参见熊彼特的《经济分析史》(第 502—503 页);以及彼得·伯恩霍尔兹(Peter Bernholz)的文章,"历史视角下的通货膨胀与货币制度"(Inflation and Monetary Constitutions in Historical Perspective)(载于《周期》杂志(*Kyklos*),第 36 卷,no. 3,1983,第 408—409 页)。

关于谢苗·杰斯尼茨基以及他的斯密主义思想在凯瑟琳大

帝的宫廷中产生的影响,参见布朗(A. H. Brown)的文章"杰斯尼茨基、亚当·斯密与凯瑟琳二世的训令"(S. E. Desnitsky, Adam Smith, and the *Nakaz* of Catherine Ⅱ)(载于《牛津斯拉夫学报》(*Oxford Slavonic Papers*), n. s. 7, 1974,第 42—59 页)。还有该作者的另一篇文章,"俄国最初的亚当·斯密的追随者"(Adam Smith's First Russian Followers)(载于斯金纳和威尔逊主编的《论亚当·斯密》,第 247—273 页)。

马尔萨斯与人口

关于马尔萨斯以及人口的著述几乎是数不胜数的。因此,这里我们所能做的只是建议阅读马尔萨斯的《论人口》(*Essay on Population*)的第一版和第六版的各种重印版本(参见斯皮格尔的《经济思想的发展》一书的参考文献,第 735—739 页,第 828—829 页)。此外,在熊彼特的《经济分析史》中(第 250—258 页,第 578—584 页,第 889—891 页),有关于马尔萨斯的精彩批评;在埃德温·坎南的《1776 至 1848 年英国政治经济学中的生产与分配理论史》中(第 103—114 页,第 132—135 页),也有类似的批评。另见格特鲁德·伊梅尔法(Gertrude Himmelfarb)的尖刻的文章,"马尔萨斯的幽灵"(The Specter of Malthus)(载于她的《维多利亚的思想家》(*Victorian Minds*))(1968, Gloucester, Mass. : Peter Smith, 1975,第 82—110 页);以及始终睿智和富有远见的亚历山大·格雷的著作,《经济学说的发展》(*The Development of Economic Doctrine*)(London: Longmans, Green and Co. ,1931,第 155—168 页)。引人瞩目的是,唯一现存的传记是帕特里夏·詹姆斯(Patricia James)的尽管实际有用且内容翔实然而却极为缺少深入分析的《人口马尔萨斯：他的生平与时代》(*Population Malthus: His Life and Times*)(London: Rouledge and Kegan Paul, 1979)。

索 引

（页码为原书的页码，亦即中译本的边码）

Abelard, Peter 彼得·阿伯拉尔 47
Abrams, M. H. 艾布拉姆斯 472
absolutism 专制主义 71—72, 213—214, 249—251, 277—280
 in France 法国的专制主义 179—210, 515—516
  Bodin, Jean 让·博丹 204—207
  Montaigne, Michel Eyquem de 米歇尔·埃康·德·蒙田 201—203
  humanism 人文主义 181—188, 194—196, 199—201
 in Italy 意大利的专制主义 179—210
  Botero and spread of Machiavellianism 博特罗与马基雅弗利主义的传播 196—199
  emergence 意大利专制主义的出现 179—181

Machiavelli, Niccolo 尼科洛·马基雅弗利 188—194
 state 国家专制主义 137—139
Accursius 阿库修斯 40, 41, 58
Adamites 亚当派 163—164
Adrian, Pope 教皇阿德兰 43
Africa 非洲 99, 261
African Company 非洲公司 323
Ailly, Pierre d' 皮埃尔·达伊 93
Alanus Anglicus 阿拉尼斯·安格利库斯 41, 45
Alarm Bell, The《警钟》anti—Machiavellian
tract 反马基雅弗利主义的小册子 197
Albericus 阿尔贝里库斯 40
Albert the Great, Saint 大主教圣阿尔伯特 48, 49, 50—51, 52, 53, 64
Albert of Hohenzollern 霍恩措伦的阿尔伯特 138

Alberti, Leon Battista degli 莱昂·巴蒂斯塔·德利·阿尔伯蒂 184,515

Albizzeschi, Albertollo degli 阿尔贝托罗·德利·阿尔维泽斯奇 83

Alchian, Armen A. 阿门·阿尔钦 430

Alençon, Duc d' 阿朗松公爵 173

Alexander of Alexandria see Bonini, Alexander 亚历山德里亚的亚历山大,参见:亚历山大·博尼尼

Alexander the Great 亚历山大大帝 7,20,22,35

Alexander of Hales 黑尔斯的亚历山大 48,49

Alexander Ⅲ, Pope (Bandinelli, Roland) 教皇亚历山大三世(罗兰·班迪内利)39,40,44

Alexander Ⅵ 亚历山大六世 185

Allen, J. W. 艾伦 430,472,473,515

Almain, Jacques 雅克·阿尔曼 94

Althusius, Johannes 约翰内斯·阿尔特胡修斯 172

Amalric 阿马尔里克 160

Amaurians 阿马尔里学派 160

America see North America 美洲,参见:北美

Amish 阿门教派 146

Anabaptism 再浸礼教 146—150, 151,152,153,154,155,156,158

communism 再浸礼教的共产主义 159,514

extremists 再浸礼教极端派 164

and mercantilism 再浸礼教与重商主义 216,312,339

ancient thought 古代思想 507—509
see also Greeks 另见:希腊

Anderson, Gary M. 安德森,加里 468,472,474,528,531

Andrelini, Fausto 福士托·安德烈利尼 195

Angelico, Fra 弗拉·安杰利科 86

Angelique, Mère 梅雷·安热莉克 132

annuity contract 年金合约 107

Anselm of Canterbury, Saint 坎特伯雷的圣安塞尔姆 43—44

Anselm of Lucca 卢卡的安塞尔姆 44

apologists and East India 辩护者与东印度贸易 288—292

Appleby, Joyce Oldham 乔伊斯·奥尔德姆·阿普尔比 304,305, 339,521

Aquaviva, Claudius 克劳德·阿夸维瓦 108,121

Aquinas, Saint Thomas 圣托马斯·阿奎那 48,49,50,51—58,59,

索 引 865

60,64,72,73,74,77,79,81,92, 101,115,126,168,369,425
  Commentary to the Sentences《〈箴言录〉评疏》51,52,54
  money theory 阿奎那的货币理论 73
  moral theory 阿奎那的道德理论 102
  Summa Theologica《神学大全》51,53,54,100
Ardens, Radulphus 阿尔当斯,拉杜普斯 47
Argenson, Rene-Louis de Voyer de Paulmy, marquis d' 雷内—路易斯·德·沃伊尔·德·帕尔米,阿戎松侯爵 368—369
Aristophanes 阿里斯托芬 76,94,514
Aristotelian 亚里士多德主义 4,5,48,50,51,79,80,92,140,141,143,166,362
Aristotle 亚里士多德 3,6,7,9,19,20,21,50,52,54,57,102,182,410,425,508
  Ethics《伦理学》16,51,52,73
  and exchange and value 亚里士多德与交换和价值 15—18
  Politics《政治学》53
  and private property and money 亚里士多德与私有财产和货币 13—15
  Rhetoric《修辞学》17
  Topics《论题篇》17
  see also Aristotelian 另见:亚里士多德主义
Arminius, Jacobus 雅各布斯·阿米纽斯 340,418
Arnauld, Antoine 安托万·阿诺 132
Arthur, Sir Daniel 丹尼尔·阿瑟爵士 345
Ascham, Roger 罗杰·阿斯坎 196
Ashcraft, Professor Richard 理查德·阿什克拉夫特教授 314,339,521,315
Ashley, Lord see Shaftesbury, Earl 阿什利勋爵,参见:沙夫茨伯里伯爵
Asia 亚洲 225,260
assault on population 对人口的攻击 481—492
Assisi, bishop of see Rufinus 阿西西的主教,参见:若菲努斯
Astesanus 阿斯特桑纽斯 80
Astrain, Father Antonio 安东尼奥·阿斯特拉因教父 122
Auberino, Caio 卡伊欧·奥博瑞诺 195
Augustine, Saint (Augustinus, Aurelius) 圣奥古斯丁(奥雷柳斯·

奥古斯丁)34,35,63,64,132
Augustine, Saint (Augustinus, Aurelius),
　　see also Augustinian 圣奥古斯丁（奥雷柳斯·奥古斯丁），另见：奥古斯丁主义
Augustinian 奥古斯丁主义 139
Augustinus, Aurelius see Augustine, Saint 奥雷柳斯·奥古斯丁，参见：圣奥古斯丁
Augustus, King of Poland 波兰国王奥古斯都 346
Aurifex, William 威廉·奥里费克斯 160
Austria 奥地利 244,493
　　see also Austrian School; proto-Austrian 另见：奥地利学派；原初的——奥地利思想
Austrian School 奥地利学派 10,17,18,25,124,167
　　business cycle theory 奥地利学派的商业周期理论 401
　　Cantillon, Richard 理查德·坎替隆 361
　　capital and interest theory 奥地利学派的资本与利息理论 395,396,402
　　Middle Ages 中世纪 46,50,61
　　Middle Ages to Renaissance 从中世纪到文艺复兴 74,88,89
　　money theory 奥地利学派的货币理论 429,430
　　objective value and cost of production 客观价值与生产成本 375
　　and Smith, Adam 奥地利学派与亚当·斯密 437
　　Smithian movement 斯密主义学术运动 502
　　time-preference 时间偏好 399—400
　　utility theorists 效用理论家 405—406
　　value, exchange and price 价值、交换与价格 390,391,392,393
　　value theory 价值理论 452,456
Azo 阿佐 40,41
Azpilcueta Navarrus, Martin de 马丁·德·阿斯皮利奎塔·纳瓦鲁斯 105—109,112,113,165,206

Bacon, Sir Francis 弗朗西斯·培根爵士 129—130,189,292—296,305,411,520
　　Advice to Sir George Villiers《向乔治·维利尔斯先生建言》296
　　Apology《自白》295
　　New Atlantis《新大西岛》293
　　see also Baconian 另见：培根主义

Bacon, Sir Nicholas 尼古拉斯·培根爵士 295
Baconian 培根主义 309, 314, 315, 480
see also Petty, Sir William 另见：威廉·配第爵士
Baeck, Louis 路易斯·贝克 512
Baianism 贝乌斯主义 132
Bailey, Samuel 萨缪尔·贝利 403, 450
Bailyn, Bernard 伯纳德·贝林 521
Bakunin, Mikhail 米哈伊尔·巴枯宁 483
Baldwin, John W. 约翰·鲍德温 509
Bandinelli, Roland see Alexander III, Pope 罗兰·班迪内利，参见：教皇亚历山大三世
Bank of England 英格兰银行 229, 230, 321, 500
Barbarossa, Frederick 腓特烈·巴巴罗萨 179
Barbary Company 巴巴里公司 225
Barbon, Nicholas 尼古拉斯·巴尔本 322, 323, 340, 522
Barbon, Praisegod 普雷斯哥特·巴尔本 322
Bastiat, Frédéric 弗雷德里克·巴师夏 333, 389, 422
Baudeau, Abbé Nicolas 尼古拉斯·博多神父 366
Baudot de Juilly, Nicholas 尼古拉斯·博多·德·朱里 273
Bauer, P. T. 鲍尔 209
Baumgartner, Frederic J. 弗雷德里克·鲍姆加特纳 515
Bauny, Étienne 艾蒂安·博尼 132
Bavarian law 巴伐利亚法 31
Bay, Dr Michael de 夏埃尔·德·巴伊博士 122, 132
see also Baianism 另见：贝乌斯主义
Becher, Johann Joachim 约翰·约阿希姆·贝克尔 493, 502, 533
Becker, Lawrence C. 劳伦斯·贝克尔 522
Belesbat, Charles Paul Hurault de l'Hopital, Seigneur de 夏尔·保罗·于罗·德·洛必达,贝莱巴领主 267—269, 271, 272, 368, 369
Belgium 比利时 132, 169, 216, 221, 223, 224
Benedictus Diaconus, Saint 圣贝内迪克图斯·迪亚科努斯 32
Bennett, Henry 亨利·贝内特 289
Bentham, Jeremy 杰里米·边沁 314, 413
Defence of Usury《为高利贷辩护》467, 477

and *Wealth of Nations* 杰里米·边沁与《国富论》477

Berkeley, Bishop George 乔治·贝克莱主教 130,331—332,523

Bernadine, Saint *see* San Bernardino 贝尔纳迪,参见:圣贝尔纳迪诺

Bernardelli, Harro F. 哈罗·伯纳德利 525

Bernholz, Peter 彼得·伯恩霍尔兹 533

Bernoulli, Daniel 丹尼尔·伯努利 310, 379—381, 525

Bernoulli, Jacques 伯努利,雅克 379

Bernoulli, Jean 伯努利,让 379

Beroaldo, Filippo 菲利浦·博尔多 195

Besold, Christoph 克里斯托弗·贝佐尔德 492

Beza, Theodore 泰奥多尔·贝扎 169, 171

Biel, Gabriel 加布里埃尔·比尔 89, 90, 91, 141, 511

Bindoff, Professor S. T. 宾多夫教授 224—225, 231, 516

Black Death 黑死病 70

Blackwell, Basil 巴兹尔·布莱克韦尔 304

Blackwood, Adam 亚当·布莱克伍德 207, 208

see also Blackwoodian 另见:布莱克伍德学说

Blackwoodian 布莱克伍德学说 209

Blair, Reverend Hugh 休·布莱尔神父 424, 440, 499

Block, Professor Walter 沃尔特·布洛克教授 329

Bloomfield, Arthur I. 阿瑟·布鲁姆菲尔德 473, 525

Bockelson, Jan (Bockelszoon, Beukelsz) 扬·博克尔松 152, 154—159

Bodin. Jean 让·博丹 129, 204—207, 208, 210, 257, 281, 288, 515

Response to the Paradoxes of Malestroit《对马莱特鲁瓦悖论的回应》106, 206

Six Books of a Commonwealth《论共和国六卷书》204

Bohemia 波希米亚 418

Bohemian Adamites 波希米亚亚当派 163— 164

Böhm-Bawerk, Eugen von 欧根·冯·庞巴维克 18,85, 145,175, 395,399,406,413,430,431, 513—514,526

Capital and Interest《资本与利息》402

Boisguilbert, Pierre le Pesant, Sieur de 皮埃尔·勒贝松,布阿吉尔

贝尔爵士 269—273，348，368，371，518

A Detailed Account of France《法国详情》269，270

Bologna, University of 博洛尼亚大学 37—42

Bonacina, Martino 马蒂诺·博纳奇纳 132

Bonaventure, Saint 圣波拿文都拉 48

Boniface VIII, Pope 教皇博尼法斯八世 68，69

Bonini, Alexander 亚历山大·博尼尼 79—80，81，83

Booth, Cecily 塞西莉·布思 514

Bornitz, Jakob 雅各布·博尔尼兹 492

Borromeo, Cardinal San Carlo 枢机主教圣卡罗·博罗梅奥 107

Bossuet, Jacques-Benigne, Bishop of Meaux 雅克—贝尼涅·波舒哀，莫城的主教 251

Botero, Giovanni 乔万尼·博特罗 196—199，302，482，485

Boyle, Robert 罗伯特·波义耳 298，315

BraccioIini, Poggio 波基奥·布拉乔利尼 184

Brachylogus《小逻辑》39—40

Brailsford, H. N. 布雷尔斯福特 339，521

Brearly, Reverend Roger 罗杰·布雷尔利神父 339

Bresson, Sieur de 西厄尔·德·布列松 258

Brewer, Anthony 安东尼·布鲁尔 524

Brewer, John 约翰·布鲁尔 517

Brodrick, J. S. J 布罗德里克 512，513

Broggia, Carlo Antonio 卡罗·安东尼奥·布罗吉亚 474

broken window fallacy 破窗谬误 422

Brougham, Henry 亨利·布鲁厄姆 478，479

Brown, A. H. 布朗 533

Bruni, Leonardo 莱昂纳多·布鲁尼 184

Brydges, James, Duke of Chandos 詹姆斯·布里奇斯，钱多斯公爵 310

Buchanan, George 布坎南，乔治 171—173，207，515

Budé, Guillaume 纪尧姆·布德 200

Buisseret, David 戴维·布伊瑟瑞特 518

Bulkeley, Charlotte 夏洛特·巴尔克利 346

bullionist attack and foreign exchange 金块主义的攻击与外汇 284—288
Burchard of Worms 沃尔姆斯的布尔夏德 37
Burghley, Lord see Cecil, Sir William 伯利勋爵,参见:威廉·塞西尔爵士
Burgundy circle 勃艮第集团 263—267,518
Burgundy, Duke of 勃艮第公爵 263,266,378
　　see also Burgundy circle 另见:勃艮第集团
Buridan de Bethune, Jean 让·比里当·德·贝蒂纳 72—77,80,89,94,167,325
　　Questiones《问题》73
Bute, Lord 比特伯爵 424

Cahn, Kenneth S. 卡恩,肯尼思 509
Cajetan, Cardinal Thomas De Vio 枢机主教卡耶坦,维奥的托马斯 99—101,104,105,107,108,141
　　Commentary《评疏》100
　　De Cambiis《论外汇交易》100
Calico Act (1720) 印花布法案(1720年) 224

Calvin, John 加尔文,约翰 130,137—139,140—143,167,168,174.513—514
　　see also Calvinism 另见:加尔文主义
Calvinism 加尔文主义 112,115,140—143,146,167,168,169,173,174
　　and mercantilism 加尔文主义与重商主义 277,278
　　and the scholastics 加尔文主义与经院主义学说 119,129,132
　　and Scottish Enlightenment 加尔文主义与苏格兰启蒙运动 418,423,425
　　Smith, Adam 加尔文主义与亚当·斯密 457,466
　　and usury 加尔文主义与高利贷 143—145
　　see also Buchanan, George; crypto 另见:乔治·布坎南;隐蔽的—加尔文主义
Cambodia 柬埔寨 152—153
Cambridge Statute of 1388 1388年《剑桥法令》71
cameralism 官房主义 437,492,493,494,498
Campbell, R. H. 坎贝尔 529,530
Cannan, Edwin 埃德温·坎南 442,445—446,472,486,489,

502,529,531,533
canon law 教会法 31,36—37,38—39,40,41
canonists 教会法学者 37—42
 prohibition of usury 教会法对高利贷的禁止 42—47
Canterbury, Archbishop of 坎特伯雷大主教 286
Cantillon, Richard 理查德·坎替隆 324,331,332,333,334,335,341,345—362,367,372,375,379,386,395,411,412,413,426—427,435,436,448,450,451,459,460,467,474,482,483,501,523—525,531
 background 时代背景 345—347
 Essai sur La nature du commerce engeneral 《商业性质概论》332,347,348,355,360,362,365,437
 Influence 坎替隆的影响 360—361
 international monetary relations 国际货币关系 358—359
 market self-regulation 市场自我调节 359—360
 methodology 坎替隆的方法论 347—349
 money and process analysis 货币与过程分析 354—358
 population theory 人口理论 352—353
 spatial economics 区位经济学 354
 uncertainty and the entrepreneur 不确定性与企业家 351—352
 value and price 价值与价格 349—351
 see also Cantillonian 另见:坎替隆的分析
Cantillonian 坎替隆的分析 428
Cantor, Peter 彼得·康塔尔 48
capital 资本 61,402
 entrepreneurship, savings and interest theory 企业家、储蓄与利息理论 395—401
 and interest theory 资本与利息理论 395,396,402
 capitalization concept 资本化的概念 400
Carafa, Diomede 狄俄墨德·卡拉法 187,515
cardinal rule (1624—1661) 枢机主教的统治(1624—1661年) 243—245
carentia pecuniae (charging for lack of money) 缺少金钱(因为缺少货币而收取费用) 125—126
Caritat, Marquis de *see* Condorcet 卡里塔特侯爵,参见:孔多塞
Carloman, Emperor 查理曼皇帝 37

Carlyle, Reverend Alexander ('Jupiter') 亚历山大·卡莱尔神父("朱庇特") 424,443
Carmichael, Gershom 格肖姆·卡迈克尔 335,417—420,423,430,501,527
Carolingians and canon law 加洛林王朝的官员与教会法 36—37
Carswell, John 约翰·卡斯韦尔 362
Castiglione, Baldassare 巴达萨列·卡斯蒂廖内 186
Catherine the Great 凯瑟琳大帝 371,498,499,533
Catholicism 天主教 515
  Anabaptists 再浸礼教派 146—150
  Buchanan, George 乔治·布坎南 171—173
  Calvin and Calvinism 加尔文与加尔文主义 137—139,140—143
  Cantillon, Richard 理查德·坎替隆 345
  Counter-Reformation 天主教反对宗教改革运动 99,107,108
  Habsburgs 哈布斯堡王朝 244
  Huguenots 胡格诺教徒 167—170
  Luther's economics 路德的经济学 137—140
  and mercantilism 天主教与重商主义 244,277,298,316

  messianic communism 救世主似的共产主义 159—164
  Middle Ages to Renaissance 从中世纪到文艺复兴时期的天主教 68,69
  Münster and totalitarian communism 明斯特与集权主义的共产主义 150—159
  non-scholastic 非经院主义的天主教 164—167,514
  politiques 政治家 173—174
  and scholastics 天主教与经院主义学说 102,119,128,131,132,314,360,369
  Scottish Enlightenment 苏格兰启蒙运动 418
  state absolutism 国家专制主义 137—139
  see also Leaguers 另见：天主教联盟成员
Cavendish family 卡文迪什家族 296
Cecil, Sir William (later Lord Burghley) 威廉·塞西尔爵士(后来的伯利勋爵) 280,281,283,295
Cecil, Thomas, second Lord Burghley 托马斯·塞西尔,第二位伯利勋爵 295
census 租金合约 90,91,107,

108, 140

Cesarano, Filippo 菲利波·切萨拉诺 527

Chabham, Thomas 托马斯·沙布哈姆 48, 49

Chafuen, Alejandro 亚历杭德罗·查夫恩 512

Chalmers, George 乔治·查默 474

Chamillart, Michel 米歇尔·沙米亚尔 270

charging for lack of money 因为缺少货币而收取费用 125—126

Charlemagne, Emperor 查理曼皇帝 36—37, 43

Charles I, King 查理一世国王 220, 228

Charles II, King 查理二世国王 228, 296, 300, 309, 315, 320, 323

Charles IV, Emperor 查理四世皇帝 196

Charles V, Emperor 查理五世皇帝 103, 105, 186, 196, 443

Charles VIII, King 查理八世国王 199

Charon, Marie 玛丽·沙龙 248

Chasseneux, Barthelemy de 巴泰勒米·德·沙瑟尼厄 200, 201

Chicago School 芝加哥学派 78

Ch'ien, Ssu-ma 司马迁 26—27

Child, Sir Josiah 乔赛亚·蔡尔德爵士 317—323, 340, 386, 522

A New Discourse of Trade《贸易新论》321, 322

Brief Observations concerning trade and interest of money《贸易与货币利息简论》318

China 中国 18, 23—27, 43, 174, 175, 491

Chitnis, Anand C. 阿南德·基蒂尼斯 527, 530, 533

Ch'iu Chung-ni *see* Confucius 孔仲尼, 参见: 孔子

Christian Middle Ages 基督教的中世纪 31—64

   Aquinas, Saint Thomas 圣托马斯·阿奎那 51—58

   canonists 教会法学者 37—42, 42—47

   Carolingians and canon law 加洛林王朝与教会法 36—37

   merchants, early attitudes towards 对待商人的早期态度 32—36

   Roman law 罗马法 31—32

   Romanists 罗马法学者 37—42

   scholastics 经院学者 59—64

   theologians 神学家 47—51

Chrysippus 克吕西波 21, 22

Chuang Tzu 庄子 24, 25

Church, William Farr 威廉·法

尔·丘奇 210, 515
Cicero, Marcus Tullius 马尔乌斯·图里乌斯·西塞罗 22, 25, 35, 53, 181, 509
Civil War 内战 298
 see also under mercantilism 另见：重商主义条目下的内容
Clark, J. M. 克拉克 472, 529, 532, 533
Clement, Father, of Alexandria 亚历山德里亚的克莱门特教父 33—34
Clément, Jacques 雅克·克莱芒 119, 173
Clement VII 克莱门特七世 185
Cohn, Norman 诺曼·柯恩 160, 510, 514
coins and coinage 硬币与硬币铸造 291, 317—323, 335, 462
Coke, Sir Edward 爱德华·科克爵士 283—284, 304, 519
Colbert, Jean-Baptiste 让—巴蒂斯特·柯尔贝尔 217—218, 220, 239, 246—249, 259, 261
 see also Colbertism 另见：柯尔贝尔主义
Colbert, M. 柯尔贝尔 274
Colbert, Nicolas 尼古拉·柯尔贝尔 248
Colbert, Odart 欧达尔·柯尔贝尔 248
Colbert, Seinelay 塞涅莱·柯尔贝尔 249
Colbertism 柯尔贝尔主义 216—220, 249, 259, 260, 262
Cole, Charles Woolsey 查尔斯·伍尔西·科尔 230, 240, 251, 274, 516, 518
Colet, John 约翰·科利特 196
collectivism opposition 反对集权主义 259—262
collectivist utopia 集体主义的乌托邦 10—12
Colonna family 科罗纳家族 185
Comédie française 法国剧院 248
Comenius, Johann Amos 约翰·阿摩司·夸美纽斯 298, 299
communism 共产主义
 Anabaptism 再浸礼教 159, 514
 messianic 救世主似的共产主义 159—164
 totalitarian 集权主义的共产主义 150—159
Compagni, Dino 迪诺·康帕格尼 182
Condillac, Étienne Bonnot de, Abbé de Mureaux 艾蒂安·博诺·德·孔狄亚克，米罗克斯神父 409—410, 412, 526, 527

entrepreneurship theory 企业家理论 411

Condorcet, Marie Jean Antoine Nicolas de, Marquis de Caritat 孔多塞, 马里耶·让·安东尼·尼古拉斯·德·卡里塔特侯爵 478, 479, 483, 484, 487, 488, 489

Confucius/Confucians 孔子/儒家学说 23

contracts 合约 77, 81, 88, 91, 143, 201

Cooper, Anthony Ashley see Shaftesbury, Earl 安东尼·阿什利·库珀, 参见: 沙夫茨伯里伯爵

Copernicus, Nicholas 尼古拉·哥白尼 164—165, 206, 514

Copleston, Frederick S. J. 弗雷德里克·科普尔斯顿 512

Corbière, Samuel 塞缪尔·索尔比耶 250

Cordemoy, Geraud de 热劳德·德·科德穆瓦 258

Cormoy, Marquis de 科穆瓦侯爵 219

correspondence theory 对应论 277, 296

Cosimo I, de Medici, Duke of Florence 科西摩·德·梅迪奇, 佛罗伦萨公爵 166

cost theory 成本理论 52

cost-of-production 生产成本 52, 374—375, 452
 theories of value 生产成本价值理论 455
 theory of natural price 生产成本的自然价格理论 453

Costello, Frank Bartholomew S. J. 弗兰克·巴塞洛缪·科斯特洛 133, 511

council of commerce 商业委员会 262

Counter-Reformation 反对宗教改革运动 99, 107, 108, 128, 137, 138

Covarrubias y Leiva, Diego de 迭戈·德·科瓦鲁维亚斯·莱瓦 109, 110, 112

Craig, J. H. 克雷格 522

Creedy, Professor John 约翰·克里迪教授 312, 339, 520

Crockaert, Pierre 皮埃尔·克罗凯尔特 102

Cromwell, Oliver 奥利弗·克伦威尔 298, 299, 305, 313, 314, 345
 see also Cromwellians 另见: 克伦威尔主义者

Cromwellians 克伦威尔主义者 313

croquants' rebellion 乡巴佬起义 255—257

Crowe, Michael Bertram 迈克尔·伯特伦·克罗 509, 510, 511

Crusoe economics 克鲁索经济学 390, 392, 421

crypto-Calvinism 隐蔽的一加尔文主义 115, 122, 128, 132

crypto-deism 隐秘的自然神教 273

crypto-Protestantism 隐蔽的一新教 137

Culpeper, Sir Thomas 托马斯·卡尔佩珀爵士 318

da Savona, Lorenzo 洛伦佐·达·萨瓦诺 195

da Signa, Boncampagno 波坎帕诺·达·西格纳 181

da Tiferna, Gregorio 格利高里欧·达·蒂夫纳 195

da Viterbo, Jacopo 维泰博的雅各布 53

Dakin, Douglas 道格拉斯·戴金 526

Dante Alighieri 但丁·阿利吉耶里 179

Dashkova, Princess Ekaterina 叶卡捷琳娜·达什科娃王妃 499

Davanzati, Bernardo 贝尔纳多·达万扎蒂 166—167, 404, 514

Davenant, Charles 查尔斯·达维南特 309—312, 338, 339, 520

de Banez de Mondragon, Domingo 蒙德拉贡的多明戈·德·巴涅斯 112, 113, 115, 123

de Clavasio, Angelus Carletus 安杰勒斯·卡莱塔斯·德卡尔瓦西奥 90

de Courtilz de Sanras, Gatien, Sieur du Verger 加西安·德·柯蒂兹·德·桑德斯,迪韦尔热爵士 259—260

de Escobar y Mendoza, Father Antonio 安东尼奥教父,德·埃斯科巴尔一门多扎 131, 132

de Ferreti, Ferreto 雷托·德·费雷蒂 180, 182

de Luca, Cardinal Giambattista 枢机主教詹巴蒂斯塔·德·卢卡 132

de Lugo, Cardinal Juan 枢机主教胡安·德·卢戈 122—127, 131

de Mariana, Juan 胡安·德·马里亚纳 117—122, 133, 168, 172, 314, 512

  On the Alteration of Money《货币的变质》119—20, 121

  On Kingship《论国王》117, 119)

de Medici, Catherine 凯瑟琳·德·梅迪奇 196—197

de Medici family 德·梅迪奇家族 185, 189

de Medici, Marie 玛丽·迪·梅迪奇 240, 242, 244

de Medina, Juan 胡安·德·梅迪纳 105—109, 114, 123, 125

de Mercado, Tomás 托马斯·德·梅尔卡多 111, 112, 380

de Ribadeneyra, Pedro 佩德罗·德·里瓦德内拉 174

de Seyssel, Claude 克劳德·德·塞瑟尔 199—200

de Soto, Domingo 多明戈·德·索托 103, 104, 105, 106, 107, 109, 111, 113, 511

de Vitoria, Francisco 弗朗西斯科·德·维多利亚 102—103, 105, 109, 112, 114, 115, 511

debt purchase contracts 债务购买合约 92

Decembrio, Pier Candido 皮尔·坎迪多·狄森伯里奥 186

Decembrio, Uberto 乌贝托·狄森伯里奥 186

Decker, Sir Matthew 马修·德克尔爵士 337, 342

Declaration of Independence 独立宣言 118

Decretalists 教令学家 39

Decretists 教会法汇要学家 39

deductions from axioms 从公理开始演绎 323—327

Dee, Dr John 约翰·迪伊博士 305

del Monte, Pietro 彼得罗·德尔蒙特 195

della Riva, Bonvesin 博文森·德拉瑞瓦 182

della Scala family 德拉斯卡拉家族 180, 182, 185

demand 需求 309—312
  schedule 需求表 311

Democritus 德谟克利特 10, 13, 17, 19, 20, 507

Denmark 丹麦 138

Descartes, Rene 勒内·笛卡尔 129—130, 297, 302, 325, 418, 419, 425

Descazeaux du Hallay, Joachim 若阿基姆·德斯卡吉奥·迪哈雷 262

desirability or desiredness (*complacibilitas*) 合意性或满意性 60—61

Desmaretz, Nicolas 尼古拉斯·德马内兹 274

Desnitsky, Semyon Efimovich 谢苗·叶菲莫维奇·杰斯尼茨基 498—499, 533

Dewar, Mary 玛丽·迪沃 519

Diana, Antonino 安东尼诺·迪亚纳 132

Dickson, P. G. M. 迪克森 517, 522

Diggers 掘地派 313

Diogenes 第欧根尼 20, 21

distribution 分配
　theory 分配理论 406,458—460
　see also production and distribution 另见:生产与分配
Ditz, Gerhard W. 格哈德·迪茨 531
division of labour 劳动分工 441—444
Dominicans 多明我会教派 113,115
Doneau, Hugues 雨格·多诺 169,196
Donne, John 约翰·多恩 166
Douglas, Paul H. 保罗·道格拉斯 450,453—454,455,456,457,472,473,529
Driedo, Johannes 约翰内斯·德里多 115
du Fail, Noël 诺埃尔·杜法伊 210
Du Moulin, Charles (Carolus Molinaeus) 夏尔·杜·穆林(卡洛斯·莫林涅斯) 143,201,207
Du Pont de Nemours, Pierre Samuel 皮埃尔·萨谬尔·杜邦·德·内穆尔 366,367,370,379
Dugué de Bagnols 迪古·德·巴诺勒 261—262
Dumont, François 弗朗索瓦·杜蒙 518
Dusentschur 迪森特舒尔 156,158

Eagly, Robert V. 罗伯特·伊格利 473,532
East India 东印度 214,226,319.320,321
　apologists 东印度贸易的辩护者 288—292
　Company 东印度公司 226,260,438,480
　mercantilism from Civil War to1750 从内战到1750年间的重商主义 309,310,317,337,338
　mercantilism from Tudors to Civil War 从都铎王朝到内战时期的重商主义 284,285,288,289,290,304
　trade 与东印度的贸易 284—288,309
eastern Europe 东欧 226—227
Eastland Company 伊斯兰特公司 225
Eck, Johann 约翰·埃克 93,140,141
economic liberalism 经济自由主义 283—284
economic thought 经济思想 500—502
Edgeworth, F. Y. 埃奇沃斯 394
Edict of Nantes 南特敕令 174
Edward I, King of England 英格兰国王爱德华一世 68
Edward Ⅲ, King 爱德华三世国

王 221
Egmont, Earl 埃格蒙特伯爵 347, 362
Einaudi, Professor Luigi 路易吉·埃诺迪教授 405, 526
Ekelund, Robert B. Jr 小罗伯特·埃克伦德 516
El Greco 格列柯 109
Elizabeth, Empress of Russia 俄国女皇伊丽莎白 498
Elizabeth I, Queen 女皇伊丽莎白一世 196, 223, 224, 225, 280, 281, 282, 283, 295
empiricism 经验主义 292—296
Encyclopédie 《百科全书》292, 388, 443
Engels, Friedrich 弗里德里希·恩格斯 149
England 英格兰 99, 111, 369, 425, 489
　absolutism 英格兰的专制主义 194, 195, 199
　and mercantilism in France 英格兰与法国的重商主义 247, 261, 264
　Protestantism and Catholicism 英格兰的新教与天主教 138, 142, 167
　and Smithian movement 英格兰与斯密主义学术运动 479, 480, 481, 500
　textiles and monopolies 英格兰的纺织品与垄断 221—226, 240
　trade 英格兰的贸易 309
　see also Bank; mercantilism 另见:英格兰银行;英格兰的重商主义
Enlightenment 启蒙运动 369, 370
　in France 法国的启蒙运动 292
　in Russia 俄国的启蒙运动 498
　see also Scottish 另见:苏格兰的启蒙运动
enserfdom in eastern Europe 东欧的农奴制 226—227
entrepreneurship 企业家 395—401
　theory 企业家理论 411
　and uncertainty 企业家与不确定性 351—352
Éon, Jean (Mathias de Saint-Jean) 让·埃翁(圣一让·马蒂亚斯·德)245
Epicurus/Epicureans 伊壁鸠鲁学派 20
equilibrium pricing theory 均衡定价理论 349
Erasmus, Desiderius 德希德利乌斯·伊拉斯谟 196
Escobarderie 闪烁其词的蒙骗行径 132
Eugene Ⅲ, Pope 教皇欧金尼三世 44

Eugene Ⅳ, Pope 教皇欧金尼四世 86
Europe see eastern and under individual countries 欧洲,参见:东欧,以及单个国家条目下的内容
Evers, Williamson M. 威廉姆森·埃弗斯 509
exchange 交换 390—393
 and value 交换与价值 15—18
Excluded Middle Law 排中律 4
extremism 极端主义 117—122

Fabert, Abraham de 亚伯拉罕·德·法贝尔 258—259
fairs of Champagne 香槟的集市 67—68, 69, 99
Fanfani, Amintore 阿明托尔·范范尼 78
Far East 远东 214, 285, 317
Fay, C.R. 费伊 530
Fénélon of Cambrai, Archbishop François de Salignac de la Mothe 冈布雷大主教,弗朗索瓦·德·萨利尼亚克·德·拉莫特·费奈龙 263—267, 268, 272, 378, 518
Ferdinand, King of Naples 那不勒斯国王费迪南德 187, 188
Ferguson, Adam 亚当·弗格森 424, 440, 443, 472, 478, 499, 530

Fermat, Pierre de 皮埃尔·费马 297
Ferrara, Bishop of see Huguccio Ferreti, Ferreto 费拉拉的主教,参见:费雷托·胡古克奥·费雷蒂 185
Fetter, Frank A. 费特,弗兰克 A. 413, 526
Fetter, Frank W. 费特,弗兰克 W. 533
Fieschi, Sinibaldo see Innocent Ⅳ, Pope 西尼巴尔多·菲耶斯基,参见:教皇英诺森四世
Fifth Monarchists 第五君主国派 313
Figgis, John 约翰·菲吉斯 513
Filmer, Sir Robert 罗伯特·菲尔默爵士 279, 519
Finley, Moses I. 摩西·芬利一世 16, 27, 508
Fisher, Irving 费希尔,欧文 329
Fitzjames, James, Duke of Berwick 贝里克公爵詹姆斯·菲茨詹姆斯 346
Flanders 佛兰德 68, 104, 111, 221
Flemings 佛兰芒 68
Fleury, Abbé Claude 克劳德·弗勒莱神父 263—267, 377
Fludd, Robert 罗伯特·弗拉德 305

Foley, Vernard 贝尔纳多·福莱 509

foreign exchange 外汇 79—81, 284—288

Forset, Edward 爱德华·福塞特 278, 279

Fox-Genovese, Elizabeth 伊丽莎白·福克斯—热那亚 373, 525

Frame, Donald 唐纳德·弗雷姆 515

France 法国 99, 199, 201, 266, 269, 270
    Cantillon, Richard 理查德·坎替隆 345, 346, 348
    Catholicism 法国的天主教 138, 142, 143, 167, 174
    Colbertism 柯尔贝尔主义 216—220
    commerce 法国的商业 238—239
    Enlightenment 法国的启蒙运动 292
    humanism 法国的人文主义 199—201
    laissez-faire 法国的自由放任 318, 386
    and mercantilism in England 法国与英国的重商主义 284, 330—331
    Middle Ages to Renaissance 从中世纪到文艺复兴时期 68, 69, 72, 94
    Paris, University of 巴黎大学 47—51
    population 法国的人口 491
    Protestantism 法国的新教 138, 142, 143, 167, 174
    and scholastics 法国与经院主义学说 102, 105, 106, 132
    Seven Years' War 七年战争 336
    and Smithian movement 法国与斯密主义学术运动 479, 500
    see also absolutism; French Revolution; mercantilism; physiocracy 另见：专制主义；法国革命；重商主义；重农学派

Francesco, the Medici Grand Duke of Tuscany 弗朗西斯科,托斯卡纳的梅迪奇大公 166

Francis of Assisi, Saint 阿西西的圣弗朗西斯 62

Francis I, King 弗朗西斯一世国王 199, 200

Franciscans and utility theory 方济各会教派与效用理论 59—64

Franklin, Benjamin 本杰明·富兰克林 482

free trade 自由贸易 386—390

French Quebec 法属魁北克 227

French Revolution 法国革命 255, 378, 379, 478, 483, 485, 488

Friedrich, Carl 卡尔·弗里德里希 378

fronde 投石党 257, 267

Fugger, Jacob 雅各布·富格尔 140, 142

Furniss, Edgar S. 埃德加·弗尼斯 305, 520

Fusfeld, Daniel R. 丹尼尔·福斯费尔德 519

gabelle (salt tax) 盐税 220

Gabrielistae 加布里埃尔主义者 89
see also Ockhamites 另见：奥卡姆主义者

Gage, Joseph Edward (Beau) 约瑟夫·爱德华（花花公子）·盖奇 346

Gaguin, Robert 罗伯特·加甘 195

Galiani, Abbé Ferdinando 费迪南德·加利亚尼神父 110, 403—409, 409, 410, 526—527
On Money《论货币》404, 406, 407, 408

Garcia, Francisco 弗朗西斯科·加西亚 112, 380
Tratado utilismo《论效用》111

Gardiner, Stephen 斯蒂芬·加德纳 199, 280

Garrison, Professor Roger W. 罗杰·加里森教授 372, 373, 444, 447, 467—468, 473—474, 525, 531, 532

Gassendi, Pierre 皮埃尔·伽桑狄 297

Gedanken-experiment 想象实验 348

general equilibrium theory 一般均衡理论 349

Genovesi, Abate Antonio 安东尼奥·杰诺韦西神父 410, 482—483, 527
Lessons on Civil Economy《国民经济教程》409, 483

Gentillet, Innocent 英诺森·让蒂耶 197

George, Henry 亨利·乔治 456, 459, 466

Germany 德国 196
  absolutism 德国的专制主义 179, 194
  Catholicism 德国的天主教 138, 146, 147, 148, 149, 158, 160, 167, 169
  and mercantilism 德国与重商主义 224, 241, 313
  Middle Ages to Renaissance 从中世纪到文艺复兴时期 91, 94
  Protestantism 德国的新教 138, 146, 147, 148, 149, 158, 160, 167, 169
  and the scholastics 德国与经院

主义学说 108，111
and the Scottish Enlightenment 德国与苏格兰启蒙运动 418
and Smithian movement 德国与斯密主义学术运动 492—498
　Thirty Years' War 三十年战争 244
　see also Münster 另见：明斯特
Gerson, Jean 让·德·热尔松 78，93—94，168
　see also Gersonian 另见：热尔松学派
Gersonian 热尔松学派 94
Gervaise, Isaac 艾萨克·热尔韦 332，333，334，341，362，523，524
Gesell, Silvio 西尔维奥·格塞尔 330
Gibbon, Edward 爱德华·吉班 471
Gide, Charles 查尔斯·吉德 347
Giles of Lessines 莱西讷的吉勒斯 53，60，79
Glanville, Joseph 约瑟夫·格兰维尔 274，532
Glorious Revolution of 1688 1688 年光荣革命 228
Goddard, Jonathan 乔纳森·戈达德 299
Godwin, William 威廉·古德文 483—484，486—487，489，492

On Population《论人口》488
Political Justice《对政治正义的考察》483，485
The Enquirer《探询者》485
Golden Age 黄金时代 8，259
Golden Rule 黄金规则 272，273
Gordon, Barry 巴利·戈登 507—508，509，511
Gordon, Thomas 托马斯·戈登 521
Gournay, Jacques Claude Marie Vincent, Marquis de 雅克·克洛德·马里耶·文森特,古尔奈侯爵 318，386，387，388，412，429
grain trade 谷物贸易 408
Grampp, William D. 威廉·格兰普 532
Graslin, J. J. 格拉斯兰 401
Grassaille, Charles de 夏尔·德·格拉塞利 200
Gratian, Johannes 约翰内斯·格拉提安 39，42，43，55
Decretum《教会法汇要》37—38，39，44
Gray, Alexander 亚历山大·格雷 460，472，473，489，502，518，529，534
Great Britain 大不列颠 94，139，143，167，345，479，481
　see also England; Scotland;

Wales 另见:英格兰;苏格兰;威尔士

Great Depression（1930s）1930年代大萧条 491

great depression of fourteenth century 14世纪大萧条 67—71

Greece 希腊 43

Greeks：philosopher economists 希腊人:哲人—经济学家 3—27

after Aristotle 亚里士多德以后的希腊哲人—经济学家 18—23

Aristotle and exchange and value 亚里士多德与交换和价值 15—18

Aristotle and private property and money 亚里士多德与私有财产和货币 13—15

Hesiod and problem of scarcity 赫西俄德与稀缺问题 8—9

natural law 自然法则 3—6

Plato and collectivist utopia 柏拉图与集体主义乌托邦 10—12

politics of polis 城邦的政治学 6—8

pre-Socratics 前—苏格拉底时期 9—10

Xenophon and household management 色诺芬与家政管理 12—13

Green, Roy 罗伊·格林 341

Greenleaf, Professor W. H. 格林利夫教授 279, 304, 519

Greenwood, Major 梅杰·格林伍德 301

Grégoire, Pierre 皮埃尔·格雷瓜尔 207, 208

Gregory IX, Pope（Ugolino de Segni）教皇格里高利九世(乌戈利诺·德·塞尼)39

Decretals《教令》39, 40, 45

Gregory, James 詹姆斯·格里高利 312

Gregory of Rimini 理米尼的格里高利 72, 89, 511

Gregory, Theodore E. 西奥多·格里高利 522

Gregory VIII, Pope 教皇格里高利八世 36

Gresham, Sir Thomas 托马斯·格莱欣爵士 282, 283, 285, 287, 519

see also Gresham's law 另见:格莱欣法则

Gresham's law 格莱欣法则 75, 76, 165, 282—283, 285, 291, 321, 514

Grice-Hutchinson, Marjorie 玛乔利·格赖斯—哈钦森 511

Grocyn, William 威廉·格洛辛 195, 196

Groenewegen, Peter D. 彼得·格

勒内沃根 413，526
Grotian 格劳秀斯主义 339，370
Grotius, Hugo 胡戈·格劳秀斯 72，110，296，314，369—370，417，418，419，442，473，528
see also Grotian 另见：格劳秀斯主义
Guilford, Francis 弗朗西斯·吉尔福特 323，340
Guise, Duc de 吉斯公爵 119，173
Gustavus Ⅲ, King of Sweden 瑞典国王古斯塔夫三世 379

Haak, Theodore 西奥多·哈克 299
Hales, John 约翰·海尔斯 280，281，282，519
Hamilton, Bernice 伯尼斯·汉米尔顿 511
Hamowy, Professor Ronald 罗纳德·哈默威教授 339，443，472，521，530
Haney, Lewis H. 刘易斯·黑尼 533
Hansen, Alvin Henry 阿尔文·亨利·汉森 209
hard money response 硬货币论的回应 332—335
Hardenberg, Karl August, Fürst von 卡尔·奥古斯特·冯·哈登伯格侯爵 498，533

Harris, James 詹姆斯·哈里斯 441
Harris, Joseph 约瑟夫·哈里斯 335，342，462，523
Hartlib, Samuel 塞缪尔·哈特利伯 297—298，299，305
Hartmann, Johann 约翰·哈特曼 162
Hartwell, Ronald Max 罗纳德·马克斯·哈特韦尔 531
Harvey, William 威廉·哈维 328
Hasek, Carl William 卡尔·威廉·哈塞克 533
Havelock, Eric A. 埃里克·哈夫洛克 509
Hay, Paul, Marquis du Chastelet 258
Hayek, F. A. von 弗里德里希·冯·哈耶克 25，347，352，358，362，397，413，421，523，524，527
see also Hayekian 另见：哈耶克的思想
Hayekian 哈耶克的思想 268，369，388，527
Hebert, Professor Robert F. 罗伯特·赫伯特教授 354，356，412，524，525，526
Heckscher, Eli F. 埃利·赫克歇尔 213，230，515，516，533
Hegel, G. W. F. 黑格尔 533
Henneman, John Bell 约翰·贝尔·赫尼曼 517

Henry of Hesse *see* Langenstein, 黑塞的亨利, 参见: 朗根施泰因

Heinrich von Henry Ⅲ, King 海因里希·冯·亨利三世国王 46, 119, 173, 204, 217, 244

Henry Ⅳ, King (Henry of Navarre) 亨利四世国王 (纳瓦尔的亨利) 119, 173, 174, 208, 209, 217, 236, 238, 239, 241, 242, 244, 255

Henry of Navarre *see* Henry Ⅳ 纳瓦尔的亨利, 参见: 亨利四世

Henry Ⅴ, King 国王亨利五世 195

Henry Ⅶ, Emperor 亨利七世皇帝 179

Henry Ⅷ, King 国王亨利八世 138

Heraclitus of Ephesus 埃菲修斯的赫拉克利特 5—6

Hesiod 赫西俄德 8—9, 15, 19, 507

Hesselberg, A. Kenneth 肯尼思·赫塞尔伯格 528

Hieron, Samuel 萨缪尔·希伦 142—143

Higgs, Henry 亨利·希格斯 523, 525

Hill, Christopher 克里斯托弗·希尔 283

Himmelfarb, Gertrude 格特鲁德·伊梅尔法 534

Hinderliter, Roger H. 罗格·欣德里特 514

history of science theory 科学理论史 438

Hobbes, Thomas 托马斯·霍布斯 279, 296, 297, 305, 314, 339, 341

Hoffman, Melchior 梅尔基奥·霍夫曼 151

Holland *see* Netherlands 荷兰, 参见: 尼德兰

Hollander, Jacob B. 雅各布·霍兰德 533

Hollander, Samuel 塞缪尔·霍兰德 530, 532

Home, Henry (later Lord Kames) 亨利·霍姆 (后来的凯姆斯勋爵) 336, 424, 439, 440, 474

Home, John 约翰·霍姆 424

homesteading theory "自耕农式" 的理论 57

Hooker, Richard 理查德·胡克 278

Horner, Francis 弗朗西斯·霍纳 478, 479—480, 533

Hornigk, Philipp Wilhelm von 菲利普·威廉·冯·霍尔尼希克 493

Horsefield, J. Keith 凯斯·霍斯菲尔德 517

Hoselitz, Professor Bert F. 伯特·霍斯利茨教授 395, 412, 525

Hostiensis de Segusio, Cardinal Henricus 枢机主教亨利库斯·霍斯廷斯·德·塞古西奥 40, 46, 54, 61, 79, 84

Hotman, François 弗朗索瓦·奥特芒 168, 169

household management 家政管理 12—13, 19

Hsiao, Kung-chuan 萧公权 507

Huet, Pierre Daniel, Bishop of Avranches 皮埃尔·丹尼尔·于埃, 阿夫朗什主教 266

Hugh of St Victor 圣维克托的休 44

Huguccian doctrine 胡古克奥的学说 40, 49

Huguccio (Bishop of Ferrara) 胡古克奥 (费拉拉的主教) 38, 39, 44—45

see also Huguccian doctrine 另见:胡古克奥的学说

Huguenots 胡格诺教徒 167—170, 171, 172, 173, 174, 196—197, 204, 205, 206, 515

and mercantilism 胡格诺教徒与重商主义 216, 219, 241, 263

see also Calvinism 另见:加尔文主义

Hull, James 詹姆斯·赫尔 196

humanism 人文主义 114, 515

France 法国 199—201

monarchists 君主主义者 184—188

republicans 共和主义者 181—184

spread in Europe 人文主义在欧洲的传播 194—196

Hume, David 大卫·休谟 332, 333, 335, 341, 342, 360—361, 400, 401, 413, 424, 430, 431, 439, 441, 460—461, 501, 523, 524, 528, 532

A Treatise of Human Nature 《人性论》425

History of England 《英格兰史》425

and money theory 大卫·休谟与货币理论 425—430

Political Discourses 《政治论文集》426, 430, 440

see also Humean 另见:休谟的机制

Humean 休谟的机制 462

Humphrey, Duke of Gloucester 格罗斯特的汉弗莱公爵 195

Hundred Years' War 百年战争 67

Hungary 匈牙利 226

Hurault, Jacques 雅克·于罗 209

Hussites 胡斯运动 162—163, 164,

298
Hut, Hans 汉斯·胡特 150
Hutcheson, Francis 弗朗西斯·哈奇森 419, 420—423, 425, 435, 436, 437, 439, 441, 448—449, 474, 501
　System of Moral Philosophy《道德哲学体系》420, 422, 423
Hutchison, Terence W. 特伦斯·哈奇森 305, 335, 338, 339, 340, 341, 342, 410, 413, 520, 523, 527, 530
Hutt, W. H. 赫特 427, 431

implicit intention doctrine 隐含的目的学说 108
India 印度 18, 43, 310, 491
Indies 东印度 260
Industrial Revolution 产业革命 142, 219, 444, 486
inflation and mercantilism 通货膨胀与重商主义 227—230
inflationists 通货膨胀论者 327—332
Innocent Ⅱ, Pope (Lothaire de Segni) 教皇英诺森二世（洛泰尔·德·塞尼）39
Innocent Ⅳ, Pope (Sinibaldo Fieschi) 教皇英诺森四世（西尼巴尔多·菲耶斯基）41, 45, 46

Innocent Ⅴ, Pope (Peter of Tarentaise) 教皇英诺森五世（塔朗泰斯的彼得）48
interest 利息 318, 402
　lowering of 降低利息 321
　rate 利息率 317—323
　return on investments 作为投资收益的利息 394, 396
　theory 利息理论 402
　see also under capital 另见：资本条目下的内容
Interest of Money Mistaken《被误解的货币利息》319
international monetary relations 国际货币关系 358—359
Italy 意大利 181, 182
　Bologna. University of 博洛尼亚大学 37—42
　Catholicism 天主教 143, 160, 169
　humanism 人文主义 515
　and mercantilism 意大利与重商主义 221, 289
　Middle Ages to Renaissance 从中世纪到文艺复兴 68, 69, 94
　　Protestantism 新教 143, 160, 169
　and the scholastics 意大利与经院主义学说 102, 111
　see also absolutism 另见：专制主义

索 引 889

Ivo of Chartres, Bishop 沙特尔的伊沃主教 37, 43, 44, 55

Jacobs, Norman 雅各布, 诺曼 175, 513
Jadlow, Joseph M. 约瑟夫·亚德罗 532
Jakob, Ludwig Heinrich von 路德维希·海因里希·冯·雅各布 497—498, 533
James I, King 詹姆斯一世国王 117, 122, 295
James Ⅱ, King 詹姆斯二世国王 323, 324, 346
James Ⅲ, King 詹姆斯三世国王 346
James, Patricia 帕特里夏·詹姆斯 534
Jansen, Cornelius 科尔内留斯·让森 132
Japan 日本 175
Jardine, John 约翰·贾丁 424, 440
Jászi, Oscar 奥斯卡·贾西 512, 515
Jefferson, Thomas 托马斯·杰斐逊 314, 369
Jeffrey, Francis 弗朗西斯·杰弗里 478, 479
Jerome, Saint 圣杰罗姆 33

Jesuits 耶稣会 131—133, 138
Jevons, W. Stanley 斯坦利·杰文斯 16, 312, 347, 361, 523, 524
Joachim of Fiore, Abbot 菲奥勒的约阿基姆, 修道院长 62—64, 159
see also Joachite 另见: 约阿基姆派
Joachim, H. H. 乔基姆 16, 27, 508
Joachite 约阿基姆派 160
Johann of Leyden see Bockelson, Jan 莱登的约翰, 参见: 扬·博克尔松
John, Duke 约翰公爵 147—148
John of Paris see Quidort, Jean 巴黎的约翰, 参见: 让·基多尔特
John, Saint 圣约翰 33
John of Viterbo 维泰博的约翰 181, 183
John XXⅡ, Pope 约翰二十二世教皇 59, 93
Johnson, Dr 约翰逊博士 342
Joly, Claude 克劳德·乔利 257, 518
Joseph Ⅱ, Emperor of Austria 奥地利皇帝约瑟夫二世 379
Judd, Andrew 安德鲁·贾德 225—226
Julius Ⅱ 尤利乌斯二世 185

Justi, Johann Heinrich Gottlieb von 约翰·海因里希·戈特利布·冯·尤斯蒂 493—494, 533

Justinian Code 查士丁尼法典 37, 39

Justinian, Emperor 查士丁尼皇帝 31, 32

Kames, Lord see Home, Henry 凯姆斯勋爵，参见：亨利·霍姆

Kanisch, Peter 彼得·卡尼斯 163

Kant, Immanuel 伊曼纽尔·康德 495—496, 498

Kauder, Professor Emil 埃米尔·考德教授 142, 143, 175, 413, 450, 457, 471, 472, 508, 513, 514, 525, 526, 529, 531

Kayll, John 约翰·凯尔 286

Kelly, Aileen 艾琳·凯利 517

Keohane, Professor Nannerl O. 南尼尔·吉奥恩教授 204, 210, 251, 270, 271, 274, 515, 518

Keynes, John Maynard 约翰·梅纳德·凯恩斯 330, 357, 429, 437
 see also Keynesian; Keynesianism; proto 另见：凯恩斯学说；凯恩斯主义；原初的凯恩斯主义

Keynesian 凯恩斯学说 291, 340, 341, 376

Keynesianism 凯恩斯主义 422

Kindleberger, Charles P. 查尔斯·金德尔伯格 531

King, Lord Gregory 格里高利·金勋爵 309—312, 339, 480, 520

Kirshner, Julius 尤利乌斯·柯什纳 510

Klock, Kasper 卡斯珀·克勒克 492—493

Knies, Karl 卡尔·克尼斯 413

Knight, Frank 弗兰克·奈特 78, 352

Knight, Isabel F. 伊莎贝尔·奈特 527

Knipperdollinck, Bernt 伯恩特·克尼佩尔多林克 152, 155, 157

Knox, John 约翰·诺克斯 423

Knox, Monsignor Ronald A. 罗纳尔德·诺克斯神父 146, 175, 514

Koebner, R. 克布纳 531

Kolakowksi, Leszek 莱谢克·科拉科夫斯基 509

Kramnick, Isaac 艾萨克·克拉姆尼克 339, 521

Kraus, Christian Jakob 克里斯蒂安·雅各布·克劳斯 436, 495—496, 497—498, 502—503

Kretzmann, N. 克雷茨曼 511

Kropotkin, Peter 彼得·克鲁鲍特金 483

Kuhnian（Kuhn, Thomas Samuel）库恩式案例（托马斯·萨缪尔·库恩）438, 502

La Guesle, Jacques de 雅克·德拉盖瑟 208—209
la Meilleraye, Marshal de 马绍尔·德·拉梅耶雷 245
labour 劳动
  -command theory 支配劳动理论 454
  -cost (quantity of labour) theory of 劳动成本（劳动量）理论 value 劳动价值 455
  -cost theory 劳动成本理论 462
  theory 劳动理论 57, 316
  theory of property 劳动的财产理论 317
  theory of value 劳动价值理论 16, 57, 317, 438
  see also division; productive; quantity 另见：分工；生产劳动；劳动量
laesio enormis "巨大损失" 39—40, 42, 47, 52
Laffemas, Barthelemy de 巴泰勒米·德·拉斐玛 236—239, 242—243, 518
Laffemas, Isaac de 艾萨克·德·拉斐玛 238—239

laissez-faire 自由放任 13, 24, 281, 283
  Christian Middle Ages 基督教的中世纪 31—32, 37, 39
  division of labour 分工 442
  and free trade 自由放任与自由贸易 367—368
  market self-regulation 市场自我调节 359
  mercantilism in England 英格兰的重商主义 317—318, 319, 333, 335—338, 340
  mercantilism in France 法国的重商主义 261, 264, 265, 266, 267—273
  physiocracy 重农学派 368—369, 377, 378, 379, 525—526
  productive versus unproductive labour 生产劳动与非生产劳动 446
  restriction 对自由放任的限制 40
  and Scottish Enlightenment 自由放任与苏格兰启蒙运动 421—422, 423
  single tax on land 土地单一税 371
  and Smith, Adam 自由放任与亚当·斯密 439, 463—469, 471
  and Smithian movement 自由放任与斯密主义学术运动 478,

479,495

and Spanish scholastics 自由放任与西班牙的经院主义学者 103,104,114

theory of money 货币理论 425,429,430

Tory 托利党人的自由放任 323—327

and Turgot 自由放任与杜尔阁 385,386—390,403

utility theorists 自由放任的效用理论家 408

Lambert, Malcolm D. 马尔科姆·兰伯特 510

land tax (*taille reelle*) 土地税 220

Landa, Louis A. 路易斯·兰达 305,522

Landreth, Harry 哈里·兰德雷斯 528

Landsdowne family 兰德斯顿家族 300

Langenstein, Heinrich von 海因里希·冯·朗根施泰因 77—79,89,510

see also Langensteinian 另见：朗根施泰因学说

Langensteinian 朗根施泰因学说 88,100

Langholm, Odd 奥德·朗霍尔姆 516

Langton, Stephen 史蒂芬·兰顿 47

Lao Tzu 老子 23—24

Laslett, Peter 彼得·拉斯莱特 304,519,522

Latimer, William 威廉·拉蒂默 195

Latini, Brunetto 布鲁内托·拉蒂尼 181,182,183

Laughlin, J. Laurence 劳伦斯·劳克林 95,514

Laures, John S. J. 约翰·洛雷斯 133,512

law of demand 需求规律 309—312

law of diminishing marginal utility 边际效用递减规律 380

law of diminishing returns 收益递减规律 393

law of diminishing utility of money 货币的边际效用递减规律 310

Law, James 詹姆斯·劳 329,341

Law, John of Lauriston 劳里斯顿的约翰·劳 227,328,329—330,330—333,345—346,500,522,523,524

law of variable proportions 可变比例规律 393

Le Blanc, François 弗朗索瓦·勒布兰克 266

Le Gendre, Thomas 托马斯·勒让德尔 261,262,368

Le Jay, François 弗朗索瓦·勒热 208

Le Tellier, Michel 米歇尔·勒泰利耶 248

Le Trosne, Guillaume François 纪尧姆·弗朗索瓦·勒·特龙 366

le Vassor, Michel 米歇尔·勒瓦索 260

Leaguers 天主教联盟成员 132, 173—174, 204, 205, 208, 209, 278

LeBreton, François 弗朗索瓦·勒布雷顿 173

Legalists 法家学说 23

Leibniz, Gottfried 格特弗里德·莱布尼茨 302, 418, 419

Leo I, Pope 教皇莱奥一世 43

Leopold I, Emperor of Austria 奥地利皇帝利奥波德一世 493

Leopold II, grand Duke of Tuscany 托斯卡纳大公利奥波德二世 379

Lessius, Leonard 莱昂纳德·莱修斯 122—127, 132

　De Justitia de Jure《正义与法律》123

Letwin, William L. 威廉·莱特温 301, 303, 305, 325, 338, 340, 341, 519, 520, 522

Levant 黎凡特 261

Levant Company 黎凡特公司 225, 323

Levellers 平等派 131, 312—317, 339, 369, 521—522

Levinson, Ronald B. 罗纳德·莱文森 509

Lewis, John D. 约翰·刘易斯 512, 515

Lewy, Guenter 京特·莱维 512

liberalism, economic 经济自由主义 283—284

liberty and property 自由与财产 312—317

Lilburne, John 约翰·利尔伯恩 313

L'impôt unique *see* single tax 统一纳税, 参见: 单一税

Linguet, Simon Nicolas Henri 西蒙·尼古拉·昂利·兰盖 377

Link, Albert N. 阿尔伯特·林克 412, 525, 526

Lipsius, Justus 贾斯特斯·李普修斯 199

Lithuania 立陶宛 226

Lo Codi《法典》40

Locke, John 约翰·洛克 56, 57, 118, 130, 279, 312—317, 317—323, 339, 340, 369, 417, 419, 472, 521—522

　quantity theory of money 货币数

量论 355
see also Lockean 另见:洛克学说
Lockean 洛克学说 426
Lombard, Alexander *see* Bonini, 隆巴德,亚历山大,参见:博尼尼 Alexander 亚历山大
Lombard, Peter 隆巴德,彼得 48
Sentences《箴言录》51, 54, 59, 90, 94
Lombards 伦巴族人 68
Lopez, Professor Robert Sabatino 罗伯特·萨巴蒂诺·洛佩斯教授 67, 510
Loppin, Isaac 艾萨克·罗班 257, 258
Lossky, Andrew 安德鲁·罗斯基 518
Lothaire de Segni *see* Innocent Ⅱ, Pope 洛泰尔·德·塞尼,参见:教皇英诺森二世
Lottini da Volterra, Gian Francesco 吉安·弗朗切斯科·洛蒂尼·达·沃尔泰拉 165—166, 514
Louis of Bavaria 巴伐利亚的路易 179
Louis Ⅻ, King 路易十二国王 199
Louis ⅩⅢ, King 路易十三国王 240, 243, 244, 245, 255, 256
Louis ⅩⅣ (the Sun King) 路易十四国王(太阳王)174, 218—219, 239, 246—249, 258, 259, 260, 262, 263, 264, 267, 271, 316, 331, 345, 348, 371, 516, 518
and absolutism 路易十四国王与专制主义 249—251
Memoirs《回忆录》250
Louis XV, King 路易十五国王 365
Louis XVI, King 路易十六国王 378
Lovati, Lovato 洛瓦托·洛瓦蒂 181, 182
Lowndes, William 威廉·朗兹 321—322
Lowry, S. Todd 托德·劳里 508
Loyola, Ignatius 依纳爵·罗耀拉 108
lucrum cessans "获利停止"
Middle Ages 中世纪的"获利停止"概念 46, 61—62
Middle Ages to Renaissance 从中世纪到文艺复兴时期的"获利停止"概念 79—80, 84, 88, 91
Protestants and Catholics 新教与天主教的"获利停止"概念 140, 144, 145
Spanish scholastics 西班牙经院学者的"获利停止"概念 101, 108, 124, 127
Ludwig, Karl 卡尔·路德维希 418
Lueder, August Ferdinand 奥古斯

特·费迪南德·吕德尔 496—497,498
Lulli, Jean Batiste 让·巴蒂斯特·吕利 247—248
Luscombe, D. E. 勒斯科姆 511
Luther, Martin 马丁·路德 93,100,130,131,137—139,146,147,148,167,174,513—514
his economics 路德的经济学 139—140
see also Lutheranism/Lutherans 另见:路德主义/路德教派
Lutheranism/Lutherans 路德主义/路德教派 129,146,147,152

Mably, Gabriel Bonnot de 加布里埃尔·博诺·德·马布利 409
McCulloch, John Ramsay 约翰·拉姆齐·麦克库洛赫 324,457,478,480
McGrade, A. S. 麦格雷德 511
Machiavelli, Niccolo 尼科洛·马基雅弗利 138,188—194,263,264,294—295,515
... the First Ten Books of Titus Livy《论李维著罗马史前十书》189,192—193,194
The Prince《君主论》188—189,192—193,194,196
see also Machiavellian; Machiavellianism 另见:马基雅弗利学说;马基雅弗利主义
Machiavellian 马基雅弗利学说 202,250,257
Machiavellianism 马基雅弗利主义 196—199,272,408,413
McKnight, Stephen A. 史蒂芬·麦克奈特 305,520
Mackworth, Sir Humphrey 汉弗莱·麦克沃斯 341
McLain, James J. 詹姆斯·麦克莱恩 526
Macleod, Henry Dunning 亨利·邓宁·麦克劳德 411—412,413
Macpherson, C. B. 麦克弗森 339,521
Mai, Ludwig H. 路德维希·迈 507
Maintenon, Marquise de, Madame Françoise d'Aubigne 弗朗索瓦丝·德奥比尼夫人,曼特农侯爵 264,274
Maitland, James, Earl of Lauderdale 詹姆斯·梅特兰,劳德戴尔伯爵 478
Major, John 1478—1548) 约翰·梅杰 1478—1548)93,94,102,168,169,171
Malament, Barbara 巴巴拉·马拉蒙特 519
Malestroit, M. de 德·马莱特鲁瓦

106，206

Malthus, Daniel 丹尼尔·马尔萨斯 483，485

Malthus, Reverend Thomas Robert 托马斯·罗伯特·马尔萨斯牧师 197—199，352，353，403

and assault on population 马尔萨斯与对人口的攻击 481—492

Essay on the Principle of Population《人口论》485，486，487，488，489，490

and population 马尔萨斯与人口 533—534

see also Malthusian 另见：马尔萨斯主义

Malthusian 马尔萨斯主义 197，458—459

Malynes, Gerard de 杰勒德·德·马林斯 286—287，288，289，290，519

Mandeville, Bernard de 贝尔纳·德·孟德维尔 422，430，441，527，528

Fable of the Bees, or Private Vices, Public Benefits《蜜蜂的寓言，或私人的恶习，公共的利益》421，422

Letter to Dion《致迪翁的信》421

Manetti, Giannozzo 加诺佐·马内蒂 184

Manley, Thomas 托马斯·曼利 340

Mantua, Duke of 曼图亚公爵 188

marginal utility 边际效用 61，380

Marian exiles "玛丽流放者" 167，168

Marillac, Rene de 雷内·德·马里亚克 261

market self-regulation 市场的自我调节 359—360

Marmontel, Jean-Françoise 让·弗朗索瓦丝·马蒙泰尔 412

Marshall, Alfred 阿尔弗雷德·马歇尔 16，311，402，413，437，438

Marsiglio of Padua 帕多瓦的马西利乌斯 71，72，180

Martin, Sir Richard 理查德·马丁爵士 283，519

Martineau, Dame Magdelaine-Françoise 马格德莱娜—弗朗索瓦丝·马蒂诺夫人 385

Marx, Karl 马克思，卡尔 5，52，329，435，442，453，455，456，472

labour theory of value 劳动价值理论 57

see also Marxian; Marxism; Marxist 另见：马克思学说；马克思主义；马克思主义者

Marxian 马克思学说 160，528，531

see also proto 另见：原初的—马克思学说

Marxism 马克思主义 312, 339, 453, 501

Marxist 马克思主义者 18, 149, 283, 317, 435, 448, 518, 525

Mary, Queen 玛丽女王 167, 171, 199, 280, 282, 320

mathematical economics 数理经济学 379—381, 525

Mathias, Peter 彼得·马西亚斯 518

Matthew of Cracow 克拉科夫的马修 78

Matthys, Jan (Matthyszoon) 扬·马蒂斯（马蒂斯佐恩）151, 152, 153, 154, 155

Matthyszoon see Matthys, Jan 马蒂斯佐恩，参见：扬·马蒂斯

Mazarin, Cardinal Jules 枢机主教朱尔斯·马萨林 244—245, 247, 248, 249, 257, 518

Mechelen, van family 范·米切林家族 286

medieval thought 中世纪的思想 509—511

see also Christian Middle Ages 另见：基督教的中世纪

Meek, Ronald L. 米克，罗纳德 526

Melchiorites/Melchiorism 梅尔基奥的信徒/梅尔基奥主义 151

see also Hoffman, Melchior 另见：梅尔基奥·霍夫曼

Memoires pour servir al'histoire (anonymous)《历史回忆录》（匿名）259

Menger, Carl 卡尔·门格尔 74, 167, 175, 392, 406

Mennonites 门诺教派 146

mercantilism 重商主义 213—231, 516—518

as economic aspect of absolutism 作为国家专制主义的经济侧影的重商主义 213—214

in England 英格兰的重商主义 214, 216, 219, 220, 227—228, 229, 230, 231, 519—20, 522—523

from Civil War to 1750 从内战到 1750 年间英格兰的重商主义 309—342

Child, Sir Josiah 乔赛亚·蔡尔德爵士 311—323

Davenant, Charles 查尔斯·达维南特 309—312

deductions from axioms 从公理开始演绎 323—327

hard money response 硬货币论的回应 332—335

inflationists 通货膨胀论者

327—332
King, Lord Gregory 格里高利·金勋爵 309—312
laissez-faire 自由放任 335—338
law of demand 需求规律 309—312
Levellers 平等派 312—317
Liberty and property 自由与财产 312—317
Locke, John 约翰·洛克 312—317, 317—323
North brothers 诺思兄弟 323—327
Pettyites 配第的追随者 309—312
rate of interest and coinage 利息率与硬币铸造 317—323
Tory *laissez-faire* 托利党人的自由放任 323—327
Townshend, Charles 查尔斯·汤森 335—338
Tucker, Dean Josiah 乔赛亚·图克主教 335—338
from Tudors to Civil War 从都铎王朝到内战时期的重商主义 277—305
    absolutism 专制主义 277—280
    Bacon, Sir Francis 弗朗西斯·培根爵士 292—296
    bullionist attack on foreign exchange and East India trade 金块主义者对外汇和东印度贸易的攻击 284—288
    Coke, Sir Edward 爱德华·科克爵士 283—284
    East India apologists 东印度贸易的辩护者 288—292
    Petty, Sir William 威廉·配第爵士 296—304
    Smith, Sir Thomas 托马斯·史密斯爵士 280—283
    textiles and monopolies 纺织品与垄断 221—226
enserfdom in eastern Europe 东欧的农奴制 226—227
in France 法国的重商主义 216—220, 221, 222, 223, 224, 230, 231, 235—251, 255—274, 518
    absolutism 专制主义 249—251
    Belesbat, Seigneur de 德·贝莱巴领主 267—269
    Boisguilbert, Pierre le Pesant 皮埃尔·勒贝松,布阿吉尔贝尔爵士 269—273
    Burgundy circle 勃艮第集团 263—267
    cardinal rule 1624—1661 枢机主教的统治 1624—1661 年 243—245
    Colbert and Colbertism 柯尔贝尔

与柯尔贝尔主义 216—220, 246—249

collectivism opposition 反对集权主义 259—262

croquants' rebellion 乡巴佬起义 255—257

Fenelon of Cambrai 冈布雷的费奈龙 263—267

Fleury, Abbé Claude 克劳德·弗勒莱神父 263—267

the *fronde* 投石党 257

Ioly, Claude 克劳德·乔利 257

Laffemas, Barthélemy de 巴泰勒米·德·拉斐玛 236—239

laissez-faire 自由放任 267—269, 269—273

Louis XIV (the Sun King) 路易十四(太阳王)246—249, 249—251

merchants and council of commerce 商人与商业委员会 262

Montchrétien, Antoine de 安东尼·德·孟克列钦 240—241

Noyer, François du 弗朗索瓦·迪努瓦耶 241—243

ruling élite 统治精英 235—236

single tax 单一税 257—259

Sully, Maximilien de Bethune Baron de Rosny, Duc de 罗尼男爵、苏利公爵,马克西米利安·德·贝

蒂纳 239—240

Vauban, Marshal 沃邦元帅 262—263

and inflation 重商主义与通货膨胀 227—230

in Spain 西班牙的重商主义 214—216

Merchant Adventurers 冒险商 223—224, 283, 285, 286, 288, 289, 290, 304

Merchant Staple 商站 221, 285

merchants 商人

and collectivism opposition 商人与反对集权主义 259—262

and council of commerce 商人与商业委员会 262

early attitudes towards 早期对待商人的态度 32—36

Mercier de la Riviere, Pierre François 皮埃尔·弗朗索瓦·梅西埃·德·拉·里维埃 366, 370, 371

Mersenne, Father Marin 马林·梅尼森神父 297

Mesopotamia 美索不达米亚 18, 43

Mettayer, F. 梅特耶 256

Meules, Monsieur 缪勒斯总督 227

Michels, Robert 罗伯特·米歇尔斯 205

Middle Ages 中世纪时代

to Renaissance 从中世纪到文艺复兴 67—95
absolutism 专制主义 71—72
Buridan de Bethune. Jean 让·比里当·德·贝蒂纳 72—77
great depression of fourteenth century 14 世纪大萧条 67—71
Langenstein, Heinrich von 海因里希·冯·朗根施泰因 77—79
natural rights, active 积极的自然权利 93—94
nominalism 唯名论 71—72, 93—94
Oresme, Nicole 尼科莱·奥雷斯姆 72—77
San Bernardino of Siena 锡耶纳的圣贝尔纳迪诺 81—85
Sant' Antonino of Florence 佛罗伦萨的圣安东尼诺 85—88
Swabian liberals 士瓦本的自由主义者 88—93
Thomism break-up 托马斯主义的分裂 71—72
usury and foreign exchange 高利贷与外汇 79—81
usury prohibition 禁止高利贷 88—93
utility and money 效用与货币 72—77
see also Christian 另见:基督教
Middle East 中东 261,289,323
Mill, James 詹姆斯·穆勒 324, 403, 437, 442, 457, 478, 480,500
Mill, John S. 约翰·斯图亚特·穆勒 402
Millar, John 约翰·米勒 498
Milles, Thomas 托马斯·米勒斯 285—286, 519
Millward, Robert 罗伯特·米尔沃德 517
Mirabeau, Victor Riqueti, Marquis de 米拉波侯爵维克多·里凯蒂 365—366,375,378,379
 The Friend of Man《人类之友》365, 482
 Theory of Taxes《赋税原理》366
Mirror for Magistrates《官员之镜》278)
Mises, Ludwig von 米塞斯,路德维希·冯 18, 75, 122, 324,348, 352,397,401,406,515
 Theory of Money and Credit《货币与信贷理论》74
Miskimin, Professor Harry A. 哈里·米斯基明教授 222, 226, 230,231,510,511,512,516, 517
Misselden, Edward 爱德华·米塞

尔登 288, 289, 290, 519
Mississippi bubble 密西西比泡沫 331, 332, 341, 346
Mitchell, Neil J. 尼尔·米切尔 522
Molina, Luís de 路易斯·德·莫利纳 112—113, 114, 115, 116, 117, 121, 122, 123, 125, 131, 133, 511
Molinaeus, Carolus see Du Moulin, Charles 卡洛斯·莫林涅斯, 参见: 夏尔·杜·穆林
monarchists 君主主义者 184—188
monarchomachs see Catholicism; Huguenots 反暴君派, 参见: 天主教; 胡格诺教徒
monetary 货币的
 theory 货币的理论 100, 112, 329, 358
 see also international; money 另见: 国际货币关系; 货币理论
money and credit theory 货币与信贷理论 74
money and process analysis 货币与过程分析 354—358
money theory 货币理论 73, 105, 401—402, 460—463
 see also quantity theory 另见: 货币数量论
monopolies 垄断 221—226

Monroe, Arthur Eli 阿瑟·伊莱·门罗 357, 362, 514, 524
Montaigne fallacy 蒙田谬误 236, 246
Montaigne, Michel Eyquem de 米歇尔·埃康·德·蒙田 201—203, 204, 210, 290, 325, 411, 515
 Essay Number 22 第22号短论 203
 see also Montaigne fallacy; Montaigne-type 另见: 蒙田谬误; 蒙田方式
Montaigne-type 蒙田方式 250, 263, 269
Montausier, Due de, Charles de Sainte-Maure 夏尔·德·圣莫尔, 蒙托西耶公爵 266
Montchrétien, Antoine de 安东尼·德·孟克列钦 240—241, 518
Mora, José Perrater 若泽·费拉特尔·莫拉 528
moral restraint and population 道德约束与人口 488
moral theory 道德理论 102
Morel, Father Jean ('Colonel Sandhills') 让·莫雷尔神父("沙丘团长") 256—257
Morellet, Abbé André 安德列·莫雷莱神父 412, 429
Mornay, Philippe Du Plessis 菲力

普·迪·普莱西·莫尔奈 168，169—170，171，172
Morton, A. L. 默顿 339
Mosca, Gaetano 加埃塔诺·莫斯卡 205
Mousnier, Roland 罗兰·莫斯涅 518
Mun, John 约翰·孟 289
Mun, Sir Thomas 托马斯·孟爵士 289，290，291，519
  see also Munian 另见：托马斯·孟的思想
Munian 托马斯·孟的思想 309，310
Münster 明斯特 150—159，162，164
Münsterites 明斯特人 154，155
Müntzer, Thomas 托马斯·闵采尔 146—150，151，162，164，339
Murphy, Antoin E. 安东·墨菲 341，362，523，524，525
Muscovy Company 俄罗斯公司 225
Mussato, Alberto 阿尔伯特·穆萨托 182

natural 自然的
  law 自然法 3—6，296，369—371
  needs 自然的需要 14
  price 自然价格 453

property rights theory 自然的产权理论 316
rights, active 积极的自然权利 93—94
Navarrus analysis 纳瓦鲁斯的分析 281
Navigation Act 航海条例 299，342
NcNulty, Paul J. 保罗·麦克纳尔蒂 509
Nef, John Ulric 约翰·乌尔里克·内夫 516
Netherlands 尼德兰 94，194，264，318，418
  Catholicism 天主教 138，142，158，167
  laissez-faire and free trade 自由放任与自由贸易 388
  linen manufacture 亚麻制造 240
  mercantilism 尼德兰的重商主义 216，219，222，224
  and mercantilism in England 尼德兰与英格兰的重商主义 286，289，313，330
  and mercantilism in France 尼德兰与法国的重商主义 247，260，261
  Protestantism 新教 138，142，158，167，316
New World 新大陆 99，102，104，106，111，113，165

absolutism 新大陆的专制主义 206, 210

mercantilism 新大陆的重商主义 214, 261, 270, 288

Newton, Sir Isaac 艾萨克·牛顿爵士 272, 302, 312, 323, 365, 370, 522

Nicholas of Basle 巴塞尔的尼科拉斯 161

Nicholas I, Czar 沙皇尼古拉一世 500

Nicholas Ⅲ, Pope 教皇尼古拉三世 59

Niclaes, Henry 亨利·尼克莱斯 339

Nider, Johannes 约翰内斯·奈德 88, 89, 109

nobles and collectivism opposition 贵族与反对集权主义 259—262

nominalism 唯名论 71—72, 93—94, 102

Non-Contradiction Law 矛盾律 4

non-scholastic Catholicism 非经院主义的天主教 164—167, 514

Noonan, Professor John T. Jr 小约翰·努南教授 87, 92, 95, 108, 126, 133, 144, 145, 175, 510, 511, 513

North America 北美 121, 128, 142, 479, 486, 491

and Cantillon, Richard 北美与理查德·坎替隆 353

colonial tradition 殖民主义传统 316

Massachusetts 马萨诸塞 227

and mercantilism in England 北美与英格兰的重商主义 331

population 北美的人口 489

Protestantism and Catholicism 新教与天主教 146

and the scholastics 北美与经院主义学说 111

North, Charles 查尔斯·诺思 340

North, Dudley 达德利·诺思 323—327, 340, 522

North, fourth Baron 第四位诺思男爵 323

North, Gary 加里·诺思 139, 174, 513

North, John 约翰·诺思 340

North, Roger 罗杰·诺思 323—327, 340, 522

Noyer, François du 弗朗索瓦·迪努瓦耶 241—243

Oberman, Heiko A. 海科·奥伯曼 511

objective value and cost of production 客观价值与生产成本 374—375

Obrecht, Georg von 格奥尔格·冯·奥布雷赫特 492

O'Brien, Patrick K. 帕特里克·奥布瑞恩 517,518

Occitan 奥克语 515

Ockhamites 奥卡姆学派 89,102,168

O'Connell, Marvin R. 马丁·科内尔 512

Odofredus 奥多弗雷德 41

Olivecrona, Karl 卡尔·奥利弗罗纳 522

Olivi, Pierre de Jean 皮埃尔·德·让·奥利维 60—61,62,79,81,82,88,510

O'Mahony, Count Daniel 丹尼尔·奥马霍尼 346

O'Mahony, Mary Anne 玛丽·安妮·奥马霍尼 346

O'Mahony, Professor David 戴维·奥马霍尼教授 349—351,352,524

opportunity costs 机会成本 391

optimum population 最优人口 482,483

Order of the Templars 圣殿骑士团 68

Ordinance of 1349 1349 年《法令》70

Oresme, Nicole 尼科莱·奥雷斯姆 72—77,89,165,514

Orleans, Duchess of 奥尔良公爵夫人 362

Orleans. Duke of 奥尔良公爵 331,345—346

O'Súilleábháin, Micháel 迈克尔·奥苏立勃海恩 524

Oswald, of Dunnikier, James 邓尼基尔的詹姆斯·奥斯瓦尔德 431,439

Overton, Richard 理查德·欧文顿 313

Palmerston, Viscount 帕默斯顿子爵 478

Palmieri, Matteo 马蒂欧·帕米尔 184

Palyi, Melchior 梅尔基奥尔·帕伊 533

Panaetius of Rhodes 罗德岛的潘尼提乌 22

Pao Ching-yen 鲍敬言 25—26

paradigms theory 范式理论 438

Pareto, Vilfredo 帕累托,维尔弗雷多 205

Paris, University of 巴黎大学 47—51

partnership (*societas*) 合伙 55—56

Pascal, Blaise 布莱兹·帕斯卡 132—133,297

Paterson, William 威廉·帕特森 229

Patrizi, Francesco 弗朗切斯科·帕特里奇 187—188

Paul, Ellen Frankel 埃伦·弗兰克尔·保罗 532

Paul, Saint 圣保罗 33

Peasants' War 农民战争 149, 150

Pelham family 佩勒姆家族 340

Pell, Dr John 约翰·佩尔博士 297, 298

Perkins, Reverend William 威廉·帕金斯 143

Perrin. Abbé 佩兰神父 247

Perroy, Edouard 爱德华·佩鲁瓦 510

Peter the Great 彼得大帝 498

Peter of Poitiers 普瓦提耶的彼得 47

Peter of Tarentaise see Innocent V, Pope 塔朗泰斯的彼得, 参见: 教皇英诺森五世

Petrella, Professor Frank 弗兰克·彼得雷利教授 461, 473, 532

Petty, Sir William 威廉·配第爵士 296—304, 305, 480

 Political Arithmetic 《政治算术》 301, 302

 Treatise of Taxes ... 《赋税论》 300, 301, 303

 see also Pettyites 另见: 配第的同道者

Pettyites 配第的同道者 309—312

Philip of Hesse 黑塞的腓力 138

Philip Ⅱ, King of Spain 西班牙国王腓力二世 117, 199, 215, 216

Philip Ⅲ, King of Spain 西班牙国王腓力三世 117, 119—120, 121, 123

Philip Ⅳ, the Fair, King of France 法国国王腓力四世, 公正王 68, 69, 517

Philip, King 国王腓力 7

physiocracy 重农学派 411

 in France 法国重农学派 365—381

 Bernoulli, Daniel and mathematical economics 丹尼尔·伯努利与法国的数理经济学 379—381

 laissez-faire 法国的自由放任 367—369

 natural law and property rights 自然法与自然权利 369—371

 objective value and cost of production 客观价值与生产成本 374—375

 the sect 宗派 365—366

 single tax on land 土地单一税 371—374

strategy and influence 重农学派的策略与影响 377—379
Tableau economique《经济表》375—377
laissez-faire 自由放任 367—369, 389, 525—526
in Russia 重农学派在俄国 498
Pius V, Pope 教皇庇护五世 107—108
Placentinus 普拉坎地努斯 41
Plant, Raymond 雷蒙德·普兰特 533
Plato 柏拉图 5, 6, 7, 15, 19, 20, 21, 73, 182, 202, 205, 370, 425, 508—509
and collectivist utopia 柏拉图与集体主义的乌托邦 10—12
The Laws《论法》10
The Republic《理想国》10, 11, 13
Plotinus 柏罗丁 5, 161
Pocock, John G. A. 约翰·波科克 314, 339, 521
see also Pocockian 另见：波科克追随者
Pocockian 波科克追随者 314, 339
Poland 波兰 226, 346
Pole, Cardinal Reginald 枢机主教雷金纳德·波尔 196, 199
polis 城邦 6—8, 11, 12, 21, 35, 57, 73
political arithmetic 政治算术 296—304, 310
Political Discourses (anonymous)《政治论文集》(匿名) 168
political economy 政治经济学 240, 241, 437—438, 478, 500
political theory of order 秩序政治理论 277
politiques 政治家 72, 173—174, 180, 204, 205, 207, 209, 216
and mercantilism in France 政治家与法国重商主义 244
Pompadour, Madame de 蓬巴杜夫人 365, 366, 378
Pomponius 波波尼乌斯 31
Pontano, Giovanni 乔万尼·彭塔诺 188
Poor Law 济贫法 487
Popham, Colonel Alexander 亚历山大·波帕姆上校 314
Popper, Karl R. 波普尔, 卡尔 508, 509
population 人口
and Cantillon, Richard 人口与理查德·坎替隆 352—353
and Malthus, Reverend Thomas Robert 人口与托马斯·马尔萨斯牧师 481—492, 533—534
positive/preventive check 积极

的/谨慎的抑制人口 488
Portugal 葡萄牙 99，102，105
Posidonius of Rhodes 罗得岛的波塞东 22
Possevino, Antonio 安东尼奥·波塞维诺 174
Potter, William 威廉·波特 327，328，329，330
praxeology 人类行为学 324
Presbyterianism 长老会 423—425
Preu, James A. 詹姆斯·普鲁 305，522
price 价格 390—393
　-fixing 价格固定 77
　theory 价格理论 123，349
　and value 价格与价值 349—351
Priézac, Daniel de 丹尼尔·德·普里萨克 250
private property and money 私有产权与货币 13—15
probability theory 概率论 379
process analysis and money 过程分析与货币 354—358
production and distribution theory 生产与分配理论 393—395
productive versus unproductive labour 生产劳动与非生产劳动 444—448
profit ceasing see lucrum cessans 停止获利，参见："获利停止"

Prometheus 普罗米修斯 20
property 财产
　and liberty 财产与自由 312—317
　rights 财产权利 31—32，58，59，369—371
　theory 财产理论 316
Protestantism 新教 99，137—175
　Anabaptists 再浸礼教派 146—150
　Buchanan, George 布坎南，乔治 171—173
　Calvin and Calvinism 加尔文与加尔文主义 137—139，140—143
　Huguenots 胡格诺教派 167—170
　Leaguers and politiques 天主教联盟成员与政治家 173—174
　Luther's economics 路德的经济学 137—140
　mercantilism 千禧年主义 216，261，286，314
　messianic communism 救世主似的共产主义 159—164
　Münster and totalitarian communism 明斯特与集权共产主义 150—159
natural law and property rights 自然法与产权 369
non-scholastic Catholics 非经院学

者的天主教徒 164—167
Reformation 宗教改革 99, 131, 194
and scholastics 新教与经院主义学说 102, 114, 128, 129, 130, 369, 417
state absolutism 国家专制主义 137—139
proto-Austrian 原初的—奥地利思想 52, 356, 395, 451
proto-Keynesian 原初的—凯恩斯主义 235, 328, 329, 330, 427, 481, 500, 528
proto-Marxian 原初的—马克思主义 438
Proudhon, Pierre Joseph 皮埃尔·约瑟夫·蒲鲁东 25
Prussia 普鲁士 226
Pufendorf, Samuel, Baron von 萨缪尔·冯·普芬多夫男爵 418—419, 442, 473
purchasing-power parity theory 购买力平价理论 104
Puritans 清教徒 141, 142, 146, 277, 313
Pyms (Pym, John) 皮姆派（约翰·皮姆）298
Pythagoras 毕达哥拉斯 9
see also Pythagorean 另见：毕达哥拉斯学派

Pythagorean 毕达哥拉斯学派 15, 16
quantitative law 数量规律 309
quantity theory of money 货币数量论 105—106, 165, 288, 355, 426, 462
quantity-of-labour-pain theory 辛劳程度理论 453
Quesnay, Dr François 弗朗索瓦·魁奈博士 365—366, 368, 369, 370, 371, 373—374, 375, 378, 482, 526
Tableau economique《经济表》366, 375—377, 394, 396
Quidort, Jean 让·基多尔特 57

Rae, John 约翰·雷 530
Rahe, Paul A. 保罗·拉厄 509
Ranters 浮嚣派 313
Rashid, Professor Salim 萨利姆·拉希德教授 337, 342, 430, 471, 523, 528, 530, 531
rate of interest 利息率 317—323
Ravaillac, François 弗朗索瓦·拉瓦亚克 119
Reagan, Ronald 罗纳德·里根 435
real cost 真实成本 391
Reformation 宗教改革 138, 146, 159, 164, 167, 196, 316

mercantilism in England 英格兰的重商主义 284

see also Protestantism 另见：新教

Regino of Prum 普吕姆的雷吉诺 37，43

Reid, Thomas 雷德，托马斯 478

Reiss, Timothy J. 蒂莫西·赖斯 514

Renaissance *see* Middle Ages to Renaissance 文艺复兴，参见：中世纪到从文艺复兴

Republican Army 共和军 313

republicans 共和主义者 181—184

Restoration 复辟王朝 313

Revolution of 1688 1688 年革命 320

Ricardian 李嘉图主义者 412，455，456

Ricardo, David 317，326，345，349，351，353，361，375，403，407，428，437，438，453，455，457，458，472，480，490，500，529

see also Ricardian 另见：李嘉图主义者

Richard of Middleton 米德尔顿的理查德 60，73

Richelieu, Armand Jean du Plessis, Cardinal de 阿尔芒·让·迪普莱西，枢机主教德·黎塞留 239，243—244，245，250，256，257，518

Ridolfi, Lorenzo di Antonio 洛伦佐·迪安东尼奥·里多尔菲 80—81

Rima, Professor Ingrid Hahne 英格利德·哈恩·利马教授 446，472，531

Rist, Charles 李斯特，查尔斯 341，463，473，522，524，532

Robbins, Caroline 卡罗琳·罗宾斯 305，521

Robbins, Lionel 莱昂内尔·罗宾斯 520

Robert of Courçon, Cardinal 枢机主教库尔松的罗伯特 47，49，55

Roberts, Clayton 克雷顿·罗伯茨 518

Robertson, Hector M. 赫克托·罗伯特逊 457，472，473，512，513，527，529

Robertson, Reverend William 威廉·罗伯特逊神父 424，440，443，499，502

Roebuck, Dr John 约翰·罗巴克博士 444

Rohr, Donald G. 唐纳德·罗尔 533

Roman law 罗马法 31—32，37，39，40，41，168

Romanists 罗马法学者 37—42

Romulus 罗穆卢斯 193

Roover, Professor Raymond de 雷蒙·德·罗弗教授 79，87，95，510，511，513，515，519

Roscher, Wilhelm 威廉·罗雪尔 78

Rosen, Marvin 马文·罗森 518

Rosenberg, Nathan 纳坦·罗森伯格 472，531

Rosicrucian movement 玫瑰十字会运动 294，305

Ross, W. O. 罗斯 508

Rossi, Joseph 约瑟夫·罗西 413，527

Rossi, Paolo 保罗·罗西 520

Rothbard, Murray N. 默瑞·罗斯巴德 94，340，474，512，516，517，525，532

Rothkrug, Professor Lionel 莱昂内尔·罗斯科鲁格教授 71，94，268，274，518

Rothmann, Bernt 伯恩特·罗施曼 151，153，157

Rousseau, Jean Jacques 让·雅克·卢梭 483

see also Rousseauan 另见: 卢梭主义者

Rousseauan 卢梭主义者 464

Royal Company 皇家公司 242—243

Royal Mint 皇家铸币厂 287，462

Royal Society 皇家学会 300，301，305，478

Rucellai, Cosimo 科西摩·鲁塞莱 189

Rucellai, Fra Santi 弗拉·桑蒂·鲁切拉伊 100

Rufinus 若菲努斯 38

Russell, Bertrand 贝特兰德·鲁塞尔 20

RusselL J. G. 鲁塞尔 510

Russia 俄罗斯 225，255，498—500

Russia Company 俄国公司 284

Sacchi, Bartolomeo 巴特罗密欧·萨基 188

St Bartholomew's Day Massacre 圣巴塞罗缪大屠杀 196，197

St Clair, Oswald 奥斯瓦尔德·圣克莱尔 413，527

Saint-Cyran, Abbé 圣—西兰神父 132

Saint-Jean, Mathias de see Éon, Jean 圣—让·马蒂亚斯·德，参见：让·埃翁

Saint-Péravy, Guérineau de 盖里诺·德·圣—佩拉维 393，394，396

Sainte-Maure, Charles de see Montausier,

Duc de 夏尔·德·圣莫尔，参见：蒙托西耶公爵

Salamancans 萨拉曼卡学者 112—116, 122—127, 380
  see also School of Salamanca 另见:萨拉曼卡学派
Salerno, Professor Joseph Thomas 约瑟夫·托马斯·萨莱诺教授 341, 359, 362, 429, 430, 431, 473, 522, 524, 528
Salmasius, Claudius see Saumaise, Claude 克劳迪乌斯·萨尔马修斯,参见:克劳德·索麦斯
salt tax (gabelle) 盐税 220
Salutati, Coluccio 科鲁乔·萨卢塔蒂 184
Samuelsson, Kurt 库尔特·萨缪尔森 513
San Bernardino of Siena 锡耶纳的圣贝尔纳迪诺 62, 81—85, 86, 87, 88, 106, 109, 110, 122
Sant' Antonino of Florence 佛罗伦萨的圣安东尼诺 85—88, 122
Sapori, Professor Armando 阿尔曼多·萨波里教授 67
Saravia de la Calle Veroñense, Luís 路易斯·萨拉维亚·德拉·卡列·韦罗内塞 110, 111
Sartorius, Friedrich Georg, Freiherr von Waltershausen 弗里德里希·格奥尔格·萨托里乌斯,冯·瓦尔特斯豪森男爵 494—495, 498
Saumaise, Claude (Claudius Salmasius) 克劳德·索麦斯(克劳迪乌斯·萨尔马修斯) 144, 145, 514
savings see under capital 储蓄,参见:资本条目下的内容
Say, Jean-Baptiste 让·巴蒂斯特·萨伊 324, 403, 437, 500
  see also Say's law 另见:萨伊定律
Say's law 萨伊定律 397, 422, 525
Scaccia, Sigismundo 西吉斯蒙德·斯卡恰 131—132
Scandinavia 斯堪的纳维亚 94
scarcity 稀缺 8—9, 60
Schlettwein, Johann August 约翰·奥古斯都·施勒特魏因 378
scholastics 经院主义学说 59—64, 137, 141, 314, 374
  late 晚期经院主义学说 511—513
  see also Spanish 另见:西班牙的经院学者
school of Cynics 犬儒学派 20, 21
School of Salamanca 萨拉曼卡学派 131
  Azpilcueta and Medina 阿斯皮利奎塔与梅迪纳 105—109
  first generation 第一代萨拉曼卡学派 101—105

late Salamancans 晚期萨拉曼卡学派 112—16

middle years 中期的萨拉曼卡学派 109—112

Schröder, Wilhelm Freiherr von 威廉·冯·施罗德男爵 493

Schumpeter, Joseph A. 约瑟夫·熊彼特 79, 94, 187, 199, 209, 214, 291, 304, 305, 340, 352, 394, 402, 413, 437, 438, 464, 471, 472, 473, 487, 490—491, 493, 500, 502, 510, 514, 515, 525, 529, 533

Scotland 苏格兰 68, 171

Catholicism 苏格兰的天主教 138, 142, 167

Protestantism 苏格兰的新教 138, 142, 167

Smithian movement 苏格兰的斯密主义学术运动 479, 480, 498, 499

see also Scottish Enlightenment 另见：苏格兰启蒙运动

Scott, William Robert 斯科特, 威廉·罗伯特 530

Scottish Enlightenment 苏格兰启蒙运动 342, 417—431, 439, 527—528

Carmichael, Gershom 格肖姆·卡迈克尔 417—420

Hume, David and money theory 大卫·休谟与货币理论 425—430

Hutcheson, Francis 弗朗西斯·哈奇森 420—423

and Presbyterianism 苏格兰启蒙运动与长老会 423—425

and Russia 苏格兰启蒙运动与俄国 498, 499

and Smithian movement 苏格兰启蒙运动与斯密主义学术运动 479, 501

Scotus, John Duns 约翰·邓斯·斯各脱 59, 72, 78

Scoville, Warren C. 沃伦·斯科维尔 516

Seckendorf, Veit Ludwig von 法伊特·路德维希·冯·泽肯道夫 493

secularism 世俗主义 99

Sekine, Thomas T. 托马斯·关根 341, 523, 524

Senior, Nassau W. 西尼尔, 纳索 324, 490

Servin, Louis 路易斯·塞尔万 208

Seven Years' War 七年战争 336

Shafarevich, Igor 伊戈尔·沙法列维奇 175, 514

Shaftesbury, Earl (Lord Ashley, Anthony

Ashley Cooper) 沙夫茨伯里伯爵（阿什利勋爵, 安东尼·阿什利·库珀) 315, 316, 320, 321, 323, 521

see also Shaftesburyite 另见: 沙夫茨伯里的追随者

Shaftesburyite 沙夫茨伯里的追随者 315

Shelburne family 谢尔本家族 300

Shelton, George 乔治·谢尔顿 342, 523

Sher, Riehard B. 理查德·谢尔 527

Shirras, G. Findlay 芬德利·希拉斯 522

shoemaker-builder ratio 鞋匠—建筑师的比率 52

Shughart, William F. II 威廉·舒戈哈特二世 472, 531

Sighs of an Enslaved France, *The*《被奴役的法国的叹息》260

Sigismund I, King of Poland 波兰国王西吉斯蒙德一世 165

Simon of Bosignano 博西格纳诺的西蒙 42, 44

Simon, Pierre, Marquis de Laplace 拉普拉斯侯爵皮埃尔·西蒙 381

Simon, Walter M. 瓦尔特·西蒙 533

Singh, Raghuveer 拉格沃·辛格 339

single tax 单一税 257—259, 262—263, 371—374, 378, 466

sixteenth century, commercial expansion of 16 世纪的商业扩张 99

Sixtus IV, Pope 教皇西克斯图斯四世 188

Sixtus V, Pope 教皇西克斯图斯五世 119

Skinner, A. S. 斯金纳 473, 529, 530, 532

Skinner, Professor Quentin 昆廷·斯金纳教授 138, 168, 172, 174, 175, 190, 192, 194, 202, 209, 210, 512, 513, 515

Small, Albion W. 阿尔比恩·斯莫尔 492, 502, 533

Smith, Adam 亚当·斯密 61, 74, 213, 274, 317, 326, 329, 336, 341, 349, 351, 353, 372, 373, 375, 393, 395, 403, 407, 410—412, 418, 420—425, 428, 430, 431, 435—474, 477, 478, 481, 482, 483, 486, 487, 495, 497—502, 508, 526, 528—532

background 时代背景 438—441

distribution theory 分配理论 458—460

division of labour 劳动分工 13, 441—444
laissez-faire 自由放任 463—469
Lectures on Jurisprudence《法学讲义》436
money theory 货币理论 460—463
mystery 斯密的神秘性 435—438
productive versus unproductive 生产与非生产性劳动 labour 劳动 444—448
on taxation 论税收 469—471
Theory of Moral Sentiments《道德情操论》436, 440, 447, 465
value theory 价值理论 448—457
Wealth of Nations《国富论》345, 352, 361, 366, 409, 435—445, 448, 449, 450, 451, 455, 456, 460, 461, 463, 465, 470, 477, 478, 479, 480, 494, 495, 496, 498
see also Smithian movement 另见：斯密主义学术运动

Smith, Adam (father of Adam Smith) 亚当·斯密（亚当·斯密的父亲）438
Smith, Canon Sydney 卡农·西德尼·史密斯 478, 479
Smith, Charles 查尔斯·史密斯 471
Smith, Hercules Scott 赫尔克里士·斯科特·斯密 439
Smith, John 约翰·史密斯 471
Smith, Sir Thomas 托马斯·史密斯爵士 225—226, 280—283, 285, 519
Smithian movement 斯密主义学术运动 477—503, 533
Bentham, Jeremy 杰里米·边沁 477
and economic thought 斯密主义学术运动与经济思想 500—502
in Germany 斯密主义学术运动在德国 492—498
Malthus and assault on population 马尔萨斯及其对人口的攻击 481—492
in Russia 斯密主义学术运动在俄国 498—500
Stewart, Dugald 杜格尔·斯图尔特 478—481
Smithianism see Smithian movement 斯密主义，参见：斯密主义学术运动
societas (partnership) 合伙 55—56
Socrates 苏格拉底 6, 11, 73
see also Socraties 另见：苏格拉底学派
Socratics 苏格拉底学派 7—8, 21
Sombart, Werner 维尔纳·桑巴特 78

Somers, Sir John MP 下院议员约翰·萨默斯爵士321, 322, 323
Somerset, Lord 萨默塞特勋爵280
Sommer, Louise 路易丝·萨默525
Sonnenfels, Baron Joseph von 巴龙·约瑟夫·冯·索南费尔特494
Sorokin, Pitirim A. 索罗金,皮季里姆9, 302, 305
Sorrento, Archbishop of (Rufinus) 索伦托的大主教(若菲努斯)38
Soudek, Josef 约瑟夫·绍德克16, 508
South Sea bubble 南海泡沫341
Spain 西班牙94, 244, 255, 316
    mercantilism 西班牙的重商主义214—216, 224, 284
    see also Spanish 另见:西班牙的
    'Spanish Fury' "西班牙人的狂怒"216
Spanish Inquisition 西班牙的宗教裁判所121
Spanish scholastics 西班牙的经院学者99—133
    Cajetan, Cardinal Thomas De Vio 维奥的托马斯,枢机主教卡耶坦99—101
    commercial expansion of sixteenth century 16世纪的商业扩张99
    decline 西班牙经院主义的衰落127—131
    Jesuits 耶稣会131—133
    last Salamancans: Lessius and de Lugo 晚期萨拉曼卡学派:莱修斯与德·卢戈122—127
    late Salamancans 晚期萨拉曼卡学派112—116
    Mariana, Juan de 胡安·德·马里亚纳117—122
    see also School of Salamanca 另见:萨拉曼卡学派
spatial economics 区位经济学354
Spengler, Joseph J. 约瑟夫·斯彭格尔272—273, 274, 507, 508, 518, 523, 525
Spiegel, Professor Henry W. 亨利·斯皮格尔教授340, 373, 431, 507, 525, 533
Spinoza, Baruch or Benedictus de 巴鲁赫·斯宾诺莎,或贝内迪克图斯·德·斯宾诺莎302
state absolutism 国家专制主义137—139
state reform 国家改革258
statistics 统计学497
Statute of Artificers 《技工法令》223, 284
Statute of Labourers of 1351 1351年《劳工法令》70
Statute of Monopolies 1623) 1623

年《垄断法案》284
Stayer, James M. 詹姆斯·斯特耶 514
Stein, Baron Karl von 巴龙·卡尔·冯·施泰因 496, 533
Stein, Heinrich 海因里希·施泰因 498
Stephens, Meic 梅克·斯蒂芬斯 515
Steuart, Sir James Denham 詹姆斯·德纳姆·斯图尔特爵士 437—438, 528, 533
Stewart, Dugald 杜格尔·斯图尔特 457, 478—481, 502, 533
Stewart, James, Earl of Moray 詹姆斯·斯图尔特,马里郡的厄尔 171
Stewart, Matthew 马修·斯图尔特 478
Stockton, Constant Noble 康斯坦·诺布尔·斯托克顿 528
Stoics 斯多葛学派 21, 22
Storch, Heinrich Friedrich Freiherr von 海因里希·弗里德里希·冯·施托希男爵 499—500, 533
Storch, Niklas 尼克拉斯·斯托奇 147
Strauss, Leo 里奥·斯特劳斯 339
Strayer, Joseph R. 约瑟夫·斯特雷耶 517

Stuarts 斯图亚特王朝 313, 316, 320, 345
　absolutism 斯图亚特王朝的专制主义 277—280
　monarchy 斯图亚特王朝的君主制 300
　pretender 斯图亚特王朝的僭君 346
　Restoration 斯图亚特王朝的复辟 303
Suarez, Francisco 弗朗西斯科·苏亚雷斯 115—116, 117, 118, 122, 131, 314, 418, 511, 512, 528
Sully, Maximilien de Béthune, Baron de
Rosny, Duc de 苏利公爵,马克西米利安·德·贝蒂纳罗尼男爵 239—240, 518
Summenhart, Conrad 苏门哈特,康拉德 91, 92, 93, 94, 101, 107, 108, 114, 125, 128, 141, 144
　and usury 苏门哈特与高利贷 104, 105
Sun King see Louis XIV 太阳王,参见:路易十四世
Supple, Barry E. 巴里·萨普利 305, 519
Supreme Court 高等法院 128
Surigone, Stefano 斯特凡诺·苏利

冈 195
surplus value theory 剩余价值理论 455
Swabian liberals and prohibition of usury 士瓦本的自由主义者与高利贷禁令 88—93
Sweden 瑞典 298
Swift, Jonathan 乔纳森·斯威夫特 303—304, 309, 522
Switzerland 瑞士 138, 167

Tableau economique see Quesnay《经济表》,参见:魁奈
Taborites 塔波尔派 162—163, 164
Tacitus 塔西佗 166
taille réelle (land tax) 土地税 220
Taoism 道家学说 23—27
Tarascio, Professor Vincent 文森特·塔拉斯西奥教授 349, 352, 353, 524, 525
Tassie, James 詹姆斯·塔西 435
Tawney, Richard Henry 托尼,理查德·亨利 52, 64, 78, 139, 141, 174, 513
taxation 税收 300, 301, 303, 366, 389, 469—471
  see also single 另见:单一税
Taylor, C. H. 泰勒 517
Taylor, William Leslie 威廉·莱斯莉·泰勒 457, 472, 473, 527, 529, 530
terms-of-trade argument 贸易条件论 287—288
Terray, Abbé 泰雷神父 388—389
Tertullian 德尔图良 33
Teutonicus, John 约翰·泰乌坦尼科斯 55
Tew circle 大图派 305, 339
textiles 纺织品 221—226
Theodosian Code《狄奥多西法典》31, 37, 39
Theodosius, Emperor 狄奥多西皇帝 31
theologians 神学家 47—51, 51—58
Thimoleon, François, Abbé de Choisy 弗朗索瓦·蒂蒙列昂,舒瓦西神父 267
Third World countries 第三世界国家 491
Thirty Tyrants, Rule of the 三十僭主统治 6
Thirty Years' War 三十年战争 244
Thomism 托马斯主义 51, 59, 72, 80, 85, 88, 102, 115, 143
  break-up 托马斯主义的分裂 71—72
  and the scholastics 托马斯主义与经院主义学说 128, 129, 131
  see also Aquinas, Saint Thomas; Cajetan, Cardinal 另见:圣托马

斯·阿奎那;卡耶坦枢机主教
Thornton, Henry 亨利·桑顿 480
thought experiment 思想实验 348
Tillot 蒂洛特 409
Timberlake, Richard H. Jr 小理查德·廷伯莱克 529
time-preference 时间偏好 399—400
Titus, Colonel Silius 希利乌斯·泰特斯上校 319
Todd, W. B. 托德 529
Tollison, Robert D. 罗伯特·托利森 472, 516, 528, 531
Tory laissez-faire 托利党的自由放任 323—327
Townshend, Charles, the third Viscount 第三代汤森子爵,查尔斯 335—338, 342, 523
trade 贸易 309, 318, 321, 322, 324
  balance of 贸易余额 309—310, 311
  England to East Indies 英格兰对东印度的贸易 289, 291
  free 贸易自由 288
  grain 谷物贸易 408
Trenchard, John 约翰·特伦查德 521
Tretyakov, Ivan Andreyevich 伊万·安德烈耶维奇·特烈季亚科夫 498—499
Trevor-Roper, H. R. 特雷弗—罗珀 305, 520
True Warning, A (anonymous)《真实的警告》(匿名) 170
Tuck. Professor Richard 理查德·图克教授 58, 59, 64, 95, 115, 133, 305, 339, 510, 511
Tucker, Dean Josiah 乔赛亚·图克牧师 335—338, 342, 523
Tudors 都铎王朝 277—280
see also mercantilism 另见:重商主义
Turgot, Anne Robert Jacques, baron de
L'Aulne 阿内·罗贝尔·雅克·杜尔阁, 劳恩男爵 85, 261, 266, 333, 335, 360, 366, 367, 378, 379, 425, 429, 430, 436, 437, 441, 448, 451, 459, 467, 478, 479, 483, 500, 501, 522, 526
  background 时代背景 385—386
  capital, entrepreneurship, savings and interest theory 资本、企业家、储蓄与利息理论 395—401
  Elegy to Gournay "悼古尔奈" 386
  influence 杜尔阁的影响 402—403
  laissez-faire and free trade 自由放任与自由贸易 386—390
  Letter to the Abbé Terray on the

Duty on Iron "就铁的税收问题致泰雷神父的信" 388—389

 money theory 货币理论 401—402

Observations on a Paper by Saint-Péravy "对圣—佩拉维论文的评论" 394

Paper on Lending at Interest "论放贷取利" 399

Plan for a Paper on Taxation in General "税收总论大纲" 389

production and distribution theory 生产与分配理论 393—395

Reflections on the Formation and Distribution of Wealth "关于财富形成与分配的思考" 385, 392, 393, 395, 396, 400, 402, 403, 412

value, exchange and price 价值交换与价格 390—393

Value and Money《价值与货币》390, 401

Turgot, Michel-Étienne 米歇尔—艾蒂安·杜尔阁 385

turpe lucrum "令人羞耻的所得" 40—41, 43

Tuscany, Duke of *see* Leopold II 托斯卡纳公爵,参见:利奥波德二世

two-person exchange 二人交换 390, 392

Ugolino de Segni *see* Gregory IX, Pope 乌戈利诺·德·塞尼,参见:教皇格里高利九世

United States *see* North America 合众国,参见:北美

unnatural wants 非自然的欲望 14

Urban III, Pope 教皇乌尔班三世 44, 104

usefulness (*virtuositas*) 有用性 60

usury 高利贷 79—80, 81, 83, 87, 91, 92, 104, 105, 107, 108, 128, 140, 143, 201, 318

 and Calvinists 高利贷与加尔文主义者 143—145

 defence 为高利贷辩护 467, 477

 in fourteenth century 14世纪的高利贷 79—81

 laws 关于高利贷的法律 318

 prohibition 禁止高利贷 42—47, 88—93, 141

utility 效用

 and money 效用与货币 72—77, 310

 -scarcity theory of value 效用与稀缺价值理论 501

 theory 效用理论 59—64, 403—412

  costs and distribution 成本与分配 410

  of value 价值理论 52, 403

see also Franciscans; Turgot 另见:方济各会教派;杜尔阁
value 价值 390—393
 of money 货币的价值 101
 paradox 价值悖论 61
 and price 价值与价格 349—351
 theory 价值理论 448—457

Van Dyke Roberts, Hazel 黑兹尔·范·戴克·罗伯茨 518
Vanderlint, Jacob 雅各布·范德林特 335, 341, 523, 524
Money Answers All Things《货币万能》334, 462
Vasa, Gustav, King of Sweden 瑞典国王古斯塔夫·瓦萨 138
Vauban, Marechal Sebastian Le Prestre, Seigneur de 塞巴斯蒂安·勒普雷斯特雷·德·沃邦爵士 262—263, 270, 371, 469, 518
Vaughn, Karen I. 卡伦·沃恩一世 340, 522
Vaughn, Rice 赖斯·沃恩 291, 292
Venturi, Franco 弗兰克·文图里 527
Venusti, A. M. 韦努斯蒂 110
Vergerio, Pier Paolo 皮耶尔·保罗·韦尔杰里奥 184, 185
Verri, Count Pietro 彼得罗·韦里伯爵 474
Verulam, Baron, Viscount St Albans 维鲁兰男爵,圣奥尔本斯子爵 295
Vickers, Douglas 道格拉斯·维克斯 362, 473, 532
Villiers, Sir George 乔治·维利尔斯爵士 296
Villiers, Sir John 约翰·维利尔斯爵士 304
Viner, Jacob 雅各布·瓦伊纳 213, 214, 230, 341, 342, 473, 519, 523, 527, 531, 532
Violet, Thomas 托马斯·维奥莱特 286
Virginia Company 弗吉尼亚公司 284
Visconti family 威斯康迪家族 184, 185—186
Visigothic law 维西哥德法 31
Vitelli, Cornelio 科尼利奥·维特利 195
Vittels, Christopher 克里斯托弗·维特尔斯 339

Waddell, Professor D. A. G. 沃德尔教授 310, 338, 520
Wales 威尔士 68
Wallace, Dr Robert 罗伯特·华莱士博士 424, 484, 485

Waller, Edward 爱德华·沃勒 319

Walpole, Robert 罗伯特·沃波尔 340

Walrasian (Walras, Léon) 瓦尔拉学说(莱昂·瓦尔拉) 349, 351, 437

Walwyn, William 威廉·沃尔温 313

Walzer, Michael 迈克尔·沃尔泽 175, 513

Ware, Professor Norman J. 诺曼·韦尔教授 374

Watner, Carl 卡尔·瓦特纳 304, 519

Watt, James 詹姆斯·瓦特 444

Weavers' Act (1555) 《织布工法案》(1555年) 222

Weber, Max 马克斯·韦伯 141, 142, 168—169, 174, 513

see also Weberian 另见:韦伯主义

Weberian 韦伯主义 175

Wedderburn, Alexander 亚历山大·韦德伯恩 424, 440

Wei, King 魏王 24

Wesley, John 约翰·韦斯利 342

West, Professor Edwin G. 埃德温·韦斯特教授 446—447, 468, 472, 474, 531

Whately, Dr (Archbishop) Richard 理查德·惠特利博士(大主教) 412

Wheeler, John 约翰·惠勒 286, 289

Whewell, William 威廉·休厄尔 312

Whigs 辉格党人 313, 316, 322, 323, 324, 340, 438, 479, 480

White, Horace B. 霍勒斯·怀特 520

Wicksell, Knut 克努特·威克塞尔 120, 396, 413

Wild, John 约翰·怀尔德 509

Wildman, Major John 杰·约翰·怀尔德曼 316

Wilkins, Dr John 约翰·威尔金斯博士 299, 305

William of Auxerre 欧塞尔的威廉 47, 49—50

William and Mary government 威廉和玛丽的政府 228

William of Ockham 奥卡姆的威廉 72, 93

see also Ockhamites 另见:奥卡姆主义

William of Rennes 雷恩的威廉 40

William the Silent, Prince of Orange 沉默的威廉,奥兰治王子 170

Williams, George Huntston 乔治·亨特斯顿·威廉姆斯 514

Wilson, T. 威尔逊 473, 532

Witt, Johan de 约翰·德·威特 388

Wolfe, Don M. 唐·沃尔夫 339, 521

Wolfe, Martin 马丁·乌尔夫 210, 517

Wood, Neal 尼尔·伍德 521

world trade 世界贸易 332

Worsley, Dr Benjamin 本杰明·沃斯利博士 299, 301

Wren, Christopher 克里斯托弗·雷恩 299

Wu, Chi-Yuen 吴志远 341, 362, 473, 520, 523

Xenophon 色诺芬 12 – 13, 19

Yanov, Alexander 亚历山大·亚诺夫 517

Yates, Frances 弗朗西斯·叶茨 305, 520

Young, Arthur 亚瑟·扬 471

Zeno of Clitium 克利丘姆的芝诺 21

Zizka, John 约翰·杰士卡 163

图书在版编目(CIP)数据

亚当·斯密以前的经济思想:奥地利学派视角下的经济思想史.第1卷/(美)罗斯巴德著;张凤林等译.
—北京:商务印书馆,2012(2016.7重印)
ISBN 978-7-100-08847-3

Ⅰ.①亚… Ⅱ.①罗…②张… Ⅲ.①奥地利学派—经济思想史—研究 Ⅳ.①F091.343

中国版本图书馆 CIP 数据核字(2011)第 282371 号

所有权利保留。
未经许可,不得以任何方式使用。

亚当·斯密以前的经济思想
——奥地利学派视角下的经济思想史(第一卷)

〔美〕默瑞·N.罗斯巴德 著

张凤林 等译

商 务 印 书 馆 出 版
(北京王府井大街36号 邮政编码100710)
商 务 印 书 馆 发 行
北京市艺辉印刷有限公司印刷
ISBN 978-7-100-08847-3

2012年9月第1版 开本 850×1168 1/32
2016年7月北京第2次印刷 印张 30

定价:68.00元